KB051955

내 행복에 꼭 타인의 희생이 필요할까

Die Kunst, kein Egoist zu sein: Warum wir gerne gut sein wollen und was
uns davon abhält by Richard David Precht

이기주의자가 되지 않는 기술

내 행복에 꼭 타인의 희생이 필요할까

리하르트 다비트 프레히트 지음 | 한윤진 옮김

21세기북스

인간은 선하다. 다만 무리가 되면 악인이 된다.

- 요한 네포무크 네스트로이

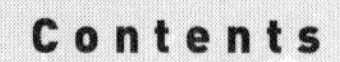

Contents

머|리|말 008

1부 선과 악

01 플라톤의 토크쇼 | 선이란 무엇인가? 021
02 선행의 라이벌 | 선 대 선 035
03 늑대무리 중 가장 늑대다운 늑대 | 악이란 무엇인가 048
04 군주, 무정부주의자, 과학자 그리고 그가 남긴 유산 | 우리는 서로 어떻게 협력해야 할까 062
05 의도의 진화 | 우리는 왜 서로 소통하는 걸까? 072
06 눈물을 흘리는 동물 | 심리의 본질 084
07 날카로운 비명을 지르는 꼬리말이원숭이 | 페어플레이는 타고나야 할까? 098
08 감정 대 이성 | 우리의 결심을 좌우하는 것은? 108
09 본능과 문화 | 도덕은 어떻게 배우는가? 123
10 사회라는 체스 | 나는 이기적인가? 137
11 선한 감정 | 우리가 흔쾌히 친절한 이유는 무엇인가? 150
12 선과 나 | 자아상은 스스로에게 무엇을 강요하는가? 160
13 내 자신의 친구 | 선한 인생이란 171
14 요가철학 신봉자의 고양이 | 도덕은 어디에서나 똑같을까? 183
15 샹그릴라로 떠나는 여행 | 전쟁은 왜 사라져야 하는가? 193

2부 이상과 현실

16 윤리라는 깊은 터널의 광경 | 동물적 감성, 인간적 책임감 207
17 집단 윤리 | 왜 이해하기도 전에 따라하는 걸까? 218
18 융통성 없는 사제집단 | 우리, 다른 사람 그리고 매우 다른 사람 230
19 아주 평범한 살인자 | 도덕이라는 조차장에서 241
20 밀그램 실험 | 우리는 어떤 방식으로 자신의 한계를 넘는가? 251
21 개인적으로 받아들이지 않기 | 우리는 자신에게 얼마나 솔직하지 못한가? 263
22 정언적 비교 | 왜 우리는 항상 책임을 느끼지 못할까? 276
23 도덕적 기장 | 우리는 자아상을 어떻게 기만하는가? 286
24 브로커, 코코아 그리고 가나의 아이들 | 왜 우리는 권한이 없을까? 299
25 거미줄에서 | 돈은 도덕을 어떻게 만드는가? 310
26 소정원에서 일어난 살인사건 | 왜 도덕 규칙은 진지하게 와닿지 않을까? 321

3부 사회, 그리고 도덕

27 붉은 여왕의 제국에서 | 우리의 사회에서 병들어가는 곳은 어디인가? 337
28 부탄인의 행복 | 왜 우리는 행복을 제대로 평가하지 못하는 걸까 349
29 이스터 섬의 안부 | 왜 우리 행복은 더 커지지 않는 걸까? 359
30 신화, 시장, 경제인 | 경제에서 부추기는 것은… 371
31 프라이부르크로 돌아가는 길 | 그리고 우리가 독려해야 하는 것 381
32 Mr. 아커만 그리고 빈민 | 경제에 필요한 책임은? 393
33 선행의 귀환 | 어떻게 시민의식을 장려할 수 있을까 407
34 행복한 납세자 | 보상에 대처하는 자세 420
35 도시, 주, 국가 | 우리에게는 어떤 시야가 필요한가? 432
36 소외된 공화국 | 우리 민주주의는 무엇을 참아내고 있는가? 442
37 국민의 일치 | 민주주의는 어떻게 개혁할 수 있을까? 454
38 스피커스 코너 | 공공책임의 상실 그리고 우리가 되찾는 법 465

맺 | 음 | 말 479

1976년 오스트리아의 저널리스트이자 방송 작가인 요제프 키르슈너는 가장 인기를 얻은 자신의 저서 『이기주의자가 되는 기술』을 출간했을 때만 해도 35년 뒤 등장할 사회가 이렇게 고리타분할 것이라고 전혀 예상하지 못했다. 당시 키르슈너는 사람들이 대부분 지나치게 순응적이어서 자신의 길을 개척하는 데 실패했기 때문에 사회가 병들고 있다고 생각했다.[01] 그는 머리글에서 "자아실현을 방해하는 모든 약점을 날카롭게 지적했다"고 밝혔다. 사랑, 칭찬, 인정을 바라는 대신 주변을 전혀 의식하지 말고 타인의 생각에서 해방되어야 한다. 줏대 없는 한심한 순응주의자보다는 성공한 이기주의자가 훨씬 낫다. 그것이 바로 그가 전하고자 하는 메시지였다.

2010년 독일, 이제 우리는 또 다른 걱정을 한다. 그사이 자아실현은 불가능한 꿈에서 일상적인 걱정으로 바뀌었다. "다른 사람과 뭔가 달라야 해." 누구나 매일 하는 공통된 걱정이다. 게다가 이기주의의 금기가 사라졌다. 배려, 양심, 남을 돕고자 하는 마음, 겸손 등 키르슈너가 사회악이라 생각했던 '단점'이 현대 사회에서는 오히려 마음 깊이 그리워하는 덕목이 되었다. '이기적'이라는 비난을 받은 금융전문가는 최근 발생한 경제공황의 주범으로 꼽히고 있다. 경제학자와 정치가는 오로지 자기만 아는 이기주의자가 넘쳐나는 현 경제체제의 혜택에 의문을 품었다. 요새 기업 고문과 컨설턴트는 중역진에게 협력을 강조하며 그와 관련된 교육을 하고 있다. 그 밖에도 많은 강연자가 사라지는 가치에 너무나 많은 대가를 치렀다고 지적했다. 어디 그뿐인가? 이제 '새로운 도덕'이 절실하게 필요한 때라고 말하지 않는 토크쇼를 찾아보기 힘들 정도다. 이제 이기주의자가 되지 않는 기술은 시대를 달구는 뜨거운 논쟁거리가 되었다.

어느 누구도 마음속 어딘가에 잠들어버린 도덕심을 일깨우는 일을 대수롭게 생각하지 않는다. 하지만 도덕심으로 재무장하는 일은 여러모로 이득이 된다. 먼저 돈이 들지 않는다. 그리고 긍정적인 빛에 나 자신도 밝게 빛난다. 물론 지금이 글로벌 시대라는 것을 감안하면 도덕성에도 예전과 완전히 다른 새로운 시각으로 접근해야 한다. 사회주의와 자본주의의 경쟁구도가 무너진 뒤 기후 변동, 산업주의의 위기, 경제공황이 난무하는 시대의 도덕성, 정보사회·다문화사회의 도덕성, 전 세계적 국방문제와 정당한 전쟁의 도덕성 등 여러 관점에서 보면 오늘날 진정 도덕적으로 생활한다는 것이 무엇인지 모호하다.

이 책에서 나는 무엇보다 다음과 같은 질문에 최대한 가까이 접근하려고 노력했다. 오늘날 우리는 인간 본연의 도덕성을 얼마나 알고 있을까? 도덕과 자의식의 관계는? 우리는 어떤 상황에서 도덕적으로 행동하며 그렇지 않은 상황은 무엇인가? 누구나 착한 사람, 좋은 사람이 되려 하지만 그러지 못하는 이유는? 앞으로도 오랫동안 지속될 수 있는 '더 나은' 사회를 구축하려면 무엇을 개선해야 할까?

도대체 도덕이란 무엇인가? 도덕은 사람과 사람이 서로 대하는 법을 일컫는다. 도덕이라는 개념 안에서 생각하는 사람은 세상을 자신이 주의해야 하는 것과 하지 말아야 할 것 두 부류로 나눈다. 우리는 매일, 매 순간 옳고 그름을 판단하고 받아들일 수 있는 것과 그렇지 못한 것을 결정한다. 도덕적인 관점에서 사람들이 생각하는 선은 놀라울 정도로 일치한다. 이는 진정성, 진실, 우정, 충성, 신뢰, 원조와 남을 돕고자 하는 마음, 공감과 상냥함, 친절, 예의, 존경, 용기, 시민정신 같은 가치를 말한다. 이 모든 가치가 선에 포함된다. 그러나 그 어떤 것도 선의 정확한 정의라고 할 수 없다. 용기는 이로운 성향임이 틀림없다. 그러나 항상 그런 것은 아니다. 충성을 다해 군주를 섬기지만 그와 다른 방식으로 악용되기도 한다. 또 진실이 항상 이로운 것도 아니다. 더 정확히 말하면, 경우에 따라 상황을 악화시키기도 한다.

그렇다면 선이란 무엇인가? 선의 개념을 제대로 이해하려면 그 본질을 파악하는 것만으로는 턱없이 부족하다. 그보다 훨씬 복잡하게 얽혀 있는 인간의 본성을 파악해야 한다. 그렇다면 도대체 인간의 본성은 무엇일까? 스코틀랜드 철학자 데이비드 흄은 이와 관련하여 두 가지 방식으로 접근했다.[02] 첫째, 해부학자처럼 접근하여 그 안에 숨어 있는 가장 은밀한 근원과 원칙 발견. 오늘날 신경과학자, 진화생물학자, 행동경제학자, 사회심리학자가 이런 방식으로 연구에 몰두한다. 둘째, 인류의 행동에서 풍기는 '매력과 아름다움'을 화가처럼 화폭에 담기. 현재 이 과제는 신학과 윤리철학 분야로 이어졌다. 그러나 훌륭한 화가는 해부학으로 인체의 구조를 공부한다. 현대 철학자 역시 신경과학자, 진화생물학자, 행동경제학자, 사회심리학자의 스케치를 화폭에 담아 연구에 깊이를 더해야 한다. 인간의 본성을 밝히는 연구가 단순히 좋은 취지에 그쳐서는 안 되기 때문이다. 우리 모두 알면서도 실천하지 못하는 이유를 파악해야 하고 가능하다면 대처방안까지 제시해야 한다.

또 인간의 본성이란 무엇인가? 생각나는 대로 쉽게 대답하기 힘든 문제다. 이 질문의 답은 마치 재단사가 살았던 시대의 유행을 반영해 다양하게 디자인한 옷처럼 가지각색이다. 중세 시대의 철학자 토마스 폰 아퀸은 인간의 본성이란 신이 숨결로 불어넣은 정신이라고 생각했다. 따라서 신이 우리 마음에 심어놓은 법원, 즉 양심에 따라 선과 악이 결정된다. 그러나 18세기 무렵 인간의 양심, 즉 마음속 법원에서 판결을 내리는 판사가 새롭게 등장했다. 18세기를 주도하던 계몽주의 철학자는 그것이 사람의 이성이라고 생각했다. 냉철한 이성이 올바른 원칙과 행동양식을 조언한다고 보았다. 반면 현대를 대표하는 과학자에게 '양심'이란 신이나 이성이 아닌 고대에서 내려온 사회성으로 만들어진 생물적 직관을 뜻했다.

현재 도덕을 연구하는 학자들이 갈수록 늘어나고 있다. 1975년부터 철학자의 손에서 윤리를 넘겨받아 생물학적 관점에서 접근해야 한다는 에드워드 윌슨의 주장이 빛을 발하는 것처럼 보인다.[03] 지금은 텔레비전, 신문은 물론 모든 정치적 성향의 잡지까지도 과학자가 대세를 잡고 있다.

그들은 국가가 형성되기 이전에 이미 교역이 시작되었고, 화폐 이전에 물물교환이, 토마스 홉스 이전에 사회계약이, 사회복지 등장 이전에 인권이, 바빌론 이전에 문화가, 문명 이전에 사회가, 애덤 스미스 이전에 이기심이 그리고 자본주의 이전에 탐욕이 존재했던 것처럼 교회가 형성되기 이전에 이미 도덕은 세상에 있었다고 주장했다. 이는 플라이스토세(홍적세) 원시 생활부터 인간이 지닌 본성이 표출되는 과정이다.[04]

인류의 도덕성이 시작된 근원은 분명하다. 다만 어떻게 해야 인류의 도덕성에 뚜렷한 목표를 세우고 생물적·문화적으로 개발할 수 있을지 고민해야 한다. 인간의 뇌는 진화 과정의 새로운 도전을 이겨내며 놀라울 정도로 많은 것을 성취했다. 그러나 지능이 높아지고 영리해질수록 도덕 문제는 어렵고 아리송해졌다. 협력을 주장하면서도 불신과 편견이 앞을 가로막았다. 또 평화와 조화를 강조하면서도 공격성과 증오에 눈이 멀었다.

과학자들 역시 지난 2000년간 여러 철학자가 찾아 헤매던 도덕 논리를 발견하는 데 성공하지 못했다. 특히 그들은 처음부터 너무 쉽게 '이기심'의 원칙을 주장했다. 이는 자신에게만 이로운 권익을 추구하는 것이 마치 사회활동을 이끄는 원동력이라고 말하는 것과 다름없다. 게다가 자본주의의 이기심이 마지막에 만인의 부를 추구하는 것처럼, 사리를 추구하는 본능은 서로 협력하는 유인원을 '인간'으로 진화하게 하는 원동력이 되었다. 이런 논리는 쉽게 이해가 된다. 불과 몇 해 전만 해도 시대정신에 부합했다. 그러나 1980년대와 1990년대 학계에서 추구하던 인류의 이상은 이제 유효하지 않다. 몇 해 전만 해도 우리는 뼛속부터 철저히 계산적인 이기주의자가 되어야 했지만 이제는 여러 생물학자, 심리학자, 행동경제학자가 제안하는 친절하고 협력하는 존재로 거듭나려 한다. 우리의 뇌는 착한 일을 할 때 기쁨이라는 선물로 우리에게 보답하기 때문이다.

우리 행동을 좌우하는 유전자의 영향에 대한 관점에도 그사이 엄청난 변화가 있었다. 인류 문화의 진화를 입증하는 가장 중요한 증거가 여전히 불투명하다. 인간의 두뇌 발달은 물론 언어 형성, 성적 능력과 결속력의 관계, 인류의 협력과 협동의 시초 등 그 무엇도 명료하게 설명하지 못했다.

생물학 연구는 '착한' 사람이 되는 데 필요한 인간의 능력을 설명하는 중요한 지식의 원천이다. 그러나 동시에 지금까지 진행된 다양한 연구 가운데 하나일 뿐이다. 눈물에 슬픔과 기쁨이라는 감정이 공존하고, 진화 단계에서 본능적으로 수학이론과 정확히 측정된 모델을 중요하게 여기면서 그 안에서 도덕을 찾는 모순적인 동물, 인간. 인간은 도대체 왜 그런 것일까?

이성적으로 판단할 때도 비이성적이라 느끼는, 그것이 바로 정답이다. 인간은 누구나 감정이 있고, 생각을 하며, 서로 다르게 행동하는 매우 특별한 존재다.

이 책에서 도덕이라는 주제로 이야기하고자 하는 것은 사회생물학에서 철학에 이르는 도덕 논증, 영국 제국주의에서 인지 연구, 아리스토텔레스에서 행동경제학, 영장류 연구에서 인종학까지, 인류학에서 사회언어학 그리고 두뇌 연구에서 사회심리학까지 전 세계 대학교의 수많은 학과와 전공 과정에서 접할 수 있다.

특정 학문을 연구하는 학자들은 대부분 다른 분야를 인정하려 들지 않는다. 이런 편파적인 연구만으로는 인간의 도덕성이 단순히 이론, 사고방식, 특정 분야 및 부분의 관점과 견해로 사라진다. 이런 애로사항이 있는 곳에서 도덕을 발견하는 안내서를 집필하기가 쉽지 않았다. 여러 분야의 복잡한 덤불 사이에 묻힌 좁은 길을 뚫고 지나가기란 여간 힘들고 험한 여정이 아니었다. 학계에서 주장하는 특정 논점은 상황에 따라 어쩔 수 없이 배제했고, 분명한 출처를 언급하지 못하기도 했다.

이 책의 1부에서는 인간의 도덕적 행동의 본질과 근본 원칙을 다뤘다. 인간은 본래 선할까, 악할까? 아니면 한쪽으로 기울지 않고 특정 성향이 없는 걸까? 현실이 반영된 실질적인 인간상에 관한 연구는 아직 완성되지 않았다. 나는 철학의 먼 과거에서 내려온 중요한 사상과 새로운 연구 결과를 접목하는 방식을 시도했다. 단순히 이번뿐만 아니라 지금 같은 경제공황이 올 때마다 인간은 마음 깊은 곳에서 울리는 이기주의, 탐욕, 권력을 부르짖는 본능과 이기심의 소리를 듣는 걸까? 동물적 본능(animal spirits)이라 부르는 이 본능은 항상 해가 되고 자신을 망가뜨릴까? 아니면 요한 볼프강 폰 괴테의 주장처럼 인류에게 주어진 고귀하고 값진 선물일까? 만약 그렇다면 그것은 어떤 상황이나 환경을 말하는 걸까?

선을 주장하는 플라톤의 세계관은 명확하다. 플라톤은 인간이 태어날 때부터 선하거나 악한 성향을 지녔다고 생각했다. 한편 현재까지 진행된 원숭이와 유인원 연구로 인류에 있어 협력의 의미가 깊숙이 뿌리내리고 있음을 배울 수 있다. 게다가 때때로 이해할 수 없는 돌발행동을 하는 이유도 깨닫게 되었다. 인간의 감정은 생물학적 근거가 뒷받침된다. 그러나 그와 동일한 방식으로 발생하는 공감이라는 감정은 제대로 평가받지 못하고 있다. 도덕적인 행동은 일반적인 요구 사항이다. 착한 일을 하면 마음이 편안하고 즐거운 감정이 생겨 나를 기쁘게 한다. 반면 비도덕적인 생활은 잘 알고 있듯이 행복을 안겨주지 않는다. 인간은 자신의 행동을 시인하는 유일한 생물체다. 그러나 또한 인간은 자신의 행동을 정당화하는 도구를 지녔다. 바로 '근거'다. 인간이 지닌 도덕성의 모든 것이 유전자나 이익이 아닌 근거에서 비롯된다. 그러나 단순히 이뿐이라면 얼마나 좋을까? 세상 사람들의 거의 대부분이 착하게 살고 싶어한다. 그럼에도 세상은 어지럽고 끔찍한 일들로 가득하다. 도대체 그 이유는 무엇일까? 근거가 확실하고 그것으로 자신을 정당화한다고 해서 우리가 지금보다 더 나은 동물이나 인간이 되는 것은 아니다. 과도한 복권 당첨금처럼 나 자신과 타인에게 제어하지 못하는 무기를 겨눈 것이나 마찬가지다. 왜 우리는 항상 공정해야 할까? 또 누가 지적하지 않으면 스스로 잘못을 인정하거나 죄책감을 느끼는 경우가 극히 드문 이유는 무엇일까? 착하게 살려는 목표를 버리거나 자제하려면 어떻게 해야 할까?

이 책의 2부에서는 개개인의 욕구를 대변하는 심리와 실제 일상의 행동심리 사이의 차이를 보여주는 사례를 중점적으로 다뤘다. 도덕의 형성과 실행 사이에 나타나는 모순을 살펴보는데, 이런 딜레마는 주변에서 쉽게 찾을 수 있다. 인류에게는 고대부터 유산으로 내려온 도덕적 본능이 있다. 이 본능은 현대사회에서 생활하는 우리를 올바른 길로 이끌어주지만 그렇지 않을 때도 있다. 반면 인간의 이성이 이런 불행에서 우리를 구원한다고 보기는 어렵다. 사회의 직관과 인간 사고의 차이가 커질수록 생각과 행동 사이의 골은 깊어진다. 이런 식으로 도랑이 하나씩 파이다 보면 훗날 여러 도덕적 가책이 우리를 감싼다. 결국 우리는 자신을 원망하고 좌절하며 후회한다.

아마도 그건 내가 아는 거의 모든 사람이 선행을 추구하는데도 불구하고 어떻게 세상에 불의와 파렴치한 언행이 이렇게나 가득한가에 대한 대답일지도 모른다. 무엇보다 인간은 착하게 살려고 하는 동시에 타인을 무시하거나 저버릴 수 있는 유일한 동물이기 때문이다. 인간은 자신과 타인을 판단할 때 이중 잣대를 사용한다. 핑계를 대며 자신을 정당화하는 데도 능숙하다. 자신의 가치관을 현실과 차이가 있는 아름다운 색으로 포장하려 한다. 이 모든 행동이 가능한 이유는 어릴 때부터 남에게 책임을 전가하는 법을 연습하기 때문이다.

마지막으로 3부에서는 앞으로 우리가 공존하려면 무엇을 배워야 하는지 질문을 던진다. 작가이자 위대한 사회생물학자인 베르톨트 브레히트는 "먹을 것이 있고 도덕이 있다"라고 주장했다. 그의 말이 옳다면 먹을거리가 풍족한 독일의 경우 그 어느 곳보다 사회에 도덕이 가득해야 한다. 실제로 독일은 자유가 보장되고 역사상 가장 관대한 문화를 지닌 국가다. 그럼에도 선행과 공공윤리가 급속도로 모습을 감추고 있다. 그리고 가치 상실과 관련해 틀렸다고 할 수 없는 불평들이 쏟아지고 있다. 사회의 도덕성이 올바르든 올바르지 않든 교회, 국가, 고향 환경, 세계관 등 1871년 이후 독일의 경제 호황기였던 창업 시대 시민 계급의 낡은 건물이 조금씩 허물어지고 있다. 누가 이 사실에 놀라겠는가? 아무리 저 멀리 우주에 사는 외계인이라도 지구에서 하루만 텔레비전, 라디오, 신문, 인터넷을 조사하면 민주주의의 범주 안에서 협력하고 단결하는 것을 바탕으로 한 사회질서가 어느 곳에도 없다는 것을 금세 알아차릴 것이다. 더 정확히 말해 외계인은 그 이면에서 이기주의를 장려하는 것이나 다름없는 선전활동을 발견할 것이다. 그리고 인류는 이미 그것을 위해 수억 배의 대가를 치렀다.

무엇보다 나는 이 책으로 여러분에게 경제, 사회, 정치를 개선할 수 있는 자극을 주고 싶다. 이는 선하거나 악한 마음씨 또는 성향에만 국한되는 것이 아니다. 남을 위해 두 팔 걷어 올리고 사회에 참여할 것을 촉구한다. 지난 수십 년 동안 그랬던 것처럼 사회가 위태로워지는 시대는 이제 막을 내렸다. 사회의 관습을 개선하는 방안을 검토해보면 선은 유용한 반면 악은 그것을 힘들게 만든다.

이 책을 누구보다 먼저 읽고 지적인 조언으로 깊이를 더해준 지인들에게 감사의 말을 전한다. 생물학자의 시각으로 책을 검수한 베를린 훔볼트 대학교 옌스 크라우제 교수를 비롯해 쾰른 대학교 토마스 무스바일러 교수, 프랑크푸르트 암마인 대학교 사회심리학자 크리스토프 멘케 교수, 두이스부르크 에센 대학교의 생물학자이자 철학자 한스 베르너 잉겐지프 교수, 뤼크베크 대학교 신경생물학자 아힘 페터스 교수, 루체른 대학교 사회인류학 및 인종학자 유르그 옐블링 교수, 이들의 격려와 비평은 많은 도움이 되었다. 그 밖에 지방자치체 정책에 도움을 준 토르스텐 알비히 박사와 비평과 유용한 조언을 아끼지 않은 마르틴 묄러, 한스 프레히트에게도 감사의 말을 전한다. 또 책을 읽고 소중한 의견을 준 마티외, 다비드, 줄리엣에게도 고마움을 전한다. 누구보다 힘이 된 아내 캐롤라인, 아내의 도움이 없었다면 이 책을 완성하지 못했을 것이다.

독일 고속철도 도이체반에도 감사의 말을 전한다. 이 책의 많은 부분을 열차 내 식당칸과 소란스러운 4인 탁자에서 집필했다. 모젤 지역의 우울하고 고요한 아침 풍경을 감상하며 쇼핑에 나선 유목민과 이주노동자들, 볼링클럽 회원들이 주로 타는 쾰른, 코헴, 비틀리히, 바서빌리히 그리고 룩셈부르크 사이의 한산한 지선을 주로 애용했다. 그 밖에도 우연히 대화를 나눈 여러 사람에게 고마움을 전한다. 그들과 이야기를 나누며 인간의 본성에 관해 철학자들의 이해가 미흡하다는 생각이 분명해졌다. 그리고 아침시간을 함께 보낸 단골식당 종업원에게도 고마움을 전한다. 그의 격려와 생각이 집필에 많은 도움이 되었다.

2010년 8월, 룩셈부르크에서

리하르트 다비트 프레히트

제1부
선과 악

01 플라톤의 토크쇼

선이란 무엇인가?

토크쇼가 무엇인지는 간단히 설명할 수 있다. 토크쇼는 라디오나 텔레비전에서 대화 형태로 진행하는 프로그램이다. 프로그램의 호스트가 게스트를 특정 장소에 모아 인터뷰를 하고 진행자가 참가자들에게서 주제와 관련된 대화를 이끌어낸다. 여기까지는 명확하다. 그렇다면 토크쇼의 창시자는 누구일까? 위키디피아에 따르면 토크쇼는 1950년대 미국에서 시작됐다고 한다. 하지만 사실 토크쇼의 창시자는 플라톤이다.

기원전 400년경 그리스의 철학자 플라톤은 이 세상에서 가장 심오한 질문으로 학구적 토크쇼를 시작했다. 나는 어떻게 살아야 하는가? 행복이란 무엇인가? 선이란 무엇인가? 예술은 왜 필요한가? 여자와 남자는 왜 서로 다른가?

이 토크쇼의 총책임자는 플라톤 자신이며 진행자는 소크라테스다. 소크라테스는 진정한 프로였다. 그는 객관적인 태도로 대화를 이끌어가며 필요에 따라 강하게 자극을 주고 다소 독한 질문을 던졌다. 소크라테스는 항상 화려한 웅변술로 상대방을 곤란하게 했다. 따라서 대화 초반엔 자신의 생각이 분명했던 참가자라도 마지막엔 소크라테스야말로 가장 똑똑한 사람이라는 사실을 인정할 수밖에 없었다. 일부는 그의 생각에 적극적으로 동의했다. 일반적으로 둘, 셋 또는 넷으로 구성된 토크쇼 참가자는 최고의 정치인, 시인, 예언자, 교육자들이었다. 그들은 정치, 전투, 수사학, 예술 분야의 전문가였다. 또한 플라톤의 무대는 다양했다. 유명인의 빌라에 모이기도 했고, 아테네 주변으로 산책을 나서기도 했으며, 저녁식사 시간에 대화를 나누기도 했다. 때로는 감옥에서 모이기도 했다. 무대는 게스트만큼이나 중요하고 지대한 영향을 미쳤다. 유일한 걸림돌이라면 약속에 따라 무대에 올라갔다는 점이다. 당시 이 토크쇼를 전송할 방송은 없었지만 총책임자인 플라톤에게는 종이만으로도 충분했다.

게다가 플라톤은 대립되고 충돌되는 의견, 시각, 생각을 무조건 거부하기보다 함께 토의하며 풀어나가는 방식을 택했다. 플라톤이 남긴 글이 대부분 그런 형식의 대화와 논쟁을 담고 있다. 그렇다면 모두의 뜻이란 무엇인가? 그리고 플라톤은 어떤 사람인가?

플라톤은 누구나 부러워할 정도로 부유한 집안에서 부족함 없이 자랐다.[01] 그의 집안은 주변에 영향력을 행사할 정도로 아주 부유했다. 따라서 눈에 띄지 않는 조용한 삶을 살기에는 적합하지 않았다. 게다가 그 시대는 격동기였다. 플라톤이 태어난 기원전 428년에는 아테네 정계의 슈퍼스타 페리클레스가 세상을 떠났다. 변화의 시기가 온 것이다. 또한 경쟁국인 스파르타와 길고 긴 피의 전쟁을 시작했지만 아테네는 이 전쟁에서 패했다.

그러나 플라톤의 상황은 전혀 달랐다. 아테네 군대가 시칠리아에서 패한 뒤 쓸쓸히 귀환하는 동안 스파르타군은 전쟁터를 약탈했다. 동시에 도시의 민주주의는 경제를 주무르던 독재자에 의해 폐지되고, 함대가 패전하며, 아티카의 민주주의가 완전히 사라지는 난국에도 플라톤은 남부럽지 않은 일류 교육을 받았다. 아마도 플라톤은 집안 대대로 길이 남을 만한 직업을 갖거나 업적을 남기고 싶었을 것이다.

반면 도시는 무질서했다. 질서는 급속도로 무너졌다. 사람의 인생은 가치가 없어졌다. 이 무렵 플라톤은 빈털터리로 거리를 배회하는 특이한 사람을 만났다. 말하자면, 그는 눈부실 정도로 명철한 방랑자였다. 도시의 신예 지성인들은 그에게 흠뻑 빠져들었다. 현 정치를 지지하지 않는 낙오자는 자신의 모든 것을 버렸다. 그는 지배자를 조롱하는 위험한 발언으로 무장한 혁명가였다. 또 정계의 가치관을 우습게 만들고 사람들을 그들만의 세계관에서 벗어나 눈뜨게 했다. 그가 바로 소크라테스다.

소크라테스에 관한 이야기는 수백 가지도 넘는다. 그러나 사실 그의 실존 여부마저 확실하지 않다. 소크라테스는 예수 그리스도처럼 우화에 등장하는 인물이다. 예수 그리스도가 직접 저술한 작품이나 책이 전혀 없듯 소크라테스도 직접 집필한 저서가 없다. 우리에게 알려진 건 그와 대화를 나눈 사람과 그의 신봉자, 애호가들의 작품 곳곳에 등장하는 모습뿐이다. 따라서 예수 그리스도와 마찬가지로 소크라테스의 존재 여부는 추측에 의존할 수밖에 없다.

소크라테스에게 가장 심취해 빠져든 신봉자는 바로 플라톤이다. 당시 스무 살이던 플라톤은 자신의 스승인 소크라테스를 만나지 않았더라면 전혀 다른 사람이 되었을지도 모른다. 플라톤은 소크라테스 전도사였다. 플라톤은 소크라테스를 고대 세계의 슈퍼스타이자 논리와 이성을 갖춘 천재로 만들었다. 소크라테스는 사람의 마음 깊은 곳까지 꿰뚫었다. 그는 세상의 모든 공식을 알고 있는 유일한 사람이었다.

소크라테스와 만나면 흔적이 남았다. 그를 만난 지 얼마 지나지 않아 플라톤은 자신의 정치적 야망을 포기했다. 플라톤은 이제 더는 사회의 시각에서 회자되고 싶지 않았다. 소크라테스는 사회의 부정직과 부패, 거짓과 배신, 지배자의 자기만족으로 이어지는 현실에서 이 젊은이의 눈을 뜨게 했다. 정계 전체가 부패하고 이기적인 파벌만 존재하며 연줄, 특권, 독단이 난무하면 제아무리 최고 민주주의라도 가치가 사라진다.

기원전 399년 아테네 집권층은 소크라테스를 잡아들였다. 그들은 소크라테스를 소환해 재판한 뒤 신속하게 사형을 선고했고 그날 밤 집행했다. 소크라테스의 죄명은 '젊은이를 망치는 인물'이었다. 과두제 지배층의 시각에서 볼 때 이는 적절한 결론이었을 것이다. 430년 뒤 예루살렘의 로마-유대인 과두제 집권층은 같은 이유로 순회전도사인 예수 그리스도에게 사형을 선고했다. 그의 죄명은 '나라를 어지럽힌 반역죄'였다. 이 두 사례 모두 주인공이 실존했는지 밝혀지지 않았다. 동시에 소크라테스와 예수 그리스도는 공통적으로 서양 문화의 아버지를 넘어 할아버지라고 할 수 있다.

소크라테스는 죽었지만 그의 영향력은 사라지지 않았다. 그는 순교자였고 이제 플라톤의 시간이 왔다. 플라톤은 스승의 사명을 이어받으면서 그와 달리 경제적 수단을 선택했다. 소크라테스가 타계하고 12년이 지난 뒤 플라톤은 한 지역을 사들여 건물을 세웠다. 유례없이 멋지게 짓고 화려하게 꾸민 이 건물이 바로 플라톤의 아카데메이아다. 여러 젊은이에게 수업료 없이 철학을 연구하는 공동체에서 생활할 기회를 주었다. 학습 내용은 수학, 천문학, 동물학, 식물학, 논리학, 수사학, 정치학, 윤리학을 아울렀다. 플라톤은 제자들이 공부를 마치고 스스로 준비되면 학교를 떠나 더 나은 세상을 만들기를 희망했다. 명석한 지성인, 정계 간부가 되어 무엇보다 잘못된 사람으로 가득한 병든 세상을 해방시켜야 한다. 실제로 여러 수료생이 아카데메이아의 전도사이자 권력층의 조언가로 활동하며 세상의 다양한 분야를 개혁했다.

그러기 위해 가장 필요한 자질은 어떻게 해야 선하게 살 수 있는지 그 핵심을 꿰뚫어보는 통찰력이었다. 이는 플라톤이 그 무엇보다 중점을 둔 질문이었다. 따라서 아카데메이아의 모든 사상은 '선을 바로 알고 그대로 실천하기'였으며 이를 목표로 삼아 움직였다. 아카데메이아 출신 사상가들은 전해 내려온 신화와 관습도 그 배경을 묻고 잘못된 이론과 인생 계획을 지적했다. 플라톤에게 철학자는 위기가 닥쳤을 때 도움을 주고 의미가 결여된 사람에게 의미를 찾아주는 특공대였다. 따라서 이런 '남자들'은 꼭 필요했다. 플라톤의 세계에서 여자는 아무런 의미가 없었다. 플라톤은 공공적인 것은 물론 개개인의 도덕성이 몰락하고 전쟁으로 혼란과 무관심이 팽배한 사회에서 인간관계와 정신의 개혁을 촉구하는 새로운 질서를 부르짖었다.

도대체 선하고 더 나은 인생이란 무엇인가? 아테네가 추구해야 할 도덕적 본질은 무엇인가? 플라톤의 초기 작품은 격앙되고 분노에 찬 목소리로 이 주제를 논했고 열띤 논쟁으로 이어졌다.[02] 당시 어디에나 이런 탐구가 있었다. 사회는 절체절명의 위기에 빠져 있었다. 특히 젊은이들은 도시의 공공장소는 물론 공개 토론장이나 사택에 모여 장황한 미사여구로 이 문제에 대해 논쟁했다.

현재 시각으로 볼 때 논쟁의 중심이 된 문제는 그리 새롭지 않기 때문에 이런 소란에 다소 의아해할 수 있다. 게다가 오늘날 '선'은 고대 그리스 시대보다 훨씬 추상적인 개념으로 자리 잡았다. 하지만 독일에서도 젊은이들이 선의 본질에 대해 열띠게 논쟁하기 시작한 것은 그리 오래되지 않았다. 1960년대에서 1970년대 중반까지 여러 젊은 지성인이 정치보다 사적인 토론에 집중했다. 또 1980년대 초반 환경운동은 나 자신과 사회에 목소리를 높여 요구했다. "스스로의 삶을 개선하라!" 1980년대와 1990년대 가계 수입이 크게 높아지며 새로운 삶과 가치, 경제 대안을 찾는 논의의 시발점이 됐지만 그 뒤 오랫동안 정체기가 계속되었다.

선한 삶에 대한 고찰은 세상에 위기가 찾아올 때마다 화제가 되었다. 특히 플라톤 시대에는 전체의 사활이 걸린 문제였다. 지금이라면 철학을 논하는 자리라도 누군가는 잊지 않고 세계 경제 위기를 걱정하는 사람이 있을 것이다. 서양에서 고대 아테네 시기처럼 학문이 꽃을 피운 전성기와 상상도 못할 혼란이 공존한 적은 없었다. 절대 권력은 몰락 직전으로 그야말로 풍전등화였다.

플라톤은 권력의 붕괴를 예방하기 위해 정화(淨化)를 강조했다. 사람들이 처음부터 모든 것을 다시 배우고 각자 제대로 대처해야 한다고 생각했다. 국가와 사회에 요구하기 전에 스스로 베풀어야 하며, 무엇보다 선행을 베푸는 사람만이 선량한 시민이 된다고 믿었다.

플라톤의 생각은 대체로 그러했다. 하지만 사상과 달리 현실의 문제는 생각보다 심각했다. 플라톤 역시 현실에서 사람은 외적으로나 내적으로도 이상만을 좇아 생활하지 않는다는 사실을 알고 있었다. 인생은 운명처럼 우연한 영향을 받아 행동에 변화가 찾아올 때 바뀐다. 내 행동이 변하고 내면적으로 변화가 생길 때, 이것은 잔잔한 바다를 항해하는 것과는 다르다. 두려움과 걱정, 애착과 소망, 욕구와 열망의 거친 물결을 따라 내면의 갑판은 이리저리 요동친다.

어떻게 하면 이런 열악한 상황에서도 긍정적인 확신을 얻을 수 있을까? 선하고 도덕적으로 깨끗한 인생의 감독이 되려면 어떻게 해야 할까? 자신을 다스리고 제어하는 비법은 무엇일까? 그 답을 찾기 위해 플라톤은 자신의 손으로 펜을 들어 토크쇼를 연출했다. 플라톤은 옛 스승이자 토크왕인 소크라테스를 기용해 독자를 사고와 논거의 산책로로 이끌었다. 플라톤은 이 게임을 매우 즐겼다. 그는 연출가이자 진행자였다. 그리고 사상을 배팅하는 이 카지노에서 결국 승리하는 사람은 하우스, 즉 소크라테스였다. 다시 말해 플라톤이었다. 결론이 나지 않거나 미뤄지는 일은 드물었다. 이런 방식으로 독자가 서 있는 그곳에서 플라톤이 있는 그곳으로 독자를 데려왔다. 플라톤은 서서히 토론 주제를 인생의 모든 면으로 확장하여 특권층과 반대세력이 반목하게 해서 어부지리를 했다. 개념적 불명확성을 명시하고 반박을 수용했다. 결국 쭉정이는 떨어져 나가고 다양한 방면에서 질서와 체계가 구축되기 시작했다. 소크라테스와 대화를 나누는 사람은 잘못된 자기 생각을 포기하는 법을 배웠다. 점차 사람들의 생각 속에 선하고 올바른 삶의 모습이 명확해졌다.

의심할 필요도 없이 플라톤의 토크쇼는 성공적이었다. 그러나 학계에서는 종종 플라톤의 작품이 목표로 하는 청중이 누구인지 확신할 수 없었다. 제대로 교육받은 독자라면 플라톤의 작품에 등장하는 소크라테스가 실제 소크라테스가 아니라는 사실을 분명히 알았을 것이기 때문이다. 당시 잘 알려진 것처럼 소크라테스는 이미 세상을 떠났다. 그렇다면 플라톤은 왜 소크라테스 뒤에 숨었을까? 아마도 플라톤은 초기 대화편 집필 당시 실제로 소크라테스만의 독자적인 사고 과정에서 영감을 받았을 것이다. 그러나 분명히 초기에만 그랬다. 청중의 뜻을 감안해 생각해보면, 분명 토크쇼는 청중인 민중을 교육하는 기능을 발휘해야 했다. 여기서 말하는 민중이란 누구를 지칭하는 걸까? 대화에서 엿보이는 광범위한 정보만으로는 알아내기 어렵다. 문제를 정확히 살펴보면 아마도 특정 소수 집단을 가리키는 것으로 보인다. 또 진짜 토크쇼처럼 아마도 특정 역할에 따라 한 사람씩 차례대로 읽을 때 그들의 이야기를 귀 기울여 들었는지도 모른다.

플라톤의 대화편이 말하는 도덕은 무엇인가? 상냥하고 때로는 유머로 포장했지만 플라톤의 사상은 매우 권위적이다. 소크라테스는 상대방에게 자신을 되돌아보고 거의 모든 것을 개선하라고 강력히 촉구했다. 누구나 끊임없이 자신을 갈고닦는 철학자처럼 살아야 하며 어쩌면 실제로 철학자가 되는 편이 나을지도 몰랐다. 무엇보다 플라톤은 인류의 가장 중요한 목표가 그 안에 있다고 생각했다. 어쨌거나 이는 이상하고 무리한 요구임이 분명했다. 시도 때도 없이 늘 철학적 고찰에만 빠져 있을 사람이 어디 있겠는가? 세상 사람이 모두 플라톤의 충고를 따른다면 경제체제는 붕괴되고 말 것이다. 모두 철학자가 되어야 한다는 발상은 여성과 노예가 대부분의 일을 처리한 그 시대에만 가능한 이야기였다. 따라서 우리는 시도도 해볼 수 없다.

진리와 모든 사물을 꿰뚫어보는 플라톤의 경우, 진리를 탐구하는 일이란 다소 지루할 수도 있다. 이는 플라톤, 부처, 오쇼 라즈니쉬, 달라이 라마에 이르기까지 깨우친 자들이 겪는 끊임없는 난제였다. 하지만 현시대에서 진리를 갈구하는 여러 성인은 그 성스러운 길에서 그림 형제의 동화 「토끼와 고슴도치」처럼 이미 그들만의 비법으로 자신보다 먼저 정점에 오른 다른 성인의 존재에 전혀 신경 쓰지 않는 것으로 보였다.

이런 맥락에서 플라톤 철학은 처음부터 '비교' 성향이 짙었다. 게다가 소크라테스의 제자와 그의 추종자, 독자가 추구하는 명확한 결론 방식에 따라 그런 인상은 더욱더 강렬해졌다. 선은 절대적 의무로 모든 다른 유혹을 이겨내야 했다. 이런 급진적인 삶은 분명 고생길이다. 냉혹한 조교 플라톤이 이 혹독한 훈련을 지휘했다.

그렇다면 이 길은 어떤 길인가? 고대 그리스에서 보편적으로 논의하던 논점은 다음과 같았다. 살면서 생기는 욕망을 어떻게 억제할 것인가? 금욕하면 인생이 선해지는가? 아니면 반대로 선한 삶을 방해하는가? 플라톤에게도 이 질문은 풀어야 할 핵심 과제였다. 장기적인 관점으로 볼 때 우리를 행복하게 만드는 것은 이성인가, 욕망인가? 이 질문에 대한 대답은 명확했다. 깃털처럼 가벼운 욕망의 덧없는 안락함과 선하고 올바른 인생으로 얻는 불변의 자유가 그것이다. 플라톤에 따르면 육신의 강력한 욕구는 사실 행복을 발견하는 여정에서 우리를 훼방한다. 그것은 항상 우리를 유혹하고 잘못된 길로 인도한다. 따라서 욕망에서 자유로운 사람만이 실제로 자유를 얻는다. 플라톤이 에우다이모니아(eudaemonia, 행복)라 표현한 진정으로 행복한 인생은 항상 욕망과 불만으로 모든 것을 평가하는 값싼 방식에서 인생을 해방시켜준다. 욕망에서 자유롭지 못한 사람은 평생 정신 수준이 미숙한 사춘기 청소년에 머무는 것이나 다름없다. 반면 진정한 철학자는 사사로운 욕구를 참아낸다.

시대적으로 모든 즐거움에 제약이 있고 모든 쾌락이 빠르게 반대로 돌변할 수 있기에 플라톤은 확실히 보장되는 삶의 형식을 선택했다. 쾌락을 선택하기보다 고통을 예방하고 차단하는 방법 말이다. 플라톤의 사상은 유럽 문화사에 엄청난 영향력을 미쳤다. 그러나 단순히 그것만으로 그가 남긴 업적을 평가하는 것은 충분치 않다. 플라톤의 철학이 부활한 중세에는 그리스도를 섬기는 방식으로 금욕과 고행을 선택했고, 그것은 철학으로 이어졌다. 사람들은 또한 비종교적 계몽 차원에서 스스로 알코올이 없는 맥주를 마셨다. 그 시대 삶의 목표는 원초적 욕구를 가능한 한 참고 극복하는 데 있었다.

그런데 플라톤이 집필한 대화편 일부에서 자신이 이렇게 급진적인 내용을 그대로 담아야 할지 고심한 장면이 드러난다.[03] 그러나 그 결론은 명백했다. 쾌락을 추구하는 원칙은 영속적이지 못하다. 플라톤은 위험과 부작용을 차단하기 위해 이를 처음부터 배제했다.

핵심 질문에 관한 플라톤의 대답은 다음과 같다. "꼭 필요한 만큼에서도 가능한 한 최저의 쾌락만 추구할 것이다!" 진실과 선을 흠모하는 사람이라면 저급한 본능으로 판단을 흐리지 않을 것이다. 성욕, 돈, 음식, 그 밖의 다른 쾌락이 행복을 유지해주지 않는다. 행복의 열쇠는 금욕과 철학적인 삶이다. 그 밖의 모든 것은 단순히 그 밖의 모든 것일 뿐 삶을 쾌락 또는 그렇지 않음으로 판단하는 사람은 잘못된 기준을 선택한 것이다.

그렇다면 누가 옳은 것일까? 인생을 현명하게 판단하기는 매우 어렵다. 플라톤의 질책처럼 잘못된 기준을 제외한다 해도 더 나은 기준을 제시하는 것 역시 어렵다. 간단히 생각하면 깨달음과 통찰이라고도 할 수 있다. 그러나 진리라는 기준만으로 판단하는 인생이 실제로 행복할까? 깨달음이 주는 기쁨이 클 때도 있지만 그 감정이 영원히 지속되지는 않는다. 지루한 깨달음으로 하루를 망쳐버리는 일이 얼마나 많은가? 머리가 지끈거릴 정도로 정교한 적분 문제를 풀었을 때 느끼는 쾌감이 사랑하는 사람과 함께 보낸 하룻밤보다 실제로 더 근사하다고 할 수 있을까?

이보다 더 비판적인 반박이 있다. 깨달음과 통찰로 얻는 성취감이 최우선이라는 의견에 동의한다고 하자. 그러나 그 과정까지 즐겁다고 할 수 있을까? 그렇다면 왜 학문과 진리를 탐구하는 인생은 행복할 수 없을까? 결국 모든 일에서 즐거움과 깨달음이 짝을 이뤄야 한다고 가정하지 않는다면 설명할 길이 없다. 조금도 즐겁지 않다면 이 모든 것은 불가능하다. 이런 문제로 고심에 빠졌던 플라톤은 결국 영악한 태도를 취했다. 플라톤도 행복에는 어느 정도의 쾌락, 즉 즐거움이 필요하다고 인정했다. 그러나 그 즐거움의 부류와 그 강도에 따라 다르다고 강조했다.

플라톤에 따르면 즐거움은 하나의 기준이라기보다는 훗날 얻게 되는 일종의 보상이다. 그러나 그럴 경우 우리는 또다시 실제로 적용되는 기준을 묻게 된다. 이 질문에 답하기 위해 플라톤은 자신의 핵심 주제로 다시 돌아온다. 모든 사물의 척도는 바로 선이다! 플라톤은 제자들에게 특정 계층을 지지하라고 촉구했다. 특히 모든 행동과 소망이 선을 추구하고 매진해야 하며 선한 사람만이 진정으로 행복하다. 이제 세상에서 가장 심오한 질문을 할 차례다. 그렇다면 '선'이란 무엇인가?

말 그대로 접근할 수도 있지만 거꾸로 악의 정의를 먼저 내리는 방법도 있다. 빌헬름 부슈는 강경한 말투로 다음과 같이 말했다. "선이란, 악을 행하지 않는 것이다." 진정 부슈의 주장이 옳은 것일까?

내가 이 글을 쓰는 동안 용감한 한 시민이 뮌헨 전차역에서 학생 두 명을 구하려다 목숨이 위태로울 만큼 폭력을 당한 사건이 발생했다. 누가 이 사람의 담대하고 용감한 시민정신이 선하다고 인정하지 않을 것인가? 바지 주머니에 두 손을 찔러 넣고 모른 척 그 자리를 떠났더라면 선함은 반감됐을 것이다. 도움을 주지 않는다면 '베푸는 선'이라 할 수 없다. 그렇다고 해서 부슈의 기준을 따라 그것을 악이라고 할 수도 없다. 선하지 않다고 해서 악으로 간주하는 것은 충분하지 않다.

플라톤의 대표 작품 『국가』에는 선을 표현한 가장 유명한 구절이 실려 있다.[04] 여기서 말하는 선이란 매우 특별한 것으로 세상에서 가장 위대하고 멋진 것을 뜻한다. 다소 추상적으로 표현되었지만 간단히 묘사할 수 있다. 선이란 쾌락보다 더 나은 상위 개념으로 깨달음보다 더 중요하다. 하지만 정확하게 무엇을 말하고자 하는 걸까?

정답은 바로 '없다!'이다. 플라톤은 긍정적인 선에 관해 명확히 정의하기보다 철학사에서 가장 잘 알려진 인물 소크라테스를 내세워 비유로 설명했다.[05] 밝게 빛나는 태양을 보라! 태양은 빛과 열을 동시에 발산한다. 태양을 통해 우리는 사물을 보고 식별한다. 동시에 지구에 존재하는 모든 생명체가 성장하고 번성한다. 선도 이와 같지 않겠는가? 선은 우리의 사고에 영감을 주고 사고를 환하게 해주며 진리에 한걸음 다가서게 해준다. 깨달음을 얻으려고 노력할수록 우리는 더 많은 것을 인지한다. 날카로운 정신은 주변 사물의 윤곽을 뚜렷하게 만들고 존재감을 부여한다. 모든 사물 위에 군림하는 태양처럼 선 또한 인간에게 영향력을 행사한다. 다시 말해, 삶을 선사하는 태양처럼 선은 존재에 가치와 의미를 부여한다.

플라톤이 남긴 '태양의 비유'는 매우 잘 알려진 묘사다. 하지만 플라톤은 왜 비유를 택했을까? 칼날처럼 날카롭고 냉철한 분석력을 지닌 플라톤이 핵심 내용을 설명하는 데 비유를 선택한 이유는 무엇일까? 예리한 시각으로 살펴보면 플라톤의 선택에는 그만한 의미가 숨어 있다! 태양이 존재하기 때문에 이 세상에 삶이 있다는 불변의 진리는 현재 어떠한 의심도 없이 받아들여진다. 반면 태양과 동일한 성향을 지닌 선의 존재 여부에 대한 평가는 어떠한가? 그것을 뒷받침하는 근거는 무엇인가?

실제로 소크라테스와 대화를 나누는 상대는 'not amused', 즉 즐겁지 않았다. 비유만으로는 현실을 완전히 충족하지 못한다. 제아무리 패배하지 않는 위대한 구루, 소크라테스라 해도 자신의 의견과 일치하지 않을 경우 상대에게 선에 대해 명확히 설명하며 친근히 접근해야 했을 것이다. "선 본연의 훌륭함만으로는 마음이 끌리지 않는다."[06] 이는 무슨 말인가? 플라톤 역시 선을 묻는 질문에 확신이 없었던 걸까? 또는 멋진 태양에 비유했는데도 선을 포기해야 하는 전략적 이유가 있었던 걸까? 이에 관한 플라톤 학자들의 의견도 하나로 모아지지 않았다. 학계에서는 플라톤의 필체 또한 풀리지 않는 숙제로 남아 있다. 플라톤은 저서에서 선을 '유일한 존재', 즉 신과 동일시했다. 이런 관점으로 볼 때 플라톤이 택한 비유는 그 역할을 제대로 수행했다. 모든 자연에 영향을 미치는 태양과 동일한 힘, 선은 우리 존재에 영향력을 행사한다. 이런 맥락에서 초기 그리스도교 사상가는 신을 진리이자 선으로 정의했다. "내가 곧 길이요 진리요 생명이니!" 덧붙여 말하면 사실 아무런 기록도 없는 플라톤의 아카데메이아에서 강의한 내용 또한 그가 고안한 진리라고 볼 수 없다. 실제로 플라톤이 선을 유일신과 같은 선상에서 똑같이 생각했는지는 추측에 의존할 뿐이다.[07]

어쨌든 결론은 어떤 경우에도 변함이 없다. 선은 이루 형용할 수 없다. 플라톤이 선이라고 한 가장 위대한 가르침은 동시에 가장 위대한 공허함이다. 플라톤의 대화편은 잘 알려지지 않은 위대한 개념을 확고하게 다루었다. 플라톤은 특정 부분에서 선을 거부할 수 없는 영혼의 날개를 위한 양식이라고 표현했다. 이 얼마나 그림처럼 아름다운 표현인가! 그러나 다른 아름다운 표현과 마찬가지로 그 색채가 지나쳤다. 플라톤에 따르면 선이 존재하지 않는다면 사람은 털이 뽑힌 닭과 같다. 그러나 플라톤의 유능한 제자로 당대 위대한 과학자였던 아리스토텔레스는 훗날 영혼의 깃털을 동물학적으로 증명했다. 그에 대해서는 뒤에서 다시 살펴보자.

* * *

플라톤의 가장 위대한 업적은 거짓말과 오만으로 가득 찬 당대 도덕의 정체를 폭로했다는 것이다. 군주의 윤리와 강자의 권리만으로는 플라톤의 시험을 통과할 수 없었다. 플라톤은 소크라테스와 토론을 벌인 상대에게 그들의 생각과 행동을 변론하도록 강요했다. 그러나 플라톤 스스로 요구한 것은 무엇인가? 플라톤에게 선이란 '저 위에서' 우리 인생에 영향을 주며 동시에 말로 형용할 수 없는 본질이다. 즉 인간이라는 존재보다 고귀한 최상급의 가치다. 인류가 존재하지 않아도 선은 존재한다. 선은 눈에 보이지 않으며 그 크기와 전부를 이해할 수 없으나 추호의 의심도 없이 누구에게나 공평하게 존재한다. 하지만 나는 선이란 태양이나 소금에 절이지 않은 무와 전혀 관계가 없다고 생각한다. 나의 과제는 다음과 같다. 평생 선하게 사는 법을 실천하게 해주는 깨달음을 어떻게 가르칠 수 있을까? 정밀히 측정한 도덕 나침반을 따라 내 안의 선을 따를 수 있다면 이는 모든 이의 우상이 되는 도구로 결국 '철학 군주(philosophenherrscher)'에 이르게 될 것이다.

* * *

플라톤에 따르면 인간의 최상위 목적은 자신의 행동을 제대로 파악하고 어떤 상황에서도 도덕적으로 올바르게 행동하며 여러 대안이 존재할 때에도 이상적인 확신에 따라 결단하는 사람이 되는 것이다. 항상 그렇게만 살 수 있다면 말이다! 현실로 이뤄지기에는 지나치게 이상적인 꿈이 아닐까? 또는 상상만 해도 한숨이 나올지도 모른다. 이 얼마나 지루한 인생인가! 어떤 경우든 질문은 같다. 실제로 그렇게 사는 것이 가능할까?

선한 사람: 항상 선을 생각하고 선하게 행동하며 사는 사람.

선은 옳음(正)과 동일시되기에 선한 사람은 일찍이 위험한 풍랑에 빠진다. 옳음은 시대에 따라 끊임없이 몰락하지만 선은 어떤 붕괴에도 살아남는다. 옳음과 선 사이의 아리송한 균형 때문에 선한 사람들이 골반 골절상으로 고통받고 있다.

- 가이 레베니히

잠시 가정해보자. 당신에게 어마어마한 경제력이 있다고 상상해보라. 예를 들어 100억만 유로가 있다고 가정해보자. 정말 상상도 못할 엄청난 액수다(망해가는 은행을 구하려고 다 내놓지 않는다면 말이다). 아무리 개인의 모든 물질적인 욕구를 완전히 충족시킨다고 해도 이렇게 엄청난 금액은 필요하지 않다. 따라서 당신은 선한 의도로 지갑을 열 수 있을 것이다. 이제 당신 차례다.

이 돈으로 누구를 돕고 싶은가? 사하라, 에티오피아, 인도의 배고픈 아이 수백만 명이 눈앞에 아른거릴지도 모른다. 또는 매일 몇 천 제곱미터가 화염으로 사라지는 브라질, 인도네시아의 열대 우림이나 멸종 위기에 놓인 희귀 동물 또는 기후에 막대한 영향을 미치는 열대 우림이 떠오를 수도 있다. 어디 그뿐인가? 저 넓은 바다도 우리의 보호가 필요하다. 기후를 위해 중국 발전소에 최신식 여과기술이 제공되도록 중국에 자금을 기부할 수도 있다. 그 밖에도 르완다, 소말리아처럼 내란이 일어났거나 위기에 놓인 국가에 돈을 기부함으로써 가난한 사람들을 경제적으로 도울 수 있다.

의심할 것도 없이 이런 일은 모두 올바로 선택한 것이다. 세상에 필요한 선행은 너무나 많다. 그리고 100억만 유로는 분명 큰 도움이 될 것이다. 자, 이제 당신은 무엇을 위해 돈을 쓸 것인가? 곰곰이 생각할수록 결정하기 힘들다는 것을 깨닫게 될 것이다. 선이라는 영역은 평가하거나 측정하기가 매우 어렵다. 어느 누구도 도덕이라는 잣대를 손에 쥘 수 없다.

투자 결과만 생각하며 고민하다 보면 부정적인 점이 눈에 들어올 수도 있다. 예컨대, 브라질에 살고 있는 인디언 원주민이 야생 동물을 사냥하거나 팔지 않도록 돈을 기부한다고 상상해보라. 무슨 일이 일어날까? 어쩌면 짧은 기간이나마 인디언은 그러지 않는 척 당신을 기만할 수 있다. 그러나 결국 일부만이 엄청난 부자가 되고 나머지는 열대 우림을 또다시 고갈시킬 것이다. 그뿐만 아니라 특권층도 대목장을 지을 것이며 이 또한 밀림을 훼손하는 길이다. 물론, 운 좋게 인디언이 모범적인 태도를 보일 수도 있다. 그러나 이런 모습이 얼마나 지속될 것인가? 게다가 세상에는 당신이 구제할 수 없는 엄청나게 많은 불우이웃이 존재한다. 결국 그들 사이에 시기와 질투가 만연할 것이다. 초조함과 불안감이 팽배하여 결국 내란으로 이어질 수도 있다. 르완다나 소말리아에 베푼 온정이 결과적으로 상황을 악화시키는 도화선이 되기도 한다. 그렇다면 중국은 어떨까? 당신 돈으로 중국이 새로운 여과 기술을 도입하고 최신식 시설을 구축한다고 가정해보자. 어떤 일이 벌어질까? 아마 급성장하는 산업을 바탕으로 수요를 충족하기 위해 추가로 발전소를 세울 것이다. 게다가 중국의 저렴한 전력이 독일 시장에 공급된다면 독일 전력기업은 분명 끙끙 앓는 소리를 낼 것이다.

따라서 이런 시나리오의 세부사항까지 깊이 생각할 필요가 없다. 또한 내가 베푼 선행 결과가 예상하지 못한 혼돈을 가져온다 해도 꼭 나쁜 것만은 아니다. 하지만 최소한의 문제는 고민해볼 필요가 있다. 세상에 선행을 하려는 다양한 목적과 방법이 있다고 할 때 그 정당성과 가치를 판단해주는 기관은 무엇이란 말인가? 플라톤 또한 이 부분이 선을 강조하는 자신의 이론에서 가장 민감한 사항이라는 것을 알고 있었다. 그러나 이 질문에 쉽게 답변하지 못했다. 후기 대화편인 『대 히피아스』에서 플라톤은 일반적으로 선은 상대적이라고 주장했다.[01] 내가 생각하는 선의 개념과 가치가 다른 사람과 같다는 보장은 없다. 예컨대, 아킬레스는 타고난 모험가이자 전사였지만 배려심이 많고 다정다감한 아버지상은 아니었던 것이 분명하다. 아킬레스에게 위대한 전사는 선이고 다정한 아버지는 악이다.

플라톤은 이런 상황을 개인적인 성향과 보편적인 선의 개념 사이에 존재하는 하나의 이견으로 보았다. 선을 따르는 사람은 자신의 성취감과 보람 있는 삶을 위해 선을 실천한다. 그러나 인간은 보편적·근본적으로 옳은 일(칼론, kalon)을 할 때보다 나의 관점에서 끌리는 일(아가톤, agathon)을 할 때 성취감을 느낀다.

이 두 개념 사이의 균형은 플라톤에게 풀리지 않는 숙제였다. 보편적 선과 나만의 선을 어떻게 결합할 것인가. 그런데 이런 논쟁 말고는 해결 방법이 없을까? 앞서 100억만 유로의 사례로 우리는 보편적 선과 내게 선이 아닌 것을 계속 주시하지 않으면 상상도 못할 엄청난 사건으로 이어질 수 있다는 것을 살펴보았다. 도대체 누가 선의 가치를 판단하고 우선순위를 판단해줄 것인가? 최고의 삶을 살고자 할 때는 물론 여러 가능성을 선별할 때도 이런 혜안이 필요할까?

나도 살면서 이 문제를 아주 깊이 고민했다. 1984년 고등학교를 졸업한 뒤 나 자신이 생각하는 선행을 직접 실천하려고 국제사면위원회에 가입했다. 전 세계 정치포로 수감 문제를 다루는 이 기관을 처음 접하자마자 내가 해야 할 일이라는 확신이 섰다. 그러나 유고슬라비아 포로 사건으로 이 단체에 깊이 실망했다. 망명 신청서를 제출한 보스니아 기계공학 엔지니어 사건은 이란의 호메이니부터 유고슬라비아까지 중계되었다. 그러나 결국 11년형을 받았다. 이 기관은 나에게 더는 어떤 동기도 부여하지 못했다. 당시 나는 유고슬라비아를 사악한 국가라고 생각하거나 이슬람 문화를 미개하다고 생각해본 적도 없었다. 차라리 고문실에 갇힌 칠레의 강직한 사회주의자 아우구스토 피노체트를 도울 수 있었다면 얼마나 좋았겠는가! 하지만 그로써 교훈을 얻었다. 불의에 맞서는 것은 히트곡 차트나 세계관의 우선순위를 논하는 것과 차원이 다르다. 국제사면위원회의 논리와 윤리에 따르면 인권침해는 이유와 장소를 불문하고 인권을 훼손하는 모든 사건이다.

우리 인생도 이와 같은 건 아닐까? 언제나 관습과 선을 중시하는 도덕도 그리 다르지 않다. 그런 관점에서 볼 때 국제법정에서 결정하는 윤리에 따라 내려지는 판결은 적절하지 않을 때도 있다. 곤경에 빠진 지인에게 돈을 빌려주든, 내 아이를 세례받게 하든, 국제적 자선단체에 얼마를 기부하든 모든 결정은 법정에서 내리는 도덕적 판결과는 무관하다.

항상 선의 관점에서 생각하고 실천하며 생활하기란 매우 힘든 일이다. 플라톤에 따르면 선행에도 정의와 진리, 성실과 애국심, 용기와 가족의 의미 등 분명한 등급이 있다. 언제 어디에서나 명확하고 뚜렷한 도덕 잣대의 눈금은 윤리적 행동이나 성향을 표시한다. 플라톤은 갈등이 처음부터 있는 것은 아니라고 주장했다. 선의 개념을 충분히 받아들이고 생활하며 모든 것을 선에 따라 구분하는 현명한 사람은 어떠한 경우에도 곤란한 문제에 빠지지 않는다. 기껏해야 가상논쟁에 빠질 뿐이다.

현재의 관점으로 보면 이는 매우 기묘한 개념이다. 물론 플라톤이 살았던 시기에도 마찬가지였다. 아테네의 디오니소스 극장에서 관중은 아이스킬로스, 에우리피데스, 소포클레스의 작품에 열광했다. 특히 에우리피데스, 소포클레스 두 작가는 플라톤이 젊었을 때 대중에게 존경받던 백발의 명사였다. 그들이 남긴 비극의 주제는 무엇인가? 바로 선행과 그 시절 팽배하던 모순에 대한 논쟁이다. 육안으로는 똑같이 중요하지만 성향이 완전히 다른 두 개의 선, 책임, 감정 또는 목표 사이에서 결정을 내리는 것이야말로 진정한 '비극'이라 할 수 있는 논쟁이었기 때문이다. 소포클레스는 이것을 모든 작품의 핵심 주제로 삼았다. 인간의 법규와 신의 계율이 논쟁의 쟁점이었다. 결국 일치할 수 없는 선의 개념으로 인간의 의무 또한 서로 경쟁하게 된다.

비극의 세계에서 선행이란 고결한 것만은 아니었다. 이런 환경에서 특정 상황에 관해 옳고 그름을 말하기는 매우 어려웠다. 믿음, 신의, 우정, 가족, 용기, 법에 대한 경외심 등 그 가치를 인정받아야 하는 개념도 마찬가지였다. 모든 개념이 뒤죽박죽 섞여 곤두박질치고 온 세상에 죽음, 혼돈 그리고 슬픔이 퍼져나갔다.

플라톤에게 비극이란 혐오의 대상이자 위험하고 비윤리적인 것이었다.

플라톤이 소포클레스나 에우리피데스의 학문에 조금이라도 매력을 느꼈더라면 극장에서 그들의 공연을 보면서 큰 감동을 느낌과 동시에 충격을 경험했을 것이다. 그러나 플라톤은 비극이 사람들에게 혼란을 야기할 뿐이라고 생각했다. 따라서 도덕적 측면에서 드라마가 모든 학문 중 가장 불분명하다고 보았다. 등장인물의 애매한 태도와 악한 성향을 보면서 즐거워하는 관객들을 보며 플라톤은 참으로 당황스러워했다. 그런 공연에 빠져들었을 연기자들은 말할 것도 없다. 따라서 플라톤이 이상적으로 꿈꾸던 국가 정치에서 극장 공연을 규제하기 위해 여러 가지를 강력히 금지한 것은 전혀 놀랍지 않다.

윤리 지향적 세계를 추구하던 플라톤의 선 개념은 극장에서 공연하는 세상에 대한 저항이자 현실에 저항하는 시도가 아니었을까?

절약을 예로 들어보자. 허랑방탕하게 돈을 쓰고 낭비하는 것은 분명 옳지 않은 행동이다. 반면 절약은 어떠한가? 절약은 일종의 선행이다. 하지만 절약하려면 꼭 인색하고 매정한 사람이 되어야 할까? 낭비도 마찬가지다. 용기 또한 분명 선행이지만 국방의 의무를 다하기 위해 전쟁지역에서 아이들을 학살하는 나치 비밀경찰은 존경이 아닌 멸시와 혐오를 받아 마땅하다. 또 진실은 어떠한가? 장소, 시간을 불문하고 진실만 말하는 것이 옳은 걸까? 직장 상사에게 일말의 꾸밈도 없이 생각나는 대로 보고해도 좋은 걸까? 이런 행동은 대부분 지나치게 무모하다고 평가받는다. 항상 매사에 옳고 정당함을 고민하는 지나치게 진지한 사람은 어떻게 생각해야 할까?

필요 이상으로 진지하게 받아들이면 선행은 급속도로 난관에 부딪힌다. 게다가 이런 상황이 반복되면 될수록 상황은 힘들어진다. 동료를 배반해야 하는 처지에서 괴로워하는 사람이 있다. 그는 왜 죄책감을 느끼는 걸까? 진리에 위배되기 때문일까? 그렇지 않다. 친구를 보호해야 하는 책임감 때문일까? 어쩌면 그럴 수도 있다. 자기 보호 본능 때문일까? 물론 그것도 가능하다.

극적인 비상상황이 아니라도 선행은 엉망진창이 되기 쉽다. 아무리 좋은 의도로 시작해도 결과는 항상 생각대로 되지 않는다. 어느 누구보다 이 문제를 중점적으로 다룬 러시아 출신의 유대계 영국 철학자 이사야 벌린은 "평범한 일상을 살아가는 사람은 자신이 추구하는 최종 목표와 절대적 가치 사이에서 내리는 결정이 매우 중요하다. 그중 일부를 실천하려면 일부를 포기해야 한다"라고 주장했다.[02]

여기서 우리가 얻는 깨달음은 무엇인가? 플라톤은 선의 개념을 최상위로 두었다. 하지만 선이란 구체적으로 살펴보면 매우 불분명한 개념이다. 때로는 가치와 이상이 서로 대립하며 어느 한쪽을 결정할 수 없는 논쟁으로 이어진다. '본래 타고난' 적절한 비율에 대해서 말할 수 없다.

플라톤 또한 선을 실천하는 방식에서 여러 형태의 인생이 존재한다고 생각했다. 그러나 플라톤이 인정하고 싶지 않았던 것은 이 결정이 쉽게 설명되지 않으며 모순적이라는 사실이다. 하나를 위해 내린 결정은 항상 또 다른 하나에 대립하는 결정을 내리는 것과 같다. 특정 가치를 위한 결정이 때로는 다른 가치의 희생으로 이어진다. 100억만 유로가 생기면 어떻게 할지 고민했던 사례처럼 그 돈을 날로 황폐해지는 브라질 밀림을 보호하는데 기부할 수 있다. 그러나 그로써 우리가 돕지 못한 에티오피아 아이들 수천 명이 기아로 목숨을 잃을 것이다. 뉴저지 프린스턴 대학교 교수이자 오스트레일리아 출신 철학자 피터 싱어는 1970년대 방향 전환의 결과를 논의했다. 크리스마스이브에 구세군이나 기아로 죽어가는 난민에게 기부하지 않기로 마음먹은 사람과 농민 몇 명을 총살하려고 에티오피아로 떠나는 사람이 있다고 가정하자. 두 사례의 결과는 최소한 같다. 결국 불쌍한 사람들이 목숨을 잃을 것이다.[03]

그의 주장이 옳다면 우리가 한 행동의 결과뿐만 아니라 하지 않은 행동으로 비롯되는 결과까지 모두 고려해야 할 것이다. 그러나 그런 식으로 생각하고 행동하다 보면 끝내 마지막에는 아무것도 결정할 수 없다. 아마 에우리피데스와 소포클레스의 작품에 등장하는 주인공처럼 답이 없는 딜레마에 빠지거나 미쳐버릴 것이다.

따라서 선은 존재하지 않는다고 말할 수 있다. 어쨌든 무엇보다 중요한 가치의 우선순위 형태로는 존재하지 않는다. 선을 개념화하는 것은 특별히 좋은 생각이라 할 수 없다. 선이라는 말보다 실제로 존재하지 않지만 내면에서 성취하길 바라는 '이상'이라고 해야 한다. 플라톤 철학을 따르는 일부 학자들은 선의 개념을 구체적으로 설명했다. 그러나 이들은 플라톤 또한 이상적인 인생을 구체적으로 제시하지 못했다고 못을 박았다. 인간은 살면서 때때로 잘못 결정하고, 값진 것을 잃어버리며, 남을 위해 숭고한 생각을 접거나 포기하기도 한다. 이 책을 쓰는 동안 나는 아내와 시간을 보내거나 아이들과 놀아주지 못했다. 오래전부터 소식을 기다리는 친구들에게도 연락하지 못했다.

이상적인 선은 닿을 수 없는 저 높은 곳에 있는 한편 대개 모순적이다. 올바른 결정에 따라 추상적인 의미에서 선이 항상 선으로 남으려면 상황에 따라 그 의미가 변할 수밖에 없다. 이 장 도입부에 인용한 레베니히의 글처럼 선과 옳음이 일치되는 경우는 드물다고 가정할 수 있다.

세상 경험이 별로 없는 사람만이 중립적인 관점에서 쉽게 자신의 의지에 따라 결정하며 항상 선하고 올바르게 생활할 수 있다. 나를 둘러싼 혼란이 적고 사회와 덜 접촉할수록 선을 실천하기가 쉬워진다. 어쩌면 이런 맥락에서 예수, 부처, 프란츠 폰 아시시 등 여러 성직자가 선을 간단한 것으로 칭송한 것인지도 모른다. 성인은 도덕뿐만 아니라 사생활도 세상의 복잡한 이치와 분리했다. 플라톤이 말하는 도덕은 수도사를 위한 윤리나 다름없었다. 앞서 언급했듯이 그의 전반적인 정치 인생에 관한 평가는 그리 긍정적이지 않았다. 그리고 훗날 '철학 군주'로 입지를 굳힌 플라톤의 제자들 또한 그에게서 교육받은 뒤 비교적 '비사회적'인 인사로 성장했다. 통치자로서 그들은 점성가가 별을 살펴보듯 세상에서 한 걸음 물러나 혜안으로 생각을 들여다보는 구루처럼 행동했다.

그러나 단순히 고찰만으로는 의심스러운 문제를 정확히 깨달을 수 없었기 때문에 플라톤 또한 직접적인 경험이 필요했다. 플라톤이 40세 되던 해 그는 국가로부터 관직을 제안받는다. 아마도 자신의 철학을 구현해볼 수 있는 적절한 기회였을 것이다. 플라톤은 즉시 그 기회를 잡았다. 친구의 주선으로 플라톤은 시칠리아 독재자 디오니시오스 1세의 궁정에 들어갔다. 그러나 플라톤의 정치적 개입에 독재자가 어떤 반응을 보였는지는 알려진 것이 없다. 어쨌든 플라톤은 아테네의 슈퍼스타였지만 스스로 의아해했던 부분을 정교하게 실행해보고 싶었을 것이다. 또한 플라톤은 초기에 디오니시오스가 국가와 인생에 관한 철학을 배우고 싶어한다고 믿었다.

그러나 플라톤이 개입할수록 왕은 분노했다. 당시 숨 막히는 상황은 상상조차 할 수 없을 정도였다. 어떠한 상황에서도 마음의 시와 권력의 산문 사이를 오가던 플라톤의 위태로운 줄다리기는 끝났다. 두 차례 반역이 일어난 뒤 디오니시오스의 아들과 후계자는 방년 20세와 25세의 나이에 비참하게 처형되었다. 두 차례의 반역을 주동한 플라톤은 천신만고 끝에 아테네로 귀향했다.

그는 고향에서 성공을 바라지 않았다. 고령의 플라톤은 아테네 시민들에게 자신이 생각하는 선을 전파하기 위해 여행을 떠났다.[04] 그러나 그에게 돌아온 것은 무관심과 거부였다. 80세에 세상을 떠난 위대한 철학자 플라톤은 시칠리아에서 혁명을 벌였을 때처럼 아테네에서도 실패했다. 당시 의미 없는 전쟁을 일으키며 꼼짝달싹 못하게 묶여버린 절대 권력층이 물러났다. 고대 세계의 나토(NATO)라 할 수 있는 아티카 해상연합은 패전했다. 마케도니아의 통치가 시작되면서 민주주의는 끝났다. 시대 정신은 사라지고 무례한 군사정권이 들어섰다.

그러나 플라톤이 주장한 선의 개념은 그 명맥을 이어갔다. 인생이란 더 중요한 선택의 연속이라는 사상을 바탕으로 사람은 사는 동안 '선한 사람'이 되기 위해 노력하며 헌신해야 했다. 선을 선택하는 사람은 온전한 인생을 누릴 기회를 얻은 것이다. 그리고 이 가능성을 포기한 사람은 무지하고 도덕적으로 미숙한 사람으로 남았다. 기독교는 이런 플라톤의 사상을 이어받아 새로운 도덕적 선택을 제시했다. 즉 신을 믿고 신의 선함을 나누는 사람은 신이 바라는 삶을 사는 것이다. 그렇지 않으면 지옥에 떨어진다. 오늘날 다수가 공감하지 못하는 그리스도교(이슬람교)가 제안한 선택의 내용은 가혹했다. 신앙심이 깊은 범죄자의 가치가 바른 생활을 하는 무신론자보다 높게 평가되었다.

사람들은 대부분 윤리에 무관심했고 신앙이 있는 사람들에게도 이는 삼키기 힘든 쓴 약이었다. 사람은 어떻게 살아야 하는가? 수도원의 도서관 관리와 상파울루나 콜카타 거리의 고아를 돌보는 사람이 신에게서 동등한 평가를 받는다는 것이 과연 옳은 걸까? 여러 종교단체의 생각처럼 진정 그것이 옳다면 인생에서 올바른 선택이 무엇인지 묻는 질문에 고민하며 어렵게 결정하지 않아도 될 것이다.

그러나 우리는 이 모든 상황을 긍정적으로 생각해야 한다. 긍정적으로 생각하면 선택지가 여럿일 수 있다는 것도 그리 나쁘지만은 않다. 그렇지 않은가? 선택권이 전혀 없고 개개인의 결정권이 사라진 사회를 상상해보라. 그것은 신념이나 도덕의 독재주의다. 스탈린주의, 국가사회주의, 그 밖의 여러 종교적 독재는 이와 같은 모델을 시도했다. 그러나 모든 결과는 끔찍했다. 여러 가능성을 하나의 선택으로 정리하자(공산주의자 또는 공산주의자가 아닌 사람, 나치 또는 나치가 아닌 사람, 신앙인 또는 신앙인이 아닌 사람) 모든 반박과 불일치는 체계의 토대를 뒤흔들었고 그 즉시 저항으로 이어졌다. 이상적인 사회와 잔인한 억압으로 가는 길은 종이 한 장 차이다. 의도가 아무리 선하다 해도 끝없는 고난과 불행을 합법적으로 인정할 수는 없다.

상황에 따라 정의가 다르겠지만 선이라는 독재 아래 놓인 사회는 수백 년 동안 모든 건축가가 꿈꿔온 총체적인 이상 도시만큼이나 죽은 것과 마찬가지다. 스위스 건축가 르코르뷔지에가 설계한 파리의 미래는 온통 사각형으로 구획된 도면과 주택으로 가득 찬 기하학적 사막이다. 그 안에는 예기치 못한 놀라움이나 평가할 수 없는 특별함, 우연성이라고는 조금도 없다. 다른 말로 표현하면 그 안에는 삶 자체가 전혀 없다!

자신을 위한 선은 존재하지 않는다. 알베르트 아인슈타인이 말했듯이 "도덕은 신의 영역이 아닌 순수한 인간의 문제다".[05] 선은 인간만이 지닌 아름다운 생각으로 아마 동물의 세계에는 존재하지 않을 추상적 개념이다. 침팬지나 고릴라가 선과 악을 구분한다고 할 만한 근거는 없다. 아마 그들에게는 특정 상황을 긍정적 또는 부정적으로 평가하는 것만으로도 충분할 것이다. 어린 원숭이는 어미와 놀이를 하면서 즐거움과 애정을 느낀다. 하지만 새끼 원숭이 형제가 자기 손에서 바나나를 낚아채 먹어버리는 순간 화를 내고 공격성이나 좌절감을 분출한다. 추상적인 선 또는 악 그리고 그로부터 파생되는 기준은 인간을 제외한 모든 동물에게는 가장 낯선 개념이다.

거의 전 세계 사람들이 '선'이라는 단어를 사용하는 것만 봐도 오늘날 선은 분명 세상에 존재한다. 게다가 선을 주제로 한 책이 수십만 권이나 출판된 것만 보아도 선은 이제 은밀한 비밀이 아니다. 그런데도 실제로 선이 무엇인지 명확하게 정의한 책은 없다. 영국의 언어철학자 길버트 라일은 불분명하고 정의되지 않으며 혼동되는 표현은 쓸모없다고 생각했다.[06] 그러나 선한 의도로 시작했지만 상황에 따라서는 악으로 끝나기도 한다. 반면 악에서 선이 나타나기도 한다. 따라서 선은 특정 행동이 아닌 판단의 문제다. 예컨대, 독일의 모든 정당은 국익을 위해 '최선'을 다한다고 말하며 스스로 그렇게 믿는다. 그러나 국가를 위한 최선의 행동은 정작 고함치고 싸우며 서로 비웃는 것이다. 또 선을 위해 싸운다고 외치면서도 정직하지 않은 방법과 증오와 비난을 합법적 수단으로 삼아 서로 생채기를 낸다.

내게 선한 것이 다른 사람에게도 그렇다는 법은 없다. 그러나 이런 식으로 선의 개념이 붕괴된다면 진정한 가치가 사라지는 것은 아닐까? 진정 선은 상대적인가? 자신에게만 의미 있는 것을 선하다고 말할 수 있을까? 플라톤이 제안한 선행을 평가하는 체계가 사라진다면 그 자리는 무엇으로 대체할 것인가?

여기서 우리는 플라톤을 옹호해야 한다. 도덕은 가치와 평가의 등급 또는 우선순위 없이는 존재할 수 없다. 그리고 이 부분에서 우리는 핵심 문제와 마주한다. 그것은 바로 현대사회의 딜레마다. 서유럽 사람들은 대부분 도덕 세계의 질서를 믿지 않는다. 신 또는 타고난 계급과 가치의 존재를 의심한다. 일상과 사회에서 도덕적 결정을 내리고 타인의 결정을 판단하는 데 필요한 규제는 절대적이다. 그러나 나치 비밀경찰들은 강제수용소에서 벌인 참사를 어떻게 '사회의 질서'라 분류할 수 있었을까? 고소득층이 많은 부유한 국가의 국민은 이른바 제3세계라고 하는 국가에서 해마다 700만 명의 아이가 기아로 죽어가는 문제를 어떻게 생각하는가? 2008년, 전 세계적으로 수십억만 달러를 날려버린 금융권의 행동을 어떻게 평가해야 할까?

* * *

선의 개념에 관한 플라톤의 오류에서 우리는 타인을 비롯해 만인에게 적용되는 완전한 '선'은 없다는 교훈을 얻는다. 선이란 상대적인 개념이다. 그러나 때때로 절대적 요구를 동반하는 상대적인 개념이라는 독특한 특징이 있다. 그리고 이 모순은 불가피하다. 진정 이 세상 사람의 인생과 사회에 선이 존재하지 않는다면 아마 우리는 선이 절대적으로 필요하며 객관적 가치인 것처럼 행동하게 될 것이다.

* * *

그 이유와 이런 균형을 설명하는 근거는 좀 더 심층적으로 살펴보아야 한다. 그러나 그 전에 지금까지 언급하지 않았던 선의 이면, 즉 악을 살펴봐야 한다. 플라톤도 알고 있었듯이 윤리적 관점으로 결정할 때 우리는 두 가지를 생각한다. 선이란 무엇인가? 그리고 나에게 적용되는 선이란 무엇인가? 고대의 영웅 아킬레스는 자신의 성향을 감안하면 전쟁만이 유일한 인생의 길이라고 했다. 그렇다면 개인적인 삶의 성향이 선보다 상위 개념인 걸까? 실제로 나 역시 대부분 '나에게 이득이 되는 것은 무엇인가?'라는 생각에 따라 행동한다. 인간은 자신에게 확실한 이득이 있을 때 행동에 옮기는 것은 아닌가? 다시 말해, 선과 악을 떠나 우리 모두 이기주의자는 아닐까?

03
늑대 무리 중 가장 늑대다운 늑대

악이란 무엇인가?

> 인간이 악하다는 것을 깨닫는 데는 단 하루면 충분하다. 반면 그가 선하다는 사실을 깨달으려면 인생 전부를 걸어야 한다.
>
> - 테오드르 주프로이

독일의 양대 도서 박람회 중 하나인 라이프치히 도서 박람회는 아름답기로 정평이 나 있다. 도시 전체에서 개최되는 문학 낭송회와 도서 발표회는 독자들의 발걸음을 사로잡는다. 2009년 봄, 박람회장 입장이 시작되자 관객들은 즐거운 마음으로 자기 차례를 기다렸다. 박람회 기간에는 저자가 독자와 소통하고 함께 토론할 수 있는 다양한 기회가 있었다. 한 남성이 부스로 다가와 다소 격앙된 목소리로 말했다. 그는 『나는 누구인가』는 매우 즐겁게 읽었지만, 당시 출간된 지 얼마 되지 않은 신작 『사랑, 그 혼란스러운』에서 보이는 내 생각은 완전히 틀렸다고 말했다. 그는 자신이 그렇게 판단한 이유를 빠른 속도로 하나씩 짚어나갔다. 그는 전작에서 인간의 사고와 행동의 생물학적 토대를 바탕으로 일부 철학적 환상을 깨뜨린 시도에 매료되었다고 털어놓았다. 그런 만큼 두 번째 책에서 사랑에 관한 생물학적 근거를 신뢰하지 않는다는 내 생각에 매우 실망했다고 말했다. 당시 나는 사랑을 성적 만족과 종족번식 법칙에 따른 생물학적 메커니즘으로 설명하지 않았다(그리고 지금도 그 생각은 변함이 없다). 좀 더 정확히 말하면 남녀의 로맨틱한 사랑처럼 사람에게 특별한 마법을 거는 절대적인 힘이 문화에 존재한다고 썼다.

내가 그린 인간의 문화적 본성은 비평적인 시각을 가진 독자가 받아들이기에 지나치게 순진하고 긍정적이었던 것이다. "그런데요." 그는 말을 이었다. "본래 사람의 본성은 악하고 예의가 없습니다. 문명이라는 껍데기를 벗겨내고 모두 벌거벗으면 인간은 순수한 생명체이자 이기적인 야수가 되어 배려심도 없고 잔인하답니다. 그렇게 되면 문화가 아닌 본능적인 욕구에만 반응할 것입니다."

시끌벅적한 도서 박람회장은 깊이 생각하기에는 적합하지 않은 곳이다. 그래서 집에 돌아와 서재에 앉아 깊은 생각에 잠겨 다시 한 번 정리해보려고 노력했다. 그 사람의 생각이 옳은 걸까? 정말로 인간은 야수의 본성을 가졌는가? 문명이라는 허울 아래 맹수의 모습을 숨기고 있는 걸까? 악이 선보다 근본적인 본성인가? 이로써 세상에 일어나는 수많은 재해와 재앙이 설명되는 걸까?

잘못된 생각이 일으키는 파장은 엄청나므로 이는 매우 심오한 문제다. 도대체 인간은 얼마나 이기적인 걸까? 경우에 따라 다르다는 답이 곧바로 떠오를 것이다. 그러나 이런 질문은 개개인, 즉 여러분이나 여러분의 친구, 적이 아닌 보통 '인간'을 대상으로 던진다. 인간의 본성이 이기적이라고 한다면 철학자들은 크게 반겼을 것이다. 다시 말해, 호모사피엔스의 본능 속에 숨겨진 이기적 성향은 얼마나 되는가?

철학사를 유심히 살펴보면 철학자 대부분이 인간의 본성이라는 주제로 긍정적인 그림을 그렸다는 것을 발견할 수 있다. 인간의 천부적인 악한 본능보다 선함을 믿는 이가 더 많았다. 또 철학자들, 특히 윤리철학자들은 직업의 성향상 아주 긍정적인 사고의 소유자들이었다. 반면 인간의 악한 본성을 주장한 이들이라도 인간을 훈육으로 양육하는 길을 발견한다. 이런 모든 정황으로 볼 때 철학사가 지극히 긍정적인 것은 인간이 선하기를 바란 사상가들의 모습이 반영됐기 때문은 아닐까?

그러나 철학사에도 분명 비관론자는 있었다. 일반적으로 인간의 악한 본성을 주장하는 증인으로 영국의 토머스 홉스가 대표적이다.[01] 홉스는 1588년 윌트셔 웨스트포트에서 태어났다. 홉스의 인생은 전쟁이 일어난 격동의 시기와 함께 시작했다. 홉스가 태어나던 해 역사상 최고의 해상 전투력으로 칭송받던 스페인 무적함대가 영국을 공격했다. 홉스는 영국인 특유의 유머로 당시를 회상했다. "어머니는 쌍둥이를 낳았다. 그건 바로 나와 두려움이다."[02] 그는 어릴 때부터 천재적 재능을 보였고 15세 되던 해에는 옥스퍼드 대학교에서 논리학과 물리학을 공부했다. 그러나 결국 데본셔 백작을 맡고 있는 귀족 가문 캐번디시 가에서 가정교사로 지내면서 생활한다. 그런 생활은 홉스에게 조용한 삶과 방대한 개인 도서관을 제공했고 영향력 있는 집단과 교류할 수 있는 기회를 주었다.

홉스는 장기 여행을 떠나 르네 데카르트, 피에르 가상디, 갈릴레오 갈릴레이를 비롯한 여러 철학자와 과학자, 즉 당대 대학자들과 친분을 쌓았다. 홉스에게는 인간 본질의 발견이라는 숭고한 목표가 있었다. 생물학에서 사회학, 정치학을 토대로 홉스는 완벽한 집을 지으려 했다. 그러나 격동의 시기는 그를 원대한 목표에서 점점 멀어지게 했다. 당시 영국 사회는 붕괴 직전으로 몰려 멈출 수 없는 길을 질주하고 있었다. 지방과 도시에서 국민, 귀족과 평민, 영주와 수공업자의 갈등이 나날이 심각해졌다. 천주교와 여러 신교도 종파의 마찰이 점차 격화되면서 17세기 초반 영국에는 현재 전 세계의 모든 그리스도교 종파의 수보다 훨씬 많은 종파가 있었다. 1642년, 시민혁명이 일어나던 해에 홉스는 55세였다. 왕의 정당이 정권을 잡기 전에 홉스는 새롭게 급부상했다. 『시민론』과 『리바이어던』 두 작품에 홉스는 자신이 생각하는 올바른 국가와 충실한 국민의 행동을 발표했다.

홉스는 애초 계획처럼 명확한 생물학적 연구로 시작했지만 정치학에서 난관에 부딪혔다. 문제는 호기심에서 비롯했다. 본래 사람은 모두 '자연 상태'라는 야생에서 생활했다. 야생은 '만인의 만인에 대한 투쟁'이 지배하는 곳이다. 홉스는 원시인에 관한 지식이 전혀 없었지만 당시 '인디언'의 삶에 얽힌 이야기와 자료를 수집했다. 홉스는 자연 상태의 인류에게는 모든 것이 뒤죽박죽이었을 것이라고 가정했다. 인간이 스스로 자신을 돌보고 타인에 대한 두려움과 공포를 이겨내야 했다. 그러나 혼자서 이런 상황을 극복하기는 쉽지 않았고, 끝내 인간은 서로 이해하기 시작했다. 결국 인류는 이런 상황을 개선하려고 상호 '계약'을 체결했다. 이때부터 절대 군주가 등장해 인류를 지배하며 필요에 따라 체벌과 권력으로 삶의 규칙을 세웠다. 원시상태의 인간은 오래전 물려받은 자유를 신변안전과 교환한 것이나 다름없다. 그렇게 함으로써 모든 상황이 좋아졌다.

그러나 홉스는 두 작품으로 그리 큰 호응을 얻지 못했다. 거의 모든 비평가가 홉스가 주장한 원시상태의 역사에서 배제된 신의 존재를 그리워했다. 찰스 2세는 홉스가 신교뿐만 아니라 구교까지도 믿지 않는다는 것을 불만스러워했다. 홉스에게 군주는 신앙과 전혀 상관없었다. 참혹한 종교

전쟁 시대에서 어느 편도 아닌 사람은 배반자나 다름없었다. 하지만 분명한 것은, 선은 구교도 신교도 아니다.

홉스는 매우 대담한 방식으로 접근했다. 그렇지만 그가 주장한 정권은 과하다 싶을 정도로 중립적이고 내용면에서도 미흡했다. 추측건대, 자연상태설을 뒷받침하는 역사적 근거가 부족하다는 것은 홉스도 이미 고려한 것으로 보인다. 홉스는 누구보다 강력한 군주가 국민을 통치하는 것이 근본적인 이성임을 증명하고자 했다. 그런 관점에서 홉스는 왕은 물론이고 왕의 적수였던 종교개혁자 올리버 크롬웰과도 잘 지낼 수 있었다. 종교는 홉스의 관심사에서 많이 벗어났다. 그러나 그 이유로 광신도들에게서 매번 비난을 받았고 여러 번 목숨에 위협을 받았다. 또 오랜 숙원이었던 생물학에서 사회학에 이르는 광범위한 시각으로 인간을 탐구하는 책을 출판했지만 상황은 전혀 나아지지 않았다. 종교인은 해부학을 신만의 영역으로 여겨 인간이 감히 접근할 수 없는 금기로 생각했다. 그러나 이 모든 상황에도 홉스는 부유하고 주변의 존경을 받는 행복한 사람으로 세상을 떠났다. 1679년, 91세 때였다.

"만인의 만인에 대한 투쟁"과 "인간은 늑대와 같은 인간"이라는 두 문구가 여러 차례 인용되면서 홉스는 인간의 본성이 악하다고 주장한 대표 철학자로 각인됐다. 그러나 그것이 진정 홉스가 전하고자 한 메시지였을까?

'인간은 늑대와 같은 인간(homo homini lupus)'이라는 표현은 사실 홉스의 생각이 아니라 로마의 희극작가 플라우투스의 작품에서 인용한 것이다. 홉스는 국가가 서로 전쟁을 벌이는 이유를 설명하기 위해 이 문구를 『시민론』에 인용했다. 홉스는 플라톤이 주장한 선 사상은 무용지물이라 생각했다. 실용주의자인 홉스는 플라톤의 사색만으로는 아무것도 행동으로 옮길 수 없었다. 홉스에게 신 또는 자연이 내린 도덕적 질서는 어처구니없는 소리나 마찬가지였다. 선과 악은 하늘이 아닌 인간의 행동에 대한 주관적인 해석이다. 모든 사람이 '자신이 좋아하고 즐거움을 얻는 것은 선, 괴롭고 힘들게 하는 것은 악'이라고 정의한다. 그렇기 때문에 홉스는 인간의 '본성'은 선하지도 악하지도 않다고 생각했다. 따라서 인간은 타고난 본성이 악하기 때문에 타인에게 늑대인 것이 아니다. 고의적인 악은 서로 이익이 충돌할 때 등장한다.[03] 자연 상태에서 자원이 부족하면 인간의 생존 본능에 따라 타인과 마찰을 일으킨다. 그리고 그 상황은 불가피하게 악화된다. 국가도 이와 다르지 않았고 지금도 마찬가지다.

홉스에 따르면 사람은 본래 아무 글자도 없는 백지나 다름없다. 교육, 생활 환경, 주변 영향력이 그 사람을 특정 방향이나 다른 방향으로 인도한다. 따라서 인간이 본래 악한 늑대의 본성을 닮았다는 주장은 홉스가 전하고자 했던 메시지와 다르다. 이는 사회성이 매우 뛰어난 동물이자 엄격한 규율에 따라 공동생활을 하는 늑대에게 모욕적인 언사다.

전제주의 국가의 강력한 군주를 옹립하기 위해 악한 인간상이 필요한 것은 아니다. 그것은 무정부주의로 이끄는 파렴치한 통치기관이 존재하지 않는 국가만으로도 충분하다. 그것이 홉스의 진정한 의도였다. 따라서 인간의 본성이 도덕 측면에서 악하다는 것을 홉스를 인용해 증명하고자 한다면, 번지수를 잘못 찾은 것이다.

그러면 누구를 찾아가야 할까? 그 역할은 홉스와 동향인 토머스 헨리 헉슬리가 맡으면 적격이다. 의사이자 당대를 대표하는 과학자이며 찰스 다윈과 뜻을 함께했던 동지 헉슬리는 전투적 성격 때문에 '불도그'라는 별명으로 불렸다. 헉슬리는 홉스에 비해 인류의 먼 친척뻘인 유인원을 포함한 동물세계의 행동에 관한 해박한 지식을 자랑했다. 다윈처럼 헉슬리도 인간의 행동이 동물세계에 근원을 두고 있다고 생각했다. 홉스가 가상의 '자연 상태'를 창조한 반면 헉슬리는 인간의 먼 혈통이라 볼 수 있는 유인원에게서 실질적인 흔적을 발견했다. 헉슬리의 자연 상태는 먼 과거에 살았던 실제 인류를 기본으로 삼았다. 1860년 헉슬리는 최초로 유인원과 사람을 동종으로 분류했다. 그리고 헉슬리는 기존에 인류와 동종의 혈통이라 분류된 고릴라 외에 유인원을 추가했다.[04]

서아프리카 현지에서 전해온 고릴라에 관한 새로운 소식은 서로 상충된 견해를 보였다. 대개 고릴라는 피에 굶주린 거대한 괴물로 사람을 잡아먹으며, 성적으로 여성을 편애하는 난폭한 야수라고 알려졌다. 하지만 그 외 다른 보고도 있었다. 영국의 학자 윈우드 리드는 고릴라가 온순한 채식 동물로 부끄러움이 많고 조심스러우며 사람에게 관심을 보이지 않는다고 보고했다.[05] 그로부터 30년이 흐른 뒤 학계는 리드가 보고한 견해를 정설로 받아들였다. 20세기까지도 동화 같은 킹콩 이야기가 이어졌지만 사실 학계는 오래전부터 진실을 알고 있었다.

다음 사건은 한층 더 놀랍기만 하다. 1893년 헉슬리는 옥스퍼드 대학교에서 강의실이 떠나갈 정도로 소리 높여 숙명적인 강의를 했다. 강의 주제는 '진화와 윤리'였다. 헉슬리는 타고난 인간의 본성은 악하다고 주장했다. 헉슬리는 인간의 본성이 다른 생명체와 마찬가지로 비윤리적인 야수라고 보았다. 오로지 살아남기 위한 생존 본능만이 최대 관심사로 그 대가로 잃는 것은 전혀 고려하지 않는다. 진화의 마지막 단계에서 인간은 도덕을 접한다. 도덕은 자연이 아닌 문화에서 만들어진 개념으로 "타고난 동물적 본성을 제거하기 위한" 인간의 "날카롭게 날이 선 칼"이다.[06] 헉슬리는 본능과 도덕이 서로 모순이라고 주장했다. 도덕은 인류가 타고난 본능, 즉 악을 제압하려 시도한다. 매일 정원을 가꾸는 정원사처럼 인간은 야생의 본능에 따라 자라는 잡초를 베어내기 위해 끊임없이 사투를 벌인다.

아마 이런 헉슬리의 모습을 알았다면 라이프치히 도서 박람회장으로 나를 찾아온 독자는 매우 기뻐했을 것이다. 최소한 자신과 뜻을 함께하는 사람을 찾았으니 말이다. 이 두 사람이 옳다면 인간이란 윤리적인 존재가 아니라 필요에 의해 도덕이라는 껍데기를 걸친 것이다. 그 안에는 여전히 야수가 도사리고 앉아 기회를 엿보고 있다.

진정 인간의 본성은 악한 걸까? 태어날 때부터 우리는 끔찍하고 무자비하며 이기적이고 잔인한 본성을 타고났을까? 헉슬리로 다시 돌아가 보자. 그는 19세기 진화론을 대표하는 중요한 학자다. 그의 목표 가운데 하나는 원생동물에서 척추동물로, 유인원에서 현재의 모습까지 사람의 진화를 둘러싼 비밀을 밝혀내는 것이었다. 헉슬리는 조상이 생활하던 주변 환경이 인간의 모습에 영향을 주었다고 확신했다. 따라서 현재 우리의 생활양식, 외모, 행동은 모두 진화의 결과다. 우리 몸 전체를 덮고 있는 털이 원숭이와의 관계를 증명하듯 우리 행동도 마찬가지다. 우리는 유인원의 후예이기 때문에 사회를 이루며 살고 대체로 권력을 추구한다. 그렇다면 세상에서 도덕, 배려, 친절, 협동심에 대한 능력을 예외로 간주해야 하는 이유는 무엇인가? 모든 것이 본능적으로 타고난 것이라고 할 때, 왜 그것들만 그렇지 않은가? 만약 헉슬리가 리즈의 보고서를 읽었다면 그 즉시 고릴라 또한 서로 협력하고 배려하는 사회적 동물이라는 사실을 깨닫지 않았을까? 그리고 실제로 헉슬리는 리즈의 보고서를 접했다고 한다.

간단히 말하면, 그의 강의 '진화와 윤리'는 헉슬리 자신이 그동안 주장한 논리와도 어긋났다. 지금껏 인류의 모든 행동의 시초가 자연에서 비롯된다고 주장해온 자신의 핵심 논리를 의식하지 못한 채 스스로 반박하는 상황이 된 것이다. 실제로 그는 어느 편지에서 다음과 같이 고백한다. "도덕에 관련된 질문의 정답은 자연에서 찾을 수 없다. 도덕이란 인류가 창조한

산물이다."[07] 헉슬리가 이런 관점을 갖게 된 이유는 무엇일까? 우리는 두 가지 근거를 추측해볼 수 있다. 첫 번째는 다윈의 이론이고, 두 번째는 헉슬리의 생애에 그 열쇠가 있다.[08]

다윈은 인간의 도덕심 또한 자연에서 비롯된 성향이라고 보았다. 1871년 다윈은 '인류의 기원'을 주제로 책을 쓴다. "지적 능력이 인간만큼 또는 인간과 비슷하게 진화한다면 사회적 본능(부모·자식 사랑을 포함한)을 지닌 모든 동물에게 도덕적 감정이나 양심이 나타날 거라고 확신한다."[09] 도덕은 인류가 진화하는 과정에서 생기는 필연적인 결과다. 다른 한편으로는 헉슬리처럼 다윈도 도덕이 오로지 사람에게만 있는 개념이라고 생각하기도 했다. "도덕이라는 감정은 어쩌면 사람과 저급 동물을 구분하는 가장 큰 기준일지도 모른다."[10] 이런 다윈의 두 인용문을 함께 보면 특이한 그림이 그려진다. 다윈은 도덕심이 자연에서 기인하지만 갈고닦아야 하는 본성이라고 주장하는 한편 동물에게는(비록 '아마도'라고 조심스럽게 접근했지만) 존재하지 않는 본성이라고 말했다. 다윈의 세계관에서 철학을 완성한 헉슬리도 이와 관련해 매우 불분명한 태도를 취했다. 그러나 의견을 관철하려면 결국 동물과의 공통점이나 차이점 가운데 하나를 선택해 강조해야 했다. 헉슬리는 도덕에 관해 깊이 연구한 뒤 이를 인간이 지닌 특별한 성향이라고 결론 내린다. 그만큼 도덕의 특징은 완전하지 못하고 제한적이다.

한편 헉슬리의 세계관에 영향을 준 또 다른 중요한 요인은 그의 집안 내력이다. 헉슬리의 아버지는 오랫동안 정신착란에 시달리다 광기에 사로잡혀 세상을 떠났다. 헉슬리의 두 형제, 조지와 제임스는 정신적으로 온전하지 못했다. 결국 한 사람은 일찍 세상을 떠났고 다른 한 사람은 평생 정신질환을 앓았다. 헉슬리 자신도 평생 심각한 우울증에 시달렸다. 또한 화가 존 콜리에의 아내이자 헉슬리가 사랑한 딸 마리온도 정신적으로 늘 불안정했다. 마리온은 딸을 낳은 뒤 산후 우울증에 빠져 거기에서 헤어 나오지 못했다. 그리고 1887년 폐렴으로 세상을 떠났다. 사랑하는 딸이 죽은 뒤 헉슬리는 좌절하여 깊은 시름에 빠졌다. 반 년 뒤 그는 논문 「생존 경쟁과 그것이 인류에 미치는 영향」을 발표했다. 단호하고 급진적인 문체로 인류의 무자비한 본성을 실명했다. 헉슬리의 주장에 따르면 진화는 아레나에서 펼쳐지는 전투사의 싸움이다. 강하고 영리하며 빠른 사람만 살아남는다. 싸움이 끝나고 그다음 날이 되면 또 다른 경쟁자에게 칼끝을 겨눠야 한다. 그로부터 5년 뒤 헉슬리는 옥스퍼드 대학교에서 악명 높은 강연으로 명성을 얻었다.

헉슬리는 도덕이란 "악한 본성을 타고난 인간이 개인적인 경험으로 습득하는 낯선 행동"이라고 간주했다. 그렇지만 이런 것이 생각지도 못한 의외의 결과는 아니라고 했다. 당대의 인간상은 시간이 흐를수록 그림자가 짙어졌다. 18세기 말 계몽운동을 계기로 인간이 지닌 원초적이고 동물적인 본능과 그것을 덮고 있던 문명이라는 얇은 허울이 분리됐다. 긍정적이고 우호적인 독일 계몽학자 요안 고트프리트 헤르더는 인류의 도덕성이 온전히 교육의 문제라고 생각했다. 인간성은 "끊임없이 갈고닦아야 하며 그렇지 않으면 다시 본래의 원초적 동물성을 찾아 야만적인 행동을 하게 된다". 그러나 19세기, 인간의 교육성을 강조하던 긍정론은 전국적으로 번진 비관론으로 대세가 기울었다. 헉슬리와 뜻을 같이한 작가 로버트 무질은 철학자 프리드리히 니체에게 다음과 같은 편지를 썼다.

"인간의 내면에서 단단한 암석 위에 토대를 두고자 하는 사람은 저속한 성향과 열정만 얻을 것이다. 자아 발견과 가장 밀접한 그것은 영속하며 어디에서나 참작될 것이기 때문이다. 따라서 숭고한 계획이란 모순투성이며 바람처럼 종잡을 수 없다."

결국 인간의 본성은 악한 걸까? 인간의 본성을 이런 관점으로 바라본 중요한 비평가는 네덜란드의 영장류학자이자 미국 애틀랜타 에머리 대학교에서 심리학을 가르치는 프란스 드발이다. 그는 이런 관점에서 인간을 비평하며 이것을 '외형 이론'이라 불렀다. "인간의 도덕성은 얇은 껍질과 같다. 비도덕적이며 비사회적이고 이기주의적인 욕망이 그 아래에서 끓고 있다."[11] 특이하게도 '외형 이론'은 생물학계에서 많은 지지를 받았다. 올바른 방향으로 가려는 사람의 숭고한 정신적 능력이 동물세계에서 발전된 것이라고 주장하는 동종 학자들은 생물학적 관점에서 도덕이 인류가 지닌 '본성'이 아니라고 판단했다.

도덕이 얇은 가면과 같다고 보는 관점으로 접근할 때 독일에서 인지도가 가장 높은 오스트리아 동물행동학자 콘라트 로렌츠를 예로 들 수 있다. 로렌츠는 '유전자-문화-공진화(Gen-Kultur-Koevolution)' 이론에서 인간의 도덕성은 본래 타고난 것이지만 인간에 내재된 다른 동물적 행동양식보다는 하위 개념이라고 보았다.[12] 그런 맥락에서 볼 때 이기심, 공격성, 미움, 살의는 배려, 희생, 호의, 사랑보다 상위의 본성이라고 할 수 있다. 시간적으로 오래될수록 그리고 양서류나 어류의 세계를 더듬어 과거로 돌아갈수록 인간이 지닌 강력한 본능을 발견할 수 있다. 인류의 모든 행동은 "합법성을 넘어서… 본능적 행동이 우세하다".[13]

그러나 로렌츠는 오래된 것이 필연적 우성이라는 주장에 설득력 있는 근거를 제시하지 않았다. 오래된 것이 그리 중요하지 않은 하급의 성질이라면 인류가 진화한 이유는 무엇인가? 혹은 그 반대일까? 인권 전파, 컴퓨터 프로그래밍, 인류에게 유일무이한 것 등 우리가 겪고 있는 문화의 진화 또한 인류의 사회활동에서 강력하고 지배적인 흔적을 남기는 것은 아닌가?

그러나 이때 그 규칙을 세우는 것은 학문적 지식이 아닌 세계관이다. 그렇다고 해서 로렌츠가 그랬듯이 국가사회주의에서 영감을 받을 필요는 없다. 캘리포니아 자연사박물관 연구 교수로 있는 미국 진화생물학자 마이클 기셀린은 냉혹한 태도로 당시 세계관을 극단으로 몰고 갔다. 기셀린은 1974년 발간한『자연의 경제 및 성의 진화』에 잔인한 인간 본성에 대한 견해를 수록했다. 모든 상황을 고려하고 반영한 문장은 책 전체를 통틀어 단 한 차례 인용될 정도로 기셀린은 급진적인 견해를 고수했다. 물론 도서 박람회로 나를 찾아온 독자가 문명이라는 힘에 실전용 탄약을 가득 장전한 총으로 대항한 것이 이 때문은 아니다.

"다윈주의에 따르면 사회의 진화는 개인주의의 최고 단계에서 발생한다. 그렇게밖에는 설명할 방법이 없다. 경제를 이해하고 그에 따라 주어진 역할을 수행하는 것이 모든 현상의 기초가 된다고 본다. 이때 모든 조직에서 경쟁 집단에 시도하는 수단과 방법이 월등해진다. 감성이라는 감정을 배제하면 우리 사회의 비전에서 근본적인 배려를 뜻하는 그 어떤 징후도 찾아볼 수 없다. 협력으로 비치는 행동은 사실 기회주의와 서로를 이용하는 것의 결합체라 볼 수 있다. 또 동물을 움직이는 동기로 분명 한 가지를 위해 또 다른 한 가지가 희생된다. 이는 제3의 이득을 얻으려는 마지막 이성에 의해 조정된다. 사회에서 나타나는 '선을 위한' 행동의 대상은 나 자신이 아닌 타인이다. 그러나 생명체에 대한 내 관심사는 친족에 국한된다. 그 밖에 다른 가능성이 없을 때 공동체가 형성된다. 그러나 내 마음대로 살 수만 있다면 형제, 배우자, 부모, 자식 등 그 누구도 폭력, 파괴, 살인의 욕구를 제재할 수 없을 것이다. '이타주의자'를 할퀴면 피 흘리는 위선자의 모습을 보게 될 것이다."[14]

이 문구는 매우 인상 깊다. 특히 오늘날 자연과학에 심취해 모든 사회적 본능과 민감한 도덕 문제를 거부하는 사람들은 아마 지나치게 급진적인 태도로 유치하게 흥을 깨는 일이라 생각할 것이다. 한정된 좁은 공간에 이렇게 수많은 것이 서로 뒤엉켜 있는 모습은 하나의 예술 작품과 같다. 1974년 발표된 이 논문이 당시 몇 년 동안 탄자니아에서 침팬지와 시간을 보내며 관련 논문을 발표한 영장류학자 제인 구달과 정반대라는 점은 눈여겨볼 만하다. '우호적'인 성향과 '비우호적'인 성향, 어미와 새끼의 애정관계 등을 다룬 구달의 논문으로 모든 생물학적 종속을 넘어 특정 이익이나 의도 없이 다양한 동물에 대한 관심이 일어났다.[15]

추측하건대 이런 맥락에서 부모나 형제에 대한 살해 욕구를 제어하는 것이 유효성 때문이라는 관점을 터무니없다고 보는 독자가 분명 있을 것이다. 또 인간의 본질적인 이기심과 본능적인 악함을 묻는 문제에 기셀린의 연구 결과보다 훨씬 정확한 검토와 입증이 필요하다고 주장할 것이다. 그러나 이는 분명 쉽지 않은 여정이다. 이 문제의 해답을 찾는 여정은 어이없게도 모순되는 결과를 가져왔을 뿐이다.

* * *

극단적인 상황에 처하면 모두는 아니더라도 대다수가 극도로 예민하게 반응한다. 난폭해지기도 하고, 배려심이 사라지며, 평소라면 놀랄 만한 행동을 하기도 한다. 이런 반응은 생물학적 관점에서 유전적으로 물려받은 인간의 본능과 관련이 있다. 그러나 위기상황에서 나타나는 행동이 타고난 본성에 가깝다고 보는 이유는 무엇인가? 현재까지 발표된 학문적 근거, 즉 인간의 '악한' 행동이 동물계에서 그리고 '선한' 행동이 인류 문화에서 시작되었다고 가정한다면 우리는 어떤 편에 서야 할까? 인류가 동물에게서 받은 유산은 오로지 '야만적인 것'뿐인가? 우리의 '인간적' 행동이 실제로 항상 숭고하고 유익하며 모든 이에게 선한 걸까?

* * *

이런 의문은 전혀 당황스럽지 않다. 이미 헉슬리가 활동하던 시대부터 19세기를 대표하는 냉철한 시성의 소유자이자 헉슬리, 로렌츠, 기셀린이 철학적 사상을 형성하는 데 영향을 준 이 사람에 대한 반발이 시작되었다.

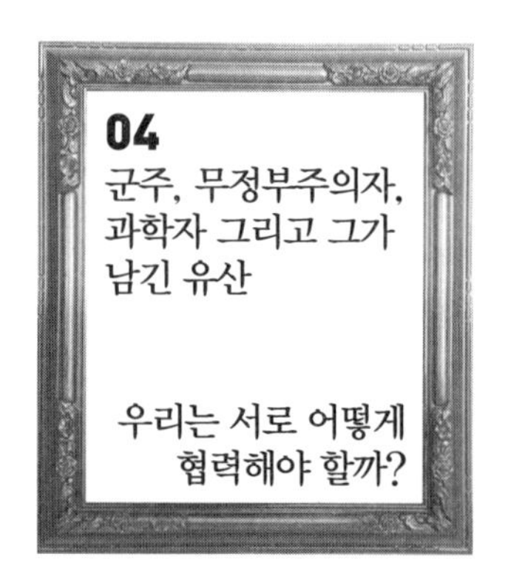

진정한 무정부주의자가 되고 싶다면 스위스를 여행해야 한다. 제네바 출신의 젊은 철학자 장 자크 루소, 베를린 출신 희극작가 프리드리히 뒤렌마트, 철학자 파울 파이어아벤트 등 취리히의 명성을 뒤로한 채 이곳으로 모여든 이들은 자신을 무정부주의자라 불렀다. 엘리트 코스를 밟은 러시아 왕족 후예마저도 스위스에서는 전향을 생각할 정도였다. "산에 위치한 시계공장에서 일주일 동안 즐거운 시간을 보내고 돌이켜보니 나의 사회적 관점에 확신이 생겼다. 나는 무정부주의자였다."[01]

1842년 모스크바에서 태어난 표트르 크로포트킨은 철학자 니체, 신경과학자 산티아고 라몬이카할, 심리분석학자 지그문트 프로이트와 동시대 사람이다. 인류와 현실적 사회현상에 관한 새로운 학문을 진지하게 연구한 다윈과 카를 마르크스의 다음 세대다. 당대를 대표하는 이 학자들은 인간 본성에 한 걸음 더 다가서고자 했다.

크로포트킨은 러시아 상류층 집안의 자제로 혈통에 따라 고위 관직에 임명된 것으로 보인다. 그의 인생은 대지주였던 엄격한 아버지의 기대와 다르게 흘러갔다. 그는 자식의 성공을 바란 부모의 뜻에 따라 오늘날 프랑스 국립행정학교와 동급으로 볼 수 있는 상트페테르부르크 엘리트 양성학교 수습기사단에 입학했다. 그는 자서전에서 학교의 거칠고 난폭한 관습을 불평했지만 우등생으로 사관학교를 졸업했다. 그러나 그는 대대로 내려오는 차르의 정신보다 프랑스 혁명, 영국의 자유주의 그리고 서유럽 공화국 사상에 푹 빠져버렸다. 젊은 귀족 청년인 그는 시베리아에 장교로 파견됐다. 그곳에서 그는 인내와 끈기라는 정신으로 무장하고 침엽수림의 자연, 동물, 여러 외딴 마을의 미개 원시족과 교류하며 새로운 사상과 지식을 찾아 헤맸다. 그는 농부가 되는 경험을 시작으로 "매우 새로운 깨달음 바라보기" 그리고 "빵 덩어리 몇 개와 가죽 주머니에 담긴 몇 온스의 차, 주전자, 안장 손잡이에 단 손도끼, 안장 아래 담요, 방금 꺾은 전나무 가지로 만든 침대 주변의 모닥불이 가져다주는 독립적인 인생"을 즐겼다.[02]

26세에 크로포트킨은 상트페테르부르크로 돌아왔다. 시베리아 자연을 세심히 관찰한 결과 그는 학계에서 알아주는 유명인사가 되었다. 그러나 귀족 자제인 그는 자연을 연구하는 학문의 대가로 안주하고 싶지 않았다. 가난한 러시아 농민의 생활환경을 개선하기 위해 자신의 지식을 활용하고자 했다. 스위스 여행 도중 프랑스 혁명가를 비롯해 급진적 사상을 지닌 망명자와 교제했다. 프랑스는 파리의 지방자치체가 강력한 만큼 국가 권력은 힘이 없었다. 확고한 무정부주의자로서 그는 그다음 해 러시아, 영국, 프랑스, 스위스를 배회하다 체포되어 상트페테르부르크 감옥에 갇혔다. 감옥을 탈출한 그는 스위스로 가지만 곧 붙잡혀 프랑스로 이송된 뒤 5년형을 받았다. 국제적 압력을 받은 프랑스는 형을 채우지 않은 크로포트킨을 풀어주었다. 그해 45세가 된 그는 영국으로 향했다.

영국은 크로포트킨을 두 팔 벌려 따뜻하게 맞이했다. 그사이 거칠고 풍성한 수염에 금속테 안경을 쓴 크로포트킨은 동시대 사람인 레오 톨스토이의 모습과 흡사했지만 그보다 훨씬 친근한 인상을 풍겼다. 게다가 집필 활동에 불이 붙었다. 러시아 상류층에서 엿듣고 관찰한 것으로 사회 문제와 국가 기관에 관련된 다수의 신문기사를 쓰고 생각한 것을 책으로 엮었다. 1902년 크로포트킨은 주요 저서를 발표했다. 그는 자신이 깊이 감명받은 다윈 사상이 권력층에게 어떻게 이용되는지 목격하면서 심기가 점차 불편해졌다. '생존 경쟁', '적자생존', 다윈이 『종의 기원』에서 완성한 이 낯선 개념은 이제 보수적 사회이론 어디에서나 사용되었다. '사회다윈주의(Social Dawinism)'는 사회에 끔찍한 결과를 가져올 것이라며 부당하게 소외되었다.

크로포트킨은 이에 이의를 제기했다. 다윈이 집필한 저서의 여러 부분이 분명 지나치게 어둡고 오해를 불러일으킬 만했다. 생존 경쟁은 어떻게 이뤄지는가? 홉스가 주장한 것처럼 '만인의 만인에 대한 투쟁'인 걸까? 서로 협력하고 도우며 적자생존을 극대화할 수는 없는 걸까? 시베리아의 혹독한 환경에서도 서로 민첩하게 협력하며 생활했기 때문에 시베리아 마을의 인구는 넘쳐났다. 러시아의 매서운 겨울을 아는 사람은 생존 경쟁을 주장하지 않았다. 그보다 혹독한 자연과 적자생존의 싸움에 집중했다.

크로포트킨의 『동물과 인간세상의 상호 협력』은 자연의 핵심법칙을 다뤘다. 상트페테르부르크 대학교 학장 카를 케슬러의 강의를 들은 크로포트킨은 열성을 다해 그 사상을 뒤따랐다. 1887년 크로포트킨은 맨체스터에서 '정의와 윤리'라는 주제로 강연했다. 힘들어 쓰러질 정도로 과로하며 준비한 논쟁의 적수는 바로 헉슬리였다. 이는 난처하다는 말로는 설명하기 어려운 상황이었다. 무정부주의자라고 고백한 러시아의 귀족이 영국인에게 영국의 젊은 지성이 이룩한 최고 업적으로 평가받는 진화론을 반박하고 개선을 요구하는 상황이 전개됐다. 이 러시아인이 전하고자 한 핵심 메시지는 동물에게도 도덕성이 존재한다는 근본적인 가설이다. 또 고대사회에서 우리 선조가 야만적이고 비도덕적이었던 것이 아니라 서로 협력했다고 주장했다.

크로포트킨은 헉슬리의 진화론이 '완벽한 왜곡'이라고 반박하며 이와 관련된 연재기사를 집필했다. 크로포트킨은 개미, 벌 떼, 갈매기, 까마귀, 두루미, 앵무새, 여우, 늑대, 사자, 다람쥐 그리고 마모트에 대해 설명했다. 그는 모든 곳에서 협력뿐만 아니라 떼, 무리 등 공익을 위한 양보를 발견했다. 포육, 사냥은 물론 분쟁을 예방하거나 서로 보호할 때도 관찰자의 시선이 머무는 모든 곳에 협력과 단체정신, 사리사욕 없음, 배려가 눈에 들어왔다. 다윈이 뜻한 '적절함'이란 단순히 동물 한 마리에 국한되는 것이 아니라 외부 위험에 단결한 동물군 전체가 함께 맞서는 모습을 뜻한다. 크로포트킨은 이런 상황에서 진정한 '생존 경쟁'이 나타난다고 생각했다. 생존을 보장하는 것은 배려 없는 이기주의와 폭력이 아니라 협력과 단결이다.

자연에서 억압 경쟁보다 단결에 중점을 둔 이 이론은 당시 매우 이단적인 발상이었다. 19세기 말을 지배하던 이데올로기를 단호한 목소리로 반박한 것이다. 빅토리아 여왕이 이끄는 영국, 나폴레옹 3세가 통치하는 프랑스 그리고 빌헬름 1세가 다스리는 독일에서 만인에 대한 만인의 투쟁은 시대정신에 부합하는 사상이었다. 공장주는 이 기준에 따라 노동자를 대했고, 국가는 이웃 나라를 견제하려고 군인을 동원했으며, 백인 우수 민족은 식민지를 점령하고 약탈했다. 강자의 당연한 권리를 다른 시각으로 해석하는 사람은 의혹의 눈초리를 받았다.

프로이센의 법학자 율리우스 헤르만 폰 키르히만은 혁명가도 사회주의자도 아니었지만 1866년 베를린 노동자조합에서 '자연의 공산주의에 대해서'라는 주제로 강연하며 사회의 책임을 추궁했다.[03] 끝없는 권력과 부를 추구하며 아무리 해도 채워지지 않는 인간의 욕심이 자연의 법칙이라고 표현했다. 그의 강연이 끝난 뒤 베를린 상급재판소는 즉시 규율조사를 위임했다. 라티보어 상급재판소는 직위에 적절하지 않고 "비난받아 마땅한 비도덕적인 행동"을 했다는 이유로 그를 부의장직에서 해임했다. 그러나 프로이센 정부에게 인간의 욕망은 생존을 둘러싼 무시무시한 투쟁이라는 이론은 분명 인류의 협력을 요구하는 다른 어떤 가설보다 훨씬 도덕적으로 보였을 것이다.

크로포트킨 또한 협력에 관한 연구 분야를 동물에서 사람으로 확대했다. 태초 무력한 존재에서 자기보호와 발전의 길을 찾아 상호 협력할 상대를 발견한 인간처럼 다른 동물과 함께 협력하는 생명체는 타인의 이익을 전혀 고려하지 않고 자신의 권익만을 뒤쫓지 않는다. 헉슬리 또한 고대 인류와 관련하여 이와 같이 묘사했다.[04] 헉슬리는 홉스가 순수 이론적 측면에서 주장한 '만인의 만인에 대한 투쟁'이 지배하는 자연 상태를 지나치게 곧이곧대로 들은 것은 아닐까? 인류의 조상을 연구하는 생물학자라면 어떻게 허무맹랑한 내용을 헉슬리처럼 진지하게 저술할 수 있단 말인가? 1888년 그는 자신의 에세이에 다음과 같이 기록했다. "핵가족화되어가는 가족의 단면을 고려하면, 일반적으로 홉스가 주장한 만인의 만인에 대한 투쟁은 존재한다."[05]

그러나 크로포트킨은 이런 인간상을 경솔하고 옳지 않으며 위험하다고 보았다. 상호 협력을 통한 인류의 발전을 다룬 장에서 그는 고대의 선조에서 현재의 원시 민족, 중세 '미개인'의 도덕성 그리고 현재의 문화에 이르는 길을 설명했다.

크로포트킨은 인류와 가까운 동족이 헉슬리의 주장처럼 고릴라가 아닌 침팬지라는 다윈의 생각을 수용했다. 침팬지는 큰 무리를 지어 생활하며 사회성이 매우 높은 동물이다. 원시 민족의 삶도 이와 크게 다르지 않았다. 그들은 가족과 대가족으로 큰 부족을 형성했다. 공동소유 부분이 사유재산보다 크다고 크로포트킨은 설명했다. 부시맨이나 남아프리카의 토인, 오스트레일리아 원주민, 뉴기니 원주민, 에스키모나 알류샨 열도 원주민 등 미개 원주민은 '원시적 공산주의'의 삶을 추구했다. 크로포트킨은 어디에서나 부족의 결속력과 공공심을 유심히 분석했다. 비록 문서화된 공동생활의 법칙이 존재하지는 않았지만 그들은 특정 기준, 예의, 관습에 따라 행동했다. 구성원이 함께 행복을 누리며 생활하는 데 필요한 것은 홉스가 주장한 정치, 법칙, 재판이 아닌 타인에 대한 인정과 존중이다.[06] 사회에서 옳지 않은 행동을 하여 여론에서 인정하지 않는 것이야말로 최고의 벌이다. 도덕적 재판으로 여론의 면모를 보여주는 좋은 예로 알류트와 에스키모의 거래를 들 수 있다. 물건을 판매하려는 사람이 직접 물건값을 책정하지 않는다. 중립적인 입장에서 구매자와 함께 의견을 조정해 판매가를 결정하는 협정 중재자에게 통보한다. 이로써 공정한 거래가 보장되고 모든 과정이 투명해진다.

크로포트킨이 '야생'의 문화라는 주제로 그리는 그림은 발랄하고 사랑이 넘쳐난다. 물론 크로포트킨도 당대 존경받는 여러 탐험 연구가와 인종학자들이 보고한 원시 부족의 유아 살인 또는 식인 풍습을 알고 있었다. 그러나 그는 그런 모습이 일상적인 일이라기보다는 이례적인 사례라고 보았다. 또 보르네오의 다야크 부족처럼 사람을 사냥하는 야만인이나 식인이라는 낯선 풍습 뒤에는 서로 배려하며 사회적으로 행동하는 모습이 숨어 있다고 보았다.

크로포트킨이 옳다면 인류 공동체의 시초는 부족 또는 씨족이다. 그러나 헉슬리는 이 의견에 이의를 제기했다. 다윈과 뜻을 함께하는 동지로서 인류는 진화 초기부터 핵가족이었다고 생각했다. 그리고 사회의 모든 공동체는 그로부터 훨씬 뒤에 생성되었다. 그러나 크로포트킨은 인류가 애초 씨족의 대가족으로 시작했다고 주장했다. 사실 엄밀히 말하면, 핵가족은 지난 세기 유럽에서 시작된 매우 새로운 인류의 발전 단계다.

크로포트킨에 따르면 인간의 본성은 사교적이고 온순하다. 물론 비관론적 철학자라면 개선가가 울려 퍼지는 전쟁과 억압이 진정한 인간의 본성이라고 미화할 수도 있다. 여러 사학자가 앞서 언급한 견해와 그들이 선호하는 역사의 드라마틱한 순간을 제외한다면 인류는 대부분 서로 도우며 함께 생활했다. 화창하고 햇살 가득한 날들이 일상이고 폭풍과 허리케인은 이변이다.[07] 또 야생으로 진화한 야만인의 삶은 다양한 형태의 상호 협력을 보여주었다. 그들은 모임과 축제를 하고 큰 소유물은 함께 나눴다. 19세기 말 서유럽에서 사유 재산은 아무런 의미가 없었다. 모든 것이 마을에 귀속되고 일정 시간이 지난 뒤 재분배되었다.

중세 시대 성황을 이룬 길드는 특정 활동에 맞춰 상호 협력을 보장했다. 상인과 수공예 장인뿐만 아니라 거지도 그들만의 조직을 결성했다. 강력한 조합은 이탈리아 도시에 부를 가져왔고, 북유럽에서는 한자동맹을 체결했다. 그러나 일부 핵심국가에서 급성장하며 꽃피우던 인프라 체계는 곧 무너졌다.

크로포트킨의 주장이 옳다면 인간 본성에서 공산주의적 성향이 이기주의적 성향을 압도했어야 한다. 게다가 이기주의자가 되지 않는 기술은 사실상 우리가 노력하고 추구해야 할 가치가 아닌 인간 본성 그 자체였을 것이다. 함께 나누는 삶, 돈, 명예의 즐거움은 시기, 이기심, 이기주의의 쾌감보다 중요하다. 그러나 크로포트킨은 머리를 절레절레 흔들며 영국, 독일에서 노동자들의 조합 결성을 금지한 19세기 말의 정치 상황을 포기해 버렸다. 당시 조합은 이미 몇 백 년 전부터 당연한 모임으로 간주되었던 활동이다.

인간을 역사도 없고 맹수나 다를 바 없는 미개인으로 간주하는 이 끔찍한 이데올로기는 도대체 무엇이란 말인가? 소유로 얻는 행복이 영원한 것도 아닌데 끊임없이 우리를 탐욕에 휩싸이게 하는 이것의 정체는 무엇이란 말인가? 면밀히 따져보면 이익이 아닌데도 무작정 눈앞의 이윤을 찾아 헤매도록 만드는 이것은 무엇이란 말인가? 크로포트킨은 이것이 잘못된 인간상에서 비롯됐기 때문에 이를 극복하려면 새로운 이데올로기가 필요하다고 생각했다. "왜냐하면 상호 협력할 때 인류 도덕관념의 바탕이 되는 긍정적인 근본을 발견하며, 인간의 윤리적 진보란 투쟁이 아닌 서로 지지하고 협력하는 과정이라고 주장할 수 있기 때문이다. 무엇보다 지금 시대에는 이 모든 것을 포괄하는 실천이 필요하다." 크로포트킨은 저서에 다음과 같이 결론 내렸다. "자랑스러운 인류 발전을 보장할 확실한 담보가 무엇인지 제대로 깨달아야 한다."[08]

20년 뒤 시대의 한 획을 그은 엄청난 인류 발전사에 크로포트킨은 냉철한 관찰자로서 참석했다. 러시아 혁명이 일어나자 그는 오랜 런던 체류를 끝내고 상트페테르부르크로 돌아왔다. 6000명이나 되는 사람들이 메시아가 재림한 것처럼 환호하며 그를 맞이했다. 과도기 시민정부는 그에게 장관직을 제안했다. 그러나 이미 86세나 된 노인은 감사하는 마음으로 거절했다. 공산주의 체제 아래서 그는 진정한 고향을 찾을 수 없었다. 레닌과의 만남은 허무하게 끝났다. 볼셰비키 정권의 강력한 독재는 자치적이고 자유로운 국민통치를 꿈꾸며 공산주의 세계관을 옹호해온 이상주의자가 생각하던 것과 완전히 달랐다.

1921년, 러시아 황족의 대공이자 무정부주의자 그리고 자연과학자였던 크로포트킨은 폐렴으로 세상을 떠났다. 레닌 정부는 한때 그를 감옥에 가두기도 했지만 제국의 통치가 없는 공산주의의 선구자인 그의 업적을 높이 샀으며, 체포된 러시아 무정부주의자들을 그의 장례식에 참석하도록 허락했다. 이는 구소련이 무너지기까지 유례없는 일종의 침묵시위나 다름없었다. 무려 1만 명이 넘는 관중이 모여 크로포트킨의 관을 따라 행진했다. 이 행렬에는 볼셰비키 정권에 반대하는 여러 인사가 참여했다.

* * *

크로포트킨이 던진 질문으로 맺은 결실은 무엇인가? 서로 협력하는 것이 인간의 본성이라고 본 크로포트킨의 긍정적인 관점은 이어지고 있는가? 현 시대 전문가의 생각은 어떠한가? 인류의 선조가 지닌 동물성과 인간성에 관련된 크로포트킨의 학문적 지식은 제한적이었다. 출토된 원인의 뼛조각 일부, 런던 동물원의 가엾은 유인원 몇 마리, 이런 근거만으로는 안 되고 결국 인간 본성이 무엇인지는 추측에 의존해야 한다.

* * *

다만 크로포트킨이 세상을 떠나던 해 베를린의 심리학자 볼프강 쾰러가 프로이센 학술 아카데미에서 스페인령 카나리아 제도의 테네리페 섬 유인원의 지능을 실험한 결과를 책으로 펴냈다. 또 같은 해 『침팬지의 심리학』을 최초로 집필했다.[09]

그러나 그새 출판된 유인원의 도덕성 또는 도덕과 유사한 행동연구에 관한 전문서적은 방대했으며 특정 문제와 관련하여 때때로 학자들의 평가는 크게 차이가 났다. 그럼에도 우리는 인류와 가까운 종족에게 물려받은 동물성의 중요한 요소에 관해 상당히 잘 알고 있다고 말할 수 있다. 이 본능은 이기적이면서 협력적이다. 그 차이는 무엇인가? 협력이란 정확히 무엇을 말하는 걸까? '이기주의와 협력', 마치 수수께끼 같은 복합적인 관계에서 인간의 도덕적 본능을 이해하려면, 먼저 선조의 주변 환경과 사회적 요구를 추측해봐야 한다. 다시 말해 어떤 경험과 경로로 인간의 도덕성이 등장한 걸까?

그 시절 우리 조상에게 분명 교환은 필연적이었다. 그리고 그 수단은 언어 즉 몸짓, 손짓, 목소리다. 언어가 없다면 도덕도 존재하지 않는다. 제멋대로 행동하다 어느 순간 상냥해지는 이런 이치를 어떻게 이해해야 할까?

> 단어와 문장의 표면적인 의미를 넘어 그 안의 여러 요소까지 감안한다면 세상에 대해 할 말이 더 많을 것이다.
>
> \- 막스 벤제

아주 추운 겨울날 쾰른 동물원을 방문하는 일은 즐거운 추억일 수도 있다. 특히나 두꺼운 털모자를 푹 눌러쓰고 호기심과 배우려는 열정으로 활기가 샘솟는 네 살배기 아들과 함께라면 말이다. 흐리고 우중충한 어느 날 오후, 우리 부자는 오래된 건물 앞을 지나갔다. 그 건물은 지난 세기의 역사적 양식을 따른 러시아 정교회 건물로 하나의 기념비였다. 만약 크로포트킨이 쾰른을 방문했다면 이곳에서 매우 즐거워했을 것이다. 얼마 전 꼬리말이원숭이 우리를 들여놓으려고 건물을 새롭게 수리했다. 아들 오스카는 꼬리말이원숭이가 무엇인지 알고 있었다. 오늘은 원숭이보다 원숭이 우리를 짓는 법에 온통 관심이 쏠려 있었다. 난 추운 날씨에 차가워진 두 손을 바지 주머니에 넣고 설명을 했다. 그러다가 문득 우리를 만들려면 망치도 필요하다는 생각이 들었다.

"아빠, 망치는 어떻게 사용해요?"

난 여전히 주머니에 손을 넣고 설명하기 시작했다. "망치는 대부분 나무로 만들어진 방망이에 쇳덩어리를 얹어 만든단다. 한 손의 엄지와 검지로 못을 집고 다른 손으로 망치를 들어…."

아들의 얼굴을 바라보던 나는 설명을 멈췄다. 아이는 내 설명을 전혀 이해하지 못하는 것이 분명했다. 아마 내가 두 손을 바지에 넣고 있는 동안은 계속 이해하지 못할 것이다. 그 순간 어떻게 해야 할지 곰곰이 생각했다. 인간의 언어란 매우 독특한 것이다! 행동연구학자, 인간학자, 인지전문가, 언어학자의 견해에 따르면, 말이란 동물계에서 가장 다양하고 풍부한 표현력과 섬세함을 자랑하는 최고의 언어다. 그런데도 망치로 벽에 못 박는 방법을 말로만 설명할 때 네 살배기 아들은 왜 제대로 이해하지 못하는 걸까?

인간의 언어는 동물계에서 유일하지만 항상 사용되는 것은 아니다. 때로는 눈빛만으로도 '수천 마디의 말'보다 많은 것을 이야기한다. '의미심장한' 시선으로 바라보고 '많은 것을 이야기하는' 몸짓과 손짓으로 의사를 표현할 수 있다. 게다가 사람은 살면서 입을 다무는 게 훨씬 이로운 여러 상황과 마주한다. 언어의 절대적인 사용법에는 침묵도 포함된다.

그 이유는 무엇인가? 인류의 전체 역사와 문화를 통틀어 왜 모든 것을 말로 표현할 수 없을까? 언어는 왜 정밀하고 정확하지 않은 걸까? 어디에나 불분명한 회색 지대가 있는 이유는 무엇인가? 이 질문을 고찰하던 철학자들 가운데 가장 유명한 사람은 오스트리아 학자 루드비히 비트겐슈타인이다. 전문 교육을 받은 항공 엔지니어인 그는 인간의 언어가 정확도가 떨어지는 도구라는 사실에 매우 심란했다. 그래서 그는 몇 년 동안 언어의 불명확성을 정리하고 다의성을 없애려고 온갖 노력을 다했다. 그러나 비트겐슈타인이 이러한 시도를 두 손 들고 포기하자 빈에 거주하는 그의 친구들과 제자들이 '정밀 언어(Präzisionssprache)'를 계승했다. 이들은 14년간 매주 모여 의견을 교환했다. 일명 '빈 모임(Wiener kreises, '비엔나 서클'이라고도 한다-옮긴이)' 프로젝트는 대담했다. 언어만 뜯어 고쳐야 할 것이 아니라 모든 철학도 논리적이고 명확하며 이해가 가도록 수정해야 한다고 생각했다.[01]

이들의 목표는 인생과 진리를 보여주는 정확한 학문이다. 바로크 시대의 철학자 데카르트 이후 철학에서 존경받을 만한 그 어떤 모험도 시도되지 않았다. 빈 모임은 모든 문제가 해결되었거나 또는 모양만 그러한 허울뿐이라고 폭로했다. 1936년 한때 자신의 제자였던 학생에게 살해당한 이 모임의 수장 모리츠 슐리크는 이 단체를 해산했다. 철학 분야의 정밀 수공예 기술자나 다름없던 그들은 이미 오래전에 실패했다.

그렇게 바라던 정확한 정밀 언어는 왜 불가능한 걸까? 한 가지 이유로 아마 일상에서 그런 정확한 언어가 필요하지 않았기 때문일 것이다. 만약 존재한다 해도 그것은 학문을 위한 언어일 것이다. 그러나 학계에도 오늘날까지 진정한 정밀 언어는 존재하지 않는다. 빈 모임의 언어전문가를 따른다면 언어는 우리가 현실에서 실제로 쓰이는 것을 관찰하고 그것을 추구해야 한다. 그러나 현실은 항상 분명하지만은 않다. 물론 수학적 문장을 정의하고 단백질과 코끼리 몸통의 일부를 언어로 정확히 표현할 수 있다. 그러나 의붓아들에게 느끼는 감정은 무엇일까? 진정 사랑일까? 내가 관찰하고 느끼는 것의 정확성을 어떻게 측정할 수 있을까? 나의 관찰 대상, 즉 의붓아들에 대한 나의 시선은 얼마나 분명하며 신뢰할 수 있는 걸까? 내

말을 외국어로 번역할 때 정확성은 얼마나 보장될까? 반대로 외국어를 자국어로 번역할 때는 어떠한가? '자의식(Bewusstsein)'이라는 단어가 영어에서 두 단어 'awareness'와 'consciousness'로 표현되는 이유는 무엇인가? 왜 독일어에는 영어의 'mind'에 해당하는 단어가 없는 걸까?

이 모든 질문의 답은 놀랄 정도로 간단하다. 바로 언어가 진리의 도구가 아니기 때문이다! 언어는 그런 목적으로 고안되지 않았다. 진리를 묻는 것은 인류의 진화와 문화에서 중요한 문제가 아니었다. 사바나에서 무리 지어 사는 영장류도 서로 이해한다. 상대의 의도나 상황을 '이해하다(verstehen)'라는 의미에서 말이다. 그러나 영장류는 정확한 표현을 찾으려고도 하지 않고, 절대적인 진리를 정확히 묘사하지 못해 어려움을 겪는 경우도 극히 드물다. 영장류는 타고난 본성과 자연환경을 이용해 꾸밈없이 있는 그대로 받아들인다.

비트겐슈타인의 깨달음도 이와 그리 다르지 않았다. 동시대 학술단체인 빈 모임이 사라지자 그는 케임브리지 대학교에서 당시만 해도 출판된 예가 없던 특정 분야에 몰두했다. 이는 빅타이포스크립트(The Big Typoscript, 비트겐슈타인 사후에 소개되어 유명해진 원고들 중 일부를 말한다-옮긴이)라 불리며 훗날 비트겐슈타인에게 큰 명성을 안겨주었다. 정확히 표현하는 언어에 관한 생각과 관심은 사라졌다. 오히려 그 반대로 비트겐슈타인은 정밀한 언어가 실패할 수밖에 없는 근거에 관심을 갖기 시작했다. 분명 언어는 인간의 소통이라는 본질을 제대로 수행하지 못할 때도 있다. 특정 사건을 관찰하고 언어로 표현할 때 종종 실체와 표현이 일치하지 않았다. 비트겐슈타인은 두 사람이 '키스한다'고 표현할 때 실제로 일치하는 상대 개념을 어떻게 설명해야 할지 감이 오지 않았다. 두 사람이 입을 포개고 있을 때 이는 애정 표현일 수도 있지만 인공호흡을 하는 모습일 수도 있다. 한편, 일부 원시민족은 이런 방식으로 아이들을 교육했다. 관찰과 더불어 내 시각으로 바라보는 것을 습득하고 이해하는 것이다. 따라서 최소한 맥락을 이해하는 것은 매우 중요한 과정이다.

그러나 비트겐슈타인은 전후 문맥에 관한 연구를 스스로 완성하지 못했다. 훗날 영국 언어철학자 허버트 그라이스가 바통을 물려받아 평생을 바쳐 이를 완성했다. 그라이스는 누군가와 대화할 때 화자는 글에서 유추되는 내용보다 많은 것을 말한다고 주장했다.[02] 단어를 사용해 말로 표현할 때는 항상 전에 깊이 생각하고 계획했던 신호 외에 다른 것이 추가되기 때문이다.[03]

수업이 끝나고 집으로 가는 하굣길, 그새 일곱 살이 된 아들은 학교에 공책을 두고 왔다는 사실을 떠올렸다. 그 순간 나의 첫 반응은 "멋지구나!"였다. 실수가 무엇인지 제대로 이해하지 못하는 이제 막 일곱 살이 된 아들은 '멋지다'는 말이 칭찬이 아닌 질책이라는 것을 알아듣지 못했다. 어쨌든 나는 할 수 없이 아들과 함께 학교로 다시 가야 했다. '멋지다'고 외쳤지만 이는 부정적인 의미로 사용한 것이다. 또 전후 상황을 살펴보면 비난하는 말이라는 점은 분명하다.

맥락의 의미는 단어와 문장뿐만 아니라 보디랭귀지와 제스처에도 적용된다. 당신이 멋진 레스토랑에서 식사를 하고 있다고 상상해보자. 옆 테이블에 앉은 손님이 소리를 내며 시끄럽게 음식을 먹고 있고 그 옆을 지나 화장실에 가려는 또 다른 손님이 있다. 소리를 내며 식사하는 사람을 바라보던 사람이 반쯤 입을 벌리고 어처구니없는 표정을 짓고 있는 당신과 눈이 마주쳤을 때 그는 어깨를 들썩이며 겸연쩍은 미소를 지을 것이다. 그리고 당신도 그에게 멋쩍은 미소를 보이며 화답할 것이다.

이 상황에서는 한마디 말도 필요 없다. 그러나 그 옆을 지나던 손님이 당신에게 표정으로 말하고자 하는 메시지는 분명하다. 그의 시선과 표정만으로도 당신은 그의 생각을 읽을 수 있다. 첫째, 그 역시 쩝쩝거리며 식사하는 다른 손님이 눈에 들어왔다. 둘째, 그 모습이 매우 눈에 거슬린다. 셋째, 당신에게도 그가 방해가 된다는 것을 안다. 그리고 당신의 겸연쩍은 미소를 확인하는 순간 자신의 생각이 틀리지 않았음을 확인한다. 둘 사이를 오간 그 어떤 신호도 명확하게 정의할 수는 없다. 단 한 번의 시선만으로도 여러 가지를 전달할 수 있으며, 찡그린 표정 역시 마찬가지다. 그럼에도 똑같은 장소와 전후 관계에서 이 두 사람은 분명 같은 생각을 교환하고 이해했다.

보디랭귀지와 더불어 이해를 돕는 제스처의 중요성을 충분히 평가하기는 쉽지 않다. 또 빅타이포스크립트에 "우리가 의미라고 하는 것은 몸짓·손짓으로 표현하는 원초적인 언어(표현 언어)와 결합되어야 한다"라고 기록한 비트겐슈타인의 예감은 적중했다. 라이프치히 막스플랑크 진화인류학연구소 공동소장인 미카엘 토마셀로를 비롯한 여러 학자는 오늘날 인류 언어 발전의 시초가 소리 내어 표현하는 말이 아닌 표정과 몸짓·손짓으로 하는 말에서 비롯되었다고 생각했다.[04]

토마셀로의 생각이 옳다면, 정글에서 생활하던 인간의 선조는 표정, 몸짓 그리고 손짓만으로도 대단히 복잡한 언어 체계를 구축했을 것이다. 짐작건대 그 언어는 당연히 침팬지나 고릴라보다 차원이 높았을 것이다. 지능이 높아지면서 생각하고 행동으로 이어지는 전후 관계가 복잡해진다. 침팬지가 물이 있는 곳을 가리키는 것은 수원지를 의미하는 것이다. 그러나 인간의 조상은 몸짓 하나로 예컨대 '목이 마르다'거나 '물이 필요하다. 물을 가져다줄 수 있느냐?' 등 그 밖의 여러 가지를 표현할 수 있었을 것이다.

토마셀로는 몸짓·손짓으로 표현하는 언어에서 현재 6000개 언어가 파생된 심리적 플랫폼을 형성한다고 생각했다. 소리 내어 표현하는 음성 언어가 곧 우리 생각의 의미를 뜻하는 것은 아니다. 우리가 생각한 것을 전달하는 부수적 수단으로 사용할 뿐이다. 먼저 생각이 형성되고 그다음에 소리로 표현된다. 성대와 혀에서 나는 약 50가지 음성을 활용해 우리 사고가 담긴 약 10만 개가 넘는 단어를 형성하는 것은 정말 놀라운 일이다. 그렇다고 해서 인간의 보디랭귀지의 중요성을 과소평가하는 것은 옳지 않다. 지금도 인간의 보디랭귀지는 원숭이의 것보다 훨씬 복합적이고 복잡하다. 원숭이를 흉내 내는 배우를 관찰해보라. 원숭이보다 원숭이 흉내를 내는 사람이 더 원숭이 같다!

제스처가 지닌 또 다른 주요 기능은 질책, 비난이다. 이때는 의도적으로 몸짓이나 손짓을 사용해 표현한다. 언어의 이해는 항상 그 사람의 의도를 전달하고 뜻을 이해하는 것을 말한다. 한쪽 눈썹만 높게 들어올리기, 검지로 가리키기, 웃음 또는 말 한마디 등 모든 행동 뒤에는 질문이 따른다. 그 행동으로 무엇을 말하려 하는가?

의도를 표현하는 데 영장류와 사람의 가장 큰 차이는 아마 그 과정에 사용하는 부수적 방법일 것이다. 아무리 침팬지 새끼가 목이 말라도 진짜 어미가 아니라면 어미 침팬지는 물을 마실 수 있는 장소를 알려주지 않는다. 토마셀로는 다음과 같이 말했다. "침팬지는 누군가 바란다고 해서 신호나 암시로 다른 침팬지를 도와주지 않는다. 어미 침팬지가 다른 침팬지에게 유용한 정보를 주는 것은 침팬지의 커뮤니케이션에 적절하지 않은 행동이다. 따라서 아무리 어린 새끼라 해도 자신의 새끼가 아니면 정보를 전달하지 않는다. 반대로 인간이 소통하는 동기는 그 바탕에 협력을 전제로 한다."[05]

인간처럼 의도와 생각을 공유하려면 서로 협력해야 한다. 내 의도를 전달하려면 타인의 의도도 이해해야 한다. 더 나아가 내 희망을 표현하고 타인이 나를 위해 행동으로 옮기도록 설득할 수 있어야 한다. 이런 맥락에서 인간은 뚜렷한 목적에 따라 형성되는 '우리라는 느낌', 즉 소속감의 개념을 완성했다. 인간은 서로 의도, 목표, 확신, 세계관을 공유한다.

이러한 언어인류학적 깨달음은 크로포트킨이 죽은 뒤 그를 찬양하는 것이나 다름없었다. 인간만큼 서로 협력하는 동물은 세상에 없을 것이다. 인간은 복잡하게 뒤얽혀 있는 관계를 서로에게 납득시키려고 노력하며 이해를 강요한다.

인생의 여러 부분이 언어라는 약속으로 그 가치가 발효된다. 화폐의 상징적 의미를 이해하고 받아들이지 않는다면 화폐는 종이에 지나지 않는다. 단순히 말로 약속한 것과 결혼의 차이는 무엇인가? 법적으로 '가족'이 된 사람들도 가족이라는 테두리 안에서 기대하고 요구하는 것들을 제대로 충족하지 못하기도 한다. 반대로 법적으로 가족은 아니지만 가족 이상의 관계를 맺기도 한다. 인간은 서로 가치관과 정치적 확신을 공유할 때 끈끈한 유대감을 느낀다. 원래 서로 참아낼 수 없을 정도로 다른 두 사람이 함께 시간을 보내며 서로에 대해 조금씩 알아가고 친밀감을 느끼는 것만 봐도 우리의 관습과 제도 내에 유대감이 실제로 존재하는 것 같다. 유대감이란 돈, 결혼, 가족, 세계관 등에 관련하여 순수하게 언어로 구축된 제도로, 자신만의 또는 일정 부분 서로 긴밀히 얽힌 규정으로 구축되어 있는 시스템이다.

인간은 언어라는 장기 말로 사회라는 매우 어려운 체스를 둔다. 따라서 커뮤니케이션, 협력, 도덕은 서로 분리할 수 없는 긴밀한 관계를 맺고 있다. 제아무리 자기중심적인 성향이라도 단독으로 이 관계를 벗어날 수 없다. "사람은 서로 소통하지 않을 수 없다." 폴 바츠라비크의 이런 생각처럼 인생을 살면서 겪는 모든 상황에 결정을 내리듯 아무리 원치 않아도 이 게임에 참여해야 한다.

이런 맥락에서 도덕과 언어는 서로 분리할 수 없을 정도로 찰싹 붙어 있다. 언어가 추상적이면 그 아래 깔린 도덕도 추상적이다. 이런 방식으로 규칙이 세워지고 관습이 형성되며 기준이 정해진다. 40년 전 로스앤젤레스 캘리포니아 대학교 고대신경학자 해리 제리슨은 인류가 유례없는 지성을 바탕으로 서로 협력했을 것이라고 주장했다.[06] 제리슨은 진화 과정에서 엄청나게 발전한 인간의 뇌와 사회적 요구에 따라 세분된 언어만큼 밀접한 관계를 형성하는 것도 드물 것이라고 주장했다.

서로 주고받던 원시적 방식은 다양한 공동 경험 체계로 발전했다. 이런 환경의 변화에 따라 좀 더 복합적인 언어가 필요했다. 또 언어는 인간의 사회활동에 영향력을 행사하며 또 다른 두뇌 성장을 촉구했다.

현재 전부는 아니라도 여러 학자가 제리슨의 가설에 동의한다. 버클리 캘리포니아 대학교 생물인류학 및 신경학 교수로 근무하는 테렌스 디콘이 1990년대에 관련된 가설을 완성했다.[07] 인류의 두뇌가 발달하게 된 계기를 도구 사용과 고기 소비라는 기존 논리에 바탕을 두었다. 이는 완전히 틀린 말은 아니다. 그러나 이전에 주로 설명했던 것처럼 기술, 사냥, 식량 획득이 주역은 아니었을 것이다.

200만 년 전부터 약 40만 년 전까지 인간의 뇌가 약 세 배나 커진 이유는 아직까지도 수수께끼로 남아 있다. 그러나 이를 충족하는 여러 환경 요인 중 사회활동, 언어 그리고 도덕이 실질적인 의미를 부여했다. 이런 관점으로 볼 때 '인간성'이라는 단어의 의미는 매우 특별하다. 우리는 인간의 생물학적 종의 표식과 더불어 도덕심을 불가분의 관계로 엮는다. 인간이 된다는 의미는 실제로 도덕을 근본으로 하는 생명체가 된다는 것을 말한다.

또 인간의 지능과 사회활동의 발전을 분리할 수 없다. 인류의 의도와 관심이 다채로워질수록 서로 단결하고 협력한 것으로 추정된다. 일부 영역을 음성으로 표현하는 언어는 특정 의미를 전달하는 복합적 수단으로 규정되었다. 이런 과정이 처음 시작된 때와 장소는 오늘날까지 정확히 밝혀지지 않았다.

약 15년 전 언어학자들은 언어가 인류의 위대한 업적이라고 생각했는데 영국의 언어 및 신경학자인 필립 리버먼이 발표한 연구 결과에서 그 근거를 찾을 수 있다.[08] 1960년대 리버먼은 네안데르탈인이 침팬지와 마찬가지로 말하는 데 소질이 없었다고 발표했다. 후두와 혀의 위치로 보았을 때 다양한 음절을 낼 수 없다는 것이다. 그러나 현재 리버먼의 가설은 반박을 받고 있다. 침팬지가 다양한 음절을 소리 내는 데 후두와 혀가 전혀 방해되지 않는다는 것이다. 인간의 우월성을 입증하는 가장 중요한 증거는 바로 호흡 조절이다.[09] 이는 영장류가 따라 할 수 없는 기술이다. 그러나 인간이 정확히 언제부터 그런 호흡법이 가능했는지는 지금도 조사 중이다.

200만 년 전 또는 수십만 년 전부터 인류는 세분된 언어로 의사 표현을 하고 의견을 주고받았다. 동물의 지능을 높게 평가하던 학자들도 동물이 동일한 상대 개체를 다양한 시각으로 바라본다는 가설을 수용하지 않았다. 게다가 언어라는 수단으로 거짓말하기가 한층 수월해졌다. 일반적으로 제스처를 사용해 거짓말할 때보다 말로만 거짓말할 때 상대를 속이기 쉽다. 그러나 인간이 거짓말을 창조했다는 토마셀로의 추측은 의심스럽다. 무엇보다 행동연구학자들은 이 견해에 반대한다. 까마귀 역시 서로 속이고, 침팬지도 제스처를 사용해 상대를 속인다.

언어는 자신을 표현하고 생각을 형성하며 자화상, 기만, 자기기만을 표출하는 데 사용된다. 인류가 언어를 완성하기까지는 수백만 년이 걸렸다. 그러나 오늘날 아기가 다양한 표현을 하는 데 필요한 모든 말을 직관으로

터득하기까지는 2년이 걸리지 않는다. 이 과정을 가능하게 하는 능력은 아주 놀랍다. 생후 6개월부터 24개월까지 어린아이는 감정과 생각을 읽는 법을 배운다.

물론 젖먹이가 경험으로 습득하는 대상은 자신을 돌봐주는 양육자에 한정된다. 들판과 밀림에서 생활하던 인류의 조상이 협력을 몸에 익히던 방식도 이와 크게 다르지 않다. 곤충의 경우 직관적으로 '소통'하기 위해 다양한 방향물로 충당하듯이, 인류의 커뮤니케이션은 직관으로 충족하지 못하는 부분을 채우기 위해 시작됐다. 생리 기능적 신호로 보디랭귀지가 등장하고 음성으로 표현하는 언어, 즉 말과 제스처가 등장했다. 이때 언어가 모든 사람이 유전적으로 자연스레 습득하는 당연한 과정이라고 할 수는 없다. 여러 생물학자에게 인정받는 미국 구조언어학자 노암 촘스키의 관점은 발전심리학에서 포괄적으로 반박되고 있다.[10] 아기나 어린아이의 언어와 사고의 형성 과정에서 친밀감, 애정, 공감이 차지하는 부분은 매우 크다. 무관심 속에 자란 아이는 애정과 관심을 듬뿍 받은 아이보다 평생 언어 능력이 떨어진다.

감정, 사고, 언어 그리고 내가 앞으로 증명하고 싶은 도덕까지도 인간의 사회 경험과 영장류의 체험으로 얻은 결과물이다. 인류의 사회적 지능발달은 관찰과 미소, 또는 미소 짓게 하는 감성적인 신호교환으로 시작됐다. 성인이 된 뒤에도 이 신호는 매우 중요한 역할을 한다. 이런 신호는 긍정적이거나 부정적인 감정 상태를 반영한다. 복합적으로 얽힌 사회현상을 다른 방식으로 평가할 수 없다.

* * *

도덕이란 동일한 배경을 지닌 집단 커뮤니케이션의 결과물이다. 인류의 사회적 지능과 언어는 밀접한 관계를 맺고 있다. 아마도 다양한 보디랭귀지에서 인류의 여러 언어가 파생되었을 것이다. 사회적 지능을 갖춘 생물체로서 인간은 다른 사람의 의도를 파악하고 그것을 따른다. 인간은 언어로 타인의 의견에 동의하고, 목표와 주장을 공유하고 표현한다.

* * *

그러나 이런 맥락에서 볼 때 원시 씨족의 언어와 사회적 활동에서 현재의 인권선언, 시민헌법, 교통법, 소득세법에 이르기까지 언어가 엄청나게 발달한 인과관계를 어떻게 설명할 수 있을까? 이 질문에 답하려면 모든 악의 근원과 인간과 가까운 종족이 지닌 모든 선함, 다시 말해 인간이 물려받은 동물적 본능을 제대로 파악해야 한다. 다른 말로 표현하면 영장류는 선할까, 악할까? 아니면 선과 악이 모두 존재하지 않을까?

> 인간의 본능이 사회를 위해 형성되듯이, 본능은 그 형제의 기쁨을 위해 원초적 욕망을, 그리고 고통을 위해 원초적 혐오를 지참금으로 내어준다. 본능은 다정한 마음씨로 즐거움을, 퉁명스러운 마음씨로 고통을 가르친다.
>
> \- 애덤 스미스

호모사피엔스와 신성로마제국은 과연 어떤 관계일까? 아마 처음에 딱 떠오르는 것이 없을 것이다. 그러나 분명 서로 공통점이 있다. 그것은 바로 어울리지 않는 잘못된 명칭이다! 철학자 볼테르의 천재적인 소견을 따르면 신성로마제국은 신성하지도 않고, 로마에 의한 나라도 아니며, 제국도 아니다. 실상은 독일에 위치한 평범한 소국이었다.

그렇다면 호모사피엔스 역시 근본적으로 잘못된 명칭일까? 1766년 스웨덴 자연학자 카를 폰 린네가 자신의 저서 『자연의 체계』를 통해 주장했듯이 우리는 현명한 방식을 택하는 현명한 사람일까? 어쨌든 우리는 모두 현명하지는 않더라도 호모, 다시 말해 인간임은 분명하다. 그러나 인간이 된다는 의미 또한 정의를 내리기가 매우 어렵다.

인간을 규정하는 정의는 없다. 하늘가재 또는 뱀의 경우와 달리 아예 존재하지 않는다. 린네가 원숭이 중 특히 포유강 영장류를 총칭하는 직비원류를 언급했을 때 특정 개체를 염두에 둔 것은 아니었다. "인간은 인간이 잘 안다(Homo nosce te ipsum)." 린네는 냉정한 어조로 말했다. 백합 연구로 유명한 영국의 식물학자 윌리엄 토머스 스턴은 동물학 표본에서 부족했던 부분을 완성했다. 그는 1959년 웁살라 대성당에 안치된 린네의 골격에서 후모식표본(lectotypus), 즉 우리 종의 학문적 기준표본을 설명한다. 린네의 인생은 자세히 기록되었지만 인간 본성의 표본이라 하기에는 제한적이다. 종의 특징을 분류하려면 이와는 다른 방법으로 접근해야 한다. 개인 소견으로 인간은 고의로 비도덕적인 행동을 하는 유일한 동물이다! 인간은 웃을 수 있는 유일한 동물은 아니다. 침팬지도 웃을 수 있다. 그러나 아마도 남을 비웃는 유일한 동물일 것이다. 또 다른 종을 혐오하는 유일한 종족이다. 자신과 다른 사람, 피부색이 다른 사람, 다른 종교를 믿는 사람, 자신보다 부유한 사람, 다른 나라 또는 다른 문화권의 사람을 상황에 따라 혐오한다.

왜 그런지 그 이유는 간단히 설명할 수 없다. 어쩌면 행복이라는 감정이 지속되지 않는 동물이기 때문일 것이다. 한시도 멈추지 않고 생각하며 폭정을 일삼는 대단한 두뇌를 소유한 동물이자 동시에 죄책감으로 눈물을 흘리는 유일한 동물이다. 또 질투하고 시샘하며 후회하는 유일한 동물이다. 그리고 좌절감에 스스로 목숨을 끊는 유일한 동물이다.[01] 그리고 추측하건대 자의식에 따라 도덕적인 행동을 실천하는 유일한 동물이다. 객관적으로 '인간성'이라는 개념은 사랑, 미움, 배려, 이기심, 동정, 무관심 등 인간의 모든 성향을 포괄한다. 반면 주관적 측면에서 15세기 학자들은 후마니타스(humanitas), 즉 인간성을 긍정적으로 평가했다. 진정한 인간이 되기 위해서는 인간이 지닌 능력에서 사회적 부분만 견뎌내면 된다. 지금 이 순간 이후 마음에 담은 선의 크기에 따라 인간 이상 또는 이하가 된다. 타인을 존중하고 사랑하며 후원하고 돕는 사람은 그렇지 않은 사람보다 훨씬 인간적이다.

인간이라는 종의 정의와 윤리적 성향 두 가지 측면이 '인간성'에 담겨야 한다는 생각은 지나치게 진지하다. 피로 물든 인류의 과거사에 비춰볼 때 이는 어불성설이다. 반면 인간은 일상에서 놀라울 정도로 윤리적인 행동을 한다. 마지막으로 다른 사람을 때린 적은 언제인가? 지난달에 남에게 맞은 횟수는? 누군가 당신의 음식을 훔치거나 배우자를 유린한 경우가 있었는가?

실제로 인간은 특이한 종족이다. 우선 상상할 수 없을 정도로 끔찍하고 난폭하다. 거의 모든 시대를 아울러 고문, 살인, 박해, 학살, 전쟁이 등장했다. 그러나 동시에 서로 어울리기 좋아하는 족속이기도 하다. 서로 반기고 인사하며 욕설을 삼가고, 대부분 서로 다정하며 함께 웃는 것을 즐긴다. 또 체벌이 두려워서 이런 욕구를 참거나 거부하지 않는다. 일반적으로 사람들은 주변에 어린아이가 있을 때 신호등의 빨간불 앞에서 멈춰 선다. 그러나 범칙금이나 감옥에 대한 두려움 때문에 신호를 지키는 것은 아니다.

학술적 관점에서 객관적으로 인간과 인간의 도덕심을 설명하기는 거의 불가능하다. 물론 인류와 문화를 살펴보면 상당 부분 일치하거나 비슷한 부분을 발견할 수 있다. 그러나 유전으로 물려받은 것과 문화적으로 전해진 것을 해부용 외과 메스로 하나하나 분리할 수 없다. 공통분모로 보이는 모든 것 중 다수가 생물적 유전암호에 따른 것이 아닐 것이다. 그중 일부는 심리적 근거에서 평행을 이루며 발전한 것으로도 풀이할 수 있다. 시카고 대학교 로스쿨의 철학자 마르타 누스바움은 인간이 무엇인지 결정하는 유일한 기준이 실제로 존재한다고 주장했다. 그것은 바로 "시대와 장소의 다양한 차이를 떠나서 인간으로서 가치를 인정받는 것"이다.[02]

인간의 본질은 타인의 눈에 비친 모습이 말해준다. 인간의 본성에 관해 보편적 정의를 내리는 데 특히 도덕성은 매우 큰 걸림돌이다. 인간은 문화에 영향을 받으며 독창적인 개성을 지녔다. 따라서 어느 누구도 타인과 동일하지 않다. 그럼에도 사람이 사람을 구분하는 특정 체계가 존재한다. 이는 아마도 우리가 생물적 유산으로 물려받은 구조일 것이다.

그렇다면 생물적 유산을 어떻게 알아볼 수 있을까? 이 문제를 해결하기 위해 학자들은 대개 두 가지 길을 선택한다. 첫째, 다양한 문화를 조사하고 공통점이나 유사한 부분을 찾는다. 둘째, 인류의 먼 친척이라 할 수 있는 영장류 중 특히 유인원에 속하는 침팬지와 보노보를 연구한다. 물론 동물은 인간이 아니지만 어쨌든 인간은 동물이다. 600만 년 전쯤 어쩌면 인간과 유인원의 조상은 한 뿌리에서 시작되었을 수도 있다. 침팬지와 보노보에게서 인간과 비교할 수 있는 도덕심을 찾을 수 없다고 해도 유인원 연구는 분명 인류에게 값진 정보를 제공한다.

물론 유인원 연구도 인류에 관한 연구처럼 똑같은 난관에 부딪히기도 한다. 그러나 침팬지와 보노보는 다르다. 모든 개체가 다르고 각자만의 성향이 있다. 탄자니아에서 40년 이상 침팬지와 시간을 보낸 구달의 책을 읽은 사람이라면 사람처럼 표정을 짓거나 행동을 따라하는 '현명한' 데이비드 그레이비어드, '신경질적인' 멀린, '싸우기 좋아하는' 맥그레고어를 기억

할 것이다. 침팬지와 보노보를 관찰하면 사람과 공통적인 행동을 발견할 수 있다.[03]

영장류가 사는 세상에는 병원이 없고, 공공의 이익을 위해 그 어떤 조직도 형성하지 않으며, 기부를 촉구하는 호소도 없다. 그럼에도 영장류는 남을 돕고 배려하며 더불어 사는 법이 무엇인지 알고 있다. 지난 30년간 영장류학자들이 관찰한 결과는 실로 놀라웠다. 긴꼬리원숭이는 맹수를 발견하거나 위험에 처하면 경고하는 울음소리를 냈다. 긴팔원숭이, 거미원숭이, 침펜지는 일부 동족과 먹이를 나눠 먹었다. 짧은꼬리원숭이 암컷은 같은 무리의 일원에게 공격을 받은 다른 새끼들을 보살펴줬다. 또 긴꼬리원숭이와 고함원숭이는 다른 어미의 새끼를 돌보는 데 많은 시간을 할애했다. 보노보의 경우 상처를 입었거나 아픈 다른 동료를 돌보는 모습이 관찰되었다. 침팬지는 포획되어 인간의 통제를 받을 때도 아무런 보상도 바라지 않고 사육사를 돕는다.[04]

이런 사실을 알았더라면 크로포트킨은 매우 기뻐했을 것이다. 크로포트킨에게 가장 부족했던 것은 바로 해당 분야 생물학자의 해석과 진술이었기 때문이다. 영장류는 왜 서로 돕는 걸까? 그리고 종종 이타적인 행동을 하는 이유는 무엇일까?

생물학적 의미에서 이타주의는 실행자가 이익이 생기는 것보다 많은 비용을 지불하고 결국 타인이 그 혜택을 볼 때를 뜻한다. 생물학자에게 이런 행동은 처음부터 풀리지 않는 수수께끼였다. 1960년대 이후 여러 진화생물학자가 동물은 자신에게 이익이 있을 때만 행동한다고 보았다.[05] 그리고 유전으로 전해 내려오는 어두운 힘에 이끌려 짝짓기를 시도한다. 그렇게 종족이 번식해간다. 이타주의로 동물에게 특정 이익이 생기지 않는 한 동물의 왕국에는 이타적인 행동이란 존재하지 않는다.

이때 두 가지 가능성을 생각해볼 수 있다. 첫 번째는 상호 원칙이다. "당신이 내게 선행을 베푸는 것을 바라기 때문에 당신에게 선행을 하는 것이오!" 뉴저지 러트거스 대학교의 진화생물학자 로버트 트리버스는 1971년 이 법칙을 '상호 이타주의(reciprocal altruism)'라 불렀다.[06]

영장류는 이런 '상호 이타주의'를 실행하기 위한 모든 전제 조건을 충족한다. 그러나 얼마나 자주 이런 행동을 할까? 어느 누구도 정확히 답변할 수 없다. 그 어떤 학자도 실제로 영장류가 상대에게 대가를 요구하고 그것을 성취했는지 확인할 정도로 야생 원숭이를 세심히 관찰하는 데 성공하지 못했다. 상호 협력을 보여주는 적절한 사례로 먼저 서로 이를 잡아주는 행동을 들 수 있다. 원숭이는 하루 일과의 10~20퍼센트를 서로 털을 고르며 이를 잡아주는 데 사용한다. 그러나 이런 행동과 보상관계는 항상 성립하지 않는다. 동료의 이를 잡아주는 모든 원숭이가 그 원숭이로부터 동일한 보상을 받는 것은 아니다. 일부 학자들은 때때로 인내, 신변보호 또는 교미에서 보상관계가 성립한다고 생각했다. 그러나 이 또한 정확하지 않다.[07]

두 번째 이점은 공동체의 활용이다. 긴꼬리원숭이는 자신이 위험에 빠지더라도 무리의 위험을 최소화하기 위해 큰 소리로 경고한다. 무리를 이루는 동물은 항상 서로 밀접한 관계를 맺으며 생활한다. 부모와 형제, 자매 그리고 새끼에게 위험을 알리는 긴꼬리원숭이는 동시에 자신의 유전자 일부에게 경고하는 것이다.

타인에 대한 우리의 관심이 동족관계에 비례한다는 이론은 유명한 진화생물학자 존 버든 샌더스 홀데인에게서 비롯했다. 유명한 괴짜인 홀데인은 그 통찰력과 유머로 전설이 된 인물이다. 그의 친구 올더스 헉슬리는 홀데인을 자신의 소설『어릿광대의 춤』의 주인공 시어워터의 모티프로 삼아 그의 명예를 입증했다. 홀데인은 동물세계에서 일족이 갖는 중요성을 이미 잘 알고 있었다. 그는 또한 인간과 동물이 친족에게 기울이는 애정을 수학적으로 정확히 예측할 수 없다는 사실을 깨달을 정도로 명철했다. 그래서인지 어느 날 홀데인은 연구실이 아닌 술집에서 편지 봉투에 가족관계도를 그리며 형제들의 인생을 구제하려고 자신의 인생을 허비하고 싶지 않다고 말했다. 형제 한 명의 유전적 친족 공유도는 50퍼센트다. 그러니 형제 두 명 또는 여덟 명의 사촌(사촌의 친족 공유도는 12.5퍼센트이므로 이들의 유전자 합은 100퍼센트다)을 구하기 위해서라면 기꺼이 목숨도 바칠 수 있다. 그들을 구함으로써 자신의 유전자가 손실되는 것을 상쇄할 수 있기 때문이다.[08]

그런데 놀랍게도 그로부터 몇 년 뒤 이 터무니없는 혈연관계에 대한 수학적 공식을 진지하게 받아들인 사람이 나타났다. 홀데인이 세상을 떠나기 얼마 전인 1964년 윌리엄 도널드 해밀턴은 그가 이름붙인 친족선택론과 포괄적 적응도 이론을 완성했다.[09] 그의 주장을 요약하면, 동물은 자신뿐만 아니라 다음 세대 중 자신의 유전자가 흐르는 존속, 정확히 말해 홀데인의 편지 봉투 수식에 따른 관계를 보살핀다.

이 학자는 두 경우에 대한 동일한 해답을 찾기 위해 30년간 헤맸다. 원숭이와 기타 동물의 이타적 행동을 발견한 뒤 그 즉시 다음과 같은 결론을 내렸다. 이타적 행동이 동물 개체의 이익을 위해 사용되거나 그런 행동이 눈에 보이지 않는다 할지라도 전체 무리의 공익을 위해 사용된다.

이런 방식으로 영장류 학자들은 특히 이타주의와 혈연관계의 연결고리를 조사했다. 이 과정에서 이치에 맞지 않는 것은 대부분 무시하거나 배제했다. 근래 들어 일부 학자들은 협소해진 그들만의 독단을 해결하는 데 성공했다. 그들은 새로운 모델을 세우고 영장류의 협력관계에서 직접적인 이득 또는 종족을 위한 간접적인 이득 외에도 아마 다양한 동기가 있을 것이라고 추측했다.

유전적으로 정확히 계산된 종족 우대를 말하는 해밀턴 법칙에 관한 강력한 이의는 '실제로 그런 경우가 존재하지 않는다'는 것이다! 생명체의 행동은 수학적 계산에 따라 예측할 수 없다. 영장류는 같은 유전자를 지닌 동족이나 무리의 이익만이 아닌 다양한 행동양식에 따라 행동한다. 일부 원숭이 암컷은 새끼를 살해하기도 한다. 매우 드문 일이지만 형제끼리도 서로 목숨을 빼앗는다. 또 수컷 경쟁자가 매우 가까운 혈연관계라 할지라도 심하게 상처를 입히거나 죽이기도 한다. 원숭이 무리에서 부모, 형제, 자매 사이의 시기심은 일상적인 일이다. 게다가 서로 가족이 아닌 원숭이뿐만 아니라 유전적으로 다른 동물을 무리의 일원으로 받아들여 함께 생활하기도 한다. 무리를 보호하는 수컷 우두머리는 어떠한 차별도 하지 않는다. 무리 안에서는 누구나 동등하다.[10]

원숭이 무리의 여러 사회적 행동양식은 분명히 이익을 극대화하는 기능이 있다. 원숭이 암컷은 새끼를 돌본다. 그러나 큰긴팔원숭이, 올빼미원숭이의 경우 수컷도 새끼를 돌본다. 남아메리카의 명주원숭이는 새끼가 다 커도 곤경에 빠지면 도와준다. 인류의 발전사와 비교했을 때 침팬지 수컷의 우정은 매우 흥미롭다. 거의 하루를 함께 보낸다. 함께 사냥하고 서로 이를 잡아주며 먹이를 나눠먹고 싸울 때 편을 들어준다.[11]

이런 모든 일을 고려할 때 최고의 스타는 바로 명주원숭이다. 취리히 대학교의 네덜란드인 영장류학자 카렐 반 샤이크와 스위스인 동료 주디스 부르카르트는 세기적인 사건을 발견했다.[12] 이 작은 원숭이는 서로 협력할 뿐만 아니라 무리의 이익을 위해 어떤 사심도 없이 행동한다. 이들은 먹이가 필요한 다른 종의 동물에게도 먹이를 구해주었다. 샤이크는 이들의 공생관계, 즉 무리의 모든 일원이 똘똘 뭉쳐 새끼들을 돌보는 것만 봐도 무리를 생각하는 배려 유전자가 존재하는 게 분명하다고 생각했다.

그러나 다른 행동을 살펴보면 이득과 비용 관계가 개개인 또는 무리를 위한 것인지 쉽게 파악할 수 없었다. 이를 설명하는 좋은 사례로 다툼과 분쟁의 중재를 들 수 있다. 여러 종의 암컷을 관찰한 결과 무리 구성원 사이에서 난폭한 분쟁이 일어날 때 서로 혈연관계든 혈연관계가 아니든 암컷의 행동은 같았다.[13]

2009년 라이프치히 막스플랑크 진화인류학 연구소의 연구진은 코트디부아르 타이 국립공원에서 엄청난 발견을 했다.[14] 그곳에서 수컷 침팬지 프레디는 자신과 전혀 혈연관계가 없는 부모 잃은 원숭이 새끼를 돌봤다. 프레디는 새끼 원숭이에게 먹이를 주고 스킨십을 하며 이를 잡아주었다. 연구진은 이처럼 원숭이 새끼가 다른 무리의 일원에게 '입양'된 사례를 모두 열여덟 차례나 발견했다.

동물의 왕국에서 인류의 먼 친척뻘인 영장류는 인간 세계의 친척들(특히 학문을 연구하는 학자들)과는 달리 항상 유전학적 계산에 따라서만 움직이지 않는다. 하지만 이론과 관찰이 일치한다고 해도 신뢰가 생기지 않는다면 굳이 그 관찰에 의존할 필요는 없다. "세상의 측정 가능한 부분이 세상 전체가 아니다. 그것은 단지 세상의 측정 가능한 부분일 뿐이다."[15] 프랑크푸르트 출신의 철학자 마르틴 젤은 이렇게 말했다. 영장류의 행동을 관찰하는 생물학자들은 영장류의 행동을 숫자, 공식, 도식으로 분석하려 하지 말고 개별 심리학 측면에서 접근해야 한다.

영장류는 고유한 특성을 지녔으며 다채로운 성향을 지닌 인간처럼 항상 예측 가능한 범위에서만 행동하지 않는다. 따라서 영장류에게도 무리의 행동을 평가하는 능력이 있음이 분명하다. 영장류의 세계에도 가치와 기준이 존재하는 것으로 보인다. 그러나 이것이 실제로 가능할까? 영장류는 그 가치와 기준을 언어로 표현하지 못하기 때문에 자신뿐만 아니라 다른 구성원에게도 자신의 의도를 모두 전달할 수 없다. 그렇다면 어떻게 결정할까? 영장류는 그 상황을 어떻게 판단할까? 또 문서로 된 기준이 없는 상황에서 무엇으로 다른 원숭이의 의도를 평가할까?

거의 모든 영장류학자는 영장류에게 이성적인 계산 능력이 없다고 판단했다. 영장류는 친절을 받은 횟수를 계산하지 않고 그 즉시 동일한 친절로 보상했다. 따라서 다른 동물이 친절을 베푼 횟수를 셀 필요가 없었다. 영장류의 의도로 추측되는 평가기준은 다음과 같다. 유인원은 같은 무리 안에서 호감을 느끼거나 싫어하는 일원을 구분하는 것으로 보였다. 단순히 콩을 세는 것보다 훨씬 더 복합적인 과정, 즉 감정으로 호감을 표현한다. "내 털을 세 번 긁어줬으니 나도 똑같이 세 번 긁어주겠어!" 진화생물학자의 이익 대비 비용 계산을 지속적으로 대입하려면 그 안에 내포된 감정과 의도를 감안해야 한다.

유인원 사이에 펼쳐지는 사회적 체스는 단순히 "네가 나한테 한 만큼 나도 네게!"가 아니다. 단순히 '눈에는 눈 이에는 이'와 같은 방식으로 아무런 규칙도 없이 장기 말을 놓지 않는다. 장기판에서는 상대의 위치에서 느껴지는 전략적 입지가 매우 중요하다. 게임은 장기전이기 때문에 말을 놓을 때마다 신중해야 하고(사실 매우 직관적으로) 지금까지의 과정을 고려해야 한다. 이때 상대방의 의도를 파악해야 하는 것은 말할 필요도 없다.

그럼에도 영장류학자들은 유인원이 무리 안에서 다른 일원의 의도를 얼마나 파악하는지 열띤 논쟁을 벌인다. 유인원이 서로 의도를 파악한다는 의견을 입증하는 가장 강력한 논거는 긍정적인 증거가 아닌 부정적인 접근에 있다. 만약 서로 의중을 파악하거나 고려하거나 예측하지 못한다면 어떻게 복잡하게 얽혀 있는 사회라는 체스를 둘 수 있겠는가?

침팬지, 보노보, 고릴라, 오랑우탄이 순수하게 서로 도움이 된다는 근거 말고는 제시된 공동생활의 동기는 모두 불분명하다. 유인원도 '우리'라는 감정을 느낄까? 무리에서 공동규칙을 지키지 않아 징계당한다는 것을 입증할 증거가 있는가? 다양한 감정의 기준이 되는 근본적인 접근 방법은 무엇인가? 앞으로 영장류학자들 사이에서 이런 질문들이 지금보다 주된 논쟁 주제로 떠오를 것이다.

영장류, 최소한 유인원은 생물학자들이 동물세계의 공동체에서 전제로 하는 엄격한 이익 대비 비용 계산공식을 비껴간다. 원숭이만 하더라도 배려가 전혀 없는 맹수 유전자가 아니다. 심리학의 진보는 로스앤젤레스 캘리포니아 대학교의 두 인류학자 로버트 보이드와 피터 리처슨이 다루던 핵심 주제다.[16] 이들은 1980년대 중반부터 인류의 진화가 단순한 유전자 문제라는 생각을 바꿔놓았다. 본능은 유인원 또는 고대 인류가 살았던 세상의 전부가 아니다. 분명 그 안에도 사회적 요구가 존재했다. 또 사회적 요구는 감정, 사고를 일으키고 급기야 진화 단계로 몰아갔다. 영장류의 뇌에서 일어나는 복합적인 심리는 모든 생물학적 규칙을 파괴했다. 지금까지 밝혀진 모든 법칙을 무너뜨리고 무효로 만들었다. 결국 전례 없는 새로운 것이 등장해 진화의 법칙을 바꿔놓았다.

기존과 다른 사회 체험 가능성은 유전질에도 영향을 미쳤다. 진화에 따른 유전자 발전은 물론 인간의 행동 역시 유전자에 영향을 준다. 이에 대한 입증은 매우 놀라웠지만 이 상호작용은 오랫동안 학계의 인정을 받지 못했다. 미국 유전학자 바바라 매클린톡은 이미 1940년대에 환경과 유전자는 무관하다는 정설을 뒤흔들며 자신의 입장을 고수했다.[16] 매클린톡은 해당 장소의 다양한 유전자가 인류의 유전질 내에서 변하기도 하며 환경의 영향을 받는다는 사실을 발견했다. 유전자에서 문화로 향하는 길은 이제 더는 일방통행이 아니다. 그러나 1980대 말에 들어서야 온전한 학문적 돌파구가 생겼다. 유명한 두뇌학자이자 노벨상 수상자인 에릭 캔들이 유전자 일부가 실제로 학습과 경험에 영향을 받는다는 사실을 입증했다.[18] 그러나 이런 변화도 유전될까? 이 시점으로부터 불과 10년 전만 해도 그 어떤 생물학자도 이런 가능성을 신중하게 고려하지 않았다. 그러나 이는 이제 흥미진진하고 긴장감 넘치는 논쟁 주제로 급부상했다.[19]

환경과 유전물질의 상호 영향에 관한 견해는 지난 30년간 가장 중요한 생물학적 지식에 속한다. 물론 개선 행렬이 있기까지 그 과정은 매우 험난했다. 여러 생물학자가 유전자의 복잡한 상호작용과 심리학의 수용을 꺼렸다. 유전자에 관한 기존 입장을 진화의 원동력으로 볼 때 모든 것이 훨씬 수월했고 현재는 불가능한 학문적 정확도가 뒷받침됐다.[20]

그러나 사상과 문화의 번영은 유전자를 통해서가 아니라 완전히 다른 방식으로 전파됐다. 생물학적·문화적 진화의 차이를 한마디로 요약하면 '자신만의 의도가 있고 그것을 파악하며 그렇지 않은 생물체와 다르게 행동하는 생물체'다. 자신만의 고유한 의도가 없는 생물체는 영국 학술기자 리처드 도킨스가 인간을 포함한 모든 동물을 잘못 표현했던 것처럼 총체적인 '유전자 기계(Genmaschinen)'에 지나지 않는다.[21] 그러나 의식이 있는 생물체는 생존과 번식 외에도 다양한 관심사를 지닌다. 또 고정된 교환법칙을 벗어날 뿐만 아니라 관심과 인정이라는 매우 새로운 화폐로 대가를 지불한다. 함께 먹이를 나눠 먹으며 인내심이 생기고 교미를 통해 보호와 안정이라는 감정을 보상으로 얻는다.

자연관찰과 영장류의 행동연구에서 우리가 배울 점은 심리적으로 다방면에 재능이 있는 생물체의 행동이 확고한 생물학적 적법성에서 벗어난다는 것이다. 유인원은 생존과 건재에 필요한 핵심부분을 전달하는 데 유전

말고도 문화라는 방식을 선택했다. 오랑우탄 새끼는 어미한테서 독이 있거나 해로운 식물 사이에서 먹이를 찾을 수 있도록 수백 가지 다양한 식물 구별법을 배운다.[22] 따라서 화해, 협력, 상호 교환 행동이 단순히 유전자에 포함된 것이 아니라 하나의 문화로 습득되었다. 원숭이는 천성 자체가 새끼나 구성원에 관심이 많다. 그러나 어디까지가 구성원에 포함되는지는 불분명하다. 이것이 바로 '도덕적' 공간의 영역이다.

붉은원숭이의 경우 학자들은 무리마다 서로 다른 사회적 행동을 발견했다.[23] 공격적인 수컷 우두머리가 모든 결정을 내리고 암컷을 모두 소유하는 무리가 있는 반면, 또 다른 무리는 수컷 우두머리가 자신이 좋아하는 암컷만 돌보며, 나머지 암컷들은 다른 수컷에게 맡긴다. 붉은원숭이의 이런 규칙은 문화로 계승되었다. 다시 말해 눈으로 보고 습득한다는 뜻이다. 10년 뒤 수컷 우두머리가 바뀌었지만 상황은 예전과 같았다. 첫 번째 무리는 권위적인 수컷이 모든 암컷을 소유했고, 두 번째 무리는 여전히 다정하고 '민주적'으로 행동했다.

* * *

영장류, 인간, 유인원 등 포유류를 고도의 발전 단계로 이끈 진화는 그사이 여러 새로운 법칙으로 풍부해졌다. 유전자 측면의 진화 말고도 문화적 진화가 등장했다. 의도를 파악하고 반응하는 생물체의 행동에는 심리공간이 존재한다. 이 공간이 복합적으로 얽혀 있을수록 순수한 본능에 따라 이익을 추구하는 모습과 멀어진다.

* * *

심리가 고도로 발전한 동물은 문화적 진화로 자유를 누린다. 그것을 도덕으로 규정하는 인간의 의미와는 별개 문제다. 영장류는 타고난 본성을 선 또는 악, 즉 인간 윤리의 잣대로 측정하지 않는다. 동물의 왕국에서 도덕이란 인간의 도덕적 잣대로 선인지 악인지 평가하는 것과는 다르다.

1996년 영장류학자 드발이 출간한 책을 살펴보자. 드발은 자신의 저서를 『선한 존재: 인간과 기타 동물의 선과 악의 기원』이라 이름 붙였다. 드발이 저서에서 몰두한 주제는 윤리철학의 중요한 문제 가운데 하나다. 선과 악을 구분하려면 먼저 그 둘을 분별할 수 있어야 한다. 특정 상황과 마주했을 때 무엇이 옳고 그른지 판단할 수 있어야 한다. 그러나 어떻게 이것을 깨달을 수 있을까? 인간의 본성에서 정의감을 끌어내려면 어떻게 해야 할까?

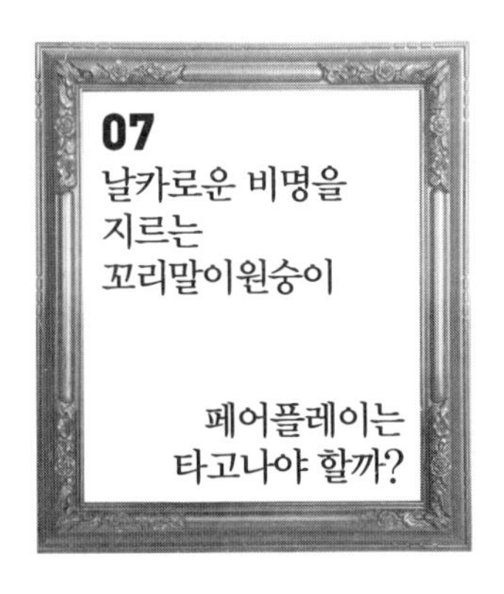

07 날카로운 비명을 지르는 꼬리말이원숭이

페어플레이는 타고나야 할까?

미국 조지아 주 북쪽 드칼브 카운티에 위치한 에머리 대학교는 신학자, 언론인, 경영자 전문 양성학교로 잘 알려져 있다. 1836년 감리교도에서 설립하고 코카콜라 창업자 아사 캔들러가 확장한 이 학교는 빅 비즈니스와 교회의 아메리칸드림에서 출발했다. 네오클래식 양식으로 눈처럼 하얀 여러 건물과 눈부실 정도로 잘 정리해놓은 주차장 사이에 있는 현대식 건물이 바로 심리학 및 종합과학 건물이다. 심리학자, 행동연구학자, 인지과학자, 신경과학자가 한 지붕 아래 모인 전 세계에서 찾아보기 드문 단과대학이다. 이 단과대학의 스타는 63세의 네덜란드인으로, 세계에서 명성이 가장 높은 영장류학자 드발 교수다.

동물을 연구하는 학자는 언젠가는 연구 대상을 인간으로 옮겨간다. 로렌츠가 이 길을 걸었고 그 밖에도 이블 아이베스펠트, 줄리안 헉슬리, 데스먼드 모리스, 에드워드 윌슨, 스티븐 제이 굴드, 제라드 다이아몬드 그리고 드발이 이 행렬에 동참했다. 이들 학자 중 드발은 가장 정확하게, 어떤 편견도 없이 신중하게 그리고 폭발적인 학구열로 이 길에서 가장 멀리까지 왔다.

콧수염을 텁수룩하게 기른 이 네덜란드인은 처음에는 단순히 1970년대 개척기를 대표하는 여러 명 중 한 명에 불과했다. 그렇지만 구달이나 디안 포시와 달리 야생에서 영장류를 연구하지 않았는데도 드발은 최고의 관찰자로 평가받고 있다. 네덜란드 아른하임의 동물원에서 진행한 그의 연구는 전설이 되었다. 오늘날 드발은 관련 학계의 대가로 평가받는다. 그는 지난 20년 동안 애틀랜타에서 교수로 활동하며 유인원 센터를 운영했다. 여러 언어로 번역된 그의 저서는 출판계에서 널리 알려진 성공신화다. 그런 그가 우리에게 전하려는 것은 무엇인가?

드발은 마르크스나 프로이트처럼 학계의 이단아였다. 영장류심리학이라는 과목명도 드발 이전에는 아예 존재하지도 않았다. 행동연구학자는 트리버스와 해밀턴의 법칙처럼 특정 생물학 법칙에 따라 영장류의 사회성을 조사했다. 철학자는 영장류에 그 어떤 관심도 없었다. 1838년 젊은 다윈은 자신의 노트에 다음과 같이 예언했다. "비비원숭이를 이해하는 사람은 존 로크보다 형이상학에 기여도가 높을 것이다." 그러나 여전히 대학철학은 이 분야를 외면했고 '비비'라는 단어보다 '칸트'에 열광했다.

드발은 네덜란드 위트레흐트 대학교에서 박사과정 연구 주제인 짧은꼬리원숭이의 공격적 행동 및 동맹 연구를 위해 6년간 아른하임의 침팬지를 관찰했다.[01] 그는 침팬지의 분쟁과 화해 방법, 먹이 분배, 사회구조를 연구했다. 드발은 생물체에게 의도와 목적이 있다는 것을 이해하고 그렇지 못한 생물체와 분명히 행동에 차이가 있다는 것을 깨달은 생물학자 중 한 명이다. 그가 관찰한 유인원의 지능은 매우 놀라웠다. 그들은 매우 다양한 방법으로 서로 소통하는 능력이 있었다. 유인원은 사회 규칙에 큰 의미를 두었다. 유인원은 또한 다른 원숭이와 자신을 '스스로' 구분할 줄 알았다. 그 밖에도 현재와 과거의 경험을 비교하여 생각하는 능력을 가능하게 하는 기억력이 있었다.

10년 전 드발은 애틀랜타에서 방향을 지시하는 의미를 지닌 여러 시도를 시작했다. 이 연구는 침팬지나 보노보가 아닌 남미의 꼬리말이원숭이를 대상으로 했다.[02] 영장류학자들은 아프리카나 아시아 지역의 영장류와 비교했을 때 신세계의 영장류는 지적 능력이 다소 떨어진다고 보았다. 그러나 꼬리말이원숭이는 예외였다. 남미 원숭이과에서 꼬리말이원숭이는 스타나 다름없다. 아마존 밀림의 우거진 나무에서 서식하는 민첩한 꼬리말이원숭이는 유난히 수명이 길다. 뇌의 크기와 무게도 다르다. 그들의 사회적 활동은 비교적 온화하고 매우 복합적이다. 애완동물, 영화배우, 몸이 불편한 장애인의 도우미로 오랫동안 사랑을 받아온 점도 전혀 놀랍지 않다.

드발과 그의 동료 사라 브로스넌은 꼬리말이원숭이를 짝지어 여러 그룹으로 나눴다. 연구 목표는 매우 야심찼다. 서로 소통하는 생물체는 기대라는 감정을 느낀다. 내 행동에 따라 다른 개체가 나에게 악의적이거나 호의적인 반응을 보인다. 일반적으로 이 반응은 전혀 뜬금없는 날벼락이기보다 이미 행동하기 전에 예상한 것이다. 최소한 '해주세요'라고 공손히 부탁할 때는 단호한 목소리로 명령할 때보다 내 바람이 실현되기를 기대한다. 그러나 이런 기대는 어디에서 시작되었을까? 기대라는 감정은 인간만이 느끼는 감정일까? 아니면 원숭이에게도 있을까? 기대를 표현하는 원숭이의 행동을 실험으로 가시화할 수 있을까?

브로스넌과 드발이 탐구한 기대라는 주제는 특히 진지한 문제였다. 이들은 꼬리말이원숭이가 서로 공평하게 행동하는 것을 기대하는지 발견하고

자 했다. 이런 이유에서 두 학자는 모든 방법을 동원해 원숭이를 자극했다.

연구진은 우리에 칩을 던졌다. 꼬리말이원숭이가 칩을 돌려주면 그 대가로 오이 한 조각이나 포도 한 송이를 주었다. 또 다른 꼬리말이원숭이도 칩을 돌려주는 대가로 다른 원숭이와 동일한 보상을 받았다. 실험 초창기 꼬리말이원숭이의 세상에는 아무런 동요도 없었다.

그러나 불공평한 상황이 시작됐다. 두 번째 실험에서 두 원숭이 중 한 마리는 칩을 돌려줄 때 항상 오이 한 조각을 받은 반면 다른 원숭이는 매번 훨씬 맛있는 포도 한 송이를 받았다. 오이를 받은 원숭이는 동료가 자기와 똑같이 칩을 돌려주는 행동을 했는데도 훨씬 좋은 보상을 받는다는 것을 두 눈으로 똑똑히 보았다.

어떤 일이 벌어졌을까? 얼마 지나지 않아 오이를 상으로 받던 원숭이는 눈에 띄게 흥미를 잃었다. 이 원숭이는 이 놀이에 동참하려 들지 않았다. 우리 안으로 칩을 던져도 그냥 그 자리에 내버려뒀다. 게다가 이번에는 다른 원숭이가 아무것도 하지 않았는데도 포도를 먹이로 받자 지금까지 참아왔던 원숭이는 분노를 표출했다. 이 지점에서 불공평한 대우를 받은 원숭이는 날카롭게 울부짖으며 우리 안의 칩을 밖으로 던져버리고 대가로 주는 오이마저 완전히 거부했다.

얼마 전까지만 해도 기쁨의 대상이었던 오이가 어떻게 이렇게 빠른 시간 안에 가치를 잃어버릴 수 있을까? 이는 원숭이가 자신의 보상을 다른 원숭이의 것과 비교한 것이 분명하다. 또 동일한 행동에 동일한 대가를 바라는 기대가 생긴 것이다. 그러나 상황이 그렇지 못하자 원숭이는 불공평한 대우를 받았다는 감정으로 불만이 쌓인 것이다.

관찰 내용의 정확성을 확인하기 위해 브로스넌과 드발은 또 다른 테스트를 했다. 만약 행동의 대가로 오이보다 좋은 상, 즉 포도를 줬어도 결과는 마찬가지였을까? 원숭이는 단순히 이 게임에 흥미를 잃어버린 것은 아니었을까? 연구진은 원숭이 눈에 보이게 포도 몇 송이를 늘어뜨려 놓고 상으로 오이를 주는 칩 주고받기 놀이를 다시 시작했다. 그러자 꼬리말이원숭이는 적극적으로 동참했다. 어떤 원숭이에게도 포도를 주지 않자 원숭이들은 오이만으로도 적극적으로 놀이에 참여했다.

모든 실험을 하는 동안 어떤 학자도 원숭이의 생각을 정확히 읽을 수 없었다. 단지 원숭이를 움직이는 동기를 추측할 뿐이었다. 그러나 드발은 확신했다. "원숭이과 동물은 사람처럼 사회적 감정에 따라 행동한다." 그리고 이런 감정은 "성과, 이익, 상실과 다른 원숭이와의 관계에 대한 개체의 반응을 나타낸 것이다".[03] 꼬리말이원숭이가 본능적으로 서로 협력하고 서식하며, 먹이를 기쁘게 나누는 모습을 보면 어느 누구도 불공평한 대우를 받지 않기를 원한다는 걸 추측할 수 있다.

꼬리말이원숭이는 인류의 먼 친척으로 분류하는 유인원에 포함되지 않는다. 그럼에도 이것은 우리에게 몇 가지 교훈을 준다. 원숭이에게도 분명 사회적 기대라는 감정이 존재한다. 또 다른 원숭이가 자신에게 어떻게 대해주기를 바라는 감정이 있다. 꼬리말이원숭이의 사례에서 우리는 생각이 있는 생물체는 상대에게 무언가 바람과 희망이 존재한다는 사실을 깨달을 수 있다. 따라서 어디에선가 시작되었을 인류의 높은 정의감 또한 그 근원은 바로 나 자신이므로 나밖에 모르는 자기중심적인 사람도 교육을 통해 타인을 포용하는 형태로 개선하면 된다.[04]

여기서 핵심은 정의감이 문화적 요소만도, 인류의 사회적 약속만도 아니라는 사실이다. 정의감은 동물계 깊숙이 뿌리를 두고 있다. 그렇다면 먹이를 받은 꼬리말이원숭이가 느낀 불공평이라는 감정도 정의감과 똑같을까? 드발도 원숭이의 정의감을 논할 때면 의구심이 들기도 했다. '정의로운' 원숭이라면 아마 포도를 짝에게 나눠주고 자신에게만 주어진 이익을 상쇄했을지도 모른다. 그렇게 볼 때 꼬리말이원숭이의 이런 모습만으로 정의감을 말하기에는 다소 무리가 있다. 그러나 불공평에 관한 원초적인 욕망(의식)이 드러난다.

인간의 경우도 타인과의 관계에서 정의감보다 불공평으로 생기는 감정이 훨씬 지배적이다. 아직 사춘기에도 접어들지 않은 세 아이의 의붓아버지로서 불공평에 관한 자각만큼이나 공평함을 요구하는 욕구 또한 인간의 본성에 깊이 뿌리를 두고 있다는 가정에 의구심이 들 때도 있다. 사춘기 청소년은 편파적인 정의감에서 앞으로 나아가기 위해 새롭게 습득한 논리와 수사학을 주로 사용한다. 이 시기 아이들은 대개 부모가 자신을 힘들게 한다고 생각한다. 부모자식이 말다툼을 하는 것은 이런 자아 프로그램이 지혜로워지는 데 실패했기 때문일 것이다. 정의감 프로그램은 성인이 되어서야 온전히 완성되기 때문이다. 그리고 성인이 되어도 항상 섬세하고 나와 남을 똑같이 공평하게 대하는 사람은 전 세계에서 극소수에 불과하다.

도덕에 관한 드발의 이론은 친근한 모습을 띤다. 인간의 선은 동물계의 오래된 역사로, 교류에서 시작했다. 분쟁 해결이 먼저 되었고 인간 사이의 공감과 정의감이 더 나중에 나타났다. 사회적 동물과 윤리적 동물은 단 한 걸음 차이, 좀 더 정확히 말하면 여러 개의 작은 발자국 차이다. 비비와 그보다 덩치가 큰 유인원의 이해는 협력과 위로, 감사와 공공심 등 도덕성의 근원 발견이라는 의미가 있다. 러시아 목각인형 마트로시카처럼 드발의 도덕 진화 모델은 여러 겹으로 둘러싸여 있다. 제일 안쪽에는 타인의 행동으로 생기는 감성적 사고방식이 위치한다. 이는 지능이 높은 거의 모든 동물에게서 나타난다. 그 중심에는 결국 자신의 근거에 따라 타인의 감정을 판단하는 능력, 즉 감정 이입이 있다. 유인원도 인간도 이런 능력을 지녔다. 제일 밖의 껍질은 타인의 관점을 충분히 수용하는 기술을 뜻한다. 그러나 이것만은 인간적인 성향에 포함되지 않는다.

드발은 우리가 유인원이나 꼬리말이원숭이와 공유하는 오래된 '도덕적 감각' 없이는 인류의 도덕을 완전히 설명할 수 없다고 생각했다. 인류의 도덕이 하늘에서 뚝 떨어졌을 리는 없다. 따라서 도덕으로 향하는 길목에서 인류와 공통 조상을 지녔을 유인원을 더듬어 올라가야 한다. 침팬지, 보노보, 고릴라, 오랑우탄도 정의로운 행동을 할 수 있지 않을까? 이들 또한 그러지 말라는 법은 없지 않은가? 서로에 대한 친절과 결속력, 먹이를 구할 때의 협력과 도움, 연민과 감정이입, 상호 협력, 이타주의와 상호 이타주의, 분쟁 해결과 평화 협정, 기만과 실망, 일원에 대한 책임감, 타인의 시각에 대한 걱정과 공동체 규칙 존중에 이르기까지 인간과 유인원은 공통점이 많다.

불평등에 관한 공감에서 인류가 도덕으로 향하는 길이 시작된다. 드발은 "감성을 바탕으로 한 자연스러운 것으로 단순히 사고력의 문제가 아니라는 결론을 내렸다. 의식이라는 사고를 통제하기 위해 감정이입은 빠르게 진행되었다. 누군가 고통을 느끼는 것을 목격할 때면 스스로 고통을 느낄 때와 같은 두뇌 부분이 활성화되었다. 도덕적 딜레마는 우리의 모든 방법보다 훨씬 오래된 두뇌 영역을 자극했다"[05]라고 하였다.

드발의 생각이 옳다면 도덕으로 향하는 발전 과정의 시발점은 바로 직관이다. 사회에서 '옳은' 것과 '그른' 것은 무엇일까? 영장류의 지능이 높아질수록 공동생활의 규칙은 복잡해졌다. 게다가 공동생활의 규칙이 어려워질수록 더 높은 지능을 요구했다. 도덕적 직관에서 애매한 도덕적 규칙이 나타났다. 영장류를 오랫동안 관찰한 드발은 감수성과 신중함이 인간의 본성에 긍정적인 영향을 줬다고 생각했다. 이는 또한 자신을 악한 짐승으로 그리고 사이코패스를 정상으로 생각하는 위험한 상황을 예방한다. 도덕은 분명 인류의 악한 본성을 감추는 다정한 겉치레가 아니다. 부자연스럽고 바보 같은 모습이 우리에게 무슨 이득이 되겠는가? 스스로 채식주의자가 되기로 결심한 식인 물고기 떼는 아직 발견된 바 없다.

내 아들 오스카는 아직 드발의 책을 읽지 않았다. 그리고 쾰른 동물원의 꼬리말이원숭이는 게임 칩이나 오이를 던지지 않는다. 그러나 아들은 다섯 살이 되면서부터 "아빠, 이건 옳지 않아요"라는 말로 나를 공격했다. 거의 항상 그 불공평의 대상은 나다. 아들은 주어진 상황에서 자신이 이길 수 없을 것 같은 느낌이 드는 순간 그때까지 즐거웠던 베개 싸움도 불공평해진다. 반대로 아들이 이길 때는 모든 것이 공평하다! 대개 네 살에서 다섯 살의 어느 순간 아이들에게 꼬리말이원숭이의 정신이 나타난다.

영국의 철학자 존 스튜어트 밀은 이 자극을 '정의감(sentiment of justice)'이라고 했다. 그 이면에는 이 감정을 훼손하는 사람을 처벌하려는 욕구가 있다. "옳지 않은 행동을 한 사람을 처벌할 때 우리는 항상 즐거움과 만족감을 느낀다."[06] 물론 우리 자신이 불공평의 희생양이 되지 않아야 함은 분명하다. 밀에게 이는 무엇보다 놀라운 장면이었다. 그렇게 해서 우리가 얻는 것은 무엇인가? 불공평에 관한 인간의 감정이 본능에서 비롯한 것이 아니며 전혀 자연스럽지 않다는 것을 입증하는 것이 아니란 말인가?

이 질문에 대해 밀은 본능이 아니라고 간주했다. 우리는 스스로 겪지 않는 한 불공평을 혐오한다. 우리가 살고 있는 공동체에 결함이 없을 때 그것이 개개인의 이익으로 돌아간다는 것을 알기 때문이다. 남이 부정행위로 처벌받는 것을 목격하는 것만으로도 뇌의 보상체계가 활성화된다.[07]

오늘날 불공평으로 생기는 감정의 신빙성은 철학자, 행동연구학자뿐만 아니라 완전히 다른 분야인 경제심리학에서도 다룬다. 현재 예나 막스플랑크 경제연구소에서 교수로 재직 중인 쾰른 출신 경영학자 베르너 구트는 1978년 동료 롤프 슈미트베르거, 베른트 슈바르체와 함께 훗날 그들에게 큰 명성을 안겨준 최후통첩 테스트(Ultimatumspiel)를 고안했다.[08] 실험 진행자는 학생 한 사람에게 일정 금액의 돈을 건넨다. 학생 신분에는 적지 않은 금액이지만 지나치게 많은 액수는 아니어야 한다. 예컨대, 적절한 금액을 50유로(한화 약 8만 원)로 생각해보자. 학생 A는 이 돈을 가져도 되지만, 모르는 다른 학생 B와 나눠야 한다. 금액을 어떻게 나눌지는 A에게 달렸다. 자신이 옳다고 생각하는 기준에 따라 금액을 정하고 나누면 된다. 그러나 이 상황의 난관은 B에게 자신이 얼마를 갖고 있는지 알려줘야 한다는 것이다. 또 금액을 어떻게 분배할지에 대해서는 단 한 차례 제안할 수 있다. 단 한 번의 제안으로 합의점을 도출하지 못하면, 금액 전체를 실험 진행자에게 돌려줘야 한다. 두 학생 모두 이 사실을 알고 있다!

상황은 매우 복잡하게 얽혀 있다. A 학생은 '아무것도 없는 것보다는 10유로가 낫잖아'라고 생각하며 B 학생에게 적은 액수를 제안할 수도 있다. 그러나 분명 위험한 시도다. B 학생은 어떻게 생각할까? "날 바보로 생각하는 거 아냐? 그런 식으로 날 이용해서 이득을 보게 하느니 차라리 그까짓 10유로 안 받고 말지!" 혹시 이런 생각을 하는 건 아닐까?

최후통첩 테스트는 오늘날 경영심리학의 고전이 되었다. 셀 수 없이 많은 실험교수가 학생들, 실험 참가자들과 함께 테스트를 진행했다. 그 결과는 어땠을까? 대부분 실제로 제안한 분배 방식은 '50 대 50'이었다. 자신의 불공평으로 상대가 느낄 감정을 헤아려서 확신이 없을 경우 절반을 제안했다. 타인과 교환하거나 거래할 때는 불공평이라는 상대의 감정을 감안해야 한다.

인류의 사회적 본성 연구에서 이보다 중요한 의미를 지닌 것은 독재자

테스트라 이름 붙인 기존 실험의 변형이다.[10] 최후통첩 테스트와 다른 점은 상대가 내 제안을 거부할 수 없다는 것이다. 실험 진행자에게서 돈을 건네받은 학생, 즉 '독재자'가 떠안아야 하는 위험은 전혀 없다. 그렇다면 이때 상대에게 가장 적은 액수를 제안했을까? 결코 그렇지 않다! 지금까지 발표된 모든 실험에서 상대에게 제안한 액수는 평균 절반에 못 미쳤지만 그럼에도 상당히 높은 편이었다. 정의감과 부당한 사람이 되지 않기 바라는 바람이 최소한 서양 문화에서만큼은 깊숙이 파고든 것으로 보인다.

* * *

의식적으로 생각하며 남의 의도를 읽는 생물체에게는 사회적 기대가 생긴다. 특히 꼬리말이원숭이, 유인원, 사람처럼 지능이 높은 동물은 선호하거나 피하고 싶은 대우가 존재한다. 중요한 요구 가운데 하나는 바로 불공평한 대우를 받지 않는 것이다. 이 기대치는 정의를 바라는 인류의 기본 전제다. 이는 직관적 욕망으로 인간 본성 깊숙이 자리 잡고 있다.

* * *

도덕성과 정의에 대한 이해는 지금까지 살펴봤듯이 깊은 곳에 뿌리를 두고 있다. 이는 문명의 새로운 발견이 아니다. 그렇다면 우리의 도덕적 직관은 어디까지 충족하는 걸까? 도덕이라는 테두리 안에서 단순히 본능적인 감정만이 결심으로 이어지는가? 이성은 그렇지 않은가?

아무런 대안이 없자 그는 스스로 자신의 책을 평론하기로 결심했다. 비록 이름 없는 저자였지만 자신의 결과물을 세상에 보여주고 싶었다. 그러나 이마저도 별 성과가 없었다. 그가 집필한 『인간의 본성에 관한 논문』은 실패했다.[01] 처음부터 '사산(死産)'한 그의 저서는 "언론의 관심 밖에서 어떤 불평이나 불만의 목소리도 없이 어느 누구도 거들떠보지 않았다".[02] 그러나 어쨌든 유일한 광신자 하나가 저자의 바람처럼 그를 무신론자이자 무도덕주의자라고 비난했다.[03]

스코틀랜드 출신으로 변호사 아버지를 둔 "키만 큰 미숙한 소년" 데이비드 흄은 두 권의 얇은 책을 출판한 1789년 1월에 30세가 되었다.[04] 그 시절 흄은 학업을 중퇴한 법학도로 매우 궁핍하게 생활했다. 서재에 처박혀 골머리를 앓으며 피로에 쓰러지고 괴혈병으로 고통을 받은 그는 심각한 우울증에 빠졌다. 얼마 되지 않은 상속받은 돈마저 순식간에 사라졌고 상인으로서 일자리는 몇 개월 뒤 아무런 성과도 없이 끝났다. 선택의 여지없이 철학에 관련된 원고로 조달받은 원고료로 근근이 생활하며 어떻게 해야 이런 상황을 벗어날 수 있을지 고민했다. 어느 누구도 자신에게 관심을 갖지 않자 흄은 자신의 견해를 논문으로 옮겼다.

그것은 정말 대단한 논문이었다. 이 저서가 나오기까지 그 배경은 대단했다. 흄은 차분하지만 쾌활하게, 우월하고 확신에 찬 목소리로 자신의 생각을 글로 풀어나갔는데 글이 무척이나 매혹적이고 명료했다. 책의 내용은 오로지 경험과 세심한 관찰을 바탕으로 인간의 모든 행동을 설명했다. 신학적 고찰도, 가장 뛰어난 원칙을 다룬 것도 아니었지만 사회적 교류, 일상생활, 인류의 즐거움 안에서 그 의미를 찾았다. 흄은 동물의 본능적이고 감각적인 시각으로 인간의 본성, 감정의 원동력, 행동의 규칙 그리고 이성이라 부르는 법칙을 연구했다.

영국에서 산업혁명이 서서히 일어나던 계몽시대 초기, 흄은 마치 자신은 그 일원이 아닌 것처럼 명확하고 중립적이며 확고한 태도로 인류를 분석했다. 흄 스스로도 자신의 저서를 하나의 '혁명'으로 보았다. 그러나 세상의 인지도를 얻지는 못했다. 에든버러 대학교의 '윤리 및 영적철학' 교수직에 지원했지만 고배를 마셨다. 교수직은 당대에 명성이 있었던 윌리엄 클레그혼에게 돌아갔지만 아이러니하게도 오늘날 그를 기억하는 사람은 아무도 없다. 대학철학은 평생 흄을 거부했다.

그 뒤 운명적 사건은 분명 우연히 일어났다. 흄은 35세 되던 해에 우연히 영국 후작의 선생이 되었고 얼마 지나지 않아 장군의 비서가 되었다. 그는 부관으로서 유럽 전역을 다니며 외교업무를 수행하면서 수입이 늘어났다. 흄은 여기서 모은 돈으로 논문을 썼다. 『인간 본성에 관한 논고』의 뒤를 이어 『도덕의 원칙 탐구』를 집필했다. 그러나 또다시 논리학 교수직에 지원한 글래스고 대학교의 문은 굳게 닫힌 채 흄을 받아들이지 않았다.

흄은 에든버러 변호사협회의 도서관장으로 새로운 일자리를 얻었다. 도서관 서가를 빼곡히 채운 3만여 권의 장서 사이에서 흄은 자신이 확실하게 할 수 있는 일을 곰곰이 생각했다. 흄은 어렵고 복잡한 실상을 일목요연하고 분명한 어조로 정리했다. 이렇게 해서 출판한 『영국사』는 난해한 철학책이 아니라 전반적으로 쉽게 이해되는 역사책으로 흄에게 부와 명성을 안겨줬다. 흄은 역사, 철학, 심리학을 경제와 접목했다. 그리고 다양한 관점으로 사건을 설명했다. 초반의 주춤거리던 반응을 뒤로하고 이 책은 선풍적으로 인기를 모으며 베스트셀러 반열에 올랐다. 흄은 당시 자신의 인생에 대해서 다음과 같이 기록했다. "작품 활동을 멈춰야 할 정도로 여전히 변덕스러운 날씨였지만 이런 공백기에도 출판사에서 이때껏 영국 역사상 지불한 인세보다 훨씬 높은 인세를 지불할 정도로 형편이 좋아졌다."[05]

흄은 시대를 대표하는 유명한 학자로 인정받는다. 그러나 여전히 대학은 그를 변변치 않게 생각하며 조롱했다. 임마누엘 칸트만이 그를 인정했다. "역사와 가장 무미건조한 철학이라는 개체를 흄만큼 깊은 이해와 통찰로 아름답게 표현할 작가가 어디 있겠는가?"[06] 이제 흄은 비평의 대상이 아니었다. 크게 성공을 거둔 흄은 사랑받는 작가의 반열에 올랐다. 그 뒤 남은 삶을 상류층과 교류하며 보냈고, 그사이 파리 주재 영국 대사와 외무부 차관의 비서로 근무했다. 1776년 에든버러에서 세상을 떠난 흄은 다소 논란의 여지가 있지만 분명 존경받는 사람이었다.

오늘날 흄은 18세기 영국을 대표하는 핵심 철학자로 손꼽힌다. 또 과학자들, 특히 여러 신경과학자에게 사랑받는 철학자다. 오늘날 흄이 여러 생물학자에게 환영받은 이유는 간단하다. 다른 여러 철학자와 달리 흄은 당대의 과학 지식을 근거로 삼았다. 흄은 눈에 보이는 분명한 것만 인정했다. 그리고 입증되지 않는 인간 본성에 관한 모든 사색을 신뢰하지 않았다. 이런 방식으로 흄은 깜짝 놀랄 만한 두 가지 결론에 도달했다. 첫째, 인간의 반응을 일으키는 것은 지성이나 이성이 아니라 감정이다. 둘째, 만약 사고가 아니라 감정의 지배를 받는다면 자유의지도 존재하지 않는다. 즉 의향이 주인이고 이성은 그의 노예다. 이를 현대적으로 해석하면 다음과 같다. '윤리적 상황에서 결정을 내릴 때마다 마음속에 가장 와닿는 의향에 따라 결정한다. 그리고 가장 강렬한 감정이 그사이에서 승리한다. 이성은 감정이라는 대통령이 결정한 것을 풍부한 어휘로 정당화하는 뇌의 대변인과 다를 바 없다.'

흄이 전하고자 하는 메시지는 명료하고 분명하다. 도덕적인 결정을 내릴 때 우리는 깊이 고민하고 생각하는 것이 아니라 직관적인 감정을 따른다. 무의식적인 도덕심(moral sense)은 우리를 세상으로 인도하고 불쾌로부터 유쾌를, 불필요로부터 필요를 구분한다. 이 개념은 당대 영국 철학자들 사이에서 매우 유행했다. 프랜시스 허치슨과 애덤 스미스는 모든 윤리적 결정의 바탕이 도덕을 위해 타고난 그리고 직관적인 인지력에 있다고 보았다.[07]

인간의 도덕심이 직관적이며 우리의 이성이 그로부터 시작된다는 견해는 과거보다 현재 더 각광받고 있다. 지난 200년간 이 사상은 철학 세계에서 보잘것없는 대우를 받으며 옹색하게 명맥을 이어왔지만 오늘날 유행하는 철학으로 당당하게 입지를 굳혔다. 감정을 조금도 숨기지 않고 습관, 아침에 마시는 주스, 즐겨 보는 드라마 등 좋거나 싫은 것을 있는 그대로 모두 표현하는 사회에서는 인생이란 그 상황에 나타나는 적절한 감정에 달려 있다고 믿는다. '기분 좋은 감정'이란 일상에서 항상 회자되는 주제로, 곧 '몸으로 느끼는 진리'다. 또 인생과 행복 찾기를 도와주는 지침서의 기본 전제다. 감성적 지성이란 사회심리학자와 경영심리학자의 핵심 단어다. 심리학자 게르트 기거렌처는 자신의 유명한 저서에서 이를 '위가 내리는 결정(Bauchentscheidung, 그 순간 느끼는 기분에 따라 즉각적으로 내리는 결정-옮긴이)'이라고 표현했다. 하버드 대학교의 심리학자 마크 하우저는 도덕적 갈등상황에서 감정으로만 대처하는 사람의 모습을 다양한 실험으로 제시했다. 또 수많은 신경과학자가 컴퓨터 모니터 앞에서 흄이 옳았다는 것을 증명하려고 노력했다. 인간의 의지 안에 감춰진 어두운 충동은 일시적으로 밝고 의식적인 생각을 뛰어넘는다.[08]

흄의 입장을 확신하며 대변해준 젊은 미국인이 있다. 변호사이자 버지니아 대학교 심리학 교수인 조나단 하이트는 2001년 유명한 심리학 학술지에 「감성적 개와 그의 이성적 꼬리」[09]라는 깜짝 놀랄 만한 논문을 발표한다. 250년 전 스코틀랜드 출신의 철학자처럼 하이트는 인간의 감정이 이성을 앞선다고 생각했다. 도덕적 판단을 할 때 감정에 이성이 흔들리는 것이 아니라 이성에 감정이 흔들린다고 보았다.

하이트의 가설은 도발적이었다. 하이트의 주장이 옳다면 도덕적 확신과 행동, 세계관은 전혀 근거가 없어진다. 그뿐만 아니라 상황은 완전히 역전된다. 인간은 자신이 느끼는 특정 확신, 행동, 세계관이 있기 때문에 그에 적합한 이성적 논증을 찾는다. 낙태를 반대하는 사람들이 대부분 이성적인 논리에 설득당해 낙태를 반대하는 것이 아니다. 반대로 낙태를 반대하기 때문에 그에 적절한 이성적인 근거를 찾는다.

자신의 가설을 입증하기 위해 하이트는 미국 유권자의 가치관을 조사했다. 그는 리스트를 만들고 설문에 응한 사람들에게 우선순위를 매겨달라고 요구했다. 가장 중요한 것은 무엇이며 비교적 덜 중요한 것은 무엇일까? '진보집단'(미국의 우파)은 공평과 배려를 가장 높게 평가했다. 그리고 충성, 존경, 자부심은 가장 밑에 두었다. 반면 '보수집단'은 배려를 높게 평가하긴 했지만 공평에 관한 견해는 달랐다. 공평은 보수집단이 정리한 리스트의 가장 아래에 위치했다.

하이트에 따르면 자신의 세계관에 따라 가치관이 만들어지며 그 반대는 옳지 않다. 다시 말해 옳고 그르거나 가치 있고 없고를 말하는 이성적 논증은 항상 뒤로 밀린다. 이에 관해 인상적으로 입증하기 위해 하이트는 미국과 브라질에 사는 수천 명에게 극단적인 사례에 대한 생각을 조사했다. 남매가 성관계를 맺어도 괜찮다고 생각하는가? 만약 피임을 하고, 두 사람 모두 이 관계를 짜릿하고 근사하다고 생각한다면 어떨까? 죽은 애완견을 먹는 사람을 어처구니없다고 생각하는가? 국기로 화장실을 청소하는 것에 반대하는가? 죽은 닭을 먹기 전에 수음에 사용하는 사람을 제정신이 아니라고 생각하는가?[10]

아주 극단적인 모든 사례의 핵심은 명확하다. 아무리 혐오스러운 상황이라도 타인에게 피해를 주지 않는다. 어느 누구도 불공평한 대우를 받지 않았고 피해자도 없다. 그럼에도 당신은 아마 사례 대부분이 아주 불쾌하게 느껴질 것이다. 미국과 달리 국기가 애국심의 상징과 거리가 먼 독일의 경우 국기로 화장실을 청소하는 것은 어쩌면 유별난 기호로 받아들여질 수도 있다. 그러나 임신 가능성 또는 정신적 피해의 위험이 없다는 이성적인 주장을 하더라도 아마 근친상간은 거부감이 들 것이다. 그러나 당신 마음이 이 모든 불쾌한 상황을 거부한다고 해서 그것이 정의감 때문은 아니다. 게다가 이미 죽은 개와 닭에 대한 동정심 때문은 더더욱 아니다.

그렇다면 당신을 격분하게 하거나 얼어붙게 만드는 그것은 무엇인가? 아마 위에서 언급한 예와는 반드시 일치하지 않을 수도 있다. 근친상간을 불쾌하게 느끼는 우리 감정은 일종의 본능이 된 지 매우 오래됐으며 이런 감정은 다른 여러 고등 척추동물에게서도 나타난다. 자신이 기르던 애완견을 먹는 사람에게 불쾌함을 느끼는 것은 우리가 애완동물을 가족처럼 생각하기 때문일 수도 있다. 사람은 사랑하거나 사랑했던 대상을 먹지 않는다. 죽은 닭으로 수음을 하는 사람은 정신적으로 문제가 있을 거라고 생각한다.

이 모든 사례에는 공통점이 있다. 누구에게도 아무런 피해도 주지 않았지만 윤리적 측면에서 당황하거나 분노한다. '윤리적 연극'에 관한 자신의 저서에서 베르톨트 브레히트는 '도덕의 이름으로'와 '피해자의 이름으로'라는 말의 중요한 차이를 설명했다. "이는 두 가지 별개 사항이다. 인류를 위한 도덕이 아닌 도덕을 추구하는 윤리학자를 위해 인류가 존재한다." 브레히트에게 '도덕의 이름으로'라는 말은 잘못된 표현이다. 무엇보다 브레히트는 정치적 목적으로 도덕을 남용한다고 보았다. 그러나 일상은 매우 중요한 '마음으로 느끼는 근거'에 따라 아무리 피해자 또는 희생양이 없더라도 거부하게 되는 행동으로 가득하다.

하이트는 이런 마음으로 느끼는 근거를 사회적 직관(social intuition)이라고 했다. 인간은 거의 항상 직관을 따르며 느끼는 대로 결정한다(하이트는 이때 철학자들만이 다소 차이를 보인다고 주장했다). 직관력의 단점은 대개 우리가 생각하는 것보다 이성적이지 못하다는 데 있다. 그러나 다행히도 우리는 확인하거나 실망하는 것, 그리고 무엇보다 타인의 자극과 생각을 통해서 직관력을 얻을 수 있다. 상황에 따라 감정을 잠시 접고 때때로 주변 환경에 순응한다.

하이트의 논리는 흄은 물론 드발과도 관련이 있다. 인간의 도덕은 단순히 문명의 업적이 아니라 과거로부터 내려온 오래되고 유용한 본능적 행동과 자세가 조화를 이룬 것이다. 이성 하나만으로는 도덕을 낳을 수 없다. 사랑, 애정, 존중, 동정, 공포, 불쾌, 거부, 혐오, 수치 등 여러 사회적 감정 없이 단순히 이성만으로는 선과 악을 구별할 수 없다.

여기까지는 반박의 여지가 없다. 그렇다면 어디까지가 우리의 직관일까? 도덕적 행동에는 항상 그리고 한쪽으로 마음이 기우는 아주 강력한 감정이 존재한다고 한 흄이 옳은 걸까? 그리고 하이트를 선두로 여러 신경과학자와 일부 심리학자가 생각하듯이 이성이란 감정의 결정을 나중에 정당화하는 홍보 수단인 걸까?

유인원과 인간의 가장 중요한 차이는 쉽게 예를 들 수 있다. 그것은 기준을 정하는 능력이다. 영장류의 경우 수용하거나 그렇지 않는 것으로 구분한다. 그러나 공식적으로 수용할 수 있는 것과 수용할 수 없는 것으로 구별하지는 않는다. 다시 말해 영장류는 특정 기준, 관습, 규정에 따라 판단하지 않는다. 우리가 알고 있는 상식선에서 영장류는 구체적인 행동에서 추상적인 행동양식을 이끌어내지 않는다. 따라서 상대에게 일반적인 행동양식을 기대하지 않는다.

일반적인 기준, 규칙, 행동 한계를 규정하는 능력은 인간이 지닌 매우 인상적인 능력이다. 개별적인 사항에서 보편적 기준이 만들어진다. 그러면 이런 기준은 어떻게 만들어질까? 우리의 행동을 이끄는 것이 감정과 사회적 직관이라면 이성적 원칙은 어디에 필요한 걸까? 진화 과정에서 우리 머릿속에 추상적인 가치 척도를 정의하고 나 자신과 타인에게 그에 따라 측정하도록 하는 능력이 나타난 이유는 무엇인가? 다시 말해, 소망과 바람의 왕국에 어떻게 의무가 등장했을까?

이 문제에서 여러 생물학자, 심리학자, 철학자의 생각은 놀라울 정도로 일치했다. 유인원 사회에서 사회라는 체스를 제대로 두려면 직접 남의 처지에서 생각하는 법을 깨우쳐야 했다. 그래야만 타인의 의도를 알 수 있다. 이런 방식으로 우리 조상 역시 다음과 같은 규칙을 깨달았을 것이다. '남이 당신에게 하지 않기를 바라는 행동은 남에게도 하지 말자.' 이런 능력에서 시작된 공정심과 불공평의 근본적인 의미는 처음에는 다소 불분명했지만 나중에 명백한 규칙으로 발전했다. 불공평한 대우를 받지 않기 위한 고민은 공동체 생활에서 절대적인 예의, 부끄러움, 수치, 금기 같은 것들로 이어졌다.

이런 관점에서 볼 때 많은 것이 일치한다. 인류의 도덕 발전 초기에 사회적 직관이 발생한다. 기준은 그 뒤에 나타난다. 이것으로 모든 문제가 해결된 걸까? 하우저 또는 하이트 같은 심리학자의 주장을 따르면 모든 것은 매우 간단하다. 아주 오래전부터 우리와 함께한 직관은 무엇을 해야 하는지 말해준다. 게다가 거기에 새롭게 등장한 행동 규칙과 기준이 우리에게 꼬리를 흔든다. 그러나 정말 이렇게 단순한 걸까? 이것만으로는 여러 질문 중 최소한 한 가지는 미해결로 남는다. 모두가 선조에게서 물려받은 똑같은 사회적 직관에 따라 움직인다면 왜 개개인의 행동이 다른 걸까? 도덕적 반사 반응이 일치하지 않는 이유는 무엇인가? 왜 한 사람은 거의 모든 것에 책임을 느끼는 반면 다른 한 사람은 전혀 그렇지 않는 걸까? 왜 세상에는 거짓, 핑계, 속임수가 난무하는 걸까? 위기를 모면하기 위한 작은 거짓말에도 좌절하는 사람은 왜 그런 걸까?

다양한 문화를 살펴보면 비슷한 그림을 찾아볼 수 있다. 모든 사람이 불평등에 관한 자의식이 있다고 가정할 때 서구 문화에서 몇 천 년 동안 여성은 왜 억압을 당했을까? 여러 이슬람 국가에서는 이것이 현재 진행형이다. 그리스인과 로마인이 노예 관습보다 애완견을 먹는 것이 더 무례하다고 생각한 근거는 무엇인가? 강제수용소에는 미풍양속과 수치라는 직관적 감정을 지닌 보초병은 없었던 걸까? 도덕적 반사회성을 보여주는 매우 극단적인 사례의 일부분은 두뇌를 연구하는 것으로도 찾을 수 있다. 일말의 도덕적 직관도 없는 사람은 미국 철도공사 직원 피니어스 게이지 사례처럼 대부분 전두엽, 특히 대부분 측두엽의 복내측 부분에서 손상이 발견되었다.[11] 또 두뇌의 다른 상처나 손상도 실제 행동에 해롭게 작용할 수 있다. 특히 편도체처럼 동감이나 반감, 신뢰나 공포 등 감정을 담당하는 감성기관의 기능에 문제가 생긴다. 또는 관자엽 윗부분과 일부 다른 부분에도 기능장애가 일어난다.

그러나 일상에서 도덕적 행동 이탈을 보이는 사람들 중 극소수만이 실제로 뇌가 손상되었다. 낯선 도시에서 친절한 목소리로 길을 묻는 사람에게 도움을 주지 않는 택시 기사의 태도는 뇌손상 때문이라고 볼 수 없다. 기차의 금연 구역에서 담배를 피우는 사람만 해도 자신의 잘못된 행동을 파악하는 데 MRI까지 이용할 필요는 없다. 격분한 축구 선수가 다른 선수를 폭행하는 데는 강력한 아드레날린 분출만으로 충분하다. 또 강제수용소의 보초병 역시 잔혹하게 행동하는 모든 행위를 단순히 두뇌 손상 때문이라고 치부할 수 없다.

도덕적으로 잘못된 행동은 대부분 의학적 손상과 관계가 없다. 그것은 우리의 판단에 달려 있다. 기차에서 금연하라는 조항을 지키지 않는 것은 내가 그것을 납득하지 못하기 때문이다. 다른 사람의 건강을 해치는 건 그리 큰 문제가 아니다. 그보다 나의 자유와 권리가 훨씬 중요하다. 또는 다른 사람들이 하기 때문에 나도 그 규정을 무시한다. 모든 사람이 제대로 하지 않을 때 혼자서 올바른 길을 가는 사람이 어디 있겠는가? 그런 사람은 바보처럼 보인다.

직관만으로 충분하지 않을 때 비로소 도덕적 판단이 중요해진다. 서로 얽혀 있는 복잡한 사회적 상황은 그 사람의 역할, 위치, 또는 단순히 자신의 감정에 의존하는 것만으로 해결되지 않는다. 마틴 맥도나 감독의 아름다운 영화 〈킬러들의 도시〉에서 킬러 켄은 동료 레이를 죽이도록 강요받는다. 켄은 소음기를 장착한 총을 손에 들고 아스트리드 여왕 공원에서 목표물을 향해 다가간다. 방아쇠를 당기려는 순간, 자신의 머리에 총을 겨눈 채 완전히 좌절하고 있는 레이의 모습이 눈에 들어오자 켄은 당황하며 뒤로 물러선다. 원래 사이가 좋았던 동료를 죽일 수 있는 절호의 기회였지만 켄이 노리던 목표물은 눈물을 흘리며 목숨을 끊으려는 사람은 아니었다.

영화 전체를 비롯해 특히나 이 장면은 인간의 도덕성에 관해 냉소적인 일침을 놓는다. 보스의 명령을 따르려는 생각에 감정보다 킬러의 본분과 계산이 앞서지만 다른 한편으로는 동정심과 자살 시도를 막아야 한다는 반사적 본능이 킬러의 본분을 앞지른다. 그러나 곧 이어 그에 대해 처벌이 내려지고 좌절한 사람을 도와야 한다는 사회적 직관은 결국 켄과 레이를 파국으로 몰고 간다.

하버드 대학교 신경심리학자 조슈아 그리니 교수 역시 극단적인 사례를 선호했다. 「도덕에 관한 처참하고 끔찍하며 매우 악한 진실 그리고 우리가 시작해야 하는 것에 대하여」라는 독특한 제목을 붙인 논문에서 그리니는 인간의 이성과 사회적 직관을 흐리는 걸림돌을 다뤘다.[12] 그는 이성과 감성의 관계를 이성적인 꼬리를 흔드는 감성적인 개라고 생각하는 하이트와 달리 이성과 감정을 서로 짖어대며 앙숙인 두 마리 개로 생각했다. 2004년 그리니는 학생들에게 다음 상황에서 어떤 결정을 내릴 것인지 조사했다. 우선 전쟁을 생각해보자. 군인들이 길거리에서 눈에 띄는 모든 사람을 죽이는 동안 당신은 창고에 숨어 있다. 그때 옆에서 아기가 시끄럽게 울기 시작했다. 빨리 대책을 세우지 않으면, 몇 초 안에 군인들이 당신을 발견할 것이다. 당신은 자신과 다른 사람의 목숨을 구하기 위해 아기의 숨통을 막을 것인가?[13]

학생들은 감성과 이성이 뒤섞이며 혼란에 빠졌다. 오래된 사회적 직관은 '그럴 수 없습니다!'라고 했지만 새로운 이성은 '그래야 합니다!'라고 외쳤다. 그리니의 테스트를 신뢰할 수 있을까? 신경과학자는 다양한 뇌 영역이 동시에 싸우는 모습을 컴퓨터 화면으로 관찰했다.

그리니의 수업에는 명확한 세 가지 요점이 있다. 첫째, 헉슬리의 이론에 반하는 내용으로, 감정은 이성보다 악하지 않다는 것이다. 실제로 인간의 직관과 사고 중에서 어떤 것이 '선'을 위한 것인지 선택하기 힘들다. 둘째, 우리의 이성적 판단은 감정으로부터 자유로울 수 없다. 그러나 그렇다고 해서 공범이 될 수는 없다. 이런 관점에서 흄의 생각은 틀렸다. 셋째, 직관과 이성 사이에서 어디로 기울지는 사람마다 매우 다르다!

그리니의 생각이 옳다면 오늘날 변호사들은 주로 사회적 직관을 과장하는 경향이 있을 것이다. 눈앞에서 호수에 빠진 사람이 도움을 요청할 때 사람들이 느끼는 동정심의 강도는 대부분 같다. 거의 모든 사람이 재빨리 도움을 줘야 한다는 내면의 의무를 느낀다. 뛰어난 이성을 갖춘 사람은 직관을 따르지 않고 자의식을 따른다. 또 의지의 소리를 듣지 않고도 스스로 의지를 평가하는 능력을 갖췄다. 이것이 진정 내가 바라는 일이며 나에게 도움이 되는가? 타인에게도 도움이 되는가? 정말 도덕적으로도 올바른가? 자신의 의지를 평가하는 능력을 자발적 이성(autonome Vernunft)이라고 한다. 칸트는 이를 인간이라는 종이 지닌 결정적인 특징으로 치켜세우며 인류의 훌륭한 업적으로 보았다. 우리는 항상 그리고 절대적으로 자신의 의지에 영향을 받는 것은 아니다. 이 의지를 스스로(우리가 지켜보는 상상 속 최후의 심판) 정당화해야 한다.

개인적 욕구와 도덕적 판단이 가진 권리의 차이는 다음의 예로 명확해진다. 지금 독재 정권이 지배한다고 가정해보자. 마음에 들지 않는 사람을 제거하려면 재판에 세울 증인이 필요하다. 그래서 무고하고 강직한 사람을 사형대에 올리기 위해 범죄인 것을 알면서도 누명 씌우기를 강요한다. 설사 당신이 위증한다고 해도 당신에게는 아무런 일도 일어나지 않는다. 반대로 주저하면 당신은 그 사람 대신 살해될 수도 있다.

여러분이라면 어떻게 하겠는가? 주저하는 모습이 가장 눈에 띈다. 아마도 가장 강력한 관심사, 생존 본능이 당신의 도덕성과 충돌할 것이다. 죄가 없는 사람에게 끔찍한 결과를 가져올 거짓 증언은 무엇으로도 정당화될 수 없다. 만약 사람들이 대부분 거짓 증인으로 법정에 선다 할지라도 그렇지 않은 사람은 분명 있다. 그리고 증인으로 나서는 사람 또한 평생 죄책감과 싸워야 할 것이다.

자신의 행동이 정당화될 수 있는지 질문한다는 것은 인간의 사회적 직관에 선이 존재한다는 것을 보여준다. 우리는 도덕과 관련된 일을 마주할 때 대부분 일상에서 곧바로 떠오른 생각을 따른다. 도덕적 원칙보다 호감 또는 반감에 따라 성급하게 결정한다. 친구에게 거짓말하고 아이를 속이며 엄한 사람보다 친절한 사람을 더 쉽게 용서한다. 도덕적 입장에서 제대로 된 결정을 내리려면 선한 근거가 필요하다. 다른 사람과 사랑에 빠졌기 때문에 가족을 저버리는 행동이 정당화될 수 있을까? 부모와 연을 끊는 것이 옳은 걸까? 직장 상사의 부정행위를 덮어주고 뒷감당을 할 수 있는가?

인간의 뇌에서 비이성적 사고와 이성적 사고는 거의 구분할 수 없을 정도로 상호작용한다. 최후통첩 테스트 사례만 봐도 돈에 대한 욕구는 타인과의 공평을 추구하는 마음과 이기주의가 교차한다. 두 가지 마음이 소용돌이치는 거센 파도 속 같은 환경에서 결정해야 하는 사람은 분명 선택이 어려울 것이다. 자신의 직관이 감정과 상충할 수 있다. 우리의 직관은 얻게 될 이익을 곁눈질하거나 보답으로 얻게 될 상냥한 마음을 선택할 수도 있다. 이성마저도 일관되지 않으며 명확한 결정을 내리지 못할 수도 있다.

인간의 감정과 이성이 따르는 흄의 '전쟁 모델(Kampf modell)'은 매우 단순하다. 우리 감정은 서로 내전을 치르고 있으며, 이성적 논거도 마찬가지다. 하버드 대학교의 철학자 크리스틴 코스가드는 이렇게 말했다. "전쟁 모델 이론을 따르면 이성과 감정은 한 가지 행동의 바탕이 되는 두 가지 정신력으로 간주할 수 있다. 이 행동은 사람의 한 가지 정신력뿐만 아니라 그 사람 자체에서 비롯해야 한다. 행동이 무엇인지 설명하려면 행동하는 주체인 그 사람 전체에 대한 통찰이 필요하다."[14]

근거에 입각해 결정을 내리든 그와 관련된 강렬한 감정을 따르지 않든 그것은 절대로 정확히 대답할 수 없는 문제인데 그 이유는 분명하다. 인간의 자아는 감정과 사고 사이에서 둘을 명확하게 구분할 수 없다. 우리는 감정으로 고민하고 그 생각에 동의한다. 또 특정 생각으로 기분이 좋아지거나 나빠진다. 철학자와 심리학자들이 언어라는 날카로운 메스로 구분하는 것이 인간의 내면에서는 분리되지 않는다.

* * *

인류의 도덕은 고대 인류에서 시작된 사회적 직관에 뿌리를 두고 있다. 이런 이유에서 우리는 대부분 성급하게 무의식적으로 옳고 그름을 결정한다. 이때 감정이 큰 영향력을 발휘한다. 공감이라는 감정이 밀려오고, 불공평을 보면 분노하며, 수치라는 감정에 반사적으로 반응하고, 금기를 준수한다. 이렇게 감정이 중요한 만큼 감정에 의존하지 않을 수 없다. 인간의 이성은 비록 더는 쓸모없는 사회적 감정이더라도 그것을 평가한다. 인간은 의도(최소한 잠재된 의도)를 자신에게 스스로 납득시켜야 하는 유일한 동물이다. 이때 도덕적 의견이 관심사와 항상 일치하지는 않는다.

* * *

우리는 시각장애인처럼 막연히 유전자와 사회적 직관만을 뒤쫓지 않는다. 게다가 때로는 이성을 따른다. 이성이란 본능 또는 개인의 이익과는 뭔가 다르다. 이성과 감정의 관계는 사람마다 차이가 있지만 원칙적으로 두 가지 모두 우리 결정에 스며든다. 물론 '정상적인' 성인일 경우에 한에서 말이다. 그렇다면 우리의 감정과 이성이 공존하는 도덕성은 어떻게 생기는 걸까? 어린아이의 도덕심은 어떠한가? 사춘기는? 책임감 넘치는 사람으로 성장하는 비법과 그것을 방해하는 요인은 무엇인가?

09 본능과 문화

도덕은 어떻게 배우는가?

아이들은 선과 악을 정확히 구분한다. 분홍색 동그란 나무인형은 순진해 보이는 큰 눈으로 가파른 산을 오르려고 시도했지만 두 번 모두 실패한다. 이때 다른 인물이 등장한다. 역시 눈을 붙인 노란색 세모 나무인형이 다가와 분홍색 나무인형을 도와주며 친절하게 산꼭대기까지 밀어준다. 그러나 눈이 달린 파란색 네모 나무인형이 꼭대기에서 분홍색 동그라미를 바닥으로 밀어버린다.

이 연극을 관람한 아이들은 원하는 한쪽을 선택할 수 있다. 아이들은 무엇을 선택했을까? 노란 세모일까? 아니면 파란 네모일까? 그 결과는 분명했다. 여자아이, 남자아이 가릴 것 없이 거의 모든 아이가 노란 세모를 선택했다.

이 이야기에서 주목할 점은 바로 이 아이들이 학교는커녕 유치원도 가지 않은 어린아이들이라는 사실이다. 이들은 이제 막 생후 6~10개월 된 아기들로 부모 품에 안겨 있었다. 그럼에도 아기들은 직관적으로 '선'에 끌렸다. 미국 코네티컷 뉴헤이븐에 위치한 예일 대학교 유아연구센터 심리학자 킬리 햄린은 아주 어린 나이부터 영유아 모두 '선'과 '악'을 구별하며 그사이에서 신뢰감 또는 거부감이 생긴다고 주장했다.[01]

그러나 햄린과 동료들은 그보다 많은 것을 알고 싶었다. 두 번째 실험에서 연구진은 분홍색 동그라미를 친절한 세모 옆에 두고 아기에게 그것을 바라보게 했다. 아기는 특별히 눈에 띄는 반응을 보이지 않았다. 그러나 분홍색 동그라미를 나쁜 파란 네모 곁에 두자 아기들 중 가장 나이가 많은 10개월 된 아기들이 선과 악으로 짝지어진 이상한 조합을 뚫어지게 바라보며 일종의 '믿을 수 없다는 놀라움'을 표시했다. 햄린에게 이 결과는 생후 약 10개월 된 아기가 어쩌면 자신이 인지한 사실을 검증하고 경우에 따라서는 수정하는 능력이 있다는 것에 대한 간접증거였다.

유별나게도 이 실험은 동그라미, 세모, 네모에 눈을 붙이고 의인화했을 때만 제 기능을 발휘했다. 아기가 실험 대상을 생명이 없는 단순한 물체로 인식할 경우 관련된 감정은 그다지 관찰되지 않았다. 물론 '살아 있는' 대상에 국한되긴 했지만 이미 생후 6~10개월부터 특정 가치를 우선시한다. 아기가 교류하는 사람들의 행동에 얼마나 빨리 영향을 받는지 보여주는 흥미로운 징후다. 이렇듯 실험에서 나타난 아기들의 평가는 거의 일치했지만 자라면서 서서히 차이를 보인다. 일부는 다정하고 친근하며 남을 돕기 좋아하는 사람으로 성장하고 또 다른 일부는 그렇지 않을 것이다.

인간은 스스로 인생을 돌아보는 유일한 생명체다. 그러나 자신과 타인을 평가하는 잣대는 주어지지 않는다. 그것은 배움으로 습득해야 한다. 그렇다면 그 방법은 무엇일까? 현재 가장 폭넓게 인정받고 있는 발전심리학 모델은 뉴욕 대학교에서 심리학 교수로 재직하는 마틴 호프만이 제시했다.[02] 그는 영아에서 유아, 유아에서 청소년에 이르는 윤리적 발달과정에 대한 이론, 가정, 추측을 지난 40년간 다양한 연구로 검증했다. 호프만은 스위스 출신으로 유명한 발달심리학자인 장 피아제와 그의 제자인 하버드 대학교 로렌스 콜버그의 기존 이론을 실험으로 검증하고 다듬었다.[03]

피아제와 콜버그처럼 호프만도 단계별 발달 과정을 전제로 했다. 따라하는 것을 시작으로 직접 느끼고 공감하는 것으로 이어진다. 공감은 자신을 다듬고 고치며 그로써 책임감과 정의감이 생겨난다.

아기는 양육자를 관찰하고 따라하면서 배운다. 유대가 깊을수록 아기가 관찰하는 양육자의 중요성이 커진다(이런 방식으로 좋은 정보를 아기에게 전달하려고 오늘날 신세대 부모는 아빠와 엄마 모두 주도적인 역할을 하기 위해 온갖 정성을 다한다). 생후 12개월쯤 아기는 행동뿐만 아니라 양육자의 표정까지도 읽을 수 있다. 이는 공감을 위한 기본 바탕이 된다. 아기는 표정과 소리에 반응한다. 아기를 품에 안고 있지 않을 때에도 엄마가 갑자기 공포를 느끼는 순간 아기 역시 놀랄 수 있다. 12~18개월, 아기는 새로 경험하는 것을 기존의 체험과 결합한다. 이 능력을 바탕으로 아기는 타인의 감정에도 반응한다. 누군가 슬퍼할 때 그 슬픔이 전해져와 자신도 슬퍼지고 때로는 눈물을 흘리는 상황을 경험해봤을 것이다. 그러나 그것은 그 사람 처지에서 생각했기 때문은 아니다. 나도 모르는 새 타인의 감정 표현이 내 감정과 뒤섞인다.

생후 약 18개월 된 아기는 타인과 자신의 의식을 구별하는 법을 배운다. 비록 호프만이 '자기중심적 감정이입(egozentrische Empathie)'이라고 표현한 자신의 경험을 바탕으로 한 공감이지만, 이때부터 아기의 감정은 '진정한(echtes)' 공감으로 발전한다. 누군가 울음을 터뜨린다고 해서 아기가 반드시 함께 우는 것은 아니다. 아기는 자신을 위로하듯 뭔가로 그 사람을 위로한

다. 동물인형이나 마음에 위안을 주는 다른 것을 가져와 그 사람에게 준다.[04]

아기가 성장하면서 행동양식은 한층 더 다양해진다(전문가들도 점점 확신하지 못한다). 아기가 처음으로 거울을 깨닫는 나이가 되면 자기만의 내적 활동이 있는 독립적인 생명체가 된다. 타인의 감정, 바람, 생각이 항상 나와 같아야 하는 것은 아니며 때로는 다를 수 있음을 안다. 이제 시작되는 발달과정은 두 부류로 나뉜다. 만 2~3세가 되면 '진정한' 공감에 대해서 이야기할 수 있다. 하지만 전반적인 공감은 좀 더 지난 뒤 가능해진다. 카디프 심리학대학교의 심리학자 데일 헤이는 아이가 공감을 선택하고 처방한다고 언급했다.[05] 어떤 것은 슬픔 자체가 사라지거나 부모의 조언이나 말에 따라 가치가 변한다. 부모는 "나쁘지 않아" 또는 "그것 때문에 슬퍼할 필요는 없어" 같은 말로 아이의 심리에 영향을 주기 시작한다. 아이의 감정이입 능력은 이런 식으로 훈련을 받으면서 공감이 가는 것과 그렇지 않은 것이 형성된다. 대략 만 4세가 되면 아이들은 즐겁고 따뜻한 환경뿐만 아니라 심상치 않은 상황도 파악할 수 있는 능력을 갖춘다. 부모나 유치원 선생님의 설명으로 어린아이가 일부러 장난감을 망가뜨리지 않았다는 것을 이해하게 된다.

인간의 '정의감'이라 부르는 것은 만 4~7세 사이에 형성된다. 아이들은 불공평에 대한 감정을 직접 상대하는 대상뿐만 아니라 다른 사람에게도 적용하기 시작한다. 내가 불공평하게 느끼는 것을 다른 사람도 비슷하게 느낄 수 있다는 것을 깨닫는다.

유럽에서 공평성 연구를 주도하는 사람은 오스트리아 출신으로 취리히 대학교의 미시경제학 및 실험경제연구학 교수이자 미국 매사추세츠 공과대학(MIT)의 초빙교수인 에른스트 페르다. 페르는 지난 20년간 정의감이 사람 마음에 얼마나 깊이 자리하고 있는지 알아내기 위해 연구에 몰두했다. 이 감정은 본성일까? 아니면 후천적으로 양육된 걸까? 우리의 정의감은 어디까지인가? 빈 대학교에서 수학하던 시절 페르는 세계의 정의에 집중했다. 라틴아메리카의 해방신학에 열광하고 신학공부에 몰두하며 '붉은 주가폭락(Roter Börsenkrach)'이라는 그룹을 만들었다.[06] 교수가 된 뒤 페르는 동료들과 함께 정의감의 모든 현상과 술책을 발견하기 위해 다양한 실험을 고안했다.

한 실험에서 연구진은 만 3~8세 아이 229명에게 사탕을 나눠줬다.[07] 그리고 사탕을 받은 아이들에게 다른 아이들에게도 나눠주라고 요구했다. 다른 아이들이란 그 장소에 사진만 있는 아이들이었다. 이때 아이들은 사탕을 어떻게 분배할까? 사탕을 모두 갖거나 거의 대부분을 가질 것인가? 아니면 공평하게 나누고 그 자리에 없는 아이에게 절반을 나눠줄까? 그 결과는 한눈에 들어올 정도로 서로 차이가 났다. 만 3~4세 아이들은 거의 예외 없이 '이기적으로' 자신이 사탕을 모두 가졌다. 만 5~6세 아이들은 자기 보물의 약 5분의 1을 사진 속 아이에게 주었다. 반면 만 7~8세 아이들의 경우 거의 절반이 사탕을 공평하게 나누며 그 자리에 없는 아이와 '반반'으로 분배했다. 이는 성인과 일치하는 결과다.

결과는 그러했는데 그렇다면 결론은 무엇인가? 페르의 실험은 정의감이 4~8세까지 본능적인 과정에 따라 동일하게 증가한다는 것을 말해주는 걸까? 또는 교육이 차지하는 비중이 큰 것일까? 둘 중 하나만 옳은 양자택일이 아니라 두 가지 모두 정답이다. 비록 무엇이 옳은 것인지 그 정의(定義)는 다르더라도 모든 인류의 문화에는 정의감(正義感)이 존재한다. 일부 문화권에서는 거의 모두 특정 행동의 보상을 기대하지만 또 다른 문화권에서는 일부만 보상을 바란다. 착한 일을 할 때마다 돈으로 보상하는 곳이 있는 반면 성의나 마음을 표시하는 것으로 보상한다고 생각하는 곳도 있다. 또 일부 문화권에서는 남자와 여자를 원칙적으로 동등하게 보는 것을 공평하다고 생각하지만 그렇지 않은 곳도 있다.

모든 문화권에서 정의를 하나의 가치로 측정한다면 이것을 우연의 일치라고 보기에는 부족하다. 도대체 자연은 어떤 방식으로 우리에게 정의감이라는 감정을 부여한 것일까? 현재 이 질문은 뜨겁게 논의되고 있다. 전문가의 견해는 두뇌에 정의를 위한 보상체계를 담당하는 '이타주의' 유전자가 있다고 주장하는 견해와 유아 성장 과정에서 차츰차츰 생활 속 언어로 발달해온 '도덕적 문법'이라는 견해가 있다.

물론 교육이 차지하는 부분을 과소평가해서는 안 된다. 부모, 유치원 선생님, 학교 선생님이 어릴 때부터 아이의 특정 행동을 칭찬하거나 꾸짖을 때 효과가 없는 경우는 매우 드물다. 평균적으로 아이가 만 8세 정도 되면 함께 선행을 나누고 올바른 행동을 할 때 거의 항상 좋은 평가를 받는다는 사실을 알고 있다. 이런 식의 영향력은 아이 스스로 결정하는 방식에 작용한다. 예컨대 감성적 사고방식, 습관, 목표 지향적 행동 등 두뇌의 복잡한 평가 체계의 복합적 상호작용은 쉽게 간파되지 않는다. 그러나 어떤 의심의 여지없이 이 모든 것은 결정적으로 타인에 의해 자극되고 만들어지며 훈련된다. 권위는 우리에게 깊은 인상을 남기며 당황하게 하거나(겁을 주거나) 반항심을 불러일으킨다. 사랑받은 사람은 그렇지 못한 사람과 비교했을 때 완전히 다른 마음씨를 지닌다. 아이에게 이 닦기, 공손하게 '해주세요'라고 말하기 또는 자기 것 나눠주기를 성실히 훈련시킨 사람은 훗날 아이가 남들이 항상 힘들게 고생해야 하는 과정을 습관처럼 해내는 모습을 지켜보게 될 개연성이 크다.

따라서 모든 교육의 의미는 항상 분명하다. 우리 두뇌는 해당 체계를 마련한 그곳에서만 납득된다. 특히 정의감을 묻는 의문에는 중요한 수수께끼가 등장한다. 정의감은 왜 사람마다 차이가 있을까? 왜 이미 만 4세의 어린 나이부터 나눔을 힘들지 않게 생각하는 아이들이 있는 걸까? 반면 어른의 충고에도 그것을 배우지 못하는 아이들은 왜 그런 걸까?

아이들은 가장 가까운 양육자의 행동을 관찰한다. 앞서 인간의 발달과정을 설명한 4장을 고려했을 때 아이들이 관찰하는 제스처가 언어만큼이나 중요하다는 점은 분명하다. 비록 자식이 부모와 거의 닮지 않았어도 제스처나 행동에서 서로 끈(존재감, 동질감, 서로 가족임)을 확인하는 모습은 드물지 않다. 말보다 행동에서 그 사람의 확신이 뚜렷하게 드러난다. 이는 아이가 느끼는 환경에서 비롯된다. 말로 사랑을 전하는 것보다 온몸으로 느끼는 온기가 훨씬 깊게 남는다. 또 서로 공감하며 함께 나누는 것이 잘 보살피거나 무언가를 주겠다고 약속하는 추상적인 호소보다 그 효과가 훨씬 크다.

마음으로 느끼는 부모의 보호, 애정, 영향력은 매우 중요하지만 그것만으로 '착한' 사람이 되지는 않는다. 넘치는 사랑과 사려 깊은 양육이 보증수표는 아니다. 그 이유는 태어날 때부터 인간의 두뇌가 모두 똑같지 않고 완전히 세뇌될 수 없기 때문이다. 그러나 개인적 차이를 감안하기에 앞서 '정의로운' 결정을 내릴 때 일반적으로 뇌에 어떤 일이 일어나는지 확인하는 것도 좋지 않을까?

정의를 다루는 전문서적은 도서관에 빼곡히 꽂혀 있다. 그러나 우리가 스스로 정의롭다고 믿을 때 우리 머릿속에서 무슨 일이 일어나는지는 현재까지 연구된 바 없다. 2008년, 일리노이 대학교 인지신경학 교수 밍 슈의 실험이 세간의 주목을 끌었다. 실험 대상은 만 29~55세 사이의 성인 남성 26명이었다. 모든 참가자는 도덕적 딜레마에 빠지는 어려운 결정과 마주했다.[08]

실험 과제는 다음과 같다. 지금 당신은 우간다에 있으며 고아들을 돌보고 있다고 상상한다. 당신의 임무는 아이들에게 생필품을 구해주는 것이다. 어느 날 당신은 매우 특별한 상황에 처한다. 공급기업의 병목현상으로 전체 식량이 줄어들었다. 마을과 마을 사이의 거리가 멀고 생필품이 쉽게 상하기 때문에 두 가지 선택만이 남아 있다. 한 마을마다 한 아이의 식사를 15회 줄이는 것이다. 또는 멀리 사는 두 아이의 식사를 9회씩 총 18회 줄일 수도 있다.

당신이 말도 안 된다고 격렬히 항의하기 전에 당신 생각이 전적으로 옳다는 점을 밝혀둔다. 현실적으로 보면 실험 상황은 일종의 억지이고 전혀 공감이 가지 않는다. 한 사람 몫씩 상하는 식료품이란 게 도대체 말이 된단 말인가? 그리고 왜 한 명 또는 두 명의 아이를 선택해 식사를 제한해야 할까? 그러나 실험을 변호하자면, 이 시도를 실제 상황으로 생각하지 말아야 한다. 여기서 묻는 질문은 분명하다. 한 명에게만 심한 고통을 감수하게 할 것인가? 또는 두 명에게 고통을 나눠줄 것인가? 전자는 그 사람에게 매우 잔혹하지만 후자의 경우 배고픈 사람이 한 명 더 늘어난다.

대상을 실험한 결과는 분명했다. 사람들은 대부분 후자를 선택했다. 분명히 두 아이에게 고통을 함께 짊어지게 하는 것이 한 명에게 모든 짐을 지우는 것보다 공평하다고 판단한 것이다. 이 실험의 특이점으로 연구진은 실험 대상이 결정을 내리는 순간 자기공명단층촬영법(MRT)으로 뇌를 관찰했다. 슈를 비롯한 연구진은 충격적인 사실을 발견했다. 한 아이의 식사를 15회 줄인다는 방법을 선택한 성인 남성은 분명 전체의 이득을 계산했을 것이다. 자기공명영상(MRI)에 강력한 피각(putamen) 활동이 나타났다. 이곳은 운동을 담당하는 부분이지만 아마도 간단한 목표 지향적 사고도 맡고 있을 것이다. 18회의 단식을 두 아이에게 분배하는 결정을 내린 남성의 경우 대뇌피질의 한 부분인 섬피질(insular cortex)이 지름 약 2.5센티미터 동전만 한 크기로 빛났다.

특이하게도 이 부분은 논리 또는 이성을 담당하는 부분이 아니다. 섬피질의 정확한 역할은 오늘날까지도 확실히 밝혀지지 않았다. 그러나 가장 예민한 부분임에는 틀림없다. 섬피질은 신체적 감각을 만들고 감정을 일으키는 데 핵심 역할을 한다. 청각적 사고와 마찬가지로 후각과 미각 역시 이곳에서 담당하며 그 밖에도 통증의 감성적 평가, 평행감각도 이곳에서 시작된다.

그렇다면 평행감각에서 정의감이 발생하는 걸까? 이 가설 역시 충분히 생각해볼 만하다. 정의감이란 매우 직관적이고 감성적인 감각적 반사일까? 사회적 직관의 변호인으로 대두되는 원로학자 흄이나 그의 정신적 후계자 하이트라면 환호했을 근거가 충분하다. 정의감 또한 이성적 행동이라기보다 즉흥적이고 감성적이기 때문이다.

슈의 실험이 그런 결론으로 충분한지는 사실 약간 의심스럽다. 아직 우리는 섬피질을 정확히 알지 못한다. 또 현 세대의 MRI로 두뇌에 관련된 과정을 모두 파악하고 있는지도 확신하지 못한다. 그러나 분명 이 실험은 두뇌 연구 실험 분야의 새로운 문을 열었다. 경제심리학에도 호르몬과 신경전달물질의 흐름을 컴퓨터 화면으로 보여주는 MRI의 새로운 버전이 활용된다.

이런 조사를 적절하게 배치한 예로 페르가 전문화한 신뢰 테스트가 있다.[09] 이 테스트가 끝난 뒤에는 절대로 다시 마주칠 일이 없는 실험 참가자 두 사람에게 각각 10유로를 건넨다. 그리고 한 사람이 다른 사람에게 자신의 돈을 주면 테스트 진행자는 20유로를 가진 사람에게 또 20유로를 준다. 이제 두 사람 중 한 사람은 40유로를 갖게 되고 또 다른 한 사람은 돈이 아예 없다. 테스트 진행자는 돈을 가진 참가자에게 본인의 의지에 따라 다른 사람에게 돈을 돌려주거나 돌려주지 않을 수 있는 선택권을 준다. 40유로가 있는 참가자는 어떤 선택을 할까? 참가자는 대부분 상대에게 돈을 돌려줬고 20유로를 준 사람도 상당수 있었다.

뇌를 연구하는 학자에게 묻는 질문은 다음과 같다. '공평성(Fairness)'에 활성화되는 부분은 어디인가? 정답은 바로 우측 전두엽 안와전두피질(orbitofrontale Cortex)의 특정 부분이다. 최후통첩 테스트를 시도하려고 취리히 대학교 연구진은 테스트 참가자의 머리에 강력한 자장을 비췄다. 참가자의 우측 전두엽에 광선이 닿는 순간 그 기능이 정지되고 최후통첩 테스트의 참가자는 상대에게 별 생각 없이 가장 적은 액수를 건넸다.[10]

뇌 영역을 묻는 질문보다 기상천외한 것은 정의감의 신경화학적 토대 찾기다. 정의감에는 어떤 물질이 영향을 주는 걸까? 페르는 정의감이 뇌의 직접적인 화학 반응에 영향을 받았을 것으로 보았다. 신뢰 테스트를 진행하면서 몇몇 참가자에게 옥시토신 냄새를 맡게 했다. 옥시토신은 유대감을 강하게 증진시키는 호르몬이다.[11] 일반적으로 옥시토신은 수유를 하거나 쓰다듬고 껴안는 애정표현을 하거나 성관계를 할 때 생성된다. 다른 참가자에게는 옥시토신 대신 유효성분은 없고 심리적 효과만 있는 플라시보 스프레이를 분사했다. 결과는 어땠을까? 옥시토신의 효과로 신뢰도, 다정함, 풍부함이 눈에 띄게 상승했다.

우리의 신뢰에 영향을 미치는 '행복 호르몬' 옥시토신은 인간의 사회적 행동처럼 뇌화학 물질의 영향을 받는다는 데 의미가 있다. 이는 영유아에게서도 명백히 나타났다. 성인이 된 뒤에도 특정 사회적 상황에서 순환이 활성화되거나 호르몬이 발생되는지는 어릴 때 가장 가까운 양육자와 어떤 경험을 했는지에 달려 있다. 이 규칙은 일반적으로 성립하지만 사람마다 생화학적 차이가 컸다. 선천적으로 성호르몬, 테스토스테론 또는 에스트

라디올이 풍부한 경우에는 사회적 활동에 영향을 미친다. 반복된 관찰을 통해 지배적 유전자를 지닌 아이들이 평균적으로 덜 지배적인 아이들과 비교했을 때 사회적 민감도가 낮다는 것을 알 수 있다. 그들의 정의감 역시 비교적 약하게 발달했다.

만 10~12세가 되면 아이는 자신에 대한 분명한 그림을 그리기 시작한다. 그렇게 아이는 자신이 '착한' 사람인지, 일반적으로 '착한' 행동을 하는지 또는 아닌지를 스스로 묻는다. 또 '일반적인' 행동에 대한 생각이 생겨나고 의심되는 경우 심각한 죄책감을 느낀다. 사회적 직관에 대한 반발심 역시 화두로 떠오른다. 불공평한 방식으로 다른 사람의 마음을 아프게 했더라도 성취한 승리에 기뻐한다. 또 옳지 않은(불성실한) 행동이라는 걸 알면서도 뒤에서 친구를 헐뜯는다. 그리고 타인의 감정 상태를 해독하며 가상과 현실을 구분한다.

해당 주제와 관련한 책이 20년 전에 등장했다면 아마 이 지점에서 모든 것이 결정됐다고 언급했을 것이다. 당시의 발달심리학 관점에서 볼 때 만 12세 정도 되면 그 사람의 도덕성이 완성된다. 나머지는 훈련과 경험에 따른다. 사춘기 아이를 자극하는 부모는 아이가 주변을 완전히 이해할 뿐만 아니라 당신의 행동까지 변화시킬 수 있다는 점을 침착하게 받아들여야 한다. 사춘기 아이들은 어른의 주장과 잔혹한 이기심으로 가득 찬 창고를 마음대로 처리하기 때문에 이 관점은 어떤 면에서 충분히 수긍이 간다.

하지만 지난 20년 동안의 뇌 연구는 이 그림에 획기적인 개혁을 일으켰다. 워싱턴 및 메릴랜드 국립정신건강연구소의 뇌연구학자이자 유아심리학자인 제이 기드를 비롯한 유명한 학자들은 오늘날 완전히 다른 10대 청소년의 그림을 제시했다.[12] 그들은 10대 청소년을 완전히 지어진 집이라기보다 아직 완공되지 않은 건물로 보았다. 사춘기 동안 뇌에는 수백만 가지의 새로운 결합이 형성되며 그 대신에 다른 것이 사라진다. 만 15세 연령대 연구에서 학자들은 10대의 뇌가 폭발할 정도로 그 안의 회색물질이 갑작스레 증가한다는 사실을 발견했다. 뇌의 여러 중요한 부분이 여기에 해당한다. 두정엽(parietal lobe)에서 공간감각과 논리적 사고가 성장한다. 관자놀이 안쪽의 측두엽은 언어를 이해하는 데 매우 중요한 감각과 언어중추를 형성한다.

그러나 가장 큰 변화는 바로 이마 뒤에 위치한 전두엽에서 일어난다. 이곳에는 이해력, 검토, 전략적 계획, 의사형성, 도덕을 담당하는 복내측 전전두피질(ventromedial prefrontal cortex)이 위치한다. 청소년의 뇌에서는 종종 과도한 요구 때문에 이 영역이 고정된 상태로 발견되기도 한다. 성인이 되는 모든 재료는 이미 준비되어 있지만 무성한 잡초처럼 엉켜 있다. 10대의 전두엽은 아이들의 지저분한 방만큼이나 모든 것이 뒤죽박죽이다. 만 11~15세 청소년은 늘 비상사태에 놓여 있다. 극도의 예민함, 빛나는 지성, 무절제와 무능력, 편협한 태도 변화 등은 신경화학적 변화가 일으키는 특징이다.

여기서 관찰되는 대량의 신경결합에서 볼 때 어느 누구도 사춘기만큼 지성이 발달하는 일은 없다. 단지 이 시기에는 방향이 제대로 잡히지 않아 그것으로 이성적인 행동을 제대로 시작하지 못하는 경우가 빈번하다. 샌디에이고 주립대학교의 신경과학자 로버트 맥기번은 청소년이 타인의 표정을 정확히 읽고 그 감정을 제대로 파악하는 데 어떤 어려움을 겪는지 보고했다.[13] 10대는 타인의 감정을 확신하지 못하기 때문에 많은 것을 불공정하다고 생각했다. 다행히 놀라울 정도로 증가하는 회색세포는 청소년기가 지난 뒤 다시 제자리로 돌아온다. 그러면 뇌는 다시 건강하게 수축하게 만드는 청소 미션을 시작한다. '쓸모없는' 신경결합은 잘려나가고 필요한 순환계는 강화되고 자동화된다.

사춘기 동안 겪는 뇌 속 혼란에는 분명 긍정적인 면이 있다. 인생을 살면서 이 시기만큼 솔직하고 호기심으로 가득한 때는 없다. 1990년대 초반 도쿄 대학교의 심리학자 야스코 미노우라 교수는 청소년이 얼마나 빨리 적응하는지 증명하였다.[14] 가족과 함께 몇 년 동안 캘리포니아에서 거주했던 만 9~15세의 일본 아이들은 바람처럼 빠른 속도로 미국 토박이가 되었다. 9세보다 어리거나 15세보다 나이가 많을 경우 대부분 빠르고 강력한 적응력은 나타나지 않았다.

무엇보다 전두엽 피질의 발달 속도는 30대에 들어서면서 서서히 떨어진다. 인간은 신경화학 측면에서 20대 초반이 되어야 완전히 무르익는다. 이 모든 과정이 완성되면 새로운 궤도로 움직인다.

* * *

사람은 도덕적 능력을 타고난다. 모방에서 공감, 그리고 정의감으로 이어지는 프로그램을 차근차근 되풀이한다. 이때 전체 과정에서 교육적 영향력이 개입한다. 이해받고 싶은 강렬한 유대감과 안정감 그리고 깨달음은 인간의 발달에 긍정적인 영향을 미친다. 다양한 개별적 성향과 교육의 상호작용으로 성품의 여러 가지 다른 특징이 나타난다. 전반적으로 건강한 사람이라면 공감할 수 있는 능력과 정의감을 타고난다. 그러나 그 정도와 양식은 사람마다 차이가 있다.

* * *

사람은 본능적으로 경쟁뿐만 아니라 협력하는 능력도 타고난다. 그 안에 협력과 공감이 매우 인상 깊은 방식으로 존재한다. 후두부 속 정보를 바탕으로 3장의 주제(악이란 무엇인가)를 다시 살펴본다면 또 다른 의미를 느낄 수 있을 것이다. 이제 인간의 사회적 직관과 목표 지향적 심사숙고에 관해 알고 있는 지식을 바탕으로 다시 한 번 질문을 던져보자. 우리 행동에 숨어 있는 이기심은 얼마나 큰가? 매일 우리는 얼마나 이기적으로 행동하는가?

10 사회라는 체스

나는 이기적인가?

내 행동으로 일부를 만족시키기 위해 나의 인생이 존재한다.

- 비트겐슈타인

오늘 아침 당신은 옷을 챙겨 입었을 것이다. 그리고 지금 침대에 누워 스탠드 불빛 아래에서 이 글을 읽고 있지 않다면 당신은 여전히 옷을 제대로 입고 있을 것이다. 그러나 사람들은 대개 내일 아침에 입을 옷 생각으로 들떠 있지 않는다. 그것은 갈망하거나 열망하는 소원 성취가 아니기 때문이다. 칫솔질을 할 때도 즐거움이나 깊은 만족감을 느끼지 못하지만 그럼에도 이를 닦는다.

당신은 오늘 이런 행동이 크게 필요하다는 생각을 하지 못하면서도 자신을 단장한다. 아마도 이런 행동을 하면서도 조금도 특별하다는 생각은 들지 않았을 것이다. 만약 "오늘 얼마나 자주 나의 실질적인 이익에 관해 생각했는가?"라고 묻는다면 실제로 거의 없을 수도 있다.

그보다 당신은 온종일 손해 보지 않으려고 애썼을 것이다. 또는 부수적으로 생길 이득을 계산했을 것이다. 예컨대, 당신이 옷을 입지 않고 출근하면 사람들이 당신을 이상하게 볼 거라는 사실을 알고 있다. 생각해볼 필요도 없는 분명한 사실이다. 사무실에서 당신은 업무 진행사항에도 큰 감흥을 느끼지 못한다. 업무 중에 문득 떠오르는 격렬한 감정은 아마 동료에 대한 짜증이나 못다 이룬 성적 판타지일 것이다. 물론 거기에 시간을 오래 들이지 않고 또다시 곧바로 당신 업무에 집중한다. 이런 결정은 당신 안에 존재하는 감성이라는 개가 아니라 이성적인 꼬리가 내린다. 간단히 말하면 당신은 즐거움을 추구하기보다 고통을 피하려 한다. 그것이 우리의 일반적인 삶이다.

모든 것을 계산하는 타고난 이기주의자의 하루는 무엇보다 실수로 가득하다. 여자라고 가정한다면, 오늘 멋진 남성과 만났지만 임신에 성공하지 못했으니 말이다. 또는 당신이 남자라면 최소한 둘 또는 세 명의 여성을 임신시키지 못했으니 말이다. 왜 오늘 당신은 최소한 경쟁자를 단 한 명이라도 제치지 못했단 말인가? 왜 동료를 당신의 이득을 위한 도구로 사용하지 못했는가? 다른 사람보다 중요한 입지에 서기 위해 거짓말을 하지 못한 이유는 무엇인가? 그리고 도대체 다른 사람이 당신에 대해 무슨 생각을 하든 관심을 끄고 그냥 넘기지 못한 것인가?

저 멀리 우주에서 외계인 행동연구학자가 지구별 서방 산업국가 출신의 한 인간을 몇 달 동안 관찰하러 찾아왔다고 상상해보자. 그는 의미심장한 결과를 얻었을 것이다. 아마 그들의 보고는 다음과 같을 것이다.

"인간은 반복되는 생활을 하면서 주로 시간을 보낸다. 그러나 기분이 별로 좋지 않은 경향을 보인다. 항상 기분 전환, 휴식을 취하고자 하고 끊어

오르는 감동이나 격정이 비교적 약하거나 거의 없다. 자신이 만든 상상 속으로 도피하며 자주 걱정과 두려움에 빠진다. 거의 고정적인 궤도를 따라 움직이며 감정은 중요한 결정을 내리는 데 거의 동기가 되지 못한다. 또 이성적으로 오랫동안 심사숙고하는 모습은 찾아보기 힘들다. 지구에서 지능이 가장 높은 동물은 이렇게 하루를 보낸다. 놀랍게도 흡연, 음주, 기름진 음식 섭취, 움직이지 않기 등 생물학적 번영에 반하는 행동을 항상 서슴지 않고 한다."

우리 인생의 실상은 그러하다. 그러나 더 놀라운 건 1980년대 말 앵글로색슨 생물철학자, 행동경제학자, 학술저자(일부 동일 정치단체 동조자 포함)를 비롯한 모든 세대에 등장한 단순 명료한 명제였다. 인간이 하는 모든 행동의 원동력은 이익추구, 이기주의와 다를 바 없다. 리처드 알렉산더(『도덕체계의 생물학』), 로버트 프랭크(『근거 있는 열정』), 로버트 라이트(『도덕적 동물』) 또는 매트 리들리(『선행의 근원』) 같은 저자의 책을 읽는다면 인간 본성에 대한 두 가지 근본적 견해를 깨닫게 될 것이다.[01] 첫째, 우리의 도덕은 의식적인 것이 아니라 직관적인 것이다. 둘째, 도덕은 문화가 뒷받침되어야 하는 것이 아니라 본능적인 논리적 계산을 따른다. 이 사상의 파급효과를 측정하고 싶은 사람은 지난 2000년간 앞서 생각해왔던 것을 떠올리면 된다. 도덕은 의식적 견해를 묻는 포괄적인 질문이자 인간이 스스로 어떻게 할 수 없는 문화적 성과다.

도덕적 능력이 동물계에 뿌리를 둔다는 것만으로도 이미 충분한 화젯거리다. 인간에 관한 특별대우는 틀렸다. 매우 오래된 도덕적 직감의 근원은 아마 언어와 문화보다 훨씬 앞설 것이다. 앞서 언급한 생물철학자, 학술저자 또한 이 질문에 반박하지 않을 것이다. 그러나 두 번째 관점은 어떠한가? 도덕적 행동에서도 유전자에 흐르는 이기적 계산이 보이는가?

결국 모든 동물은 사람의 유전자로 조정된다는 윌리엄 해밀턴의 가설을 떠올려보자. 알렉산더, 리들리, 라이트에게 도덕을 따른다는 것은 우리가 깨닫지 못해도 유전적 이익 계산이 심리를 지배한다는 것을 뜻한다. 그러나 인간은 그런 야수이면서도 놀라울 정도로 서로에게 친절하다. 인간의 협력심을 평가절하해서는 안 된다. 그것은 어떻게 가능하고 왜 의미를 가지는 걸까? 저자들은 이 질문에 거의 같은 방식으로 대답하려 시도했다. 그들은 다음과 같이 답변하면서 인간 본성에 선행의 불꽃이 타오르지 않아도 협력으로 얻게 되는 생물학적 이득을 강조했다.

"당신이 나에게 뭔가를 줄 때 나도 당신에게 줄 것이다!" 이 모든 생각의 시발점은『상호 이타주의』에 드러난 로버트 트라이버의 견해다. 저자의 관점에서 비롯된 원칙은 평생을 지배한다. 이타주의는 "신뢰할 만한 것이라 부르는 것에 대한 투자로 훗날 다른 사람의 통 큰 배포라는 형태의 만족스러운 배상금을 받는다. 따라서 협력적인 사람은 다른 누구보다 진정한 이타주의자다. 단지 개인적 이득을 단기적 관점보다 장기적 관점으로 보는 경향이 강할 뿐이다."[02]

'상대가 나에게 뭔가를 줄 때 나도 상대에게 줄 것이다'라고 말하는 트라이버의 생각이 옳은 걸까? 결국은 단지 눈앞의 혹은 미래의 차이일 뿐 우리 모두가 진정 이기주의자인 걸까? 이기주의란 단어는 '사욕이 강함'을 뜻한다. 일반적인 정의에 비하면 우리는 실제로 모두 이기주의자다. 물론 우리는 일상에서 배려가 없고 잔인한 경우가 매우 드물며, 직접적인 이득을 곁눈질하는 경우도 드물고, 항상 사리사욕을 채우려 하지 않는다. 그런데도 큰 맥락으로 볼 때 누구나 휴식, 기분 전환, 언쟁 회피, 행복함 누리기 또는 불편한 상황과 마주하지 않기 등 이익을 얻고 싶어한다. 그것은 잠시나마 즐거움을 주는 이익이다. 이 모든 이익은 하루를 보내는 데 유용하다.

내 행동에서 바라지 않는 모습이 있다고 해서 그것이 나쁜 것만은 아니다. 로버트 뮤질은 다음과 같이 주장했다. "올바른 방식으로 자신을 사랑하지 않는 사람은 타인 역시 사랑할 수 없다. 올바른 방식으로 자신을 사랑하는 것 또한 타인을 향한 자연적인 선행이다. 따라서 자기애는 자기 본위가 아닌 선행이다." 착한 행동 뒤에는 이기주의가 숨어 있다. 콜카타에서 죽어가는 이들을 희생적으로 돌본 테레사 수녀 역시 스스로 만족할 수 있었으며 천국에 대한 희망으로 보상받았다. 그러나 테레사 수녀를 '이기주의자'로 보는 것이 옳은 걸까? 인간이 '선'하다고 주장한 서양의 어떤 철학자도 자신의 행동으로 그 어떤 것도 얻지 않을 것이란 생각을 하지 못했다. 순수하고 일방적인 이타주의는 유토피아적 발상이다. 따라서 이런 맥락에서 인류를 이기주의적이라고 설명하는 것은 완전히 무의미하다. 세상이 온통 흰색이 아니라 해서 모든 인류가 검은색인 것은 아니다.

모든 이타주의가 개인적 이득이나 이익과 관련이 있다고 해서 '이기주의'가 더 많은 의미를 갖는 것은 아니다. 이기주의적 행동이란 대부분(항상 그런 것은 아니다) 우리가 그릇되고 적절하지 못한 것으로 낙인 찍은 행동을 말한다. 친절한 도움, 희생적 보살핌, 다정한 이웃돕기를 이기적이라 부르지 않는다. 위기의 순간에서 스스로 자신을 보살피거나 안정하게 하는 사람을 무조건 이기주의자라 부르지 않는다. 아이 또는 돌봐야 하는 다른 가족 구성원을 고려하지 않고 이런 행동을 하는 사람을 제외한다면 우리는 이것을 건강한 행동이라 생각한다. 마가복음에서 "네 이웃을 네 자신과 같이 사랑하라"는 예수의 권유도 자기애를 전제로 한다.

따라서 일상에서 사용되는 개념의 이기주의는 전반적이고 '약한' 형태로 존재한다. 이 단어는 상대방을 심하게 욕할 때 말고는 쓸모가 없다. 우리 모두가 이기주의자라면 이런 표현은 무의미하다. 사전을 찾아봐도 이기주의란 자기애뿐만 아니라 '자기 본위', '자기중심적', '이기심'을 포함한다.

따라서 근본적으로 이익을 바라는 그 자체를 뜻하는 것이 아니라 모든 생활 상태에서 이익만을 좇는 것을 말한다. 그러나 인생을 혼자서 결정하는 사람은 매우 드물다. 또 그런 사람은 쉽게 알아볼 수 있다. 자기중심적 성향의 이기주의자는 그들이 타인에게 하는 것과 같은 대우를 받고 싶어 하지 않는다. 타인을 자신과 동등하게 생각하거나 대우하지 않으며 오로지 자신의 이익을 위한 수단으로 본다. 이런 행동이 실제로 여러 사람에게 활활 타오르고 있다는 점은 반박할 수 없는 현실이다. 그런 이기심은 예외도 없고 항상 지속되지만 아무 이득도 없다. 냉혹한 이기주의자는 즐거움을 모른다. 그는 단점으로 가득한 인생에서 비틀거린다.

사회생활에서 혹독한 이기주의의 역할은 지나치게 과대평가되었다. 실패한 세계사를 살펴보더라도 지독한 이기주의보다 중요한 다른 동기가 있을 것이다. '인류'의 이기주의라는 사슬에 얽매이는 것은 무의미한 모험이다. 무엇보다 이런 점에서 가두연설자의 이기주의적 책망과 잔소리 소재로 자주 등장했다. 평소 당연히 그렇게 생각하지 않는 청중에게서도 박수갈채를 이끌어냈다. 그렇게 생각하는 사람이 어디 있겠는가? 당신? 또는 나? 사람은 자기 자신을 이기주의자라고 생각하지 않는다. 이기주의자란 항상 나 자신이 아닌 타인을 지칭한다.

혹독한 이기주의는 도움이 되지 않기 때문에 사람들은 대개 친절하고 서로 협력하는 편을 택한다. 사실 이것은 즐거운 소식이다. 앞서 언급한 생물철학자들은 우리 마음속에 숨겨진 이기적인 악마가 우리를 조정하는 것이라고 보았다. 우리 또한 자신이 베푸는 친절에 보상과 이득을 바라지 않는가?

미시간 대학교의 곤충학자 리처드 알렉산더는 인간이 아무 이득도 없는 일을 실제로 하는지 근본적으로 의심했다. 한 헌혈자를 예로 들어보자. 그는 자신이 한 행동 대가로 아무것도 받지 못했다. 돈, 훈장은 물론 수혈이 필요할 때 사용할 수 있는 우선권조차도 없다. 알렉산더는 이런 상황을 어떻게 생각했을까? '헌혈하면서 그런 사실을 깨달은 사람 중 기가 죽지 않을 사람이 어디 있겠는가?' 헌혈의 목적은 자랑하고 승리감을 얻는 것이므로 그러지 못할 경우 '기가 죽을' 수밖에 없다. 이 상황은 그것으로 설명된다.

모든 사람이 무조건 이익을 추구한다는 관점으로 본다면 우리 존재에는 선함이란 눈곱만큼도 찾아볼 수 없다. 코넬 대학교의 경제학자 프랭크는 이기주의와 다르게 행동하는 사람이 특별히 명예로운 예가 아니라고 주장했다. 그렇다. 오히려 약간 모자라는 사람이다! 예컨대 아는 사람이 하나도 없는 낯선 도시에서 종업원에게 팁을 주는 사람은 도대체 어떤 사람일까? 이름도 알리지 않고 르완다의 고아를 도와주고 자신의 인생을 희생하는 사람은 어떤 사람일까? 이런 하드코어 이타주의자를 적절히 설명하는 방법은 단 한 가지뿐이다. 그들은 이기주의란 불꽃이 불발 상태로 있는 주체할 수 없는 감정의 희생양이다. 그들의 상호 이타주의의 건전한 정신에 결함이 생긴 것이다. 주변의 인정을 받으려던 행동양식은 경솔하고 목표도 없는 공허한 시도로 변질됐다.

지난 20년 동안 그 영향력이 어마어마하지 않았더라면 이런 관점을 다루지 않았을 것이다. 매우 복합적이고 복잡하며 때로는 모순적인 우리의 모든 행동이 항상 자신의 이익을 위한 것이라는 주장은 우리 시대 행동생물학자의 가장 위대한 이야기다. 자신에게 적합하지 않은 사람과 사랑에 빠지는 사람 모두, 남에게 이용당하는 수백만 명의 사람, 돈을 기부하거나 노쇠한 이웃의 시장보기를 돕는 친절한 사람들 등 자신의 이익만을 위해 행동하지 않는 사람 모두 좀 모자라거나 잘못된 방향으로 방망이를 휘두른 것이다.

독일 암후원 단체 리스트에는 전혀 친분이 없는 백혈병 환자에게 무료로 자신의 골수를 기증하겠다는 지원자가 무려 300만 명이 넘는다. 불교가 국교인 국가에서는 공공의 의무보다 개인적인 부를 등한시하는 사람이 수십만 명으로 늘어났다. 비윤리적 태도와 욕망을 대표하는 부유한 선진국의 지독한 이기주의자들의 잘못된 욕구를 정화하려면 어떻게 해야 할까?

리들리, 알렉산더, 라이트, 프랭크 그리고 여러 학자가 옳다면 이 모든 사람이 자연을 거슬러 행동하는 것이나 다름없다. 반면 진정한 호모사피엔스란 서양의 신조어인 자본주의자를 뜻한다. 우정과 사랑 그리고 친절함까지 모든 행동은 투자다. 그리고 유일한 가치는 이익과 이자다.

이런 관점이 옳다면 이제 철학자는 필요 없다. 새로운 학문의 서광 아래서 그들은 단지 몇 종의 특이한 공룡과 그 알을 보호하려 애쓰는 생물학자들처럼 자신의 전문 분야를 지키려고 몸을 웅크리는 시대착오적 집단에 지나지 않는다. 대학의 심리학과를 없애고 인류행동생물학을 경영학에 새로 편입하는 것이 나을 수도 있다. 전공 주제는 '자본주의 정신의 호모사피엔스 탄생'이 될 것이다. 이는 다시 말해 호모사피엔스 정신의 자본주의 부활을 뜻하기도 한다.

언젠가 진화 과정의 어느 한 지점에서 우리의 조상은 이기주의가 전혀 이롭지 않다는 사실을 깨닫고 무릎을 쳤을 것이다. 이 시점에서부터 그들은 업무분배, 전반적인 분배의 개념인 협력을 발견했다. 어느 누구도 거대한 매머드를 혼자서 모두 먹어치울 수 없기 때문에 버리지 않도록 남는 부분을 주변과 나눠도 된다는 사실을 깨달았을 것이다. 이런 방식으로 끔찍한 동시에 유익한 그것이 탄생했다. 무엇보다 고독한 카우보이나 다름없는 이기주의는 아무 짝에도 쓸모가 없었기에 이타주의라는 가면을 쓴 비열한 이기주의는 자신이 마음에 품은 여성에게 자기 매머드 고기를 가능한 한 많이 주고 그 대가로 여러 자식을 얻는다. 남는 고기를 나눠 주면서 생기던 불평도 사라진다.

영리하게 자기 잇속을 모두 계산하는 이기주의자는 생물학자처럼 자식 수를 정확히 알고 있다. 아이가 많다면 그는 성공한 것이다. 만약 아이가 없거나 적다면 그는 사회라는 체스를 제대로 두지 못한 것이다. 우리 선조가 분명 그렇게 생각했기 때문에 유전 외에는 다른 이유가 없는데도 인간은 필연적으로 사회적이다. 〈프랑크푸르트 종합신문〉 기자이자 사회학자인 유르겐 카우베처럼 좌중의 흥을 깨는 사람은 이런 식의 사회생물학적 변명에 즐거워했을 것이다. "특정 사회생물학을 쓴다는 것은 아무런 노력도 하지 않는 것처럼 쉽다. 자연미, 종교, 할머니 또는 일부일처제 등 특별하고 다양하며 재치 넘치고 역사적으로 추론할 수 있을 만한 상황을 선택한다. 또 존재의 투쟁에서 수백만 년 뒤에도 대를 이을 수 있도록 더 많은 자식의 생산을 가능케 하는 메커니즘을 생각한다. 우리가 항상 하는 것을 이론이 말해준다. 그리고 우리는 자신의 유전질을 재생산할 수 있는 기회를 많이 만들기 위해 그것을 따른다. 진화는 우리에게 프로그램을 주입하고 이런 프로그램을 따르는 생명체만이 자연에서 수천 년을 버텨낸다. 이것은 협력으로 얻는 이득이 개개인의 동맹을 충분히 보상하기 때문에 사회적 단체가 형성됐다는 우스꽝스러운 주장으로 이어졌다. 사람을 개개인 그리고 땅에 옹기종기 붙어 있는 버섯처럼 몰아붙이고, 함께 뭔가를 하는 것이 얼마나 유익한지를 발견하려는 전제가 깔려 있는 이 생각은 우스꽝스러울 수밖에 없다."[03]

우리는 쉽게 해석되지 않는 모순 속에서 인류와 문화를 바라봐야 한다. 진화는 급작스러운 신념 변화와 실용적 약속의 문제가 아니다. 진화를 통해 무엇이 인류에게 이득이 되는지 항상 판별되는 것은 아니다. 직접적이고 치명적인 손해를 입히지 않는 한 특징과 성향 또한 형성되고 보존될 수 있을 것이다. 또 한때 생존에서 근본적으로 유리하다고 생각했던 다른 능력이 더는 필요하지 않더라도 남아 있을 수 있다. 필요 이상의 잠재력으로 독립적인 삶을 살게 되거나 새로운 발달을 가져올 수 있다. 따라서 사람은 비록 생물학적으로 말이 되지 않아도 전반적으로 신을 믿는다. 원숭이에게 신앙이 있다고 한들 생존에 어떤 도움이 되겠는가? 진화로 컴퓨터게임, 헤어스타일, 자동차, 구두, 비누, 축구에 대한 인류의 애정은 깊어졌지만 왜 정작 인류를 위한 책임감은 그렇지 못한 걸까?

배우자를 찾는 전쟁에서 얻는 장점은 다양한 것 가운데 한 가지일 뿐이다. 여성이 다정한 남성과 짝을 맺는 것을 선호하기 때문에 진화 과정에서 인류의 다정함이 나타났다는 일부 생물학자의 재미있는 견해는 분명 지나친 비약이다. 최고의 생존(the survival of the nicest)을 말하는 견해가 다정하고 간단한 인상을 줄 만큼 일차원적이다.[04] 첫째, 여성이 순수하게 성적인 측면에서 아름다움, 성격, 용기, 지성을 제치고 가장 다정한 남성에게 끌린다는 것은 지나친 가설에 불과하다. 둘째, 의지가 있고 알아차리는 능력이 있는 생명체는 자신의 종족번식 외에 다른 여러 의도를 지닌다.

따라서 진리란 이러하다. 실제 생활에서 인간이 된다는 것은 이익을 추구하는 법을 잘 이해하기보다 두려움, 가책과 주저, 덧없는 자만심, 일시적 충동에 쉽게 사로잡힌다는 것을 뜻한다. 인간이 배려라고는 전혀 없는 타고난 이기주의자이기 때문이라고 한다면 아마 인간은 세상에서 가장 아둔한 이기주의자일 것이다. 자연환경과 생활환경이 급속도로 파괴되고 천연자원이 사라지는 동안에도 우리는 상사나 이웃에 불평하고 늪지대의 오리를 총으로 쏴 죽이는 비디오 게임을 하거나 미국 드라마 〈그레이 아나토미〉 또는 〈위기의 주부들〉을 시청한다. 철학자 크리스틴 코스가드는 자신의 저서에서 다음과 같이 의견을 밝혔다. "현실에서 개인적인 이익 추구에만 집착하는 사람의 생각은… 실로 어처구니없다."

앞서 언급한 생물철학자의 세계관에 숨은 오류는 쉽게 열거할 수 있다. 우리 모두에게서 다소 약한 형태의 이기주의 특징을 언급하면서 강력한 이기주의 동기를 하위에 뒀다. 그러나 내가 하는 모든 것은 나에게 이익을 가져오기 위한 것이라는 점은 절대적으로 타인을 향한다는 것을 뜻하지 않는다! 친구를 보고 싶어하거나 극장에 가고자 하는 모든 결정이 '생존 투쟁' 또는 '적자생존' 법칙을 따르는 것은 아니다. 무엇으로부터 이익을 얻거나 다른 것과 비교해 유리한 이득을 취하는 것은 서로 매우 다른 것으로, 인생에서 이 둘이 일치하는 경우는 비교적 드물다.

이미 100여 년 전에 베를린 출신의 냉철한 철학자 게오르크 지멜은 인간의 본성을 배려 없고 끔찍하게 묘사한 생물학자의 단점을 알아차렸다. "본성만큼 잘못 사용되고 가상의 지식을 야기하는 개념은 드물다. 어느 누구도 이기주의가 본능적 성향이며 이타주의는 그렇지 않다는 주장에 대해 분명히 입장을 밝힐 수 없다."[06] 지멜은 오로지 두 가지 가능성을 제시했다. 우선 두 가지 모두 인간의 본성으로 이기주의와 이타주의가 필연적으로 동일한 뿌리에서 시작된다고 보았다. 또는 두 가지 모두 자아의 결과물로 그에 따른 인간의 행동이라 정의했다. 그럴 경우 이기주의는 이타주의와 마찬가지로 일종의 문화다.[07] 따라서 두 가지 중 한 가지만 '타고난 성향'이라고 보는 것은 무의미하다.

선과 악, 이타주의와 이기주의를 문화와 본성으로 나눌 수는 없다! 이것이 가능했다면 문명의 혜택을 받은 모든 사람은 고귀한 성향을 띠었을 것이고, 제대로 교육받지 못하고 단순한 사람은 악인이 되었을 것이다. 잠시 인생을 돌이켜보거나, 교양 있는 언어학자이자 인류 학살자인 요제프 괴벨스 박사와 라도반 카라지치 박사의 경우만 봐도 우리에게 교훈을 준다.

그렇다면 결론은 무엇인가? 우리의 이기적 행동은 우리 본성의 한 부분이다. 동시에 우리는 이타적이다. 또 이 두 가지 모두 우리 문화의 한 부분이다. 이기주의라고 해서 항상 나쁘지는 않다. 이타주의 역시 항상 선한 것은 아니다. 자신의 자만심을 채우기 위한 선이 이 세상에 얼마나 많이 존재하는가? 선하고 고귀한 의도로 악역을 맡는 경우는 또 얼마나 빈번한가? 그러나 이 동기를 어떻게 정확히 파악하고 구분할 수 있을까? 어떤 사람이 항상 자신의 의도를 심사숙고하고 그 안의 선과 악을 구별했다고 말할 수 있을까? 지멜은 이렇게 말했다. "이기주의 또는 이타주의를 선택하는 것도 매우 어렵지만 행동하는 사람의 자아 역시 동기에 대한 올바른 정보를 얻지 못한 것일 수도 있다. 친절과 이타주의의 동기에 따라 무의식적으로 선을 실행하는 사람들 역시 선을 실천하며 사는 것은 하나의 약점이고 이기적으로 행동하는 것이 본인에게 이롭다고 생각하는 행동과 생각이 불일치하는 사람도 여럿 있다. 다른 사람들뿐만 아니라 자신마저도 속이고 내면에 깔린 이기주의를 무시하며 이타적 우회로를 걷는 사람도 있다."[08]

고귀한 의도나 저속한 의도를 측정하는 잣대는 존재하지 않는다. 그런데 주변의 지인들 중에는 비교적 악의 없는 근거에서 사람을 도덕적으로 옳지 않게 생각하거나 자신의 행동에 대한 가책으로 가득한 사람들이 있다. 그리고 일반적으로 좋은 사람으로 생각하지 않는 다른 사람들에 대해서 골똘히 생각한다. 그러나 자신의 선함을 판단하는 도덕성의 잣대는 본인 스스로 완성해야 한다.

* * *

인간은 행동을 통해 무언가 얻기를 바라며 살아간다. 이와 다른 형태의 삶은 근본적으로 불가능하다. 그렇다고 해서 우리가 지독한 이기주의자가 되는 것은 아니다. 우리에게 있는 '갖고자 하는 욕망'은 단순히 물건, 돈 또는 원하는 이성을 쟁취하는 경쟁에서의 이점과 권력에만 국한되지 않는다. 무엇보다도 품격 있는 감성을 중요시한다. 이런 감정의 중요한 가치로 만족감, 안성감, 신뢰, 애정, 사랑이 있다.

* * *

그러나 내면에서 만족, 신뢰 또는 사랑을 바라는 마음이 냉혹한 이기주의보다 강렬하다면, 타인에게 별로 인정받지 못하거나 그다지 눈에 띄지 않는 상황에서 친절하게 행동하는 경우가 줄어드는 이유는 무엇인가?

11 선한 감정

우리가 흔쾌히 친절한 이유는 무엇인가?

지구에는 모두가 심사숙고해야 하는 한 생물체가 존재한다. 고독한 형상을 한 이것의 무게는 평균 1.3킬로그램이다. 또 빠르고 유연하며, 집중력이 높고 잠재력이 무한하다. 이것에 관한 모든 것이 관찰, 연구, 분석, 평가, 저장된다. 게다가 지치지도 않고 쉴 새 없이 밤낮으로 활동한다. 이렇게 신기한 생물체는 무엇일까? 바로 인간의 두뇌다.

우리가 음식으로 섭취하는 모든 에너지의 5분의 1이 뇌로 흐른다. 뇌는 끊임없이 움직이며 자신만의 독자적인 세계를 구축한다. 인간의 뇌는 절대적으로 독립된 개체다. 어떠한 경우에도 다른 것과 비교되지 않는다. 한 사람의 머릿속에서 일어나는 일이 다른 사람의 머릿속에서 똑같이 일어나는 경우는 없다. 여러분과 나의 두뇌영역이 동일하고 신경세포 수나 전기화학적 전달체계가 똑같다 해도 우리 뇌는 모두 다르다. 당신의 뇌가 뮌헨이라면 내 뇌는 함부르크다.

이렇게 서로 다른 고성능 기계가 어떻게 사람들 사이에서 아무런 문제 없이 잘 지내는 걸까? 인간의 뇌는 고립됐고 독자적이다. 하지만 다른 한편으로 혼자 있고 싶어하지 않는다. 오랫동안 아무런 교류 없이 혼자 고민하는 상황이 닥치면 아마 제정신이 아닐 것이다. 뇌는 살기 위해서 또 다른 뇌를 필요로 하고 자신을 향한 타인의 표정, 제스처와 언어 자극을 원한다. 그러나 누가 우리를 위해 그렇게 해줄 것인가? 우리가 사랑하거나 싫어하는 것은 무엇인가? 어떨 때 기분이 좋아지며 동시에 짜증나는 이유는 무엇인가? 진화는 이 모든 것을 위한 분류·평가 체계를 고안했다. 모든 사람이 가진 것 중 서로 비슷하지만 절대로 동일하지 않은 것이 바로 마음이다.

인간처럼 복잡한 마음을 지닌 생물체는 그 비밀을 풀기 매우 어렵고 특별한 방식에 따라 행동한다. 사랑하면서 동시에 미워하고, 보호받고 싶어하면서도 독립적이고, 깊이 신뢰하면서도 회의적이며, 성실하면서도 불성실하고, 마음을 열고 솔직한 것 같으면서도 폐쇄적이며, 야심이 넘치지만 한편으로는 게으르다. 한마디로 매우 모순적이다. 모든 사람이 그러하며 스스로에게도 마찬가지다. 당신은 사회라는 환경에 맞춰 모든 것을 미리 디자인한 건축가가 아니다. 마음이 있는 생물체는 자신을 온전히 파악하지 못한다.

인생은 각자 바라는 대로 느끼고 보는 대로 흘러간다. 날마다 인간의 자화상과 열망은 전설의 할리우드 배우인 프레드 아스테어와 진저 로저스의 탭댄스처럼 격렬하게 춤을 춘다. 앞으로 어떤 일이 벌어질까? 로저스는 아스테어가 그녀의 손을 잡고 춤을 추는 동안 부티크에 얼마나 많은 돈을 낭비했던가? 아스테어는 로저스가 얼마나 만취해야 그녀를 집에 데려다주었던가? 서로 자칭 좋은 친구라 말할 수 없었던 이유는 무엇인가?

열망과 자화상의 분리는 서양철학에서 오래전부터 내려온 진부한 사실이다. 그들이 가장 강조하고 싶은 표현은 프로이트를 통해 유명해진 '초자아'와 그것의 구분이다.[01] 유감스럽게도 프로이트는 헉슬리의 사상을 흡수하여 '그것'이 본능에 해당하는 잔인하고 난폭한 맹수라 주장하고, 심리 분야에서 누구보다 정통한 지식인처럼 행동했다. 프로이트 사상은 세계 전역에서 유행했다.

프로이트는 욕망이 악인의 원인이기 때문에 자신의 욕정을 억눌러야 한다고 생각했다. 난처하게도 이것은 프로이트가 스스로 서양 문화를 비난하는 자신의 비평이 정당하다고 평가한 바로 그 근거다. 이 사상으로 매우 우울한 인간상이 등장하지만 그 순환 논증을 고려할 때 전혀 놀랍지 않은 결과다. 인간은 정욕을 느낄 때 벌을 받거나 정욕을 억눌렀다. 그러나 정신적으로 건강한 사람은 이런 가정 자체가 불가능했다. 헉슬리의 손자인 작가 올더스 헉슬리는 이런 세계관에 맞서 자신의 소설 『멋진 신세계』에서 "오, 신이시여!" 대신에 "오, 이런 기쁨이!"라는 표현으로 탄식을 표현했다.

신학자와 철학자는 오래전부터 욕망 그 자체가 천하고 아둔하며 나쁜 것처럼 악마의 낙인을 찍어왔다. 그러나 무슨 근거로 그렇게 생각하는 걸까? 확실히 인간의 직관은 때때로 열광적인 요구를 하고, 분노하고, 거칠게 저항하는 모습과 관련이 있다. 다수의 사람들 내면에 가학적 성향이 존재한다. 그러나 한편으로 인간의 욕구는 사랑, 애정, 걱정, 필요한 사람이라는 따뜻한 감정을 요구한다. 이런 감정은 다른 것과 마찬가지로 본능적으로 우리 내면에 깊게 뿌리 내리고 있다.

인간이 절실히 바라는 욕구에는 기분 좋은 상태가 포함된다. 인간은 육체적·정신적으로 마음이 편하고 기분 좋은 상태를 선호한다. 따라서 자신을 위해 올바르게 행동한다. 그러나 착한 마음씨를 바라는 욕구를 설명하는 생물학적 이론은 없다. 또 그 누구도 그것만으로는 후세를 얻지 못한다. 단순히 기분이 좋고 기쁘기 때문에 친절한 경우가 대부분이다. 물론 항상 그런 것은 아니지만 분명 대다수가 그러하다.

아서 쇼펜하우어는 다음과 같이 주장했다. “이기주의자는 낯설고 적의가 넘치는 상황에 처하면 오로지 자신의 행복만을 바란다.” 반면 착한 사람은 “친밀함이 넘치는 세상에서 생활한다. 따라서 모든 사람의 행복이 자신의 행복이다.” 보편적인 경우 두 가지 삶의 형태에서 마음이 끌리는 것을 선택하기는 그리 어렵지 않다. 악의가 넘치는 세상보다 친근한 세상에서 사는 것이 훨씬 매력적이다. 실용성과 유전적 이득 때문만이 아니라 심리적으로 편하기 때문이다.

인생에서 가장 중요한 것, 즉 우정과 사랑은 돈으로 살 수 없다고 말한다. “난 널 사랑해! 그러니까 너도 날 사랑해!” 사랑의 감정은 상호 이타주의로는 얻을 수 없다. 또한 항상 계산하고 자기 이익만 생각하면 절대 행복해질 수 없고 오히려 불행해진다.

한 지인이 경영 세미나에 참석했다. 미국인인 강연자는 세미나에서 청중에게 우리가 인생을 어떻게 살아야 하는지 설명했다. 그는 우리가 뚜렷한 목표 없이 얼마나 많은 시간을 허비하는지 보여주었다. 과소비를 하고 불필요한 행동을 하며 서로 이득이 없는 관계로 에너지를 소모한다. 이렇게 인생을 불필요한 행동과 허비로 가득 채우는 대신에 현명하게 계획해야 한다고 주장했다. 어쩌면 그 강연자는 사회생물학 관련 서적을 많이 읽었을지도 모르겠다. 어쨌거나 그는 그곳에 참석한 경영자들에게 트리버스, 리들리, 라이트, 알렉산더, 프랭크처럼 인간의 본성을 따라 생활하라고 조언했다.

평생 삶의 의미를 찾아 헤매던 지인은 이 말을 깊이 새겨들었다. 거대 자동차 기업에서 구매 담당으로 일하며 나보다 수입이 훨씬 많았지만, 어쩌다가 식사라도 한 번 하려고 연락하면 과소비라며 거절했다. 그렇지 않아도 그리 넓지 않던 그의 인맥은 점점 좁아졌다. 그러던 어느 날 길에서 나와 마주쳤다. 그는 동전 하나도 아끼며 모은 돈을 딱히 확신도 없고 자신에게 아무런 의미도 없는 프로젝트에 모두 기부했다고 말했다. 그는 불행해하면서 그제야 자신의 신념에 대해 곰곰이 고민했다. 그리고 자신의 입으로 나를 비롯한 친구들에게 말했다. "이제는 정말 제대로 살아야겠어."

인생을 계산적으로 계획하면서 "이제는 제대로 살아야겠어!"라고 말하는 모습은 상반된 행동이다. 이런 그의 모습은 사람들 대다수가 가치를 두는 완전히 계산된 인생은 존재하지 않는다는 것을 보여준다. 인생의 모든 행복은 지금까지 계산기를 두들기며 얻은 이익을 모두 더한 것보다 훨씬 크다.

심리학자이자 노벨상 수상자인 프린스턴 대학교의 다니엘 카너먼 교수는 이에 적절한 사례를 제시했다.[02] 미국인은 대부분 설문조사에서 자식만큼 자신을 행복하게 하는 것이 없다고 답변했다. 그러나 이런 평가는 슈퍼마켓에서 종종 마주치게 되는 언짢아 보이는 부모와 아이들의 모습과 어떻게 일치될 수 있을까? 불평불만으로 가득한 무관심한 10대와 부모의 끝나지 않는 언쟁은 어떻게 설명할 것인가? 카너먼은 수천 명의 부모에게 '행복 일기'를 쓰라고 조언했다. 매 시간 아이와 함께함으로써 느끼는 행복한 감정에 점수를 매기라고 했다. 그 결과 아이와 함께 시간을 보내며 얻는 행복의 합은, 미국의 경우 일반적으로 쇼핑 또는 청소로 얻는 행복과 비슷했다. 그럼에도 사람들은 감성적 관점의 근거를 바탕으로 아이들이 자신을 행복하게 만드는 가장 큰 이유라는 생각을 고수했다. 따라서 행복의 합은 각 부분의 합보다 훨씬 크다는 것이 결론이다. 또 행복의 질은 양과 비례하지 않는다.

인간의 뇌는 분명 이 세상에서 가장 놀라운 생물체지만 계산기는 아니다. 도덕 역시 부분의 합이 아니다. 여러 사회생물학자처럼 행동의 책임을 사회적 직관으로 풀이하는 사람이라도 도덕을 정확히 측정할 수 있다고 말하지는 못한다. 이런 능력을 갖추려면 뇌는 감정이라는 가벼운 연료 대신 논리라는 묵직한 디젤 엔진을 장착해야 한다. 그러나 실제로 인간의 뇌에서는 매일 모든 것이 뒤죽박죽 뒤섞인다. 감정과 이성은 서로 번갈아가며 자신만의 근거를 무기로 공격 태세를 갖춘다. 한 사람을 평가할 때 가능한 한 공정한 태도를 유지하려 하지만, 그로부터 강력한 공감을 느끼는 순간 우리 행동은 순식간에 변해버린다. 그 누구도 연민이나 동정, 공감을 완전히 다스리지 못한다.

인간의 감정과 결정 그리고 도덕적 분열은 뇌에서 구체화된다. 우리가 '감정'이라고 부르는 것은 '이성'이라고 부르는 것처럼 전기화학적으로 표시된다. 우리가 항상 침착하고 계산적인 '상호 이타주의자'가 되지 못하고 쥐덫에 걸린 낯선 고양이를 구해주거나 모르는 사람에게 길을 알려주는 이유를 뇌에 관한 정보로 파악할 수도 있다. 어쩌면 선행을 하면서 기대하는 보상이 타인에게서 얻는 대가가 아니라 뇌에서 선사하는 보상과 관련 있기 때문은 아닐까?

이를 증명하기 위해 지난 10년 동안 신경과학자들은 압도적으로 많은 연구에 몰두했다. 우리 뇌의 동기 체계는 사회적 환경을 통해 보상받기를 바란다. 워싱턴 주립대학교의 이스턴 펜크셉과 미국 국립정신건강연구소(NIMH) 소장인 토머스 인셀을 비롯한 해당분야 대가들은 사회적 인정과 긍정적인 관심이 두뇌의 보상중추를 지속적으로 자극하는 묘약의 재료라고 설명했다.

펜크셉은 20년 넘게 동물의 심리를 주로 연구하며 동물이 느끼는 사회적 감정을 알고자 했다. 펜크셉은 그것이 무엇보다 쉽게 설명되지 않는다는 점에 푹 빠져들었다. 그는 쥐가 웃는 이유와 그것이 인간의 웃음과 어떤 관계가 있는지 연구했다.[03] 펜크셉은 세계에서 인정받는 과학학술지 〈사이언스〉에 「농담을 넘어서: 동물의 웃음에서 인간의 기쁨까지」라는 제목으로 논문을 발표했다.[04]

펜크셉은 지능이 발달한 동물은 모두 두뇌로 쾌락/성욕, 공포/불화, 배려/보호, 열망/기대, 분노/화, 유희/기쁨[05]의 여섯 가지 감정을 구분한다고 주장했다. 이것으로 고등생물이 행복감을 느끼는지 아닌지를 구분한다. 이와 관련해서 서로 떨어뜨려놓거나 격리했을 때 사회적 동물이 느끼는 고통의 강도는 매우 흥미로웠다. 부모와 떨어진 새끼는 두뇌에서 육체적 고통을 받을 때와 구분할 수 없을 정도로 분리 고통을 느꼈다. 인간도 별반 다르지 않다. 인간 또한 분리 고통을 온몸으로 느낀다. 애정, 배려, 인정은 우리 정신의 양식이다.

고등생물의 사회적 생활은 정신뿐만 아니라 육체로도 영향을 받는다. 다른 물고기에게 자신의 영역을 빼앗긴 열등한 물고기는 성장을 멈추고 때로는 퇴화되기도 한다.[06] 쾰른에 있는 집의 수족관에 몇 달 전부터 서아프리카 나비고기 두 마리를 기르고 있다. 나비고기 두 마리는 수풀이 가득한 1.5제곱미터의 영역을 나눠 생활했다. 하지만 서로 함께할 수 없는 두 마리 물고기에게 이 공간은 충분하지 않았던 것 같다. 결국 물고기 한 마리가 힘으로 다른 한 마리를 제압했다. 두 마리 모두 똑같이 먹이를 먹었지만 갈수록 크기는 눈에 띄게 차이를 보였다.

물고기의 우성 행동으로 적용되는 것은 더 큰 의미에서 고등생물과 인간의 사회적 행동의 척도로 볼 수 있다. 인셀과 그의 동료인 스탠포드 대학교의 러셀 퍼날드 교수는 이와 관련하여 '사회적 뇌(social brain)'를 언급했다.[07] 사회적으로 행복함을 느낄 때 동물과 사람에게서는 옥시토신, 바소프레신 등의 신경펩티드가 분비된다. 이는 일명 행복호르몬으로 영혼에 위안을 준다(우리 영혼의 향유다). 또 사회적으로 스트레스를 받으면 코르티솔 같은 스트레스호르몬이 생성된다.

미국 심리학자이자 행동연구학자인 해리 할로는 이미 1950~1970년에 잔혹한 실험을 진행했다.[08] 그는 갓 태어난 붉은털원숭이 새끼를 어미와 친족에게서 격리한 뒤 모든 사회적 접촉을 차단했다. 기대했던 것과 다르지 않게 새끼는 심신이 약해졌고 행동장애와 더불어 비정상적인 성적 취향을 나타냈다.

우리의 뇌는 사회에 맞게 프로그램된 것으로 보인다. 페르와 연구진은 취리히에서 컴퓨터 작업을 할 때와 실제 사람과 협력할 때 엄청난 차이가 있다는 것을 증명했다.[09] 두 경우의 최후통첩 테스트, 신뢰 테스트 결과는 매우 달랐다. 컴퓨터로 시뮬레이션한 결과 우리는 더 이성적이고 이기적으로 행동했다. 반면 실제 사람과 협력할 때는 무엇보다 공정함과 공평성에 중점을 뒀다. 이미 신뢰하는 사람부터 낯선 사람까지, 뇌는 사람의 얼굴을 바라보는 것만으로도 자극을 받았다. 그렇게 볼 때 낯선 사람 또는 그 사람이 그 자리에 없어도 공평성이라는 테스트 규칙을 준수하려는 우리의 모습은 생물학적으로 그리 놀랄 일도 아니다.

독일 프라이부르크 대학의 신경과학자이자 정신신체의학 전문가 요하임 바우어 교수는 이것을 신개념 인간상의 기본 전제로 보았다. "다른 사람들에게 존경받고 싶은 열망, 사회적 인정을 바라는 기대, 긍정적 관심의 체험 그리고 진정한 사랑의 경험만큼 뇌의 동기 체계를 작동시키는 것은 없다."[10] 인간의 동기 구조에서는 어떠한 경우에도 자신의 요구를 끝까지 관철하고 상대에게서 '학업 또는 직업, 경제적 목표, 구매' 등 이득을 취하는 것만을 최우선으로 하지 않는다. 일상에서 우리가 좇는 모든 목표는 뇌의 관점에서 볼 때 인간 사이의 관계를 우선시한다. 즉 지원하고 얻으려 하는 무의식적인 '의미'를 따른다. 개개인으로 봤을 때 이 의미는 인간의 자기보호본능을 앞선다.[11]

로마 시대의 철학자 세네카는 이를 분명히 알고 있었다. "항상 자기만 생각하고 사적인 이익만을 추구하는 사람은 어느 누구도 윤리적 책임을 다하는 인생을 살 수 없다. 자기를 위해 살고 싶다면 다른 사람을 위해 살아야 한다." 미국 국립보건연구소의 조지 몰과 조단 그라프만이 그의 관점을 지지했다. 이들은 '착한 사람'이 되는 열쇠를 발견했다고 확신했다. 2006년 그들은 실험 결과를 발표했다.[12] 연구진은 학생들에게 큰돈이 생겼다고 상상하라고 요구한 뒤 학생들의 뇌를 MRI로 촬영했다. 기대했던 것과 다르지 않게 '보상중추'인 중변연계(mesolimbic system)에 혈액공급이 상승했다. 맛있는 음식을 음미하거나 성관계를 할 때도 마찬가지였다. 두 번째 실험에서 연구진은 학생들에게 앞의 실험과 동일한 액수로 선행(善行)하는 모습을 상상하라고 요구했다. 이번에도 중변연계에 혈액이 더 공급되었다. 처음 실험과 다른 차이는 두 번째 영역, 대뇌피질(subgenuale Cortex)에서 반응이 일어났다는 것이다. 대뇌피질은 전두엽의 한 부분으로 뇌에서 매우 발달한 영역이다. 이곳은 사람뿐만 아니라 영장류도 사회적 친절도와 관심을 담당한다.

연구진은 선행으로 기분이 좋아지는 것은 매우 자연스러운 일이라고 했다. 이타주의란 뇌의 이기적 요구에 따른 추후 행동이 아니라 근본 바탕의 불가항력적인 부분과 아주 밀접하며 마음을 꽤나 편안하게 한다. 주는 것이 받는 것보다 더 기쁘다고 할 수는 없지만 어쨌든 기분 좋은 것만은 분명하다.

* * *

의도와 생각이 있고 그것을 파악하는 능력이 있는 생물체는 항상 계산에 따라 행동하지 않는다. 때때로 인간은 이기적이고 계산적이지만 악의는 물론 때로는 선한 의도로 전혀 예측할 수 없는 행동을 한다. 따라서 목적이 있는 이타주의도 있지만 아무것도 바라지 않는 이타주의도 있다. 대가를 바라지 않는 선행이 단순히 미래를 위한 사색에 그치는 경우는 매우 드물다. 또 그것을 도덕적 탈선이라고도 할 수 없다. 선행은 착한 사람이 된다는 흐뭇한 감정으로 보상받는다.

* * *

심각한 정신적·심리적 상처가 없는 사람이라면 선행을 할 때 즐겁다. 이런 선행을 사회적 의미로 보상해야만 하는 것은 아니다. 그럴 만한 가치가 있다면 우리 스스로 충분히 보상받은 것이나 다름없다. 기분 좋은 감정과 우리 스스로 얻고자 하는 선한 자아상 충족! 그렇다면 우리 스스로 그리는 자아상은 어떤 모습인가?

12 선과 나

자아상은 스스로에게 무엇을 강요하는가?

내가 볼 때, 잘못된 행동이 문제라기보다 어떤 사람이 되느냐가 중요하다.

- 오스카 와일드

나는 정육점을 하던 할아버지에게서 가업을 물려받지 않았다. 오히려 반대로 동물을 사랑한다. 어렸을 때 나는 할아버지를 누구보다 사랑했다. 분명 할아버지를 착한 사람으로만 볼 수는 없지만 나에게만큼은 선하셨던 분이다. 방학을 맞아 하노버의 할아버지 댁에 머물 때면 항상 동물원에 갔다. 검소한 협동조합 건물에서 갈대가 무성한 좁은 주택 길을 지나 30분 정도 걸어갔다. 할아버지는 30년 전에도 아버지와 이 길을 걸으셨다. 할아버지는 동물을 좋아하진 않으셨다. 아마도 동물원에 가는 걸 즐기신 것 같다. 아니면 동물원 말고는 손자와 무엇을 해야 할지 모르셨기 때문에 동물원에 자주 간 걸지도 모른다. 동물원은 가까웠다. 그리고 동물원으로 가는 길은

푸르렀고 입장료도 비싸지 않았다.

어린 시절 동물은 나에게 특별한 존재였다. 내게 할아버지가 그랬던 것처럼 매우 특별한 추억이다. 할아버지를 생각할 때면 영양의 건초나 위태롭게 걸던 커다란 고양이의 냄새가 생각났다. 그리고 더 넓게 생각하는 능력이 생긴 뒤로는 동물에게 어떻게 대해야 할지 고민했다. 동물은 무엇을 느낄 수 있을까? 동물도 생각이 있을까? 그들에게도 존엄성이 있을까?

할아버지가 내게 정육점을 물려주셨더라면 아마 그런 질문을 하지 않았을 것이다. 할아버지가 농장주이거나 모피 재료가 되는 동물 농장주였더라도 아마 그런 생각을 하지 않았을 것이다. 그랬더라면 아마 잉크보다 털코트의 냄새와 질감을 선호했을지도 모른다.

동물 애호는 현재 나에게 중요한 가치다. 지구가 둥글거나 눈이 하얗다고 생각하는 만큼 동물 존중도 당연하다고 생각한다. 동물 존중이란 나와 나의 세계를 이해하는 데 필수적인 부분이다. 다시 말해 나의 자아상과 일치한다. 따라서 동물 애호는 나의 일부분이다.

이번 장에서 동물을 다루는 것은 아니다. 또 육식, 동물 실험, 애완동물, 동물 농장에 대한 찬반토론도 하지 않는다. 그것은 왜 우리에게 가치가 있는 걸까? 바로 이 질문을 논한다. 자아상의 일부분이 되는 그런 가치관을 말할 것이다. 우리가 그것을 따라 행동할 정도로 가치관이 지니는 의미는 크다. 그렇지 않으면 우리의 자아에 반하는 것이기 때문이다. 때때로 즉흥적인 열망이나 유리한 이익과 대립하는 가치이자 인간만이 아는 그런 가치 말이다.

사물, 인간, 상황, 기회, 기분, 기억을 측정하는 데 사용하는 가치는 우리가 유전자로 이뤄진 기계가 되는 것을 막아준다. 가치는 우리 관심사에 영향을 미치고 개선한다. 또 우리의 희망을 아름다운 색으로 물들이고 욕망이라는 고삐를 잡아 세우거나 다른 방향으로 틀어놓는다. 은행을 털어도 처벌받지 않는다 해도 전혀 그럴 생각이 없는 사람도 있다. 앞으로 다시 만날 일이 전혀 없는 사람에게 친절한 사람도 있다. 그런 경우는 아주 빈번하다. 한 걸음 더 나아가서 수고를 전혀 보상받지 못해도 동물의 권리를 주장하는 사람도 있다. 친척도 아니고 뭔가를 도움받을 수 있는 사람도 아니지만 애정을 담아 무상으로 노인을 돌보는 사람도 있다. 이렇게 아무런 대가도 바라지 않고 선행하는 사람이 있는가 하면, 그런 행동을 전혀 하지 않고 그럴 생각조차 없는 사람도 있다. 이 모든 것은 각자의 자아상에 달렸다.

의중이 있고 타인의 생각을 읽는 생물체라면 자기 인생을 바라보는 타인의 시각을 무시할 수 없다. 실제로 매우 크게 영향을 받는다. 타인의 시선은 인간 자아에서 인생의 영양제나 다름없다. 우리가 존중하거나 반대로 배척하는 모든 것은 인간 본성뿐만 아니라 타인과 우리 사상의 특징이다. 그로부터 우리의 자아와 세계에 대한 개념이 형성된다.

이 그림이 완성되기까지의 과정과 근거는 최신 윤리철학에서 주로 다루는 주제와는 아예 차원이 다르다. 윤리를 다루는 철학자는 대개 우리가 해야 하는 것보다 더 나은 것을 결정하려 한다. 타인을 존중하고 우리 자신에게 적용되는 것과 같은 권리를 인정해야 한다. 또 남의 것을 훔치거나 살인하지 말아야 한다. 그러나 진정 선한 삶이 무엇을 말하는지 의문이 생길 수도 있다.

그 차이를 말하는 것은 어렵지 않다. 타인을 존중하고 죄를 저지르지 않으며 나만을 위해 살지 않는 것이다. 그러나 예컨대 외롭기 때문에, 지겨운 일을 하기 때문에, 시간을 제대로 활용하지 못하기 때문에, 관심사가 무시되거나 인생에서 별다른 가치를 얻지 못했기 때문에 내 인생은 그저 그랬거나 여전히 그렇다는 결론을 내릴 수도 있다. 하지만 이 모든 것은 나의 자아상에 영향을 주기 때문에 간접적인 도덕 문제다. 자아상은 내가 스스로 나를 어떤 사람으로 보는지 결정해준다. 나에 대한 생각은 자아상을 완성하고 그에 따라 내 행동이 결정된다.

윤리적 정신이 결여된 윤리철학은 아무런 의미가 없다. 선한 인생을 논할 때 우리는 올바른 삶뿐만 아니라 완성된 삶을 말한다. 또 우리 삶의 일부는 나만의 결정이 아닌 타인과 연관되어 있기 때문에 꼭 무언가를 성취한 삶이 항상 올바르다고 인식하지 않는다. 그 성향이 올바르든 그렇지 않든 순수하게 행동만으로 자신을 이해하기에는 충분하지 않다. 따라서 다방면의 동기, 상황 그리고 행동을 실제로 결정하는 사고를 총체적으로 봐야 한다. 칸트가 주장하는 윤리철학의 가르침처럼 전체적으로 무언가 부족하다고 해서 그것을 잘못이라고 할 수는 없지만, 매력적이지 못한 것은 사실이다. 내가 지켜야 하는 의무를 제대로 깨달을수록 삶은 즐겁지 못하다.

그렇다면 윤리철학자는 성취감으로 충만한 인생을 논할 수 있을까? 어쩌면 그럴지도 모른다. 내가 도덕적 결정을 내리기 전에 그 배후에 영향을 미칠 수도 있다. 내가 결정한 윤리적 목표를 알아챌 수도 있다. 그리고 우리 인생에서 윤리적 의미가 무엇인지 탐구할 수도 있다. 분명 이것만으로도 그 가치는 적지 않다. 이런 배경을 자세히 파악할수록 자신의 도덕적 요구와 권리가 하나로 일치된다. 그리고 어떤 상황에서도 가능한 한 이성을 잃지 않거나 착해야 한다는 일방적이고 무리한 기대로부터 자신을 보호할 수 있다.

인간의 도덕성에 호소하려면 이 점을 정확히 알아야 한다. 이는 물론 간단하지 않다. 인간의 도덕적 확신은 서랍에 차곡차곡 개어놓은 것처럼 정리되어 있거나 명확한 단계를 밟지 않는다. 때로는 어둡고 아주 은밀하며 불분명하다. 우연히 등장하고 일시적이며 경솔하다. 때때로 동물에 관한 나의 애정처럼 본능적인 사건이 중요한 역할을 하기도 한다. 이런 사건은 대부분 사랑이나 결속, 처벌이나 두려움 등 강렬한 감정을 동반한다. 특별히 기억에 남거나 자의로든 타의로든 깊은 인상을 준 사람과 관련이 있다.

인간의 윤리적 자아상은 핵심 가치 평가의 결과다. 생각이 있고 그것을 파악하는 생물체는 평가를 즐긴다. 가치관과 그것을 다루는 법은 자신에게 달렸다. 우리가 생각하는 도덕적 기대는 적절한가? 의심스러울 경우 양심의 가책이 싹트는 것은 아닌가? 실천할 때마다 침착하게 거울로 자신을 비출 수 있을까? 자신의 인생이 보람차고 충만했는지 묻는 질문에 이런 방식으로 답을 찾는다. 훗날 뼈저리게 후회한다면 지금 눈앞의 황홀한 즐거움이 무슨 소용이란 말인가? 자기성찰과 이상은 스스로 과소평가해서는 안 되는 부분이다. 비록 그것이 전부는 아니라고 해도 말이다.

자존심은 그 사람의 가치관을 형성하는 데 결정적인 기여를 한다. 자존심에 상처를 입거나 자존심이 사라진다면 인생에서 많은 것을 얻지 못한다. 내가 기대한 것의 최소한 절반이라도 일치할 때 행복한 인생을 누릴 기회가 주어진다. 인간으로서 자기 가치를 높게 평가하는 것 그리고 스스로 존경받을 만한 태도를 보이는 것은 주변의 모든 생활 환경을 비롯해 그 어떤 우연과 운명보다도 강력하다.

확고한 도덕적 가치 평가의 경우, 나 자신의 욕망과 이익을 전혀 따르지 않거나 단지 일부분만 고려한다는 점은 매우 흥미롭다. 개개인의 성향과 기호가 가치관을 규정하지 않는다. 하기만 생물학자의 관점에서 볼 때 이는 매우 이상한 일이다. 인간은 본래 본성이 이기주의자라서 각자의 욕구에 따라 소망이 결정되고, 소망은 자신의 이익을 그리고 그 이익에 따라 가치가 정해지기 때문이다. 물론 항상 그렇지는 않다. 우리의 가치관은 매우 독특한 독립체다. 인간이 지닌 욕망을 실현해주는 도우미가 되는 대신 자신의 기호와 소망을 평가하는 잣대를 형성한다. 따라서 상황에 따라 내 열망과 요구가 잘못되었거나 나빴다고 평가하고, 게으름을 꾸짖는다. 또 질투심에 화를 내고, 잘못된 식습관을 인정하며, 뒤에서 타인의 험담에 동참한 자신을 후회한다.

사회생물학자는 자신의 가치관이 일시적 욕구에 부합되지 않는다는 점을 이용할 수도 있다. 그러나 장기적으로 봤을 때도 전혀 이득이 없는 걸까? 이때 회의가 들 수 있다. 정직과 명예에 관한 모든 이야기는 자신의 본능을 지독히 배반하는 것이다. 생물학적 측면에서 인류 문화의 숭고한 가치관 가운데 하나인 일부일처제는 단기적·장기적 관점에서 모두 득이 될 것이 없다. 이와 반대로 생물학적 측면으로 볼 때 내 유전자를 가능한 멀리 퍼뜨리는 것이 옳다(최소한 남성의 경우). 한 사람에 대한 정절로 얻는 득은 오로지 정신적·사회적 감성의 충족이다.

확고한 가치관으로 무장한 윤리적 자아상이 사는 데 꼭 유용하다고 보기는 힘들다. 가끔 아내는 아이들이 회의적이고 비판적인 자아상과 세계관으로 인생에서 어려움을 겪을까봐 걱정한다. 하지만 매일 몸으로 느끼는 그 가치관을 포기한들 또 다른 선택권이 있을까? 아내에게 아이의 행복이 최우선인 만큼 본인이 신뢰하는 가치관을 중재할 수 있는 대안은 없다. 따라서 잠정적인 아이의 관심사를 측정하는 척도에서 가치관 선택이 가장 중요한 것은 아니다. 아이의 행복은 도덕적 자아상으로 통합된다.

인간의 도덕적 잣대는 실제 관심사와 같지 않다. 수입이 많은 중개업자라도 공공연히 상류층의 세금을 높이겠다고 선언한 정당을 지지할 수 있다. 또 다른 사례로 병을 앓고 있는 자식에게 분명 유용할 배아줄기세포 연구를 거부하는 독실한 가톨릭 신자도 있다. 물론 이 두 사례는 지난 10년간 서방에서 형성된 세계관에 비춰볼 때 아주 드문 이례적인 경우다. 그러나 우리 모두에게 이런 상황이 일어날 수도 있다. 거짓말을 하면 훨씬 유리한 상황에서도 정직하게 말하는 사람이 의외로 많다. 인간의 자아상을 형성하는 가치관은 생활 환경의 영향을 받지 않았다고 할 수 없지만 그렇다고 해서 항상 계산에 따라 움직이지는 않는다.

우리의 가치관과 이익 사이에 틈이 있다는 사실은 사회생물학적으로 설명이 불가능하다. 일반적으로 인생을 존중할 때 진화적으로도 유리한 결론의 토대가 구축된다. 나와 혈연관계 또는 같은 종족이 아닌 다른 생물체를 존중할 때 어떤 이득이 생길까? 유전자에 흐르는 본능을 따르면 인간은 어느 누구도 보살피지 않는다. 이 모든 행동의 수혜자는 나의 본능이 아니라 바로 자기존중이다.

아마도 인간은 숙고하는 능력 때문에 생존한 것이 아니라 그런 능력을 갖고 있음에도 생존했다고 볼 수 있다. 그러나 그것이 인간의 장점이든 또는 우연이나 의도하지 않았던 부수적인 결과물이든 간에 인간은 자신의 가치관을 주장하는 유일한 동물이다. 감성적으로 공유하고 함께 바라는 희망뿐만 아니라 의무와 책임도 마찬가지다.

모든 사람은 문화적 지식과 그 안에 내재된 행동 코드 등 여러 동기로 도덕적 정체성을 지닌다. 도덕적 자아상이 지닌 힘은 물론 개인차가 있지만 일반적으로 강력하다. 숭고한 정신의 소유자, 혹은 범죄자라도 자기성찰과 자기존중이라는 마음의 심판대에서 끝까지 확고할 수는 없다. 그렇기 때문에 자신의 자아상이 이끄는 대로 사람과 상황을 판단한다. 우리는 각자의 자아상에 특정 사람 또는 특정 분쟁과 관련하여 관심, 동의, 경탄 혹은 거부감을 느끼는지 스스로 묻는다.

자아상과 신념은 여러 가지의 영향을 받는다. 이때 가장 중요한 것은 가족, 직장, 일상에서 맡은 위치 같은 우리가 맡고 있는 사회적 역할이다. 나는 상사인가, 아니면 부하직원인가? 두 가지 모두 그 선택이 자아상에 반영되고, 그로부터 행동에 영향을 미친다. 특정 사회적 단체, 동족, 사회의 일원인가? 운동선수, 컴퓨터광, 불교 신자, 헤비메탈 팬, 인지학자, 나체주의자, 기독교 신자, 사격왕인가? 아니면 어디에도 종속되고 싶지 않은 자유로운 영혼을 거꾸로 정의하는 걸까? 자신이 독일인, 터키인, 바이에른 시민, 쾰른 시민 또는 뒤셀도르프 시민이라 생각하는가?

소속된 사회 안의 인지가 각자의 자아상을 완성하는 주요 색상이 된다. 우리는 얼마나 많은 관심을 필요로 하고 또 요구하는가? 타인에게 사랑, 애정 그리고 소속감을 강력히 요구하는가? 아니면 이목의 중심에 서는 것이 그런 감정을 능가하는가? 우리는 그 사람이 자리에 없더라도 항상 타인을 존중해야 한다고 배운다. 항상 체면을 중시하고 평판을 두려워한다. 잔인무도한 살인자라도 의뢰인 또는 동료에게 인정받고 싶어한다. 사이코패스는 지금까지 한 번도 관심과 존경을 느끼지 못했기 때문에 그것을 위해 뒤틀리고 잘못된 방향으로 어긋난다. 사랑을 믿지 않거나 사랑을 나눌 수 없기 때문에 증오를 바라는 사람이 있을지언정 어느 누구도 주변의 무관심을 일으키는 무의미한 행동을 하지 않는다. 끔찍한 독재자와 범죄자도 예외가 아니다.

타인의 눈에 비치는 모습은 최소한 이기적 동기만큼이나 행동에 강력하게 작용한다. 도이치 포스트의 전 회장인 클라우스 춤빈켈이 세금 횡령으로 수백만 유로의 벌금형을 받았을 때, 내야 할 돈보다 땅에 떨어진 평판으로 괴로워했다는 사실을 누가 의심하겠는가?

'명예가 한 번 바닥으로 곤두박질치면 살면서 거리낄 것이 전혀 없다.' 이런 느슨한 원칙을 추구하는 사람은 매우 드물다. 망가진 평판, 사라져버린 명성, 결여된 존경 등 이런 상황에 부딪힌 사람은 괴로워한다. 무엇보다 주변의 시선을 두려워하고 결국 자신감 결여로 이어지는 열등감이 콤플렉스로 나타난다. 이는 인류에게 무례한 이기주의보다 훨씬 사나운 횡포를 부린다.

다수의 사람, 특히 남자들은 타인이 자신의 성공을 기대한다고 생각한다. 따라서 실패의 늪에 빠지면 남자는 위기의 종족으로 몰락한다. 질투, 미움, 시기, 공격적 성향, 적개심은 지독한 이기주의의 결과가 아닌 자존심에 상처를 입었을 때 주로 나타나는 모습이다. 적절하지 못한 상황에 쏟아지는 주변의 시선, 웃음 등으로 발생하는 이런 감정은 극단적인 명예심과 빈번하게 짝을 이룬다. 어떻게든 자신의 명예가 떨어지는 것만은 막으려고 알 수 없는 방식으로 격하게 으스대고 쉽게 흥분한다. 오로지 자신만을 위한 명예는 세상에서 가장 위험한 독이다. 명예는 가난한 사람의 화폐다. 빈곤층의 전부나 마찬가지인 끝없는 자존심이다.

요약하면, 인류의 도덕은 직관적 도덕성, 원칙과 확신, 만족스러운 삶에 관한 동경, 주변의 시선과 관심 네 가지 요소로 구성된다. 이 네 가지 요소는 단순히 서구 사회만의 특징은 아니다. 인류가 살아왔고 살고 있는 모든 곳에 적용된다. 그러나 그 무게는 문화에 따라 차이가 있다. 삶을 대하는 태도 또는 완전한 삶에 관한 개념 자체가 다양하기 때문이다. 서구 사회를 지배하는 명예심이 세네갈, 아프가니스탄 또는 사모아의 명예심과 일치하지 않을 수 있다. 그런데도 인류의 모든 문화권에는 명예라는 개념이 존재한다. 예컨대, 거의 모든 국가에서 성매매는 불명예스러운(어쩌면 바빌론 신녀처럼 종교적 맥락에서 온 것이나 일본의 게이샤를 제외하고) 것으로 간주한다.

북구 민족의 전설에 등장하는 영웅, 일본의 사무라이, 고대 그리스의 시인 호메로스와 같이 일부 사회에서 명예는 그 무엇과도 바꿀 수 없는 가치에 포함된다. 모든 것을 성취한 삶은 명예스러운 삶과 동일시되며 4단계에서 3단계로 성큼 올라선다. 서양 세계의 명예를 시대를 풍미한 유명인사에게 적용한다면, 오늘날 전쟁 윤리와 명예 윤리는 몇 배 더 강력하게 적용되어야 한다. 톱모델을 뽑는 텔레비전 프로그램에 참가한 슈퍼스타 지원자와 애청자에게 완전한 삶이란 프로그램에서 우승하는 명예를 얻고 유명해지는 것이다. 그들의 고향은 제3제국에서 북한에 이르는 독재정권이 권력을 잡고 있는 곳이나 마찬가지로 전쟁 윤리가 팽배하다. 또 경제계에는 금융인과 은행가가 있다. 이들에게 성공적인 삶이란 명예로운 삶을 뜻한다. 그리고 그들이 말하는 명예는 결국 돈이다.

이런 계급 공식은 당대 과두정치에 맞서던 플라톤을 떠올리게 한다. 플라톤에 따르면 선이란 전쟁으로 얻는 명예와 불결한 물질적 이득으로는 얻을 수 없다. 선한 생활이란 올바른 가치관에 관한 정확한 지식을 바탕으로 실천하는 행실을 뜻한다. 그러나 이렇듯 선은 확언되고 오해의 소지가 전혀 없는 우선순위임이 분명하지만 오늘날 세상 사람 대부분이 이를 실천하지 않는다. 하물며 그 방법까지 친절하게 알려주었는데도 말이다. 그러나 선의 뚜렷한 단계나 윤곽은 어디에서도 명확하지 않다. 이는 세계도 인류도 마찬가지다.

우리의 관심사, 생각, 가치관, 행동은 매일 각자의 자아상을 따라 새롭게 재배치된다. 자신과 세상에 대한 확신과 평가는 항상 변할 수 있다. 칭찬은 우리를 빛나게 한다. 비난은 우리를 좌절하게 한다. 여론은 우리의 자아상을 슬프게 한다. 한 가지 특이점이라면 인간의 자아상은 감정에 따라 아름다운 색으로 물든다. 사랑에 빠져 행복한 사람은 행동이 평소와 다르다. 예전과는 다른 방식으로 세상을 보고 결정하며, 인생에 관한 평가도 분명 달라진다. 인간의 생활을 규정하는 환경은 다양하고 복합적이기 때문에 항상 새롭게 바로잡아야 한다. 동물은 항상 직관을 따르지만 이성적인 인간은 그렇게 할 수 없다. 또는 젤의 말처럼 "특정 사물과 관련해 변치 않는 확고한 생각을 지닌 사람은 오로지 어리석은 자뿐이다".[01]

* * *

인간은 추상적인 사물에 가치를 부여하고 그 가치를 알아보는 유일한 동물이다. 우리가 경험하는 모든 것을 이익뿐만 아니라 자신과 결부하여 정리한다. 우리의 자아상은 모든 행동의 근기를 요구한다. 이때 그 근거는 외부 세상이 아닌 우리 내면의 일부분이다. 즉 내 행동과 행동을 이어주는 접착제다. 자신에게 스스로 근거를 설명하면서 행동을 그 일대기에 맞춰 분류한다.

* * *

인류가 모든 책임을 자아상에게 미루는 것이 옳다면, 자아상은 내가 어떻게 살아야 할지 알려주는가? 모든 것이 불분명한 세상에서 최고의 삶을 살려면 어떻게 해야 할까? 나의 본보기 또는 이상으로 무엇을 따라야 할까?

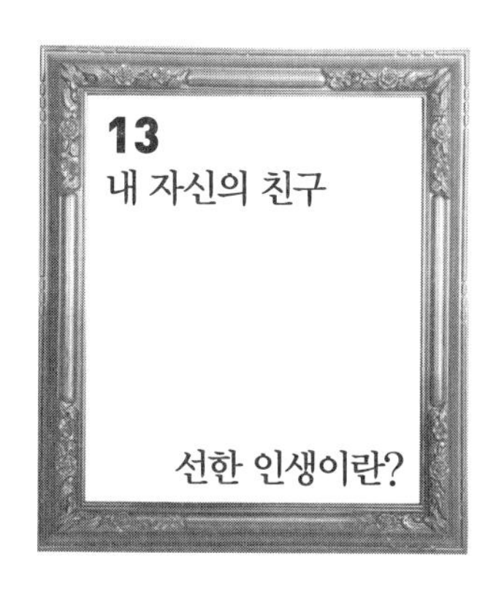

13
내 자신의 친구
선한 인생이란?

그는 당대의 거인이다. 그리고 생물학과 심리학의 창시자다. 하늘에서 윤리를 가져와 인간의 마음에 심어놓았다. 또 언제나 지식에 끝없는 갈증을 느끼는 사람으로 물리학자이자 논리학자, 어문학자 그리고 정치학자였다. 뇌가 사고하는 방식이나 더 나은 사상 또는 생각의 전환을 일으키려면 어떻게 해야 하는지, 모든 지식을 깨닫고 싶어한 사람이다. 그의 관심사이자 그가 창시하고 준비하던 것은 오늘날 대학의 한 단과대학에서 다루고 있다.

그러나 무엇보다 놀라운 사실은 우리가 그의 인생에 관해 아는 것이 별로 없다는 것이다.[01] 편지 몇 통, 유언, 시와 명예에 관한 소견이 그 사람의 생애를 말해주는 전부가 되어버렸다. 아리스토텔레스는 기원전 384년 칼키디키 반도 북부 스타게이라에서 태어났다. 마케도니아 국왕의 주치의였던 그의 아버지 니코마코스는 일찍 세상을 떠난다. 만 17세가 되던 해 아리스토텔레스는 플라톤의 아카데메이아에 입학한다. 비록 아테네인이 '이

방인'이라며 무시하고, 모든 정치적 권리를 허용하지 않았지만 아리스토텔레스는 동급생과 큰 격차를 보이며 가장 유명한 학생이자 플라톤의 뒤를 잇는 가장 중요한 지도자로 인정받았다. 600년 뒤 기록된 미심쩍은 한 문헌은 그의 외모를 아주 볼품없이 묘사했다. 그 뒤 아리스토텔레스는 작은 눈에 병약한 모습으로 탄생했다. 그렇지만 항상 멀쑥한 신사처럼 단정히 옷을 차려입고 자신을 꾸몄다.

아리스토텔레스의 관심사는 플라톤보다 방대했다. 그는 특히 과학 분야에 매료되었다. 그는 자연철학, 논리, 과학 이론에 관한 글을 썼고, 일찌감치 자신보다 45세 많은 스승의 그림자에서 해방되려 했다. 플라톤이 제자들 중 가장 독립적이고 비평적인 시각을 지닌 아리스토텔레스를 어떻게 생각했는지는 정확히 전해지지 않고 있다. 반면 플라톤에 대한 아리스토텔레스의 생각은 유명한 격언이 되었는데, 다음과 같이 표현했다. "나는 플라톤을 사랑한다. 그러나 나는 그보다 진리를 더 사랑한다."

기원전 347년 플라톤이 세상을 떠나던 해 아리스토텔레스는 만 38세였고 아테네 전역에서 매우 유명한 인사가 되었다. 그러나 아리스토텔레스는 플라톤의 후계자로 아카데메이아를 승계하지도 아테네에 머물지도 않았다. 그리스 북부에서 마케도니아의 왕 필리포스 2세는 영토를 남쪽으로 확장하기 위해 전쟁을 시작한다. 마케도니아의 친구로 알려진 아리스토텔레스는 난감한 상황에 처한다. 그는 몇몇 제자와 함께 소아시아, 현재의 터키에 위치한 은신처에 숨었다. 레스보스 섬 맞은편 도시 아소스에서 아늑한 철학적 삶을 산다. 그곳에서 여자를 만나고, 아버지의 이름을 붙여준 아들 니코마코스가 태어난다. 그로부터 2년 뒤 아리스토텔레스는 레스보스로 옮겨 제자 테오프라스토스의 후원 아래 자연으로 확장한 학문 연구에 몰두한다.

이 상황에서 아리스토텔레스는 거부할 수 없는 난감한 제안을 받는다. 당시 마케도니아의 왕 필리포스 2세는 이제 만 13세가 된 아들 알렉산드로스의 선생을 찾고 있었다. 당대를 풍미하던 위대한 철학자는 그 시대 위대한 전사의 스승이 되었다. 아리스토텔레스는 거친 왕자를 교육하기 위해 3년간 마케도니아에 머물렀다. 하지만 자세한 이야기는 알려지지 않았다. 아리스토텔레스는 어디에서도 자신의 교육과정이나 유명한 제자에 대해 언급하지 않았다. 아리스토텔레스가 알렉산드로스와 씨름하는 동안 필리포스 2세는 테베를 함락하고 영토를 아테네까지 확장했다. 만 50세가 되던 해 아리스토텔레스는 자신이 수학하던 도시로 돌아왔다. 하지만 아카데메이아의 새로운 이념을 납득할 수 없었던 그는 리케이온에 새 학원을 차리고 새로운 활동 장소로 삼았다. 이곳에서 그의 사상 목록을 완성할 시간과 여유를 찾고 새로운 글을 집필하며 제자를 양성했다.

기원전 323년, 알렉산드로스 대왕이 서거하던 해 아리스토텔레스의 평화롭던 시간은 끝난다. 마케도니아 왕국은 몰락하고 아테네에는 새로운 세력이 모여들었다. 그리고 아리스토텔레스는 또다시 마케도니아의 친구이자 적대적인 이방인이 되었다. 처음 아테네를 떠나 피난 갔을 때보다 강력해진 적의 때문에 신변에 위협을 느낄 정도였다. 아리스토텔레스는 소크라테스가 사형 선고를 받은 신성모독죄로 고발당한다(소크라테스는 '젊은이들을 타락시키고, 도시가 숭배하는 신들을 무시하고 새로운 종교를 끌어들였다'는 죄목으로 기소되었다-옮긴이). 61세의 아리스토텔레스는 급히 도시를 떠나 에우보이아 섬의 칼키스로 향한다. 그리고 그로부터 1년 뒤 죽음을 맞이한다.

이 사람이 왜 그렇게 중요할까? 우리 주제를 살펴보면 즉시 쉽게 대답할 수 있다. 그는 인간에 관한 현실적인 그림을 그린 첫 번째 철학자였다. 그는 생물학자로서 감정, 소망, 이성의 상호 작용을 연구했다. 철학자로서 그는 우리가 착해야 할 뿐만 아니라 왜 착한 사람이 되기를 바라는 마음에 끌리는지 연구했다. 그리고 심리학자로서 아리스토텔레스는 우리에게 때로는 필요하고 때로는 불필요한 다양한 문제를 밝히기 위해 노력했다.

그보다 더 놀라운 점은 약 30년 전 다방면으로 재조명 받기 전부터 아리스토텔레스는 도덕을 논하는 고전 철학자들 가운데 제일 오랫동안 역사에 몰두한 가장 현대적인 철학자였다. 동시대에 행동경제학의 기준이 된 대표 서적 『결정의 이론』은 무려 400쪽에 이르는 책으로 저자는 알려지지 않았다.[02] 이 연구 분야에 대해서는 쳇바퀴처럼 항상 새로운 이름이 붙여지고 또다시 반복되는 과정을 보면서 실소를 금할 수 없다. 인간의 행동을 논하는 철학은 오랜 전통이 있지만 그 기억력은 매우 짧다. 그리고 표면적인 문제는 그것을 관찰하는 단어만 바뀐다는 것이다.

아리스토텔레스는 스승 플라톤이 주장한 진리와 도덕의 체계적인 결합을 도저히 납득할 수 없었다. 이 반항적인 제자에게 두 개념은 절대로 하나로 융합되지 않는 사상이었다. 진리의 본질은 깨달음의 문제다. 반면 도덕의 본질은 경험의 문제다. 진리를 묻는 질문에 논리, 수학, 물리 등 객관적인 잣대가 존재하는 반면 도덕은 항상 주관적인 잣대로 접근해야 한다. 하늘은 존재하지만 선은 존재하지 않는다. 또 학문에서 진리를 추구하는 동안 도덕은 우리를 납득시키는 것에 대해서 논한다. 그리고 그 안에서 의미를 찾을수 있을 때 그것을 추구해야 한다.

아리스토텔레스를 연구하는 학자들은 인간의 행동을 조화로운 세계에 맞춰 분류하는 데 완전히 자유로울 수 없다는 것을 지적한다. 그러나 자연의 질서와 인간의 도덕적 질서의 결합은 플라톤 때보다 강력하지 않았다. '조화'라는 목표 아래 플라톤과 아리스토텔레스의 사상이 결합한다. 선한 인생은 하늘과 우주처럼 조화롭고 평형을 이루며 균형 잡혀 있다. 물론 아리스토텔레스는 인간의 본성을 성급하고 다혈질인 다른 동물의 본성과 비교하지 않을 정도로 동물에 대한 조예가 깊었다. 그의 논리가 등장한 뒤 무려 2000년이 흐른 현재까지도 도덕과 하늘을 동일한 결합체로 규정한 것은 근대 철학에서 나타난 지혜다. 그는 그리스도교나 칸트처럼 별이 빛나는 하늘과 그 내면에 자리 잡은 도덕적 규칙을 단숨에 발견했다. 우주에 관한 연구는 생물학보다 빠른 속도로 진행되었지만 아직 모든 것이 추측에 의존하고 있다.

아리스토텔레스가 다루던 문제, 즉 선한 인생이란 무엇인가? 그는 여러 글에서 그와 관련하여 도덕을 언급했다. 중요한 것은 그의 아버지 또는 아들, 혹은 두 사람의 이름을 붙인『니코마코스 윤리학』이다. 첫 문장에서 아리스토텔레스는 인간이 행동해야 하는 법에 관한 자신의 견해를 분명히 했다. 삶을 즐기는 것이 인간의 본능일까? 그렇지 않다. 그것은 성취하고 의미를 찾으려는 인간의 욕구에 따른 것이다. 생각이 있고 그것을 깨달으며 동시에 자신과 타인의 생각을 설명하는 생물체는 행복한 인생, 에우다이모니아를 추구한다. 인간은 자신이 평화롭기를 바란다.

에우다이모니아란 무엇인가? 설명하기 어려운 개념이다. 플라톤의 경우와 같이 단순히 인간의 행복만 지칭하는 것은 아니다. 이 개념은 정확히 규정되지 않았다. 이것을 깨달으려면 단순히 냉철하고 빛나는 지성보다 많은 것이 필요하다. 선에 대한 것도 마찬가지다. 이때 아리스토텔레스는 〈허슬러〉 발행인 래리 플린트의 공판에 참석한 판사 같았다. "포르노그래피가 무엇인지 정의를 내려주실 수 있으십니까?" 플린트는 도전적으로 물었다. "아니요. 할 수 없습니다." 판사는 침착하게 대답했다. "하지만 보면 알 수 있습니다!" 선 또한 그런 것은 아닐까? 그것이 무엇인지 정확하게 말하기는 힘들다. 하지만 눈으로 보면 분명 알 수 있다.

아리스토텔레스는 인간을 꿰뚫어보는 달인이자 명민한 심리학자였다. 그런 그에게 두 번째 문제가 나타났다. 도덕은 수학을 공부하는 제자, 연인 또는 축구 경기의 관객과도 같다. 즉 어떻게 될지 뻔히 보이지만 그렇다고 해서 스스로 할 수 있다는 것을 의미하지는 않는다![03] 우리는 오랫동안 기분 좋고 실제로 마음을 충만하게 하는 것이 무엇인지 경험으로 배운다. 때로는 인고의 학습과정으로 우리 감정과 이성에 균형을 잡는 연습을 한다. 그럼에도 세밀하게 균형을 유지하기는 생각처럼 쉽지 않다. 감정이 엄습하면 '비인간적(unmenschliche)' 규칙이 나타나 심적 부담을 준다. 그리고 이성을 과소평가하는 사람에게는 규칙이 아예 존재하지 않는다. 영리하다면 욕망과 통찰이 한데 조화를 이룰 것이다. 그리고 타인과 잘 지내는 법을 배운다. 명예 없이 모든 것을 다 이룬 만족스러운 삶은 거의 불가능하다. 내부의 인정과 외부의 인정은 동전의 양면이다.

아리스토텔레스는 선한 인생으로 이끄는 현실적인 지름길은 훌륭한 성품에서 나오는 선행에 있다고 보았다. 어머니 몸속에서 산도를 타고 세상에 태어나던 날 인간은 이미 좋은 사람이 갖춰야 할 성품을 타고났다. 하우저, 하이트가 '사회적 직관'이라 부르는 이것은 아리스토텔레스에게도 당연한 것이었다. 또 이런 성향을 교육과 훈련으로 장려해야 했다. 선한 성격에서 의식적으로 선택받은 성품과 특징이 완성되었다. 모든 부모가 한 번쯤 고민했을 이 문제를 아리스토텔레스도 알고 있었다. 어디에 가치를 두는 것이 옳은 걸까? 가장 중요한 선행은 무엇인가? 아이가 공감하고 타인을 잘 돕는 것이 가장 중요할까? 정의감이 가장 큰 목표인가? 모든 상황에서도 올바르게 행동하도록 키우는가? 다른 아이에게 맞으면 같이 때리라고 가르쳐야 할까? 아니면 어떠한 경우에도 때리는 행동을 자제시켜야 할까? 아리스토텔레스는 플라톤처럼 선행에 계급을 두고 순서를 정하지 않았다.

가장 눈에 띄는 것은 선행이 허공에 존재하지 않는다는 점이다. 선행의 유일한 의미는 인간 사이에 존재한다. 따라서 우리는 살면서 마주치는 상황마다 항상 신중히 고민하고 도덕적 측면에서 가장 현명한 방법을 선택해야 한다. 또 비록 우리가 자신을 생각하는 것과 달리 타인에게 선하고 용감하며 올바르게 보이지 않는다 해도 우리는 어떤 상황과 환경에서도 그들에게 선하고 용감하며 올바르게 행동해야 한다. 타인이 우리를 올바르고 용감하다거나 선하다고 생각할 때 우리는 이 메달을 당당하게 목에 걸 정당한 기회가 생긴다. 어느 누구도 그 사람을 정의롭게 보지 않지만 혼자서만 자신을 그렇게 생각하는 사람은 정의로운 것이 아니라 독선적인 것이다.

아리스토텔레스의 중요한 두 가지 핵심 사상은 저자 미상인 이 책을 통해 전해졌다. 첫째, 인간의 도덕은 자연적인 성향이다. 둘째, 인간은 결국 열망 또는 이익뿐만 아니라 자아상도 추구한다. 따라서 특정 바람이 이뤄지지 않고 의도했던 일이 실패하더라도 절반만 나쁘다. 그보다 최악의 상황은 사람으로서 지쳤다는 생각이 들 때다. 사람으로서 의문을 가질 때, 자긍심에 상처를 입거나 자긍심이 무너질 때, 다른 방식으로 이 감성을 설명할 수 없는 우리의 존재는 열망이나 언행 이상이다.

현대의 여러 윤리심리학자와 다르게 아리스토텔레스는 인간의 성격이 전체 그림으로 봤을 때 조화로워야 한다고 생각했다. 아리스토텔레스는 인간을 순간적인 기회주의자, 시대의 정신에 빠지는 사람 또는 수천 가지 상황에 휘둘리는 사람으로 간주하지 않았다. 아리스토텔레스는 인간이 견고한 성품의 정체성을 노력으로 얻을 수 있다고 믿었다. 또는 사이먼 앤 가펑클의 노래 가사처럼 '변화에 변화를 거듭해도 우리는 어느 정도 똑같은 사람'이다. 그러나 아리스토텔레스의 시대에는 사람의 전두엽을 광선으로 투시하는 실험이나 코로 옥시토신을 투입하여 그 행동이 완전히 달라지는

지 확인하는 실험이 없었다. 주변의 소음 수치를 높이면 사람의 협조성이 사라지는지 확인하는 실험도 마찬가지다.[04]

인간의 성품을 선행으로 측정한다는 아리스토텔레스의 생각에는 더 큰 문제가 숨어 있다. 철두철미하게 선한 사람이 되는 것은 얼마나 매력적인가. 하지만 이런 목표를 두고 어디에서 확신을 얻는가? 실제로 가능한 일인가? 그 어떤 상황에서도 스스로 선하다고 말할 수 있는 사람은 어떤 사람인가? 아마 그런 사람은 거의 없을 것이다. 어쩌면 자신의 절반 정도 흡족하거나, 전체로 봤을 때 어느 정도 원만하다고 말할 수는 있다. 반면 절대적인 선함은 존재하지 않으며 설사 있다고 해도 인도의 간디나 테레사 수녀 정도는 되어야 논할 수 있다. 이들은 일상에서 전혀 마주칠 수 없는 사람들이다. 게다가 예수, 부처 또는 여러 성인처럼 이미 세상을 떠난 경우가 다반사다. 어떤 경우에도 이들의 이중생활을 폭로하거나 반박할 여지는 없다.

전형적인 선인 또는 악인은 동화에만 존재한다. 반면 현실에서는 아무리 이상한 사람이라도 분명 선한 면이 있다. 캄보디아 집단 학살의 주동자인 폴 포트는 그를 잘 모르는 서양 방문객에게는 훌륭한 사람으로 그려졌다. 스탈린은 감수성이 풍부한 사랑의 시를 썼다. 히틀러 역시 적어도 애완견과 에바 브라운에게만큼은 좋은 사람이었다.

절대적 선인은 없다는 주장에 반박하는 사람은 그리 많지 않을 것이다. 게다가 각자 나름대로 완벽하게 선한 사람과 친해지고 싶지 않은 이유가 있다. 대부분 그들은 술도 마시지 않고 육식을 하지 않으며 가죽 구두도 신지 않는다. 또 거짓말이나 타인에 대한 험담도 하지 않으며 자신의 돈을 선한 목적에 아낌없이 지불한다. 내가 진정 선한 사람이라면 내 아이들을 당황하게 하고 친구를 잃어버릴 것이다. 대부분의 경우 우리는 그런 사람을 감당하기 힘들기 때문이다. 경제도 이들을 선호하지 않는다. 그들은 현 경제 체제를 무너뜨릴 것이 분명하다. 따라서 순수한 형태의 선은 절대 악만큼이나 매력적이지 못하다.

완전히 선행만 하는 인생은 완전히 방탕한 인생으로 처량해지는 만큼이나 지루하다. 분명 선과 악의 긴장 상태에 따라 선과 악의 자극이 나타난다. 다시 말해 우리 인생은 대조적이다. 아리스토텔레스도 이런 문제점을 파악하고 있었다. 선한 삶은 완벽하고 거부할 수 없는 완전한 상태라기보다 더 나은 균형을 찾으려는 시도다. "모든 것으로부터 도망치고 두려워하며 어디에서도 견뎌내지 못하는 사람은 비겁한 사람이지만 그 무엇도 두려워하지 않고 무작정 덤비는 사람은 무모한 사람이다. 또 모든 향락을 즐기고 아무것도 포기하지 않는 사람은 무절제한 사람이며, 거친 농부처럼 모든 즐거움을 거절하는 사람은 무감각한 사람이다." 인생의 기술은 완전한 도덕적 선을 이룩하기를 바라는 비인간적인 것이 아니라 살면서 적절하게 반응할 수 있도록 자신의 감성을 교육하는 것이다. 아리스토텔레스가 비록 잠재의식에서 자의식을 구별하지 못하고 사회적 역할 등 오늘날 올바른 자아상 형성에 필요한 모든 요소를 인지하지 못했다 해도 그는 자신의 자아상을 충족하거나 그로써 행복할 때 선한 삶을 사는 것이라고 생각했다. 이와 관련하여 아리스토텔레스는 가능한 한 "자신과 친해지자"[05] 라는 아름다운 표현으로 설명했다.

자신을 속이지 않고 타인도 수긍할 수 있는 근거로 생각하는 사람은 인생을 선하게 살 수 있는 최상의 전제 조건을 갖춘 것이다. 어느 정도의 재산, 몇몇 좋은 친구, 약간의 영향력이 있다 해도 문제되지 않는다. 가난하지 않고 아프지 않으며 장애가 있거나 허약하지 않고 또한 행실이 나쁜 아이들에게 괴롭힘을 당하지 않는 행운을 쥔 사람은 좋은 인생에 필요한 모든 것을 갖춘 것이나 다름없다.[06]

아리스토텔레스가 내린 결론은 선한 인생은 오랫동안 이롭기 때문에 좋다, 또한 즐거운 마음이 오랫동안 지속된다[07]는 것이다. 이런 총명한 통찰에 모두 쉽게 동의한다. 인간의 도덕적 행동은 스스로 가치 있게 생각하는 소망에서 비롯한다. 그러나 18세기 비난의 소용돌이에 빠져 거의 파멸 직전으로 몰렸던 것처럼 침묵해야 하는 것은 아니다. 전반적으로 아리스토텔레스를 인정한 칸트는 결속력, 즉 그런 도덕의 '논리적 근거'를 몹시 아쉬워했다. 분명 아리스토텔레스의 윤리는 의무가 아닌 의지를 말하기 때문이다.

아리스토텔레스의 윤리는 지나치게 개인적인 것이 아닐까? 선을 추구하지 않는 사람을 어떻게 설득할 수 있을까? 규칙은 어디에 있는가? 또한 구속력 있는 모든 이성적 기준은 어떻게 형성되는가? 칸트는 아리스토텔레스의 사상을 다시 정의하는 매우 대담한 시도를 감행한다. 도덕적 행동은 그 사람의 의지를 반영한다는 원칙은 인간이기 때문에 도덕적 책임을 추구한다는 원칙으로 탈바꿈한다. 동시대 현명한 동료에게 추천하는 선한 인생은 만인의 윤리적 기초가 되었다.

그러나 여기서 칸트의 업적을 논하려는 것은 아니다. 칸트의 윤리 규정은 아리스토텔레스와 비교할 수 없다. 물론 칸트는 약점을 발견했다. 그러나 다소 보강했다고 해서 그 자체를 실제로 완벽히 고쳤다고 보기는 힘들다. 칸트는 자신이 고안한 윤리에 종교인을 제외한 기존의 그 어떤 철학자보다도 구속력을 강조했다. 그리고 그것을 매우 논리적으로 전개했다. 칸트의 후계자는 논리적 측면을 강화하고 윤리를 보완했다.

그렇게 20세기에는 매우 논리적이지만 심리를 반영하지 못한 윤리가 등장한다. 아마 이렇게 말할 수 있을 것이다. 논리가 도덕을 이길 때마다 그만큼 심적 확신이 사라진다. 도덕적 규율이 논리적일수록 실제 행동에 나타나는 본능적 비논리와 어긋난다.

아리스토텔레스에서 칸트, 그리고 칸트의 지지자로 이어지는 길에서 낙오된 것은 바로 동기다. 이는 논리적으로 사는 것이 이롭다는 칸트의 주장과 차원이 전혀 다르다(또한 논리적으로 사는 것이 정말 이로울까?). 또는 아리스토텔레스가 선행을 하면 행복하고 충만한 삶을 사는 데 도움이 된다는 말로 유혹해도 그렇다. 20세기의 국가사회주의는 공동체의 가치를 뒷받침하는 강력한 개개인의 동기부여에 실패했다. 성취한 삶을 제외하고 사회에서 가장 높은 가치를 형성하는 것은 무엇인가? 이성적으로 느끼고, 책임감을 확인하거나 특정 사상을 얻는 것만으로는 최소한 현 문화권의 국민에게 다소 부족하게 느껴질 것이다.

충만한 삶보다 인간의 도리를 선호한다는 것은 어쩌면 이성적으로 들릴지도 모른다. 그러나 그것은 알코올이 없는 맥주에 취하는 것이나 다름없다. 물론 행동과 판단이 일치하는 것이 옳다.[08] 그러나 인간의 자아상은 대부분 숭고한 사명을 받드는 것보다 훨씬 많은 것을 요구한다. 이성보다는 일대기, 습관, 능력과 무능력, 희망과 걱정, 선호와 거부, 성공과 실패 등 다양하고 화려한 자신에 대한 이해와 일치한다. 우리의 세계관은 대부분 인생에 표출된 자아상을 능가한다. 진정 인간의 자아상이 불분명하고 모순적이며 일시적이라 할 때 도덕성 또한 그렇지 않다고 보장할 수 있을까? 뇌 연구가 입증하듯 도덕적 감성은 뇌의 여러 영역에 퍼진다. 그중 일부는 의식적이지만 일부는 무의식적으로 일어난다. 또 그중 일부는 서로 조화를 이루지만 또 다른 일부는 그렇지 않다. 이 모든 것을 자아상으로 지각하는 뇌의 임무를 이해하고 조율하는 것은 아직 끝나지 않는 과제다.

* * *

인간은 타인의 인정과 관심을 요구하는 생물체다. 때로는 인정을 받으려고 이타적인 행동을 한다. 우리의 뇌는 '좋은' 감정으로 이 행동을 보상한다. 이런 방식으로 긍정적 또는 부정적인 경험의 합으로 자아상을 형성한다. 무엇보다 자아상의 가장 큰 위험은 주변의 인정이 사라지는 것이다. 이는 개인의 자긍심을 위협한다. 따라서 자긍심을 바탕으로 다른 사람과 함께 이로운 인생을 살아야 한다.

* * *

전통 철학적 윤리로 볼 때 이 부분이 결론일 수도 있다. 그러나 이렇게 모든 문제가 해결됐다고 할 수 있을까? 아마 그렇지 않을 것이다. 안타깝게도 이제야 제대로 된 출발점에 섰다. 시작하기에 앞서 다양한 문화를 살펴봐야 한다. 실제로 지난 몇 천 년 동안 인간은 서로 어떻게 살아왔는가? 그 안에 인류학자와 인종학자의 윤리가 존재하는가?

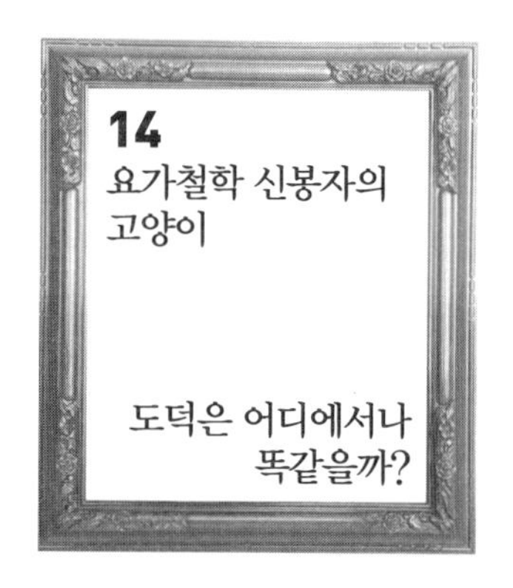

14 요가철학 신봉자의 고양이

도덕은 어디에서나 똑같을까?

"구루는 어린 제자와 함께 매일 저녁 명상에 들었다. 어느 날 집고양이 한 마리가 이 시간에 방으로 들어와 방해했다. 그래서 그는 명상 시간에 고양이를 밖에 묶어놓으라고 지시했다. 그래서 다시 방해받지 않고 명상을 할 수 있었다. 시간이 흘러 구루는 세상을 떠나고 그의 제자가 그 뒤를 이었다. 그는 명상 시간에 고양이를 밖에 묶어두어야 한다는 전통을 엄격하게 지켰다. 그러나 고양이가 죽자 명상 시간에 밖에 묶어 두기 위해 새로운 고양이를 들였다. 다른 사람들은 이 행동의 의미를 이해할 수 없었기 때문에 종교학자들이 등장해 저녁 명상 시간에 묶여 있던 고양이의 구원 필연성을 다양한 방면으로 설명하며 두 권의 책을 집필했다. 시간이 흐르면서 저녁 명상 시간이 폐지되고 어느 누구도 고양이에게 관심을 두지 않았다. 그러나 최소한 고양이를 묶어두는 관습은 버리지 않고 지켜지고 있다."[01]

수백만 인구가 살고 있는 인도 서부 도시 푸네에 위치한 종교학연구소 소장인 프랜시스 드사의 그림 같은 이야기에는 뼈가 있다. 민족과 문화의 도덕, 종교에 우연히 등장하여 잘못된 채 계승되는 여러 악습이 줄에 묶인 고양이와 뭐가 다르단 말인가?

그런 규칙이 눈에 띄지 않는 곳에서도 도덕에 관한 견해는 크게 다르지 않다. 실제로 살면서 인생의 성취를 맛보는 경우는 얼마나 많은가? 결코 적지 않은 종교적·윤리적 규칙의 근원이 구체적인 문제를 해결하기 위해 고안되지 않았다. 유대 민족과 이슬람에서 돼지고기를 '불결하다'고 보는 풍습은 아무런 의미 없는 종교적 독단만은 아니다. 한때 가계를 위해 경제적·위생적인 측면에서 유익한 목양을 권고하는 셈 족의 중요한 계율에 가까웠다. 또 유대 민족과 그리스도교의 결혼 윤리는 전염병 확산을 막는 현명한 개념이다. 게다가 상속 순위를 명확하게 규정하는 데 도움이 되었다. 1022년 규율로 제정되어 현재 격렬하게 논의 중인 천주교의 독신주의는 사실 세속적인 기능에서 시작했다. 신부가 아이를 낳고 유산을 상속하는 것을 제지하고자 한 것이다. 그런 식으로 교회가 조금씩 붕괴될지도 모른다는 두려움은 전혀 근거 없는 것도 아니었다. 기독교에서 일요일 아침마다 종을 치는 것은 예수의 명령이라기보다 시계가 없었던 시대부터 이어져온 관습이다.

민족과 문화를 분리하는 여러 가지 기원은 도덕과는 전혀 상관없다. 올바르거나 잘못된 것을 판단하기 위한 우연성과 환경적·역사적 기준을 모두 배제한다면 인간은 도덕적 관념과 멀리 동떨어진 걸까?[02]

인간이 사는 곳에는 자아상에 관한 강력한 책임감이 존재한다. 그리고 어디에서나 인간은 자신이 존중해야 하고, 경멸해야 하는 것을 구분한다. 선은 가치를 인정하고 악은 가치를 거부한다. 모든 문화에서 공감과 정의에 관한 개념이 존재한다. 관련 규정이 있고, 그것을 따르지 않는 사람에게 주어지는 처벌이 있다. 또 허락, 금지, 금기가 있다. 한편 배려, 연민, 진실, 평화 애호를 찬미했고, 공격적 행동, 살인, 도둑질, 기만, 거짓말을 비난했다. 비슷한 도덕적 문제는 여러 문화권에서 거의 흡사한 방식으로 해결되었다. 단지 각 문화마다 나타나는 예외의 경우엔 차이를 보였다. 즉 모습은 조금 다를지라도 어디에서나 동일한 불변의 법칙과 관련이 있을까?

어쩌면 그렇게 볼 수도 있다. 그러나 다른 한편으로는 완전히 다르게 볼 수도 있다. 아무리 인류학적 불변의 본질이라도 또 다른 사람에게는 언제라도 변할 수 있는 변수이기 때문이다. 이런 관점을 지지하는 급진적 대표자로 핀란드의 인류학자가 있다. 비록 오늘날 사람들 기억에서 다소 잊혔지만 매우 중요한 인물이다. 그에게 도덕이란 윤리적 원칙의 강요라기보다 단순히 약속과 습관이었다.

박사학위 논문으로 유명해진 1891년, 에드워드 웨스터마크는 30세였다. 그의 논문은 인류의 명예에 대한 기원과 역사를 다루었다.[03] 이 젊은 학자는 인류 사회 초창기 모권제도에서 여성들이 지배했다는 신화로 사람들의 눈을 번쩍 뜨이게 했다. 그 밖에도 모든 문화사에서 일부일처제를 암시하는 단서를 발견했다. 그는 유대민족과 그리스도교의 아둔한 개념이 불필요했다고 회고했다. 그의 저서는 선풍을 일으켰으며 어떠한 편견도 없고, 매우 현대적인 도덕관을 지지했다. 아일랜드 극작가 버나드 쇼는 1903년 집필한 희극 〈인간과 초인〉에서 현대 여성을 대표하는 여주인공 바이올렛이 웨스터마크의 책을 읽은 것으로 그려냈다.

그러나 웨스터마크의 주요 저서는 1906~1908년에 집필한 『도덕관념의 기원과 발전』이다. 이 책에 대한 그의 자부심은 상당했다. 당대를 대표한 베를린의 지멜, 모로코의 웨스터마크는(웨스터마크는 생애 대부분을 모로코에서 보냈다) 자연과학과 문화과학을 기초로 한 윤리철학, 즉 '윤리과학'을 창시했다. 그들이 주장한 급진적인 요점은 그리 어렵지 않다. 도덕이란 생물적 현상이며 모순되는 직관의 앙상블로 사회마다 차이가 있을 수 있다. 도덕과 관련해 절대적인 과녁은 존재하지 않는다. 그 어떤 윤리적 법칙, 의무를 부여하는 규정 또는 숭고한 목적을 위한 절대적인 규칙도 우리를 내면부터 진정한 인간으로 거듭나게 하지 못한다.

칸트 이래 행동 규칙이라 부르는 것은 우리 마음의 근거를 따르지 않는다. 그것은 단순한 사회적 훈련에 불과하다. 웨스터마크는 우리의 평가가 단순히 좋고 싫음의 감정 표현으로 전락했다고 결론지었다. 냉정히 말하면, 인간의 도덕적 원칙은 불변하는 것이 아니라 변수다. 그리고 그것을 평가하는 객관적 잣대는 없다. 웨스터마크는 이를 제대로 이해할 때 많은 것을 잃지 않을 것이라고 주장했다. 오히려 이해와 아량이 생기고 "인류에게 명확한 도덕적 기준이 없다는 사실을 수용하면, 평가할 때도 훨씬 너그러워지고 자신의 이성이 하는 말에 귀를 기울이게 될 것이다".[04]

효과를 성공적으로 이끌어내는 데 도덕 원칙이 불필요하다는 웨스터마크의 원칙은 시간을 초월한 자극을 준다.[05] 그 독창성은 유명한 교통계획 전문가 요하네스 몬더만의 기획을 처음 접했을 때를 떠올리게 한다. 이 영리한 네덜란드인은 표지판이 과도하게 늘어나면서 마찰 없이 교통을 형상화하는 것이 더는 명백히 불가능하다고 보았다. 교통법규가 많이 규정될수록 운전자들의 참여성과 책임감만 낮아진다고 생각했다. 따라서 그는 1980년대 셰어드 스페이스(Shared Space), 즉 공유 공간 콘셉트를 제안한다. 그가 주장한 핵심은 두 가지다. 교통표지판의 수를 최소로 줄인다. 그리고 운전자의 주의력을 높이기 위해 일부러 도로를 좁고 불분명하게 만든다. 몬더만은 눈앞의 거리를 항상 주시하며 집중하는 사람만이 진정한 운전자라고 생각했다.

몬더만이 교통계획을 위해 이와 같은 생각을 구상했다면 웨스터마크의 경우는 도덕이다. 그는 도덕의 규칙, 기준, 규정을 무시했다. 그 대신 아주 개인적인 자기책임을 강조했다. 1939년 제2차 세계대전이 일어나기 전날 모로코의 텐홀라에서 죽음을 맞이하면서도 그는 자신이 인류학에 오랫동안 영향을 줄 것으로 확신했다. 그의 뒤를 이은 프랑스 출신의 유명한 제자 클로드 레비-스트로스는 이 핀란드인의 노고를 격찬했다. 웨스터마크는 사회적·윤리적 이해에 대한 인류의 포괄적인 묘사로 새로운 지평을 열었다.[06]

인류학자와 인종학자는 그 뒤 100년 동안 인류와 도덕에 관한 웨스터마크의 견해를 검증해볼 수 있었다. 원주민과 약탈 사회에 관한 다수의 연구로 자료가 엄청나게 쌓여갔다. 모든 민족에게 동일하게 적용되는 윤리적 불변의 법칙이 존재할까? 또는 실제로 변수만이 존재하는 걸까?

그러나 아직까지도 이 질문에 정확한 해답을 얻지 못했다. 인종학자들 사이에 모든 문화권에서 공통적인 것은 무엇인지 논하는 격렬한 논쟁만 오갈 뿐이다. 1945년 예일 대학교의 인류학자 조지 머독은 이 공통성을 하나의 목록으로 묶어 발표했다. 그는 73개 개념을 후보로 지명했다. 인류의 도덕적 행동에 윤리, 에티켓, 손님을 후대하는 마음씨, 조산술, 사회적 질서, 정치적 품행, 증정, 임신 규칙, 성적 규제, 처벌 등 다양한 이름을 붙였다.[07]

오늘날의 목록은 당연히 이보다 훨씬 세부적이고 자세하다. 그러나 이것이 실제로 우리에게 도움이 될까? 모든 문화권에 선과 악의 개념이 있다는 사실만으로는 선과 악의 성향을 알 수 없다. 일부 문화와 종교에서 낙태는 '악'에 해당하지만 그렇지 않은 경우도 있다. 독일 제3제국 당시 시대를 지배하던 제국주의 안에서도 선한 행동을 한 나치에 대해서는 오늘날까지도 윤리적이라는 평가가 내려지고 있다. 그렇다면 웨스터마크의 생각은 틀렸단 말인가?

진리는 양쪽에 골고루 분배되어 있다. 일부 관습, 행동 양식, 관념은 모든 문화권에 존재했지만 그렇지 않은 것도 있다. 전 세계에서 통하는 농담이 있는 반면 기타 문화권에서는 전혀 이해하지 못하는 농담도 있다. 이 세상에는 어디에나 남녀의 사랑이 존재한다. 사랑과 관련하여 연애, 구애, 유혹, 사랑 노래가 있다. 그러나 분명 기대치가 아주 높은 서양 문화의 로맨틱한 사랑은 아마존의 야노마니 족 또는 오스트레일리아 원주민의 사랑과는 다를 것이다. 다른 문화권의 사람과 덜컥 사랑에 빠지고 얼마 지나지 않아 이 사랑이 진정 자신이 생각하는 것과 같은 것인지 혼란스러워 하는 사람은 주변에 흔하다.[08]

도덕적 가치관은 왜 서로 차이가 날까? 도덕의 근본주의와 상대주의의 조율자로 하버드 대학교의 철학교수 마이클 샌델이 나섰다. 철학적 텔레비전쇼 프로그램의 선구자인 샌델은 현재 미국 철학계의 슈퍼스타다. 샌델의 경력은 20세기 후반 이름을 널리 알린 앵글로색슨계 윤리철학자 존 롤스에 관한 비평으로 시작되었다.

칸트의 윤리를 지지하는 옹호자로서 롤스는 모든 사람에게 이성적으로 행동해야 하며 서로 존중해야 하는 근거를 입증하고자 했다. 홉스와 마찬가지로 롤스는 가상 상태를 창조했다. '무지라는 베일 아래' 사는 집단의 일원은 최대한 서로 잘 지내기 위해서 노력해야 한다. 그러나 그 집단의 어느 누구도 자신의 재능을 제대로 알아채지 못한다. 또 어느 누구도 가능성과 한계를 알지 못한다. 결국 롤스가 제시하듯 사람들은 서로 생활에 필요한 규칙에 쉽사리 동의한다. 타인이 자신을 기만하고 이득을 얻는 상황을 두려워하기 때문이다. 따라서 필요에 따라 공정하려고 노력하기 때문에 그들은 정의롭다.

1971년 롤스의 『정의론』은 발표되자마자 센세이션을 일으켰다. 롤스는 자신의 논리를 매우 확고한 태도로 집필했고 내용 또한 매우 날카로웠다. 그런데도 샌델은 친근한 자유주의의 새로운 바이블로 완승을 거두기 위해 고군분투했다. 그는 다음과 같은 질문으로 롤스를 비평했다. 어느 누구도 그렇게 살지 않는데 '무지의 베일'로 시야가 가려진 가상 현실을 가정하는 것이 무슨 의미가 있을까? 롤스가 말하는 도덕의 보편적 규칙은 가상에만 적용될 뿐 현실과 다르다. 샌델은 실제 인류의 도덕이 롤스가 '무지의 베일' 아래 숨겨놓은 그것에 달려 있다고 주장했다.

샌델은 1982년 발표한 『자유주의와 정의의 한계』로 롤스와 법정공방까지 불사한다. '무지의 베일' 아래 살지 않는 사람에게만 분명하고 명백할 수 있는 그것을 어떻게 롤스가 '당연하다', '분명하다'고 표현할 수 있는가? 사람을 비교하고 얕보며 평가할 수 있는가? 비교, 폄하, 평가란 무지의 베일 아래에서는 배울 수 없으며, 교육이라는 환경에서만 가능하다. 무지의 베일이 아닌 우리 문화의 선과 악, 옳고 그름의 깨달음에서 형성된다.

샌델의 스승이자 아리스토텔레스 철학을 강력히 지지했던 찰스 테일러와 알라스데어 매킨타이어는 샌델보다 훨씬 강렬했다. 그들이 전하고자 하는 핵심이론은 오해의 소지 없이 명확하다. 자신이 누구인지 끊임없이 교환하는 환경에서 살기 때문에 인간은 자신이 생각하는 모습 그대로다. 인간으로서, 인류의 구성원으로서 또는 이성적 존재로서 자신에게 의무를 지울 수 있는 것은 아무것도 없다.

테일러, 매킨타이어 그리고 샌델이 옳다면 도덕관념은 공동체에서 시작된다. 언어상으로 형성되고, 윤리적·문화적이며 어느 정도 종교적이다. 다시 말해 우리는 허공에 떠도는 것이 아니라 주변 환경을 좌우하는 가치관에 의존한다. 직접적이지는 않더라도 간접적으로 영향을 미친다. 그것을 수용하든 그렇지 않든, 승인하든 거부하든 우리는 그 테두리 안에 사로잡혀 있다. 웨스터마크가 말했듯이 "사회는 윤리의식의 출생지다".[09]

한 가지 예를 들어보자. 내 형제가 매우 심각한 범행을 저질렀다. 아마 여러 가지 질문이 떠오를 것이다. 형제를 배신하고 신고하는 것이 올바른 일인가? 우선 매우 신중하게 고민한다. 하지만 그것은 나의 준법정신 또는 형제에 대한 애정 때문만은 아니다. 사회가 어떻게 평가할지 심사숙고해야 한다. 그 대가로 받아야 할 처벌은 무엇인가? 감옥은 어떤 모습인가? 사우디아라비아의 감옥과 리히텐슈타인의 감옥은 분명 다를 것이다. 게다가 수갑을 차야 한다면 벌금형일 때와는 다른 결론을 내릴지도 모른다.

이 질문에서는 의심할 것도 없이 상대주의가 승리할 것이다. 주변 환경에 따라 도덕이 결정된다는 데 누가 이의를 제기할 것인가? 인생에서 우리가 알고 있는 가치 외에 또 다른 가치는 존재하지 않는다. 다른 문화권에는 분명 다른 규칙이 있다. 그러나 테일러, 매킨타이어, 샌델 같은 상대주의자들 역시 두 가지 핵심으로 기울었다. 아리스토텔레스에서부터 이어진 생각에 따라 모든 문화권의 사람은 어떤 모양새로든 성취한 삶을 지향한다. 또 성취한 삶은 모든 사람에게 동일한 전제 조건을 요구한다. 그것은 바로 긍정적인 자아상이다.

세상 사람 전부가 성공적인 삶과 긍정적인 자아상을 추구한다는 것은 어느 누구나 동의할 불변의 인류적 도덕법칙이다. 비록 그 해석법이 광범위하더라도 말이다. 중세시대의 농부에게 성공적인 삶이란 배고픔과 질병을 피하는 것이었다. 그리고 긍정적인 자아상은 하나님이 흐뭇한 미소를 지으며 하늘에서 그를 내려다보기를 바라는 소망에서 비롯했다. 역시 오늘날에도 전 세계의 많은 사람이 같은 것을 희망한다. 사람들은 대부분 자신이 생각하는 길을 따라 최소한 절반은 노력한 뒤 원하는 것을 성취했을 때 비로소 만족스러운 삶이라 생각하지만, 실상 대개 많은 사람이 그 길을 따라 시도도 하지 않는다.

인간은 많은 것을 소유하지 않고도 충만한 삶을 살 수 있다. 또 매우 많은 것을 추가로 얻고 덧붙였음에도 아무것도 얻지 못하는 삶을 살 수도 있다. 좋은 인생에는 모든 문화와 사회에 해당하는 여러 가지가 기여한다. 프린스턴 대학교의 철학자 크웨임 아피아는 정신적 욕구만큼이나 육체적 욕구도 '사랑, 미, 진리, 의미'를 추구한다고 보았다. 이런 욕구의 다수가 "타인과 나누고 싶은 욕구와 관련이 있다. 우리 인생을 개선해주며 더 나은 연인이자 배우자, 형제 또는 자매, 친구 또는 시민이 되게 해주거나 타인의 관심사를 따르고 목표에 도달하게 돕는 배려심이 많아진다".[10]

강력한 이기심 또는 이타주의 판단에 따라 행동하는 데는 본인뿐만 아니라 그 사람이 속해 있는 문화에서도 영향을 받는다. 아마존의 야노마니족 또는 서구 산업사회처럼 이기주의를 하나의 가치로 높이 평가하는 문화에서는 불교를 지향하는 아시아 국가나 서로 협동하는 말레이시아 세마이 족과는 마음가짐부터 차이가 난다. 따라서 뼛속 깊숙이 자리 잡은 이기주의는 단순히 하늘이 내린 본성이 아니라 당시 문화에 적응한 결과다. 다시 말해, 모든 문화마다 그 문화에 준하는 이기주의자가 존재한다.

독일은 인류사에서 이기심과 배려심이 모두 가치를 인정받는 문화권이다. 개인은 이기주의를 추구하는 반면 국가는 배려를 요구한다. 이런 상반된 상황과 관련해 3부에서 더 자세히 살펴볼 것이다.

* * *

모든 문화권은 일반적으로 '악'보다 '선'을 추구한다. 인류의 사회적 직관은 모든 문화권에서 매우 흡사하다. 그러나 그 형태가 일치한다기보다 사회에서 기준으로 삼는 윤리적 측면에서 비슷한 성향을 보인다. 정의와 평등의 추상적 원칙만 해도 되풀이하여 주입된 것으로 해당 문화의 강력한 영향을 받는다.

* * *

모든 문화권의 사람이 대부분 '선'을 추구하고 상대를 도우려는 마음, 공평, 평화에 근본적인 가치를 두는 것이 옳다고 가정할 때, 세상에서 전쟁은 왜 일어났을까? 그리고 왜 아직도 일어나고 있을까? 또 장소와 시간을 불문하고 전쟁을 예방하지 못하는 이유는 무엇일까?

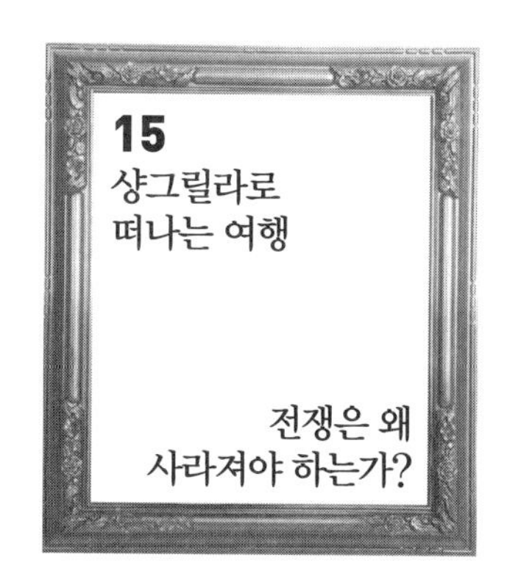

> 전쟁이 나쁜 이유는 전쟁으로 사라지는 악인보다 더 많은 사람이 악인이 된다는 데 있다.
>
> - 임마누엘 칸트

시든 잎사귀, 작은 새들, 불어오는 바람. 필리핀 북서쪽에 위치한 민도로 섬은 헤센 주의 절반 크기로 섬 인구는 뮌헨 시와 비슷하다. 울창했던 원시 밀림은 벌목으로 거의 벌거숭이가 되었고 얼마 남지 않은 숲마저 화재 위험에 노출되어 있다. 섬에는 고운 모래가 깔린 백사장과 그 아래 스쿠버 다이버에게 익히 잘 알려진 산호초, 그리고 멸종위기에 놓인 물소 떼가 있다. 민도로 섬은 세상에 잘 알려지지 않은 지역이다.

그러나 루체른 대학교 문화인류학 및 사회인류학 교수 유르크 헬블링에게 이 섬은 꿈만 같은 곳이다. 민도로 섬의 들판에서 지상낙원의 숨결이 코끝을 스쳤기 때문이다. 평화를 사랑하는 사람들의 진정한 샹그릴라다.[01] 미국의 베스트셀러 작가 제임스 힐턴이 1920년대 히말라야 산에 만들어놓은 가상 공간이 실제로 눈앞에 펼쳐진다. 평화를 사랑하는 문화, 살인과 전쟁이 없는 사회, 푸른 산과 정글 사이로 소박하고 평화로운 목가적 생활을 하고 있다.[02] 이 섬의 원주민인 망얀 족 7만 5000명이 이곳으로 돌아와 생활했다. 스페인인과 해적들에게 쫓겨 해안에서 내륙으로 이주한 원주민은 거의 유목민처럼 떠돌며 들판을 개간하고 고구마 농작을 했다. 그리고 고원에서 뿌리채소와 쌀을 재배했다.[03]

망얀 족과 다른 모든 민족의 차이점은 무엇일까? 망얀 족의 인생은 가족과 부족을 중심으로 돌아간다. 부족 내 남자와 여자는 평등하다. 서로 가깝게 생활하며 많은 대화를 나누고 항상 서로 돕는다. 함께 힘을 모아 대나무와 밀림의 풀로 집을 짓고 농지를 개간하며 하루에도 여러 번 식사를 함께 준비한다. 망얀 족의 순박한 문화는 그들의 내면에 깊이 뿌리 내리고 있다. 망얀 족 일부는 그들만의 방식으로 산스크리트 어를 사용한다. 대나무에 원추형의 칼로 세 가지 모음과 열다섯 개의 다른 글자로 총 열여덟 개의 문자를 새겨 넣는다. 그러나 망얀 족의 규율은 문서화되어 있지 않았다. 고대문자를 사용했지만 규율은 망얀 족의 입에서 입으로 전해졌다. 마을에서 최고 연장자가 부족의 중요한 결정을 내리고 관습을 수호하며 옳고 그름을 말한다.

이런 망얀 족의 문화가 흥미롭게 보이지만 그렇다고 해서 그것이 아주 특별한 것은 아니다. 씨족 사회, 함께하는 사냥, 일, 식문화는 다른 원시 부족에게서도 찾아볼 수 있다. 그러나 망얀 족에게는 다른 부족에서 찾아볼 수 없는 뭔가가 있다.

망얀 족에 폭력과 공격이 거의 존재하지 않는 이유는 무엇일까? 또 전통이 계승되는 동안 부족끼리는 물론 다른 민족과도 전쟁을 치르지 않은 이유는 무엇일까? 인간은 제한된 행복을 느끼는 동물이다. 또 어느 정도 공격성을 지니며 쉽게 자극받고 좌절한다. 이 모든 모습이 기정사실이라고 할 때 망얀 족은 왜 그렇지 않을까?

서양 문화권이 아니더라도 사람들은 여가에 살인, 섹스, 범죄가 난무하는 영화를 즐겨 본다. 1분마다 20만 명의 게이머가 슈팅게임 카운터스트라이크에 접속한다. 약 1100만 명의 게이머가 워크래프트에 빠져 있다. 총을 쏘는 즐거움에 빠져 가상 공간에서 살인을 하며, 탐색전에 몰입해 아무런 감정 없이 사람을 죽인다.[04] 인종학자들은 약 7000여 개에 이르는 인류의 집단에서 약 70여 집단만이 단 한 차례도 전쟁을 치르지 않았다고 보고했다.[05]

인류는 왜 전쟁을 해야만 하는가? 전쟁은 인간의 본성에 흐르는 공격적인 성향 때문에 일어날까? 라이프치히 도서 박람회로 나를 찾아왔던 사람을 떠올려보자. 그의 논리를 따르면 인류가 문명이라는 허울을 벗으면 그 안에 맹수가 으르렁거린다. 그라면 인류가 전쟁을 치를 수밖에 없는 본성을 타고났다는 견해에 흡족해했을 것이다. 실제로 이런 이론이 존재한다. 19세기 말 다윈과 헉슬리 이론에서 유사한 결론이 싹텄다. 오늘날 이 관점을 옹호하는 집단이 새롭게 늘어나고 있다. 독일의 경우 이미 1960년대와 1970년대 로렌츠와 이레노이스 아이베스펠트를 통해 대중화되었다. 앵글로색슨인 생물철학자들은 여전히 이 관점으로 신문과 학술지의 헤드라인을 채우기 위해 노력한다.

그들은 다음과 같이 사고를 전개한다. 본능에 따라 인간은 자신의 유전자를 후세에 남기려고 노력한다. 특히 모든 남성에게 출산을 약속하는 여성이 충분할 때 평화로운 수단만으로도 이를 충족한다. 그러나 자원이 부족하거나 강한 위협이 도사린 힘든 시기에는 일종의 권력이 필요하다. 여성을 얻기 위해서 싸워야 하고 필요에 따라 외부 경쟁자와 투쟁해야 한다. 그런 상황에 대비하여 본능은 남성에게 공격성을 선사했다. 결국 의욕이 없는 무기력한 사람과 달리 명중에 능한 남성만이 확고한 위치를 차지한다. 공격적인 유전자는 살아남았고 평화를 중시하는 유전자는 낙오했다. 이런 방식으로 인간은, 최소한 남성은 매우 공격적이 되었다.

그렇지만 인류는 과도한 공격성과는 거리가 멀다. 어쨌든 사회생물학자들은 인간이 사냥, 식량 공급, 자녀 양육까지 서로 협력했다고 주장했다. 따라서 남성들도 그들의 공격성을 생각보다 자주 억눌러야 했다. 그렇다면 끓어오르는 공격성의 압박을 어디에 풀어냈을까? 그렇다. 바로 다른 부족과의 전투다. 이런 맥락에서 전쟁은 아주 적절했다. 이제 남성들은 자신을 억누르던 압박에서 해방될 뿐만 아니라 부수적으로 다른 부족의 여성을 취하고 더 많은 후손을 얻을 수 있었다. 인간은 본능적으로 영토가 필요하기 때문에 어느 한곳에 정착하고 경작을 한다. 그리고 점차 전쟁 횟수가 늘어났다. 이제 전쟁이 일어나면 더는 피할 수 없는 상황에 놓인다. 전쟁을 유발하는 행동, 도발 행위가 명확히 정의된다. 낯선 영토를 침공하면서 그렇게 현대 전쟁이 시작된다.

거의 모든 사회생물학자가 이런 관점에 동의한다. 이는 매우 설득력 있는 이야기다. 그러나 공격적인 본능 또는 여성을 통한 종족번식 본능이 중요했는지 묻는 질문에는 약간의 어감 차이가 있다. 몇몇 어려운 질문도 있다. 예컨대, 전사는 왜 전투에서 부족 또는 국민을 위해 목숨을 희생하는 걸까? 이럴 경우 그들의 종족번식은 보장되지 않는다. 그러나 이런 곤란하고 까다로운 경우에는 해밀턴 법칙이 적용된다. 이때 내 자식에 국한되지 않고 내 부족과 친척의 종족번식으로 확대된다. 따라서 진정한 영웅은 형제나 자매가 여럿이거나 자식이 많다는 논리는 아직도 검증 중이다. 내 죽음이 내 피붙이에게 도움이 되지 못한다 해도 최소한 내 부족이 생물학적으로 우월한 입지를 차지하게 된다. 그때 나는 멋지고 강한 남성의 표본이 되고 그렇게 전쟁에서 영원히 살아남는다. 반면 약자는 첫 번째로 쓰러진다. 결론은 분명하다. 전쟁은 종족번식과 유전자 숙청을 위한 수단이다. 그리고 그 도구가 바로 남성의 공격성이다.[06]

여기까지는 대체로 모험적이다. 철학자 역시 냉정한 태도를 유지한다. 이런 식으로 생각한다면 이성, 자아상, 충만한 인생에 관한 성찰은 도대체 무슨 의미가 있단 말인가? 인간의 내면에서 선을 추구하도록 지시한 아리스토텔레스와 관련된 모든 것이 나락으로 떨어진다.

다행히도 인류의 남성이 지닌 전쟁본능 이론의 진실은 책에만 국한될 뿐 실생활은 이와 다르다. 그렇다면 이 이론 역시 개정되어야 하는 것은 아닐까? 전쟁에서 유리하기 때문이라면 다정하고 약한 남성보다 강하고 공격적인 남성이 필요하다. 약하고 다정하기만 한 남자는 전쟁에서 목숨을 잃을 위험성이 다른 사람보다 높다. 그러나 그런 유리한 조건으로 공격적인 젊은 남성이 전쟁에 참여해 목숨을 잃는다면 그는 자신의 종족을 후세에 멀리 퍼뜨릴 기회 면에서 유리하기보다 불리하다고 보아야 옳다. 전쟁에 몰두하는 남성일수록 그만큼 종족번식 기회는 적다!

실제로 인류 역사에서 공격적인 남성과 다정한 남성 중 누가 후손을 더 많이 보았는지를 보여주는 통계자료는 없다. 그러나 인류학자와 인종학자는 수천 차례 연구를 거듭해 인간 사회의 실생활을 문서화하고 연구했다. 대부분의 경우 단순한 생물학적 전쟁 근거에 대해서 그저 미소만 지을 뿐이다. 다른 집단 또는 민족에 대한 전쟁이 어디론가 분출되어야 하는 공격성 때문이라는 것은 씨족과 부족에서 마련한 궁여지책이라는 생각이 지배적이었기 때문이다.[07] 이 가설을 진지하게 받아들이기에는 지나치게 거칠다. 그랬다면 사회의 평화를 유지하려면 최소한 남성들은 다른 민족이나 문화권과 전쟁을 치러야 하다는 원칙이 성립될 것이다. 특히 내부적으로 분쟁이 많은 집단은 외부와 평화를 유지해야 한다. 단지 집안에서만 모든 폭동이 일어날 뿐이다.

역사에 등장하는 지난 2000년간의 전쟁을 조사한 분쟁연구학자는 이런 말도 안 되는 억측에 머리를 절레절레 흔들었다. 그렇게 간단히 설명할 수 있는 문제가 아니다. 인간의 공격성이 집단과 민족의 전쟁에 어느 정도 역할을 했지만 이는 여러 요인 중 하나일 뿐이다. 그리고 아마 그중 특히 중요한 것에 들지 않았을 수도 있다.

남성의 본성은 공격적인 반면 여성은 그렇지 않다는 생각 또한 코미디가 아닐 수 없다. 어쩌면 여성이 남성보다 아주 조금 덜 공격적일지는 모른다. 그러나 여성이 남성보다 공격성이 떨어진다는 주장은 무모하고 검증되지 않아 의심의 여지가 많다.

진화 단계를 거듭할수록 공격성이 나타났다는 주장 역시 그 사실을 어떻게 입증할 것인가? 이런 가설에는 비교분석이 결여되어 있다. 인류와 가깝다는 두 종족 중 침팬지는 인간보다 공격적이다.[08] 남성 수천 명이 다투거나 사상자를 내지 않고 한 장소에 모일 수 있는 반면 침팬지는 그것이 절대로 불가능하다. 침팬지들은 피가 끓는다. 반면 인류와 가까운 또 다른 동물인 보노보는 평소 무력을 사용하지 않고 성관계로 긴장감을 해소한다. 보노보는 마주치는 모든 원숭이와 성관계를 맺을 수 있는 원숭이계의 히피족이다. 물론 인간 사회에서 이에 해당하는 부류는 매우 소수이며, 이런 행동을 하는 대규모 집단은 존재하지 않을 것이다.

굳이 동물과 평행하는 지점을 찾자면 좀 더 멀리 나아가 인간과 거의 상관없는 생명체로 확대해야 한다. 뉴햄프셔 대니얼웹스터 대학교 사회과학 및 윤리학 교수인 군사학자 리처드 가브리엘은 인간의 행동을 영장류가 아닌 늑대와 비교해야 한다고 주장했다. 음식을 분배하고 집단의 약자를 돌보며 자신의 여자에게 정착하는 남성의 성향은 늑대의 전형적인 행동과 같다.[09]

생물학자의 모든 추측과 달리 고대 사학자와 인종학자는 오늘날 인류의 조상이 몇 만 년 전부터 실제로 전쟁을 했는지 확실히 입증하지 못하고 있다. 물론 그 당시 무력이나 살인이 동반됐을 거라는 추측에는 어떠한 의심의 여지도 없다. 그러나 그렇다고 해서 전쟁이라 할 수는 없다. 이 사실을 평화를 사랑했던 무정부주의자 크로포트킨이 알았더라면 기뻐했을 것이다.

취리히 구시가지, 1만여 권의 장서에 둘러싸인 자신의 거실에서 헬블링은 왜 그런지 그 이유를 설명했다. 키가 크고 날렵한 그는 은회색 머리카락에 검은색 정장 차림이었다. 헬블링은 윤리학자 이상이었다. 헬블링은 인류 행동에 관한 생태학에 대해서 논할 때 본인이 무슨 말을 하는지 제대로 알고 있었다. 또 사회학적 또는 철학적 관점에서 예리한 시각으로 망얀족과 같은 현 사회를 분석했다. 30년을 연구한 뒤 헬블링은 다음과 같은 확신을 얻었다. "약탈자 집단 내부에서는 전쟁이 일어나지 않는다. 경우에 따라 약탈자가 전쟁에 연루됐다면 그것은 다른 민족을 비롯해 자신과 다른 사회유형의 집단을 대상으로 한 방어적 외부전쟁이다."[10]

이에 대한 근거는 사실 불분명하다. 전쟁이란 항상 위험이 따르고 끔찍한 일이다 보니 전쟁을 일으키려면 합당한 이유가 있어야 한다. 헬블링은 마치 정밀작업을 하는 것처럼 눈을 작게 뜨고 두 손으로 제스처를 하며 검지를 접었다 폈다 하며 설명했다. 약탈자의 유목 생활 방식에서는 경제적 손실 없이 피하는 것이 가능했기 때문에 전쟁은 '불필요'했다.[11] 그리고 추측건대 과거에도 지금과 같았을 것이다. 전쟁이 종족번식을 위한 것이라는 견해 역시 설득력이 부족하다. 여러 약탈자 집단에서 남성과 여성이 평화로이 교류했기 때문에 아마도 그런 수단은 거의 사용되지 않았을 것이다.

생물학적 유전자 교환 논리가 본능적인 전쟁의 근거로 타당하지 않을 경우 현대에 벌어지고 있는 전쟁의 여러 터무니없는 사유도 인정받지 못할 것이다. 즉 이라크 전쟁은 종족번식을 위한 미군의 성공 사례가 아니란 말이다. 또 아프가니스탄 독일군 파병도 종족번식을 위한 것이 아니다. 이는 현대 전쟁의 이치와 동기에만 적합하지 않은 것이 아니다. 약탈자 집단 역시 여성을 정복하거나 아이를 얻으려고 다른 집단과 그 어떤 싸움이나 분쟁을 일으키지 않는 경우도 있다. 한 집단이 다른 민족이나 집단보다 유전적 입지를 유리하게 유지하기 위해 전쟁이 존재한다는 이론은 전혀 근거가 없다.

사회생물학자도 민족과 민족이 전쟁을 일으키는 이유를 명확히 설명할 수 없었다. 대부분 전쟁을 인간에게 나타나는 자연적인 현상으로 전제한다. 전투적 재능이란 타고나는 것이기 때문에 최고의 전사는 집단에서 확고한 위치를 차지한다. 그러나 '전투적 재능'이란 하나의 가설이다. 거의 모든 사람이 타인에 대한 공격적인 성향을 어느 정도 지니며, 그중 일부는 폭력을 사용하기도 한다. 그렇지만 그것이 전쟁에 소질이 있는 것과는 별개의 문제다. 핵심은 전쟁이 단순히 강력한 도구로 확대된 공격성이 아니라는 데 있다!

공격적인 사람이라고 해서 폭력을 쓴다는 법은 없다. 다수가 내면의 공격성을 자신에게 표출하거나 스스로 억압하는 경향을 보인다. 공격성은 대부분 옳지 않은 생각, 기만, 악평이라는 평가 아래 자신의 모습을 숨기게 된다. 또 분노가 아닌 두려움과 정당방위 반응으로 폭력을 사용하기도 한다. 이렇게 타인을 향한 공격성의 큰 부분이 다른 집단 또는 민족이 아닌 예상치 못한 주변 상황으로 일어난다. 공격적 본능만으로는 실제 전쟁으로 이어지지 않는다. 전쟁을 일으키려면 세부적인 계산과 전략, 냉철한 계획, 신중한 조직, 규율과 협력이 필요하기 때문이다.

전쟁은 한순간도 적을 미워하지 않아도 일어날 수 있다. 최소한 돈을 받고 고용된 서양 용병대는 그랬다. 그들에게 증오는 아무런 의미가 없다! 또 군의 사기가 높았던 제1차 세계대전은 선두에 나서려는 사기가 여러모로 낮았던 제2차 세계대전만큼 끔찍하지 않았다. 공격적인 태도만으로 전쟁은 일어나지 않는다. 경우에 따라 전쟁은 공격적 행동을 없앤다.

전쟁은 단순히 본능적인 측면에서 인간이 지닌 어두운 면의 단계별 확장이라고 할 수 없다. 그 어떤 공격적 충동과 종족번식 충동도 이웃 국민의 기습을 종용하지 않는다. 이는 분명 좋은 소식이다. 그럼에도 왜 계속 전쟁이 일어나는 걸까?

어쩌면 홉스가 이미 그 대답을 했는지도 모른다. 빼곡한 책장으로 가득한 취리히 거실에서 헬블링은 한곳으로 다가섰다. 그곳에서 가죽으로 둘러싸인 4절 크기의 책을 꺼내들었다. 1651년 출판된 홉스의『리바이어던』초판이다. 바로크 시대의 영국 철학자는 인류가 악하다고 생각하지 않았다. 그는 민족 사이에 벌어지는 전쟁의 원인을 억제하기 힘든 공격적 충동으로 보지 않았다. 더 정확히 말하면 공격적 성향은 사람에 따라 차이가 있지만, 분명 본능이다. 반면 전쟁은 그렇지 않다. 전쟁은 문화에서 기인했으며, 그렇기 때문에 상황에 종속한다. 홉스는 무엇보다 집단과 민족을 전쟁으로 내모는 것을 환경이라고 생각했다. 즉 핵심 주도층이 잘못한 것이다.

헬블링에게 이 사상은 오늘날까지도 유효하다. "생물학적 '하드웨어'와 난폭한 행동에서 본능적으로 제한적인 인류의 성향은 비록 난폭하지만 동시에 평화를 추구하는 행동을 가능케 했다. 따라서 인류가 실제로 어떻게 행동하는지는 전적으로 사회적·문화적 '소프트웨어'에 좌우된다."[12] 전쟁은 두 가지 이유로 일어난다. 첫째, 홉스가 언급한 것처럼 쌈닭처럼 다투기 좋아하는 사람을 진정시키는 핵심 세력이 실패했기 때문이다. 둘째, 생물학자들이 옳다고 생각하는 견해로 바로 영토권 때문이다. 특정 지역에 정착한 사람이라면 전쟁을 막을 수 없는 경우가 태반이다. 예컨대 어느 한 민족이 불모지로 둘러싸인 강가에 정착했다면 전쟁은 피할 길이 없다.

피할 가능성이 거의 없고 중재할 수 있는 판사가 없는 것이 바로 원주민 사이에서 일어나는 전쟁의 중요한 여건이다. 불분명한 환경에서 상황은 서로 뜨겁게 달아오른다. 양측 모두 상대의 의중을 파악하지 못하기 때문에 최악의 경우를 계산하며 이런 생각은 차츰 무한대로 확대된다.[13] 이때 생활 환경에 자원이 많고 적은지는 그다지 중요하지 않다. 분명한 규칙도 없다. 따라서 척박한 영토보다 비옥한 영토에서 전쟁이 더 많이 일어난다고 말할 수도 없다. 참고로 북극의 이뉴잇이나 오스트레일리아의 원주민처럼 자원이 빠듯한 영토에 거주하는 민족 사이에는 전쟁이 일어나지 않는다.

근본적으로 유전자를 최적화하고 공격적 충동을 분출하거나 자원을 약탈하기 위해 전쟁을 치르는 것은 이들과 거리가 멀다. 헬블링에 따르면 가장 용맹하고 경험이 많은 전사마저도 일반적으로 전쟁을 거부한다. 따라서 예측할 수 있는 그 어떤 이득보다도 실제 핵심은 완전히 다를 수 있다. 예컨대 불신, 편견, 두려움처럼 말이다. 인류 역사에 등장하는 전쟁은 대부분 대다수에게 '그 어떤 값어치도 없었다'. 기껏해야 일부 엘리트만이 이득을 보았을 뿐이다. 단지 지도층의 의도적인 약탈 전쟁이자 모두에게 불합리하며 아무런 이득도 없는 전쟁은 의식적이든 무의식적이든 두려움과 깊은 관계를 맺고 있다. 이 모든 것을 종합해볼 때 '전쟁과 관련하여 전반적으로 무엇보다 중요한 감정'은 공격적 성향이 아닌 공포라는 결론에 도달한다.[14]

자신의 자아상이나 자존감에 대한 두려움으로 서로 언쟁하고 싸울 때는 그것이 우리에게 아무렇지도 않은 것처럼 행동한다. 다시 말해, 그 어떤 이기적 의도보다도 자존감에 상처를 입는 것이 인류에게 최악의 위협이다. 모든 공격적 성향의 어머니는 악을 추구하거나 그 어떤 배려도 없는 이기적 이익 실현이 아닌 육신과 정신을 엄습하는 두려움과 자존감에 대한 위협이다.

이런 관점에서 원시 시대의 전쟁은 현대에 일어나는 전쟁과 크게 다르지 않았다. 공포와 상대방에 대한 비방 없이는 군대를 움직일 수 없었다. 제2차 세계대전은 우리에게 교훈을 준다. 전쟁이 일어난 이유는 식량 부족을 해결하거나 결혼할 여성을 찾기 위해서 또는 비교적 평화로웠던 바이마르 공화국의 억눌린 공격적 충동 때문이 아니었다. 전쟁은 본능적인 근거와는 전혀 상관없는 동쪽 자원에 대한 욕심과 의도적으로 선동된 보복주의와 비이성적인 두려움에서 비롯된 무자비하고 무분별한 지도층의 광기 때문에 불이 붙었다.

인간은 본성에 따라 여러 감정을 지닌다. 그중 하나가 바로 공격적인 성향이다. 공격적인 행동은 폭력, 살인, 복수로 이어질 수 있다. 인류사에 수없는 전쟁이 일어났던 근거로 제시하는 여러 성향 중 인간 특유의 공격적인 본성은 미비하다. 전쟁은 공격적 충동의 연장선이 사회적·정치적으로 확장된 것으로 볼 수 없다. 이런 관점에서 볼 때 민족과 민족 사이에서 근본적으로 평화를 추구하는 것은 어디에서나 같다. 아무리 세계 여러 곳에 전쟁이 일어나도록 여러 상황이 복잡하게 얽히고 의도적인 선동으로 부추긴다고 해도 말이다.

* * *

세계 인구를 통틀어 볼 때 전쟁으로 사망한 사람의 수는 비교적 감소하는 추세다. 그 이유로는 오늘날 과거에 비해 핵심 세력의 지배 아래 있는 사람 수의 증가를 들 수 있다. 역사와 전쟁 상황을 면밀히 관찰하면 인간이 전반적으로 악하거나 지독한 이기주의에 빠져 있다는 근본적인 증거를 발견하지 못한다. 전쟁은 넘치는 공격적인 성향 또는 자신의 이득만을 생각하는 태도에서 일어나는 것이 아니라 비이성적이고 조작된 두려움이라는 감정에서 시작된다. 세상을 전쟁의 음모가 도사리는 장소로 바꾸는 데 악한 의도도 유전적 이익계산도 필요 없다. 오히려 악한 의도와 유전적 이익이 사회적 행동에 그리 큰 영향을 미치지 않는다는 것조차도 그리 놀라운 일이 아니다. 지금까지 충분히 증명했던 것처럼 사람들은 대부분 스스로 선을 실천하기 위해 꽤나 노력한다.

* * *

그런데도 자아상과 행동 사이에 큰 틈이 생기는 이유는 무엇일까? 내 안의 선을 발산하려면 어떻게 실천해야 할까? 지금껏 나는 여러분에게 무엇보다 인간이 지닌 도덕적 본성과 관련된 선한 면모를 전달했다. 그러나 이제 '악'의 차례다.

제2부
이상과 현실

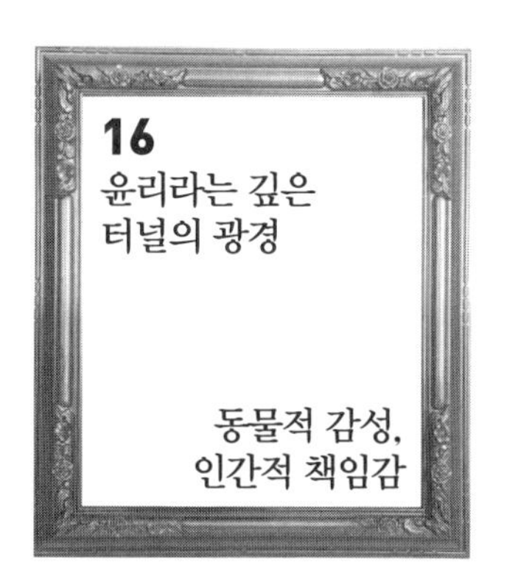

진 부인의 남동생은 정말 행운아다. 그는 진리 그 자체다. 말하고, 생각하고, 행동하는 것이 항상 옳다. 그에게 의심, 주저, 망설임이란 전혀 없다. 그가 사는 방식이 최고의 인생이다. 세상이 그의 존재에 감사해야 할 정도다. 그러나 그는 공감대가 없는 것은 물론 친구도 거의 없고 정신에 깊숙이 뿌리박힌 비타협적인 태도로 모두를 대한다. 그러면서 밤에 잠도 편히 잔다.

이 남자처럼 행운아인 사람도 드물다. 일반적으로 사람들은 본능적으로 모든 것을 확신하지 못한다. 진리를 추구하는 사람은 절대로 모든 것을 다 안다고 생각하지 않는다. 자신의 일에 확신하는 것을 정의 또는 지성의 표현으로 보는 경우는 드물다. 오히려 오만하거나 천진난만함의 이면에 가깝다. 어리석은 자들만이 스스로 순수함을 추구한다고 주장하던 마틴 젤을 떠올려보자.

그렇다면 실제로 그것은 무엇이란 말인가? 사회철학자 귄터 안더스는 50년 전 자신의 저서에서 다음과 같이 언급했다. "인간은 진정한 자신보다 작다."[01] 우리는 지나칠 정도로 많은 것에 노출되어 있지만 실제로 할 수 있는 것은 그보다 훨씬 적다. 이는 무엇을 뜻하는가? 마인츠 대학교 교수이자 현대 철학자인 토마스 메칭거에게 묻는다면 단순하지만 인상 깊은 설명을 들을 수 있다. 실제로 존재하지 않기 때문에 사람은 자기 자신보다 작다!

우리가 세상에 대해 알고 있는 모든 것은 뇌를 통해서 인지한다. 뇌는 색상과 영상, 냄새와 감정, 관념과 사상을 초래한다. 이런 관념과 사상 중 한 가지는 매우 특별한 방식으로 나타난다. 그것은 자기 자신에 대한 개념이다. 뇌는 이 비밀을 공유하고 싶지 않은 듯하다. 이 개념이 생성되는 정확한 구조는 아직까지도 미스터리다. 분명 머릿속 뇌의 여러 영역이 자아를 담당한다. 서로 교환하고 영향을 미치며 보충하고 재현한다. 그리고 마지막에는 최소한 건강한 모든 사람에게 '나 자신'이라는 개념이 만들어진다. '자신'을 말하는 전 세계 70억만 명은 틀리지 않았다. 자아는 자각한 현실이다.

그러나 그것은 뇌에서 만들어진 현실의 단면일 뿐이다. 자신, 자아, 자아상 그리고 자존감은 뇌의 속임수나 다름없다. 또 타인은 우리의 겉모습만 인식한다. 우리의 육체, 시선, 몸짓과 말은 인식하지만 자아는 보지 못한다. 오히려 우리의 자아를 자신이 생각한 그림과 같다고 확신한다. 때로는 타인의 묘사에서 우리 자신을 찾기도 한다. 비교적 맞지 않을 때도 있고 아예 맞지 않을 때도 있다. 그러나 최고법원에서 판사가 내려주는 것처럼 객관적인 판결은 존재하지 않는다. 우리 또한 매 순간 평소와 다른 내 모습을 느끼지 않는가? 그렇다고 우리의 자아상과 자존감이 항상 주어진 상황과 분위기에 종속되어 있는 것은 또 아니다. 우리의 '자아'는 매우 덧없는 실체다. 그리고 우리 자신이든 타인이든 이것은 스스로 만들어낸 하나의 관념일 뿐이다.

그 근거를 찾는 것은 어렵지 않다. 분명하고 확고한 자아는 인간의 발전사에서 필요하지 않았다. 따라서 확고한 자아는 생성되지 않았다. 객관적인 진리의 의미 역시 이와 같은 이유에서 그리 필요하지 않았다. 밀림에서 살아남으려면 무엇보다 무리의 다른 일원이 내가 말하려는 것을 어느 정도 이해하는 것이 중요했다. 또 물을 찾는 사람에게 지평선을 향해 저 멀리 떨어진 곳에 물이 있다고 알려주는 우리를 믿게 하는 것이 중요했다. 반면 우주 또는 인생의 의미를 발견하고 이해하는 것은 뇌가 맡은 임무와는 거리가 멀었다. 전처의 남동생만 봐도 마치 우디 알렌이 했던 질문처럼 의문투성이다. "사후에도 또 다른 삶이 있을까? 그곳에는 20달러 지폐를 바꿔줄 수 있는 사람이 있을까?"

그렇기 때문에 인간의 자아는 아마 동물계 전체에서 가장 특별할 것이다. 그러나 무엇보다 그럼에도 불구하고 또는 그렇기 때문에 여러 어두운 면모를 지니고 있다. 메칭거는 우리가 실제로 터널에서 살고 있다고 생각했다. "우리가 보고 듣거나 손으로 만지고 느끼며 후각과 미각으로 느끼는 이 모든 것은 실제로 존재하는 것의 극히 일부분일 뿐이다. 우리가 인식하고 있는 현실 모델은 우리를 둘러싸고 또한 우리가 지닌 상상할 수 없을 정도로 풍부한 내용의 물리적 현실을 저차원으로 투영하는 것이다. 그러므로 의식적인 경험이 지속적으로 흘러가는 이 과정은 현실 그 자체의 모습이라기보다는 현실로 향하는 터널에 가깝다."[02]

경험에 근거하여 나타나는 자각체험과 관념의 경계는 우리 세상의 경계다. 특정 차이는 인지하지만 그 밖의 다른 것은 그렇지 못하다. 따라서 일부 유사성은 보지만 그 밖의 것은 보지 못한다. 그리고 인식하지 못하고 '가깝지 않은' 것들은 관심 밖의 일이 된다. 인간은 여러 새와 곤충처럼 자외선을 보지 못한다. 또 상어나 고래처럼 물밑의 진동을 느낄 수 없다. 우리의 의식과 뇌는 받아들일 것과 그렇지 않을 것을 무자비하게 구분한다. 이런 고성능 필터의 도움으로 세상에서 자신의 길을 나아갈 수 있다. 그렇지 않았다면 과도한 자극의 홍수로 길을 잃고 어떤 결정도 내리지 못하는 곤궁한 상황에 처했을 것이다.

우리가 인식하는 것은 항상 사물의 어느 한 특정 관점일 뿐이다. 이미 오래전 철학자 에드문트 후설은 세상에 대한 우리의 지식과 행동은 항상 상대적이라고 지적했다. 사물과 언행에 대한 자각은 그 자체로 끝나지 않는다. 오히려 우리가 그것을 어떻게 해석하고 인식하느냐에 달려 있다. 우리 인생 전체가 이런 해석으로 가득하다. 따라서 뭔가를 인식할 때 즐거움, 무관심, 걱정, 관심, 증오, 사랑으로 해석하거나 그와 별도로 있는 그대로만 받아들이기도 한다. 그러나 사물을 전체적으로 그리고 온전하게 이해할 기회는 없다. 달처럼 전체에서 한 면만 관찰한다. 한 면이 밝게 빛나는 동안 지구를 등지고 있는 다른 한 면은 어두운 그늘에 가려져 있다. 후설은 우리의 국한된 관점으로 한정된 현상의 가시성을 '음영'이라고 했다.

후설의 주장과 관련해 덧붙여 말하면 도덕도 그런 음영과 관련이 있다. 우리의 빛은 어느 한 개념, 결정, 행동을 제한적으로, 상황에 따라, 상대적으로 비춘다. 밀림에서 생활하던 선조의 뇌를 물려받은 만큼 우리는 여러 가지가 아닌 특정한 '지점'에 주목한다. 우리는 뭔가를 '받아들이고', '이해하며', '납득'하지만 절대로 전체를 보는 일은 없다. 또 한 가지 의견을 '대표하며' 그 밖의 것은 무시한다.

동물과 사람의 차이 중 하나는 인간의 의식과 지성이다. 사람은 예견하는 능력을 지녔다. 사람은 아주 먼 과거에 있었던 일도 지금 눈앞에 보듯이 생생하게 그려낸다. 또 아예 존재하지 않는 것을 고안해낸다. 장 폴 사르트르는 인간이 지닌 이 성향을 정의하면서 이 점에 매료되었다. 니체의 표현과 관련해보면 인간은 '예측할 수 없는 동물'이다. 다시 말해 인간은 사고의 영역이 현재와 이곳에 국한되지 않은 유일한 동물이다.

그러나 이 모든 것이 도덕과 무슨 관계가 있을까? 원칙적으로 이 모든 것은 우리의 사회적 능력에도 적용된다. 우리는 눈으로 직접 보지 않은 것도 진지하게 생각할 수 있다. 우리는 수천 킬로미터 떨어진 곳에 사는 누군가를 걱정할 수도 있다. 볼 수도 없고 만질 수도 없으며 측정하거나 계산할 수도 없는 '평등', '정의', '책임'과 같은 윤리적 개념을 고안해냈다. 앞서 말했듯이 우리는 원칙적으로 이 모든 것을 할 수 있다.

칸트처럼 이성이라는 변호사를 따를 경우 근본적인 능력을 실제로 발휘할 수 있다. 이성이라는 건물 전체를 바닥부터 다지고 난 뒤 다음과 같이 말할 수 있다. "이 근본적인 능력을 충분히 사용하거나 그로부터 충분한 용도를 배운다면 세상은 더 나은 장소가 될 것이다." 그러나 이런 확신은 오늘날 사라졌다. 현대의 도덕 옹호자는 칸트가 당시 꿈꾸던 것에 비해 다른 사람에게 '양심'을 촉구하거나 통찰력과 이성을 호소하는 일에 게으르다. 이미 잘 알고 있듯이 어디에도 쓸모가 없기 때문이다!

그렇게 우리는 메칭거의 자아 터널로 돌아간다. 우리의 '도덕적 자아'는 그것을 제외한 나머지만큼이나 현실과 괴리가 있다. 상충하는 모든 생각이라기보다 한 가지 생각에 가깝다. 앞서 증명했듯이 우리의 정의감은 대뇌의 두정엽에 위치한다. 또 공감은 전두엽에서 생성된다. 때로는 상호 원조하지만 그렇지 않을 때도 있다. 도덕적 판결을 내려주는 절대적인 재판소는 그 어디에도 없다. 또 나의 분명한 확신에서 비롯된 자아상에 책임을 지우는 것은 그 순간 자아상이 나를 지배하는 것을 뜻한다.

자아상을 형성하고 그것을 따른다는 것은 그 자아상이 언제나 같으며 동요되지 않고 청렴하다는 것을 뜻하지 않는다. 이런 비방은 인류 문화사에서 가장 완고한 전설에 속한다. 호메로스의 작품에 등장하는 전형적인 고대 영웅의 성향은 분명하다. 아킬레우스는 용맹하고 불같으며, 오디세우스는 지혜롭고 현명하다. 그림 형제의 동화 주인공 또한 중간음, 혼합색처럼 조금의 다의성도 보이지 않는다. 「헨젤과 그레텔」에 등장하는 마녀는 어린아이를 잡아먹는 데 전혀 망설임이 없다. 마녀는 영원히 마녀일 뿐이다. 백설 공주와 신데렐라에서 악역을 맡은 계모 역시 다정하고 착한 구석이라고는 전혀 찾아볼 수 없다.

실제로 이 세상에는 교회에서는 하나님의 사랑을 갈구하면서 집에서는 아이들을 때리는 교인도 있다. 회사에서는 아무렇지도 않게 거짓말하면서도 아내에게 같은 행동을 할 때 망설이는 사람도 있다. 작은 무리에서는 용감하지만 공적인 자리에서는 아무 말도 하지 못하고 숨어 있는 사람도 있다. 철학자 루소 역시 인간의 선을 최고의 가치로 평가하면서도 정작 자신의 여러 아이를 고아원에 보내는 행동을 전혀 문제 삼지 않았다. 또 당대에 어느 누구보다도 아이들의 예민한 심리에 관해 잘 알고 있었던 유명한 정신분석학자 프로이트도 여러 자식 중 한 명을 유독 편애했고 여러 가족 모임에 불참했다.

우리가 성격이라고 하는 것은 어느 한 특성의 도해가 아니라 모순 덩어리다. 자신에 관련된 생각은 자신만의 도덕중개소에 의해 감정, 생각, 환경이 거의 고려되지 않고 상호작용한다. 예컨대 단순히 좋은 감정만으로 그 사람이 아량 있다고 말할 수 없는데도 기분 좋음은 나쁜 상태보다 배포가 큰 것으로 평가한다. "서로 끌어당기고 밀어내며, 혹은 천하에 드러내거나 몰래 숨기며 이렇게 조금도 긴장의 끈을 놓을 수 없는 상황 속에서도 계산된 가능성은 인생을 본인이 의도한 방향으로 이끈다. 이런 과정을 거쳐 스스로 기회를 알아차린다. 자신에게 주어진 가능성의 일부를 시인하고 최선의 방법을 찾거나 얻기 위해 분주히 노력한다. 인간은 스스로 규정하면서 결심한다."[03]

대담하고 훌륭하며 이성적이고 진취적인 생각인지는 항상 우리의 한정적인 지각과 관련이 있다. 그 순간 느끼지 못하는 것은 받아들이지 않는다. 또는 쇼펜하우어가 말했듯이 "가슴으로 느끼지 못하는 것을 머리로 이해하지 말아야 한다". 그렇다면 우리 마음의 법칙과 규칙은 무엇일까? 도덕적 직관은 이성을 앞서는가? 철학자들은 대부분 이런 부류의 질문을 중요시하지 않았다. 그러나 얼마 전부터 자신만의 자아 터널에 갇힌 독창적인 인간의 직관을 연구하는 붐이 일었다. 우리의 도덕적 촉각은 어떻게 작동하는가? 이 분야에서 유명한 학자로 베를린 막스플랑크 연구소 교육 연구 분야의 이사 기거렌처가 있다. 기거렌처는 인류의 직관을 이성 또는 논리를 뛰어넘는 그 이상으로 규정했다. 어느 누구도 계산기처럼 움직이지 않는다. 자신의 행동으로 얻을 수 있는 이익의 최고치를 계산하지도 않을 뿐더러 그럴 능력조차 없다. 인간이 사회생활에서 항상 자신의 이익만 계산한다는 사회생물학자의 주장은 생물학적으로만 오류인 것은 아니다. 우리 심리의 모든 면에 상충된다.

기거렌처 또한 인간에게는 한눈에 파악되지 않는 현실을 축소하고 알아보기 쉽게 도와주는 아주 오래된 필터가 있다고 생각했다. 이 필터는 인간이 앞으로 나아갈 방향을 제시한다. 말하자면 터널에서 사는 사람들을 위한 안내서나 다름없다. 오로지 알고 있는 것에만 집중하고, 그 밖의 것은 잊어버리고 배제하며, 모든 것을 인지효과에 맡긴다. 기거렌처는 이 메커니즘을 '재인 휴리스틱(recognition heuristics)'이라 불렀다. 알고 있는 것에 맡기는 것은 우리도 그러하다. 알지 못하는 것과 마주하면 오히려 회의가 생긴다.

기거렌처는 다음과 같이 조언했다. "익숙할 때 생각하라. 이 교훈을 감사하게 될 것이다." 그럴 때 우리는 "우리에게 필요한 소수의 핵심정보에 집중할 수 있다".[04] 이런 방식으로 뇌는 우리에게 방향을 제시한다. 선택의 폭이 좁아야 빠르게 결정할 수 있다. 또 선택의 폭이 넓을 때에 비해 스스로 자신의 결정에 만족한다. 누군가 얼마나 오랫동안 어느 장소를 응시하느냐에 따라 그 의도를 파악할 수 있다. 그림자 길이로 그 물체의 깊이를 결정한다. 도저히 어떻게 해야 할지 모를 때 등장하는 것이 지성이라면, 사실 우리는 그렇게 많은 지성을 필요로 하지 않는다.

지성은 적을수록 정확하다. 기거렌처가 직관에 부여하는 긍정적인 평가와 관련하여 사실 어느 정도 조심스레 접근해야 한다. 운동할 때, 낯선 도시에서 방향을 찾을 때, 슈퍼마켓에서 결정할 때 도움이 되는 것이 사회생활에도 항상 유용하다고 볼 수 없기 때문이다. 실제로 우리는 항상 직관을 따르는 '최소의 핵심정보'에만 집중하는가? 안타깝게도 때때로 불필요한 정보에 시선이 가는 것을 막을 수 없다.

언론의 가십과 잡지에서 말하는 유행 등 완전히 불필요한 것에 열광하는 사람들을 보지 않았는가? 딱히 유익하지는 않다고 해도 감정이 마구 샘솟는 인생은 직관과 전혀 관련이 없는 걸까? 험담, 질투, 투기, 남의 불행을 즐기는 마음은 본능과 직관이 아닐까? 광고매체는 인간의 그런 본능을 이용하고, 종국에는 보험 또는 초코바 하나를 더 팔기 위해 의도적으로 우리 주의와 시선을 훔친다. 보편적으로 독일인은 자국의 식물보다 자동차 브랜드를, 철학자보다 드라마 작가를 더 많이 알고 있다. 또 세계경제 또는 기후변동과 관련된 정보보다 브래드 피트와 안젤리나 졸리의 가십을 훤히 꿰뚫고 있다.

무엇보다 가장 끔찍한 것은 인생에서 판단을 내릴 때 신중하게 검토한 지식보다 본능이 훨씬 더 기여하는 바가 크다는 사실이다. 1992년 미국 대선에서 유권자가 후보자 조지 부시와 관련해 알고 있는 사항이 바로 그런 것들이다. 첫째, 브로콜리를 싫어하는 그의 편식습관이다. 그럼 두 번째는 무엇이었을까? 바로 그의 애완견 밀리였다.[05]

기거렌처가 밝힌 것처럼 선거에서 투표할 때도 주어진 정보를 바탕으로 심사숙고한 결과와는 차이가 있다. 선호하는 정당이 그들의 공약보다 중요하고, 특정 인물에 대한 거부감은 포괄적인 장단점보다 중요하다. 인간의 가치관이(물론 우리 주장을 포함한) 세계관에 맞추는 것이지 그 반대는 아니라고 주장한 하이트를 떠올려보자. 그렇지 않고는 전적으로 지성을 겸비한 인간이 자기 잘못을 시인하는 간단한 방법을 놔두고 잘못된 가설이나 실용적이지 못한 사상을 변호하는 데 더 많은 명예심을 사용하는 것을 어떻게 설명할 수 있겠는가? 이는 학계, 경제 또는 정치에서도 모두 마찬가지다. 사람들은 목적지로 향하는 길목에서 건강한 새 말로 갈아타는 대신 이미 죽어버린 형편없는 말을 타고 가려 한다.

이 모든 것이 인생에서 도덕적인 결정에 관한 질문을 꺼리게 만들어버린다. 인생을 제대로 돌아보지도 않는데, 하물며 우리 행동으로 생긴 결과까지 고려하겠는가? 또 우리 스스로 알고 있거나 최소한 어렴풋이 느끼기 때문에 그다지 노력하지 않는다. 대부분의 경우 충분히 생각도 하기 전에 결정이 내려진다. 대부분의 도덕적 판단 역시 스스로 변명할 틈도 없이 결정된다. 타인을 험담하는 것이 좋은 성품에 해당하지 않는다는 것을 누구나 알고 있다. 그런데도 많은 사람이 뒤에서 남의 이야기를 수군댄다. 때로는 우리가 의식하는 것보다 상태가 훨씬 더 심각하다.

칸트는 우리의 결정과 행동에 그 사람의 모습이 투영된다고 생각했다. 사람에 따라 정도 차이는 있지만, 분명 사람은 그렇게 행동한다. 다만 얼마나 자주 그렇게 행동하는가? 그리고 자기 기분을 지배하고 시선을 이끄는 여러 상황에 어떻게 대처하는가가 문제다. 개인적으로 스트레스를 심하게 받으면 타인의 문제에 덜 민감하다. 내 기분이 나쁠 때보다 좋을 때 거리에서 구걸하는 노숙자가 동전을 얻을 확률이 크다. 기차를 놓칠까봐 전전긍긍할 때는 분명 그는 아무것도 얻을 수 없다.[06]

이와 관련하여 프린스턴 대학교의 두 사회심리학자 다니엘 뱃슨과 존 달리는 인상 깊은 예증을 제시했다. 1970년대에 실행한 착한 사마리아인 실험은 전 세계적으로 유명해졌다. 신학생 47명에게 단 하나의 강의만 선택할 것을 요구했다. 하나는 신학자의 가능성을, 다른 하나는 '다정한 사마리아인'을 다뤘다. 두 경우 모두 제 시간에 강의실에 도착하기 위해 학생들은 서둘렀다. 그때 강의실이 있는 건물 앞에 술에 취해 도움이 필요한 사람이 신음을 크게 내며 누워 있었다. 시간에 쫓기는 학생들이 그 자리에 멈춰서 그 사람을 도울 것인가? 그 결과 전체 학생의 10퍼센트만 강의를 포기하고 그 사람을 도와줬다. 그리고 그 결과는 신학자의 가능성에 관련된 강의를 선택한 학생이나 '다정한 사마리아인' 강의를 선택한 학생이나 동일했다. 친절함이라는 주제를 집중적으로 다룬다고 해도 도움이 필요한 사람을 무시하거나 실수로 지나치는 것을 완전히 막을 수는 없었다.

도덕적으로 행동할 때는 원칙이 아닌 상황을 따르는 것이다. 때때로 우리는 성급하게 결정한다. 심사숙고하기에는 대부분 시간이 부족하다. 그렇기 때문에 처음에 떠오른 생각이 최선으로 비춰질 때가 많다. 우리가 세상을 인식하고 느끼는 감각은 동물의 방식과 같다. 제아무리 지능이 높은 동물이라도 초점은 매우 제한적이다. 반면 인간의 사고력은 훨씬 높은 경지에 있고 대단한 광경을 가능하게 한다. 그렇게 인간은 '인류를 위한 책임', '글로벌 윤리', '보편적 도덕' 같은 환상을 도모한다. 이는 실제로 인생에서 느끼고 이해하고 실행하는 것과 아무 관계가 없다. 인간은 진정한 자신보다 작다고 주장하던 안더스의 말처럼 인간의 관념 역시 자신보다 작다.

추측건대 의식적인 면에서 부담스러운 사상의 혁신적인 모든 자각에 반대한다고 볼 수 있다. 그러나 진화를 이익 추구 관점으로 보거나 자연 또는 세계에서 '의식'이라는 카테고리를 찾는 것은 불가능하다. 후설의 주장처럼 의식이란 인식을 통해 나타나는 전형적인 결과물이다. 의식적이든 무의식적이든 그것을 제외한 모든 나머지를 무시하는 과정에서 의식이 형성된다. 그 의식이 민감하든 이지적이든 간에 과정은 같다.

* * *

인간의 사회적 직감과 도덕적 직관은 때로 인생에 도움이 되지만 그렇지 않을 때도 있다. 개념과 광범위한 책임을 요구하는 온전한 것과 관련된 사항은 의식적으로 부담이 된다. 그러나 다른 한편에서는 현명하지만 본능과 거리가 멀고 무신경한 이성을 추구한다. 이성이라는 무기만 사용한다면 엄청난 규정과 원칙을 정의할 수 있을 것이다. 그러나 그런 식으로는 선한 사람이 될 수 없다. 즉 직관 또는 이성만으로는 착한 사람이 될 수 없다.

* * *

다음에서는 인간의 편협함을 보여주는 다양한 면모를 좀 더 자세히 소개한다. 이런 모습에서 우리가 느끼는 감정과 행실의 모순 그리고 생각과 행동 사이에 벌어진 틈을 살펴보자. 다수가 선한 사람을 거부하면서도 선한 사람이 되기를 선호하는 역설적인 상황을 설명해준다.

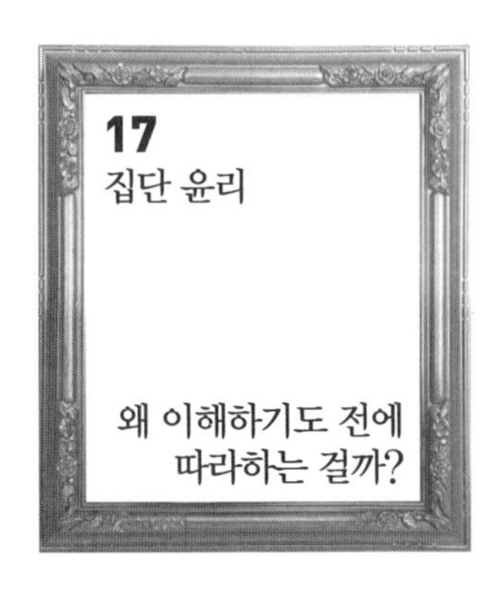

> 조직생활의 흐름은 운명으로 묶인 집단이 마법에 홀린 것처럼 우르르 몰려 나간다. 개개인이 아니라 자신을 내면 깊숙이 집단의 일원으로 믿는 사람은 하나의 형태를 이루는 단편적인 사람일 뿐이다.
>
> \- 지그프리트 크라카우어

베를린에서 붉은 신호등에 길을 건너는 것은 매우 위험한 행동이다. 스스로 위험을 자처했기 때문은 아니다. 경찰이 당신에게 벌금형을 내리기 때문도 아니다. 누군가 당신을 이상한 시선으로 바라볼 수 있기 때문이다. 베를린 라이프니츠 해양생태학 및 내수면어업연구소에서 생물학 및 어류 생태학을 담당하는 크라우제 교수는 그렇게 생각했다.

크라우제는 연구 초기 활동장소였던 리즈에서 신호등 주변의 보행자를 관찰했다. 어떤 상황에서 사람들은 붉은 신호등에도 길을 건너는 걸까? 그

답은 매우 간단했다. 바로 옆 사람이 건널 때다! 사람들은 단련된 눈초리로 주변에 서 있는 사람의 행동을 자동으로 분류한다. 나와 몸집이 비슷한 옆 사람이 대담하게 앞으로 나아가면, 나도 눈에 보이지 않는 소용돌이에 휩쓸려 같이 길을 건너게 된다. 멀리 떨어져 있는 사람이더라도 그 수가 둘 이상이라면 거기에 동참하게 된다. 신호등 앞에 서 있는 옆 사람이 아이거나 외모나 행동이 눈에 띄는 사람일 때는 이 메커니즘은 효력을 잃는다.

크라우제는 관찰을 끝내기도 전에 자동차에 치일 뻔했다. 관찰 장비를 팔 아래 장착한 연구진과 함께 신호등의 빨간불을 무시했다. 그때 놀란 마음은 지금까지도 생생하게 떠오른다고 한다. 그는 웃으며 말했다. "벌어질 수 있는 모든 변수를 정확히 알고 있었지만 우리도 사고가 날 뻔했다!"

크라우제는 베를린 동쪽 외곽 뮈겔 호숫가 옆에 독일 경제호황기인 창업시대 때 지은 하얀 건물에 위치한 자신의 사무실에 있었다. 연구소는 1893년 수질 감시와 어획량을 제어하기 위해 설립됐다. 그러나 크라우제의 연구 대상은 호수가 아니었다. 그의 관심사는 집단이었다. 큰 키에 쾌활하고 동작이 다소 굼뜬 그는 세계적으로 중요한 무리연구학자 가운데 한 명이 되었다.

'무리'란 연구소의 수족관, 물탱크, 양식장에서 사육하는 가시고기, 잉어, 장어, 철갑상어 이상의 것을 말한다. 하늘을 나는 새의 위치, 유제동물 무리, 맹수 무리 그리고 유인원 무리 등과 긴칼뿔오릭스, 양, 금화조, 늑대, 소, 침팬지 또는 고릴라 등 모든 집단에서 전형적인 집단행동이 나타나듯 사람도 마찬가지다. 낯선 공항에서 출구로 향하거나 수화물을 찾으러 갈 때 우리는 대부분 다른 사람들을 뒤쫓아 간다. 앞서 가는 누군가가 특정 방향으로 발걸음을 옮길 때마다 사람들은 그 뒤를 따른다. 믿을 수 있는지 확인하지 못했다고 해도 직관적으로 지도자를 따라 방향을 정한다.

우리 자신을 제스처와 시선에 맡긴다. 그리고 무슨 상황인지 이해하기도 전에 타인의 행동을 따라한다.

인류의 집단행동 연구는 매력적인 신학문이다. 크라우제는 이 분야의 개척자에 포함된다. 그의 연구진과 그는 끊임없이 새로운 시도와 실험을 고안해냈다. 2007년 200명의 자원자가 쾰른의 커다란 홀에 모였다.[01] 그들 중 어느 누구도 모인 이유를 알지 못했다. 요구사항은 옆 사람과 팔 길이만큼 떨어져서 계속 움직이는 것이다. 어느 누구도 목표나 계획이 없었다. 그러나 잠시 시간이 흐르자 '무리'는 매우 놀라운 형태로 배열되었다. 그들은 원을 두 개 만들었다. 실험 참가자의 절반은 원 안에서 특정 방향으로 움직였다. 그리고 나머지 절반은 반대 방향으로 돌았다.

이 현상은 매우 흥미로웠지만 인간의 전반적인 행동과는 거리가 있었다. 모든 집단에는 통상적으로 지도자가 있다. 지도자는 대부분 그 집단에서 가장 우월한 자다. 지도자는 환경이나 우연으로 결정되지 않는다. 쾰른 실험에서 크라우제는 동료들과 함께 은밀하게 지도자를 두 명 선택했다. 한 명에게는 오른쪽으로 집단을 가로지르라고 지시했다. 다른 한 명은 왼쪽으로 움직여야 했다. 군중은 어떤 반응을 보였을까? 그 결과는 매우 놀라웠다. 그런 상황에서 수족관의 물고기 행동과는 전혀 다르게 두 집단으로 나뉘지 않았다. 실험 참가자는 함께 그 자리에 머물러 있다가 좌측과 우측 사이에서 이리저리 성과을 둘러쌌다. 분명 그들은 두 방향 중 어느 곳이 나을지 직관적으로 검증하는 것처럼 보였다.

그러나 가장 긴장감 넘치는 깨달음은 세 번째 실험 결과에서 나왔다. 한 집단에 여러 리더가 있을 때는 무의식적으로 무슨 일이 일어날까? 크라우제는 드러나지 않는 리더를 5명 투입해 관찰했다. 결과는 크게 다르지 않았다. 두 번째 실험에서는 리더의 수를 5명에서 10명으로 늘렸다. 그러자

이번에는 뭔가가 달랐다. 여러 리더는 집단의 이동경로를 조정할 수 있었다. 원형에서 벗어나자 다른 사람들도 별 문제없이 그 뒤를 따랐다. 200명 가운데 리더가 10명이면 1 대 20의 비율인데 결과는 매혹적이었다. 의식하지 못하는 사이 어느 한 집단을 이끌려면 최소한 무리의 5퍼센트가 리더여야 한다!

크라우제의 연구로 인간의 집단 활동에 대한 새로운 관찰이 이어졌다. 집단연구는 열정적인 해양학자의 단순한 취미 그 이상이었다. 인간에게 한 것처럼 다른 포유류 동물의 집단 심리를 깊숙이 들여다보았다. 케임브리지와 프린스턴 등 명문대학교에 출강한 뒤 리즈의 연구실에서 기초 토대를 세웠다. 다른 분야에서 연구하는 동료들은 크라우제를 어류의 사고, 행동과 관련된 학술서적 출판자로 생각했다.[02] 그러나 오늘날 크라우제는 군대, 경찰, 보험회사, 건설사에 조언하는 전문가다. 경제 분야에서도 특히 거대 IT 기업은 그의 연구에 깊은 관심을 보였다.

사람 또한 특정 상황에서 어류와 다를 바 없이 행동한다고 가정한다면 지나친 과소평가일까? 아니면 어류를 과대평가하는 걸까? 크라우제처럼 어류의 친구라면 후자를 선택할 것이다. 어류는 놀라울 정도로 장기 기억력이 뛰어나다. 일부 종은 몇 달 동안 특정 먹이장소를 기억하고 몇 천 킬로미터나 떨어진 장소도 이동경로에 포함시킨다. 본능적으로 위험을 감지하고 그에 따라 집단행동을 한다.[03]

집단을 형성하면 여러 가지 장점이 있다. 먹이를 찾을 때 서로 돕고 돌아가며 보초를 설 수 있으며 시시탐탐 노리는 적들에게서 무리를 함께 보호한다. 그러나 집단행동에는 연습이 필요하다. 오래전부터 함께한 집단 또는 무리는 새롭게 형성된 동물 집단보다 먹이를 쉽게 찾는다. 서로 신호를 주고받으며 연락하는 동물들의 방식은 그 윤곽이 어느 정도 알려져 있다. 작은 로봇물고기를 이용해 크라우제는 용감한 대장물고기 한 마리가 선두에서 가시고기 떼를 이끄는 것을 증명할 수 있었다. 선두의 우두머리가 방향을 바꿀 때마다 물고기 떼는 그 뒤를 따라 거의 강제적일 정도로 방향을 전환했다.

물고기 떼를 그렇게 만드는 원인은 오늘날까지도 밝혀지지 않았다. 어떤 숨겨진 신호에 따라 그들은 방향을 찾는 것일까? 크라우제의 동료 가운데 한 명은 잉어의 상태와 생리학을 읽기 위해 사육하는 잉어에 칩을 이식했다. 그러나 아직 많은 것이 밝혀지지 않았다. "내가 실험을 진행하는 동안 물고기가 느끼는 감정을 알고 싶다." 크라우제는 수족관을 톡톡 두드리며 말했다. 민감한 단일 유기체는 작은 물고기 떼만 봐도 깜짝 놀란다. 여러 다른 물고기보다 유독 한 마리를 더 용감하고 대담하게 만드는 원인은 무엇일까? 신진대사가 다른 물고기보다 월등하기 때문일까? 실험용 물고기는 크라우제에게 기질이 다양한 '개성'을 뜻했다. 집단행동과 개개인의 성향이 동일하지만은 않다. 이는 물고기와 새 떼에서 일정 부분 사람에게까지도 적용된다. 그렇다고 무리 지어 방향을 찾는 모기처럼 원시적일 필요는 없다.

유대계 독일 신경과학자 후고 카를 리프만은 20세기 초 획기적인 사실을 발견했다. 브레슬라우와 베를린 자선병원에서 몰두한 그의 연구 주제는 행동의 뇌 지도였다. 리프만은 이 분야에 매우 감탄하며 두정엽과 전두엽에 뇌손상을 입은 사람은 아주 간단한 움직임마저 따라할 수 없다고 주장했다. 간단한 제스처에는 상위 뇌기능이 필요하지 않다고 생각하던 당대 신경과학자들의 견해를 생각하면 매우 놀라운 일이었다. 또 리프만은 우리가 알고 있는 뇌 영역에서 무의식적인 프로세스가 실행되고 있다는 것을 발견했다. 이것으로 우리는 타인의 손짓, 몸짓, 소리, 말을 무의식적

으로 모방한다.[04]

아무 생각 없이 누군가를 뒤쫓아 빨간 신호등에 길을 건너는 것은 이런 무의식적인 모방 때문이다. 젖먹이 아기가 엄마의 미소를 받아들이고 다시 돌려줄 때, 어린아이가 말을 따라할 때 사람도 무리의 소용돌이에 휩쓸리게 된다. 1990년대 초 과학자들은 이와 관련해서 거울신경세포(mirror neuron)를 언급했다. 1992년 파르마 대학교의 지아코모 리졸라티를 중심으로 한 신경과학자 단체는 뇌에서 이런 신기한 신경세포를 발견했다. 원숭이의 뇌는 호두를 잡으려고 생각만 했을 때와 호두를 잡았을 때 동일한 움직임을 보였다. 두 경우 모두 같은 신경이 활성화됐다.[05]

옆 사람이 하품하는 것을 보면 따라하거나 누군가 미소 지을 때 역시 미소 짓는 것은 우리의 거울신경세포 덕분인 듯하다. 거울신경세포는 1초도 안 되는 사이에 타인의 감정 신호를 감지하고, 경우에 따라 수용하는 신경세포다. 눈치가 빠른 사람은 상대의 몸짓만으로도 그 사람의 의중을 알아채고 상대가 몸짓과 소리에 '숨겨 놓은' 그것을 배려한다.

유인원과 인간 외에 다른 동물에게도 거울신경세포가 있는지는 아직 많이 연구되지 않았다. 어류에도 거울신경세포가 있다면 사람과는 다른 뇌 구역에 있어야 한다. 인간과 어류 모두 척추동물인데도 뇌는 매우 큰 차이를 보인다. 반사적 모방을 가능하게 한다고 추정되는 다음 후보는 뇌에서 중요한 역할을 맡고 있는 소뇌다.[06]

그것이 거울신경세포에서 비롯된 것이든 소뇌의 반사운동에서 비롯된 것이든 어떤 경우에도 사람은 무의식 속에서 타인의 행동을 따라하고 집단행동을 선호한다. 그러면 자연에서 인간의 무리, 즉 집단은 어떻게 행동했을까? 인류와 가까운 친척인 침팬지와 보노보는 50~80마리가 무리를 지어 생활한다. 이때 무리는 규칙적으로 생활영역을 서로 바꿔가며 생활한다. 사춘기에 접어든 수컷 또는 암컷은 무리를 떠나 남은 인생을 보낼 또 다른 무리를 형성한다. 우리의 조상도 그랬을까?

아마도 그랬을 것으로 보인다. 그렇다면 인류 초기 집단의 규모는 정확히 얼마나 됐을까? 1990년대 초 영국 옥스퍼드 대학교 진화심리학 교수 로빈 던바가 그 답을 준비했다. 던바는 대부분의 진화생물학자들이 동의하는 정확한 수학공식을 제시했다. 던바는 다음과 같이 추측했다. 대뇌 크기가 사회적 환경의 크기와 직접적인 관계가 있는 것은 아닐까? 물론 모기 또는 정어리는 이와 다르겠지만 최소한 포유류는 그렇지 않을까? 50~80마리로 무리지어 생활하는 침팬지와 보노보의 뇌 크기가 사람의 절반인 것을 보면 사람 무리가 대략 유인원 무리의 두 배였던 것을 의미하는 것은 아닐까? 만약 인간의 대뇌 크기가 두 배라면 사회의 복잡성도 배로 증가할 것이다.[07]

던바는 자신이 주장한 명제의 추가 근거로 오늘날 150여 명이 집단으로 생활하는 수렵채취 사회를 예로 들었다. 이는 인간 집단이 수용할 수 있는 최대 숫자다. 그 이상은 뇌의 한계를 벗어난다.

던바의 이론에서 흥미로운 점은 제리슨, 디콘의 주장과 유사하게(5장 참조) 사람의 대뇌가 우리 조상의 사회적 교류 범위를 설명한다는 것이다. 사회적 작용범위의 한계가 실제로 150명 내외였던 것은 아니었을까?

그러나 '던바의 수'를 지나치게 진지하게 받아들일 필요는 없다. 우리는 인간의 사회적 공감대의 작용범위가 천차만별이라는 것을 경험으로 알고 있다. 어떤 사람은 여러 사람을 위한 마음을, 또 다른 사람은 소수만을 위한 마음을 지녔다. 또 일부 사람은 거의 모두를 위해 또 다른 사람은 그 어떤 것에도 관심이 없다. 대뇌와 사회적 환경의 직접적이며 수학적인 관계를 말하는 이 명제는 생물학적 측면에서 전적으로 의심스럽다. 예컨대 오랑우탄과 긴팔원숭이는 우리와 가까운 친척으로 간주되는 유인원이다. 이들의 대뇌 크기는 최소한 사람의 약 3분의 1이다. 던바의 주장대로라면 이들은 약 50마리까지 무리를 지어 생활해야 옳다. 그러나 오랑우탄은 거의 혼자 생활하거나 어미와 새끼 몇 마리의 소규모 집단으로 밀림에서 서식한다. 또 긴팔원숭이는 수컷과 암컷이 짝을 지어 다른 무리에서 독립된 생활을 한다. 반면 이들보다 비교적 지능이 낮은 비비(개코원숭이)는 최대 250마리가 집단을 이루어 서식한다.

던바가 인류의 집단 규모를 침팬지와 보노보의 배로 보았듯이 그 논리에 따르면 절반으로 줄어들 수도 있다. 인간의 뇌가 발달하고 진화할수록 부담은 커졌다. 인간 사회의 엄청난 요구는 동물계의 요구와는 차원이 다르다. 던바의 주장에 따르면 인류는 이미 30명의 동족을 돌봐야 했다. 우리가 가깝게 지내는 측근의 범위와 관련하여 집단 구성원의 정확한 숫자를 논하는 데는 이견이 있을 수 있으나, 인간이 무리를 이루며 사는 동물이라는 데는 의심의 여지가 없다. 사람은 때로 자신의 생각보다 타인의 의견에 따라 결정한다. 이런 방법이 도움이 되는 것처럼 보이기도 한다. 일명 '집단지성'이라 부르는 이런 성향은 신문과 잡지, 언론에 자주 등장하는 테마다. 하지만 텔레비전 퀴즈 프로그램에서 정답률 91퍼센트의 시청자 찬스를 쓰는 것보다 정답률 65퍼센트의 전화 찬스를 택하는 사람이 훨씬 전문가답다는 느낌이 들지 않는 사람이 어디 있겠는가?[08]

어쨌든 집단지성의 가장 큰 고민은 전문가의 지식보다 항상 지혜로운 것은 아니라는 사실이다. 다수 의견에는 지식뿐만 아니라 전설, 오해, 편견이 포함된다. 말벌은 침 몇 방으로 말을 죽일 수 있을까? 세 번, 다섯 번, 일곱 번 또는 열 번? 이런 식의 질문에는 '5~7회'라고 대답할 것이다. 실제로 말벌은 장수말벌만큼 위험하지 않다. 말 한 마리를 독으로 마비시키려면 아마도 침을 100회는 놓아야 할 것이다.

실제로 스스로가 의식하지 못하는 판단과 몇몇 편견은 전체적으로 집단행동에서 비롯된다. 대부분 자신과 가까운 주변의 생각에 따라 방향을 잡을 때 생각의 소용돌이가 만들어진다. 옳고 그름은 무리가 결정한다. 무리에서 결정한 것은 전적으로 옳고 의미 있어 보일 정도로 명확하다. '사회적 집단행동' 또는 '도덕적 집단행동'이라는 개념도 여기서 시작됐다. 1986년 IT 전문가 크래이그 레이놀즈가 제시하고 학계에서 전반적으로 수용한 집단의 세 단계 유형은 우리 사회에도 적용된다. "당신 주변에서 보이는 중심 방향으로 움직이시오! 누군가 당신 곁으로 다가오면 그만큼 앞으로 나아가시오! 주변 사람처럼 거리를 두고 움직이시오!"[09]

일상에서 우리가 육체적·사회적·도덕적 결정을 내릴 때 그 결정은 스스로는 크게 의식하지도 못한 사이 일어난다. 거울신경세포의 도움으로 다른 사람의 모습을 무의식적으로 알아차린다. 토요일 오후 인파가 넘치는 길에서 사람들 사이를 비집고 지나갈 때면 우측으로 방향을 잡아야 할지 좌측으로 방향을 잡아야 할지 고민하지 않는다. 그렇게 고민하지 않아도 당신 안에 잠재된 집단본능이 이미 어떻게 해야 할지 알고 있다. 안전을 생각한다면 아마 여러분은 우측통행을 할 것이다. 그리고 다른 사람들이 당신에게 기대하는 행동도 그 이상은 없다.

칸트의 유명한 격언 "소신을 따라 행동하는 데 용기를 가져라!"는 사실 인생의 모든 상황에 적용되지는 않는다. 매 순간 그렇게 행동한다면 세상에서 길을 잃거나 더 이해할 수 없는 경우도 생길 것이다. 괴테의 지혜 "근본적으로 자신이 추구하는 의미를 잃지 마라. 다수가 믿는 것을 따르는 것은 지나치게 단순하다!" 역시 언제나 도움이 되지는 않는다. 선한 의도에서 자신의 생각이 아닌 대중의 생각을 따를 때도 있다. 또 일반적으로 일상에서 자신의 생각에 따라 행동하지 않기 때문에 괴테의 조언이 의미심장하게 다가오는 것일 수도 있다.

우리 판단과 확신이 다른 사람에 의해 좌우된다는 사실은 그리 놀랍지 않다. 우리의 사회적 영토는 한눈에 파악할 수 없는 지형이다. 따라서 '자신의 오성을 추구하는' 무리를 따르는 경우가 빈번하다. 우리가 단 한 차례라도 자기 생각을 들여다보지 않는 데서 고뇌가 시작된다. 젤이 언급한 것처럼 "우리는 확신의 구조와 관련해 대도시의 다양한 모습만큼이나 제대로 알지 못한다. 어쩌면 확신보다 대도시의 여러 면모를 더 알고 싶어할지도 모른다. 좀 더 자세히 말하면 우리는 세상에서 차지한 그 어떤 입지보다도 확신이라는 지도 내면에 대해 알지 못한다".[10] 그렇기 때문에 "확신을 믿어라! 이런 충고는 혼란을 가중하기만 한다. 그렇다면 어떻게 시작해야 할까? 어떻게 멈춰야 할까? 무엇을 따라가야 할까? 확신에는 굳건한 중심도 자유로운 외곽도 없다".[11]

이런 상황에서 외부 영향력을 피하기는 불가능하다. 물론 어느 정도는 자신의 의지에 따라 외부 영향력을 차단할 수도 있다. 길에서 눈이 마주친 상대가 미소 짓는다고 해서 누구나 미소로 화답하지는 않는다. 또 주변에 채식주의자가 전혀 없더라도 채식을 고집할 수 있다. 그러나 직관적이고 의식적인 주변의 영향력을 언제나 거부하는 사람은 도덕적 영웅이 아니라 사회적 자폐아다! 최신 연구 결과에 따르면 이런 사람은 타인의 모습을 비추는 기능과 감각이 사라지는 위험에 빠진다고 한다. 예컨대 지속적으로 이 능력의 사용을 거부할 때 그런 현상이 일어난다. 인간의 근육계에 적용되는 이것은 거울신경세포 같은 신경세포도 분명 예외일 수 없다. "사용하거나 잃어버리거나다!"[12]

물론 소용돌이에 휩쓸려 함께하는 것의 어두운 면모 역시 잘 알려져 있다. 신체적인 측면에서 대참사가 일어났을 때 대중적인 공황에 빠질 수 있다. 언어적으로는 다수 의견에 따라 남을 헐뜯고 소문을 퍼뜨리기도 한다. 사회적으로는 동료를 따돌리는 것으로 시작해 소수민족 박해로 이어진다. 직관을 따라 무리의 생각이 우리에게 더빙되고 검증된 이성의 목소리는 소리를 잃는다. 다수의 일부로 있을 때 개개인일 때보다 자기 행동에 책임을 느끼지 않는다. 집단이라는 포근한 날개 아래서 모든 사람은 형제이자 자매가 된다. 그러나 그만큼 자신의 책임감을 잃어버린다. 작가이자 사회철학자인 크라카우어는『대중의 장식』에서 미학적 매력을 묘사할 때 그것 외에는 염두에 두지 않았다. 큰 집단에서 느끼는 안정감이 강력할수록 그 감정을 중요하게 의식한다.[13] 그런 감정 및 영향력 중 가장 잘 알려진 사례로 감정 또는 생각의 조작을 들 수 있다.

＊ ＊ ＊

집단과 무리를 형성하는 사회적 동물로서 인간은 대단히 오래전부터 내려온 집단행동의 사회적 반응을 나타낸다. 이것은 일상에서 무의식적인 방향을 정하는 데 유용하며 사회적 행동에서 도덕적 결정까지 교묘하게 영향을 미친다. 우리는 타인의 행동이나 지침에 따라 자신의 방향을 결정한다. 이렇게 일상에서 도덕적 선택의 폭은 갈수록 좁아진다. 습관의 힘, 검증되지 않은 다수 원칙과 지인의 행동은 우리가 자각하는 것보다 훨씬 더 큰 영향력을 행사한다.

＊ ＊ ＊

도덕적 문제에 대중심리를 따르는 정도는 분명 개인마다 차이를 보인다. 동참하는 사람부터 반대하는 사람까지 그 편차는 매우 크다. 타인이 하는 모든 행동을 쉽게 따라할 수는 없다. "관용을 우러러보는 사람은 항상 존재하지만, 선행에는 그만한 대가를 치러야 하기 때문에 그것을 실천하는 사람은 드물다." 요한 네스트로이는 인간이 지닌 모방본능의 한계를 꼬집었다. 그러나 집단 내 다른 일원의 행동을 참고하지 않는다면 사회적 관계는 물론 소속감 문제가 발생한다. 하지만 우리가 고려하는 집단과 전혀 상관없는 사람의 관계는 어떠한가?

18 융통성 없는 사제집단

우리, 다른 사람 그리고 매우 다른 사람

강 건너편에는 나를 응시하는 한 사람이 앉아 있다.

"저기 좀 봐. 건너편에도 사람이 앉아 있네."

\- 레베니히

아들 오스카는 네 살 때부터 유치원에 다녔다. 오스카는 고슴도치 반이었다. 유치원에는 고슴도치 반과 개구쟁이 반이 있었다. 이 두 반은 대부분 따로 교육을 받았다. 그러다 가끔 공동수업을 하기도 했다. 유치원 졸업반, 오스카는 여섯 살이 되었다. 아이는 내게 개구쟁이 반 아이들을 도저히 참을 수 없었다고 말했다. 고슴도치 반의 어느 누구도 개구쟁이 반을 좋아하지 않았다. 개구쟁이 반 아이들은 모두 못됐고 항상 싸움을 걸어온다고 말했다. 그러나 오스카는 영리한 아이였다. 따라서 나는 아이에게 개구쟁이 반 아이들도 똑같이 생각하는지 물어보았다. 오스카는 생각에 잠겼지만 대답을 하는 데 그리 오래 걸리지 않았다. 아이는 개구쟁이 반 아이들이 그렇게 생각하지 않을 것이라 단언했다. 그 아이들은 오히려 고슴도치 반 아이들이 시비를 건다고 생각할 것이라 말했다. 나는 아이에게 다시 물었다. "그럼 서로 잘못하지 않았다고 생각하는 상황인데, 누가 먼저 싸움을 건 걸까?" 아들은 이해할 수 없다는 눈길로 날 바라봤다. "당연히 개구쟁이 반 애들이죠!" 아이는 대답하면서도 뜬금없는 내 질문에 혼란스러워했다.

아이와 진지하게 옳고 그름을 논할 필요는 없다. 고슴도치 반과 개구쟁이 반의 갈등은 전형적인 유인원의 행동과 크게 다를 바 없기 때문이다. 긴팔원숭이와 특정 원숭이과를 제외하면 유인원은 대부분 무리지어 서식한다. 또 무리의 규칙에 따라 생각한다. 물론 유인원에게 '우리'라는 감정이 존재하는지 그리고 이 감정이 어디까지 적용되는지 곰곰이 생각할 수도 있다. 그러나 최소한 한 가지는 모든 유인원에게 공통적으로 적용된다. 이 집단에 소속되지 않은 유인원은 다른 무리에 속한다. 다른 사람과 분쟁이 생기면 우리가 좋은 편이다. 그것은 단순히 우리가 다른 사람이 아닌 우리이기 때문이다.

무리를 형성하는 우리의 상당한 요구와 능력에는 치명적인 단점이 있다. '우리'를 말하는 사람은 필연적으로 '우리'에 속하지 않는 사람, 즉 '타인'의 개념을 알고 있다. 예컨대 쾰른 시민은 독일 어느 곳에서도 찾아볼 수 없는 지역 사랑을 자랑한다. 독일의 어느 도시보다도 쾰른 시를 위한 찬가가 많다. 그러나 쾰른과 뒤셀도르프의 관계에서 불행한 얼간이역을 맡고 있는 뒤셀도르프 시민 없이 쾰른 시민의 지역 사랑은 어떠했을까?(아마 뒤셀도르프 시민은 이 관계를 반대로 생각했을 것이다. 그러나 쾰른 시민 입장에서 생각한다면 이 역시도 부당하다.)

집단을 형성하는 것은 인간의 본능적인 행동의 일부분이다. '타인'의 존재는 잘못된 도덕적 견해에서 비롯된 것이 아니라 필연적인 것이다! 우리가 좋아하고, 즐겨보며, 다른 사람보다 더 높게 평가한 사람을 '외부에서 안으로' 들인다. 통상적으로 자식은 유대감이 가장 깊은 집단을 형성하지만 보편적인 규칙과 달리 예외가 존재한다. 자식을 제대로 돌보지 않는 부모와 부모에게서 최대한 빨리 등 돌리는 아이도 있다. 서로 미워하고 연락마저 끊어버리는 형제자매도 있다. 자식이야말로 부모가 가장 걱정하고 배려하는 사람이라는 수학적 공식은 성립되지 않는다. 그럼에도 대부분 자식은 그들이 부모를 어떻게 생각하는지와 별개로 우리에게 가장 가깝고 소중한 존재다.

또 감정과 공감대를 나누는 집단에 친구가 해당된다. 다음 단계에는 친한 지인이 그리고 그 뒤에는 아무래도 상관없는 사람들이 있다. 우리의 공감은 인류를 위한 것이 아니다. 또는 만화 〈아스테릭스〉에 등장하는 백발의 악역, 메투살릭스가 "외부인에게는 아무런 감정도 없다. 친한 친구들 중 일부가 오히려 더 낯설다. 그러나 이 외부인은 이곳 사람이 아니지 않은가!"라고 외치는 것처럼 말이다. 친구라는 카테고리에 포함되는 친척과 '이곳 사람이 아닌' 낯선 사람인 외부인. 인간의 도덕적 감수성에 따라 매겨지는 이런 등급을 매력적으로 묘사하기는 어렵다. 또 감수성이 여기에 맞는 정확한 개념인지도 마찬가지다.

뉴멕시코 산타페연구소 소장이자 경제학자인 새뮤얼 볼스는 우리의 집단본능을 어느 한 시골 사제관에서의 본당 신부, 파로쿠스(Parochus)와 비교했다. 그리스어 파로쿠스의 어원은 '베푸는, 주는'이란 뜻으로 긍정적인 것을 의미한다. 그러나 볼스가 지방의 한 작은 사제관에서 찾은 그들의 생활은 본래 어원과 차이가 있었다. 작은 사제관의 사람들은 항상 집단의 일원을 도울 채비가 되어 있었다. 그러나 동시에 그들은 전혀 융통성이 없고 편협하며 타인을 의심했다. 이 개념은 볼스가 도입했기 때문만이 아니라 페르가 자신의 연구에 차용하면서 유명해졌다. 한때 목사가 되려 했던 볼스에게는 꽤나 불쾌한 진실이었다.[01]

인간은 다양한 집단에서 '편협함(parochialism)'을 보이는 경향이 있다. 우리는 인식론만이 아닌 도덕이라는 동굴에서 산다. 우리는 난로 주변에(상상 속에) 둘러앉은 작은 집단에서 행복을 느낀다. 스위스의 어느 한 유치원에서 시행한 정의 테스트를 떠올려보자. 아이들은 자리에 없는 다른 아이에게 사탕을 얼마나 나눠줄 것인지 결정해야 했다. 아이들이 사탕을 나눠줘야 하는 대상이 알고 있는 사람인지 아닌지에 따라 편차가 매우 컸다.[02]

즉 인간의 배려와 남을 돕고자 하는 마음에는 제한이 있다. 또 자신과 가까운 사람과 관련된다. 물론 그렇다고 해서 윤리적 측면에서 저 멀리 낯선 곳에 있는 사람들을 도우려는 마음에 해가 되는 것은 아니다. 단 한 번도 보지 못한 국제적 인사의 사면을 위한 국제사면위원회에 참여할 수 있다. 내 기부로 도움을 받는 수혜자를 만나지 못한다고 해도 거리낌 없이 자선단체에 돈을 기부할 수 있다. 또 기독교, 이슬람교 또는 공산주의 등 자신만의 방식으로 인류에 기여하려는 이념을 지지할 수 있다. 그렇다고 해서 이 모든 행동이 고대로부터 내려온 인간의 편협함에 모순되는 것은 아니다. 구호단체를 후원하는 사람이라고 해서 자신이 아는 모든 사람을 사랑하고 존중한다고 볼 수는 없다. 이런 전제 조건이 있었다면 세상의 모든 자선단체에는 뜻을 함께하는 회원을 전혀 모을 수 없었을 것이다.

여기서 말하고자 하는 핵심은 이렇다. 인간은 자신이 아는 사람 중에서 일부만 사랑하고 존중할 수 있다. 물론 모든 사람을 존중한다는 사상을 선호하고 존중할 수는 있다. 그러나 실생활에서 모든 사람을 사랑하고 존중할 수는 없다. 물론 신앙이 깊지 않은 사람의 경우지만 이웃 사랑을 슬로건으로 외치는 기독교 같은 종교집단에서도 사람을 차별한다! 비현실적인 규율로 무장한 비인간적인 종교일수록 타인에게 공격적인 행동을 보인다. 그 집단의 일원에게 강요하는 지나친 요구는 상대에 대한 오만으로 다시 반복된다. 종교 또는 다른 이념을 추구하는 모든 지성인, 종파, 교단이 이런 원칙을 따르는 것은 아니지만 이런 사례는 놀라울 정도로 자주 반복되었다. 비행 청소년은 이를 본보기로 삼아 행동한다. 이타주의란 항상 모두에게 분배되지 않는 한정적인 자원이다. 언제나 모든 사람에게 좋은 사람은 정작 자기 자신은 제대로 챙기지 못한다.

이런 논리를 설명하는 단순한 생물학적 모델이 있다. 다른 집단을 거부하는 진화론적 전투의 보상으로 인간의 협동심이 발전했다.[03] 볼스의 이론은 지금까지 유행하고 있다. 물론 그 바탕에 깔린 토대는 매우 사색적이다. 헬블링과 달리 볼스는 인류의 조상이 항상 격렬한 전쟁에 몰입했다고 가정했다. 그 증거로 부서진 두개골과 팔뼈를 제시했다. 그러나 그 증거가 실제로 두 집단과 문화가 격돌한 전쟁의 결과일까? 1만 년 전에 부서진 두개골만으로는 그를 내려친 치명적인 도끼의 주인공이 적인지 또는 낯선 사람인지, 개인적인 싸움인지 또는 전쟁 중인지 판단하기 어렵다.

볼스는 2차 발전 단계에서 조상이 상호 협력해 사회적 이익뿐만 아니라 군사적 이득도 보았다고 추측했다. 협조적인 집단은 낯선 영토를 손쉽게 정복하고 새로운 여성을 잉태시키며 전사의 유전자를 퍼뜨릴 수 있었다. 볼스는 이것을 입증하기 위해 다양한 컴퓨터 시뮬레이션을 활용했다. 그러나 그가 입증하고자 했던 것은 인류사에서 완전히 새로운 이론이 아니라 이미 이전부터 존재했던 진화심리학자 로렌츠 또는 부르스터 기셀린의 세계관이었다.

그러나 여러 학자가 과대평가를 했다. 인간의 행동을 보여주는 컴퓨터 모델의 설명 가치는 매우 한정적이다. 실제로 직접적이고 필요에 따른 이타주의, 편협심, 전쟁은 어디까지나 추측에 불과하다. 이 삼위일체가 우리 문화의 불변규칙으로 적용한다면 여러 예외 사례를 묻는 질문이 제기된다. 다른 민족과의 전쟁이 아닌 내전을 치르는 민족은 왜 그런 걸까? 평화로운 문화권에는 어떤 문제가 있을까?

추측을 배제하면 이보다 추상적인 것이 등장한다. 인류의 근본적인 사회환경은 집단 자체다. 그곳이 바로 감성세계이자 사랑, 미움, 이해, 협력, 교환, 배려, 공감이 피어나는 장소다. 이 밖의 것들은 단지 아득하게 느껴진다. (이 문장을 쓰는 동안 창밖에 보이는 햇빛에 밝게 빛나는 길 건너 집들을 바라봤다. 그곳에 사는 어느 누구도 알지 못했다. 솔직히 말해서 딱히 관심도 없었다. 내 세계는 내가 넓히고자 하는 마음이 들 정도로 작았다. 또 내 마음의 사제집단은 한눈에 들여다보일 정도다.)

공감대와 도덕의 범위는 물에 던지는 돌과 비교된다. 돌이 떨어지는 지점부터 수면 위로 멀리 퍼져나가는 원이 생긴다. 제일 안쪽의 원에는 우리와 가장 가까운 사람들이 있다. 때때로 우리는 이 집단을 예컨대 우리와 강력한 유대감을 지닌 가족과 동일시한다. 집단의 가장자리는 말하자면 '제2의 피부(zweiten Haut)'다.

나는 전작 『나는 누구인가』에서 하버드 대학교의 심리학자 하우저가 전 세계의 30만 명에게 던진 질문을 소개했다. 응답자는 자신이 선로 위에 있다고 상상해야 했다. 그때 저 멀리서 기관사가 없는 화물차가 빠른 속도로 달려오는 모습이 눈에 들어온다. 아무런 조치도 취하지 않는다면 그 기차는 계속 달려 선로에서 일하고 있는 다섯 명의 철도노동자를 덮칠 것이다. 당신만이 그것을 막을 수 있다! 눈앞에 있는 전철기로 선로를 바꾸면 기차는 옆 선로로 옮겨가고 그곳에서 일하는 단 한 명의 철도노동자의 목숨만 희생될 것이다. 당신은 어떤 선택을 할 것인가? 전 세계 응답자의 4분의 3이 전철기를 옮겨놓을 것이라고 대답했다. 불분명한 상황에서 다섯 명의 목숨을 살리는 것이 한 명을 희생하는 것보다 가치 있다고 느꼈기 때문이다.

이는 분명 올바른 선택이다. 나 또한 지금까지 빌헬름스하벤, 징겐, 뒤셀도르프, 코트부스 등 독일 전역의 여러 도시에서 이 철도 테스트를 100회 이상 시행했다. 때로는 서점에서 때로는 수백 명이 모인 대형 강의실에서도 했다. 그리고 그 결과는 항상 같았다. 응답자의 4분의 3은 전철기를 바꿔놓을 것이라 대답했다. 반면 나머지 4분의 1은 아무것도 하지 않을 것이라고 대답했다. 그러나 테스트에 한 가지 세부사항을 추가하자 그 결과는 완전히 달라졌다. 선로에는 안면이 없는 철도노동자가 다섯 명 있고 그 옆 선로에는 바로 당신의 아이가 놀고 있다! 이제 철도노동자 다섯 명 대신 당신 아이가 목숨을 잃는 이 상황에서 어느 누가 전철기를 바꿔놓을 것인가? 이 질문을 던진 장소가 어디든 그 결과는 같았다. 어느 누구도 선로를 옮기는 선택을 하지 못했다!

모든 면에서 이성적인 도덕과 주관적인 도덕의 차이를 정확히 제시하기는 매우 힘들다. 물론 원칙상 우리 모두 다른 사람의 목숨이 어느 누구나 똑같이 소중하다는 이성적인 생각을 한다. 그러나 이는 원칙적인 이야기일 뿐이다. 실제로 우리는 가까운 주변 사람과 타인의 인생을 구별한다.

인간의 도덕적 행동이 추구해야 하는 방향성과 언제나 옳은 칸트의 정언적 명령은 현실에서 인간의 사회적 본능으로 백지화된다. 그 생각만으로 평가하면 정언적 명령은 더없이 올바르고 분명하지만 일상에서 실천하기에는 뭔가 부족하다. 페터 슬로터다이크는 이를 재미있게 표현했다. "정언적 명령의 진가는 유용하지 않음을 증명하는 우수성에 있다."[04]

타인을 도덕적 기준으로 평가할 때 우리는 다양한 잣대를 사용한다. 이 때 이성으로 판단하기보다 대부분 호감에 따라 결정한다. 기센 유스투스 리비히 대학교 교수 겸 진화심리학자이자 학술 저널리스트인 에크하르트 폴란트는 이와 관련하여 이중도덕규범을 언급했다. "도덕은 항상 실천할 수 있는 것과 그렇지 않은 것 두 가지로 구분된다. 도덕은 구조적 측면에서 항상 이중규범이다."[05]

폴란트의 생각이 옳은 걸까? 이중도덕규범이 무슨 뜻인지 정확히 알아보자. 일반적으로 누군가 하나의 규범을 정하고 그 규범과는 다르게 행동하는 것을 뜻한다. 결혼과 가족에 관한 절대적 가치를 선포한 기독교 신앙을 가진 정치인이 올바르지 않은 은밀한 관계를 맺을 때 우리는 그를 이중도덕규범자로 생각한다. 그러나 이 개념을 근본적으로 모든 도덕 분야로 확장할 수 있을까? 당연히 인간은 항상 다른 아이들보다 자기 자식을 편애한다. 그러면서도 학교 선생님은 원칙적으로 모든 아이를 똑같이 대해야 한다고 말하지 않는가? 아마 어느 한 아이만 유독 아낀다면 당연히 부모 마음은 썩 좋지 않을 것이다. 그러나 이는 '말로는 그렇게 하면 안 된다고 타이르면서 본인은 자신의 말과 다르게 행동하는' 가식적인 모습과는 조금 차이가 있다. 이중도덕규범이란 평등과 민주주의 정신에 따라 자신의 의지를 굳건히 지키고 무엇에도 굴하지 않으면서도 동시에 어떠한 상황에서도 타인 모두가 내 아이를 좋아하기를 바라는 것을 말한다.

주변 사람을 낯선 사람과 차등 대우하는 것은 자연스러운 본능이다. 여기에 '이중도덕규범' 개념을 논하는 것은 옳지 않다. 자기 자식을 두 가지 기준으로 판단하면 정확한 확신이 서지 않을 것이다. 자기 아이, 부모, 친구가 낯선 사람과 다르다는 데 반박할 사람이 어디 있겠는가?

텔레비전과 라디오의 뉴스 프로그램 또한 이 원칙을 따른다. 뉴스 프로그램과 가장 밀접한 집단은 뉴스 규모에 따라 지역이나 국가 순이다. 메투살릭스 원칙이 말하듯 거의 모든 것이 우리, 타인, 그리고 완전히 낯선 타인으로 움직인다. 우선 독일 국내 소식이 전해지고 그 뒤를 국제 뉴스가 따른다. 독일 장관 사퇴는 아프리카 내전보다 중요하다. 단지 자연재해의 경우만 이 원칙에서 예외된다. 그러나 이 경우에도 여러 기준으로 판단한다. 독일에 비행기가 추락하면 투르크메니스탄과의 악재와는 또 다른 센세이션을 일으킨다. 그 이유는 무엇보다 사망자가 자국민이기 때문이다.

그러나 특이한 점은 진정한 공감대를 형성하기에는 국가나 민족이라는 개념은 다소 거창하다. 독일인 또는 프랑스인이라는 개념은 외견상의 정체성에 가깝기 때문이다. 그러나 실제 일상에서 우리는 독일인은커녕 쾰른 시민도 마주하지 못한다. 거리에서 낯선 사람과 시비가 붙으면 그가 독일인이든, 쾰른 시민이든, 네덜란드인이든 중요하지 않다. 축구에서 단 한 차례 승리하는 것만으로도 쾰른 시민과 독일인은 함께 어깨동무하고 승리를 만끽한다. 쾰른에서는 남의 자동차를 쳐다보는 경우가 아주 드문 반면 라플란드(스웨덴 북부지방-옮긴이)에서는 차에 탄 사람이 아는 사람인지 확인하려고 유리창에 코를 바짝 대고 쳐다본다.

사람들이 느끼는 소속감은 특정 환경에 따라 그 범위가 확장되지만 이는 일시적이다. 2006 하기축구 리그가 끝나자 축제 분위기도 함께 사라졌다. 애이브러햄 링컨은 다음과 같이 말했다. "소수의 집단은 오랫동안 속일 수 있다. 그리고 다수는 짧은 시간만 속일 수 있다. 그러나 모든 사람을 항상 속인다는 것은 불가능하다." 집단의 결속력에 관해 이와 유사한 원리가 적용된다. 소규모 집단은 오랫동안 결속이 이어진다. 또 일정 기간 대규모 집단을 유지할 수도 있다. 그러나 항상 대규모 집단을 지켜내는 것은 인간에게 불가능한 일이다.

단순히 휴가지에서 만난 거주지가 같은 6명을 하나의 집단으로 보기는 어렵다. 그러나 그들이 모여 함께 행동한다면 하나의 집단이 된다. 상호 관심과 어느 정도 단결심은 모든 집단구조를 단단하게 해주는 접착제다. "우리와 뜻을 함께하지 않는 사람은 우리에게 대항하는 것이다." 미국 대통령 조시 부시는 일명 '테러에 대한 전쟁'에 이런 유인원 논리를 강요했다. 아무 말이나 던지다 보면 때로는 핵심을 찌를 수 있다는 것을 입증하는 증거다.

집단에 소속된 사람은 언제나 '이방인(fremde)'의 의미를 구분한다. 이때 필연적으로 '적'이 꼭 있어야 하는지는 특별히 정해지지 않았다. 물론 집단의 결속력 강화에 유용할 수도 있다. 집단의 테두리가 '제2의 피부'가 될 때 그것은 내 정체성을 알리는 데 중요한 경계를 표시한다. 그 경계로 정체성이 구축되는 과정을 보여주는 인류의 정치적 문화사는 영토의 경계, 언어의 경계, 종교의 경계 등 매우 인상적이다. 어쩌면 그렇기 때문에 경계를 무너뜨리기 힘든 것일지도 모른다. 그렇다면 경계는 언제 어떻게 해야 사라질까? 절대로 그런 일은 일어나지 않을 것이다. 인류와 문화는 자신이 누구인지 깨닫기 위해 항상 '타인'이 필요하다. 그렇기 때문에 경계는 항상 어디선가 새롭게 다시 구축된다. 동유럽 국가사회주의가 몰락한 이후 '자유로운 서구'는 '가치의 서양'으로 돌변했다. '자유로움'이 사회주의의 경계에서 맞서는 동안 아랍국가의 원리주의에 대항하는 새로운 개념 '가치'를 고안한 것이다.

* * *

사회적 영장류의 일원으로 인간은 집단과 무리를 이루며 생활한다. 이때 누가 나와 함께 무리를 이루는지, 그렇지 않는지 윤리적 측면에서 확연하게 분류한다. 내가 소속된 집단의 일원은 생판 남인 사람을 판단하고 평가하는 데 쓰이는 기준과는 차별화된 잣대를 사용한다. 단순히 '우리'라는 테두리 안에 함께한다는 이유로 여러 문제를 거의 인지하지 못하거나 적용되지 않는 것으로 간주하는 이유는 영장류 본성 때문이다. 세계의 재난과 위급상황에도 자신의 의지를 따라 돕기보다 직관적으로 다른 사람의 행동에 동참하고 소속감을 느끼는 집단의 자의식을 공유한다.

* * *

집단윤리와 집단을 본보기로 자기 방향성을 정하는 것은 우리의 능력과 공감대를 축소하고, 일상에서 이성에 경계를 긋는 전형적인 인류의 행동양식이다. 그러나 이때 도덕적 판단력을 무너뜨리는 가장 큰 위협이 도사린다. 그것은 바로 '순응(konformität)'이다. 이 개념 하나만으로 신호등의 빨간불에 용감하게 멈춰서 타인의 모범이 되는 모습을 보이는 동시에 제3제국 정권 아래서 상상할 수 없을 정도로 참혹한 방법으로 인류를 학살한 동일한 한 인물을 설명할 수 있다.

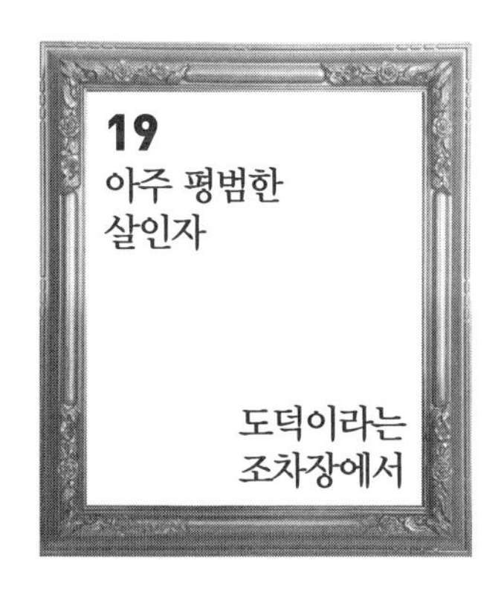

19 아주 평범한 살인자

도덕이라는 조차장에서

만인의 사적인 좌우명: 권리를 실현하는 것보다 사랑받는 것이 훨씬 낫다.

\- 마크 트웨인

1942년 7월 13일 101예비경찰대대 대원들은 이른 새벽부터 나무침상에서 벌떡 일어나 집합했다. 폴란드의 작은 도시 비트고라즈에서 숙소로 사용한 커다란 학교 건물에 명령이 울려 퍼졌다. 대원들은 함부르크 출신으로 한 집안의 가장인 중년층이었고 대개 프롤레타리아나 소시민 계급이었다. 이들은 독일 군대에 보탬이 되기에는 다소 나이가 있었다. 따라서 경찰대대로 편입되었다. 대원들은 대부분 독일이 점령한 국가에서 그 어떤 전투 경험도 하지 못한 신참대원으로 3주 전에 폴란드에 도착했다.

대원들이 대기 중인 차량에 타는 동안 주변은 어두컴컴했다. 탄약은 충분했지만 차량에 추가로 탄약박스를 실었다. 경찰대원들은 앞으로 무슨 일이 일어날지 전혀 예상도 하지 못한 채 위대한 첫 임무를 하기 위해 가고 있었다.

비트고라즈에서 대원들을 싣고 출발한 화물차는 대열을 맞춰 어둠 속에서 동쪽으로 향했다. 덜커덕거리는 자갈길에서는 속도를 늦추고 조용히 지나갔다. 그렇게 30킬로미터 거리인 목적지 유제푸프에 도착하기까지 한 시간 반에서 두 시간이 걸렸다. 차량 대열이 목적지 앞에 멈춰 설 무렵 주변은 서서히 동이 트며 밝아졌다. 유제푸프는 짚으로 지붕을 이은 소박한 하얀 집이 옹기종기 모여 있는 전형적인 폴란드 마을이었다. 마을 주민 1800명이 유대인이었다.

마을은 매우 조용했다. 101예비경찰대대 대원들은 차량에서 내려 '파파 트라프'라는 애칭으로 불리는 36세 직업군인 빌헬름 트라프 소령 주변으로 집결했다. 이제 사령관에게서 부대 임무가 무엇인지 들을 시간이 왔다.

트라프는 얼굴이 창백하고 신경이 날카로웠으며 눈가에 눈물이 맺혀 있었다. 그는 말하면서도 자신의 감정을 조절하려고 애썼다. 그는 대원들에게 떨리는 목소리로 아주 불편한 임무가 목전에 있다고 설명했다. 그 역시 이 임무가 전혀 마음에 들지 않았고 이런 상황이 매우 유감스럽지만 최상부에서 내려온 명령이었다.

트라프는 이제 임무를 전달해야 했다. 그는 담당경찰의 진술을 떠올리며 유대인이 미국과 함께 보이콧 집단을 만들고 독일에 타격을 입혔다고 말했다. 그리고 다른 두 사람이 트라프에게 유제푸프에는 특수요원과 함께 숨어 있는 유대인이 있다고 설명했다. 예비경찰부대의 임무는 이들을 죽이는 것이었다. 노동이 가능한 연령대의 남성은 다른 사람들과 분류하여 강제노동수용소로 이송하고 여성과 노약자는 그 자리에서 총으로 쏴죽여야 했다. 트라프가 대원들에게 면전에 놓여 있는 임무를 설명한 뒤 노인에게 이 임

무를 수행할 수 없는 사람은 지나쳐도 좋다는 이상한 제안을 했다.[01]

유제푸프 학살사건은 아주 많이 연구된 범죄 가운데 하나로 손꼽힌다. 미국 채플힐 노스캐롤리나 대학교의 교수이자 사학자인 크리스토퍼 브라우닝은 101예비경찰대대를 주제로 책을 집필했다. 그는 끔찍하고 당황스러우며 불안하게 만드는 질문의 답을 얻으려 했다. 어떻게 아주 평범한 사람들이 유제푸프 유대인 학살이라는 끔찍한 범죄를 저지를 수 있었을까?

트라프가 얘기를 마치자 한 사람이 앞으로 나와 무기를 버렸다. 대위인 그가 그런 행동을 하자 그의 소속 중대는 분노에 휩싸였다. 그러나 트라프는 부대에 침묵하라고 명령했다. 대원들은 임무를 거부해도 아무런 처벌을 받지 않는다는 것을 목격했다. 그런데도 500명 중에서 임무를 주저한 사람은 불과 10~12명 남짓이었다.

학살은 온종일 이어졌다. 경찰대원은 집 안으로 쳐들어가 사람들을 한곳으로 몰았다. 도망치는 사람, 병든 사람 그리고 어린아이들은 즉시 사살했다. 여성들은 젖먹이 아기와 어린아이를 보호하려는 듯 품안에 꼭 껴안았다. 몇몇 경찰대원은 그들을 사살했다. 그럴 수 없었던 다른 대원들은 은신처를 찾거나 이미 텅 빈 집을 불필요하게 탐색하며 시간을 끌었다. 단지 몇 명만이 상사에게 이제라도 그 임무를 그만두게 해달라고 요청했다. 마을 외곽에서는 한곳으로 끌고 온 사람들을 총살하고 있었다. 단지 몇 명만이 지시처럼 '깨끗한' 학살에 성공했다. 여러 경찰대원은 손을 부들부들 떨며 제대로 맞추지 못했다. 두개골이 파열되고 뇌가 흘러내렸으며 뼈의 파편이 이리저리 튀었다. 그동안 트라프 소령은 유제푸프의 학교 교실에 남아 안절부절못하며 교실 안을 왔다 갔다 했다. 부하 한 명이 다가와 보고를 하자 그는 매우 격렬히 울음을 터뜨린 뒤 자신의 운명을 저주했다. 모든 경찰대원이 한자리에 모인 그날 저녁 모두 엄청나게 술에 취했다. 트라프는 부하들을 진정시키려고 노력했다. 결국 그들은 전적으로 책임이 없으며 모두 '높은 곳'의 잘못이라고 다독였다. 분위기는 최악이었다. 경찰대원 대부분이 흥분상태였고 자기 자신이 무섭다고 생각했다. 사람들은 오늘 벌어진 일에 대해 단 한마디도 하지 않기로 합의했다.

폴란드와 러시아에서 유대인 학살에 참여한 경찰부대의 일원은 특별할 것이 전혀 없는 평범한 사람들이었다. 또한 101예비경찰대대가 유제푸프 학살 이후 더 많은 추방과 총살에 참여했지만 그들의 범죄는 다른 경찰부대의 잔혹함에 비하면 최악의 축에 끼지도 못했다.[02] 유제푸프 사건의 특이사항은 그것과는 다른 것이다. 거의 모든 다른 학살과 달리 대원들에게는 스스로 거부할 수 있는 기회가 있었다.

그러나 몇 명만이 이 기회를 붙잡은 이유는 무엇일까? 장교들 중에는 신랄하고 반유대주의적이며 냉철한 비밀경찰 소속 대원들이 있었다. 그러나 그 밖의 대원들은 대부분 유대인을 특별히 싫어하거나 배척하지 않았다. 무리의 극히 소수만이 유대인을 증오했다. 경찰대원들은 나치정권 이전에 경찰이 되었다. 브라우닝이 기술한 것처럼 "그들은 나치의 정치적·도덕적 규범 외에 다른 이념도 접했다. 또 그들 대부분이 국가사회주의에 가장 영향을 적게 받은 독일 대도시 중 하나인 함부르크 출신으로, 반국가사회주의적 정치문화가 있는 사회계층 출신이었다".[03]

그 밖의 그 어떤 타당한 설명도 이 상황에 맞는 것처럼 보이지 않았다. 이런 임무에서 일반적으로 요구하는 군에 대한 충성은 트라프가 단호하게 해제했다. 이는 매우 예외적인 상황이었다. 그에 따른 결과는 두렵지 않았다. 분명 심사숙고할 시간이 부족했던 것도 영향이 있었을 것이다. 하루 정도 생각한 뒤 결정 내릴 수 있는 기회를 준 것이 아니라 그 즉시 결정해야 했다. 순식간에 내린 결정으로 벌어진 일은 역사에 획을 긋는 사건이 되었다. 대원들 가운데 어느 누구도 자신의 동료 앞에서 다른 사람을 저버리는 겁쟁이라는 낙인이 찍히기를 바라지 않았다. "대부분은 대열에서 이탈하거나 공공연히 반대하는 입장을 드러내지 못했다. 오히려 총을 쏘는 것이 그보다 쉬웠다."[04] 결국 동료를 배반하는 것보다 살인자가 되는 것이 수월했다는 것이다.

만약 반대로 질문했다면 대원들은 어떻게 결정했을까? 물론 어느 누구도 예상할 수 없다. 하지만 총살에 참가할 사람이 앞으로 나와야 하는 상황이라면? 학살이 진행되는 동안 여러 경찰대원은 임무를 완수하기는커녕 감당하기조차 힘들어했다. 그러나 다수가 임무를 거부했다면 트라프는 임무를 완수하지 못했을 것이다. 하지만 그는 자신의 동료를 저버리는 사람이 소수이기를 바라며 침묵했다.

1942년 7월 13일 이른 아침 요제푸프에서 일어난 집단심리 프로세스는 브라우닝에게 예외적인 사건이 아니었다. 오히려 이미 유사한 형태로 자주 일어났거나 앞으로도 반복될 수 있는 집단 행동의 추한 얼굴에 가까웠다. "실제로 모든 사회적 집합은 그 사람이 소속된 집단에서 그 행동에 관한 폭력적인 중압감과 도덕적 잣대를 휘두른다. 101예비경찰대대 대원들이 그런 환경에서조차 살인자가 되기를 자처했다면 인류의 그 어떤 집단에서 유사한 행동을 하지 않는다고 할 수 있겠는가?"[05]

종전 후 경찰대대의 책임을 묻는 심판에서 사법기관은 이들의 관할 및 범죄 동기와 관련하여 혼란에 빠졌다. 그리고 결국 계급에 따라 처벌했다. 대대 대장인 트라프는 폴란드로 이송되어 그다음 날 사형에 처해졌다. 500명의 경찰대대 대원 중 210명이 1962~1967년에 함부르크에서 심문을 받았지만 그중 단 14명만 기소됐다. 요제푸프 학살에 참가한 사람들 중 어느 누구도 4년형 이상을 선고받지 않았다.

경찰대대의 범행이 참혹했던 반면 평범한 사람을 끔찍한 범죄자로 만드는 구조는 매우 간단했다. 인생의 순간마다 등장하는 순응의 중압감은 그 어떤 사회적 본능과 근본적인 윤리적 가치관보다 강력하다.[06]

에센 대학교 문화과학연구소 교수이자 사회심리학자인 하랄트 벨처는 한 세미나에서 이 주제에 관해 제자들에게 명확하게 설명했다. 그는 학생들에게 경찰대대 대원이 처한 상황을 눈앞에 떠올려보라고 요구했다.[07] 앞으로 나와서 거부하게 만들고 반대로 대열에 그대로 남아 있게 만드는 동기는 무엇이었을까? 장시간 찬반 토론 끝에 얻은 결론은 매우 당혹스러웠다. 학생들은 앞으로 나서는 데 단 세 가지 동기만을 보았다. "살인을 근본적으로 거부하는 보편적·철학적 근거를 바탕으로 한 윤리, 살인을 금지하는 기독교 사상을 근본으로 하는 도덕, 희생자를 마주했을 때 나타날 감정이입의 예측이 바로 그 동기다. 아무리 문명사회라 해도 목사가 부인을 살해하는 일도 있기 때문에 이런 행동과 성향은 일반적으로 폭력에 의한 행동을 억제하기 위한 조치로, 극히 드문 예외 상황에만 적용된다(행동 제지 기능)."[08]

그러나 벨처의 말에 숨은 냉소에 동조하지 않아도 된다. 벨처가 언급한 세 번째 동기인 '감정이입의 예측'의 의미는 그리 크지 않다. 실제로 평범한 상황에서 사람들은 대부분 타인 살해를 거부하는 본능이 강하다. 그 대상이 청소년이나 어린아이라면 더 말할 필요도 없다. 앞서 봤듯이 이 본능은 의지와는 별개로 나타난다. 그러나 이 본능은 인간으로서 타고난 겉치레다(벨처는 자신은 물론 다른 사람까지도 이 본능의 존재를 부정하게 만들고 싶어했다).

윤리적 원칙이 '극히 드문 예외의 경우'에만 타인에게 가하는 무력행위를 제지한다는 결론에 대부분 동의했다. 그렇다면 우리는 어떤 결정을 내릴 것인가? 자신의 행동에서 원칙과 직관을 항상 정확하게 구별하는 사람이 있을까? 아리스토텔레스의 희망처럼 자신의 행동에서 원칙과 직관을 항상 정확하게 구별하는 사람이 있을까? 오히려 몇 년, 몇 십 년이 흘러도 한데 뒤섞여 제대로 구분조차 하지 못하는 것은 아닐까? 도덕적 의문을 품게 하는 '행실'은 대부분 원칙과 직관이 뒤섞인 혼합물이다.

벨처가 언급한 목록에서 진정으로 흥미로운 것은 앞으로 나선 사람들의 동기에 대한 설명이 아니다. 무척이나 길고 인상 깊은 동기가 나열된 목록은 대열에 남아 임무를 수행하겠다고 밝힌 사람들에 관한 것이었다.[09] 대열에서 이탈한 사람은 일치된 행동에서 벗어난 것이기 때문이다. 선임, 동료를 넘어 어쩌면 친구에 대한 집단 규율과 충성 의무에 상처를 입힌 것이기 때문이다. 집단을 배반하고 판단에 따라 비겁하거나 나약하거나 불손한 태도를 취한 것이나 다름없다. 그 순간 그를 바라보는 타인의 시선에서 인정과 존중이(모든 사람의 목표) 사라지고, 존경은 찾아볼 수 없다. 또 아무리 어떤 부당한 대우도 없다는 트라프의 약속을 믿고 앞으로 한걸음 나섰다 해도 그 여파가 오랫동안 지속될 것은 분명하다. 그 사람은 당시 상황에 억눌려 동료를 배반한 겁쟁이가 되어버린다.

나치 윤리는 유대인 학살을 '합법적이며', '정당한' 사건이자 '방어'로 몰고 갔다. 거의 모든 대원이 대열에 남은 것을 볼 때 동료들 모두 그렇게 생각하는 것으로 보였다. 이런 상황에서 누가 혼자 다른 선택을 할 수 있을까? 트라프 역시 이 '임무'가 사랑하는 사람을 지키기 위해서라고 말하지 않았던가? 지키기 위해 그들이 싸워야 하는 대상에 '우리'는 없는 걸까? 여기서 중요한 질문이 있다. 경찰대원들은 어떤 교육을 받았을까? 이들은 모두 권위적인 부모 아래서 현재와는 전혀 다른 남성상을 바탕으로 성장했다. 또 토론이나 자신의 생각을 파악할 수 있는 기회가 전무했을 뿐만 아니라 복종, 순응, 권위에 대한 맹신으로 가득한 교육체계에서 공부했다.

이 모든 것이 더해져 경찰대대 대원들의 머릿속에는 복종하지 않는 것보다 복종하는 것이 옳다는 생각이 가득했을 것이다. 첫눈에 판단하기에 파장이 엄청나고 예측하기 힘든 결정이었기 때문에 경찰대원들은 명령에 순응하는 결정이 어떤 면에서 일관성 있고 타당해 보였다.

이 사례에서 말하고자 하는 도덕적 잣대와 기준은 분명 바뀔 수 있다. 도덕이란 교통법규에 따라 동일하게 놓인 선로를 따르지 않는다. 오히려 조차장의 증기차에 가깝다. 목적지 없이 여기저기를 달린다. 또 필요에 따라 선로를 옮기기도 한다. 이때 우리가 나아가고자 하는 방향을 정하는 것은 레일이 아니라 기관사의 명령이자 운행계획이다. 살면서 마주하는 모든 상황에 따라 원칙을 버릴 수 있다고 생각하는 사람은 그 파장을 전혀 생각하지 못하는 상상력이 부족한 사람이거나 아주 신기한 사람이다.

101예비경찰대대 사례는 우리 주변과 그리 다를 것 없는 인간의 행동을 노골적인 방식으로 보여준다. 도덕적 결정을 내려야 하는 상황에서 우리는 자신이 추구하는 원칙이나 마음 깊숙이 받아들인 이해관계를 전혀 따르지 않을 때도 있다. 경찰대원이 자신의 이득을 위해 도덕적 원칙을 포기한 것은 사실 당대 역사를 지배하던 도덕이라 할 수 없다. 자신의 관심사만 따르는 것이 갈수록 힘들어진다는 일부 사회생물학자의 주장은 여기서도 입증되지 않는다. 자기 이익을 정확히 파악하는 것이란 정신적 피해를 최소화하는 데 있다. 대대원은 이익을 좇은 것이 아니라 사회적 반사행동을 따랐다. 비싼 대가를 치르고 순응 압박에 복종한 것이다. 또 내 이익이 아닌 타인의 눈에 정당해 보이는 것으로 자신이 하는 행동의 적법성을 인정했다.

순응함으로 정당화하는 것은 일상생활에서 도덕적 행동이 추구하는 원칙이기도 하다. 지인과 친구들이 조금도 거리낌 없이 흡연할 때 내가 그들보다 더 나은 사람이 되어야 할 이유가 있을까? 가족이라는 가장 친밀한 집단으로부터 독립하는 연령대인 사춘기는 친구에 관한 순응행동이 가장 강력하고 왕성한 시기다(9장 참조). 아무리 획일주의를 거부하는 사람이라 해도 항상 소속감을 느낄 수 있는 관련 집단을 찾는다. 그런 집단을 발견하지 못하는 경우 또 다른 비획일주의자와 동질감을 공유한다.

일반적으로 인간은 어릴 때부터 어느 정도 집단의 의견에 순응하면 좋은 결과를 얻는다는 것을 터득한다. 항상 제멋대로 행동하는 사람은 난관에 부딪히기 일쑤다. 따라서 아이를 관련 집단에 부합하는 규칙에 따라 행동하도록 훈련하는 것도 예상 밖의 일은 아니다. 예컨대 자신이 입을 옷을 고를 때도 온전히 자신의 의지로 고를 수 없다. 그러자면 이미 알고 있는 위험을 감수해야 한다. 진심으로 바지만큼이나 치마를 입고 학교에 등교하고 싶은 소년은 경악이 담긴 주변의 시선과 조롱만 받을 것이다. 또 사회의 규칙에 포함되는 것이라 할지라도 뭔가 특별한 것을 바라면 선택의 폭이 매우 좁아진다. 그렇기 때문에 이미 잘 알고 있는 아주 협소한 공간 안에서 변화를 추구할 뿐이다. 개성 넘치는 안경을 쓴 건축가는 그만큼 신뢰를 얻지 못한다. 거기에 얼룩이 있는 점잖지 못한 샌들을 신었다면 그 의심은 더 깊어진다. 담당 치과의사가 유행을 좇아 머리를 미는 것은 상관없지만 그의 손톱에 낀 때는 절대로 용납하지 못한다.

남과 다른 사람은 사회의 허락을 두려워해야 한다. 사춘기 시절 나의 부모님은 자식의 옷을 사는 데 돈을 매우 아끼셨다. 따라서 나는 항상 벼룩시장에서 구입한 옷을 입어야만 했다. 1970년대 말과 1980년대 초만 해도 이런 상황은 어느 정도 참을 수 있었다. 당시 청소년은 벼룩시장의 PLO 팔레스타인해방기구 수건과 군인 파카를 통해서 유행과 평화로움을 수용했다. 내가 벼룩시장에서 구입한 5년 전 유행과는 분명 차이가 있다! 아무리 획일주의를 거부하는 사람이라도 결국 순응할 수밖에 없다. 그러나 아무리

벼룩시장 옷이라 해도 유행에 뒤떨어지는 스타일은 용납되지 않는다.

＊ ＊ ＊

도덕적 행동은 자의든 타의든 우리를 움직이는 관련 집단에 의해 결정된다. 최소한 내면의 확신만큼이나 소속된 해당 집단에서 인정하는지가 중요하다. 우리는 자신을 바라보는 타인의 시선을 예측하고 그에 따라 결정하고 행동을 맞춘다. 도덕적 측면에서 선행을 하거나 함께 뜻을 모으는 등 집단에 순응하는 행동은 좋은 취지로도 활용된다. 그러나 그런 만큼 집단행동으로 내면의 확신과 모순되는 행동을 하기가 쉽다.

＊ ＊ ＊

집단행동에서 특별히 고민되는 부분은 다음과 같다. 이 세상에서 보편적인 도덕은 짧은 주기로 변하며 때로는 우리의 자아상도 항상 일관적이지 못하다. 그러나 어떻게 이런 일이 가능할까? 자아상이란 원칙적으로 우리가 옳고, 선하고, 진리라고 믿는 확고한 가치를 바탕으로 형성되는 것이 아니었던가? 이런 상황을 현명하게 극복하려면 어떻게 해야 할까?

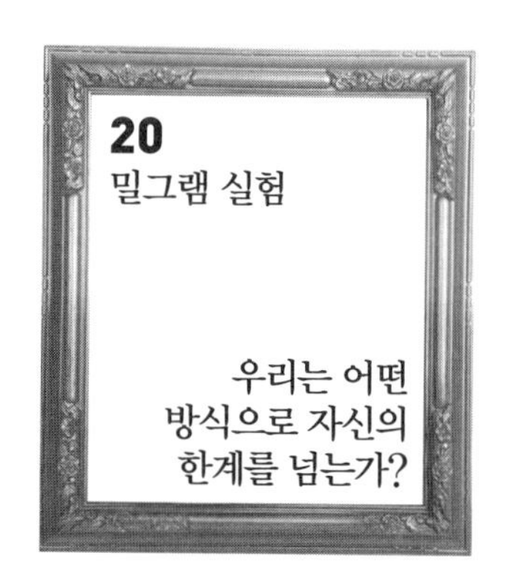

신문 공고는 전혀 위험해 보이지 않았다. 뉴헤이븐 지역신문에서 젊고 잘 알려지지 않은 교수가 피실험자를 찾았다. 보수는 4달러 50센트(오늘날 한화 약 5만 원에 해당되는 금액-옮긴이)다. 차비도 보장했다.

이 광고를 본 지원자들이 예일 대학교 연구실에 들어서는 순간 그들은 앞으로 무슨 일이 닥칠지 전혀 예상하지 못했다. 그러나 한 주가 흐르고 나서 그들은 역사에 길이 남았다. 모든 시대를 통틀어 가장 유명한 심리학 실험의 참가자가 되었다. 실험 중에 그들은 당혹스러워하고 낯설어하며 크게 놀랐다. 그 결과는 큰 파문을 일으켰다.

공고를 보고 응시한 사람들에게 '교사'라는 역할이 주어졌다. 그들의 '학생' 또한 지원자라고 속인 뒤 교사는 학생을 검증해야 했다. 실제로는 연기자가 '학생' 역을 맡았다. 실험이 진행되는 동안 교사와 학생을 다른 방에 분리했다. 의자에 묶인 채 앉아 있는 학생은 몇 개 단어를 합성했다. 그리고 그 옆방에 있는 교사가 결과를 검사했다. 실험 진행자는 학생이 틀리면 교사에게 학생을 45볼트의 약한 전기충격으로 체벌하라고 요구했다. 문제를 틀릴 때마다 교사는 전력을 15볼트씩 올려야 했다.

실험은 1961년 실행되었다. 사람에게 전기충격으로 고통을 주는 심리 실험은 미국 학문 연구의 모든 윤리적 관습과 법에 저촉됐다. 이 실험을 구상한 막 29세에 접어든 학자 스탠리 밀그램은 가학을 즐기는 사디스트가 절대 아니었다. 실상 전기충격은 허구였다. 학생으로 위장한 연기자는 그런 흉내만 냈을 뿐이다. 미리 정해진 각본에 따라 의자에서 이리저리 몸을 비틀고 소리를 지르거나 교사에게 자신을 풀어주고 앞으로의 실험 과정에서 놓아 달라고 애원했다.

실험은 순조롭게 진행되었다. 교사 역할을 맡은 참가자는 질문을 하고 학생은 교사를 맡은 참가자가 실제 상황이라고 생각하는 처벌을 받았다. 이들은 어디까지 갈 것인가? 정말로 교사는 학생에게 강력한 전기충격을 가할까?

예상했던 것과 다르지 않게 교사들은 대부분 증가하는 수치에 따라 학생에게 정말로 전기충격을 가해야 하는지 고민에 빠졌다. 이때 실험 진행자가 등장했다(실험 진행자도 연기자다). 그는 원래대로 실험을 진행하라고 강조하며 동일한 뜻을 지닌 네 문장을 반복해서 말했다. "이제 실험을 계속하시죠!", "실험을 계속해야 하겠는데요!", "계속 진행하셔야 합니다!", "선택의 여지가 없습니다. 계속 진행하세요!" 그는 교사 역할을 맡은 참가자에게 친절하지만 단호한 어조로 전기충격으로 그 어떤 신체적 손상도 입지 않을 거라고 말했다. 게다가 실험 진행자는 자신이 모든 책임을 지겠다고 약속했다.

실험 진행자의 설득은 효과가 있었다. 총 40명의 교사 중 26명이 망설이면서도 실험의 마지막 단계까지 나아갔다. 마지막 단계에서 그들은 학생에게 최고 수치인 450볼트를 가했다. 얼마나 끔찍한 일인가! 단지 14명만이 주어진 지시에 따라 실험을 끝내지 못하고 도중에 하차했다. 그렇지만 이들 역시 최소한 300볼트의 충격을 가한 뒤였다.

결과는 충격 그 자체였다. 실험도구가 고문용 전기의자를 연상시켰는데도 단 한 명의 교사도 불쌍한 학생에게 전기충격을 가하는 데 겁먹지 않았다. 그보다 심각한 것은 대다수가 죄책감을 던져버리고 갈수록 수위가 높아지는 끔찍한 실험을 계속 진행했다. 밀그램은 이 결과를 유명한 학술지에 발표했다.[01] 이 기사는 선풍을 일으켰다. 1964년 미국과학진흥협회는 그에게 권위 높은 상을 주었다.

그러나 모든 사람이 열광적으로 반응한 것은 아니었다. 밀그램 자신도 상당히 망설였다. 밀그램은 일기장에 실험이 비윤리적이지 않았는지 불편한 자기 심경을 토로했다. 미국 심리학자협회는 논란이 야기된 신진 교수의 회원자격을 1년간 정지했다. 피실험자에게 트라우마가 생길 위험이 있는 연구실험은 수용할 수 없다는 것이 그들의 견해였다.

그렇다면 밀그램은 왜 그렇게 대담한 실험을 강행한 걸까? 이 젊은 심리학자는 전쟁 중에 일어난 설명하기 어려운 현상의 원리를 알고 싶었다. 예컨대 홀로코스트는 어떻게 가능했을까? 아주 평범한 사람이 어떻게 대량 학살자로 둔갑했을까? 당시 세간에는 독일인에게 이상한 기질이 있다는 설명이 일반적이었다. 독일인의 성향이 다른 민족에 비해 훨씬 더 권위에 잘 예속된다고 보았다. 그러나 밀그램은 그것만으로 납득하지 못했다. 그의 실험은 코네티컷 주의 아주 평범한 사람들도 이상한 독일인처럼 조종이 가능하다는 것을 입증했다.

이렇게 논란이 다분했지만 이 실험은 밀그램을 하버드 대학교의 명예로운 교수직으로 이끌었다. 그러나 밀그램은 자신의 연구 결과에 만족하지 못하고 실험을 변형하여 여러 가지 유사한 실험을 시작했다. 그는 여성이 교사 역을 맡아도 남성과 결과가 동일하다는 사실을 발견했다. 실험 진행자가 그 장소에 직접 등장할 때와 그렇지 않을 때만 실험 결과가 차이 났다. 교사를 맡은 피실험자에게 전화로 지시를 내리자 그들은 속임수를 쓰기 시작했다. 살짝 시늉만 하고 실제로 전기충격을 가하지 않았다. 그리고 일부만이 실험을 최고수치인 450볼트까지 완수했다. 또 학생과 교사를 같은 방에 두자 실험을 이행하는 수치가 현저히 낮아졌다. 전기충격의 결과를 눈앞에서 마주할수록 전기충격을 가하는 데 주저했다.

뉴욕 시립대학교 대학원 교수로 있을 때 밀그램은 실험구조를 변형해 다양한 방식으로 진행했다. 이번에는 교사가 항상 격리되어 실험 진행자의 영향만 받았다. 이제 밀그램은 '동료'가 있을 때, 즉 집단 영향력을 테스트했다. 세 명의 피실험자가 모인 방에서 실험한 결과 행동에 엄청난 변화가 있었다. 동료는 내막을 알고 있는 학생 둘이었다. 첫 번째 실험에서 그들은 실험 진행자가 등장하자 눈에 띄게 저항했다. 두 번째 실험에서는 그의 지시에 순응하며 따랐다. 그 결과는 어땠을까? 첫 번째 경우 교사를 맡은 피실험자의 90퍼센트가 실험을 포기했다. 반면 두 번째 경우 피실험자의 90퍼센트 이상이 마지막까지 참여했다. 실험에 순응하는 태도에서 정당성을 찾은 것이다.

실험을 이끄는 사람이 두 명일 때 교사를 맡은 피실험자는 중압감에서 벗어나 홀가분해했다. 두 사람의 의견이 일치하지 않을 때 모든 교사가 마지막 단계가 되기 전에 실험을 그만두었다. 또 실험을 이끄는 진행자와 상관없이 제3의 인물이 등장해 최고 권위계층의 역할을 할 때 그 효력은 미비했다. 피실험자가 맡은 교사의 4분의 1만이 계급이 불분명한 사람의 말을 끝까지 들었다. 실험 진행자가 과학자가 아닌 일반 지원자로서 지시받은 그대로를 전달한다고 설명했을 때 그 효력은 앞선 사례와 비슷했다.

1984년 심장마비로 52세에 세상을 떠날 때까지 밀그램의 실험은 여러 나라에서 수백 차례 진행되었으며 결과에 편차가 생기는 경우는 거의 드물었다. 실험을 진행하는 곳마다 참가자 대다수가 최대치의 전기충격을 가하는 데 동참했다. 프린스턴 대학교의 심리학 교수 수잔 피스크의 보고에 따르면 오늘날 800만 명이 약 2만 5000회의 연구 조사에 참여했다. 이로써 평범한 사람도 주변 환경에 따라 끔찍한 일을 저지를 수 있다는 것이 증명되었다. 현실에서도 밀그램의 주장이 입증되었다. 제2차 세계대전 동안 베트남에서 또는 이라크 아부그라이브의 미군 포로 취조실에서도 이와 같은 심리적 메커니즘이 등장했다.[02]

비록 양심에 어긋나는 상황이라도 얼마나 순응하고 받아들일 수 있는지 프랑스의 영화제작자 크리스토프 니크가 다시 한 번 입증했다.[03] 그의 실험 목적은 권위를 맹신하는 아주 특이한 방식을 증명하는 것이었다. 그는 텔레비전이 프랑스인을 어떻게 조종하는지 입증하려고 했다. 니크는 캐스팅 업체를 통해 텔레비전 쇼를 위한 지원자를 선발했다. 그들의 과제는 밀그램의 실험과 흡사했다. 지원자는 특정 개념을 인식하고 다음 사람에게 전달해야 했다. 틀릴 때마다 벌칙으로 20~460볼트의 전기충격을 가했다.

지원자는 부족하지 않았다. 80명이 차례로 무대에 올라섰다. 아리따운 여성 사회자가 진행을 하자 방청석은 환호했다. 실험 참가자는 다른 참가자에게 전기충격을 가했다. 금속 종 아래 몸을 숨긴 채 전기의자에 앉아 있는 지원자는 밀그램 실험에서와 그리 다르지 않았다. 미션에 실패한 사람이 애원하고 간청하며 고통에 찬 목소리로 비명을 질러도 사회자와 떠들썩한 방청객 환호에 묻혔고 테스트 참가자의 80퍼센트가 동참했다. 지원자는 380볼트의 전기충격 앞에서 잠시 주춤했지만, 곧 460볼트의 전기충격을 가하기 위해 16명의 지원자가 무대에 올랐다.

비록 이 실험을 비난하는 목소리가 높았지만 이 프로그램은 2010년 3월 18일 France2 채널에서 방영됐다. 니크는 이 프로그램으로 아주 평범한 사람을 조종할 수 있는 텔레비전의 무시무시한 힘을 입증했다. 텔레비전 프로그램의 폭력과 관음증에 익숙해진 사람들은 화면에 처형 장면이 나와도 아무렇지 않게 생각했다.

게다가 지원자들은 텔레비전 실험 결과에 비친 자신의 모습에 모두 놀라고 당황스러워했다. 밀그램이 진행한 첫 번째 실험의 참가자들 역시 다양한 감정에 휩싸였다. 실험 진행자가 실험을 강요하자 신경이 날카로워졌다. 참가자는 자신이 하는 행동을 확신하지 못했다. 기분이 좋아 보이지 않았고 자의식마저 사라지는 모습이 역력했다. 그들 중 일부가 신경이 날카롭게 곤두서 폭발하기 일보 직전의 상태가 됐지만 실험을 계속 진행하라고 설득했다. 모든 실험을 종료한 뒤 참가자에게 테스트 결과를 설명하자 대부분 자기 자신에게 경악할 정도였다. 그러나 예상과 달리 거의 모든 지원자가 자신의 사례를 공표하는 데 동의했다. 아마도 다른 사람들에게 사람이 특정 상황에 내몰리면 극단적인 방식으로 조종될 수 있다는 것을 보여주려고 결심한 것 같았다.

이 실험의 결론을 밀그램 실험 방식으로 다시 한 번 요약해보자. 이 모든 테스트의 가장 중요한 핵심은 사람은 압박받는 상황에 처하면 대부분 평소 옳지 않다고 생각하는 것이라도 주변에서 비난하지 않거나 싫어하지 않을 경우 자기 의지와 상관없이 실행한다는 것이다. 마음의 준비나 확신이 없는 상황에서 그 즉시 지시를 따라야 하는 시간적인 압박을 그 사례로 들 수 있다. 요제푸프의 101예비경찰대대처럼 말이다. 그런 상황에 직면하면 아주 평범한 사람도 양심에 가책이 되는 일을 저지르고도 책임감을 느끼지 않는다. 행동하기 전에 극도로 고민함으로써 발생하는 걱정스러운 결과는 상황 분석에서 배제했다. 그보다 극도의 스트레스를 받는 특정 상황을 견디려고 스스로 책임지지 않아도 되는 나쁜 행동을 저지르는 행위에 중점을 뒀다. 명령에 복종하는 것이 논쟁을 벌이는 것보다 훨씬 간단하다. 평소 존경하는 사람이 명령을 강력하게 내릴수록 그 행동에 대한 내 책임감이 줄어든다.

또 훗날 그 상황을 매우 다르게 묘사하는 것도 예상 밖의 일은 아니다. 자아상에 따라 행동하는 생물체인 인간은 끔찍한 일을 저지르고도 아무렇지 않게 생활하려면 설득과 핑계를 위한 강력한 구실이 필요하다. 따라서 꼭 그런 것은 아니지만 대개 가해자는 자신의 행동에 후회와 절망을 느낀다. 그러나 어떻게 해도 가해자에게 던지는 질문은 그를 책망하는 원고의 질문과 같다. 도대체 어떻게 이런 일을 저지를 수 있었을까?

이때 밀그램 실험의 두 번째 요점이 적용된다. 앞서 언급했듯이 교사를 맡은 참가자가 주저하며 학생에게 전기충격을 완화하자 실험 진행자는 그것을 강력히 제지했다. 전기충격은 갈수록 수위가 높아졌고 참가자가 수용할 수 있는 '평범한', '적절한' 또는 '납득할 수 있는' 수치를 현저히 뛰어넘었다.

오늘날 사회심리학에서는 본인이 제대로 깨닫지도 못하는 사이에 자신의 한계가 변경되는 현상을 정의하기 위해 새로운 개념인 시프팅 베이스라인(Shifting baseline, 기준선의 이동—옮긴이)을 도입했다. 평소 자신이 평가할 때 참고하는 근거가 생각하지도 못한 사이에 변한다는 것을 뜻한다.

간단한 사례를 들어 설명해보자. 지금 이곳이 기차 안이라고 상상해보자. 이 열차가 얼마나 빨리 달리는지 대략의 속도를 알고 싶다면 창밖 풍경을 바라보면 된다. 창밖의 집과 사람이 얼마나 빨리 지나쳐 가는지 그 속도로 확인할 수 있다. 그런데 만약 옆 선로에서 다른 열차가 같은 방향으로 달리고 있다면 어떻게 해야 할까? 이럴 때는 다른 기차의 속도와 당신이 타고 있는 기차의 속도를 비교해보면 알 수 있다. 옆 선로의 기차가 더 빠른지 느린지의 속도감이 한눈에 느껴진다. 하지만 두 기차의 속도가 시속 100킬로미터인지 200킬로미터에 가까운지는 알 수 없다.

시프팅 베이스라인이라는 개념을 처음으로 사용한 사람은 프랑스계 미국인으로 밴쿠버 브리티시 콜롬비아 대학교의 교수이자 어류학자인 대니얼 파울리다.[04] 그는 인간이 특정 대양에서 남획하는지 아닌지를 신빙성 있게 입증할 수 있는 방법을 고민했다. 오늘날 바다에서 서식하는 어류 수치를 측정하는 것은 그리 어렵지 않지만 기존에 얼마나 있었는지 추정하는 것은 분명 난제다. 자연 그대로의 어류 총수의 기준치를 어떻게 잡아야 할까? 파울리는 학자들이 대부분 학문 연구를 시작할 때 어디선가 주장한 어류 수치를 '자연적'인 것으로 간주한다고 말했다. 사물의 수치는 보편적인 절대적 가치라기보다 개인의 경험에서 비롯된 지극히 일부분에 불과하다. 우리가 보편적이라고 생각하는 것은 한 세대에서 다른 세대로 그 경계가 순식간에 변한다.

1980년대 초반 선크림의 SPF 지수는 일반적으로 2~6이면 충분했다. 단지 피부보다 예민한 입술에만 SPF 10을 사용했다. 그러나 환경론자들은 기후 변동의 영향으로 언젠가 SPF 차단 지수 20~30이 필요하게 될 것이라고 예측했다. 사람들은 대부분 이를 허무맹랑한 소리라고 치부했다. 그들의 주장을 신뢰한 사람들은 태양의 직접적인 복사량이 서구의 몰락을 위협하는 신호가 되는 것은 아닌가 싶어 이 끔찍한 시나리오를 우려했다. 2010년 현재 선크림의 평균 차단 지수는 SPF 20~30이다. SPF 50과 그 이

상인 제품도 유통되고 있으며 일부 중부유럽 국가에서는 이것이 필수라는 평을 하고 있다. 그렇지만 어느 누구도 불안해하지 않는다. 태양의 복사량이 많아진 것은 오래전부터 기정사실로 받아들여졌다. 예전에 미래의 종말 운운하며 걱정하던 것이 이제는 오래전부터 평범한 것이 되어버렸다. 과거에는 SPF 10만 되어도 너무 높은 것은 아닌지 고민했다면 지금은 오히려 충분하지 않은 것으로 간주한다.

시프팅 베이스라인을 설명할 때 내가 주로 예를 드는 사례는 바로 체향이다. 현재의 문화권에서 사람들은 매일 몸을 씻고, 특히 여름처럼 더운 날에는 하루에도 여러 번 씻는다. 또 1950년대만 해도 땀 냄새를 억제하기 위한 데오도란트는 아예 없었다. 그러나 비누나 데오도란트, 향수가 나오기 몇 천 년 전 또는 몇 만 년 전부터 남녀는 서로 키스하고 함께 잠을 잤다. 인류의 후각이 지금보다 중요한 역할을 한 과거에는 분명 후각이 지금보다 무디지 않았을 것이다. 즉 후각처럼 원초적인 본능마저도 사회에 따라 조종된다. 파트릭 쥐스킨트가 『향수』에서 묘사한 18세기 도시는 현대 문명인이라면 도저히 감당하지 못할 것이다. 당시 사람들은 몸에서 나는 악취를 당연한 것으로 받아들였다. 따라서 어느 누구도 그 때문에 낯을 붉히지 않았다. 서양의 악취 논쟁은 산업화와 관련이 있다. 20세기 초반에는 거리에 우리가 상상도 못할 정도의 벤진 냄새가 가득했고, 사람들은 역겨운 냄새를 견디기 힘들어했다.

물리적 후각만큼이나 도덕적 후각도 전후 상황에 영향을 받고 조종될 수 있다. "현재처럼 유동적인 시대에는 발전을 비평적인 시각으로 보아야 하는지, 어떤 수준이 되어야 결정을 돌이킬 수 없는지, 자연재해가 발생했을 때 어느 시점에서 어떤 정책을 따라야 하는지 결정하기 어렵다."[05] 옆 선로에서 달리는 기차를 차창으로 바라보는 사람은 자신이 바라보는 사물 또는 비교 대상에 따라 감각의 차이를 보인다. "세상이 변하기 때문에 사람의 가치기준이 변하는 것이지 그 반대는 아니다."[06]

따라서 지금 세상에서 시프팅 베이스라인은 매우 일상적인 것이다. 그것은 인간의 놀라운 적응력의 결과물이다. 정상 상태의 한계를 움직임으로써 좌절에 빠지는 것으로부터 자신을 보호한다. 나이가 많아지면 신체의 상태를 50년 전과 비교하는 대신 마주한 무기력함에 '어느 정도' 익숙해진다. 만성통증 역시 때로는 '특정 상황'에 따라 나아지고 수월하게 느껴진다. 빈민가에서도 '전체적으로 보아' 잘 지내는 사람이 있다.

도덕도 이와 같다. 밀그램의 실험은 여러 작은 단계를 조금씩 움직여 결과적으로 자신이 정한 한계까지 도달하는 매우 인상 깊은 사례다. 어찌 보면 매우 평범한 행동이다. 나는 어릴 때 돌아다니도록 허락되지 않은 시간에 부모님 몰래 부엌에서 쿠키를 하나 집어 입에 물었다. 쿠키 한 개는 어느 누구도 알아채지 못할 거라 생각하면서 말이다. 이런 눈속임이 성공하자 내 욕망은 또 다른 쿠키 하나를 몰래 집어 먹으라고 유혹했다. 하나를 집어 먹을 때마다 이런 유혹은 계속됐다. '하나면 들키지 않아!'라는 말로 나 자신을 속이는 동안 어머니는 쿠키 몇 개가 모자른다는 사실을 깨달으셨다.

한계를 한걸음, 한걸음 옆으로 옮기다 보면 내 행동으로 다가올 현실을 직시하는 능력을 상실하기 쉽다. 자신의 의지가 아닌 특정한 압박에 따라 한계가 옮겨지는 밀그램 실험의 덫에 빠지면 우리가 정한 근본적인 기준이나 실험 진행자가 새롭게 제시한 기준 사이에서 지극히 평범하고 당연한 이치마저도 방향을 잡지 못한다. 벨처는 1933년 히틀러에 열광한 민중의 극소수만이 무시무시한 규모의 홀로코스트를 실제로 희망했다고 언급했다. 그러나 독일 나치의 차별·박해 정치는 '최종적 해결(나치 독일에 의한 유대인의 계획적 말살)'로 시작한 것이 아니었다. 1935년 인종법이 발효되면서 시작되었다. 1938년 유대인의 교회와 상점이 습격당해 화염에 휩싸였다. 또 유대인 말살전쟁은 1941년 여름부터 실행되었다. 볼트 수위를 점차 올린 밀그램의 실험처럼 정의와 불의에 대한 독일 민족의 경계가 조금씩 옮겨갔다.[07]

시프팅 베이스라인은 모든 사회영역에서 나타난다. 어느 한 직군에서 '적정 급여'라 생각되는 급여는 다른 사람이 받는 액수와 밀접한 관계가 있다. 독일 미취업자지원금 수령자의 경우 지원금으로 말리나 방글라데시에서 살았다면 풍족했겠지만 독일에서 그 금액으로 살면서 부유하다고 생각하는 사람은 없다. 우리가 자신을 평가할 때처럼 행동은 이성이 아닌 내면의 논리를 따른다. 독일 적군파도 자신들의 행동이 옳다고 믿었다. 그들은 조금씩 경계를 옮겨가며 국가를 상대로 한 전쟁이라는 수단이 정당하다고 믿었다. 사회에서 벗어날수록 상황은 악화되었다. 무엇을 해야 하는지 객관적인 입장에서 결정하지 않을 뿐만 아니라 그 상황에서 감정에 휩쓸렸다. 또는 미국 사회학자 윌리엄 토마스와 도로시 토마스는 다음과 같이 표현했다. "사람이 특정상황을 현실로 간주할 경우 그 결과는 실제로 현실이 된다."[08]

집단행동과 시프팅 베이스라인은 대부분 밀접한 관련이 있다. 내가 관찰한 타인의 행동을 비교하지 않는다면 무엇으로 '평범한' 것의 기준을 삼을 것인가? 페르는 이것을 조건부 협력의 규칙에서 발견했다. "타인이 협력할 것이라는 확신이 있을 때 협력에 대한 개개인의 의지는 최고조에 이른다. 반면 타인이 협력할 것이라고 확신하지 못하는 경우에는 어느 누구도 협조하지 않는다."[09] 페르는 세금윤리 및 직장윤리, 사회의 악용, 부패, 범죄 또는 스포츠의 도핑에도 이러한 원리가 동일하게 적용된다고 주장했다. 인간은 '평범한' 행동을 규정하는 자의식을 상황에 따라 바꾸고, 자신의 생각과 타인의 행동으로부터 자유롭지 못하다.

* * *

인간은 자신의 기대치, 타인의 행동 또는 타인의 의도에 따라 행동한다. 특정 상황에서는 자신이 생각하는 가치, 확신과 상반된 행동을 서슴지 않고 한다. 자신의 변화를 의식하지 못할수록 자의식은 쉽게 변한다. 이런 식으로 자신이 지지른 중대한 과실을 스스로 '적응'이라고 인식한다.

* * *

주변에 스스로 적응하는 능력은 진화 과정에서 인간이 일궈낸 눈부신 성공의 비밀을 푸는 열쇠다. 그러나 적응력과 자아상은 대부분 쉽게 일치되지 않는다. 적응력이 우리에게 실속 있는 변화를 요구하는 반면 자아상은 항상 같은 자리에 똑같은 모습으로 유지해야 한다. 이럴 때 우리는 어떻게 해야 할까?

당신에게 맹세합니다. 자신을 제대로 파악하고 있다는 것은 하나의 병으로, 확실한 질병입니다.

- 표도르 도스토옙스키

서양 문화권에서 구걸은 별 효과가 없다. 체면만 깎인다. 고아들도 이제는 거지로 취급받는 것을 사양한다. 이제 구걸하는 대신 신문을 판다. 하지만 성(聖) 마르탱의 축일(가난한 이들을 보호하는 성자 마르탱을 기념하는 날-옮긴이)에는 거지도 숭고한 야생인으로 보일 수 있다. 일반적으로 우리는 아이들에게 남에게 사탕이나 선물을 달라고 조르거나 떼쓰지 말라고 가르친다. 만약 그렇게 하면 대부분 따끔하게 혼을 낸다. 그러나 우리 사회에서 구걸은 분명히 허용되어 있다. 또한 모든 집단이 구걸을 하고 집단 윤리가 구걸을 하나의 의식으로 설명하면 누구도 구걸을 문제 삼지 않는다.

독일에서는 성 마르탱 축일에 아이들이 구걸하는 것을 허용한다. 그리고 미국에는 할로윈이 있다. 그러나 실제로 확인하기 전까지는 확신할 수 없었다. 1970년대 초 캘리포니아에서 중산층 아이들이 젊은 두 신진 과학자, 서던캘리포니아 대학교의 토머스 셸리 두발 교수와 텍사스 대학교의 로버트 위클런드 교수의 시야에 들어왔다.[01]

아이들을 바라보던 두 심리학자는 사랑스러운 모습에서 느껴지는 흐뭇함과는 전혀 상관없는 의문이 들었다. 아이들이 사탕을 구걸하는 모습보다 아이들이 어떠한 상황에서 사탕을 훔치는지, 그리고 그렇지 않은 상황은 어떤 것인지 궁금증이 생겼다.

관찰 중인 아이들이 낯선 집을 옮겨 다니며 사탕을 요구하는 동안 두 학자는 비밀리에 상황을 조종했다. 집주인은 아이들에게 사탕을 쉽게 건네지 않고 아이들을 유혹했다. 사탕을 요구하는 아이들이 집 앞으로 다가서자 주인아주머니는 아이들을 반겼다. 그러나 아이들에게 사탕을 건네주는 대신 입구에 놓인 사탕바구니를 가리켰다. 아이들이 사탕바구니에서 사탕을 한 개만 꺼내가도록 허락했다. 그리고 아주머니는 집으로 들어갔다. 아이들은 어떤 결정을 내릴까? 이 상황을 이용해 사탕을 주머니 가득 채울 것인가?

사탕 훔치기는 중요한 세부사항에 크게 영향을 받았다. 몇몇 집에서는 현관문에 부착된 거울에 아이들이 사탕 집는 모습이 비춰졌다. 그러나 그 외의 집에는 거울이 없었다. 그 결과는 어땠을까? 사탕을 훔치는 자신의 모습을 마주하는 순간 아이들은 깜짝 놀랐다. 거울이 없는 경우 전반적으로 쉽게 훔쳤다. (이것을 처음 접했을 때 몇 년 전 내 '보험설계사'가 생명보험과 재산보험을 계약하면서 왜 굳이 거울을 등지고 앉으려 했는지 그 이유가 분명해졌다.)

물론 캘리포니아 아이들의 사탕 훔치기는 순응주의를 따르는 또 다른 사례일 수도 있다. 한 아이가 훔치기 시작하면 다른 아이들도 훔치는 것을 쉬운 일로 여긴다. 그러나 그곳에 거울을 설치하면 훔치는 행동 자체를 막아준다. 외부의 관찰을 의식하는 순간 사람들은 대부분 도덕적으로 행동한다. 우리는 잘못된 행동을 타인뿐만 아니라 자기 자신에게도 숨기고 싶어한다.

이때 등장하는 트릭은 스스로 결정하고 행동할 때 그 행동을 의식조차 하지 못하거나 그것이 자아상에 위배된다는 것을 의식하지 못하게 한다. 교통 법규를 어기면서도 전혀 죄책감을 느끼지 않는 사람이 얼마나 많은가! 어쩌면 그들은 자신의 위반 행동을 전혀 의식하지 못하기 때문에 그럴 수도 있다. 이런 식으로 자신의 행동을 실제보다 올바르게 인식하는 것은 그리 어렵지 않다.

두발은 2002년 스스로 목숨을 끊었다. 위클런드는 오늘날까지 빌레펠트를 포함한 여러 대학교에서 자신의 연구와 실험을 활용했다. 자아상을 제대로 파악하는 메커니즘 연구는 오늘날 사회심리학이라는 학문의 한 부분으로 다뤄지고 있다. 현재 거울 테스트는 수백 종에 이른다. 캐나다 온타리오 맥매스터 대학교의 심리학자 캐슬린 마틴 지니스는 두 집단에 훈련받지 않은 46명의 여성을 각각 배치하고 2분간 교육을 실시했다.[02] 한 집단이 거울을 앞에 두고 훈련을 받는 동안 다른 집단은 벽을 마주 보고 있었다. 예상했던 대로 거울을 앞에 두고 훈련한 사람들은 다소 불편했다고 토로했다. 일부는 평소보다 특히 체력이 더 많이 소모되었다고 보고했다. 벽을 마주하고 훈련받은 여성에게는 이런 문제가 드물거나 거의 나타나지 않았다. 거울 없이 연습에만 집중할 수 있는 순간에도 거울에 몸을 기울여 지속적으로 자신의 모습을 확인했다. 자신이 너무 둔한 건 아닐까? 뚱뚱

한 건 아닐까? 나이 들어 보이진 않을까? 못생긴 건 아닐까? 자아상과 관련된 희망은 우리가 자신을 인지하는 방식에 따라 갈등에 빠진다. 바로 일상에서 피하고 싶은 문제와 마주한다,

거울로 향한 시선은 한편으로 우리의 외모와 행동에 대한 기대, 생각, 기준을 보여준다. 소수만이 거울에 비친 자신의 모습을 보며 평안함과 냉정함을 유지할 수 있다. 이때 우리의 신체적 매력도는 윤리적 품행과 방정을 앞선다. 자신에 대해 진지하게 고민하는 사람은 사회적 결정보다 외모 때문에 그런 경우가 많다. 누군가 우리를 촬영한 비디오를 보면서 우리는 자신이 무엇을 말하는지 그 내용보다 그 안에서 보이는 자신의 모습과 목소리에 신경 쓰인다.

우리를 흥분하게 하는 이유를 찾는 것은 그리 어렵지 않다. 일상에서 자아성찰과 관련된 상황은 극히 드물다. 무엇보다 인간은 생활에서 자신을 스스로 관찰하는 유일한 동물이다. 그러나 그렇다고 해서 그런 모습이 꼭 필요한 것은 아니다. 그보다 도덕적 동굴에서 사는 사람들에게서 자아성찰이 타인의 시선을 의식하는 것만큼이나 덧없는 것이라는 것을 배워야 한다.

사람은 얼마나 자주 자신에 대해 생각할까? 시카고 대학교의 헝가리 출신 심리학자 미하이 칙센트미하이는 이름만 들으면 흡사 동유럽에서 만화 캐릭터 팀-스트루피가 튀어나올 것만 같은 이미지가 떠오른다. 이탈리아 주재 헝가리 영사의 아들로 태어난 칙센트미하이는 유년기와 청소년기를 격동 속에서 보냈다.[03] 로마 외교관이던 부모의 사회적 지위는 어느 순간 레스토랑 주인으로 떨어졌다. 그 결과 칙센트미하이는 학교를 그만두고 다양한 직업을 전전했다. 1956년 칙센트미하이는 미국으로 건너가 시카고에서 심리학을 공부했다. 대형 호텔에서 야간수위로 일하며 생활비를

벌었다. 심리학이라는 학문에 대한 호기심을 충족시키기에 시카고는 한계가 있었다. 수많은 새끼를 거느린 쥐가 일일이 새끼들을 구분하는 것만큼이나 찬찬히 심리학에 몰두했지만 그가 관심을 둔 분야와는 다소 거리가 있었고 학문에 대한 갈증은 채워지지 않았다. 사람은 왜 지금 그 모습일까? 왜 자주 불행하다고 느낄까? 지금 그 상태에서 변하는 데 방해가 되는 요소는 무엇인가?

1960년대 초 칙센트미하이는 박사논문에 몰두하는 동안 자신을 매료시킨 한 현상을 발견한다. 작품에 푹 빠져 열심히 그림을 그리는 예술가는 분명 행복해 보였다. 이는 당대에 유행하던 행복이론에서 정의한 행복과는 전혀 다른 행복이다! 당시 시카고의 심리학자들은 행복을 지금의 사회생물학자들처럼 정의했다. 행복이란 인정, 명예, 권력, 돈, 섹스, 사랑에 대한 생물학적 욕구다. 그러나 황홀할 정도로 자신의 일에 푹 빠진 사람, 즐겁게 노는 아이, 등산객, 음악가, 취미로 운동하는 사람들은 그 순간 그 이상의 보상을 기대하지 않는다. 그들은 순수하게 자신이 하는 행동으로 기쁨을 느끼는 것이다. 때로는 배고픔이나 목마름도 잊고 자신이 하는 행동 외에는 그 어떤 생각도 하지 않는다.

거의 20년간 칙센트미하이의 연구는 대중의 조명을 받지 못했다. 일부 동료들만이 완벽한 심리적 몰입 상태인 플로(Flow) 현상에 관심을 보였다. 그의 연구는 1990년대에 와서 대단한 반향을 일으켰다. 헝가리 출신의 심리학자는 개성 넘치는 연구로 하룻밤 새 스타가 되었다. 권위 있는 잡지 〈뉴스위크〉에 실린 기사는 그의 운명을 바꿔놓았다. 1990년 그는 대중을 위한 저서를 집필했다. 플로는 팬들의 입소문을 타고 유명해졌다. 『몰입의 즐거움』은 세계적인 베스트셀러로 등극한다. 1997년 미국 대통령 빌 클린턴의 애장도서에 포함되기도 했다.

그러나 학계에서는 이미 10년 전부터 칙센트미하이의 연구를 인정했다. 1980년대 칙센트미하이는 심리학에 그가 페이저(Pager, 무선호출기)라는 이름을 붙인 새로운 도구를 도입했다. 그는 또한 실제 경험을 모으는 새로운 방식을 고안했다. 심리학자들은 특정 상황에서 사람의 감정에 대해서 알고자 할 때 설문지로 조사하는 방식을 택했다. 그러나 칙센트미하이는 이런 방식으로는 잘못된 정보를 수집하는 것이라고 확신했다. 사람들이 나중에 자신이 느꼈다고 믿는 그 감정은 사실 대부분 실제 상황과 차이가 난다. 실제 감정 대신에 대차대조표처럼 자기가 생각하는 감정을 채워 넣는다. 그러나 이 둘은 분명 다르다. 따라서 칙센트미하이는 실험 참가자에게 전자 무선 호출기를 부착하고 불규칙적인 간격으로 신호를 보냈다. 호출기가 울릴 때마다 테스트 참가자는 공책에 지금 자신이 하는 행동과 감정 그리고 생각을 기록했다.

칙센트미하이와 그의 동료 토마스 피구르스키는 다양한 연구 중 하나에서 서로 다른 다섯 개의 기업을 조사했다.[04] 20~63세의 직원 107명이 테스트에 참가했다. 테스트 참가자들은 일주일 동안 호출기를 착용했다. 호출기는 하루에 7~9차례 불규칙한 간격으로 울렸다. 참가자들은 매번 자신의 행동과 생각 그리고 감정을 기록했다.

실험의 놀라운 결과 가운데 하나는 사람들이 대부분 하루 동안 자신에 대해서 생각할 시간을 거의 갖지 못했다는 사실이다. 모든 사고는 직장과 집 사이에서 이리저리 오갔다. 그리고 머리에 생생이 남은 대화의 단편을 생각하며 희망사항이나 매우 사소한 잡담을 나누는 데 시간을 사용했다.

저 멀리 우주에서 온 외계인 행동연구학자가 인간을 관찰한다는 비유를 떠올려보자. 이 외계인은 인간이 일상에서 자신을 위해 쓰는 시간이 거의 없다는 결론을 내렸다(10장 참조). 칙센트미하이는 동일한 것을 자아성찰에 대입했다. 테스트에 참가한 사람 가운데 8퍼센트만이 자신을 생각하는 데 시간을 할애했다.[05] 게다가 실험 참가자들은 빈번하게 지금 '아무런 생각도 하지 않는다'고 답변했다. (실제로 그럴 수 있는지 정말 의심스럽다. 요가에 능통한 수도자라도 무념상태는 수십 년의 명상과 훈련으로 도달할 수 있는 경지다.)

평범한 사람은 도덕철학자가 아니다. 그들은 자아성찰을 지속적으로 하기보다 자신에 대한 지속적인 무관심을 선호했다. 때로는 우리가 하는 모든 행동의 원인이 바로 나 자신이라는 사실을 자각하지 못하기 때문에 행실에 도덕적 문제가 발생한다. 이미 영국의 철학자 로크는 도덕적 의문이 생길 때 놀라울 정도로 곤란을 겪는다는 사실을 깨달았다. 자신의 저서『인간 오성론』의 '동질성과 다양성에 대해서' 라는 장에서 로크는 인간이 자신의 행동을 계산할 수 있다고 강조했다. 그렇다면 그렇게 행동하지 않는 사람은 왜 그런 걸까? 그들은 총체적으로 '잘못'한 걸까?

본성이 원래 그렇지 않다는 독특한 방식의 자기합리화는 치워버리고 자신에 대해 고민해봐야 한다. 도스토옙스키는 그런 행동을 일종의 병이라고 생각했다. 스스로 자신에 대해 깊게 고민하지 않는 사람은 아무것도 얻을 수 없다. 칙센트미하이가 강조하고자 하는 특별한 핵심도 그 안에 있다. 인간은 최대한 몰입했을 때 행복을 느낀다. 그러나 나 자신이 아니라 우리가 하는 행동에 몰입해야 한다. 항상 자신을 관찰하는 것은 지속적인 불쾌함의 원인이 될 수도 있다. 그러니 우리는 매 순간 '우리 곁에 있는' 행복을 지나치며 아름다운 것을 경험할 기회를 놓쳐버린다. 주변 사람들에게 더 나은 행동을 하는 것이 아니라 신뢰를 조금씩 잃어버린다. 모든 것이 계획대로 되지 않을 때 자신을 혹독하게 책망한다. 그리고 마지막에는 인생이라는 영화에서 자신의 역할이 잘못된 캐스팅이었다고 평가한다.

삶의 기술이란 분명 버리는 데 있다. 어느 누구도 탓하지 않는 사람은 제

정신으로 생활하기 힘들다. 자아성찰도 이와 다를 바 없다. 실력파 연기자는 거울을 앞에 두고 역할을 연습하지 않는다. 눈앞에 보이는 모습에 집중하지 않고 온몸으로 인물을 표현한다. 투영되는 자아상을 지우는 데 유용한 요가나 명상을 시도해볼 수 있다. 모든 엔터테인먼트 산업은 나 자신을 잊는 데 효과적인 보조수단이다. 흥미진진한 영화를 볼 때 자신에 대해 깊이 고민하거나 생각하지 않는다. 아무 생각 없이 컴퓨터 게임에 몰입하기도 한다. 이도저도 효과가 없을 때는 술이 정답이다. 퀼른 사람들은 어린 소녀도 아름답게 술을 마실 수 있다고 말한다. 그러나 더 중요한 것은 스스로 아름답게 취할 수 있다는 것이다. 아름다움이 무엇보다 우선시되는 사회에서 스스로를 바라보는 몽롱한 시선은 여러 면에서 축복이다.

자아성찰 역시 독특하다. 일상의 가르침은 자아성찰이 미숙할 때 자신에게 훨씬 유용할 거라 말한다. 스스로 되묻고 반성하지 않을수록 결정력 있고 자기주장이 강하다. 고위정치가나 고위경영자가 되려는 사람은 집단에 휘둘리지 않아야 한다. 반면 도덕철학자는 사람의 성숙한 정도를 자신을 반성하는 능력으로 평가한다. 우리의 행동이 보편적 윤리원칙을 추구할 때 도덕심리학자 콜버그가 주장한 도덕성의 최고 단계에 이른다. 그러나 나 자신에 대한 매우 진지하고 근본적인 고민이 선행되어야 한다.[06]

분명한 것은 자아성찰 없이는 도덕을 완성할 수 없다는 것이다. 여기에서 고뇌가 생긴다. 즐겁게 살기 위해 하지 말아야 할 행동을 어떻게 훈련할 수 있단 말인가?

상황은 복잡한 방식으로 얽혀 있다. 도덕심리학에서 두 학교가 서로 반대 의견을 주장하며 대립하는 것도 전혀 놀랍지 않다. 피아제와 콜버그를 임용한 전통적인 학교는 총체적으로 인간의 사회적 본능을 그다지 인정하지 않았다. 자신에 대한 관찰을 개선하고 가능한 한 최대로 분석적인 태도를 갖추는 것만으로도 만족했다. 우리를 결정하는 것은 본능이 아니라 반성이다. 반면 여러 현대 도덕심리학자는 인간의 사회적 본능에 무게를 싣고 있다. 통상적으로 도덕적 행동이 무엇인지 직관적으로 알고 있다고 주장한다.

도대체 무엇이 옳은 걸까? 감정을 다스리고 분석적으로 억눌러야 하는 걸까? 또는 감정에 순응하고 따르는 법을 배워야 할까? 한마디로 말해, 다른 사람의 의견을 따라야 하는 걸까? 또는 내 자신만을 따르면 되는 걸까? 거울에 비치는 모습으로 올바른 결정을 내릴 수 있을까? 또는 명상을 통해서 가능할까?

심리학자는 이와 관련하여 동기를 두 가지 유형으로 구분했다. 때로는 우리 자신에게서 무엇을 하려는 자극이 생긴다. 두 볼을 붉게 물들인 채 책에 푹 빠진 아이는 자신의 의지로 책을 읽는다. 아이의 동기는 본질적인 것으로, 즉 내면에서 비롯된다. 학교에서 내준 숙제를 하는 아이는 외부 동기로 숙제를 한다. 이것은 비본질적인 외부 요인이다. 마크 트웨인은 두 차이를 이해하기 쉬운 예를 들어 설명했다. "영국에는 한여름의 무더운 날씨에도 4두마차를 타고 매일 32~48킬로미터를 오가는 부유한 신사가 있다. 이러한 특권을 누리는 데는 상당한 비용을 지불해야 하기 때문에 겉치레를 벗어 던지고 싶은 마음이 굴뚝같지만 외부의 시선 때문에 결국 체념해버리고 만다."

도덕도 이와 다르지 않다. 함께 일하는 동료를 살해하지 않는 것은 처벌을 두려워하기 때문이 아니라 평범한 사람은 그런 행동을 하지도, 원하지도 않기 때문이다(물론 때때로 그런 충동을 느낄 수는 있겠지만). 내면의 동기는 외부 요인보다 훨씬 강력하다. 반면 납세문제는 대개 내적 동기가 결여된다. 납세는 옛 시대 사람의 전형적인 행동과는 거리가 멀다. 사회적 본능은 말할 필요도 없다. 이때 동기는 외부에서 비롯된다. 세금을 내지 않은 사람은 그에 따른 처벌을 우려해야 한다.

이미 아리스토텔레스는 내부 동기와 외부 동기의 차이를 알고 있었다. 아리스토텔레스 윤리의 중심은 정교한 조정에 있다. 행실이 바른 삶이란 외부 동기를 내적 동기로 변화시킬 때까지 오랫동안 훈련하는 것을 뜻한다. 즉 연습을 많이 하거나 자아성찰에 매진하거나 최선의 방법으로 두 가지 모두 하는 경우를 말한다.

칸트나 피아제 또는 콜버그처럼 그에게 영향을 받은 심리학자와 교육자의 생각도 이와 다르지 않았다. 우리 스스로 자신의 행동을 관찰하고 근본적이며 보편적인 선과 정의를 추구하는 행동을 실행할 때 도덕의 최고단계에 이른다. 내적·외적 동기의 결속력이 강할수록 도덕적으로 성숙해진다. 독일에서는 이렇게 말한다. 도덕적 의무를 즐거운 마음으로 실천할 때 진정으로 선한 사람이 된다. 우리가 해야 하는 그것을 마음으로 좋아할 수 있을 때 말이다.

이 얼마나 아름다운 생각인가. 현실에서 그렇게 실천하며 생활하는 사람은 극히 드물 것이다. 현실에서는 자기성찰이라는 회중전등이 우리 손에 위태롭게 들려 있다. 미국 캘리포니아 대학교 교수이자 훗날 펜실베이니아 대학교 교수로 활동한 사회학자 어빙 고프먼은 여기서 민감한 사항을 지적했다. 자신을 면밀히 살펴보려면 그 대상, 즉 자아가 먼저 형성되어야 한다. 그러나 우리가 본인이라고 일컫는 자신은 사실 다양한 모습을 지녔다. 그 이유는 매우 단순하다. 의식이 있고 타인의 의식을 깨닫는 생물체로서 우리는 항상 누군가 우리를 관찰한다는 느낌을 받는다. 또는 고프먼이 말했듯이 자신에 대해 완전히 확신할 수 없다. 매 순간 그 대상이 자신이든 타인이든 뭔가를 꾸며낸다. 그리고 자신을 설득하려 애쓰고 현실과 다르게 설명하며 거짓으로 둘러댄다.

행동과 존재, 고프먼은 인간의 본성에서 이 두 개념은 절대로 일치하지 않는다고 단언했다. 자아성찰에서도 언제나 지금 우리가 맡고 있는 역할의 관점에서 자신을 되돌아본다. 여기서 주목할 점은 진정한 나 자신이 아닌 현재 맡고 있는 역할을 본인으로 자각한다는 것이다. 다른 말로 표현하면, 회중전등으로 자신을 비출 때 빛이 닿지 않는 곳은 잘 보이지 않는다. 따라서 우리는 자신을 전등을 손에 쥐고 있는 사람으로 간주한다!

이는 끔찍한 사례로 좀 더 분명히 설명할 수 있다. 101예비경찰대대의 재판에서 기소된 경찰대원 한 사람은 다음과 같이 진술했다. "나는 아이들에게 총구를 겨눴습니다. 아이의 손을 잡은 엄마가 그 옆을 지나치는 것이 보였습니다. 내 동료는 아이의 엄마를 쐈습니다. 그리고 나는 아이들을 총으로 쐈습니다. 엄마 없이는 아이도 살 수 없다고 생각했기 때문입니다. 어차피 엄마 없이는 살 수 없는 아이들을 구제한다는 구실로 양심의 가책을 덜어내려고 했던 것 같습니다."[07]

그 경찰대원이 그렇게 행동한 결정적인 이유는 경찰대대 일원으로서 맡은 역할 때문이었다. 그는 자의든 타의든 사람들을 몰아내거나 총살해야 했다. 이 역할은 분명 인간으로서 자신이 세운 가치에 부합되지 않았고 따라서 자신의 행동을 수월하게 만들어주는 구실을 찾아야 했다. 자신이 맡은 역할을 버리는 대신 자신의 자아상이 견딜 수 있을 정도로 회중전등의 불빛을 바꿔놓았다. 이런 방식으로 자기 자신과 타인을 비교할 때 어느 정도 '좋은' 감정을 느낄 수 있도록 조치를 취했다.

101예비경찰대대의 대장 트라프는 비록 살인자지만 무리에 의해 자신이 받은 교육과 도덕성이 완전히 사라지지 않는다는 것을 보여준다. 자신의 도덕성을 완전히 저버리는 대신에 그 역할과 거리를 둠으로써 '선한 사람'이라는 자아상을 곤경에 빠뜨리는 위험으로부터 보호하려 했다. "살인을 저질렀는데도 내면의 도덕성 덕분에 스스로 살인자라는 죄책감을 느끼지 않게 되었다. 그들은 개개인으로서 살인을 저지른 것이 아니라 개인적인 욕구, 감정, 저항을 불가항력으로 억누르고 역사적 임무를 수행한 것이다."[08]

매번 우리의 자아상을 일정한 또는 불분명한 간격으로 인식한다면 도덕은 매우 복잡해진다. 역할은 우리가 특정 상황에서 어떻게 행동해야 하는지 결정하기 때문이다. 따라서 101예비경찰대대의 경우에도 살인을 수월하게 만들어준 역할 규칙이 존재한다. 경찰 제복이나 군인 제복은 시회적 본능을 무용지물로 만드는 데 기여한다. 자신은 주어진 역할이나 권위의 주체일 뿐이다. 제복을 벗는다는 것은 단순히 부대와 직급이 아니라 본질이 사라지는 것이나 다름없다. 제복은 상대뿐만 아니라 자신에게서 나를 숨기는 기능이 있다. 군복을 입고 명령을 따른 것으로 자신의 사회적 본능을 기만한다. 특정 상황에서 개개인의 후퇴는 내 모습을 비도덕적으로 만든다. 이는 본연의 내 모습과 더는 일치하지 않기 때문이다. 하지만 아무리 제복을 착용했다 해도 타인의 눈에 비친 것은 편협한 인간의 모습이다.

인생을 살면서 찍는 한 편의 영화에서 주인공을 바꾸는 상황은 극히 드물다. 그러나 거의 모든 사람이 자신을 위협하는 정보나 사건을 축소해 재해석한다. 끝없이 생각하고 고민하기보다 밀그램의 실험처럼 일단 행동으로 옮기는 것을 선호한다. 또는 경찰대원이 자신이 살해한 아이를 '구제했다'고 말하는 극단적인 경우처럼 스스로 특정 사건을 완화해서 말하기도 한다.

* * *

인간은 자신을 주의 깊게 관찰할 수 있는 유일한 동물일 것이다. 그러나 자아성찰은 필요에 따라 한정적인 자원만 활용한다. 따라서 지나친 자아성찰은 우리 행복에 전혀 유익하지 않다. 도덕적 관점에서 자신의 선함을 보호하기 위해 상황에 따라 자아성찰의 스위치를 켰다 껐다 하는 눈속임을 하고 있다.

* * *

이 모든 것이 우리 자아상에 어떤 흔적도 남기지 않을 거라는 희망은 갖지 말아야 한다. 자신을 지속적으로 기만하는 것은 매우 소모적인 일로 당연히 그 파장이 있다. 자신에 대한 거짓말, 기만, 회피 등 우리 모두 자아상에 핑계만 늘어놓는다면 절대로 통과할 수 없다. 평범한 사람이라면 모두 이런 식으로 실타래가 엉켜버린다. 이런 어려움과 곤경을 알지 못하는 사람은 매우 불분명한 소수에 속한다. 일상에서 자주 등장하는 눈속임의 한 예로, 자신의 주가를 올리려고 타인을 경시하는 사람은 머릿속에서 그 상황을 못 본 척 외면한다. 그래야 자유롭고 기분이 나아진다. 그러나 행복하고 성공적인 자신의 삶을 위해 또다시 잘못된 행동을 이어간다.

22 정언적 비교

왜 우리는 항상 책임을 느끼지 못할까?

> 반쪽짜리 진리는 동시에 반쪽짜리 거짓이라는 말이 옳다면, 논리적으로 반쪽짜리 거짓말 또한 반쪽짜리 진리다. 그럴 경우 두 개의 반쪽짜리 거짓이 만나면 온전한 진리가 된다.
>
> \- 레베니히

룩셈부르크는 평화로운 국가다. 그러나 2008년 자우어와 모젤 지역의 감정은 여느 때와 달리 술렁였다. 때마침 모터쇼에서 환경부장관 루시엔 룩스는 탄소 배출 감소를 위한 새로운 캠페인을 소개했다. 이산화탄소 배출량이 적은 차량을 구매할 때 이권을 주겠다는 것이다. 국가는 기후를 고려한 친환경 소비자에게 750유로(한화 약 100만 원)를 지급했다. 그러나 이미 국세청은 환경을 해치는 차량의 세금을 높인 상태였다. 2007년 1월 1일부터 국가는 배기량이 아닌 이산화탄소 배출량에 따라 자동차 세금을 책정했다.

룩셈부르크 국민도 탄소 배출량 감소가 매우 중요한 목표라고 생각했다. 친환경적 삶은 살 만한 가치가 충분하다. 교양 있는 룩셈부르크 국민은 혼자만 차를 타고 다닌다는 것은 기후에 해가 된다는 사실을 알고 있다. 그러나 룩셈부르크는 자동차 국가다. 자기 훈장을 뽐내는 성향은 여느 이웃 국가보다 훨씬 강했다. 게다가 휘발유 값마저 저렴했다. 룩셈부르크 국민이 하늘에 내뿜지 않아도 이미 관광객을 실은 거대한 차량이 그 역할을 도맡고 있다. 환경부의 공표에 따르면 1990~2006년에 유해물질은 이산화탄소의 경우, 2700만 톤에서 7300만 톤으로 무려 세 배 가까이 늘어났다.

룩셈부르크 역시 도쿄조약에 서명했다. 따라서 2012년까지 이산화탄소 배출량을 1990년 대비 29퍼센트를 의무적으로 줄여야 한다. 2006년 여론조사에서 룩셈부르크 국민 84퍼센트는 환경부장관에게서 매우 구체적인 기후보호 대책이 나오기를 바라는 것으로 조사됐다. 그러나 여러 환경파괴 요소들 중 부득이 차주에게 세금을 올린 처사에는 폭풍이 몰아쳤다. 분노와 항의가 퍼져나갔다. 한 사람은 이렇게 불평했다. "지난 몇 년간 정말 실망한 것은 자동차세를 주제로 토론할 때 정당은 전혀 용기가 없었다는 겁니다. 아무리 앞에서 세금을 올리는 방안으로 의견을 일치하려 해도 결국에는 여러 방면에서 전혀 무의미한 갑을논박의 정치적 토론으로 이어졌죠."[01]

그 뒤 무슨 일이 벌어졌을까? 룩셈부르크 자동차세는 서유럽에서 낮은 편에 속한다. 2008년 개혁 이후 등록된 차량의 절반은 매년 세금이 100유로(한화 약 15만 원) 절감되었다. 단 8퍼센트만이 매년 300유로 이상을 세금으로 냈다. 친환경적 정책이기도 하지만 전체적으로 부유하게 사는 룩셈부르크 국민이 왜 장기적 측면에서 분명 이로울 특정 정책에 폭동을 일으킨 것일까?[02]

룩셈부르크만 예외인 것은 아니다. 차에 대해서라면 다른 여러 나라에서도 도덕심이 그 자리에 얼어붙어 버린다. 타인과 평화롭고 조화롭게 살겠다고 약속한 선조의 다양한 사회적 직관은 철판으로 둘러싸인 차단막 아래서 사라진다. 인류의 심적 진화에서 갑옷처럼 단단한 외판, 치타처럼 빠른 속도, 넉넉한 내부를 자랑하는 6제곱미터의 이것은 전혀 고려되지 않았다. 또 바퀴가 네 개 달린 또 다른 나 자신인 자동차에 대해서라면 분명 이성도 저 멀리 날아간다. 판단력 있는 사람들 또한 차에 애칭을 붙인다. 반면 개인의 안전, 교육, 연금을 보장하는 국가는 공공의 적으로 본다.

룩셈부르크 국민은 개혁된 자동차세를 납부할 능력이 있다. 만약 그들이 독일에서 살았다면 얼마 되지 않는 세금에 환호했을 것이다. 그러나 국가에 강력히 항의한 룩셈부르크 국민은 전혀 기뻐하지 않았다. 오히려 끔찍한 요구로 부담을 지운 환경부장관을 다시는 뽑지 않으리라 결심했다. 분명 이들은 주변 국가가 아니라 단순히 개혁 이전의 세율과 비교했다.

유로화권의 다른 나라와 달리 룩셈부르크는 국제적 재정 관리를 받고 있다. 그래서 종속되는 부분이 상당하다. 룩셈부르크는 마치 동물원의 사파리와 같다. 지붕을 열어보면 그 안에 동물의 서식지가 펼쳐진다. 그러나 그곳에서 서식하는 앵무새는 너무 오랫동안 사람의 손에서 사육되었기 때문에 우리 밖으로 날아갈 생각조차 하지 못한다. 제대로 교육받은 사람이라면 어떻게 그렇게 어이없는 태도를 보일 수 있을까? 자신을 둘러싼 현실에서 어떻게 그렇게 두 눈을 꼭 감고 현실을 직면하지 않는 걸까? 자동차세를 조금 올린 것이 어떻게 기후 변동보다 심각한 문제일 수 있을까?

이런 의문에 해답을 찾으려면 우선 인간이 타인과 비교하는 방식을 이해해야 한다. 우리가 자신에 대해서 알고 있는 모든 것은 타인과 교류하면서 비교한 결과물이다. 우리는 자신이 아닌 것에 대해서 알기 때문에 우리 자신이 누구인지 알고 있다. 또 타인이 우리를 어떻게 보는지 알고 있거나 짐작하기 때문이기도 하다. 타인의 판단을 평가하려면 이것을 또 다른 의견과 비교해야 한다. 인간에게 정언적 비교는 타고난 것인 반면 정언적 명령은 그렇지 않다.

린덴탈에 쾰른 대학교 사회심리학 교실이 있다. 건물은 대부분의 대학 분위기와는 사뭇 다르게 리모델링되어 있었다. 이것이 그 건물을 보고 내 머릿속에 떠오른 첫 느낌이자 비교였다. 쾰른 대학교에서 거의 20년간 몸담은 연구소는 이 건물보다 덜 아늑했다. 그날 나는 교수직을 맡고 있는 무스바일러와 약속되어 있었다. 비교분석학에서 혜성처럼 떠오른 그는 최소한 그의 세대에서 인지도가 높은 사회심리학자다. 무스바일러 교수는 이제 42세다. 4년 전 무스바일러는 독일어권에서 가장 권위 있는 학문상인 고트프리트 빌헬름 라이프니츠상을 수상했다.

그 뒤 무스바일러는 해당 분야에서 자신의 입지를 굳혔다. 그는 작은 혁명을 일으키고 거의 50년간 지배해온 독단에서 벗어나는 데 성공하면서 상을 거머쥐었다. 매우 오랫동안 사회심리학자들은 사회적 비교에서 단순한 규칙이 존재한다고 생각했다. 예컨대, 나보다 '못한' 사람과 비교하면 기분이 좋아진다. 하지만 나보다 '나은' 사람과 비교하면 기분이 나빠진다. 학계에서뿐만 아니라 비전공자인 모든 사람이 이 메커니즘을 신뢰했다. 어린 시절 학교 시험에서 4점을 받으면(독일에서 성적은 1~5점까지로 1점이 가장 높음–옮긴이) 나는 부모님에게 항상 시험이 매우 어려웠고 반 전체의 점수가 좋지 않다고 설명했다. "시험에서 5점을 받은 아이를 보셨어야 해요." 그리고 이런 핑계는 위안이 됐다. 그로써 잿빛의 4점은 조금은 밝아졌다. 내 핑계로 윤을 내자 점수가 조금은 달라보였다. 몇 마디만 더 보태면 아마 광채가 나기 시작할 것이다. 그러지 않아도 어느 정도 빛나는 것 같지 않은가? 하지만 아버지는 이런 내 핑계에 별 감흥이 없으신 듯했다. 그리고 피식하고 비웃으셨다. 아버지 또한 소싯적 항상 반에서 가장 낮은 점수인 4점을 받으셨기 때문이리라. 따라서 아버지를 납득시키기 위해 노력하는 것은 무의미했다.

무스바일러 또한 상향 비교와 하향 비교의 장단점을 알고 있었다. 물론 아래와 비교하면 기분이 좋아지고 위와 비교하면 낙담하는 경우도 있다. 교황 앞에 소개될 때보다 마이클 조단의 체력 테스트를 생각할 때 오히려 의욕이 사라진다.[03] 무스바일러는 학창시절 이와 같은 경험을 했다. 어린 시절 수학에 남다른 재능을 보인 그는 고등학교 졸업 후 대학교에서 수학을 전공한다. 그러나 대학교에는 고등학교와는 사뭇 다른 바람이 불었다. 뛰어난 수학천재들 사이에서 그는 자신을 다시 돌아보게 되었다. 3개월이 흐르자 그의 비교·분석이 끝났다. 그 뒤 무스바일러는 심리학으로 전향한다. 머리 뒤로 팔을 괴고 특유의 미소를 지으며 그는 말했다. "그 결정을 후회한 적은 없습니다. 그때 그런 결정을 내리지 않았더라면 아마 오늘날 그저 그런 보험회계사가 되었을 겁니다."

무스바일러가 전하고자 하는 핵심은 그 어떠한 경우에도 특정한 규칙이 성립되지 않는다는 것이다. 때로는 '상향' 비교로도 동기부여가 가능하기 때문이다. 그렇지 않고는 우리가 닮고 싶은 우상은 무엇이겠는가? 긍정적 상향 비교가 나타날 가능성이 가장 큰 것은 우상과 우리 자신에게서 공통점을 발견할 때다.[04] 특정 관점에서 멋지다고 인식되는 모습이 나와 흡사한 사람은 매우 이상적인 우상이다. 반면 나와 완전히 다른 낯선 사람이라면 전혀 선망의 대상이 되지 않는다.

무스바일러의 동료인 워싱턴 대학교의 조나선 브라운이 이를 입증하는 증거를 제시했다.[05] 브라운은 조사에 참가한 여성들에게 전문모델의 사진을 보여주었다. 그리고 젊은 여성들에게 자신의 매력점수를 평가하라고 지시했다. 예상했던 것처럼 결과는 그리 좋지 않았다. 다음 실험에서 브라운은 세부사항을 추가했다. 그는 젊은 여성들에게 그들과 같은 날에 태어난 모델을 선택했다고 설명했다. 그리고 개인적인 공통점이 분명 피조사자들의 활기를 북돋우는 모습을 포착했다. 생일이라는 (가상) 공통점은 참가자들에게 모델과 어느 정도 동질감을 선사했다. 이 그룹은 이전 그룹보다 자신의 매력도를 높게 평가했다.

비교법칙을 이해하는 것은 많은 것을 암시한다. 단순히 우리가 아름답다고 생각하거나 영리하다고 판단하는 것 이상의 가치를 지닌다. 도덕적 행동에 미치는 영향도 상당하다. 100유로를 쓰는 것을 과소비라고 생각하는지는 주변 친구나 가족의 소비성향에 달려 있다. 또 101예비경찰대대 대원들이 저지른 학살을 '괜찮다'고 판단한 것은 그들이 비교한 환경에서 비롯된 것이다. '오로지' 아이들만 총살했다고 자신을 정당화하는 경찰대원을 떠올려보자. 다른 대원의 행동과 비교했을 때 그는 그것을 훨씬 '나은' 행동으로 간주한다. 아이를 총살한 그 대원은 자신의 시각으로 봤을 때 훨씬 참혹한 행동, 즉 아이 어머니를 살해한 동료를 비교대상으로 삼은 것이다.

사회심리학의 언어에서 이런 비교대상은 비교의 표준이 된다. 참혹하고 끔찍한 이 사례는 인간의 도덕이 지닌 상대성을 보여준다. 앞서 소싯적 학교에서 받은 4점에 관한 일화에서 언급한 동일한 메커니즘이 아이를 살해한 경찰대원에게도 똑같이 적용됐다. "난 단지…, 반면 다른 사람은…."

그러나 이런 비교과정 전부가 의식적으로 일어나지는 않는다. 무스바일러에 따르면 비교는 대부분 즉흥적이며 완전히 무의식적이다. 우리가 비교하는 표준과 잣대를 심사숙고하는 경우는 매우 드물다. 때때로 우리는 경솔하게 주변의 누군가와 비교한다.[06] 물론 첫 느낌은 나중에 바뀔 수도 있다. 그러나 그것 역시 무의식적으로 일어나며 의식하는 경우는 드물다. 비교 중심은 수시로 변하고 적개심만큼이나 우상도 바뀐다. 그러나 대부분의 경우 이를 위해 항상 내면에 귀를 기울여 마음이 하는 말을 경청할 필요는 없다. 어차피 어느 순간 미끄러지듯이 등장하고 때로는 거의 눈치 채지도 못한다.

끊임없는 비교에는 표면적인 부분까지 포함된다. 모든 규칙을 준수하며 세심하게 비교하는 경우는 극히 드물다. 일반적으로 몇몇 비교대상만으로 충분하다. 모델 캐스팅에 지원하는 사람이 경쟁자와 신체적 조건 외에 내면의 가치까지 비교하는 일은 아마 드물 것이다. 더욱이 우리는 일상에서 마주치는 사람들을 '노부인', '진형적인 노숙인', '경찰', '눈에 거슬리는 환경', '친절한 이웃' 등 기계적으로 분류한다. 인간의 뇌가 지닌 주의력은 제한적이다. 동굴에 사는 사람인 인간은 자신의 방향성에 기여하는 정보를 인식하는 것만으로도 충분하다.

그런데도 비교에는 습관이 반영된다. 일부는 수십 년 동안 훈련된 교육에서 비롯한다. 아마 주변 사람을 떠올리면 그들이 하향 비교를 선호하는지 아니면 상향 비교를 선호하는지 빠르게 분류할 수 있을 것이다. (최소한 문학 비평가들에게는 쉬운 일일 것이다. 그들 중 일부는 유명작가를 폄하하면서 자아를 강화하고픈 끊임없는 충동에 사로잡힌다. 반면 또 다른 일부는 전문적 지식과는 거리가 먼 내용을 찬사하여 높이 평가한다.)

도덕적인 면에서 비교할 때는 실제로 추구하는 우상과 비교하는 것보다 하향 비교하는 경향이 두드러진다. 운동이나 피아노 연주에 쉽게 적용되는 것도 도덕에 대입하면 모든 것이 힘들게 느껴진다. 아마 일부 재능과 운명은 인간의 자아상을 완성하는 작은 부분이기 때문일 것이다. 반면 도덕에 의문이 생기고 문제가 되면 전부와 마주해야 한다.

사회심리학은 도덕적 비교 분야를 선호하지 않는다. 이 분야는 비교적 연구되지도 않았다. 스포츠라면 누군가 나보다 낫다고 쉽게 인정하지만 도덕의 경우는 매우 어렵다. 차라리 우리와 비교조차 할 수 없을 정도로 완전히 '선'한 삶을 사람들을 인정하는 것이 수월하다. 예컨대 테레사 수녀나 간디처럼 말이다. 형제가 나보다 도덕적으로 성숙하다는 생각에는 절대로 동의할 수 없다. 냉소적인 시각으로 보면 여기에 천주교 '성자'의 심리적 의미가 숨어 있다. 성자의 행동이 신의 뜻에 부합될수록 내 행동과는 점점 멀어진다.

아주 평범한 사람은 날마다 자아를 단련하는 데 많은 시간을 할애한다. 타인의 약점은 우리에게 효과적인 특효약이나 다름없다. 도처에 모순, 이중도덕, 저급한 본능이 숨어 있다. 우리 자신은 어떠한가? 우리는 자아를 동맹으로 안심시켰다. 친구 사이에서 도덕적으로 불안하지 않게 만드는 암묵적 약속에 서로 동의했다. "수입의 얼마나 지출하니?" 사실 이런 질문은 잘 하지 않는다. 분명 그 대답은 "그러는 너는 얼마나 쓰는데?"일 것이다. 또 질문이라는 가면 아래 숨긴 비난이 등장하면 아무리 친한 친구라도 서로 반목하게 된다. 우리는 책임져야 할 상황을 만드는 것을 선호하지 않는다. 어느 누가 열대 우림 지역을 보호하기 위해 돈을 쓰라고 충고할 수 있는가? 우리를 이기적이라고 단정하는 사람의 말에 누가 귀 기울일 것인가? 감히 내 아이를 잘못 가르치고 있다고 비난하게 내버려둘 것인가? 그 사람의 양심을 논하려면 종종 배우자에게도 허락되지 않은 특별한 자격이 필요하다. 도덕을 실천한다는 것은 듣기 매우 불편한 말이다. 또 '도덕가(moralapostel)'는 현 시대에서 그리 환영받지 못한다.

1990년 이후 등장한 '선한 사람'이라는 단어는 우리에게 항상 선한 행동을 해야 한다고 강조했다. 그러나 국가사회주의 당시 이 개념은 욕이나 다름없었다. 그러다 도덕적 요구를 주장하는(1968) 운동의 젊은 비평가들에게 전반적인 사랑을 얻기 시작했다. 이 개념으로 모든 근심에서 해방됐다.

'선한 사람'만큼 도덕적이고 천진난만한 사람이 어디 있겠는가? 선한 의도를 비난하는 사람은 그 반대 개념, 즉 '악한 사람'인지조차 묻지 않을 정도로 그 사람에게 비난이 쏟아졌다.

오늘날 우리는 '인류'에게 선함을 충고하는 것이 일상적인 사회에서 살고 있다. 그러나 인류란 누구를 말하는 것인가? 그 대상에 막상 우리가 포함된다면 우리가 더 이상 교육을 받아야 하는 어린아이가 아니라는 점이 떠오른다. 도대체 도덕학자의 권위는 무엇에서 비롯되는 것인가? 도덕학자가 정말로 우리보다 나은 인간일까? 머릿속 비교 컴퓨터는 빠른 속도로 상대를 깎아내릴 수 있는 약점을 찾는다. 그리고 그렇게 발견한 평가절하로 대항하는 순간 도덕학자의 호소는 빛이 바랜다.

비교는 매우 임의적이고 상대적이다. 아침에 일어나 거울을 보면서 10년 전의 얼굴과 비교하지 않는다(또는 그런 경우는 매우 드물다). 일반적으로 '근래'의 모습과 비교한다. 도덕도 이와 다르지 않다. 이때 시프팅 베이스라인이 등장한다. 내가 아는 어떤 사람도 플라톤이 주장한 선의 개념 또는 정언적 명령을 자신이 해야 할 행동의 기준으로 삼지 않는다. 오래전부터 스스로 결심한 원칙이라고 해도 책임을 져야만 하는 것은 아니다. 성공적으로 삶을 산 69세 노인이 도덕에 열광했던 어린 시절을 회상하며 회의감에 젖을 수도 있다. 오늘날 로비스트이자 자동차와 에너지기업의 세일즈맨으로 세계를 횡보하는 전 좌파 도덕가이자 환경개혁가인 요슈카 피셔는 도덕적 계산뿐만 아니라 시프팅 베이스라인을 보여주는 산증인이다. 피셔의 옛 우상인 마르크스는 "존재란 의식을 결정한다"라는 사실을 이미 알고 있었다.

우리는 착하게 사는 것을 바라지 않는다. 그리고 형제, 이웃, 동료 또는 사돈보다 항상 즐겁기를 바란다. 이때 자신에게 적용되는 기준은 매우 비이성적이며 상황에 따라 기준을 넘나든다. 개개인의 바람과 걱정은 마음을 갈대처럼 이리저리 움직이게 했다. 또 '현실'이란 우리가 개인적 선호도에 따라 마련한 하나의 방식이다. 자신이 믿는 것에 따라 움직일 뿐 사회의 가치는 그리 중요하지 않다. 사회에서 금지한 규정을 그럭저럭 지키며, 주변의 이상적인 일에는 어느 선까지 참여한다. 오랫동안 실직한 사람은 성과만 중요시하는 사회를 비웃는다. 사회적으로 승승장구하는 사람만이 사회를 믿는다. 부유하지만 제대로 교육받지 못한 기업가는 가난한 지성인에게 싱긋 미소 지을 뿐이다. 가난한 지성인은 교양 없는 기업인을 무시한다. 그러나 개념적인 차원에서 거의 대부분 성과, 교육, 재산 등을 긍정적인 가치로 평가한다.

* * *

인간은 타인과 비교하면서 나 자신을 정의한다. 이런 비교는 대부분 즉흥적이고 무의식적으로 일어난다. 상향 비교를 할 때 우상으로 삼은 대상과 동질감을 느끼는지에 따라 동기부여가 되거나 의욕을 상실한다. 또 하향 비교는 자존감을 안정시키는 구실을 한다. 남이 처한 상황이 나보다 심각하고 좋지 않을수록 상대적으로 내 마음이 편안해진다. 그러나 도덕적 관점에서 하향 비교란 도덕성이 결여된 것으로 본다. 남도 착하지 않은데 왜 굳이 나만 착하게 살아야 할까? 우리는 이런 방식으로 다방면에서 책임을 회피한다.

* * *

비교는 무엇보다 도덕성을 마음의 대차대조표에 기장하는 하나의 도구일 뿐이다. 다른 수단으로는 미루기, 배제 등이 있다. 어쩌면 단순히 마음의 목소리를 회피하는 데 적합한 단어를 찾는 것일지도 모른다.

알고 있었지만 그것을 믿지 않았다. 그리고 내가 그것을 믿지 않았기 때문에 그것을 알지 못했다.

\- 레이몽 아롱

언어 정화작업은 한밤중에 시작됐다. 2009년 3월 중순, 미국 정부는 언어 사용에 변화를 꾀했다.[01] 조지 부시 전 미국 대통령이 도입한 '테러와의 전쟁'은 사라졌다. 앞으로 이 표현을 사용하지 않는다고 새로운 외무부장관 힐러리 클린턴은 설명했다. 그 대신에 해외비상작전(Overseas Contingency Operations)으로 표현한다고 그녀는 말했다. 부시 정부의 적군전투병(Enemy Combatants)은 무대 뒤로 사라졌다. 지나치게 꼬투리를 잡은 언어 정화 작업은 미국의 전쟁포로를 제3차 제네바조약에 따라 풀어주는 계기가 되었다. 적군의 전투병으로서 포로가 된 병사들은 관타나모 포로수용소에서 그 어떤 인권도 보장받지 못했다.

오바마 대통령이 이끄는 미국 정부는 단어를 바꿈으로써 이런 망상을 단절했다. '전쟁'은 관료적 괴물이 되었다. 미국이 이라크나 아프가니스탄에서 벌인 행동마저 이제는 적십자 구호활동처럼 적절하게 포장됐다. 표현의 전환으로 감정, 책임, 암시가 변했다. 전쟁을 암시하는 노골적인 어휘를 사용한 정부가 국가의 방어태세를 야기한 반면, 새 정부는 적절한 은폐수단 아래 교전을 감췄다.

정치인은 그 상황의 진행사항은 감추고 말로 대중을 현혹한다. 나치정권 당시 독일군이 후퇴할 때마다 선전부장관 괴벨스는 다음과 같이 선전했다. "최전방을 정비했다." 유대인을 가스로 박멸할 때조차 유대인을 "서식지를 옮겨야 하는 해충"으로 표현했다. 오늘날에도 말을 이용한 눈속임은 끝이 없다. 아프가니스탄전에 참전한 독일군의 전쟁은 조금 달랐다. 예전처럼 폭탄에 사람이 갈기갈기 찢기지 않는 이른바 '공중전'이었다. 법칙을 개선했다기보다 '궤도에 올려놓기도 전에' 수정했다.

그러나 정치인은 절대적으로 돌연변이가 아니다. 자신과 타인을 언어를 사용해 기만하는 것은 고대부터 내려온 인간의 성향이다. 게다가 우리는 초등학교에서부터 이것을 배운다. 듣기 좋은 말로 우리의 행동과 의도가 옳고 악의 없음을 타인에게 납득시키는 데 성공할수록 스스로 안심된다. 그러나 냉철한 비판은 양심에 뚫린 커다란 구멍에 특효약이다. 오랫동안 지속된 자기비판에서 자유롭기 위해 노력하지만 작은 것에도 움찔한다. 인간을 살해하는 것이 아니라 적을 제거하는 것이기 때문에 전쟁은 거의 모든 수단을 정당화한다. 이때 적이란 '은유', '형상' 또는 '설계'의 추상적 개념이 아닌 실제 사람을 말한다.

민간에서도 이와 비교되는 눈속임이 등장한다. 자신의 무거운 짐을 벗어던지기 위해서 사과하고, 진정하는 데 도움이 되는 상황으로 이끌기 위해 이성을 사용한다. 네스트로이는 자신의 희극 〈불신〉에서 다음과 같이 언급했다. "사랑하는 사람을 속일 때 가장 우둔한 사람은 철학자다."

진화 과정에서 인간의 지성이 발달할수록 자아상과 양심을 묻는 질문의 의미는 가중됐다. 이때 특별히 우리의 관심을 일으키는 특정 정보, 즉 나 자신에 대한 정보를 다루는 사회심리학의 지식이 포함된다는 사실은 그리 놀랍지 않다. 나와 관련하여 친구, 지인, 동료가 하는 다정한 또는 그리 다정하지 않은 말이 귓가에 들려오면 매우 집중해서 듣는다. 최소한 축구, 와인 또는 최고의 휴가에 대해 말할 때보다 귀에 쏙쏙 들어온다. 우리가 가장 좋아하는 주제는 바로 나 자신이다. 앞서 모델 사진 테스트에서 모델과 생일이 똑같다는 것만으로도 그들과 동질감을 느끼는 데 충분했다. 어디에선가 내 모습을 발견할수록 그것은 우리에게 큰 의미로 다가온다.

나의 자아상은 최고의 선이다. 인류의 지성이 수만 년에 걸쳐 성숙해지는 동안 끊임없는 양심의 가책으로 겪는 고통에 효과적인 진통제를 고안할 기회가 주어졌다. 망설임을 추상적인 것으로 완화하고, 그 위에 다른 색을 덧칠해 뜻을 바꾼다. 그렇게 내 의식에서 떨쳐버리고 저 멀리 밀어버린다. 세상을 다양한 관점으로 바라보는 것이다. 다른 동물과 차별화된 이 놀라운 능력은 인간에게 선물이자 저주다. 우리는 특정 견해를 형성하고, 이 생각을 바꿀 수도 있다. 또 같은 일에 여러 가지 생각을 품기도 한다. 고도로 세분된 언어는 인간에게 특정 연령대마다 다양한 시각으로 사물을 볼 수 있게 허락했다.

개념화하는 능력이 뛰어나면 뛰어날수록 우리는 도덕적·비도덕적으로 행동한다. 영국의 문학가이자 문화철학자인 랑카스터 대학교의 테리 이글턴 교수는 다음과 같이 회고했다. "추상 능력은 불과 마찬가지로 창조적이며 파괴적인 양날의 칼이다. 그것으로 공동체 전부를 깊이 고찰하기도 하지만 공동체 전부를 화학무기로 없애버리기도 한다."[02]

일반적으로 사람들이 자신의 자아상을 실천해야 하는 의무가 있다면, 우리를 쓰러뜨리는 자기비판에서 자신을 보호하기 위한 무기를 가득 채운 창고를 준비하는 것도 어찌 보면 당연하다. 주변의 지인과 비교할 때처럼 도덕이라는 장부에도 속임수가 가득하며, 유리한 것만 기록한다. "게다가 우리는 자신을 이성적이고 올바른 사람이라고 믿고 싶어한다. 그에 따라 항상 올바른 결정을 내리고 비도덕적으로 행동하지 않으며 성실하게 생활한다고 믿는다. 간단히 말해, 우리는 무지하고 끔찍하며 불합리한 일을 하지 않는다고 믿고 싶어한다."[03]

우리 내면의 법원은 칸트가 꿈꿔왔던 것에 비해 그리 중립을 지키지 못한다. 대개 뇌물을 받고 부정을 저지르는 국선변호사와 편파적인 판사가 그 안에 살고 있다. 그러지 않고는 재판에 회부된 101예비경찰대대의 피고인들이 대부분 자신이 무고하다고 느끼는 것을 어떻게 설명할 것인가? 그들은 다른 사람도 그렇게 행동했기 때문에 자신의 행동에 책임을 느끼지 못했다. 그 밖에도 그들의 논리를 따르면 최악의 상황을 예방하려고 노력했다. 이는 도덕이라는 매우 불안정한 기반에 지어진 커다란 '정당화'의 집이나 다름없다.

일상 심리학의 놀라운 현상에는 사력을 다해 싸워야 하는 상황이 닥치면 그것이 자신의 잘못이 아니라 항상 환경 탓이라고 하는 모습이 포함된다. 하지만 그것이 타인의 행동이라면 주변 환경의 문제가 아닌 그 사람의 잘못으로 둔갑하고 만다. 내가 아닌 그 사람은 상황을 제대로 파악하지 못했기 때문에 어리석다. 따라서 그는 바보, 사기꾼, 거짓말쟁이가 된다. 그러나 나는 분명히 다르다. 그 상황에서 다른 선택권이 없었기 때문에 어쩔 수 없이 잘못된 행동을 한 것이다.

그러나 경솔한 판단은 금물이다. 회피하고, 미루고, 아름다운 말로 포장하는 이 메커니즘에도 분명 장점이 있다. 회피하고, 연기하고, 미루지 못하는 사람은 자신과 세상 사이에서 쉽게 혼란에 빠진다. 우리 조상이 밀림, 동굴, 숲, 초원에서 인간은 언젠가 죽는다는 사실을 처음으로 깨달은 비극적인 순간 이래 축복이나 다름없는 회피와 아름다운 말로 미화하는 능력이 발달했다. 사후에도 삶은 계속된다는 고대 이집트와 마찬가지로 신석기 시대부터 세상을 떠난 가족의 일원과 유용한 부상품을 함께 묻었다. 이때부터 회피는 독자적인 길을 걷는다. 독일처럼 사후의 삶을 점점 믿지 않는 사회에서도 회피는 존재한다. 예술이론가 바존 브락이 "죽음이라는 주제는 사라져야 하고 그것에 대해 생각하는 끔찍한 행동을 멈춰야 한다. 죽음과 관련하여 단 한마디라도 위로를 건네는 사람은 배신자다"라고 했듯이 말이다. 특정 사안과 관련하여 그것을 언급하거나 생각조차 하려 들지 않는 상황이 있다

회피하는 것은 건전하다. 그리고 그것이 비록 일시적이더라도 기분을 망치는 상황을 막아준다. 식사할 때마다 수많은 사람이 겪는 고통을 직시한다면 어떻게 되겠는가? 전쟁으로 인한 고통을 가슴 깊이 통감하며 함께 고뇌한다면 어느 누가 차분한 마음으로 신문을 읽을 수 있겠는가? 어느 누가 행동으로 옮기기 전에 자신의 행동을 매번 스스로 정당화하려 하겠는가?

"양심이란 악마의 발명품이다." 신학자이자 의사인 앨버트 슈바이처 박사는 이렇게 말했다. 그러나 그것은 분명 없어서는 안 될 발명품이다. 단지 묻고 싶은 것은 양심을 어떻게 아름답게 포장하고 미화하는지가 아니라 그런 상황이 언제 그리고 어떻게 일어났는가 하는 것이다.

우리는 자신을 정당화하려 노력한다. 우리를 지배하는 마음의 주된 과

제는 스스로 옳다고 납득할 수 있는 감정과 생각을 형성하는 데 있다. 우리가 받아들이는 느낌과 정보를 하나로 묶는다. 그리고 그것을 거르고 걸러 하나로 통일한다. 우리의 감각에 따라 의미 있는 수백만 개의 정보가 걸러진다. 다른 모든 동물 역시 이와 다르지 않다. 그러나 동물과 달리 인간은 세계관뿐만 아니라 자아상을 형성한다.[04] 어떤 동물도 인간만큼 스스로 생각을 정리하고 또 혼란스러워하는 이런 상황에 빠지지 않는다. 이때 우리는 생각을 가볍게 해주는 일종의 지도를 사용한다. 그것에 따라 우리는 앞으로 나아간다. 자신이 누구인지 생각하는 것 역시 자아상을 따른다. 지적이고 선하며, 민첩하고 도울 준비가 되어 있다는 식으로 자신을 생각한다. 자신을 수식하는 형용사는 우리의 머릿속에서 여러 가닥의 실처럼 얽혀 있다. 이것은 단순히 우리 모습을 설명하는 것으로 그 역할이 끝나지 않는다. 오히려 우리 자신을 완성하는 데 크게 기여한다.

나 자신을 완성하기까지 강력한 고통과 혼동이 동반된다. 어느 정도의 환상은 자신의 내면을 속속들이 파악하는 데 유용하며 전반적으로 기분이 좋아지게 한다. 가능한 한 스스로가 순수하다고 믿는 것도 매우 중요하다. 우리의 뇌는 신체와 정신적 균형을 강하게 요구한다.

이를 최초로 자세하게 연구한 사람은 미국의 사회심리학자 레온 페스팅거다. 페스팅거는 이 분야를 개척한 사람 중 하나다. 그는 미국의 유명한 여러 대학교에서 교수로 근무하며 명성을 쌓았고, 사회심리학을 인정받는 학문으로 정착시켰다.

페스팅거는 1950년대 초 세계 멸망을 예언한 사이비 집단을 다루며 갑작스레 두각을 나타냈다. 위스콘신에서 물의를 일으킨 메리언 키치는 클라리온 행성의 외계생명체 사난다가 자신에게 비밀스러운 메시지를 보냈다고 주장했다. 세계 멸망을 외치는 다른 예언자와 마찬가지로 키치는 요한계시록의 예언처럼 생존을 위해 자신이 선택됐다는 자기도취적 망상에 빠져 있었다. 그녀는 곧 대홍수가 인류를 덮칠 것이라고 주장했다. 그런데 사람들은 외계생명체 사난다가 왜 굳이 키치 부인을 구하려 하는지 의문을 갖기는커녕, 그 주변으로 성도들이 몰리면서 사이비 종교집단이 형성됐다. 이들은 기도와 명상으로 세계 멸망을 준비하고 사난다의 비행접시를 기다렸다. 그러나 기다렸던 대참사가 일어나지 않았고, 이 사이비 집단은 해체되어야 했다. 그런데 정말 예상치 못한 일이 일어났다. 이 모든 상황이 터무니없음을 인정하는 대신에 그들은 고집을 굽히지 않았다. 사이비 종교집단의 구성원들은 자신들이 세상을 멸망에서 구원했다고 주장했다. 신이 자기들의 기도를 듣고 인류에게 다시 한 번 기회를 주기로 했다는 것이다.

페스팅거는 사이비 종교집단의 머릿속에서는 도대체 무슨 일이 벌어진 것인지 궁금했다. 세상에 대한 기대치 또는 자기 자신에 대한 기대치가 현실과 마주하며 날카로운 불협화음을 낸다면 이는 거의 모든 사람에게 극도로 불편한 일이다. 이런 불협화음을 일컫는 페스팅거의 표현은 심리학계에서 전 세계적으로 유명해졌다. 그는 이를 인지부조화(cognitive dissonance)라고 정의했다.[05]

인지부조화의 원형은 2500년 전으로 거슬러 올라간다. 바로 그리스 시인 이솝의 우화 「여우와 포도」다. 여우는 포도를 먹고 싶었다. 그러나 여우가 따기에 포도는 너무 높은 곳에 있었다. 아무리 노력해도 포도에 닿지 않았다. 여우의 심기는 아주 불편해졌다. 원하는 것을 얻지 못하자 여우는 자신이 목표물에 도달하지 못하는 것은 자신의 키가 작아서이지 높이 뛰지 못하거나 날지 못하기 때문이 아니라고 시인한다. 그리고 여우는 스스로 계략을 생각해낸다. 여우는 자기가 원하는 목표물의 가치를 비하하기 시작했다. 저 포도가 진짜 맛있을까? 이렇게 애쓸 필요가 있을까? 어느 정도 시간이 흐르자 여우는 그렇게 애쓸 필요가 없다는 확신이 생겼다. 분명 저 높은 곳에 열린 포도는 그것을 따려는 노력에 비해 맛이 매우 실 것이다.

자신이 지배할 수 없는 모든 것의 가치를 떨어뜨리는 기술은 사람들 사이에서 매우 보편적이다. 그것은 자의식을 상당히 수월하게 한다. 인지부조화는 대개 참아내기 힘들다. 우리는 자신의 요구가 정당하게 평가받지 못하는 상황을 절대 선호하지 않는다. 자신이 생각하는 것보다 타인의 시선이 나쁠 때 불안해한다. 할 수 있다고 생각했던 일이 어느 순간 과대평가였다고 느껴질 때 쉽게 좌절한다. 또 내 생각보다 나를 훨씬 더 어리석고 비도덕적이라고 보는 타인의 시선을 느낄 때 불쾌지수가 올라간다.

그런 상황에서 나타나는 반응은 다양하다. 즉시 나타날 수 있는 반응은 특정 행동을 바꾸거나 자아상을 수정하는 것이다. 그러나 그렇게 하는 사람은 극히 드물다. 오히려 인지부조화를 일으킨 대상의 비위를 거스르는 것이 마음 편하다. 감히 나를 비난하는 사람은 누구란 말인가? 그는 실제로 나보다 '나은' 사람인가? 도대체 이 사람은 무슨 착각을 하는 걸까?

이때 주로 등장하는 사례는 바로 흡연이다. 사람들은 흡연이 건강에 해로운 걸 누구나 알기 때문에 금연하고 싶어한다. 그러나 담배를 피우고 싶은 욕구를 극복하고 금연에 성공하기란 하늘의 별 따기다. 이 현상은 분명 인지부조화다. 행동과 깨달음이 불협화음을 내기 때문이다. 이제 어떻게 해야 할까? 아마 흡연이 그리 나쁘지는 않을 것이며 절대 암에 걸리지 않을 거라 말할 것이다. 그리고 흡연자지만 건강하게 나이 든 사람들을 떠올리며 나도 그와 비슷하게 잘 지낼 수 있으리라 생각한다. 다른 흡연자들과 함께 비흡연자들의 건강에 대한 강박과 너그럽지 못함을 탓한다.

그리고 우리 자신을 진정으로 자유로운 영혼이라고 느끼며 자신만의 흡연 신조를 세운다. 또 누군가 우리에게 금연을 강요하면 무슨 권리로 그러는지 따지며 분노한다.

지성, 매력, 정직은 우리가 가장 의문시하고 싶지 않은 것이다. 특히 어리석은 사람은 자신이 어리석다는 사실을 깨닫지 못할 정도로 어리석은 경우가 많다. 비도덕적일수록 비도덕을 도덕으로 다룬다. 자신의 인지부조화를 은폐하기 위해 특별한 수단과 방법을 동원하는 사람들이 있다. 키치의 사이비 종교집단의 구성원들은 자신이 어리석은 일에 휘말렸다고 시인하기보다 세상을 구원했다는 난해한 생각으로 도망치는 것이 수월했을 것이다.[06] 말하자면 UFO를 믿는 것이 자신의 순진함을 인정하는 것보다 쉬웠던 것으로 보인다.

우리의 도덕적 대차대조표는 이기주의가 위치하기에 딱 적합한 곳이다. 미국의 석학이자 정치인인 벤자민 프랭클린은 호감과 반감의 크기가 극단적인 자기애에서 비롯된다는 점을 잘 알고 있었다. 타인의 부탁을 들어줄 때는 대개 필연적으로 그 사람에게 호감을 느껴야 한다. 우리가 그에게 전하는 선함의 일부분이 그의 눈에서 빛난다. 반면 다른 사람을 돕지 않기로 결정할 때는 우리가 하지 않는 행동을 경시라는 도구로 합리화한다. 자신을 부정하고 나쁜 사람으로 인식하지 않기 위해서 우리는 그 사람에게 우리의 도움이 결코 가치가 없을 거라고 힘주어 말한다.

사회적 행동이 있는 곳에는 항상 정당화와 자아상승이 공존한다. 앞의 흡연 사례처럼 확신에 따라 행동하지 못한다 해도 행동에 따라 신념이 맞춰진다. 세 번째 가능성은 다시 기분이 좋아지는 것과 전혀 관련이 없지만 유용한 것을 하는 것이다. 사춘기 시절 핵심에서 벗어나는 논리는 극으로 치닫는다. 그러나 이는 성인에게서도 일어난다. 담배를 끊는 데 성공하지 못한 흡연자는 다음처럼 핑계를 댈지도 모른다. "그래도 난 술을 많이 마시지 않는다." 그들은 그러면서 자신이 좀 더 건강하다고 느낀다. 또 자신보다 술을 자주 마시는 친구들과 비교하며 자기 상황을 긍정적으로 받아들인다. 폐암을 발견했을 때도 이런 논리로 더는 악화되지 않을 것이라 확신할 수 있는지는 또 다른 이야기다.

서로 미루며 간접적으로 정당화하는 좋은 예로 헬무트 콜 전 독일 총리의 '블랙머니(부정소득)'를 들 수 있다. 콜이 자신에게 정당의 기금을 은밀히 건넨 사람의 이름을 언급하지 않자 평소 그를 따르던 사람들은 충격을 받았다. 콜의 경우, 국민에게 해명하고 대답해야 하는 의무보다 기부자에 대한 충성도가 도덕적으로 앞섰다. 여러 시사평론가는 콜의 정당기금 스캔들을 받아들이지 않고 항상 반복해서 주장했다. 콜이 어떤 행동을 하더라도 독일 통일을 이룩한 그의 공로를 아무도 무시할 수 없다! 도대체 이게 블랙머니와 무슨 상관이란 말인가? 이 시점에서 콜이 통일에 공로가 크다는 점을 강조할 수 있는 유일한 근거는 그가 통일하는 데 비자금의 도움을 받았을 때만 성립한다.

모든 인지부조화는 실제로 의식적으로 일어나지 않는다. 만약 그랬다면 세상은 지금과 달랐을 것이다. 인접 국가의 정치인이 기후정상회의에 참석하기 위해 코펜하겐에서 비행기를 타고 수 톤의 석유를 공중에 뿌리는 모습을 볼 때, 이는 이들이 이 주제를 진지하게 받아들이지 않는다는 명백한 증거다. 이 정치인이 기후변동에 대항해 뭔가 할 것이라고 기대하는 사람들의 결론은 어떻게 되는가? 그들이 최소한 자신들의 차를 대형에서 소형으로 바꿨을까? 실제로 인지부조화를 느끼려면 자아상을 갉아먹는 외부의 손가락질이 필요하다.[07]

1950년대 레온 페스팅거의 연구 이후 사회심리학은 인간의 심리에 인지부조화가 미치는 엄청난 의미를 깨달았다. 그리고 그사이 우리의 감정, 사고, 자아상을 안전하게 지키는 데 도움이 되는 모든 술책을 파악했다. 그러나 아쉽게도 이 분야를 다루는 도덕철학자는 드물었다. 아마도 철학자들이 사회심리학 서적을 접하는 일이 드물기 때문일 것이다. 또 다른 한편으로는 우리 스스로 정당화하는 속임수 대부분이 의식하지 못한 사이에 이뤄지기 때문일 것이다. 다시 말해, 우리는 대개 스스로 얼마나 속임수를 쓰는지 깨닫지 못한다.

아리스토텔레스나 칸트가 인류에게 희망했던 것처럼 자신을 제대로 성찰하고 고민한다면 아마 지금처럼 자기 생각이나 세계관을 고수하기 힘들 것이다. 정치에서도 하이트가 증명한 것처럼(8장 참조) 모든 주장이 내 목적에 부합하는지에 따라 분류한다. 또 그에 부합하지 않는 것은 부합하게 만들었다. 중요한 것은 우리가 새롭게 방향을 전환하거나 다시 습득하지 않아도 된다는 것이다. 예를 들어 정치적 소신을 바꾸는 사람은 지난날의 행동을 급진적으로 의문 삼아야 하는 위험에 처한다. 수십 년간 잘못 살았다고 시인해야 한다. 그러나 그렇게 할 수 있을 정도로 배포가 큰 사람이 어디 있을까?

뇌연구 분야에서도 오늘날 인지부조화의 균형을 맞추려고 무의식적으로 사용하는 메커니즘을 보고하고 있다. 미국의 심리학자이자 애틀랜타 에머리 대학교 교수이며 드발의 동료인 드류 웨스틴은 이와 관련해 미국 국민의 정치의식을 조사했다.[08] 그는 공화당과 민주당 지지자들이 2004년 텔레비전 토론에서 조지 부시와 그의 경쟁자 존 케리를 어떻게 평가했는지 조사했다. 예상과 다르지 않게 부시 지지자는 부시가, 캐리 지지자는 캐리가 유리하다고 판단했다. 이때 그들의 뇌에는 어떤 일이 일어난 걸까? 웨스틴은 뇌의 감정중추가 기존의 것을 고수하기 위해 새로 등장하는 모든 의혹을 제거하는 모습을 관찰했다. 그 결과를 보며 모든 의혹을 해결했다. "의식적인 사고를 담당하는 그 어떤 것도 특별히 나타나지 않았다. 실제로 정당 당원들이 그들이 원하는 결론을 얻기까지 인지라는 만화경을 돌리는 것으로 보였다. 모든 사람은 개인적인 이익을 위해서라면 뒤틀린 감정으로 '현실'을 왜곡하는 결과마저 수용한다."[09]

타인의 관점을 바꾸는 데 가장 좋은 수단은 상대와의 논쟁이나 대립이 아닌 것 같다. 이런 상황에서 인지부조화를 생각하지 않을 수 없다. 가장 좋은 수단은 독이 서린 호응이다. 그 예로 전혀 납득할 수 없는 생각을 지지하는 상황을 들 수 있다. 이보다 심각한 것은 전혀 흥미나 매력을 느끼지 못하는데 나와 대립되는 세계관의 소유자가 그것을 나에게 강요하는 것이다. 전혀 신뢰 가지 않는 칭찬에 기뻐할 사람이 어디 있겠는가? 그 순간 인지부조화의 문이 활짝 열리고 심각한 생각에 빠지게 된다.

* * *

인간의 뇌는 불일치·불만을 제거하고 결정을 내리며 마음의 평화를 주는 결과를 찾는다. 따라서 잘못할 때마다 도덕이라는 통장에 죄책감을 차곡차곡 쌓아둔다. 도덕적인 행동을 규칙적으로 하면 쌓아둔 누적 금액을 조금씩 정산한다. 시간이 흐르면 우리의 잘못은 다소 누그러진다. 양심은 객관적인 마음의 심판이라기보다 총계를 속이려고 수많은 트릭이 난무하는 이중장부와 같다.

* * *

자신에게도 편파적인 만큼 타인을 대할 때도 자기 마음대로 생각하고 행동한다. 친구라면 모든 것을 용서하지만 대립구도에 놓인 사람은 절대로 용서하지 않는다. 이때 '객관적' 기준보다 스스로 느끼는 성격을 기본으로 한다. 그렇기 때문에 친구를 평가할 때와 직장동료나 이웃을 대하는 기준은 사뭇 다르다. '우리 행동에 관한 타인의 한정적인 지식' 역시 점점 축적되지만 전체적인 큰 그림으로 이어지지 않는다. "그런 생각이 하나로 융합되는 경우는 극히 드물다. 총체적인 결과의 위험은 지극히 낮다."[10] 다시 말해, 다른 사람이 우리의 전부를 꿰뚫어보고 통찰할 위험성은 낮기 때문에 우리는 다양한 도덕적 역할을 맡을 수 있다. 사회에 다양한 직군이 존재하고 복잡하게 얽혀 있을수록 우리 내면에서 차지하는 모순의 크기는 커진다.

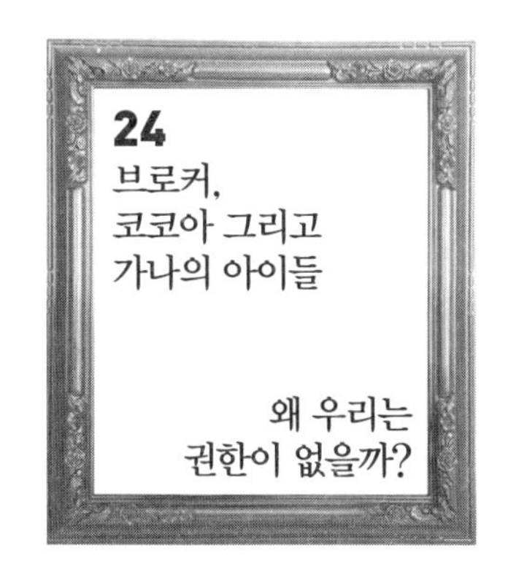

24 브로커, 코코아 그리고 가나의 아이들

왜 우리는 권한이 없을까?

의붓아들 마티에우는 한 가지 질문에 마음을 빼앗겼다. 케임브리지의 어느 연수원에서 공부하는 동안 선생님은 학생들에게 코코아 재배와 무역에 대한 BBC 다큐멘터리를 보여주었다. 다큐멘터리는 큰 반향을 일으켰다. 가나에서는 이제 6~8세 된 250만 명이 넘는 아이가 끔찍한 환경에서 코코아 농장에서 일하고 있었다. 서아프리카 지역은 세계에서 두 번째로 큰 코코아 생산지다. 어릴 때부터 농장에서 일을 해서인지 아이들은 살충제에 중독되어 있었다. 아이들은 여리고 작은 몸으로 무거운 짐을 옮기는 일을 하다 보니 여러 가지 상처와 성장 기형으로 고통받았다. 그러나 막대한 이윤을 보는 사람은 따로 있었다. 서방의 제조업체는 엄청난 수익을 올렸다. 그 다음 화면에는 한 브로커가 등장해 미소 지으며 엄청난 수익에 대해 설명했다. 갈색 콩에 투자한 결과 수익은 1분에 최고 80달러에 달했다. 기자는 그에게 가나에서 착취당하는 아이들에 대해 말했다. 이런 말을 듣고도 그는 정말 아무렇지 않은 걸까? 순간 그의 시선은 진지해졌고, 얼굴은 살짝 찌푸린 슬픈 표정으로 바뀌었다. 그는 카메라를 쳐다보며 탄식하는 목소리로 정말 유감이라고 했지만 사업에는 그런 감성적인 측면을 고려할 수 없다고 덧붙였다.

아들과 나는 룩셈부르크에 있는 집 정원에 앉아 있었다. 제비가 지저귀며 하늘을 가로지르고 따뜻한 공기가 온몸을 감싸는 환상적인 저녁 무렵, 벚나무에는 하얀 눈송이 같은 꽃이 만개했다. 4월이지만 여름에 접어든 것 같은 이곳은 가나나 뉴욕과는 아주 멀리 떨어져 있었다. 마티에우는 얼마 지나지 않아 경제학을 공부하러 영국으로 유학을 떠날 예정이었다. 그는 와인 잔에 손을 뻗으며 말을 이었다. "아버지는 어떻게 생각하세요? 아버지가 그 브로커였다면 어떻게 하셨을까요?"

대답하기는 쉽지 않았다. 그러기 위해서 어쩌면 조금은 되짚어볼 필요가 있었다. 그런 일이 어떻게 일어난 걸까? 몸이 두 개로 나뉜 것도 아닌데 어떻게 완전히 분리된 두 세계에서 살 수 있을까? 사적인 관심사와 감정이 존재하는 세계와 커리어, 경제순환, 시장윤리의 세계 말이다. 서로 대립되고 모순되는 것을 알면서도 의식적으로 분리할 수 있는 걸까? 사실 그 브로커의 행동은 '인지부조화'라고 할 수도 없다. 그의 자아상은 어떤 죄책감이나 후회도 없이 분리된 세상을 오간다.

그것이 무엇을 의미하는지 이해하려면 제2차 세계대전이 끝난 미국으로 거슬러 올라가야 한다. 1951년 미국의 사회학자 탤컷 파슨스는 『사회체제』[01]라는 제목으로 책을 출판했다. 그는 그 안에서 혁신적인 새로운 개념을 주장했다. 파슨스는 현대사회를 단순한 계급구조만으로는 묘사할 수 없다는 사실을 깨달았다. 위에서 아래로 향하는 귀족, 성직자, 시민과 노동자의 구조는 20세기에 걸맞은 유용한 개념이 아니었다. 현대사회는 계급으로 분류되지 않는다. 이제는 예배를 진행하고, 권리를 말하며, 돈을 빌려주고, 아이들을 교육하며, 환자를 돌보거나 그림을 그리는 등 기능으로 분류된다. 이렇게 다양한 맥락에 따라 다른 누군가에게 특정 행동을 하는 것으로 하나의 특수한 체계가 완성됐다. 예컨대 성과가 발표되는 곳은 주주총회라는 특정 장소에서 이루어지는 반면 사랑을 노래하는 시는 그렇지 않았다. 이런 식으로 현대사회는 매우 독자적인 시스템으로 이루어졌다.

이런 시스템은 대부분 비교적 안정적이다. 서로 보강하고 지탱해주는 특정 구조가 있다. 인생에서 우리가 하는 모든 행동은 각자만의 규칙을 따르는 게임처럼 이런 테두리 안에서 움직였다. 사회 체제는 포괄적으로 입장을 분명히 했다. 정치는 축구와 다르게 움직였고, 경제 역시 예술과 차원이 달랐다. 따라서 특정 행동이 체제의 관점에서 볼 때 기능적인지 그렇지 않은지는 통상 사례를 통해 쉽게 간파되었다. 우리는 인생을 함께하는 배우자가 직장의 상사와는 다르게 행동할 거라 기대한다. 자식과의 관계에서 맡은 역할은 대중을 상대로 하는 연설과는 사뭇 다르다. 삶에 대한 내 관점은 주치의에게는 별 관심 없는 주제지만 아내에게는 그렇지 않다. 이 모든 것을 뒤죽박죽 섞어 생각하는 것은 현명하지 못하다.

뉴욕 증권시장의 브로커는 무엇보다 수익창출을 추구한다. 경제 시스템 관점에서 이는 지극히 평범하고 기능적인 행동이다. 그가 가나나 코트디부아르 아이들의 노동착취를 어떻게 생각하는지는 경제체제와 전혀 관계없다. 그의 도덕적 견해는 개인적인 체제의 일부일 뿐 비즈니스와는 전혀 상관없다. 그의 부인, 아이들, 지인과 그에 대해서 이야기할 수는 있다. 그러나 직장에서는 구조적·심리적 측면 어느 쪽으로도 유아 노동착취에 대한 그의 원칙과 반응이 설자리가 없다. 미국의 작가 업톤 싱클레어가 "특정 사실을 이해하지 않을 때 수입이 높아지는 사람에게 그것을 이해해야 한다고 납득시키기란 매우 어렵다"라고 말했듯이 말이다.[02]

파슨스는 자신의 체제이론으로 사회학을 이끄는 선두에 올라섰다. 때때로 자신이 제시한 여러 도식과 도표에 본인도 혼란스러워했지만 그는 20세기 중반을 대표하는 사회학자로 인정받았다. 파슨스는 닐 스멜서와 함께 경제와 사회 관계에 대한 저서『경제와 사회』를 집필했다. 그런데도 원칙적인 질문의 답을 찾지 못했다. 경제가 고유한 규칙이 존재하는 독자적인 체제라면 이떤 방식으로 시회에 영향을 미치는가? 그 방법은 무엇인가?

1960년 하버드 대학교에서 독일 뤼네부르크 공무원이 1년간 청강생으로 수업을 듣지 않았더라면 파슨스는 오늘날 그 분야의 공룡이 아니었을 것이다. 파슨스의 수업을 청강한 공무원은 니클라스 루만이다. 특별한 욕심 없이 다방면으로 습득한 지식으로 장학금을 받은 그는, 그 돈으로 하버드 대학교에 다녔다. 독일로 돌아온 루만은 파슨스가 주장한 체제를 기초부터 고쳐나갔다. 경제, 법, 종교, 예술, 학문을 비롯한 루만의 사회체제는 파슨스가 주장했던 것처럼 모든 것이 행동으로 당락되지 않았다. 루만은 사회체제가 어떻게 교류(커뮤니케이션)하는지, 또한 어떻게 서로 관계를 맺고 그 안에서 자신만의 규칙을 배출하는지 그 방식을 설명했다.[03] 이것을 가능하게 하려면 체제에는 상징이 필요하다. 교류가 정체되지 않도록 이 상징은 중재자(매개체) 역할을 맡는다. 그런 매개체의 예를 들자면 경제체제의 돈이고 학문의 진리이며, 정치의 권력, 종교의 신앙 등이다.

파슨스와 달리 루만의 논리에서 개개인은 그 어떤 역할도 하지 못한다. 사람의 행동이 아니라 체제의 기능에 달렸기 때문이다. 그에 따라 그 안에서 벌어진 사건을 수용할 수 있는지 아닌지를 결정한다. 구매, 상속, 취득, 소유 등 나에게 분배된 것이라면(정당한 방법으로) 경제에서 용납한다. 학문

체제에서는 진리가(또는 그렇게 보이는 것이) 그러하다. 예술의 경우 추함의 반대는 아름다움, 즉 '미'다. 이런 타당성의 법전은 모든 체제가 섬세하게 세분하고 실제로 규칙을 형성하며 그에 따라 작동하도록 배려했다. 루만이 빌레펠트 대학교에서 30년간의 교직생활을 마치고 세상을 떠난 1998년, 그는 동시대를 대표하는 가장 중요한 사회학자로 평가받았다. 그는 우리 사회체제가 이렇게 작동하는 이유를 입증했다. 우리는 '총체적' 사회 대신 항상 사회를 바라보는 관점과 '총체적' 도덕 대신 항상 도덕에 대한 시각과 관계가 있다. 정확히 말해 그것으로 기능적 차별화 시대인 현대사회를 과거의 기독교적 중세시대의 통합체제와 구분한다. 오늘날 사회에는 체제의 일부분이라도 '도덕'이라는 이름이 붙여진 것은 존재하지 않는다. 도덕이란 타인의 신용을 도덕적으로 떨어뜨리는 데 사용되는 사회적 무기다. 또는 정신적 범절을 추구하기 위한 지극히 개인적인 사안이다. 그러나 경제, 정치, 법, 기타 등의 체제가 제 기능을 하는 데 도덕은 거의 고려되지 않는다.

경제체제의 의무는 윤리적 성질이 아닌 소유, 교환 또는 돈의 관례로 성사된다. 주치의, 선생님, 은행 컨설턴트가 '좋은' 사람인지는 그들이 맡은 역할과는 전혀 상관이 없다. 권리, 경제, 교육, 건강 또는 예술의 시스템 안에서 좋은 사람이기 때문에 급여를 많이 받는 사람은 없다. 루만은 도덕철학의 임무가 '도덕 경고'에 있다고 보았다. 우리 사회에 더 많은 도덕을 요구할수록 중재는 금지된다. 또 그럴수록 체제의 기능에는 민감한 결함이 발생한다.[04]

이러한 루만의 핵심이 쏜살같이 목표를 벗어난다는 데는 의심할 여지가 없다. 단지 루만의 골수팬들만이 누구도 윤리적 생활을 하지 않도록 주의하는 것이 철학의 임무라는 명제에 동의한다. 사회학적 귀결이라는 가면을 쓴 이 논쟁의 근거를 드는 일은 쉽지 않다. 루만은 독일에서 자신의 체제이론으로 철학자이자 사회학자인 유르겐 하버마스의 사회이론과 맞서야 했다. 루만과 달리 하버마스는 처음부터 자신의 이론을 도덕적 요구와 결부시켰다. 간단히 말해, 그는 사회를 설명하는 데 그치지 않고 더 나은 사회를 만들고자 했다. 또한 그는 루만의 도덕에 대한 경멸적인 태도에 반박했다.[05] 하지만 루만은 하버마스가 도덕을 주사 놓으려는 사회학자며 그런 시도는 스포츠의 도핑이나 다름없다고 보았다.

여기서 제시된 질문에 꼭 답을 말할 필요는 없다. 다시 처음에 얘기했던 브로커로 돌아가자. 루만에게서 배웠듯 브로커의 직업관에는 윤리적 태도가 차지할 공간이 전혀 없다. 그가 도덕적으로 용납할 수 없기 때문에 좋은 연봉을 보장하는 직업을 버리기로 결심한다면 아마 그의 동료들이 가장 기뻐할 것이다. 그리고 매우 빠른 시일 안에 1분에 80달러를 보장하는 그 자리를 대신 맡을 사람이 나타날 것이다. 정말 유토피아적인 발상이지만 도덕적 양심 때문에 모두가 그 자리를 거부한다면 시장 전체가 붕괴될 것이다. 그리고 가나에는 극심한 기아가 발생할 것이다.

현대인의 삶은 도덕적 측면에서 최소한 두 가지 이상의 질문과 부딪치게 된다. 첫째, '왜 내가 더 나은 세상을 만들어야 할까?' 둘째, '내가 원한다고 해서 정말 바꿀 수 있을까?' 누구나 자기 위치에서 이 지구에서의 삶을 개선하는 데 기여할 수 있다는 진부한 이야기를 정확히 따져보면 우스꽝스러운 표어가 아닐까? 모든 것을 약탈하던 사회나 가축을 키우던 사회라면 그런 권유가 의미 있을지도 모른다. 그러나 기능으로 차별화된 사회에서 그런 단순한 처방은 가망성이 전혀 없다.

현재 삶을 다시 한 번 돌이켜보자. 우리는 다양한 역할에 따라 세분되었다. 위키디피아에서 내 이름을 찾아봐도 '저자, 문학(20세기), 문학(21세기), 문학(독일), 소설, 서사 문학, 자서전, 학술 산문, 에세이, 칼럼니스트, 저자,

인물(졸링겐), 독일인, 1964년생, 남자'라는 키워드가 나타난다. 그리고 분명 이것은 극히 단편적인 정보다. 이 세상에서 '칼럼니스트'일 때와 '남자'일 때는 다른 평점과 숙명이 등장한다. 또 내 아이들이 나를 바라보는 시선은 내 친구들 또는 수영장에서 마주친 낯선 사람들과는 다르다.

여러 가지 사회적 역할을 맡고 있다는 이유로 이 세상 전부와 선한 일에 대한 부담감이 현저히 가벼워진다. 책임감은 내가 아니라 정치인이나 경제인 같은 다른 사람의 몫이다. 그러나 유감스럽게도 그들 또한 다른 여러 세분된 역할을 가지고 있다. 그들은 직업상 재선 또는 기업의 이윤 창출 책임을 진다.

그런 맥락에서 우리는 즉흥적으로 관련될 수 없는 매우 복합적인 세상에서 살고 있다. 밀림 또는 신석기 시대는 지금과 조금 달랐을지도 모른다. 그러나 오늘날 우리는 과도한 정보로 고통받지 않으려면 넘쳐흐르는 정보와 뉴스를 지속적으로 걸러내야 한다. 루만은 인간 본연의 활동이 끝없는 '복합성의 축소'라고 보았다. 이때 우리 생각은 지속적으로 빗나간다. 칙센트미하이가 입증했듯이 우리는 머릿속에서 '저 멀리 다른 곳'을 생각하는 데 많은 시간을 사용한다. 뇌는 항상 '바로 이 순간'을 살지 않는다. 노련하게 나를 이곳에 있지 않은 참가자로 만든다. 따라서 우리의 시간감각은 매우 주관적이다. 우리가 어디에 집중하느냐에 따라 차이가 매우 크다. 때로는 '시간이 없고', 또 가끔은 '시간이 흐르지 않는 것'처럼 느끼며, 무언가를 위해 시간을 '가지고', 누군가에게 시간을 '선사'하거나 별것 아닌 일에 시간을 '도둑맞는다'. 그리고 때로는 불쌍한 시간을 '낭비한다'.

회피하고 연기하는 것은 매우 인간적인 행동으로 인생에서 떼어놓을 수 없는 부분에 속한다. 아무리 자신이 그렇다고 생각할지언정 온전히 지금 이 순간을 사는 사람은 없기 때문이다. 주로 현재보다 과거나 미래에서 사는 일이 더 많다. 게다가 항상 그리고 어디에서나 도덕적인 질문을 던지고 그런 관점으로 판단하고 접근하지 않는다. 도덕성과 책임감은 각성될 때도, 잠시 잠들어 있을 때도 있다. 사실 우리가 기대하는 자세에 달렸다. 도덕적 문제가 수면 위로 떠오르면 우리는 일상에서 불현듯 이런 상황과 마주한 것처럼 매우 조심스럽게 접근한다. 지하철에서 선로에 떨어지거나 폭행을 당하는 사람을 목격한 사람들이 대부분 그 사람을 돕는 게 옳다고 생각한다. 그러나 잘 알고 있듯이, 그런 상황에 적극 나서서 개입하려는 사람은 극히 드물다. 또한 두려움을 이겨내며 실천하는 사람도 극소수다. 대부분 두려움과 부담감에 옴짝달싹도 하지 못한다. 대다수가 머리를 숙이고 도망친다. 그런데도 우리는 회피가 원칙적으로 옳지 않다고 생각한다.

책임을 느끼려면 여러 항목이 맞아떨어져야 한다. 우선 우리가 도와야 하는 사람을 완전히 인지해야 한다. 둘째, 그 사람의 처지가 되어 절실하게 느껴야 한다. 그 사람에게는 도움이 필요하다. 그 뒤 지속적으로 감정을 이어가야 한다. 그 사람은 단순한 도움이 아닌 내 도움을 절실히 필요로 한다. "아, 어쩌지? 시간 없는데. 잘못하면 병원 예약 시간에 늦을 것 같은데."

공감대란 대개 그 과정에서 여러 가지 이유로 주저하기 쉬운 매우 제한적인 요소다. 지속적으로 대기 상태를 유지하려면 에너지가 매우 많이 소모된다.[06] 우리가 받는 스트레스가 클수록 동감하고 집중하는 시간은 짧아진다. 그래서 배려하기보다 화내기 쉽다. 우리가 타인에게 어떤 영향을 주는지 생각해보는 대신에 잘못 처신한다. 쉬지 않고 결정을 내리는 사람은 자기 자신에 대해 곰곰이 생각해볼 시간이 특히 부족하다. 그것이 고위 정치인이 업무에서 자신을 선택한 투표자보다 도덕적이지 못한 이유다. 이런 관점에서 그것은 전 대통령과 전 총리가 되어야 가능해진다. 스트레스

받지 않고 차나 와인을 마시며 서재나 저녁노을 지는 해변에서도 가볍게 도덕적 입장을 사색할 수 있다. 따라야 하는 특정 체제와 거리가 먼 사람일수록 도덕을 말하기가 수월하다. 또 앞에 전이라는 글자가 붙으면 이런 행위를 하기는 상당히 수월해진다.

오늘날 평범한 삶이란 무언가가 끊임없이 지속되는 경우가 적다. 마음이 움직이는 경우는 대부분 직면한 상황에서 느끼는 구체적인 감정에 의해서다. 타인의 행동을 직접 눈으로 보거나 느낄 때 우리도 행동으로 옮긴다. 우리가 느끼는 관할권은 감각 또는 집단 윤리에 종속된다. 한 친구가 파티를 열고 좋은 목적으로 성금을 모을 때 우리는 동참한다. 하지만 혼자였다면 아마 돈을 기부하지 않았을 것이다.

물론 이런 깨달음은 새롭지 않다. 이는 유별나게도 사회심리학과 생물학에서 거의 평행선을 이룬다. 파슨스가 하버드 대학교에서 인간의 행동이 얼마나 많은 체제의 단위로 이뤄져 있는지 몰두하는 동안 동시대의 한 자연과학자는 생물학에서 유사한 이론을 조립하고 있었다.

조지 프라이스는 20세기 생물학에서 가장 다채로운 색깔을 뽐내는 극락조 중 하나였다. 전기공과 성악가 사이에서 태어난 프라이스는 시카고에서 화학을 전공했다. 20대 초반부터 핵폭탄을 제조하는 맨해튼 프로젝트에 참여했다. 그는 핵반응과 간 손상 치료 과정에서 나타나는 의료 문제를 연구했다. 1960년대 그는 IBM에서 새로운 도식의 정보처리 시스템을 개발하기 위해 열정을 다했다. 그리고 그의 이력은 화학자, 핵물리학자, 의학자 그리고 전산학자로 기록되었다. 하지만 그는 1966년 암 선고를 진단받았고 종양을 제거하는 과정에서 어깨가 마비되었다. 46세 때 프라이스는 새로운 인생을 시작하기 위해 영국으로 향했다.

프라이스가 열정을 쏟은 새로운 분야는 생물학이었다. 프라이스는 빌

해밀턴의 출판물을 읽었고 그의 총체적 피트니스 이론을 공부했다. 그리고 곧 그 이론을 수학적으로 정확하고 사회학적 측면에서 가능성 있게 다듬는 데 총력을 기울였다. 그는 진화과정에서 생물의 모든 공동체가 부분체제로 나뉜다는 파슨스의 사상을 감안했다. 생물체가 이타적으로 행동하는지 설명하고 싶다면 해밀턴의 동족관계 법칙만으로는 충분하지 않았다. 사람들은 서로 피를 나누지 않았어도 이타적인 행동을 한다. 프라이스는 새로운 기준을 도입하면서 해밀턴이 주장한 관념을 수정했다. 이는 혈족뿐만 아니라 무리의 단결에도 적용된다. 다른 생물체 역시 그들만의 시스템을 구축한다. 또 동종끼리 집단을 구성해 생활할수록 이타적인 행동을 한다. 공동체가 동종으로 이루어졌을수록 이타주의는 그만큼 유익하다. 프라이스는 특히 이타적 생물체는 이타적 자손을 얻는다고 추측했다.

생물학에 매진한 지 3년이 지나자 프라이스는 가장 중요한 문제를 풀었다고 믿었다. 49세 때 그는 부활체험을 하고 신앙심이 깊은 기독교인이 되었다. 그리고 독특한 열광에 사로잡혀 성경에 등장하는 날짜를 일부 수정했다. 그렇게 그는 예수의 죽음을 둘러싼 사건이 분명 오래 지속됐으며 성경에서 날짜를 잘못 셌다는 것을 입증하려고 시도했다. 그 뒤 그는 무엇보다 착한 사람이 되기로 결심했다. 런던 자택은 고아들의 은신처로 탈바꿈했다. 프라이스 자신은 대부분 사무실에서 잠을 잤다. 1975년에 그는 손톱가위로 목을 그었다.

프라이스의 업적은 생물학에서 새로운 방식으로 집단윤리의 근거를 찾은 데 있다. 그에 따르면 이타주의가 동족의 결과물인 것이 아니라 동족이 이타주의의 결과물이다. 서로 잘 이해하는 생물체 사이에서 후세가 태어나면서 이타주의는 유전적·문화적으로 계승된다. 이는 해밀턴의 주장과 비교했을 때 수정된 이론임이 분명하다. 하지만 프라이스가 믿었던 것처럼 수학적 정확성이 입증되었는지는 아직 증명되지 않았다.

그러나 여기서 말하고자 하는 핵심은 동종 집단은 동종 부류가 적은 집단보다 도덕적 결속력이 강하다는 것이다. 가족이나 조합도 마찬가지다. 그린피스를 결속하게 만든 것은 마피아도 결속하게 만든다. 사회적 결속력을 강하게 느낄수록 일원으로서 의무와 책임이 커진다. 경제, 정치, 법, 교육 등의 체제가 원활하게 움직이므로 도덕이 필요 없는데도 하나의 사회적 접합체와 같은 역할을 한다. 루만은 그 어떤 환경에서도 도덕을 그 체제에서 멀리 두고 싶어했기 때문에 이 점에서 장님이었다고 할 수 있다.[07] 앞서 예를 든 브로커의 딜레마에도 해결책은 있다. 이에 대해서는 3부에서 좀 더 자세히 살펴볼 것이다.

* * *

21세기 초, 사람들은 대부분 기능적으로 차별화된 사회에서 살고 있다. 특정 시스템에서는 그 시스템의 기능에 기여하는 것만 그 중요성과 가치를 인정받는다. 현 사회제도는 도덕적 제도를 우선순위로 보지 않는다. 개인적 도덕심과 직장에서 하는 업무적 행동은 서로 큰 차이를 보인다. 대부분 차지하고 있는 영역이 다르다. 우리는 도덕적 책임을 느끼는 일이 드물고 전체를 위하지 않는 선천적인 강박 세상에서 살고 있다. 이런 이유에서 그리고 또 다른 이유에서 특정 사물에 도덕적 책임을 느끼는 경우가 매우 드물다.

* * *

사회와 경제는 도덕적 문제를 공감하지 못하도록 만든다. 매우 중요한 어려움이 부수적으로 기다린다. 세상의 거래 과정은 공평하지 않을 뿐만 아니라 특정 방식으로 가치를 무너뜨리는 매개체, 즉 돈이라는 수단을 사용한다.

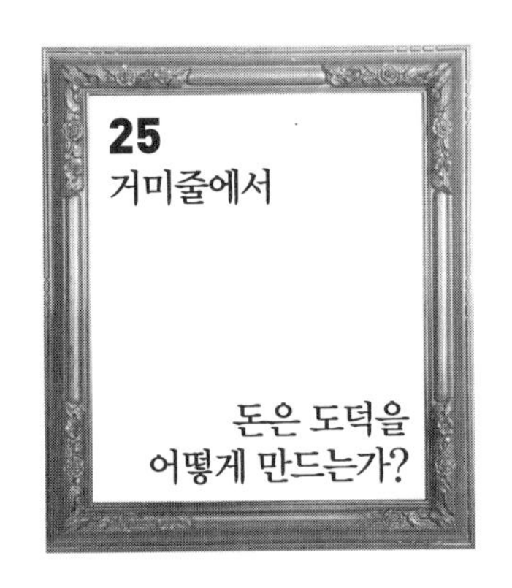

나에겐 확고한 원칙이 있고 그것을 굳건히 지킨다. 하지만 돈이 보이는 순간 그 즉시 태도가 바뀐다.

- 요한 네포무크 네스트로이

그 장면은 감동적이었다. 그 남자는 책을 손에 든 채 두 차례나 책장을 열려고 시도했지만 소용이 없었다. 그때 이 모든 상황을 한쪽에서 지켜본 14개월 된 아기가 등장한다. 아기는 책장을 목표로 아장아장 걸어가 책장 문을 열었다. 그리고 다정한 눈빛으로 남자를 바라봤다. 아이의 눈빛은 "됐어요. 책장 문이 이제 열렸어요"라고 말하는 것 같았다.[01]

이것은 펠릭스 바르네켄과 미카엘 토마셀로가 진행한 여러 실험 중 한 장면이다.[02] 라이프치히 막스플랑크 진화인류학 연구소의 두 학자는 어린 아이들과 침팬지의 즉흥적 협력을 연구했다. 펜을 집거나 스펀지를 되돌려주는 실험일 때는 아이들과 침팬지 모두 즉흥적으로 협력했다.

놀라운 점은 테스트 비디오와는 달리 인간과 유인원에게 일반적으로 선천적 협조심이 거의 나타나지 않는다는 점이다. 분명 인간이 자신밖에 생각하지 못하는 이기주의 유전자를 타고났다는 주장을 지지하는 사람은 이 테스트를 흥미롭게 바라볼 것이다. 어린아이도 침팬지도 대가를 바라고 행동하지 않았기 때문이다. 그러나 진정 서로 돕는 협조심이 우리 유전자 안에 흐른다면 왜 어른은 그것을 필요에 따라 처방하는 걸까?

이 질문에 연구진은 한 가지 대답을 찾았다.[03] 20개월 된 어린아이들이 세 집단으로 나뉘어 다음 테스트에 참가했다. 첫 번째 그룹에서는 아이가 협조심을 보일 때 상으로 장난감을 주었다. 두 번째 그룹에서는 착한 행동을 한 아이를 매우 칭찬했다. 그러나 세 번째 그룹의 아이는 자신의 행동에 상도 칭찬도 받지 못했다. 무슨 일이 일어났을까? 두 번째, 세 번째 그룹의 아이들은 테스트가 진행되는 동안 같은 방식으로 협조심을 보였다. 그렇다면 장난감을 상으로 받은 첫 번째 그룹은 어떻게 되었을까? 타고난 협조심은 짧은 시간에 망가져버렸다! 아이들은 상이 있어야만 어른을 도우려 했다. 대가가 없을 때는 아이들도 돕지 않았다. 조건 없는 협조심은 조건부 협조심으로 변질되었다.

20년 전 애리조나 주립대학교의 발달심리학자 리처드 페이브스는 이와 유사한 결론을 내렸다.[04] 그는 초등학교 2~5학년 아이들로 구성된 그룹에 서로 색이 다른 종이뭉치를 건네고 색깔별로 분류하라고 지시했다. 페이브스는 그 수익금이 병원에서 중병을 앓는 아이들에게 전달될 것이라고 알려주었다. 또 다른 그룹에도 동일한 과제를 주었다. 그러나 이번에는 상으로 작은 장난감을 약속했다. 두 그룹 모두 주어진 과제를 열심히 했다. 시간이 어느 정도 흐른 뒤 페이브스는 두 그룹에게 또다시 분류작업을 도와달라고 부탁했다. 이번에는 첫 번째 그룹이나 두 번째 그룹에게 아무런 언급도 하지 않았다. 결과는 예상과 같았다. 첫 번째 그룹이 지난번과 동일하게 열정적으로 분류한 반면 두 번째 집단의 경우 의욕을 상실한 모습이 눈에 띄었다. 아이들은 노력하지 않았고 급격히 흥미를 잃어버렸다.

여기서 메시지는 분명하다. 물질적인 보상은 성향을 망쳐버린다. 보상받는 조건으로 행동하는 데 길들여지면 보상 없이 같은 행동을 하기가 매우 어려워진다. 분명 협조심과 물질적 보상의 결합은 태어날 때부터 머릿속에 있지 않다. 어떤 경험으로 인해 어린 시절 뇌에 이 조합이 새롭게 각인된다. 한 번 각인된 뒤로는 거의 자동반사가 되어버린다. 다시 말해, 우리는 태어날 때부터 이기주의자는 아니었는데 이기주의자로 양육된다.

이런 깨달음은 우리를 매우 당혹스럽게 했다. 아이에게 서로 돕고 일하게 만드는 동기로 주고받는 것이 장난감이라면 청소년과 성인을 움직이는 건 바로 돈이다. 모든 경제체제가 그런 교환거래를 바탕으로 하지 않는가? 물질적 대가를 바라지 않는다면 왜 우리가 아침마다 일하러 가야 하는 걸까?

돈은 성향과 사회를 변화시킨다. 그러나 어떻게, 어떤 방향으로 변화시키는가? 우리 정신과 사회의 교환심리, 돈의 영향력 분야에서 둘째가라면 서러울 대가는 바로 지멜이다. 앞서 살펴봤듯이 그는 '도덕학'의 학식이 넘치는 개척자 집단에 속한다(10장 참조). 도덕에 관한 책을 출판한 뒤 7년이 흐른 1900년 그는 주요 저서인 『돈의 철학』을 출판했다.[05]

동시대 프로이트가 발표한 『꿈의 해석』처럼 그의 책은 다가올 시대를 예측했다. 또 프로이트처럼 심리분석의 첫 주요 저서로, 학계 이단아만이 집필할 수 있는 획기적인 저서였다. 겸손하게 표현했지만 책에는 자부심이 충만했다. 지멜은 철학이 다른 학문의 지식을 그 자체보다 정확하게 이해하고 해석을 가능하게 하는 일종의 예술이라고 생각했다. 이런 측면에서

『돈의 철학』은 마르크스의 『자본론』과 함께 독일 언어권에서 가장 중요한 경제학 저서라고 할 수 있다.

지멜이 제기한 문제는 완전히 새로웠다. 지멜은 돈이 인간과 문화에 미치는 심리적 영향을 파악하고자 했다. 반대로 문화가 돈의 의미에 미치는 심리학적 영향도 그의 관심사였다.[06] 그는 인생을 결정하는 경제적·심리적 반결합 효과를 설명했다.

지멜의 책 때문에 당대의 경제학자들이 당혹스러워하고 부담을 느낀 것은 예상 밖의 일이 아니었다(이는 오늘날 일부 특정 분야의 대표자에게도 적용된다). 미처 서문을 끝까지 읽기도 전에 그들은 지멜의 주장을 단호하게 반박했다. 첫째, 지멜은 경제학을 전공한 경제학자가 아니다. 둘째, 그의 저서는 이해하기가 매우 어렵다. 셋째, 경제학은 '철학적'인 모든 의혹에서 벗어나는 데 의의가 있다. 경제학 연구는 가능한 한 객관성을 유지해야 한다. 따라서 수학적 공식과 그래프, 통계와 경험론적 연구를 바탕으로 해야 한다.

그러나 지멜의 저서에서는 눈 씻고 봐도 이런 요소들을 발견할 수 없었다. 저자가 『돈의 철학』으로 제시한 생각은 상당히 진보적인데 이것은 약 30년 전 새롭게 재발견되고 오늘날 크게 유행하고 있는 행동경제학 또는 경제심리학과 같다.

동시대 유명인인 브루노 프레이, 페르, 댄 에얼리, 카너먼과 달리 지멜은 어떤 실험도 하지 않았다. 그들은 현대 세계의 문화 및 도덕의 변화가 돈에 의한 심리적 영향력에 의해서라고 이해하고 그런 관점으로 설명하려 했다. 오늘날 경제심리학자들이 대부분 미시경제학자들인 반면 지멜은 미시적 관점에서 시작해 거시경제학으로 향했다. 그리고 그에게 거시경제학은 우리 문화의 일부분으로 이해할 때 설명이 가능했다.

지멜의 출발점은 19세기 돈이라는 화폐에서 시작된 인생의 변화다. 사회적 차이, 전통, 환경, 신앙, 오만한 신분의식, 집단사고 같은 것들이 규칙을 정했다면 현재(즉 1900년)는 모든 것이 화폐로 계산된 이성에 따라 움직인다. 당신은 이 문장이 2000년이 아니라 진정 1900년의 유럽을 묘사하는 것인지 의구심을 품게 될 것이다. 시간이 시계로 평가되듯 인생의 질은 돈으로 측정된다. 우리가 가진 물건의 가치는 그것이 지닌 의미가 아닌 가격으로 정해진다. 이 시기는 오스카 와일드가 『원더미어 부인의 부채』를 집필한 때다. "빈정거리는 사람은 무엇보다 가격과 가치를 전혀 모르는 사람이다." 지멜의 주장에 따르면 삶이라는 현실은 이런 맥락에서 냉소적이다.

마치 거미처럼 돈은 사회라는 그물을 친다. 끈적끈적한 줄이 놓인 곳에서는 모든 것이 피상적이고 중요하지 않다. 이 순간 모든 것이 또 다른 모든 것과 교환이 가능하다. 돈의 용도는 모든 수단을 정당화한다. 기존에 고유한 질에 따라 측정되던 것은 이제 돈의 양에 따라 정해진다. "돈을 지불할 경우에는 상대가 누구든, 대상이 무엇이든 간에 그에 상응하는 무언가를 요구한다. 명예, 성과, 감사와 관련하여 등가하는 것을 건네는 사람의 특성을 본다."[07] 돈의 가치를 지닌 것만이 시장에서 가치를 인정받는다. 돈은 현대에서 하나의 새로운 종교로 자리 잡았다. 돈이 있어야 안정감과 확신이 생기고 장밋빛 미래도 약속한다. 또 이러한 모든 기능은 인생의 의미에 기여하는 바가 크다.

돈은 단순히 목적을 달성하기 위한 도구에 그치지 않고 우리에게 특수한 힘을 발휘한다. 무엇보다 돈을 좇는 사람은 주위를 전혀 신경 쓰지 않는다. 사회의 차별, 개개인의 성향 또는 타인의 시각, 도망자라는 타이틀까지도 전혀 신경 쓰지 않는다. 돈이 지휘봉을 휘두르는 곳에서는 모든 것이 희미해지고 의미를 상실한다. 인생이 완전히 즉물적(卽物的)으로 변한다. 돈 외에는 모든 의미가 사라지는 것처럼 말이다.

오늘날 모차르트의 음악을 감상하고 싶으면 음악 CD 한 장, 또는 음원 파일만 있으면 어디서든 들을 수 있지만 과거에는 궁정의 가신이어야 했다. 현재는 전 세계 생활용품을 마트 한 곳에서 구매할 수 있지만 한때는 그런 물건들이 매우 귀했다. 바하마 해변에서 휴양하려면 이제는 긴 여정을 준비하지 않아도 된다. 비행기 표만 예약하면 모든 준비가 끝난다. 100년 전만 해도 누구도 감히 꿈꾸지 못했던 판타지가 실현됐다. 단지 당시 생각했던 의미와 조금 다를 뿐이다.

상업화는 거의 모든 분야에서 양날의 칼이다. 한편으로는 '인생의 수준이 떨어지는' 감정적 가치절하를 느끼고 다른 한편으로는 '요동치는 내면의 근본적인 문제에 무관심으로 대처하는 경향'이 있다. 돈의 차이가 균등한 곳에서는 모든 사람이 거래할 때 형제가 된다. 그들은 서로 닮아가며, 속이고 적대시하는 일이 줄어든다. "이 모든 것은 지조 없는 부정적인 면모의 긍정적인 결과다."[08]

돈 때문에 사회가 지닌 본연의 개성을 잃어갈수록 사람들은 서로 잘 지내기가 수월하다. 이것이 핵심이다. 그러나 동시에 사회적 대가를 치러야 한다. 공적인 삶에서 감정의 의미가 점점 사라지고 있다. 내가 개인적으로 중요시하는 것은 대부분 사회에서 일반적으로 중요시하는 것과 흡사하다. 그리고 그것은 돈의 가치로 측정한다. 내 인생은 비록 내겐 낯설지만 그럼에도 시장가치를 인정받은 것들로 둘러싸인다. 그것을 접할수록 그것은 내 정신세계에 침투한다.

현대 인간의 심리는 상징적인 가치로 가득하다. 신, 비유, 우화, 예찬 등 세상을 설명하는 상징은 감소하는 반면 물질적 상징을 무더기로 만들어낸다. 이는 아름답고 새로운 물건의 세계로 향하는 데 도움을 주는 상징이다.[09] 코카콜라 주식회사가 창립된 지 8년 뒤, 그리고 라코스테에서 첫 폴로셔츠가 생산되기 80년 전, 그 시대의 통계, 예찬 그리고 브랜드 사회의 설명은 하나의 획기적인 예언이나 다름없었다.

이 모든 것이 도덕을 의미한다는 것을 상상할 수 있다. 오늘날 우리는 돈이라는 완전히 지조 없는 무기를 손에 쥐었다. 돈은 세상에서 질보다 양으로 가치가 평가되는 유일한 것이다. 그러는 사이 우리는 거의 모든 것을 이 나약한 수단을 근거로 평가했고 다른 가치는 모두 동등해졌다. 그렇게 봤을 때 돈의 본질은 사람의 성향을 돈의 나약함으로 망쳐버리는 것이다. 돈에 집착할수록 삶에서 중요한 것들이 압축된다. 돈을 단순히 하나의 수단으로 사용하기보다는 수단의 수단이 되고 그 결과 그 사람의 목적이 되어버린다.

진정 지멜이 옳은 걸까? 만약 머릿속이 온통 돈 생각으로 가득한 서양 문화를 입증할 추가적인 증거가 필요하다면, 오늘날 그것은 신경경제학이라 불리는 학문이 제시할 것이다. 여러 나라의 과학자들이 한자리에 모여 뇌가 경제적 보상에 어떤 반응을 보이는지 지난 몇 년간 MRI로 연구했다. 이 분야의 개척자 중 한 사람은 스탠포드 대학교의 신경심리학자 브라이언 넛슨이다. 넛슨은 간뇌의 대뇌변연계(limbic system)에서 나타나는 감정 변화를 조사했다.[10] 여기서 그는 매우 강렬한 수단을 선택했다. 그는 피실험자에게 벌거벗은 사람 사진을 보여주고 간뇌의 반응을 관찰했다. 그러고 난 뒤 머리가 잘린 시체 사진을 제시했다. 예상처럼 강력한 감정이 솟구쳤다. 그러나 가장 강력한 반응이 일어난 때는 넛슨이 피실험자에게 돈을 줬을 때다. 중변연계의 보상체계가 강력하게 고무되었고 그중에서도 중독증상을 담당하는 작은 중추, 중격의지핵(nucleus accumben)이 반응했다. 이때 기분 좋은 자극을 야기하는 신경전달물질인 도파민을 분비했다.

독일 본을 대표하는 경제학자이자 페르의 제자인 아르민 팔크는 간뇌의 보상중추가 돈을 얼마나 좋아하는지 입증했다.[11] 금액이 클수록 기쁨은 배가됐다. 특이하게도 중변연계 경로는 수치적으로 많은 돈에 긍정적인 자극을 보였지만 그 돈의 현실적 가치에는 예속되지 않았다. 스위스의 1000프랑이 900유로보다 뇌에서 분비되는 즐거움이 강렬했다. 900유로의 가치가 훨씬 높았는데도 말이다. 즉 뇌는 실제 돈이 아니라 '돈에 대한 환상'에 빠져 있다. 마음으로 느끼는 금액은 실제 가치를 앞질렀다.

돈, 특히 큰 금액이 걸린 사항에는 대부분의 사람이 자신을 제어하지 못한다. 욕구 충족과 원초적 본능을 담당하는 뇌 영역이 사고를 지배하고 우리를 탐욕 상태로 인도한다. 거의 충족시키기 어려운 욕망이 솟아오른다. 마르크스는 집필 과정에서 그 메커니즘을 정확히 파악했다. "재산을 축적하고자 하는 욕구는 본능적으로 끝이 없다. 어떠한 물건으로 즉시 모습을 바꿀 수 있기 때문에 물질적 부를 대표하는 돈에서 질이나 그 모습을 따지는 것은 무의미하다. 그러나 모든 실제 금액은 양적으로 제한되어 있기 때문에 구매수단으로서 영향력은 한정적이다. 돈의 양적 한정과 무한대의 모순은 재산을 축적하는 사람을 축적이라는 끝없는 노동으로 쫓아 보낸다. 마치 한 나라를 정복할 때마다 새로운 국경선을 생각하는 정복자처럼 말이다."[12]

그 증거는 압도적으로 많다. 돈은 액수가 높을수록 탐욕을 일으키고 중독되기 쉽다. 이때 탐욕과 중독은 유난히도 돈에만 집착한다. 반면 이미 자기 소유가 된 돈으로는 그런 쾌감을 느끼지 못한다. 오히려 그 반대다. 이때 등장하는 감정은 그것과 매우 다른 것이다. 즐거움과 욕망 대신 두려움과 불신이라는 안전을 걱정하는 생각과 고민이 나타난다.

돈이 도덕적 본능과 원칙을 무효로 만드는 데는 여러 이유가 있다. 원초적 욕구와 중격의지핵의 중독 구조는 그중 하나일 뿐이다. 또 다른 위험은 부와 빈곤이라는 사회적 결과에 있다. 익숙한 환경에서 벗어나 갑자기 부를 얻거나 급격히 빈곤한 상태로 추락할 경우 방향성을 상실하고 매우 위험한 상황에 빠진다. 돈이 사회구조에 거미줄을 친다는 지멜의 주장이 옳다면 이 거미줄은 어려운 시험에 들 것이다. 지금껏 나를 좌우했던 물질적인 가치가 일시적으로 가치를 잃거나 거의 가치를 잃고 조달하기 어려워질 때 내적 자아는 뒤죽박죽이 된다.

이제껏 물질적인 것에 의해 기치를 평가받던 상황이 더 이상 가능하지 않게 되면, 이는 사회라는 테두리 안의 내 행동에 강력하게 반영된다. 수입이 미뤄지면 지금까지 신뢰했던 우정이나 결혼생활에 금이 가는 경우도 드물지 않다.

우리의 일상은 서로 거의 관계가 없는 두 가지 가치체계를 통해 일어난다. 사물 또는 성과의 가치는 우정, 사랑, 신뢰와는 다른 잣대로 평가한다. 저녁식사에 초대한 친한 친구가 와인을 가져왔다고 해서 그 친구에게 돈을 준다면 그것은 매우 실례되는 행동이다. 배우자 역시 식사나 섹스 또는 아껴주는 마음을 돈으로 값을 매기지 않는다. 그렇게 봤을 때 최소한 이상적인 측면에서 우리는 동시에 두 가지 서로 다른 세계, 사회규범의 세계와 시장규범의 세계에서 살고 있다.

물론 사회규범의 세상에도 분명 대가를 지불한다. 그러나 우리가 서로 주고받는 화폐는 (매우 제한적인 측면에서) 돈이 아니라 서로에 대한 관심이다. 한편 두 영역이 서로 섞이면 매우 복잡해진다. 예컨대 친구에게 돈을 빌려주는 것은 예측하기 어려운 영역에 발을 내디딘 것이다. 이때 시장규범이 지배적이지 않더라도 우리는 돈을 빌려준 친구에게 시장과 일치하는 행동을 기대하게 된다. 이런 이유로 우정이 무너지는 일이 얼마나 많은가?

(이런 상황을 피하려면 아예 돈을 빌려주지 않거나 시장에 적용되는 논리를 기대하지 말아야 한다!)

지난 200년간 서양 국가의 발전과정을 관찰하면 사회규범 영역이 후퇴했다는 것을 쉽게 발견할 수 있다. 반면 시장규범은 급속도로 성장했다. 사적인 생활영역에도 시장규범이 잠입하기 시작했다.[13] 연인관계도 이제는 하늘의 축복이 아닌 상대에 대한 일종의 '투자'가 되었다. 또 물건이 쉽게 낡아버리면 비용 부담이 크기 때문에 오늘날 우리는 위험자본을 회수하고 곧 이어 전보다 유익한 관계를 시작할 준비를 한다.

보스턴 MIT의 이스라엘 출신 경제심리학자 에얼리는 다음과 같은 결론을 내렸다. "사회적 규범이 시장규범과 상충할 경우 전자가 사라진다. 다시 말해, 사회적 관계를 복구하기는 쉽지 않다. 사회적 규범이 시장규범을 능가할 때 새로운 것이 뒤따르는 일은 드물다."[14] 유감스러운 것은 '시장규범보다 사회규범으로 인생이 만족스럽고 창의적이며 충만하고 즐겁기'가 매우 힘들다는 것이다.[15]

사회논리와 시장논리로 분리된 세계는 아리스토텔레스와 칸트가 꿈꾸던 것과 달리 도덕이라는 것을 어렵게 한다. 모든 선행 또는 윤리적 원칙에 앞서 그 소속을 묻게 된다. 좋은 예로 쾰른 시의 전 시장을 들 수 있다. 그러나 여기서는 그가 바라지 않을 거라 확신하기 때문에 이름을 언급하지 않는다. 그는 사회의 일원으로서 노숙자와 빈곤층의 권리를 제정하는데 큰 어려움 없이 이를 완수했다. 또 동시에 그는 쾰른 저축은행감사원에 사회 빈곤층의 계좌 신청을 거절하라고 지시하고 관련 제재를 강화했다.

물론 우리 시장경제 활동이 모든 사회 규칙을 따른다고 말할 수 없다. 그러나 경제세상의 정의, 신뢰, 공정의무는 호감, 공감, 관심의 정신으로 나타나지 않는다. 오히려 규칙 고수라는 최소의 일치에 가깝다. 여기서 윤리적 동기는 기셀린의 맹수윤리만큼 관련이 있다. “이타주의자를 할퀴면 피 흘리는 위선자의 모습을 목격할 것이다.”(3장 참조)

* * *

끊임없이 돈을 다루고 재정상 결정을 내리는 일상은 도덕을 매우 어렵게 만든다. 돈은 양에서 질이 나타나고 다른 가치를 간단히 무너뜨린다. 화폐경제의 논리, 시장규범은 사회규범과는 다른 규칙에 따라 움직인다. 돈을 벌고 노력하는 과정은 뇌에서 원초적 즐거움을 일으키지만, 돈이 관련되면 알아채기도 전에 도덕적 잣대가 변해버린다. 그 밖에 가치 있는 것이라도 돈과 관련되면 더는 가치를 발하지 않는다.

* * *

그러나 돈뿐만 아니라 시장의 원칙마저도 사회규범을 위협했다. 그리고 그것이 상황을 특히나 어렵게 했다. 우리의 또 다른 고민은 더더욱 그 어떤 원칙도 예외일 수 없다는 데 있다.

26 소정원에서 일어난 살인사건

왜 도덕 규칙은 진지하게 와닿지 않을까?

타인이 내 생각을 인정할 때 난 매우 관대하다. 내 생각을 거부하면 그들이 편협한 것이다. 그리고 누구도 편협한 사람을 너그럽게 대하라고 요구할 수 없다.

- 레베니히

누군가를 죽이고 싶은 마음은 여러 이유에서 기인하다. 예를 들어 누군가 내 목숨을 위협한다든가 하는. 위기에 처한 대상이 내 아내와 자식일 때는 더 심각하다. 폭력을 휘두르는 범죄자라도 무고한 사람들이 무참히 죽음을 당하는 것은 막으려 할 것이다. 그러나 마음의 위안을 얻으려고 나뭇가지 자르듯 잘라내는 경우도 있다.

2008년 9월 22일 저녁, 니더작센의 기프호른에 사는 66세의 연금생활자 라이네케는 정원 쓰레기를 제대로 정리하지 않았다는 이유로 세 명을 살해했다. 그들은 60세, 65세의 카츠마렉 부부와 34세인 그들의 아들 마르틴이었다.[01] 이 노인은 참나무 가지로 피의자의 두개골이 부서질 정도로 강타했다. 그 뒤 그는 범죄에 사용한 가지를 가로수 길에 버리고 집으로 향했다. 1년 뒤 법심리학자가 그에게 집으로 돌아가며 무슨 생각을 했냐고 묻자 그는 대답했다. "아무 생각도 하지 않았소."

라이네케는 광기에 사로잡힌 폭력범도, 비사회적인 사람도 아니었고 자신도 사이코패스라 생각하지 않았다. 그는 전적으로 권리가 있는 사람이었다. 또 권리는 지켜져야만 한다. 작은 정원이 딸린 주택의 소유주로서 그는 항상 모든 것을 제대로 정돈하는 데 심혈을 기울였다. 그리고 그것이 자기 의무라고 생각했다. 그는 모든 규칙을 철저히 준수했다. 그리고 그것을 넘어서 주변 도로의 교통질서뿐만 아니라 지역 주민이 독일과 니더작센 주의 소정원법규를 지키는지 감시했다.

소정원법규는 국가에서 가장 엄격한 법규에 속한다. 소정원과 정자의 최대치를 규정했으며 정원수의 최고 높이를 4미터로 제한했다. 장식품에서 이용면적에 이르는 모든 부분에서 어떤 무질서도 용납되지 않았다.

라이네케처럼 정리정돈을 잘하는 사람에게는 천국이나 다름없었다. 그는 42년간 폴크스바겐에서 근무했다. 그는 단순하고 정확하며 성실한 사람으로 항상 시간을 준수하고 주어진 의무를 다했다. 퇴직한 뒤 연금으로 생활하면서 그는 인생의 새로운 과제를 발견했다. 바로 소정원 주택단지였다. 그때부터 그는 오래전 자식에게 상속한 주택이 있는 단지를 개인적으로 매일 검사하고 단속했다. 얼마 지나지 않아 그 어떤 사람도 그곳에 집을 짓거나 정원을 가꾸는 것을 꺼려할 정도로 원칙을 고수했다. 대부분의 사람은 정원 가꾸기를 포기했다. 2005년 카츠마렉 집안도 정원의 누각에 불이 난 뒤 정원 가꾸기를 거의 포기했다. 그러나 그들은 이웃과 합의해 그

때부터 땅을 활용하기 시작했다. 운명이었는지는 몰라도 그곳은 라이네케가 사용하는 토지 주변이었다. 이런 상황은 라이네케에게는 지옥이나 마찬가지였다. 카츠마렉 집안은 그의 인생에 혼란과 무질서를 야기했다. 카츠마렉 식구들은 경계를 이룬 잔디 위에 아무렇게나 차를 세웠고 정원수 역시 규정을 따르지 않았으며 비둘기까지 키웠다.

라이네케는 할 수만 있다면 그들을 주택단지에서 쫓아내고 싶었다. 그에게 필요한 건 질서였다. 그러나 카츠마렉 식구들은 그런 그를 오히려 비웃었다. 라이네케는 서로의 영토 사이에 있는 잔디 길 앞에 장을 설치하고 자물쇠로 잠갔다. 그러나 옆집 아들이 그 위로 올라가는 바람에 장이 파손됐다. 라이네케는 망가지지 않는 튼튼한 기둥을 설치했다. 카츠마렉 식구들과 협약을 맺은 다른 사람들은 이제 차를 도로에 세웠다. 라이네케는 자전거 도로와의 간격을 재며 몇 차례 신고했다.

그러나 그보다 성가신 것은 토지 경계 문제였다. 이것마저 지키지 않으면 그 파급효과는 엄청나게 크다. 라이네케가 생각하기에 그것은 도로의 절반까지 이르렀다. 잔디 길에서 풀을 베고 관리하는 사람은 이것을 자신의 영토까지만 해야 했다. 그 뒤로는 잔디, 데이지 그리고 질경이가 가득한 어느 누구도 감히 손 댈 수 없는 라이네케 왕국이 펼쳐져 있었기 때문이다. 그는 권한도 없으면서 풀을 베는 사람을 때려죽일 거라며 분노했다. 그는 잔디를 베는 사람을 다치게 할 목적으로 섶나무 씨를 뿌렸지만 이웃들은 섶나무를 간단히 제거했다. 라이네케는 또다시 씨를 뿌렸다. 그러나 이웃들은 그것을 울타리 너머로 던져버렸다. 라이네케 역시 그것을 다시 던졌다. "나와 한 번 해보자는 사람은 악마를 건드린 거라고. 악마를 자극하면 지옥에 떨어져야지." 그는 음험한 목소리로 위협했다. 카츠마렉 사람들은 그냥 웃어넘겼다. 이제 라이네케에게는 매질만 남아 있었다.

2008년 9월 22일 저녁, 그는 그를 자극하는 물거리 다발을 정원 앞에서 발견했다. 그에게 반감이 있는 다른 이웃이 한 짓이었지만 라이네케는 카츠마렉 식구들을 의심했다. 그리고 실제로 그 집 아들 마르틴을 잔디 길에서 마주쳤다. 법원에서 그는 마르틴이 섶나무를 던지는 장면을 포착했다고 증언했다. 라이네케는 몽둥이로 그 결론을 내렸다. 악마는 자기가 맡은 일을 했을 뿐이다. 옆집 아들은 피를 흘리며 쓰러졌다. 그의 부모가 쓰러진 아들을 도우려 다가오자 또 다른 불행이 그들을 급습했다. "바닥에 쓰러질 때까지 때렸습니다. 오래 걸리지 않았지요. 그리고 그렇게 끝났습니다. 한꺼번에 해치웠죠."

라이네케에게 이 행위는 정신과 신체에 대한 정당방위였다. 그는 자신을 보호하고 도로의 교통질서, 독일 연방정부와 니더작센 주가 제정한 소정원 법규를 준수한 것 외에는 아무것도 아니었다. 힐데스하임법원 상급심에서 그는 인간적으로 호소했다. "나는 살인자나 폭력범이 아닙니다. 언젠가 하늘의 재판에 부쳐지면 신이 내 무죄를 선언할 것입니다."

라이네케는 자신의 변호를 맡은 국선변호사에게 '억제하기 어려운 분노'를 참지 못하고 '인류를 우습게 아는 파괴욕구'에 사로잡힌 살인자이자 범죄자일 뿐이었다. 따라서 그 죄목은 매우 무거웠다. 정신과 의사는 그것을 불운한 유년시절의 결과로 보았다. 스탈린 체제의 용병이었던 그의 아버지는 성격을 예측할 수 없었고 아무 때나 폭력을 휘둘렀다. 그 때문에 어머니도 세상을 떠난 것으로 보인다. 그런데도 라이네케는 아버지와는 달리 자신의 인생을 제어할 수 있었다. 안정적인 직장과 결혼 그리고 일상적인 생활은 그에게 그런 발판을 제공했다. 살인사건이 일어나기 4년 전 받은 전립선 수술로 그는 성 능력을 상실했다. 그 사실은 그를 불쾌하게 만들었다. 이제 그에게 기쁨을 주는 것은 관습, 권리, 질서에 대한 투쟁뿐이었다. 그 역시 재판에서 자신이 '매우 까다로운 편'이라고 진술했다.

올바른 권리 추구라는 명분으로 무고한 세 명의 두개골을 부숴버린 그의 까칠함은 도덕심리학에서 말하는 소위 자기방어였다. 소정원을 엄격히 규제하는 집단윤리에서 라이네케의 지나친 권위적 행동을 넘어 원칙을 고수하지 않는 대상에 이르기까지 말이다. 또 비록 '적'에 대항하는 수단을 선택하는 과정이 괴기한 방향으로 흘렀지만 시프팅 베이스라인이 나타나는 사례라 할 수 있다. 요약하면, 이 사건은 도덕을 비도덕적으로 만드는 모든 것이 모이면 무슨 일이 일어나는지 보여준 극단적인 사례다.

살인자 라이네케를 알레르 강에 던져버리고 싶다면 1810년 발간된 하인리히 폰 클라이스트의 동명소설 속 방화살인범 미카엘 콜하스와 함께 처벌해야 할 것이다. 역사적으로 입증된 인물인 콜하스는 트론카 귀족에게 두 마리 말과 하인을 맡겼지만 그로써 횡포와 부정행위에 휘말렸다. 부패에 저항할수록 그의 상황은 심각해졌다. 설상가상으로 아내마저 세상을 떠나자 그는 자기정당화에 빠진다. 결국 성실한 말 장수였던 그는 용서받을 수 없는 방화 살인범, '끔찍한 사람'으로 돌변한다. 결국 트론카의 귀족은 콜하스에게 말을 돌려주라는 법원의 판결을 받았다. 그러나 콜하스는 평화를 무너뜨리고 물의를 일으킨 대가로 사형을 선고받았다.

클라이스트의 소설이 전하고자 하는 메시지는 음험하다. 오로지 정의 실현을 추구한 무고한 피해자는 결국 이야기의 끝에서 정당한 집행자라기보다 극악무도한 범죄자가 되어버렸다. 철학자 에른스트 블로흐는 콜하스를 '엄격한 시민도덕성을 대변하는 돈키호테'라고 평가했다. 오늘날의 사회에서도 콜하스의 시대와 같은 결과가 도출된다. 권리란 우리 사회가 지닌 여러 가치 중 하나일 뿐이다. 게다가 권리가 가장 높은 가치라고도 할 수 없다. 물론 콜하스의 살인 동기는 라이네케보다 설득력이 있다. 그러나 두 사례 모두 사회원칙(권리)이 지닌 가치를 묻고 있다. 그것을 존중하고 주의해야 하지만 그렇다고 해서 지나치게 진지하게 받아들일 필요는 없다.

단순히 원칙, 규범, 기준의 질서라는 명목으로 사회적 상황에 결단을 내리는 것은 비인간적인 행위다. 지난 몇 년간 반복적으로 자칭 권리라 주장하는 미국의 급진적인 낙태반대론자만 떠올려 봐도 알 수 있다. 그들은 낙태를 시술한 여러 의사를 총으로 피격했다. 태어나지 않은 생명을 비롯한 모든 이의 존엄성을 보호하기 위해서라고 그들은 주장하면서 자신들의 손으로 사람의 목숨을 끊는 행동은 참으로 그로테스크한 일이 아닐 수 없다. 그러나 이는 그들 입장에서 볼 때 정당방위이자 사명이다.

나는 기차 내 구내매점에서 커피를 사려고 자리에서 일어났다. 매점에 도착해서 보니 상냥하고 친절한 판매원은 다른 승객과 대화를 하고 있었다. 그 승객은 얼굴을 찌푸리고 큰 목소리로 기차가 전 기차역에서 예정된 시간에 들어오지 않은데다 탑승 위치도 전광판과 일치하지 않았다고 불평했다. 그래서 그는 자신이 예약한 자리를 찾기까지 세 칸이나 이동하며 앞으로 나아가야 했다. 그 승객은 판매원에게 고함치고 얼굴이 붉으락푸르락할 정도로 성질을 내며 피해 보상을 요구했다. 콜하스와 라이네케는 모든 곳에 숨어 있다.

도덕철학적으로 봤을 때 이는 기묘한 현상이다. 정의보다 중요한 것이 존재한다니! 어쩌면 한발 더 나아가 인간 사회에 절대적인 정의가 존재하지 않는 것이 차라리 낫다고 말할지도 모르겠다. 이런 주장은 참으로 어이없다. 인류에게 보편적 정의란 존재하지 않는 걸까? 프랑스의 계몽주의 철학자 마리 카르타 드 콩도르세는 이와 관련해 '모든 사회체제에 정의와 진리의 변치 않는 토대가 마련됐을 때' 행복이 찾아온다고 저술했다.[02] 그러나 그는 규범과 규범체계의 제멋대로인 결합을 제대로 파악하지 못한 것이다.

규범은 매우 독특한 것이다. 개념에 따르면 규범은 인류가 더불어 사는 공동생활을 좀 더 수월하게 하고 개선해야 한다. 따르기 어려운 이상한 소정원법규만 해도 그 안에 의미가 있다. 정원에서 재배할 수 있는 면적을 고려하지 않는 사람은 다른 농부가 그 구획의 토지를 임대하여 과수원으로 개조해버리는 위험에 처할 수 있다. 또 정원수의 높이를 고려하지 않으면 이웃의 정원을 가려버린다. 이 모든 규칙은 분쟁을 예방하기 위해 제정되었다. 단지 문제는 진정 모든 분쟁이 사라졌을 때 인생에 즐거움이 남아 있을까 하는 것이다. 교통설계자인 몬더만 역시 그렇게 생각했다. 지나치게 많은 규칙은 스스로 생각할 기회를 박탈한다.

윤리의 목적은 인생의 안전을 극대화하는 것이 아니라 가능한 한 많은 사람에게 충만한 삶의 기회를 제공하는 데 있다. 그리고 규범이 그것을 가능하게 한다. 어떤 경우에도 우리가 규범을 따르는 것이 그 본질은 아니다. 하지만 한 번 정해진 규범을 다시 없애기는 매우 어렵다. 규범을 축소하는 것보다 늘리는 편이 훨씬 쉽다. 서방국가의 자유로운 세계에서도 과거와 비교했을 때 규범의 수가 적지 않다. 단지 어디엔가 교묘히 숨겨져 있다. 명백한 규칙의 수는 감소했지만 그렇지 않은 것의 수는 증가했다. 이제는 침체됐지만 불과 몇 해 전만 해도 사람들은 평가와 자체 평가만으로도 기대 이상의 성과를 보이던 독재의 정치적 올바름(political correctness)에 대해 생각했다.

빨간 신호에 건너기, "감사합니다" 그리고 "부탁합니다"라고 절대로 말하지 않기, 담벼락에 방뇨하기, 레스토랑에서 흡연하기, 이웃의 정원에서 고기 굽기, 토크쇼에서 '깜둥이'라 발언하기 등 우리가 원하든 원하지 않든 규범을 무시하는 것은 옳지 않다. 규범은 존재한다. 규범을 준수하지 않기로 결심했다고 해서 중립적인 것은 아니다. 다른 사람들은 이런 행동을 단순한 무시로 해석하지 않는다. 규칙 위반으로 본다. 사회적·도덕적 결정은 항상 제한적인 영역에서 이뤄진다. 사회질서는 영토가 표시된 지도나 다름없다. 또 규범은 경계선을 강조한다. 따라서 지금 당신이 있는 곳이 사막이라 해도 아무렇게나 행동할 수 없다. 이 책의 앞부분에서 설명한 것처럼 우리는 살면서 관심사를 표출하는 일이 드물다. 오히려 인생의 가장 큰 부분을 규범을 따르는 데 사용한다. 어리석다는 평가를 받고 싶은 사람은 없다.

그런데도 우리 사회에는 규범 위반이 발생한다. 우리 모두 그것을 알고 있다. 또 우리는 그런 상황에 흥분하면서도 그것이 존재한다는 사실에 안도한다. 그 이유는 무엇인가? 무엇보다 먼저 우리는 올바름과 언젠가 한 번은 충돌한다. 라이네케를 제외한다면 모든 과실을 인지하고 예측하는 나라에서 누가 살고 싶겠는가? 제한 없이 경직된 규칙을 주장하는 모든 도덕원칙은 공포 그 자체다. 항상 진지하고, 올바르며, 정의롭고, 공감하며, 아량을 베풀고 감사하면서 살고 싶은 사람이 있을까? 충만한 삶이란 실제로 이런 걸까? 또는 모두 그렇게 생각하지 않는다는 사실을 기뻐하는 것은 지극히 개인적인 신념에서 비롯된 것은 아닐까? 이기주의자가 되지 않는 기술이란 항상 '착하게' 살아야 하는 것을 의미하지는 않는다.

도덕을 지나치게 진지하게 받아들이는 것이 얼마나 위험한지 영국의 시인 윌리엄 메이크피스 새커리는 적절한 사례로 설명했다. 1861년 발표한 『발견된다는 것』에서 그는 온전히 진리와 정의를 추구하는 국가의 개념에 몰두했다.[03] 콩도르세가 꿈꾸었던 그런 국가를 말이다. "불의를 저지른 모든 사람의 잘못이 드러나고 그에 부합하는 벌을 받는다고 상상해보시오. 학교에서 말썽을 피우는 모든 남자아이를 심하게 체벌해야 한다면? 그리고 그것을 집행해야 하는 교사와 교장의 입장을 생각해보시오. … 또 부대

전체에 체벌을 내리기 전날, 또는 체벌을 내린 그날, 마음이 아파 잠도 편히 자지 못하는 사령관을 상상해보시오. 성직자는 자신의 죄를 드러내어 고백하지 않소. 그렇다면 주교에게 우리가 많은 것을 헌신할 필요가 없을 것이오. 만약 주교가 자신의 죄를 인정한다면 그를 임명한 고위 성직자는 어떻게 판단해야 하겠소? … 폭력은 끔찍하오. 손은 얼얼하고 핏줄이 선다오. 내가 이 모든 것을 직접 발견하지 않았다는 사실이 얼마나 행복한지 모르오. 그리고 사랑하는 형제여, 난 진정 우리가 자신이 행동의 대가를 치르고 있다는 사실에 동의할 수 없다오."

이제 우리는 그런 모든 상황이 일어나지 않을 거라 확신해도 된다. 새커리가 묘사한 사회는 어떠한 관점에서도 가능하지 않다.[04] 서로 잘 지내려면 어느 정도 타인을 이해하는 것이 중요하다. 동시에 여러 가지를 숨기는 것도 중요하다. 이미 언급했듯이 일상의 모든 것을 아는 것은 가능하지도 않지만 우리가 노력할 가치가 있는 목표도 아니다. 타인에 대한 우리의 행동이 축적되는 행동 계좌는 타인의 것만큼이나 불완전하다. 국가와 같은 상급기관에서 변화를 꾀할 때 우리는 모든 권리를 주장하며 격분한다. 물론 그런 상황을 체벌하는 권력이 나타난 뒤의 일이지만 말이다. (실제로 우리 사회는 전적으로 완전히 투명하다. 최소한 인터넷에서 구글을 통해 검색할 때는 말이다. 그러나 구글이 우리 정보를 공개한다는 사실을 깨닫지 못하는 동안은 심각한 불안감에 시달리지 않는다.)

타인의 전부를 파악할 기회가 모두에게 주어진다면 분명 사회는 붕괴될 것이다. 새커리가 추측했듯이 최대한의 투명성은 사회에 평화가 아닌 불신을 야기한다. "자신을 노출하기 위해 여성이 장신구로 치장하지 않아도 되는 자연의 배려는 얼마나 근사하고 아름다운가. 여러분의 모습 그대로와 어떤 가치를 추구하는지 부인과 아이들이 알기를 바라는가? 그렇다면 친구여, 당신은 슬픔이 가득한 집에서 살게 될 것이며 신뢰가 넘치던 가정은 얼어붙을 것이다. 믿고 싶은 대로 자신의 모습을 스스로 만드는 것은 아닌가."

프라이부르크 출신의 사회학자 하인리히 포피츠 같은 현대 사회의 지식인은 새커리의 주장에 동의한다. "사회규범의 그 어떤 체제도 죽을 때까지 완벽한 행동의 투명성을 보장하지 못한다. 모든 행동의 일탈이 발견되는 사회는 그 규범을 준수하는 과정에서 동시에 무너질 것이다."[05]

우리 행동의 회색지대(합법과 불법 사이의 불분명 영역)에 대한 포피츠의 호평은 탄탄한 근거를 바탕으로 한다. 그에게 규범이란 "불변하는 고정적인 것이자 구속력이 없는 것, '완고한 것'이어서 항상 부담스럽고 공상적인 것"이다. 따라서 우리 모두가 살아가는 도덕적 소정원 주택단지에서 때때로 규칙 위반이 유발되는 것도 그리 놀랍지 않다. 무엇보다 인간적 행동은 못이나 나사못과는 달리 표준에 맞출 수 없기 때문이다. 정원 부지를 잘못 사용한다고 해도 기프호른 거주자가 아니라면 충분히 처벌을 받지 않는다. 또 베이루트에서 신호등이 빨간불일 때 길을 건너도 경찰은 전혀 제재하지 않는다. 이유는 분명하다. 베이루트는 그만큼 위험하다. 베이루트 경찰이 보행자를 참견하면 아마 다른 일은 아예 하지 못할 것이다. 규범 또한 시프팅 베이스라인 원칙의 영향을 받는다. 모든 것이 규범에 저촉되고 모든 사람이 법규를 충실히 지킬 때 규범 위반은 무의미해진다. 타인의 위반에 대해서 알수록 자신의 잘못된 행동도 정당해 보인다. 자신의 세금 포탈 기술을 밝히는 사람은 없다. 하지만 나 아닌 누군가는 분명히 그렇게 하고 있다. 이런 비교논리에 따라 추측에 의한 악순환이 시작된다.

그렇다고 해서 규범이 전혀 필요 없다는 것은 아니다. 규범은 아무도 그것을 지키지 않는다 해도 중요하다. 규범에 반대한다 해도 그 한계를 새롭게 미룰 뿐이다. 또한 우리는 스스로 왜 그렇게 해야 하는지 설명할 수 없지만 기본적으로 서로에게 선하게 행동해야 한다는 규범을 따라 착하게 살아간다. 해질녘의 황혼이 좀 더 필요하다. 그보다 밝게 빛나는 것은 규범이 견디지 못한다.[06]

또 다른 증거가 필요하다면 저널리스트인 유르겐 슈미더가 그것을 제시한다. 그는 40일간 모든 종류의 거짓말을 참고 자신이 추구하는 진리만 이야기했다. 그러자 그의 제일 친한 친구가 여자 친구를 배신하고 그 때문에 두드려 맞게 되었다. 물론 이는 부당한 일은 아니었다. 하지만 그의 결혼 생활도 힘든 시기를 맞았다.

항상 타인에게 솔직한 사람은 지속적으로 또 다른 규범, 예의에서 비롯되는 요구 사항과 충돌하게 된다. 괴테의 『파우스트』에 등장하는 메피스토는 이를 잘 알고 있었기에 "독일에서 예의바른 사람이란 거짓말쟁이다!"라고 언급했다. 도덕 철학 책을 벗어나와 마주한 우리의 실생활은 항상 다양한 규범 사이에서 선택을 강요한다. 우리는 이런 상황을 참아내야 한다. "뚜렷한 자의식을 지닌 사람은 어리석다"라고 저술한 젤의 문장은 사회에도 통용된다. 진리인 것은 다른 모든 도덕적 선행에도 그러하다. 그것을 진심으로 수용해야 하지만 그렇다고 지나치게 진지해서는 안 된다. 예컨대 실제 부담 테스트로 살펴본 고귀한 원칙의 성과를 단 한 번만 상상해보자. 성과의 정의는 우리 사회를 얼마나 견뎌내는가? 모든 사람이 실제로 자신이 성취한 모든 것을 얻는다면 모든 사람이 처벌받는 사회와 유사한 혼란이 초래될 것이다.

물론 이는 완전히 이상적인 발상이다. 성과는 객관적으로 측정하기가 불가능하다. 또 내가 성취한 것은 내 행동의 공로만이 아닌 타인의 공로에서 비롯되기도 한다. 예컨대 부모님은 나에게 재능을 물려주셨고 교육해서 잘 키워주셨다. 게다가 선생님과 사회적 환경도 한몫했다. 어느 누구도 자신이 이룩한 결과물의 유일한 당사자일 수 없다. 영국의 사회학자 마이클 영은 1958년 새커리를 본보기로 삼아 '능력주의 사회(meritocracy)', 즉 '성과가 지배하는 사회' 개념을 고안했다.[08] 모든 사람이 실제 성과에 따라 평가받고 그에 따른 보수를 받아야 한다. 출신, 인맥, 후원, 행운 등 그 밖의 요소에 해당하는 모든 것을 배제했다.

이것이 정말 좋은 생각일까? 꼭 그렇지만은 않다. 그렇다면 어떤 일이 생길까? 어떤 사람은 위로 또 어떤 사람은 아래로 수입구조가 완전히 새롭게 재구성되어야 한다. 새로운 체계에 따라 매우 높은 위치를 차지한 정당한 엘리트 집단은 실제로 자신들이 최고라고 말할 수 있을 것이다. 또 그들은 아마 참아내기 어려울 정도로 거만해질 것이다. 그러나 가장 큰 문제는 중하위권이다. 그 영역에 속한 사람은 푸념할지도 모른다. "이 자리가 내 자리야. 난 무능한 사람이야. 그 사실에 반박할 생각도 없고 돈벌이도 시원치 않아." 당신은 이렇게 생각하는 사람을 알고 있는가? 아마 없을 것이다. 사회에서 가장 소외된 계층에 속하며 정부 지원 수당을 받는 사람이라도 그렇게 생각하는 경우는 극히 드물다. 오히려 사회가 자신에게 공정하지 못했고 지금도 그렇다고 생각할 것이다. 또는 인생에서 운이 없었다거나 하는 식으로 변명을 늘어놓을 것이다. 우리 모두 자신의 자아상을 아름다운 색으로 칠하고 스스로 정당화하기 위해 자신을 속인다. 자신에 대한 벌거벗은 진실을 원하는 이는 없다. 그러나 영원한 비밀은 없듯이 언젠가 불편한 진실은 있는 그대로 드러나기 마련이고 그 순간 수백만 명의 자긍심이 모두 시험대에 오른다. 그리고 사회는 더 이상 도망칠 방도가 없고 후회만으로 가득한 무리를 받아주지 않는다. 더 이상 방법이 없는 사람들은 폭동을 일으키며 경우에 따라 일종의 내란으로 이어진다.

윤리적 원칙과 결정은 규격화된 세상에서 입증된다. 그 가치를 존중하지 않고는 여러 사회규범을 준수하는 방법은 존재하지 않는다. 이때 모든 윤리적 법률과 행동규범에는 한계가 있다. 진리를 비롯해 정의, 배려, 평화 애호까지 절대적인 것은 없다. 그 어떤 타협도 없이 윤리적 원칙을 따르는 사람은 인생에서 실패라는 나락에 빠질 위험이 있다. 우리는 이런 원칙이 인생에 도움이 되고 앞으로 나아가게 해준다는 것을 알고 있으면서도 행동의 회색지대에 머무르기를 선호한다.

우리는 우리 행동에서 선이 사라지게 만드는 여러 메커니즘을 살펴보았다. 이 상황에서 전체를 간략히 요약해보자.

* * *

절대적인 선이란 존재하지 않는다. 선은 상대적이다. 내 행동이 타인에게 가치가 있다고 판단할 때 내 행동에서 선함을 인식한다. 가치 있는 행동에 관한 생각에는 사회적 직관과 내가 받은 교육의 영향력이 스며든다. 어릴 때부터 습득하고 주변에서 선이라고 느껴지는 것으로 자신을 평가한다. 그리고 소속집단에서 가장 최악인 일원과 비교한다. 선을 자기 스스로 실천하면 결국 나에게 돌아온다. 내 뇌는 즐거운 마음과 기분으로 보상한다. 다른 여러 가지 요소와 함께 선한 행동은 나의 자아상에 영향을 미친다. 스스로 선하다고 생각하는 것은 매우 중요하다. 그에 따라 행복의 지속 기간이 결정된다. 그러나 자아상은 나 자신과의 문답만으로는 완성되지 않는다. 타인과의 관계에서 형성된다. 주변 사람들에게서 인정받고 어리석은 사람이 되지 않기 위해서 의식적이든 무의식적이든 자신의 원칙을 조금 옆으로 옮길 준비가 되어 있다. 기회주의와 융통성은 인간의 사회적 본능이다. 이때 인지부조화가 일어나며 우리는 자신의 자아상을 여러 속임수로 정당화한다. 상호 관련성이 없어 보이는 것들을 비교하고 배제하며, 추상화하고, 자신을 기만하는 눈속임 등 여러 방법을 사용해 관련성을 만들어낸다. 일말의 관대함 없이 자신을 신랄하게 비난하는 것보다 있는 그대로 좋아하는 것이 중요하다. 스스로 입증하는 것은 진리에 대한 의무보다 강압적인 법이다. 우리의 도덕적 사고는 절대적으로 상호 일치하는 것이 아니라 자기 마음에 따라 일치한다.

* * *

이 모든 생각이 옳고, 또 사람들이 대부분 그렇다면 도대체 우리는 무엇을 배울 수 있는가? 사회는 계산이라는 주제와 관련하여 온갖 술책이 난무하는 이 상황을 어디까지 참아낼 것인가? 사회의 도덕성과 관련해 우리는 어떤 현실적인 목표를 세울 수 있을까? 모든 것이 우리를 기만하는 것이 아니라면 가장 많이 발전한 서양 사회에 등장하는 요소 중 경제적·사회적·윤리적 위협은 제2차 세계대전 이후 가장 강력하다.

제3부
사회, 그리고 도덕

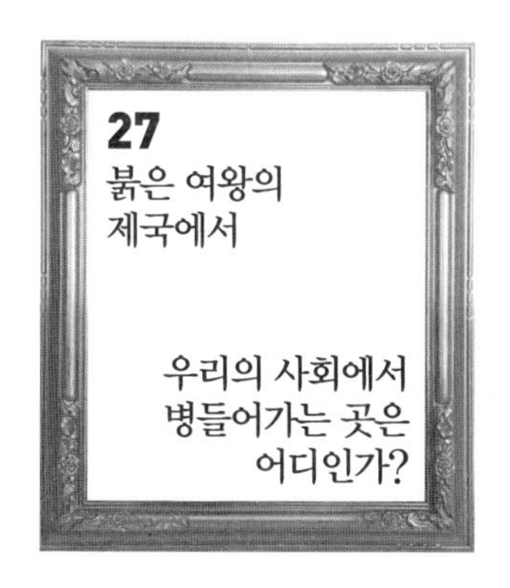

여왕은 심기가 불편했다. 2008년 11월 초순 여왕은 루이스 가리카노 런던 정치경제대학교(LSE) 경영학과의 연구학장에게 해명을 요구했다. 크림색 옷에 모자를 쓴 그녀는 새로운 건물을 기부하기 위해 세계적으로 유명한 연구소에 첫발을 들여놓았다. 그녀는 영국 전체를 들썩이는 그 사건에 대해 알고 싶어했다. "어떻게 경제불황처럼 엄청난 일을 아무도 예측하지 못할 수 있나요?" 영국이 세계적으로 유명한 전문가를 고용한 이유는 도대체 무엇이란 말인가?[01]

복합금융상품, 채권, 공매도, 국제적 금융 사업에 관한 여왕의 관심은 그저 그런 것이 아니었다. 왕실의 약 1억 파운드(한화 약 1800억 원)가 증서에 투자되었다. 그러나 런던 증시는 25퍼센트 주저앉았다. 가리카노가 여왕에게 준 답변은 공시나 다름없었다. "모든 사람이 모든 측면에서 다른 사람 모두를 신뢰했고 모두 그것이 옳다고 생각했습니다." 그와 관련하여 개최된 회의에서도 같은 결론에 도달했다. 어느 누구도 전부를 보지 못했기 때문에 위기가 다가오는 것을 몰랐다. 리스크를 평가하는 것 말고는 아무것도 위탁받지 않은 몇 천 명의 관리자 역시 극히 일부분만 보았다. 그들은 단순히 자신이 맡은 영역만 관찰했다. 어느 누구도 그다음 칸까지 살펴보지 않았다. 따라서 어느 누구도 기차가 심연으로 추락하는 것을 알아채지 못했다.

경제위기에 대한 여왕의 질문에 대한 답은 통찰력 부족과 외부에서 바라본 시각의 부재였다. 그것은 우리 경제의 특징 가운데 하나다. 수백만 명이 이 기차가 움직이도록 최선을 다한다. 또 경제학자, 법학자, 정치인 등 수만 명의 전문가가 기차의 각 칸에 영감을 불어 넣는다. 그런데 기차가 달려야 할 방향은 누가 결정하는 걸까?

가장 중요한 문제지만 이런 질문을 하는 일은 드물다. 게다가 그 대답도 진부하기 짝이 없다. 어쨌든 중요한 것은 기차가 전진한다는 것이고 그 결과 경제는 성장하고 사람들은 일자리를 얻는다. 경제가 지닌 본연의 의미가 지속적인 성장이며 그것이 좋은 경제라고 한다. 그렇게 경제의 전진운동, 성장, 노동의 행진을 당연하게 생각한다.

하지만 설득력이 있는가? 애덤 스미스를 넘어 리카도, J. S. 밀, 마르크스, 케인스에 이르는 위대한 경제 사상가들은 이와 아주 다른 답변을 내놓았다. 경제에서는 무엇보다 제대로 된 방향 설정이 중요하다. 이들은 그것이 윤리와 같은 방향이라는 데 의견을 일치했다. 가능한 한 많은 사람이 될 수 있는 한 가장 선한 삶을 사는 것이다. 경제란 실용적이고 재정적인 수단을 이용한 도덕 철학 거래다.

선한 삶과 협력하는 생활이란 무엇을 말하는가? 어떻게 하면 그것을 이룰 수 있을까? 모든 경제이론 아래에는 세계관, 인간의 자아상 그리고 사회적 이상이 깔려 있다. 경제학이란 가치평가를 배제한 규칙이 아니며 돈, 노동력, 재화로 계산하는 수학이 아니다. 아무리 스스로 그런 방식으로 오해한다고 해도 말이다.

경제학에서 가장 중요한 질문은 결국 이 모든 수단으로 얻고자 하는 성과물이 무엇이냐 하는 것이다. "사회 또는 이데올로기가 실제로 무엇을 추구하는지 알고 싶다면 돈의 흔적을 따라가면 된다." 미국의 전산학자이자 예술가인 재런 라니어는 자신의 저서에 이렇게 기술했다. 예컨대 돈이 "광고에만 유입되고 음악가, 언론인, 예술가에게 흐르지 않으면 사회는 진리나 아름다움보다 시장 조작과 관련된다. 취지가 무가치해지면 인간은 언젠가 우둔하게 의미를 잃어버린다".[02]

독일에서도 이는 논쟁의 여지가 없다. 국가의 과제는 어떠한 대가가 따르는 경제성장이 아니다. 그것은 가능한 한 많은 국민이 만족하고 충만한 삶을 실현하는 것이다. 반드시 재화와 문화, 과거와 현재에서 물질적인 것과 심적인 것이 한데 어우러져야 한다. 물질적인 부 자체가 목적은 아니지만 건재하기 위해 불가피하면서도 충족되지 않는 조건이다.

원칙은 그러하다. 그러나 독일에서 시대의 흐름을 읽는 사람이 어디 있는가? 18세기와 달리 오늘날의 철학자는 정치에 영향력이 없다. 이제 거대한 경영인, 로비스트, PR전문가, 컨설턴트 등 경제인이 그 자리를 대신한다. 다만 그들의 주제는 미래가 아니다. 그것은 시장, 권력 그리고 출세를 위한 기회며 현상 유지다.

경제 동향을 규정하는 데 그 흐름이 정지되지 않도록 하는 것은 간단하지 않다. 그리고 동시에 사회에서 불붙은 사안에 대해 결정을 내리는 것을 뜻한다. 그렇다면 어떤 욕구가 가장 잘 충족되고 어떤 것이 충족되지 않을까? 우리의 사회와 경제에서 이는 소비를 뜻한다. 삶의 즐거움이라는 테두리 안에서의 자유, 타인과 다르고 싶은 마음, 눈·귀·몸과 위를 즐겁게 하는 새로운 물건 등 이 모든 것을 위해 우리가 구매할 수 있는 산물이 있다. 또 우리의 안전욕구 역시 보험과 상품이라는 제품으로 충족한다.

인생의 의미가 '물질화'될수록 우리의 상황은 개선된다고 19세기 저널리스트이자 철학자 막스 슈티르너가 자신의 저서 『유일자와 그 소유』에 기록했다. 슈티르너는 온갖 의무에서 자유로워지며 내적·외적 자유를 극대화하는 사람을 선전했다. 슈티르너가 "나보다 중요한 것은 없소"라고 말했듯이, 유일하게 믿을 수 있는 것은 의무에 얽매이지 않는 이기주의다.[03]

오랫동안 파리의 콜레주 드 프랑스의 교수로 재직한 동시대의 철학자 피에르 부르디외에게 슈티르너는 20세기를 내다본 예언가나 다름없었다. 부르디외는 '유일자와 그 소유'라는 제목을 1998년 현재에 그대로 투사했다. 부르디외에 따르면 특히 독일은 그중에서도 특별히 자기 집을 구입함으로써 스스로 안전을 구매했다고 생각하며 욕구를 채운다.[04] 사회민주주의자 역시 지난 수십 년간 자기 소유로 된 부동산을 꿈꿨다. 그러나 주택 소유주가 그 안에서 자유를 얻으려는 망상에 사로잡혀 있는 동안 사실 그는 자유롭지 못했다. 부동산 가치가 하락하는 상황에서도 대출상환으로 구매한 주택은 그를 옭아맸다. 또한 대출을 상환하거나 집을 포기할 수 없기 때문에 이미 파경이 난 결혼생활을 이어갔다.

우리는 할아버지·할머니 세대가 꿈도 꾸지 못할 만큼 풍족한 물질적 욕구를 어느 정도 충족할 수 있다. 그러나 그것으로 행복이 배가되지는 않는다. 이런 깨달음은 이미 1971년부터 사회심리학에 스며들었다. 미국의 두 심리학자 필립 브릭만과 도날드 캠벨은 환경이 바뀌면 사람의 마음가짐도 변한다고 주장했다. 과거에는 획기적이었던 사건도 시간이 흐르면 평범해진다. 몇 년 뒤 브릭만은 이 지식을 극단적인 예로 증명했다. 로또 당첨자의 행복도 사고 피해자의 불행도 2년이 흐르면 원래 수위로 돌아온다.[05] 단 이혼이나 실직처럼 심리상태의 변화는 여기에 적용되지 않을 수도 있다.[06]

브릭만은 이 메커니즘을 설명하기 위해 '쾌락의 쳇바퀴'라는 표현을 썼다. 우리가 죽어라 애쓰는 만큼 장기적으로 봤을 때 대부분 그 자리에 오른다. 시적으로 표현한다면 이렇게 말할 수 있다. 우리 사회에는 루이스 캐럴의『거울나라의 앨리스』에 등장하는 붉은 여왕 나라의 규칙이 동일하게 적용된다.

> 그들은 앨리스가 지쳐 쓰러지기 직전까지 거의 순풍에 바람을 가로지르며 항해하듯, 바닥에 발이 거의 닿지 않을 정도로 질주했다. 그리고 그 순간 앨리스는 어지럽고 숨이 차 바닥에 주저앉았다. 앨리스는 놀란 얼굴로 주변을 둘러봤다.
> "아직도 이 나무 밑이라니 정말 믿을 수 없어! 전과 똑같잖아!"
> "물론이지."
> 여왕이 말했다.
> "이곳에서는 제자리에 있고 싶다면 죽어라 뛰어야 해."[07]

이 문장으로 캐럴은 현대 자본주의의 더 빨리, 더 높이 그리고 더 부유하게를 추구하던 빅토리아 시대의 옳지 못한 정신을 비난했다. 캐럴이 어렴풋이 예상하던 그것은 오늘날 여러 연구를 통해 우리도 알게 되었다. 중산층이 되면 재산 증가가 행복한 일만은 아니다. 부유함 덕분에 많은 원초적 기쁨과 즐거움을 얻고 원하는 것을 구입할 수 있다는 사실에는 변함이 없다. 그러나 버는 것은 소유하는 것과 분명 다르다. 지멜은 이미 자신의 저서『돈의 철학』에서 구입한 물건으로 얻는 즐거움은 어느 정도 시간이 흐르면 놀라울 정도로 흔적 없이 사라진다고[08] 설명했다. 새로 산 코트는 이제 새것이 아니다. 새 차를 사고 몇 달 뒤에 운전하는 것은 처음 차를 산 뒤 운전했던 그 느낌과는 거리가 있다.

따라서 물질적 행복이라는 약속은 항상 덧없는 일이다. 게다가 소유할 때마다 나에게 종속되는 합이 증가한다. 모든 것을 제대로 유지하려면 보험에 들어야 한다. 분실, 파손, 침입, 절도에 대비해야 한다. 이런 이유에서 모든 정치적 노력을 기울였는데도 재산이 증가한 중산층의 행복이 어느 선까지 오면 더는 커지지 않는다는 사실이 전혀 놀랍지는 않다.

우리가 구입하는 것은 대부분 실제로 필요 없는 것이다. 그러나 정말 필요한 것으로 구입을 제한한다면 국내 시장 전체가 붕괴할 것이다. 신발 네 켤레, 샴푸 하나만 사용하는 사람들로는 우리 경제를 지탱할 수 없다. 이런 이유에서 항상 새로운 물건에 대한 욕구를 불러일으킨다. 새로운 욕구를 자극하고 스스로 특별하다고 느끼거나 주변에 깊은 인상을 주고 싶은 욕망에 호소한다. 간단히 말해 당신을 바라보는 타인의 눈에 인정하는 눈빛이 나타날 거라 약속한다. 그것이야말로 우리가 사회에서 추구하는 것이다.

경제는 우리의 갈망을 채워주기는커녕 오히려 부추긴다. 다양한 기능을 가진 텔레비전과 스마트폰 등 말이다. 이 제품들은 이것들이 세상에 등장하기 이전 어느 누구도 궁금해하지 않았던 질문에 대한 답이다. 현재 우리는 이 제품이 없는 세상을 상상조차 하기 힘들다. 우리는 욕구를 채워주는 사회가 아닌 욕구를 일깨우는 사회에서 살고 있다. 또 광고는 이전에 생각해본 적도 없고 스스로는 오랫동안 찾지 않았을 그곳에서 행복을 발견하라며 간지러운 목소리로 속삭인다.

이 게임을 움직이는 주문은 바로 '신분'이다. 신분이란 물질적으로 이동한 우리 자신의 모습이자 자신을 표현하는 방식이다. 이를 통해 타인이 즉흥적으로 우리를 인식하고, 타인의 시선을 넘어 나 스스로 자신을 인지하는 데도 결정적인 역할을 한다. 사회심리학적으로 봤을 때 신분이란 우리 경제가 인간의 행복을 높여주지 못하는데도 지금처럼 움직이는 이유를 설명하는 열쇠다. 스위스의 경제학자이자 졸로투른 대학 교수인 마티아스 빈스방거 역시 신분이란 일종의 쳇바퀴라고 보았다.[09] 초등학생들도 신분의 상징이 무엇을 의미하는지 알고 있으며 신분적 사고는 이미 유치원에서 시작된다.

특이한 것은 모두가 그것을 요구하는 시점에 사라진다는 것이다. 신분성향 자체가 독점적인 것으로, 다시 말해 다른 것을 배제한다. 쿠바에서는 독일 브랜드 운동화가 높은 신분의 상징이지만 독일에서는 그렇지 않다. 누구나 벤츠를 소유한다면 그것이 값어치가 있을까? 신분은 절대적 욕구를 충족시켜주지 못하지만 상대적 욕구는 해소한다. 타인과 비교할 때 '많은 것'을 말한다. 윌리엄 부시 전 대통령은 '질투가 찬사의 가장 솔직한 형태'임을 잘 알고 있었다.

오랫동안 독일 본 경제사회연구소 소장으로 있던 마인하르트 미겔은 다음과 같이 주장했다. "유치원생에서 실버타운 입주자에 이르는 사회 전체가… 거대한 물질적 전투에 투입되어 무자비한 신분전쟁을 치른다."[10] 독일의 노동분쟁은 이제 생존이 아닌 신분을 위한 것이 되어버렸다. "당신의 권리를 성취하고 신분에 걸맞는 임금을 쟁취할 때까지 호루라기를 불며 전쟁에 임하는 자세로 나아가라. 기관차 기사, 의사, 청소부, 선생, 금속세공사, 오페라 성악가, 보육선생 그리고 건물주까지 모두 말이다. 아무도 자신이 벌어들이는 수입과 그 밖의 추가 수입으로 제대로 된 생활을 할 수 없다고 말할 수 없다. 그리고 기관차 기사나 의사에게 적당한 수입은 물론 올바른 수입이 얼마인지 말할 수 있는 사람도 없다. 그에 정확히 부합되는 수입이란 존재하지 않는다. 노동전쟁에 참여하는 유일한 이유는 다른 사람이 나보다 많이 벌기 때문이다."[11]

사회에서 신분이 나타내는 엄청난 의미는 결코 자신의 행복에 기여하지 않는다. 우리의 신분을 결정하는 재화가 독점적일수록 그것을 취하지 못하고, 고급 차와 고가의 시계가 진열된 쇼윈도에 코를 박고 침만 삼키는 사람들이 늘어난다. 신분 상징의 가치가 조금 더 저렴해질 때(동시에 또 다른 값비싼 재화로 대체된다), 사회와 마찬가지로 경제는 이 상황을 이용한다. 독일의 여러 실업수당 취득자를 목표로 하는 광고의 실존 규모를 이해하려면 신분에 대한 사람들의 생각을 파악해야 한다. 즉 그 부류에 속하고 싶고 타인보다 못나지 않고 싶은 감정을 파악해야 한다. 이 감정은 정확히 한 나라의 사회적 기후를 결정한다. '무언가를 얻고자 하는 마음'이 절실한 사람이 많을수록 사회적 평화가 확대된다.

주의할 점은 다만 사람을 만족시키는 이런 착각만으로도 충분하다는 것이다. 사람들이 자동차나 값비싼 커뮤니케이션 기기를 상징으로 삼아 신분을 평가한다는 것은 매우 의아하다. 그 밖에 그 아래에는 돈에 대한 과도한 환상이 깔려 있다. 2부에서 살펴보았듯이(25장 참조) 사람들은 항상 돈의 액수를 상대적이 아니라 절대적으로 인식한다. 영국의 유명한 경제학자 케인스는 돈에 대한 환상이 지닌 의미를 오래전부터 인지했다. 몇 년 전 취리히의 페르 역시 사람이 임금과 포상에서 항상 절대적인 숫자에 연연할 뿐 구매력과는 상관없다는 것을 표본으로 설명했다. 가격상승, 인플레이션 같은 요소는 현실적으로 받아들여지지 않았다. 페르와 그의 코펜하겐 출신 동료 장 로베르트 티란은 여러 취업자에게 인플레율이 4퍼센트일 때 연봉 2퍼센트 인상을 선택할지 물가상승률이 0퍼센트일 때 연봉 2퍼센

트 삭감을 선택할지 조사했다. 결과는 같은데 대다수가 즉시 첫 번째 제안을 선택했다.[12]

불확실한 경우 사람들은 현실을 그대로 직시하고 손실을 감당하는 것보다 돈의 환영에 사로잡히기를 선호했다. 사람들은 무엇을 잃는다는 것을 심각한 문제로 생각했다. 페르에 따르면 '손해 반감'은 "인간이 손실을 이익보다 강렬하게 느끼기 때문에" 우리 경제에서 매우 중요한 심리적 요인이 된다. 기대했던 것보다 1000프랑크를 추가로 받았을 때에 비해 1000프랑크를 덜 받았을 때 해당 사용 손실은 사용 이익보다 두 배 이상 크다. '손해 반감'은 잘 알려진 어려움, 기업 개혁 그리고 정치를 관철하는 데 중요한 심리학적 원인이다. 개혁 패배자의 저항은 개혁으로 이득을 보는 지지세력보다 훨씬 강력하다.[13]

손해 반감은 경제의 방향성을 바꾸는 것을 결정적으로 어렵게 만든다. 몇 십 년 동안 증가하고 팽창하는 데 익숙해진 사회는 자발적으로 포기할 준비가 되어 있지 않다. 독일 사람만 해도 현재 자기가 소유하고 버는 것의 절반이 사라진다고 할 때 분명 1970년대에 느꼈던 만큼의 행복이 다시 찾아오지 않는다. 그들의 절규는 날카롭게 울려 퍼질 것이다. 또 분노와 좌절이 급속도로 번질 것이다. 아마도 얼마 지나지 않아 권력에서 대중의 주장이라 외치는 포퓰리즘이 등장할 것이다.

권리에 대한 자세도 시프팅 베이스라인 원칙을 따른다. 세계에서 부유한 국가 중 한곳에 살고 있는 것에 즐거워하기는커녕 다수 직군이 자기 임금에 불만을 토로한다. 하지만 1950년대 동종업계에서 현 임금수준을 알았더라면 탄성을 터뜨렸을 것이다. 그러나 우리의 요구는 50년 전의 가치와 비교하는 것이 아니라 주변 환경에 맞춰진다. 사회에서 '보편성'이란 아직 경험도 못한 것을 지칭하는 것이 아닌 매일 체험하고 알고 있는 것을 말한다. 또 미래에 성취할 결과물을 뜻한다. 온몸으로 체감하는 가난과 부에는 큰 변화가 없다.

현재 지구에 사는 사람들은 누구나 기후 변동, 성장의 한계, 우리 행동으로 훼손된 생태계와 그 대가에 대한 정보를 보고받고 있다. 그러나 자발적으로 행동을 바꿀 준비가 되어 있는 사람은 극소수다. 최소한 타인이 먼저 준비되기 전까지는 그렇다. 다른 사람들이 모두 추가적인 재산축적을 거부하기 전에는 우리 또한 그럴 수 없다. 특히 우리만으로는 절대로 아무것도 바꿀 수 없다.

타인에 대한 일반적인 불신과 의혹은 뚜렷하다. 그것은 우리 경제 이념의 결과물이다. 광고, 경쟁 그리고 공개 평가로 타인의 장점을 무시하려 애쓰는 사람은 연대감을 잃어버리기 쉽다. 이런 관점에서 경제위기를 초래한 금융권의 무책임한 행동은 사회의 기형 또는 불치병처럼 생각된다. 더 정확하게 말하면 그들의 행동은 그 병의 증상이다. 독일, 미국을 비롯한 여러 국가의 사례만 봐도 얼마나 많은 사람이 눈앞에 보이는 금 앞에서 자신의 탐욕스러움을 감추지 못했는가? 전혀 앞을 내다보지 못하는 어리석고 과격한 기사처럼 행동했는가? 그들에게는 언제나 수단이 부족했을 뿐이다. 국고에 세금을 신고할 때도 한 푼이라도 덜 내려고 수단과 방법을 가리지 않으며, 휴대전화 요금을 조금이라도 아끼기 위해 최고 요금제로 갈아타고, 어디에서나 눈에 불을 켜고 바겐세일을 찾는 사람이라면 (어쩌면) 심성의 무절제함으로 인한 대가를 비난할 것이다. 문제를 일으킨 금융인은 일시적으로 수억 원의 변상을 말하지만 결국 아무런 효과가 없을 때에는 내부적인 탄식만이 남을 뿐이다.

이런 근거로 재계에서 폭발하는 분개는 대다수가 사적이고 체계가 잡히지 않았다. 다른 여러 가지가 정당한 금융인이 어떻게 부당할 수 있을까?

붉은 왕국 여왕에게 우리가 치르는 사회적 대가는 매우 크다. 우리가 살아가는 세상의 사회규범에서 시장규범의 비율은 권력 밖의 일이다. 독일뿐만 아니라 서양의 국가들이 대부분 이에 포함된다. 여러 신흥국가의 비사회적 집단은 잠시 접어두자. 시장의 무자비함과 관련하여 우리 영혼의 심리적 염가 정리는 우리가 인정하는 것보다 훨씬 앞서 있다. 우리 의식이 브랜드명에 눈이 먼 경우는 단순히 셔츠에만 국한되지 않는다. 광고의 CM송과 광고 전략의 산책로는 아이들만 노리지 않는다. 갖고 싶은 욕망은 언제나 되고 싶은 욕망보다 크다.

국민에서 사용자, 투표자에서 고객이 되어버렸으며 그에 대한 국가의 책임을 부정할 수 없다. 슈뢰더 시절의 직권남용 사례만 봐도 뚜렷이 알 수 있다. 노동부는 수십 년간 자본주의 정신에 입각해서 '직업 에이전시'로 탈바꿈할 정도로 맡은 일을 열심히 해왔다. 노동시장의 일원이 아닌 무직자 또한 속고 속이는 대가를 치러야 할지라도 시장경제 게임에 동참하는 감정에 몸이 녹아들어야 했다. 기관은 비용이 들었고 지급을 요구했다. 반면 조합은 잘 알려졌듯이 이를 시행하지 않았다. 조합은 기관이 아니며 관리해야 할 의무도 없다. 그런 관점에서 '일인주식회사'의 도입은 참으로 우스운 일이 아닐 수 없다. 그러나 시장과 증권가의 반응이 모든 것을 좌우한다. 하는 일이라고는 거의 없는 주식회사에 고용된 막노동꾼처럼 허상을 대변하는 대리인이 도대체 무엇을 돌볼 수 있단 말인가.

상대에게서 이익을 얻어내야 한다고 날마다 주입받은 사람은 의심스러운 형식의 국가 교육을 즐긴 것이다. 수십 억에 달하는 광고비는 유년시절의 도덕, 대부분 극미하지만 약간의 종교, 학창시절 약간의 민주주의 이해 같은 불안정한 거주지에 융단폭격을 퍼부었다. 이는 불평등한 싸움이다. 오늘날 누구도 프리미엄 요금이 정당한 것인지 다른 사람과 비교하지 않는다.

연대 책임 결핍은 우리 경제의 결과다. 모두 다른 사람과 차별되고자 한다면 우리는 이제 더는 존재하지 않는다. '우리'란 항상 나를 제외한 다른 사람들을 지칭하는 것이다. 시장경제와 브랜드 시장은 소속감을 일으키는 것이 아니라 도덕에서 환경에 대한 구속력이 없는 시간제 근무자나 다름없다. 여기서 특이한 점은 여러 사람이 간절히 바라는 부유함은 완전히 반대라는 것이다! 현재보다 많은 마음의 여유, 자유 시간, 적은 스트레스, 성취감이 있는 직업, 친구와 가족을 위한 시간 등으로 삶의 질을 높이는 것이다. 실제로 우리는 우리에게 진정 필요한 것은 도구가 아닌 시간이라는 것을 모두 인지하고 있다.

* * *

현대인에게 시간의 위기는 금융위기나 경제위기보다 심각하다. 이것은 하나의 사회적 위기다. 여러 방면에서 우리를 앞서게 만들어준 경제는 그 대가로 다른 부분을 훼손했다. 지금만큼 사회가 물질적인 것에 집착하며 그것으로 행복해질 거라 믿은 경우가 없었다. 우리 심성은 보편적으로 소비성향을 추구하게 되었다. 그러나 제자리 자전거처럼 행복은 어느 한곳에 안착하지 못한다. 그 대신 우리는 사회적 단결이 악화되는지 관망해야만 했다.

* * *

우리가 애쓰며 굴리고 있는 쳇바퀴는 물질적 성장이 행복을 만들어준다는 이념의 결과다. 우리는 왜 그런 생각을 하게 되었을까?

28
부탄인의 행복

왜 우리는 행복을 제대로 평가하지 못하는 걸까?

'천둥을 몰고 다니는 용의 나라'인 부탄은 세계에서 가장 높은 산에 위치한다. 인구 70만의 부탄에서는 6000미터 이상의 산을 오르는 것을 금지한다. 만년설이 뒤덮은 히말라야 정상은 신과 정령의 영지다. 따라서 인간은 그곳에 범접할 수 없다.

그 밖에 부탄은 우리와 여러 면에서 차이가 있다. 사람들은 밭에서 나오는 것만으로 생활한다. 국가의 최고 목표는 경제성장이 아닌 자연과 환경보호다. 아마 부탄은 세계에서 가장 자연 그대로 유지된 국가일 것이다. 영토의 3분의 2가 손을 대지 않거나 지속적으로 천천히 경작한 숲이다. 교육 예산은 국방 예산보다 무려 일곱 배나 높게 책정되어 있다.[01] 사적인 공간에서 흡연은 허용되어 있지만 담뱃잎은 어디에도 없다. 게다가 모든 존재의 조화를 말하는 철학에서 나온 국교 탄트라 불교(밀교)는 세계의 구분, 욕구와 객관성까지 모든 것을 관장한다. 탄트라 불교의 가르침이 전하는 최고의 선은 공감이다.

부탄은 국내총생산(GDP)에 큰 의미를 두지 않는 세계에서 몇 안 되는 국가다. 전 세계에서 현재 113위에 랭크되어 있는 이 순위를 부탄인은 단지 웃어넘길 뿐이다. 1972년 이후 부탄에는 매우 색다른 지표가 등장했다. '국내총행복(gross national happiness)'이 그것이다.[02] 이러한 혁신의 동기는 〈파이낸셜타임스〉의 한 기사에서 시작됐다. 기자는 부탄의 경제성장이 쇠퇴했다고 비난했다. 그 기사를 본 부탄 왕국의 국왕 지그메 싱예 왕추크는 기분이 썩 유쾌하지 않았다. 그는 직접 펜을 들고 미국은 아무것도 이해하지 못한다고 신문에 설명했다. 부탄 정부가 추구하는 목표는 경제성장이 아닌 국민의 행복이다. 자기 말을 행동으로 옮기기 위해 국왕은 서둘러 국내총행복을 측정하는 위원회를 설립했다. 위원회의 과제는 모든 심리적·정신적 행복 요소가 반영된 인생의 수준 평가를 위한 통계적 이해와 계산을 완성하는 것이었다.

부탄 계획위원회 위원장 카르마 취템은 "성장이란 환경, 문화, 전통 같은 요소들처럼[03] 사람들이 바라는 것 또한 포함하고 있어야 한다"라고 언급했다. 정부는 국민과 지속적으로 의견을 교환했고 국민의 행복지수를 측정했다. 정치적 판단을 내릴 때도 그것이 실제로 국민의 행복에 기여하는지를 검토했다. 어쨌든 2008년 조사 결과 부탄 국민의 3분의 2 이상이 행복한 삶을 살고 있다고 대답했다.

독일에서 사회의 번영을 측정하는 도구는 분명 행복이 아니다. GDP, 즉 1년 동안 경제에서 일어난 총생산과 서비스의 가치다. 새로 생산된 강철, 택시 타기, 동물원 방문 그리고 엑스레이 촬영이 모두 GDP에 기여한다. 한마디로 말해 돈으로 지불한 경제적 활동의 합계를 측정하는 것이다. 정계에서는 GDP가 높을수록 국민들이 행복할 것이라고 믿어 의심치 않는다.

사실 정말 터무니없다. GDP로는 행복을 측정하는 것이 아니라 단순히 성장을 평가할 뿐이다. 그 차이를 설명하는 것은 간단하다. 국가에서 산림을 개간하고 그곳에 주택단지를 조성할 때 GDP는 상승한다. 자연보호구역과 거주지 주변으로 고속도로가 개발될 때도 GDP는 상승한다. 소음 공해, 스트레스, 불만 때문에 수백만 명이 의사나 카운슬러를 방문한다고 해도 GDP는 상승한다. 국가에서 사유 주차공간을 폐지하고 그곳에 차를 세우는 모든 사람에게 돈을 요구할 때도 GDP는 상승한다. 쓰레기 더미가 넘쳐나고 새로운 쓰레기 처리장과 소각로가 필요할 때도 GDP는 상승한다. 미국의 남부해안 사건처럼 석유로 대참사가 일어나도 GDP에는 긍정적으로 작용한다.

이런 것들이 경제와 정치 성공의 척도라니 얼마나 터무니없는가? 실제로 사회의 건재에 보탬이 되는 것들 중 무시되는 것이 얼마나 많은가? 부모와 조부모 그리고 명예직에 있는 많은 사람의 보수 없는 값진 노동의 대가는 어디에 있는가? GDP는 지출에 대해서 무엇을 말하는가? 미국의 경제학자이자 노벨상 수상자며 뉴욕 콜롬비아 대학교 교수인 조셉 스티글리츠는 다음과 같이 기술했다. "국민 1인당 GDP는 국민건강의료보험의 지출액이 얼마나 되는지 측정하지만 이 지출로는 우리의 궁극적인 목표, 예컨대 평균 수명으로 평가하는 국민의 건강 상태는 측정되지 않는다. 건강 관련 시스템이 갈수록 제 기능을 다하지 못하는데도 국민의 GDP는 상승한다. 비록 국민의 전반적인 건강 상태가 악화된다고 해도 말이다."[04]

GDP로는 인간의 행복을 논할 수 없다. 이는 사실상 경제학의 목표다. 깨끗한 음료수는 훌륭한 선생님, 친절한 이웃, 좋은 사회보험, 부의 균등한 분배처럼 참작되지 않았다. 사법기관의 임의의 횡포에서 비롯된 독재는 제 기능을 수행하는 민주주의보다 제구실을 전혀 하지 못한다. 삶의 질은 정의만큼이나 고려되지 않았다. 모든 요소가 불분명하고 평가조차 불가능하다. 그런데도 GDP 말고는 그 어떤 방법도 없는 것처럼 꾸준히 시행되고 있다. "학계와 정계는 체온계로 혈압을 측정하려는 의사와 같다."[05]

이는 우리가 부를 평가하는 방식에서 질을 양으로 혼동한 것이나 다름없다. 사회과학자, 경제학자 사이에서 이는 이미 오래전부터 기정사실화되었다. 오로지 정계만이 이 발전과정을 따라오지 못하고 있다. 이 문제를 진지하게 받아들인 서양 국가의 원수 가운데 한 사람이 프랑스의 니콜라스 사르코지 대통령이다. 2008년 2월 그는 노벨상 수상자인 스티글리츠와 아마르티아 센을 초청했다. 그들은 함께 '경제 실적과 사회 진보의 계측을 위한 위원회'를 창립했다.

특히 센의 경험은 대통령이 국민의 행복을 정확히 측정하는 데 도움이 되었을 것이다. 이 인도 출신의 경제학자는 여러 방면에서 콩도르세의 후계자라 할 수 있다. 18세기 프랑스 계몽주의 학자 콩도르세만큼 센도 민주주의를 통한 인류의 견실한 진보를 믿었다. 인류의 거의 모든 사회는 누군가 조종하지 않는 이상 자신의 확신에 따라 이성적인 판단을 내린다. 또 번영의 열쇠는 생산된 재화의 합계가 아니라 가치와 교육에 있다.

1980년대 센은 유엔(UN)에 번영을 계측하기 위한 새로운 지표를 만들어야 한다고 제안했다. 인간개발지수(Human Development Index)는 아리스토텔레스가 도덕, 정치, 경제에 요구하던 그것을 측정한다. 바로 가능한 한 많은 사람이 착한 인생을 살 수 있는 기회 말이다. 이런 맥락에서 '진화'는 경제성장뿐만 아니라 영양섭취의 질, 보편적인 건강 상태, 교육, 여가활동과 정치에 참여할 수 있는 개개인의 기회를 포함한다. 이런 결과(2009)의 최상층에는 노르웨이와 오스트레일리아 같은 국가들이 포진하고 있다. 독일은 22위, 행복한 부탄은 132위 그리고 최하위권에 아프가니스탄과 니제르가 있다.

사르코지위원회의 수장으로서 스티글리츠와 센은 국가가 지속적으로 경제를 운용하며 예측하는 모든 추가적인 경제실적 계측을 묘사해야 한다고 주장했다. 생산력을 측정할 때는 거기에 사용된 자원도 지명해야 한다. 다시 말해, 사회의 모든 성장은 그 결과로 환경과 사회에서 치르는 대가가 국민에게 값어치가 있는지 없는지를 먼저 계산해야 한다.

그런 계측수단을 개발하기가 무척 어렵다는 것은 의문의 여지가 없다. 그러나 지금처럼 하면 절대로 전진할 수 없다. "미국의 국민총생산(GNP)은 거품 붕괴 직전의 경제적 과정을 예측하지 못했다. 미국은 현실보다 상황이 좋다고 믿었고 다른 국가들도 마찬가지였다. 투기로 지나치게 높아진 평가에 따라 자동차 분야의 투자 가치와 기업 이윤이 부풀려졌다."[06] 정치에서 소중히 다루는 것에 비해 실질적인 수량의 의미는 그리 크지 않다. "케이크가 크다고 해서 모든 사람 또는 대부분의 사람이 큰 조각을 얻는다는 것을 의미하지는 않는다."[07]

오늘날 경제학자들은 국가의 번영을 성장과 동일시할 수 있을지에 대해 고개를 갸웃거린다. 그러나 그 근거는 단순한 계측수단 이상이다. 그것은 하나의 세계관이다. 우리 사회에서 물질적으로 전진하려면 그것이 무엇이든 간에 대가를 치러야 한다는 믿음이다. 국가사회주의의 사례처럼 세계관은 하나의 이데올로기 아래 인류를 지배한다. 이것은 국민 개개인을 뜻하는 것이 아니다. 모든 성장에는 대가가 따른다.

지난 수십 년 동안 서양에서는 다른 식으로 보지 못하고 이렇게만 접근했기 때문에 성장을 사람이 아닌 경제의 과제라고 생각했다. 세계의 기아는 세계경제에는 전혀 문제가 되지 않는다. 이는 '브레드포월드(Bread for the World)' 같은 협력기구의 몫이다. 제3세계의 물처럼 천연자원의 사유화는 어떨까? 그것은 '자유 시장' 법칙을 따라야 한다. 세계경제가 접근할 대상이 아니다. 우리 경제가 질주해야 할 방향을 정하는 것은 현 경제학자들의 임무가 아니다. 그리고 정치인의 과제도 아니다. 그것은 어느 누구의 몫도 아니다.

모든 정치성향의 경제철학자들이 이것을 인정한다는 것은 기절할 만한 일이다. 경제가 핵심과제를 성취하는지, 성취를 위해 어떤 방법을 사용하는지 아무도 감시하지 않는다면 어리석은 방법 그대로 계속 진행될 것이다. 게다가 실제로 어느 누구도 방향을 제시하지 않기 때문에 '세계경제'가 사실상 존재하지 않을 뿐만 아니라 국가와 기업의 개별적인 관심만이 난무한다고 말할 수 있다.

우리 경제가 흘러가는 방향으로는 행복을 증가시켜주지 않는다. 그에 대한 증거는 수백 건도 넘는다. 국가의 번영과 국민의 행복과의 관련성을 조사한 연구로는 세계가치관조사(World Value Survey)[08]가 가장 잘 알려져 있다. 연구진은 82개국을 대상으로 조사했다. 이 조사로 각국의 국민이 얼마나 행복하다고 느끼는지를 알고자 했다. 그 결과 평균 연소득 1만 5000달러까지는 수입이 늘어날 때 행복함을 느꼈다. 그러나 연소득 1만 5000달러 이상인 경우 행복은 부수적인 수입 증가와 비례하지 않았다. 미국에서 시행된 장기연구 결과 미국인이 느끼는 인생의 행복은 1946년 이후 정체했다.[09] 그때에 비해 지금은 소득이 세 배나 되지만 말이다.

독일도 미국과 비슷하다. 알렌스바허 여론조사 기관의 정보에 따르면 독일인이 느끼는 행복감은 국가가 매우 가난했던 그 시절에 추구했던 수준만큼만 커졌다. 1960년대 이후 독일인의 행복은 더 증가하지 않았다. 1970년대에 시행된 연구와 2002년에 시행한 연구의 결과가 같다. 독일인의 약 60퍼센트가 자신의 인생에 만족하거나 매우 만족한다고 대답했다. 1970년대 이후 독일 경제는 거의 배 이상 성장했다. 또 1970년대의 평균

소득 대비 구매력이 연간 1만 6000유로(한화 약 2400만 원)였다면 현재는 약 2만 5000유로(한화 약 3700만 원)에 달한다. 그러나 행복은 같은 수준에서 정체했다.

1970년대 경제가 인생의 행복을 위해 투입한 노력은 현재와 비교했을 때 절반밖에 되지 않는다. 행복의 잣대로 평가한다면 오늘날 경제적 성과는 당시에 비해 절반인 셈이다. 결과는 같은데 노력은 배나 더 들인 것이다.

국가의 번영이 인생의 행복과 일치하지 않는다는 사실은 독일인이면 대부분 알고 있다. 그런데도 대다수가 물질적으로 높은 인생 수준을 추구한다. 성장을 추구하는 경제의 탐욕은 국민의 행복추구의 합계보다 훨씬 크다. 2007년 시행된 설문조사에서 참여자의 3분의 1에 달하는 독일 국민이(27퍼센트) 물질적인 재산을 추구한다고 대답했다.[10] 참여자의 절반 이상이(59퍼센트) 자신이 소유한 것에 만족한다고 대답했다. 그리고 10퍼센트는 적은 수입과 재산만으로도 충만한 삶을 살 수 있다고 대답했다. 그런 면에서 미겔은 다음과 같이 저술했다. "모든 사람이 기준과 목표가 분명하다. 그들은 언제 자신이 충분히 먹고 마시며, 옷장에 옷이 가득하고 집에 대한 소망이 충족되는지 알고 있다. 그럴 경우 물질적 재화가 추가로 공급된다고 해도 인생의 만족감은 더 늘지 않는다. 아무도 춥고 배고픈 상황을 반기지 않는다. 그러나 모피코트를 입었거나 마이바흐를 몰고 다니는 사람들, 행복한 사람은 소수다."[11]

물질적 부와 행복이 일치하지 않는다는 생각에 거의 모든 사람이 동의하지만, 우리 사회는 여전히 심리적으로 물질적 부를 쌓아야 한다는 이념에 확고하게 사로잡혀 있다. 휴가에 여행을 떠났다고 생각해보자. 예를 들어 그곳이 부탄이라고 가정한다면, 그곳에서 재산 증식의 쳇바퀴에 오르기보다 정신을 다스리고 영적 기운을 가득 채우는 것이 중요하다는 생각이 문득 스칠지도 모른다. 그러나 특정 정당 또는 정부에서 여러분의 수입을 절반쯤 가져간다면 아마 그런 낭만적인 생각은 그 자리에서 저 멀리 날아갈 것이다.

만족스러운 생활, 정신적인 충만함 그리고 자신의 가치관과 일치하는 생활 등 다수가 원칙적으로 옳다고 생각하는 것은 원칙으로만 생각할 뿐이다. 그러나 원칙은 우리 인생에서 하나의 용무인 것이 분명하다. 이 책의 2부에서도 입증했듯이 원칙이 행동을 이끄는 경우는 극히 드물다. 에센 문화연구소 소장이자 사회심리학자인 벨치 그리고 레게비가 그들의 지성 넘치는 저서 『우리가 알던 세계의 종말』에서 기술했듯이 "사람들은 자의식과 세상이 준 행동 선택권 사이에 놓여 있다. 현저히 두드러지는 모순을 아무런 저항 없이 받아들이고 일상에서 생활하는 데 전혀 문제가 없다. 우리의 자아상에 도덕철학과 도덕신학, 아마 그들의 신교도적 특징이 인류의 사고체계에 슬쩍 스며들어 인간이 반박의 자유를 추구한다고 주장하는 것은 우리를 놀라게 한다. 누군가 자신의 생각에 반하는 행동을 한다면 그와 교류하는 과정에서 그를 '정신분열증 환자' 또는 줏대 없는 성격으로 취급할 것이다. 그러나 행동을 이끄는 동기가 그 사람이 지닌 인성 구조에서 비롯되고 관점을 이끌 수 있다는 생각은 사실 현실과는 동떨어져 있다."[12]

우리가 원칙적으로 옳다고 생각하는 것과 실제로 살아가는 방식은 서로 매우 다른 두 영역이다. 101예비경찰대대 대원들 역시 여성, 아이들 그리고 젖먹이를 살해하는 것은 근본적으로 옳다고 생각하지 않았지만 결국 모두 총살했다. 우리는 사회 문제에서 매우 추상적인 염려를 한다. 기후변동은 물론 제3세계의 무자비한 자원 약탈도 눈에 보이지 않는다. 사회 안전체계가 위협을 받고 있다는 사실을 머리로는 알고 있지만 마음으로 (아직) 느끼지 못한다. 빈부를 나누는 가위가 둘로 나뉘기까지 우리는 일상에서 거의 실감하지 못한다. 게다가 왜 꼭 우리가 무엇을 해야 하는가?

우리 경제의 가장 큰 문제는 비교적 눈에 띄지 않는다. 앞서 언급했듯이(16장 참조) 인간은 생물학적으로 원거리 전조등에 적합하지 않다. 또 일반적으로 손으로 더듬어가며 앞으로 향한다. 일상에서 우리는 원칙적인 도덕적 확신에 따라 결정하지 않는다. 단지 그 상황에서 최선으로 보이는 선택을 한다. 뮌헨에서 베를린으로 향할 때 환경에 해가 된다는 것을 알면서도 비행기를 탄다. 기차를 타고 가는 시간은 너무 길고 지루하다. (최근 몇몇 경영자에게 나는 독일 내에서는 비행기 타는 것을 가능한 한 자제하는 편이라고 말하자 그들은 많은 것을 얘기하는 눈빛으로 날 바라봤다. 아마 내가 그들과는 반대로 선한 삶을 실천할 정도로 시간에 쫓기지 않고, 일이 적으며, 시간을 최대한으로 활용하지 않는다고 생각하는 듯했다.)

벨처와 레게비가 증명했듯이 이성의 결핍은 대의가 아니라 여러 작은 이성적 결정에서 비롯된다. "세계 멸망의 파토스, 세계 공동체 그리고 국경선으로도 멈출 수 없는 기후변동에 따른 당혹감은 행실의 본질과 거리가 멀다. 그것으로 몸소 경험한 사회 현실이 붕괴되지는 않는다. 인류가 어떻게 이렇게까지 비이성적일 수 있는지 노골적으로 놀라는 것도 이에 포함된다."[13]

성장 이데올로기의 법칙도 이와 다르지 않다. 현 경제방식으로는 앞으로 계속 나아갈 수 없다는 데 다수가 동의하면서도 본인은 책임을 지지 않는다. 극히 소수만 지구 자원을 보호하려고 기존의 생활방식을 바꾸고 친환경 소형 자동차를 구입한다. 환경보호라는 이유로 천국 같은 휴양지에 비행기를 타고 가는 것을 포기할 사람이 있을까? 또 한 단계 올라갈 수 있는 출세의 발판을 포기하고 가족과 함께 시간을 보내는 사람이 있을까? 생활에서 행복을 느끼는 데 많은 물건이 필요하지 않다는 멋진 생각을 실천하는 이들이 얼마나 될까?

* * *

정치, 경제는 미심쩍은 목표, 즉 GDP를 추구한다. 사회가 약속하는 행복은 물질적인 번영이 지속적으로 성장하는 것이다. 우리는 이미 오래전에 경제성장과 더 많은 생활필수품이 행복을 지속적으로 상승시켜주지 못한다는 사실을 알았다.

* * *

따라서 이기주의자가 되지 않는 기술은 우리가 바라는 모든 것으로부터 진정 필요한 것을 구분하는 법을 배우는 것을 뜻한다. 그러나 이런 비전이 경제적인 측면으로도 의미가 있는 것일까? 비싼 대가를 치르며 국가성장의 발목을 잡는 것을 아닐까?

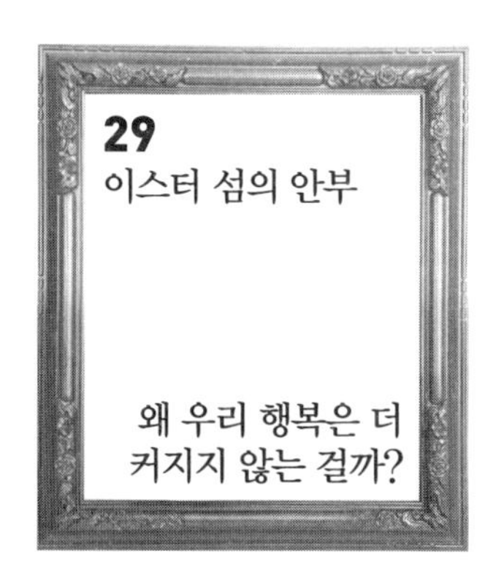

남태평양에 위치한 이스터 섬은 9미터에 이르는 거대한 석상 모아이로 유명하다. 척박한 땅에 이런 인상 깊은 석상이 100개도 넘게 세워져 있다. 오늘날 이스터 섬을 방문하는 여행객이라면 매우 특이하고 낯선 풍경을 보며 "이 석상들이 어떻게 이곳에 생겼을까?" 하는 질문부터 한다. 이와 관련하여 스위스 공상가 에리히 폰 데니켄은 한 가지 대답밖에 떠오르지 않았다. 바로 저 멀리 우주에서 외계인이 와서 이 섬에 석상을 세운 것이다. 데니켄은 폴리네시아 제도에 놓인 섬에 이렇게 석상을 세울 만한 기술을 가진 문명이 존재했다는 사실이 믿기지 않았다. 노르웨이의 탐험가 토르 헤위에르달은 이 석상들을 그곳을 방문한 외지인, 가령 고도의 문명이 있었던 남미인이 만들었을 거라고 추측했다.

석상들은 경외감을 일으켰고 사람들을 깊은 생각에 잠기게 했다. 1722년, 대서양을 가로질러 칠레 해안을 17일간 항해한 네덜란드인 선장 야곱

로게벤이 외롭게 위치한 섬에 발을 들여놓는 순간, 그의 눈앞에 수수께끼 같은 풍경이 펼쳐졌다. 모아이 같은 석상을 만들려면 활대, 사다리, 지레를 위한 나무 기둥이 필요했다. 그러나 섬에는 숲이 없었고 로게벤이 발견한 가장 큰 나무 역시 3미터도 되지 않았다. 그때까지 섬이 위치한 폴리네시아 제도는 가진 것이라곤 구멍이 숭숭 뚫린 작은 카누가 전부인 미개한 곳으로 소개되었다. 뭔가 잘못되어도 엄청 잘못된 게 틀림없었다.

이스터 섬은 사실 먼 옛날에는 숲이 울창했을 것이다. 기원전 900년 전 폴리네시아인이 도착하면서 숲을 자원으로 사용했다. 석상을 세워 섬에서 라이벌 관계에 있는 추장의 기를 누르고 난 뒤에야 농작물 재배에 몰두했다. 나무를 지나치게 베어내면서 경제 상태는 심각해졌고 그럴수록 석상 크기도, 치러야 할 대가도 커졌다. 석상은 지배 집단의 종교적 우상이 되어버렸고 석상의 상징성은 모든 수단을 정당하게 만들었다. 자원이 고갈되면서 이스터 섬 주민의 식성은 육식으로 바뀌었다. 그들은 우선 바닷가의 돌고래를 사냥했고 그다음 섬에서 서식하는 조류를, 그 뒤에는 바다에서 서식하는 조류를 모두 먹어치웠다. 그리고 종국에는 쥐를 사냥하며 목숨을 겨우 이어갔다. 기아가 계속되고 문명이 쇠퇴하면서 인구가 줄어들었다. 결국 그들은 서로 잡아먹는 식인종으로 전락했다.

마지막 나무를 베고, 마지막 야생 호랑이를 사냥하고, 마지막 남은 물고기를 잡았을 때 불길한 '까마귀의 예언'에 따라 이스터 섬 주민들은 석상이 음식을 먹지 못한다는 것을 깨달았다. 분노에 찬 그들은 석상을 무너뜨렸다. 바그다드 시민이 사담 후세인의 동상을 그랬던 것처럼 말이다. 그러나 이미 너무 늦어버렸다. 원주민 가운데 90퍼센트가 사망했고 살아남은 사람들도 초라하게 생계를 이어갔다.

어떻게 이런 상황에 이를 수 있었을까? 왜 아무도 문명 자체의 자살이

나 다름없는 무절제한 환경 훼손을 제지하지 않았을까? 왜 이스터 섬 원주민 중 아무도 벌목을 그만두어야 한다는 사실을 깨닫지 못했을까? 누군가 그 중요성을 알았다고 해도 실천하지 못한 이유는 무엇일까? 로스앤젤레스 캘리포니아 주립대학교의 제어드 다이아몬드 교수는 다음과 같이 질문했다. "이스터 섬에서 마지막 남은 나무를 베면서 700년 동안 꽃 피웠던 문화를 멸망의 길로 이끈 그 사람은 무슨 생각을 했을까?"[01] 다이아몬드 자신이 제시한 이 질문에 대한 답은 간단명료하며 현실적이다. "아마도 지금까지 벌목했던 것처럼 마지막 나무를 베는 것도 지극히 평범한 일이라고 생각했을 것이다."

쇼펜하우어에 따르면 모든 사회적 질문은 3단계를 거친다. 처음에는 그것을 비웃고, 그다음 대항하며 싸우지만 결국 마지막에는 납득한다. 어쩌면 이스터 섬의 경우도 이와 같았을 것이다. 우선 아무도 충고하는 사람의 말을 진지하게 듣지 않는다. 그 뒤 그들의 생각을 무자비하게 억압하고 마지막에는 모든 사회가 '이제는 어떻게 해도 어쩔 수 없어. 더 바꿀 수 없어'라고 생각하며 체념한다.

이스터 섬은 시프팅 베이스라인을 보여주는 좋은 사례다. 수백 년이 흐르면서 숲은 사라졌고 후대는 항상 전과 다른 환경 상태에서 태어났다. 숲이 무성했던 시기에 비해 나무의 수량이 20퍼센트일 때 태어난 세대는 나이가 들면서 나무가 15퍼센트로 줄어들어도 심각하게 생각하지 않았다. 그리고 17세기의 어느 날, 마지막 남은 나무를 베던 그 사람은 아마 나무가 거의 없는 상태에서 태어났을 것이다. 이런 방식으로 먹을 것이 줄어가도 단지 극소수만이 이 문제를 매우 심각한 상황으로 인식했을 것이다. 이스터 섬에 남겨진 18세기의 생존자들은 양계를 하며 소박하게 살았다. 아마도 어릴 때부터 그들의 고향에서는 조류를 먹었기 때문일 것이다.

이스터 섬의 사례는 우리의 산업화 사회와 다소 동떨어진 평행선을 이루기 때문에 언급하지 않았다. 다이아몬드에 따르면 지구는 저 넓은 해양의 이스터 섬만큼이나 우주에서 고립된 행성이다. 그러니 어떤 면에서는 훨씬 심각하다. "주변 환경과 사회를 무너뜨리는 데 돌조각과 무력으로 무장한 수천 명으로 족했다면 강철로 만든 무기와 기계를 들고 그보다 심각한 것을 하려는 수십억 명을 어떻게 막을 것인가?"[02]

19세기 초 이래 인류는 산업화 사회에서 경제성장을 통해 생활이 편안해지고 나아질 것이라고 생각했다. 그리고 이 약속은 꽤 오랫동안 지켜졌다. 배고픔과 가난에 허덕이는 사람과 배부른 사람의 수가 서서히 반전됐다. 1800년과 비교했을 때 GNP는 세계적으로 약 80배가 되었다. 세계 인구는 수백만 명에서 수십억 명으로 증가했다. 그러나 앞으로 100년간 인구, 재화 그리고 서비스 분야의 추가적인 성장을 견뎌야 한다면 세상은 어떻게 될까? 이러한 성장의 바탕이 되는 자원은 어디에서 조달할 것인가? 환경 피해는 누가 복구할 것인가? 4000만 명 이상이 거주하는 거대도시의 오염된 공기와 산더미 같은 쓰레기 속에서 누가 살고 싶겠는가?

이런 맥락에서 독일 총리가 앞으로 4년간 정부에서 가장 중요시하는 목표가 바로 성장이라고 말하자 여러 사람이 고개를 절레절레 흔들었다.[03] 경제연구소, 대학교, 대기업의 자문위원은 최소한 2~3퍼센트 성장을 요구한다. 그렇지 않으면 인생에서 바라는 기대치를 충족시키지 못해 국민은 불만에 빠지고 집권정당은 유권자를 잃어버릴 것이라고 한다.

미겔에게 이런 정치는 현명하지도 이성적이지도 못할 뿐만 아니라 매우 위험한 망상이나 다름없다. "여기서 가정하는 것은 23년간 재화와 서비스 양의 곱절 그리고 234년 안에 1000배에 이르는 것보다 적지 않다. 최상층에 있는 유럽, 북미, 일본, 오스트레일리아와 일부 국가처럼 오래전부터 산업화한 국가는 술병을 바라보는 알코올중독자 또는 주사 바늘을 바라보는 마약중독자처럼 경제 성장에 목을 맨다. 일시적으로 보급이 멈추게 되면 공황에 빠지고 존재 자체에 대한 두려움이 피어오른다. 몸에 밴 습관이 사라지지 않게 하기, 항상 앞으로 나아가고 가능한 한 최대한 얻기가 오히려 간단하다. 경제는 성장해야 하고 전진해야 한다. 잠시 성장을 멈췄다면 그것은 드라마이자 경기 후퇴다. 만약 축소될 경우 그것은 비극이자 '경기침체'를 뜻한다. 요란한 알람 소리와 함께 폭 넓은 붓으로 암담한 미래 시나리오를 그리는 것이며 그 어떤 역사적 비교도 상태의 진지함을 적합하게 묘사하는 데 충분하지 못하다. 전 세계적 기아, 배고픔으로 인한 수억만 명의 고통 등으로 나타난 20세기 초 30년간 지속된 세계 경제위기는 끔찍했고, 잠시나마 먹거리가 줄어든 국민의 목소리에 따라 그 강도가 결정됐다."[04]

우리 경제가 어쩌면 더는 성장하지 않을 것이며 성장할 필요도 없다고 말하는 사람은 대중에게서 미치광이, 몽상가, 비관론자로 낙인찍혔다. 모두 잘못된 방향으로 향할 때 그것을 경고하고 충고하는 사람은 역주행하는 사람으로 보인다.

그러나 우리가 추구하는 본연의 목표가 성장이 아닌데도 왜 우리는 성장에 집착할까? 19세기 영국의 유명한 철학자이자 경제학자인 J. S. 밀은 이미 똑같은 질문을 했다. 그의 경제적 이상향은 어떤 대가를 치르고라도 팽창하는 것이 아닌 '정지한 경제'였다. 순수하게 물질만 추구하는 것이 아닌 심적 성장은 사회의 행복에 결정적이다. 다시 말해, 좋은 성장이란 우선순위로 판단하는 것이 아니며, 양이 아닌 질로 판단하는 것이다. 경쟁으로 사람은 행복함을 느끼지 않는다. 사람을 진정 행복하게 만드는 것은 정신적인 가치다. "인간 본연이 지닐 수 있는 최선의 상태는 어느 누구도 더는 가난해지거나 부유해지기를 바라지 않는 상황에서 타인이 앞으로 치고 나가려고 애쓰는 동안 자신이 뒤처지지 않을까 걱정하지 않아도 되는 상태를 말한다."[05]

J. S. 밀은 목표한 성장치를 충족했다면 경제에 변화를 꾀해야 한다고 생각했다. 사회에서 빈곤을 없애고 교육을 민주화하며 생활수준을 보장하고자 하는 모든 욕구가 만족되면 경제는 이제 물질적 측면에서 성장할 필요가 없다. 앞으로 나아가야 할 진보는 지식, 문화, 지성의 심적 발전이다. 이때 사람들에게 돈은 아무런 의미가 없다. 스스로 업무량을 줄인다. 인구가 증가할 필요도 없다. 아직도 성장에 목을 매는 사람은 현명하지 않을 뿐만 아니라 성공이라는 중독에 빠져버린 희생양이다. 이 중독에서 해방될수록 사회의 문화적·도덕적 진보는 더 앞으로 나아간다.

J. S. 밀은 삶에서 물질주의와 성장은 중요하지 않으며 그것은 일종의 도덕적 사회로 가는 길목의 중간과정이라 보았다. 1920년대 케인스의 관점도 이와 크게 다르지 않았다. 그리고 이런 생각은 그 어느 때보다 현실적으로 다가왔다. 이미 오래전부터 우리는 그런 재능을 보였고, 오늘날 자본주의를 말하는 거의 모든 책은 신앙적 존재가 되었다. 낮은 성장률, 더 많은 사회적인 것, 더 많은 조정, 적은 투기, 더 강화된 예의범절, 적은 욕심 등 격앙하고 분노하는 가면을 쓰고 오래전부터 잘못됐다고 알려진 것을 유지하려는 방법을 찾는 충고자 모습을 한 일부 로비스트를[06] 제외하면 대부분 이에 동의한다.

독일에서는 '고정 상태'를 유지할 수 있는 모든 환경이 1960년대 말 이후 조성되었다. 경제는 정체했고 사회는 경제성장보다 자신이 가진 권리를 자유롭게 행사할 수 있는 권한을 공공연히 소망했다. 교육 시스템은 더 강력히 민주화되었고, 기업은 참여 경영을 도입했으며, 성적 윤리는 더욱 자유로워졌다. 그러나 국가성장률이 떨어지며 국가는 어려움에 빠졌고 경제에 세금폭탄을 투여했다. 위기 시대에만 허용된다는 성장비관론자 케인스의 해결방법을 그대로 따른 것을 보면 매우 재미있다. 한때 도달했던 '고정상태'와 관련해서 케인스는 경제를 위해 국가에서 부추기는 수단은 필요 없다고 생각했다. 그러나 독일은 끊임없이 성장 욕구를 일으키는 호르몬 주사에 빠져들었고 지금까지 알지 못했던 기준에 책임을 지웠다. 수많은 자동차로 환경과 사회에 치러야 하는 기회비용을 숙고하기보다 고속도로와 자동차 전용도로를 건설했다. 배기가스로 오염되고 자동차로 가득 채워진 도시는 생활의 질이 떨어진다는 사실을 그로부터 10여 년이 흐른 뒤에야 처음으로 인식했다. 녹색당이 설립됐으며 그들은 실제로 사회의 정체를 요구했다. 지속적인 경제와 환경의 대가를 치러야 하는 물질적인 번영을 축소함으로써 좀 더 많은 정신의 행복 성취를 주장했다. 처음 녹색당이 등장했을 때는 많은 이가 그들을 비웃었다. 그 뒤 뜨거운 논쟁이 오가다가 결국 오늘날 녹색당이 주장하는 여러 이상이 당연하게 받아들여지고 있다. 그럼에도 우리는 일상에서 다른 도덕적 확신보다 그것을 중요하게 생각하지 않는다. 경험으로 볼 때, 사람들은 높은 산의 정상에서나 충격적인 기사를 접했을 때 몇 분 또는 몇 시간 동안 자신이 추구하는 이상에 대해 깊이 고민하지만 그것이 행동으로 이어지는 일은 거의 없다. 사회와 개인의 경제에 닥칠 위험은 알고 있지만(그래, 그래, 알고 있어…) 몸에 해로운 담배를 끊지 못하는 것처럼 자신의 생각을 실천하지 못한다.

공평한 재산 분배라면 모를까 더 높은 경제 성장은 독일 국민의 관점에서 볼 때 사실 필요 없다. 독일 가정의 평균수입은 3250유로(한화 약 500만원)로 적지 않은 액수다. 앞으로 10년간 생활수준이 그대로 정지한다고 해도 아마 대부분 만족할 것이다. 교통 혼잡 시간에 꽉 막힌 도로에서 거의 움직이지 못하거나 주차할 장소가 마땅치 않다면 차가 더 생긴다고 한들 무슨 소용이 있겠는가? CD플레이어, 텔레비전, 휴대전화의 기능을 더 개발해야 하는가? 그렇게 하면 우리 생활이 훨씬 행복해질까? 게다가 백화점 같은 대규모 투자가 성사된다고 해도 그 때문에 자영업이 모두 망가진다면 진정 우리 지역에 무슨 도움이 되겠는가? 이미 고속도로가 충분하다는 사실을 깨달을 때까지 환경에 엄청난 대가를 치르면서 신규 고속도로를 확장해야 하는가?

이 질문에 답하려면 먼저 심리적 측면과 경제적 측면 두 영역으로 나누어 살펴봐야 한다. 이 질문에 주로 애용되는 심리적 대답은 다음과 같다. 사람은 '본능적으로' 더 많은 것을 쫓는다. 게다가 정체된 감정이 나타나면 이전의 동독 국민처럼 불행해진다.

1980년대 이후 더는 상승하지 않은 생활수준에서 크게 벗어나지 않기로 협정한 실제 사회주의에 대해 거의 다 만족한 사람들이 있을 거라 추측해 볼 수도 있다. 그렇다고 해서 시야를 좁힐 필요는 없다. 신석기 시대에서 19세기 초반까지 인류의 평균 행복도가 거의 알아채기 힘들 정도로 상승했다면 단지 만족하지 못하는 것이 우리의 본능이 아닌가 하는 의심을 하게 된다. 할아버지, 할머니는 작은 마을에서 매우 만족스럽게 사셨다. '더 많은 것'을 추구하는 것은 그들에게 아무런 의미가 없었다. 자본주의 음악 비평가 크라카우어, 테오도어 아도르노, 블로흐, 발터 벤야민 등 당대의 유명인사도 우리 할아버지, 할머니와 다르게 보지 않았다. 그들에게 충족되지 않는 자본주의적 욕심은 인간의 본성을 표현하는 것으로, 어쩌면 지금까지 존재했던 것 가운데 가장 순수한 종교우상[07]을 보여주는 하나의 이데올로기일지도 모른다. 오늘날 인간이 본성으로 여기는 당연한 것들은 수천 년 동안 완전히 낯선 개념이었다.

몇몇 경제학자는 이 생각이 옳다고 할지도 모른다. 인간의 본성은 복합적인 것으로 단순히 물질적 탐욕으로 축소할 수 없다. 그러나 면밀히 살펴보면 그럼에도 그 방법밖에 없다고 설명한다. 우리가 원하든 원하지 않든 경제는 앞으로도 계속 성장해야 한다고 말한다. 경제는 소용돌이 속에서 헤엄치는 것과 같다. 앞으로 나아가려고 노력하기를 멈추는 순간 빠르든 느리든 언젠가는 바닥으로 가라앉는다. 우리는 인생이 아닌 경제를 위해서 일하고 있는 것이다!

진정 이것이 옳은 걸까? 이 생각을 대변하는 유명한 변호인은 정계 전체에 있다. 정확히 이런 관점에서 마르크스는 J. S. 밀의 '고정 상태'를 낭만적인 망상이라고 공격했다. 마르크스는 시대 경향에 따라 이윤율이 떨어지고 시스템이 붕괴되기 때문에 자본주의는 성장에 전혀 도움이 되지 않는다고 주장했다. 그와 비슷한 논리로 오늘날 경제학자는 경제가 성장하지 않으면 많은 사람이 일자리를 잃게 될 것이라고 분석했다. 성장만이 안정적인 고용이자 노년의 생계를 보장해준다는 개념이다. 그러나 왜 그런 걸까?

이 질문에는 놀라울 정도로 적절한 대답을 찾기 힘들다.[08] 스위스 세인트갈렌 대학교의 경제학자 빈스방거는 친환경 경제체제로 산업사회의 개조를 주창한 가장 중요한 개척자다. 그는 또한 독일 은행 이사진의 수장인 아커만의 박사학위 지도교수였다. 아커만은 자기 은행에서 25퍼센트 수익률 달성을 코앞에 두고 자신을 가르친 스승의 생각처럼 성장 없이도 성공할 수 있다고 주장했다.

성장에 대한 광기에서 벗어나려면 먼저 그것을 이해해야 한다. 빈스방거는 매우 간단하다고 설명했다. 그는 2006년 자신의 저서 『성장의 악순환』에 그 논리를 요약했다.[09] 그 과정은 이러하다. 새로운 제품을 개발하고 생산에 필요한 자본을 투여하려면 기업은 돈이 필요하다. 일반적으로 투자에 필요한 자본이 없기 때문에 은행에서 대출해야 한다. 기업은 대출금의 이자를 낸다. 총액을 계산하려면 기업의 이윤이 이자 합계보다 높아야 한다. 또 기업은 제품을 판매했을 때만 이윤이 창출된다. 그러나 판매를 하려면 국민의 구매력이 커져야 한다. 국민의 구매력은 기업이 임금을 많이 지급했을 때 커진다. 직원에게 임금을 많이 지급하려면 기업은 새롭게 투자하고 미래의 이윤을 위해 또다시 돈을 빌려야 한다. 그리고 그런 식으로 계속 반복된다.

이제 가장 흥미로운 질문을 할 차례다. 이런 악순환에서 벗어나려면 어떻게 해야 할까? 빈스방거는 기업이 처음 시작할 때 필요한 대금을 신용으로 조달한다고 생각했다. 모든 은행이 신용을 조건으로 기업에 많은 자금을 빌려준다면 악순환은 이어질 수밖에 없다. 은행은 대출 금액 전부가 아니라 극히 일부만 금고에 보유하고 있다. 모든 신용은 신규 총액에서 부수적이고 통제되지 않는 '발명품'이다. 이제 그것을 끝내야 한다. 성장의 광기에서 벗어나고 싶다면 PB(Private Bank)금융이 지닌 권한을 최소화해야 한다. PB금융이 아니라 오로지 중앙은행에서 저금리로 신용담보 대출을 해야 한다. PB금융은 예금과 자산을 운용하는 기관으로 등급이 낮춰져야 한다. 이런 방식으로 통제되지 않던 현금흐름을 조율하고, 인플레이션을 가능한 한 차단하고, 성장압력에 제동을 걸 수 있다. 새로운 자금이 조달되지 않으면 그 어떤 것도 시작되거나 분배되지 못하기 때문이다.

오늘날 국내적·국제적으로 통용되는 권리에 대항하여 은행의 권력을 낮추려는 움직임이 얼마나 현실적인지는 검증해보아야 한다. 아마 그것은 앞으로 다가올 재정 관리의 위기 과정에 좌우될 것이다. 금융기관에서 경제를 완전히 망가뜨리지 않고는 미래의 현금을 더 구제할 방도가 없다면 분명 여러 은행은 스스로 종지부를 찍고 완전히 새로운 시장을 구축할 것이다. 물론 그렇게 시작한 신규 시장의 성장 여부는 운명에 맡겨야 한다.

현 경제학자와 정치인의 의식으로 볼 때 빈스방거의 생각은 낯설지만 그만큼 기발하다. 대강 훑어보는 것만으로는 성장 열기에서 벗어나는 것이 가능하다고 믿기지 않는다. 물론 우리는 물질적인 성장을 위해 그저 그런 대가가 아닌 엄청나게 큰 대가를 치르고 있다는 사실을 인지하고 있다. 대기는 오염되고 지구 자원은 타인과의 경쟁으로 빠르게 고갈되며 다음 세대의 유산은 급속도로 사라지고 있다. 여러 면에서 쓸모없고 행복이 커지는 데 도움이 되지 않는 물건을 생산하려는 모든 행동을 제지하거나 줄여야 한다.

물론 여러 정치인이 그로부터 몇 시간이 지나지 않아 새로운 성장 계획과 관련해 동조의 목소리를 높일 것이다. 이제 경제 문제를 조속히 해결해야 한다. 전체 그림을 다루기에는 시간이 촉박하다. 자동차 기업의 미래를 논할 때는 기후 문제를 잠시 접어야 한다. 무엇보다 일자리 창출과 그에 따른 유권자 확보가 우선이다! 레게비와 벨처가 저술했듯이 모든 것이 미래보다 '오래된 산업 콤플렉스'를 따라 선회한다. 특히 주목을 끄는 것은 과거에 그랬던 것과 달리 이제는 미래에 중요한 역할을 맡아서는 안 되는 자동차 산업이다. "(폐차보상금이라는 불합리한 수단을 활용해) 특히 자동차 산업을 살찌우는 사람은 남은 것에 돈을 지급하며 더 나은 미래를 위해 적절하지 않은 행동을 한다. 이런 자동차 업계의 세이브플랜은 90억 명이 사는 이 세상을 8차선에 이르는 도로와 둑에서 넘쳐흐르는 자동차 물결로 꽉 찬 주차장으로 대변되는 유럽처럼 만들 수 있다."[10]

산업세계의 어느 누구도 미래에 대한 법률적인 의무와 책임을 지지 않는다. 멕시코 만의 대참사 같은 재해를 멈출 수 있는 그 어떤 수단도 마련되지 않은 상황에서 우리는 해양에서 기름을 시추한다. 유조선, 원자력발전소 등 여러 가지도 이와 같다. 왜 우리 사회는 자원 고갈은 허용하면서도 사고가 일어났을 때는 책임을 묻지 않는 걸까? 전 세계 어디에도 원자력발전소를 보장하는 보험사는 없다. 사고가 났을 때 손해를 배상할 수 없기 때문이다. 국민이 그 책임을 배상해야 하는데 그것은 단순히 돈만의 이야기는 아니다.

* * *

공업국 사회는 오늘날 역사상 가장 큰 도발을 목전에 두고 있다. 현재 우리가 일하는 방식은 그 크기를 세 배나 키웠다. 첫째, 서양은 전 세계적으로 시장과 자원 전쟁 면에서 갈수록 많은 경쟁자와 대결하고 있다. 케이크 조각은 점점 줄어들고 함께 먹는 사람은 늘어났다. 둘째, 우리의 광기어린 성장 욕구 때문에 환경피해는 점점 심해지며 후대가 다른 집단과 생존전략 및 보수 외에는 서로 경쟁할 것이 없을 정도로 상태가 심각하다. 그리고 마지막으로 준비를 충분히 했는데도 행복을 느끼기는커녕 갈수록 불만만 늘어간다.

* * *

경제협력개발기구(OECD) 국가의 계속된 성장으로 행복이 커지는 것도 아닌데 다른 쪽으로 방향을 바꾸는 것은 왜 이렇게 어려울까? 왜 우리는 성장이라는 이름으로 경제의 도덕성이 붕괴된 것처럼 난동을 피우는가? 왜 은행은 우리의 전반적인 행복과 전혀 관계없는 재정적 리스크를 떠맡는가?

장에게 존경할 만한 사업가란 분명 한델스하우스의 창립자인 자신의 아버지 요한 부덴브로크를 지칭하는 것이다. "낮에는 즐겁게 일하되 밤에는 두 다리 펴고 편히 쉴 수 있는 행동만 하거라."[01]

『부덴브로크 가』의 저자 토마스 만에게 그는 존경할 만한 인물로 한자동맹의 사업가였다. 그는 목표 지향적이고 워커홀릭에 빠진 명예로운 사람으로 냉정하게 계산하고 그 이용가치를 측정했다. 그러나 단 한 번도 예의에 어긋나게 행동하지 않았다. 조합의 일원으로서 그는 고용인만큼이나 자신의 도시에 책임감을 느꼈다. 영리한 사업가인 부덴브로크는 사업관계란 사회적인 일이자 시간이 오래 투여되는 일이라는 것을 분명히 알고 있었다. 조급하고 교활한 득실은 가치가 없다. 사업은 신뢰라는 불변의 화폐가 바탕이 되어야 한다.

사실 이런 생각은 새롭지 않다. 복식부기의 창시자이자 신학자·수학자인 루카 파치올리는 좋은 경제란 어떤 모습이어야 하는지 잘 알고 있었다. 1494년 그는 자신의 저서에서 르네상스 시대의 이탈리아 사업가를 설명했다. "좋은 사업가라는 말보다 더 좋은 찬사는 없으며 진정한 사업가의 명예라는 말을 입 밖으로 내뱉으면서 맹세를 더욱 굳게 다짐한다."[02] 그러나 파치올리 역시 이 주체의 어려움을 잘 알았을 것이다. 베니스 상인의 아들인 그는 교사로서 진정한 사업가를 육성해내기가 똑똑한 법조인을 양성하는 것보다 훨씬 어렵다고 한숨을 내쉬었다.

현 경제세계에서 명예로운 사업가를 둘러보면 파치올리의 생각이 옳았다는 것을 쉽게 파악할 수 있다. 오늘날 존경할 만한 기업인이 더 존재하지 않기 때문이 아니라 그들이 멸종위기에 놓인 종족이나 다름없기 때문이다. 기업성과 조작, 파산사기, 주식시장을 겨냥한 의도적인 허위보도, 내부자 부당거래, 부패는 이제 드문 일이 아니다. 단순히 최근에 일어난 재정위기 때문만이 아니라 경제의 정직성에 대한 신뢰도 자체가 크게 훼손되었다.

그 이유는 무엇인가? 정직한 기업인이 몰락한 원인을 세 가지 들 수 있다. 우리 경제의 이상향은 고용인이 아니라 소유주와 사주, 즉 정확히 따져보면 중견기업가다. 오늘날 이 계층에 속한 명예로운 기업인의 수는 적지 않다. 반면 경영자는 대부분 독립적이지 못할 뿐만 아니라 책임과 의무에 제한을 받는다. 최고경영인으로서 2~3년마다 기업을 개혁하며 높은 분기별 성과 같은 형태의 단기적 성공을 요구받는다. 사적인 양심과 실질적인 행동이 서로 거의 일치하지 않던 코코아 브로커를 떠올려보자. 책임감이 사라지고 앞으로도 지속될 장기적 사업관계가 이뤄지지 않는 상황은 대기업, 증권가 그리고 한치 앞을 예상하기 힘든 글로벌 시장의 불투명한 관계의 결과물이다. 세 번째 이유는 알아차리지도 못할 정도로 눈 깜짝할 사이에 할 것과 하지 말아야 할 것을 규정하는 개인적 직관이 조금씩 원칙을 벗어나고 있는 현상이다. 이 역시 시프팅 베이스라인의 한 사례라 할 수 있다. 다른 사람이 미풍양속을 해치면 나 또한 해도 된다. 다른 사람과 비교했을 때 내가 한 행동을 정당화할 수 있으면 밤에 편안히 잠들 수 있다.

내 근거가 조금씩 변하는 매 순간 새로운 신화가 창조된다. 이런 진화의 첫 번째는 '자유 시장'이다. 애덤 스미스가 1776년 자신의 저서 『국부론』에서 자유 시장을 언급했을 때 그는 대영제국, 즉 영국을 지칭한 것이었다. 스미스는 수공예와 공장제 수공업, 목화솜 상인과 탄광 소유주를 가리켜 말했다. 어느 누구도 세금과 사업 축소로 압박을 받지 말아야 한다. 그 대목에서 그가 언급한 '보이지 않는 손'이 모두 자신의 것을 얻을 수 있도록 조절한다.[03] 사회규범은 시장규범으로 확장된다. 또 자유 거래에서 거래의 자유가 완성되었다.

자본주의 이론의 가장 큰 문제를 1776년에는 알지 못했다. 글로벌 경제란 환경 재앙, 이민과 문화 충돌, 스트레스, 억만장자와 글로벌 기업, 전 세계적 주식, 채권 투기와 공매도를 애덤 스미스 시대에는 상상하지도 못했다.

여하간 애덤 스미스도 보았듯이 국가 없이는 이런 것들이 불가능하다. 그렇지 않고서 누가 자유 시장을 보장할 것인가? 누가 적들에게서 시장을 보호할 것인가? 시장 참여자의 공정함을 누가 감시할 것인가? 스미스는 이 모든 것을 위해 아주 강력한 국가가 필요하다고 생각했다. 물질에 정통한 전문가이자 윤리철학자인 그는 자유 시장이 정의와 같다는 것을 정확히 알고 있었다. 이것은 모든 사람에게 요구되지만 일부에게서만 사랑받는다. 한 번 기회가 찾아오면 자유 시장의 공정한 규칙을 벗어던지고 싶은 욕심에 쉽게 빠진다. "동종업계의 기업인들이 어떻게 하면 가격을 높일 수 있을지 공적 음모를 하거나 어떠한 간계도 꾸미지 않고 함께 축제와 휴식을 즐기는 경우는 드물다."[04]

현 자본주의에서 자유 시장이란 하나의 예외다. 권력과는 다르며 홍보 예산, 정치적 영향력, 현재 입장의 장단점, 출생 환경, 교육 기회 등과 비교할 수 없다. 시장은 공정하지 않으며 모든 사람의 부를 책임지지 않는다. 오류가 없는 것도 아니다. 애덤 스미스 시대에 유효했던 것이 오늘날 더 인정받고 있다. "힘 있는 기업은 시장상황에 종속되는 것과 거리가 멀다. 모든 힘을 다해 자신이 계획한 목표까지 시장을 몰고 간다. 대가, 비용, 제품 그리고 여기서 발생할 매출은 시장이 아니라 기업의 계획에 따라 결정된다."[05] 시장과 경우에 따라 시장의 지배적 입지를 사랑하는 자본주의자는 없다.

시장의 자유와 그에 따른 필연적 축복은 현대판 동화나 다름없다. 그리고 지난 30년간 신자유주의 옹호자들이 주장한 것처럼 국가는 문제를 일으키는 곳이 아니라 해결책을 주는 곳이다. 강력한 국가 없이는 시장의 자유도 없다. 정성을 들여 정원을 가꾸지 않으면 꽃이 피지 않음은 물론 황폐해지기까지 한다. 수백 가지 희귀식물이 자라던 정원에도 쐐기풀, 마디풀, 클로버만 무성해진다. 그런데도 우리 경제의 정원사는 어리석은 행동만 했다. 잡초를 뽑기는커녕 잡초에 거름을 준 것이다. "전 세계적 자금흐름에서 거의 모든 문제와 제재가 사라졌다. 기업과 경제의 구조 및 해체보다 많은 자금이 주식투기로 유입되고 있다. 여러 정부는 카지노에서 올린 수익에 세금을 물리지 않으면서 이 무모한 행동을 적극 장려했다. 자본가를 끌어들이기 위해 여러 국가에서 자본수익, 투기, 자산과 상속 등의 세금을 줄이거나 철폐했다."[06]

자유 시장은 스스로 조율되지 않는다. 따라서 일정 부분 의무적인 관리가 필요하다. 관계를 조정하는 국가 없이 시장은 제 기능을 하지 못한다. 18세기에 등장한 자유 시장은 스스로 출현한 것이 아니라 여러 국가에 의해 도입된 것이다. 그리고 국민의 자유 역시 시장에서 비롯된 것이 아니라 미국 또는 프랑스 혁명처럼 위에서 규정했다. 이것을 간과하고 국가에 밀어붙이려는 사람은 부모가 자기 자유를 차단해버린다고 칭얼거리는 아이나 다름없다. 아이는 부모 없이는 즐거운 인생이 아예 불가능하다는 것을 알지 못한다.

심적 변명은 자유 시장의 신화를 두 번째 신화로 지켜냈다. 물질적 득실이 있는지에 따라 모든 결정을 계산하는 경제인, 즉 호모 에코노미쿠스에 대한 발상이다.[07] 이 냉혹한 이기주의자는 19세기 경제 교과서에서 탄생했다. 예리한 비평가로 아일랜드 시인이며 경제학자인 존 켈스 잉그램이 그 이름을 붙였다. 그는 자신의 저서『정치 경제의 역사』에서 경제학에서 편협해진 인간상을 비웃었다. 잉그램에게 경제인이란 인간의 현실적 행동과 거리가 먼 황당한 가설일 뿐이다. J. S. 밀 역시 고개를 흔들며 그의 생각에 동조했다. "정치경제는 사회 환경에 따라 변하는 인간의 총체적 본능과 행동을 전혀 고려하지 않는다. 정치적 경제는 부의 축적을 추구하고, 수단의 효율성 비교로 목표 실현 가능성을 판단한다."[08]

호모 에코노미쿠스는 인간의 심적 부분을 간과한 동시에 이성을 과대평가했다. 앞서 증명한 것처럼(10장 참조) '경제인'은 실제로 하는 행동과 생각이 일치하지 않는다. 우리는 행동할 때마다 항상 이득을 계산하지 않는다. 또 직접적인 이득과 무관한 여러 가지 일을 한다. 그럼에도 이런 경제학 이론의 환영은 여러 전공서적에서 명맥을 이어가고 있다.

인생을 잠시 들여다보면 호모 에코노미쿠스가 대수롭지 않다는 분명한 깨달음을 준다. 항상 자신의 이득을 이성적으로 계산하는 사람은 경제적 상태에서 완전히 자유롭지 못하다. 고급 자동차를 살 돈이 있다면 그는 그 돈을 수익성을 보장하는 데 투자할 것이다. 경제적 상태에서 비롯된 생각은 사실 본인에게 이로운 실질적인 이득과는 거리가 멀고 오히려 남에게 인정받기 위해 몸부림치는 다소 비이성적인 노력에 가깝다. 다른 사람이 자신의 차, 집 또는 선글라스를 보고 부자거나 중요한 사람이라고 평가할 때 기분이 좋아진다.

금융시장 역시 수백만 배 똑똑한 계산의 표현이라고 보기 힘들다. "경제위기는 시작됐다." 린츠의 요하네스 케플러 대학교 경제학 교수 프리드리히 슈나이더는 주장했다. "우리가 모델로 삼은 세상에 인간의 여러 행동양식이 녹아들지 않았기 때문이다. 금융시장의 집단본능은 경제활동 과정에서 탐욕 또는 공정이 결여됐다. 우리에게는 중요한 지식을 전달하기 위해 수학적으로 고안한 모델이 있다. 그러나 그것은 현실의 일부분만 설명할 뿐 여러 중요한 요소를 놓친다."[09] 프레이와 페르 같은 경제심리학자들을 비롯해 미국 학계의 거성인 조지 애컬로프, 로버트 실러, 노리엘 루비니도 의견이 같았다.[10]

최근 금융위기를 살펴보면 그 원리를 이해하지 못하고 유가증권을 거래하며 은행, 시장 그리고 경제를 위협하거나 아예 망가뜨리는 사람들이 있다. 그들은 장기적인 관점의 이성적 사고를 하지 못하고 눈앞의 단기적 논리만 좇는다. 인간은 컴퓨터가 아니며 엔터프라이즈 호의 스팍 함장은 더더욱 아니다. 이성적으로 계산이 가능한 사람이라면 장기적인 시각으로 금융시장을 무너뜨리지 않으면서도 아이들에게 자연의 유산을 물려줄 수 있는 결정을 내릴 것이다.

경제심리학자들에게 호모 에코노미쿠스는 이미 오래전부터 기존의 것에 첨부되었다. 냉철한 이성이 좌우해야 할 곳에 한정적인 수용 가능성과 즉흥적인 감정 그리고 간단한 규칙이 난무한다. 무엇보다 시장의 방종을 정당화하기 위해 경제인의 망상은 또 다른 구실과 변명을 찾는 것이 더 불쾌하다. 경영인의 임금이 상상을 초월해 불어난다 해도 신문 경제난의 칼럼니스트들은 아무 상관도 하지 않을 것이다. 그것은 자유 시장에서 어찌할 수 없는 것이지 않는가. 게다가 무슨 행동을 하든 영리하게 자신의 이익을 계산하는 것이 인간이다. 그렇다면 임금, 프리미엄, 증권 역시 왜 그렇지 않겠는가?

가파르게 상승한 최고경영자의 연봉은 사실 자유 시장이나 호모 에코노미쿠스와 상관이 없다. 독일에서는 이미 루드비히 에르하르트 시절부터 원칙적으로 시장의 자유에는 변함이 없지만 경영자의 연봉에는 변화가 있었다. 과연 무슨 일이 일어났을까? 최고 연봉의 발전사를 살펴보면 흥미로운 발견을 하게 된다. 1989년 닥스(DAX) 기업의 중역진은 직원 평균 연봉의 14배를 받았다. 하지만 연봉을 100만 마르크 이상 받는 CEO는 없었다.[11] 100만 마르크는 어느 누구에게도 금지되지 않았지만 미처 넘보지 못할 마법 같은 액수였다. 1990년대에 이르러 메르세데스 벤츠사와 미국의 자동차 제조업체 크라이슬러처럼 국가를 뛰어넘는 대규모 제휴의 물결이 일었다. 미국 기업의 CEO가 독일 기업의 CEO보다 연봉이 현저히 높았기 때문에 연봉은 그 차액만큼 오르며 엄청난 파장을 일으켰다. 〈매니저 매거진〉의 보도에 따르면 크라이슬러 사장 유르겐 슈렘프는 합병 3년이 지난 2002년 주식을 비롯해 연봉을 최소한 1080만 유로(한화 약 160억 원)를 받았다. 2007년 DAX 중역진의 평균 연봉은 평사원의 52배에 달했다.[12]

어떻게 이렇게까지 될 수 있었을까? 첫 번째 이유는 연봉의 가파른 인상을 아무도 진지하게 제지하지 않았기 때문이다. CEO가 그리는 그림은 아름다운 광채를 내뿜었다. 특히 금융권은 유난히 그 광채가 강렬했다. 서양 사회는 대부분 동화 같은 경제성장과 함께 축적되는 모두의 재산을 종교처럼 믿었다. 왜 맨 앞줄에 서 있는 사람이 대부분 이익을 얻지 못하는 걸까? 예절과 부끄러움이 최악의 경우를 예방했던 그곳에서 경제가 사라져버렸다.

두 번째 근거는 비교의 규칙에 있다. 1976년 미국 최고경영자는 직원의 36배에 달하는 임금을 받았다. 그러나 1993년 그 차이는 무려 131배에 달했다. 미국 주식감독원이 볼 때 이는 지나치게 높은 수치였다. 그들은 경영자들에게 연봉을 공식적으로 발표하라고 강요했다. 그리고 〈매니저 매거진〉은 누가 연간 수입이 가장 많은지 해마다 순위를 발표하고 있다. 그 뒤 무슨 일이 일어났을까? 2007년 경영자의 연봉은 측정할 수 없을 만큼 껑충 뛰어올랐다. 최고경영자는 평사원보다 369배에 달하는 연봉을 받았다. 금융투자기관 블랙스톤의 슈테펜 슈바르츠만은 연간 7억 2900만 달러를 벌어들였다.[13]

미국 최고경영자의 연봉은 날이 갈수록 올라갔다. 경영자들이 연봉 액수를 공식적으로 발표하면서 경영자들끼리 서로 비교했기 때문이다. 시프팅 베이스라인 법칙에 따라 그들은 옆의 선로를 지나가는 기차를 바라보며 자신이 탄 기차의 속도가 느리다고 생각했다. 협상 테이블에서 '적당'하다고 책정되는 최고경영진의 연봉 수준은 긴장을 늦출 수 없을 정도로 매시간 달라졌다.

하지만 일본의 최고경영자는 아무도 자기 회사 평균 연봉의 20배 이상을 받지 않았다.[14] 독일, 미국은 이런 규정과 관련해 동기 문제가 나타날 거라고 생각했다. 이에 대해 스티글리츠는 흥분한 목소리로 주장했다. "기업의 총수가 '내 연봉이 500만 달러라면 최선을 다하지 않을 것이오. 심혈을 기울여 온 힘을 다하기 바란다면 이익금의 일부를 주시오'라고 말하는 사회가 도대체 말이 된단 말인가?"[15]

동기부여를 위해 수백만 달러를 받는 중역진과 최고경영자는 문제가 있는 것이며 경영진에 걸맞지 않는 사람들이라고 할 수 있다. 국가에게 부도난 어음을 청구하는 파산은행가의 사례를 이미 수차례 봐왔듯이 이런 부류의 경영자는 자신의 능력을 입증하지 못했고 사회적으로 책임 질 능력도 없다. 도대체 사회는 애덤 스미스를 위한 특이한 종양을 키워온 것인가?

일부 경영자의 연봉에 대해서 언짢아 할 필요 없이(그것만으로도 수용을 뜻하기 때문에) 그냥 웃어넘기자. 자신의 업무 성과가 직원 평균 연봉에 비해 20배 이상의 가치가 있다고 믿는 사람은 자아상에 위험한 문제가 있고 현실감, 자기평가, 미풍양속 그리고 사회 경쟁에 대한 개념이 결여된 것이다.

경영자 연봉에 대한 모든 비판은 절대 간과해선 안 된다. 분명 우리가 일하는 데 가장 심각한 문제는 아니지만 이것은 일종의 질병이다. 모두의 수입이 줄어들어도 우리 사회가 걱정되기는 마찬가지다. 마르크스가 '가상의 자본'으로 인한 자본주의의 종말을 예견한 유명한 저서는 『자본가』가 아니라 『자본론』이다.

* * *

우리 경제에는 '자유 시장' 또는 호모 에코노미쿠스 같은 신화와 허구가 넘쳐난다. 그런 것들은 실제 경제 현실과는 그리 관계가 없다. 그런데도 그것을 국가를 탓하거나 경영자의 탐욕을 당연하고 '원래 그랬던 것'으로 정당화하는 논거로 삼았다.

* * *

우리가 일하는 방식이 위험한 방향으로 전개되고 있다는 사실은 의심할 바가 없다. 그러나 지금의 방식을 대체할 대안이 있을까? 어두운 면을 끝까지 밀고 나가 독립하는 것이 자본주의의 본성일까? 또는 그런데도 개화할 여지가 있는 것일까?

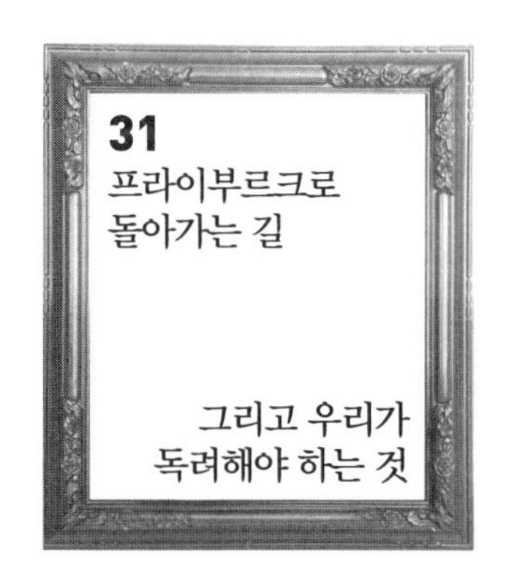

모든 체제는 사업 대부분이 법률적 규제가 없는 공간에서 진행되는 대규모 글로벌 사업이 한 치 앞을 내다볼 수 없게 되고, 경영자가 중심과 미풍양속을 잃어버리며 더는 아무도 믿지 않을 때 무너진다. 잘못된 경영의 파편더미, 불투명한 비즈니스, 부패한 경영진, 무책임한 위기관리, 잘못된 투자 등 모든 결과는 국가의 몫이 된다. 남은 것은 국영화되고 책임은 온 국민에게 돌아간다. 결국 납세자가 이 모든 것을 책임진다.

역사상 첫 주식회사이자 17세기와 18세기를 주도하던 글로벌 기업인 동인도주식회사의 이야기다.[01]

동인도주식회사는 1602년 설립되었는데 동종 상인들이 경쟁구도를 벗어나 협력한다는 아주 혁신적인 전략을 추구했다. 네덜란드의 여러 무역상은 서로 경쟁하는 대신 손을 잡기로 했다. 인도네시아, 인도 그리고 극동지역의 향신료를 거래하는 것은 비용도 많이 들었고 모험이나 다름없었다. 그들은 합세하여 가장 짧은 시간에 포르투갈의 영역을 침범했고 독점 무역을 구축했다.

네덜란드 정부는 동인도주식회사를 물심양면으로 후원했고 이제껏 찾아볼 수 없었던 자치권을 부여했다. 동인도주식회사는 독자적으로 전쟁을 일으키고 정치를 통해 모든 통제에서 해방됐다. 2세기 동안 그들의 기를 단 상선은 약 4700척에 달했다. 네덜란드 정부는 세계에서 가장 강력한 무역국가로 떠올랐다. 국민의 정치적 자유는 사업가, 학자, 예술가를 전 유럽에서 네덜란드로 끌어당겼다.

이런 성공의 비법은 정확히 무엇이었을까? 주식회사라는 새로운 형식은 모험이 따르는 대규모 프로젝트를 시행하고 신규 영역을 개척하는 데 매우 신중한 비즈니스 모델을 제시했다. 사업가 개개인에게 분배된 제한적인 위험과 여러 기업의 집중된 자금력은 미래가 불투명한 사업을 가능하게 했고 그들이 유일했던 그 시기까지 독점적 지위를 유지했다. 이들은 권력이 정점에 달했을 때 국가를 조종해 끊임없이 무역전쟁을 일으켰고 금융 사업을 시작했다. 동아시아 지역에서 저렴하게 구입한 은을 유럽에서 큰 이익을 내며 팔았다.

그러나 동인도주식회사는 18세기 후반 들어 몰락하기 시작했다. 먼저 가장 강력한 라이벌인 영국과의 네 번째 교전에서 패했다. 그러나 이미 오래전부터 동인도주식회사는 쇠약해지고 있었다. 동시대 사람들은 '부패로 인한 몰락(Vergaan onder corruptie)'이 동인도주식회사(VOC)의 새로운 약자라며 조롱했다. 회사 이윤은 급격히 떨어졌고 기업은 새로운 투자자가 필요했지만 찾을 수 없었다. 프랑스군이 네덜란드를 침공한 1798년 동인도주식회사의 몰락이 결정됐다.

이 몰락을 지켜본 중요한 관찰자 가운데 한 사람이 애덤 스미스다. 그는

18세기 후반부터 동인도주식회사를 연구했기 때문에 완전하지 못한 판단을 내렸다. 애덤 스미스는 유한책임회사를 미래를 생각하지 않는 구시대적 모델로 보았다. 국가의 번영을 다룬 저서에서 애덤 스미스는 주식회사에 그 어떤 장점도 없다고 보았다. 주주들이 그 사업을 충분히 이해하지 못했기 때문에 운영을 전적으로 임원의 손에 맡겼다. 그리고 임원들은 자기 돈이 아니기 때문에 쉽게 생각하고 책임감 없이 운영했다. "그런 기업의 비즈니스 경영은 많든 적든 항상 태만과 낭비가 지배적이다."[02]

애덤 스미스의 추측은 진실로 판명되지 못했다. 주식회사는 사멸한 부류가 아닌 미래에 속했다. 주식회사는 이전에는 알지 못했던 성장의 원동력을 내뿜으며 글로벌 시장 개척에서 가장 성공적인 기업 형태로 입지를 굳혔다. 그러나 그 성공의 이면에는 의심스러운 점이 있었다. 주식회사에서 명예로운 사업가의 도덕은 찾아볼 수 없었다. 유한책임회사에서 그 누가 명예로운 사업가가 될 수 있겠는가? 모든 것이 성과로 대변되는 주식회사에서 도덕을 추구하는 사람은 아무도 없었다. 미국의 작가 앰브로스 비어스는 19세기 말 이 점을 면밀히 지적했다. "주식회사는 개개인의 부를 축적하는 데 적합하지만 개개인의 의무와 책임은 등한시한다."

유한책임 개념은 글로벌 경제를 이끄는 주도적 이념으로 자리 잡았고 지금까지도 그러하다. 유럽 제국주의는 유한책임의 법칙에 따라 전 세계 식민지를 약탈했다. 제3세계를 약탈한 거대 상사들 역시 그에 따른 사회·환경 문제의 책임을 도외시했다. 게다가 최근 금융위기를 초래한 거대 은행들 역시 그들이 아닌 국가가 이 모든 손실과 책임을 배상해야 한다는 편협한 책임감을 가지고 있다. 이 모든 일을 일으키고도 최고경영자와 임원진은 단 한마디 사과도 하지 않는데 하물며 사재를 털어 책임을 지려 하겠는가.

그렇게 봤을 때 금융위기는 사실 도덕위기라고 할 수 있다. 우리 경제를 이끄는 지도층의 윤리만이 문제가 아니다. 그보다 경제체제의 무한책임을 이끌어낼 수 있는지를 심사숙고해야 한다. 인간이 지닌 심리적 본능을 따르면 유한책임 사회는 도덕을 악용할 수 있는 이상적인 놀이판이다. 의무가 따르지 않는 것은 책임지지 않아도 되기 때문이다. 그리고 책임지지 않아도 되는 것은 우리 몫이 아니다. 내 정원에 쓰레기를 버리도록 놔두지는 않는다. 이웃의 정원도 마찬가지다. 그러나 누군가 공원에 아무렇게나 버린 쓰레기를 보면 마음에 들진 않지만 치우지 않고 지나친다.

현대 자본주의 경제와 사회의 도덕성, 책임감을 동시에 만족시키는 것은 쉽지 않다. 이는 이미 1930~1950년대 '프라이부르크 학파'를 중심으로 잘 알려진 깨달음이다. 브라이스가우와 슈바르츠발트 주변의 목가적인 환경에서 1932~1933년을 평화로이 보내던 세 남자, 경제학자 발터 오이켄, 법학자 프란츠 뵘, 한스 그로스만 되르트는 민간 권력과 사회에 책임을 다하는 단체의 장점만 혼합할 수는 없을지 고민했다.[03]

이는 새로이 나타난 고민은 아니었다. J. S. 밀 역시 정치에서 중요한 근본이념인 자유주의와 민주주의 사상을 접목하려고 오랫동안 골치 아플 정도로 고심했다. 오늘날까지도 두 이념 모두 긍정적인 면모를 발견하고 있는데도 서로 손을 잡지 못하고 있다. 실제로 제 역할을 하려면 민주주의는 동등한 투표권, 동등한 법의 지배, 동등한 교육·정보·국가적 생활지원 등 평등을 최고 기준으로 삼아야 한다. 반면 자유주의는 자유와 더불어 항상 타인과의 관계에서 경제적·정치적 이익을 얻는 기회를 최고 원칙으로 삼았다.

프라이부르크 시민 세 명과 그들의 정신적 지주 빌헬름 뢰프케, 알프레드 뮐러-아르마크, 알렉산더 폰 뤼스토브는 하나의 가정으로 이 문제를 해결했다. 윤리적 관점에서 경제는 강력한 국가를 필요로 한다. 국가가 '질서를 잡는 정치'로 경제를 제재하는 기능을 제대로 수행할 때만 '자유 시장'은 자유롭게 진가를 발휘한다. 권력의 공정한 게임을 보장받고 싶은 사람은 모든 것을 스스로 감당하려 하지 말고 중재를 요청해야 한다. 국가는 심판이 되어 반칙하는 사람에게 호루라기를 불고 옐로카드와 레드카드로 벌칙을 내리고 특히 상처 입을 염려가 있는 선수를 보호해야 한다.

프라이부르크 학파에서 비롯된 신조어는 바로 '신자유주의'다. 현재와는 매우 다르게 당시 '신자유주의'는 전통적인 자유주의보다 더 많은 국가의 개입을 요구했다! 도덕문제를 전혀 고려하지 않는 현재 경제학자들과 달리 프라이부르크 학파는 시장과 도덕의 최적의 조합을 강구했다. 모두 함께 (매우 다양한 위치에서) 제3제국을 겪으며 중요한 결론을 얻었다. 국민이 경제활동을 하는 방식은 그 즉시 사회질서를 어지럽힌다. 그리고 반대로 사회질서는 경제의 문화를 결정한다. 시장과 도덕은 분리되지 않는다.

어떻게 이런 관계가 형성됐을까? 이런 맥락에서 어쩌면 가장 중요한 깨달음을 뢰프케가 정리했다.[04] 여기에는 자유 시장 경제질서는 스스로 초래할 수 없다는 전제가 깔려 있다. 또는 더 간단히 표현하면 "문화가 먼저 형성되고 거래가 뒤따라야 한다. 그러나 거꾸로는 옳지 않다".[05]

이윤을 좇고 목표 지향적으로 행동하는 사람은 경제적 측면에서는 영리할지 몰라도 도덕은 고려하지 않는다. 반대로 사회에서 발견한 상당 부분을 도덕에 소비한다고 가정해보자. 사람들은 정의의 법칙을 따른다. 상대에게 신뢰를 요구하고 자신도 상대를 신뢰한다. 따라서 상품을 실제로 운송하고, 외상거래를 하는 등 사업 파트너의 진실성을 전제로 거래한다. 그러나 이 모든 것은 시장에서 비롯된 것이 아니라 시장이 기능을 제대로 할 수 있도록 처음부터 전제되어 있던 것이다. 따라서 사회를 위한 시장경제의 지속 시간을 계산하는 것은 부담이자 위험이다. 사람이 자기 목적에 따라 비용을 계산할수록 사회의 기후는 심각해진다. 시장은 올바른 윤리적 관습을 사라지게 하는 '도덕 청소기'다. 끊임없이 개인의 이득을 갈망하는 사람은 장기적 관점으로 봤을 때 사회를 망가뜨린다.

그렇다면 무엇을 해야 할까? 뢰프케는 자본주의를 근본적으로 의문시하는 것과는 거리가 멀었고 그 어디에서도 대안을 보지 못했다. 시장과 경쟁에서 국민의 도덕적 해이를 막을 수 있는 유일한 존재가 바로 국가다. 뢰프케에게 시장은 절대적 원칙이라기보다 합법적이면서도 위험한 그러나 대안이 없는 수단이다. 시장경제의 근본적 핵심으로써 '개별성의 원칙'은 '사회성과 박애 원칙'과 균형을 유지해야 한다. 뢰프케의 동료 뮐러-아르마크가 도입한 개념인 '사회적 시장경제'는 시장 질서뿐만 아니라 사회의 교육과 육성 모델이다. 이런 관점에서 봤을 때 뢰프케와 그의 동료들은 유토피아를 꿈꾸는 공상가였다. 단순히 올바른 사회 질서뿐만 아니라 정의와 예의범절, 배려와 보호, 진정성과 신뢰, '올바른' 가치에 대한 사회의 의무 등 '경제적 휴머니즘'을 추구했다. 정치에서 중앙은행에 이르기까지 동일한 신뢰가 통용되어야 했다.

프라이부르크 학파에서 배출한 독일의 경제장관 에르하르트는 실용적이지만 원칙적으로는 이전과 크게 다르지 않다고 보았다. 채무, 양심의 가책, 가톨릭교, 반공산주의, 오랜 근무시간, 재건과 경제부흥으로 대변되는 독일연방공화국 초기에는 그리 어렵지 않았다. 이때 도덕과 번영의 가치는 특이하게도 서로 조화를 이뤘다.

그러나 '국민의' 선행과 자유, 의무와 책임을 스스로 의무화하는 것은 오래 지속되지 못했다. 1970년대 초 하버드 대학교의 사회학자 대니얼 벨은 서양 사회의 가치관 딜레마를 진단했다.[06] 벨은 최소한 서양에서 적용된 이데올로기 시대는 무의미한 상태를 남겨둔다고 밝혔다. 서양인은 오늘날에는 어울리지 않는 두 부분으로 이뤄져 있다. 경제는 절대로 만족하지 못하고 더 많은 즐거움을 쫓는 이기적인 쾌락주의자와 소비자를 필요로 한다. 반면 사회는 남을 돕고 자신에게 만족하는 예의바르고 겸손한 국민을 바란다. 이런 환경에서 어떻게 아이를 교육해야 한단 말인가? 분명하고 확신을 주는 이상을 어떻게 정의할 수 있을까? 이런 환경에서 주도적인 가치관은 무엇인가?

도덕적 관점에서 볼 때 서양 세계에서 지난 2세기 동안 유례없는 방식으로 물질적 가치를 장려한 경제의 이성적 논리는 기생적이다. 끊임없이 사회의 기반을 갉아먹고 경쟁이라는 사치로 지독한 이기주의자를 먹여 살렸다. 이에 대한 증거는 지난 독일 총선과 관련해 경제매거진 〈포쿠스〉에서 제시했다. 기사 제목은 '당신의 돈은 누구를 선택할 것인가?'이다. 금전적 이득만 따라 선택할 것인가? 연대 책임 회피의 선언에서 이보다 이목을 끄는 광고는 없을 것이다. 결국 마지막에는 스티글리츠가 최근 금융위기에 대한 생각을 묘사한 것과 같은 사회가 등장한다. "너무 많은 사람이 타인을 이용한다. 신뢰는 사라졌다. 급진적인 개인주의와 '시장원리주의'가 모든 공동체 의식을 위태롭게 하며, 하루가 멀다 하고 금융계 사람들의 부정이 뉴스로 쏟아진다. 눈덩이처럼 부풀려진 시스템, 내부자 부당거래, 정직하지 못한 신용위탁과 잘못된 신용카드 거래 등 물질만능주의가 도덕적 책임을 쥐어짜는 사회를 만들었고, 모두를 위한 노력 없이 이룩한 성장으로는 환경을 지키지도 못하며, 장기적으로 볼 때 사회도 지속되지 못한다."[07]

앞서 언급한 것처럼 프라이부르크 학파의 사상가들은 도덕적 해이와 몰락을 걱정했다. 뢰프케는 나이가 들수록 비관적 성향이 짙어졌다. 장기간 지속되는 '아래의 자유주의' 대신에 이미 1958년부터 엄청난 시장 권력, 자유로운 경쟁을 파괴하는 날뛰는 경제를 보았다.[08] 신중함, 단순한 라이프스타일, 가족의 유대감과 전통적인 '건강한' 가치관은 사라지고 원칙이 없는 세상이 되어버렸다. 그는 유럽 경제가 재정적인 이익만을 추구하며 진정한 가치관 없이 어긋난 방식으로 성장하는 것을 지켜보았다.

1950년대 말 여러 발전 분야의 어두운 미래가 예견됐고 실제로 그것들은 이미 오래전부터 폭발 직전에 이르렀다. 경제는 여러 분야에서 글로벌 시장으로 진화했지만 글로벌 질서정책이라 할 만한 것은 아직 만들어지지 않았다. 경제학자는 핵심 비즈니스와 윤리를 수학처럼 측정하려 했지만 그것은 절대 불가능한 일이었다.[09] 인터넷은 국제적 비즈니스의 추상적인 면모를 배로 증가시켰고 그 결과 갈수록 연대책임은 사라졌다. 컴퓨터에서 타자 몇 번이면 수백만에 이르는 금액의 주인이 바뀌었고 더는 명예로운 사업가가 설자리가 없었다. 오늘날처럼 국제 금융세계에서 진행되는 비즈니스는 항상 시간이 촉박하고 주저함도 없다. 심리적 게임규칙과 사회적 이해는 영향력을 잃어갔다. 의심스러운 약을 파는 약사는 나중에 고객이 소송을 걸거나 자신의 평판을 망가뜨리지 않을지 걱정해야 한다. 뻔뻔한 제약기업은 인터넷에 오르는 위험에 쉽게 처한다. 글로벌 금융시장의 발전도 이와 크게 다르지 않다. 떳떳하지 않은 이윤만 추구하는 숫자와 계산으로 가득한 세상이 되어버렸다.

기존의 정의를 새롭게 정립해야 한다는 데는 모두 의견을 일치한다. 정치인, 경제인, 언론인 모두 지금과 미래에 딱 한 가지가 핵심이라고 한목소리로 강조한다. 바로 신뢰를 되찾는 것이다. 단지 문제는 어떤 토대를 바탕으로 신뢰를 되찾을 수 있느냐 하는 것이다. 경제활동을 하는 현 방식에서 근본적인 여러 가지가 바뀌지 않는다면 신뢰는 소극적으로 나타나고 오히려 불신만 더 정당성을 얻을 것이다. 우리에게 필요한 것은 일부 새로운 금융인과 선한 의도로 포장된 카탈로그가 아니다. 지금 운영되는 경제와 금융계 시스템의 매우 구체적인 변화가 필요하다. 이스터 섬 주민과 같은 결말을 맞이하지 않으려면 성장에 대한 우리의 사고를 개선해야 한다. 홉스가 주장한 늑대가 되지 않으려면 사회의 기초 프로그램을 새롭게 조율해야 한다.

더는 물질적인 번영이 필요 없으며, 있어서도 안 된다고 말하면 사람들은 지나치게 비관적이고 탈속적인 것은 아닌지 의아해한다. 아름다운 정신을 지닌 이상주의자로 보기보다 너무 순진하다고 생각한다. 어쨌든 인간의 본성 자체가 그렇지 못하다는 것을 알기 때문이다. 인간은 생물학적으로 보면 천성적으로 성장과 발전을 추구한다. 그러나 정확히 말하면 그것은 인간에 대한 이해가 아니라 무지다. 도서 박람회를 찾아온 독자의 편협한 인간상을 생각해보라(3장 참조).

앞서 제시했듯이 경제에도 도덕과 같은 편견이 있다. 인간은 '천성' 자체가 겸손하지 못하다. 인간의 본성과 경제학자들이 불평하는 동물적 본능은 또 다른 사안이다. 그렇다고 해서 이기주의자의 사회적 본능이라고 꼭 짚어 말할 수는 없다. 앞서 살펴보았듯이 이타주의에서도 나타난다. 케인스는 이미 1936년부터 우리가 행동할 때 그리고 특히 결정을 내릴 때 '선하게 행동하기'를 도입했다.[10]

인간은 절대로 욕심을 만족시킬 수 없다는 말이 옳다고 해도 (내 조부모가 얘기하는 인생은 꼭 그렇지만은 않다) 내가 추구해야 할 목표가 꼭 더 많은 돈이나 재산의 축적이어야 하는 것은 아니다. 여러 통계에서 알 수 있듯이 독일 국민은 시간, 사랑, 집중력, 안정감, 만족감을 많은 재산보다 더 높게 평가한다.

계산적인 사고와 배려 없음, 욕심은 인간의 주요 원동력이 아닐뿐더러 목표 지향적 양육의 결과다. 다윈의 주요 저서에 의거하여 이 과정에 '자본주의라는 종자 선택을 통한 이기주의의 근원'이라는 이름을 붙여볼 수 있다.[11] 이것이 어떻게 제 기능을 하는지는 페르와 그의 동료가 20년간 면밀히 연구하였고 그 결과를 모아 책으로 만들었다. 그 뒤 모두가 그렇지는 않다 해도 많은 사람이 공정하게 행동하려는 경향이 나타났다. 셀 수 없이 많은 협력 실험에서 정의와 불의는 주변 상황에 매우 큰 영향을 받는 것으로 나타났다. 이기주의자가 목소리를 높이면 정의를 추구했던 참가자라도 그들 내면에 완전히 사라지지 않고 숨어 있던 이기주의가 차츰 고개를 들었다. 모두가 공정하게 행동하는데 정의로운 성향을 보이던 참가자가 공정하지 않게 행동하는 일은 없었다. 집단은 집단윤리를 결정하며 경제 심리적 문제에서도 폴란드에서 일어났던 101예비경찰대대 사건과 크게 다르지 않았다.

우리가 늑대처럼 행동할지 양처럼 행동할지는 환경에 달렸다. 감옥의 법칙은 직장사회 법칙과 다르고 금융가의 법칙은 수녀원과 다르다. 페르가 말했듯이 "이타주의 성향을 강화하거나 아예 사라지게 하는 환경을 조성할 수 있다. 한 동료는 자전거 배달 업체를 비교했다. 한 업체에서는 시간당 보수를 주었고 다른 업체에서는 성과에 따라 주었다. 신뢰도를 테스트한 실험과 비슷하게 이 실험에서도 시간당 보수를 받는 회사의 직원이 성과급으로 일하는 사람들보다 훨씬 이타적인 성향을 보였다. 후자는 자기 자신을 가장 소중히 하는 것에 점점 익숙해졌다."[12]

편파적으로 경쟁하고 협력하지 않는 사람은 친절한 사람이 될 수 없다. 신분이라는 욕심을 채우려고 탐욕스러운 시장을 국가 재정으로 자극하는 사람은 사회의 접합제를 잡아 뜯는 것이나 다름없다. 최고경영자의 임금과 인센티브를 한없이 올리는 것을 제지하지 않고 바라만 보는 사람은 사회적 관습과 도덕심을 해친다. 경제의 권력 싸움을 조율하지 못하면 자유시장은 파괴된다.

도덕은 솔선수범하고 주시하며 본받고 동일시함으로써 완성된다. 그러나 경제신문 일면에 오르거나 쇼프로그램의 심사위원석에서 미소 짓는 우상은 사회의 가장 깊숙한 내부에서 사회가 결속하는 것을 위협한다. 그렇게 봤을 때 금융위기는 우리 시대의 증상이라기보다 우연한 사건에 지나지 않는다. "개별적으로 제시하고 증명하는 것은 매우 안정적이다. 그러나 금융위기가 그것으로 정당화되지는 않는다. 위기를 몰고 왔다고 낙인 찍힌 그들 또한 저 멀리 우주에서 온 외계인이 아니다. 우리와 똑같은 학교를 다니고 교육을 받았다."[13] 서양사회는 오래전부터 매우 문제 있는 방향으로 흐르고 있다. 시장은 한정적이다. 스위스 언론인 로저 드 베크는 이렇게 썼다. "실적은 줄어들고 사회의 결과도 마찬가지다. 그러나 시장이 지나치게 넓어도 결속력이 약해진다."[14]

* * *

'사회 시장경제'는 완성되지 않았다. 따라서 항상 새롭게 균형을 잡는다. 두 기본원칙인 자유주의와 민주주의는 여건이 충족되어야 하지만 서로 보충하고 열매를 맺는다. 예컨대 글로벌화의 영향으로 환경이 적절하지 못할 때는 그 한계가 옆으로 옮겨간다. 시장권력은 민주주의 권력에 대항하며 공동의 행복을 위협한다. 국가의 강력한 중재 없이는 경제생활을 제어할 수 없게 되고 매우 위험한 힘으로 이어진다. 사회의 기본 환경을 먹어치우고 문화와 도덕을 침식한다.

* * *

그러나 이런 개입이 어떻게 가능할까? 희망은 무엇일까? 국민 대다수가 사용하고 그들에게 앞으로도 피해를 주지 않으려면 어떻게 자유주의적 원동력을 문명화하고, 얼마나 급진적인 재구조를 시행해야 할까?

32
Mr. 아커만 그리고 빈민
경제에 필요한 책임은?

미래는 우리 자신에게 달려 있다. 그리고 그 어떤 역사적 불가피성에도 종속되지 않는다.

- 칼 포퍼

요제프 아커만은 때때로 세간에서 자신을 아주 냉정하고 무심한 사람으로 생각하는 것은 아닌지 걱정했다.

뛰어난 방송 작가인 후베르트 자이펠은 도이체방크의 최고경영자도 살과 피가 흐르고 동정심을 느끼는 인간임을 ARD 다큐멘터리로 해명해주었다.[01] 그가 아니었다면 오늘날까지도 아커만은 사람들의 뇌리에 '돈에 관한 한 아무렇지도 않게 나쁜 행동을 할 수 있는 사람'으로 남았을 것이다.

방송 작가는 그에게 사소한 문제가 있다고 설명하지만 사실 생각해보면 정말 측은하기 짝이 없다. 아커만은 가난한 사람들을 그냥 지나친 것이 아니었다. 그 수준은 이미 뛰어넘었다. 아커만은 항상 곧바로 이어질 자금회의 때문에 그들과 눈을 마주칠 여유조차 없었다. 카메라는 검은색 벤츠 뒷좌석에 앉아 〈파이낸셜 타임스〉와 비즈니스 전용 휴대전화를 든 그의 모습을 촬영했다.

여기에서 아커만의 개인적인 성향을 지적하려는 것은 아니다. 아커만은 자신이 벌어들이는 수입에서 적지 않은 돈인 955만 유로(한화 약 140억 원)를 가난한 사람을 위해 썼지만(2009년) 결정적인 문제는 그대로 남아 있었다. 아커만의 세계에는 가난한 사람만 없는 것이 아니었다. 금융인, 기업총수, 정치인 등 부자와 권력층만 존재할 뿐 그 밖의 다른 것은 다른 것일 뿐이었다. 지배적 금융세력 체제는 이윤극대화라는 유일한 기준에 따라 움직였다. 루만이 말했듯이 그 외의 것은 단순히 '환경'일 뿐이었다(25장 참조).

사회, 체제, 도덕성에 대한 책임감은 방해가 되는 것을 넘어 아예 찾아볼 수 없다. "메르켈 총리에게 나는 도이체방크의 고용인으로서 도이체방크의 이윤에 해가 될 것을 자문할 수 없다고 항상 분명히 말했습니다." 다큐멘터리에서 아커만은 침착하게 말했다. 그와 같은 맥락으로 골드만삭스의 독일 지점장 알렉산더 디벨리우스는 이렇게 말했다. "특히 시세가 공시되는 민영은행과 금융기관은 공익을 추구해야 할 의무가 없습니다."[02]

그러나 디벨리우스의 발언은 옳지 않다. 만약 그가 "특히 시세가 공시되는 민영은행과 금융기관은 공익을 추구해야 할 의무를 느끼지 못합니다"라고 말했더라면 올바른 답이었을 것이다. 그러나 은행이 아무런 의무가 없다는 것은 터무니없는 생각이다. 우리의 경제체제 전체가 그러하듯 금융경제 역시 독자적으로는 아무것도 할 수 없다. 따라서 이런 관점으로 볼 때 은행 총장은 부모가 필요 없다고 생각하며 마음의 빚을 조금도 느끼지 못하는 사춘기 청소년이나 다름없다. 신뢰, 정의 그리고 정직의 문화가 있을 때 금융계는 발전할 것이다. 비록 그들이 그와 반대로 돌진하려 한다고 해도 말이다. 그 어떤 다른 경제부문보다도 은행은 뢰프케가 주장한 '도덕성이 결여된 집단'이다. 사회가 정한 연결고리를 풀어버리고 이윤극대화를 위한 독자적인 논리를 따른다면, 스스로 더는 의무가 없다고 느끼는 사회와 자신의 사업 두 영역이 모두 자신의 손에 의해 무너지는 광경을 지켜봐야 할 것이다. '아무 곳에도 종속되지 않던' 금융계가 그들의 손실을 사회에 떠넘기기 위해 갑자기 강력한 국가의 개입을 외치는 금융위기가 전하는 메시지는 분명하다.

그러나 이러한 경제체계에서 누가 우리 사춘기 청소년의 눈을 뜨게 해줄 것인가? 누구에게 그럴 만한 힘이 있을까? 부모, 삼촌, 조부모, 교사의 힘을 모두 합친 것보다 더 강력하지 않던가? 아커만에 대한 다큐멘터리에서 작가 자이펠은 메르켈 총리가 전 총리들의 전철을 밟으며 깨달아야 한다고 설명했다. "총리는 스스로 권력이 있다고 생각했지만 그건 정부에 국한된 것이다."

시장에서 사회를 개편하자는 제안을 했다. 더 나은 사회를 만들기 위해서가 아닌 권력과 영향력을 지키기 위한 방책이었다. 모든 담판 이전에 대립되는 확신과 의지는 확고했다. 민영은행의 관심사는 아주 명백했다. 반면 정부의 확신은 그렇지 못했다. 금융감독원의 일원으로 조정위원회 소속인 한 지인은 나에게 거의 날마다 새로운 지침이 내려왔다고 말했다. 국면, 재정상태, 시국에 따라 때로는 규정을 강화하고 때로는 약화했다.

정치에서 갈피를 제대로 잡지 못하는 난국은 모든 서양국가에서 심각한 문제다. 1990년대 초 냉전시대가 끝난 이후 사회는 집권정부가 '우파' 성향을 보이든 '좌파' 성향을 보이든 간에 철저히 같은 방향으로 움직였다. 로널드 레이건 전 미국 대통령과 마가렛 대처 전 영국 수상이 시행한 국가 권력을 최소화하고 경제 자유를 극대화하는 영미 경제모델은 만인의 선망이 되었다. 그중에서도 특히 금융 분야의 제재를 완화하는 방식은 더욱 그렇다. 철도, 통신, 전력, 수자원 같은 공공의 자산 역시 상업화되었고 그중 일부는 민영화되었다. 자치단체, 지역단체, 국가는 낙찰자에게 국가 재산을 헐값에 넘기거나 제대로 로비하는 기업에게 매각했다. 이런 면에서 일반적인 슬로건이 말하듯이 자유정치는 국가보다 뛰어났다.[03] 기업은 물론 일반 국민도 동일한 방식으로 행동할 수 있었다. 1990년대 말 발전 단계의 정점에서 소시민 수백만 명은 스스로를 자본가라고 여겼다. 그들은 주식거래를 하고 주식펀드와 연계된 연금에 투자했다. 프리드리히 폰 실러가 읊은 시처럼 "우리는 주주로서 한 민족이 되고 싶소"였다.

오늘날 이 꿈은 부서졌다. 특히 지난 10년간 소규모 투자자는 극심한 손실을 입었다.[04] 항상 이익을 보는 것은 금융권이다. 에너지 공급의 상업화는 공급가를 낮추지 못하고 오히려 올렸다. 게다가 기존에는 제대로 시행되던 여러 서비스가 상업화 이후 품질이 나빠졌다. 결국 거의 모든 서유럽 국가에서 빈부 격차가 날로 심해지고 있다.

'신자유주의'라는 사상으로 잘못 이해한 금융, 경제, 사고 모델은 오늘날 파산했다. 금융위기는 우리 경제체제의 도덕적 위기를 분명히 보여주는 사례다. 진정한 신자유주의의 선구자 오이켄, 뤼스토브, 뢰프케라면 등골이 오싹할 정도로 훈계했을 것이다. 요컨대 사회의 시장경제는 의도적이었던 것은 아니다. 그러나 이제는 너무 늦었다. 신자유주의는 금융권의 도덕성을 태워버렸을 뿐만 아니라 산더미 같은 손실과 사회 재산의 매각으로 지역단체, 국가, 경제에 파편 더미를 안겨주었다. 그러나 뢰스토브와 오이켄은 이 사상의 선구자이자 그들에게 영감을 준 베를린 알렉산더플라츠의 동명 포럼의 마르크스와 엥겔스처럼 동독의 붕괴 이후 뒤돌아서 다음과 같이 말했다. "우리는 아무런 책임도 없소!"

오늘날 묘사하고 있는 '신자유주의'는 해결책이 아니라 현재까지도 유럽의 자유정당에서 계속 논쟁이 되고 있는 문제다. 금융위기 직전까지 모든 토크쇼에서 '공권력'의 최소화를 외치던 목소리가 쏙 들어갔다. 지금 모습보다 더 나은 사회를 만들려면 사회를 시장 세력의 게임판에 던져놓지 말아야 한다. 오히려 우리가 시장을 파악하고 함께 계획하며 조정해야 한다.[05]

순수한 법칙이 시장에 발효되기 직전 국가가 경제의 방향과 경과에 강력하게 참여해야 한다. 철학자 유르겐 미텔슈트라스의 발언을 인용하면 "사회와 공공의 발전은 그 경제규모와 경제발전으로 사회, 공익 분야를 되찾으려 한다".[06]

이때 두드러지는 것은 방향성 논란이 아니라 팽팽하게 당겨진 세력 싸움이다. 이는 사고 전환과 의지 문제가 아니다. 아무리 모든 사람에게 유용하고 사회에 꼭 필요한 변화라 할지라도 자신에게 경제적 이득이 보장되지 않는데 관심을 가질 것인지에 대한 문제다. 막강해진 경제, 금융계의 글로벌 플레이어를 자제시키는 데 서양 국가 정부의 힘은 어느 정도인가? 조세법과 특권으로 장려된 경제 권력의 집중을 민주적 수단으로 억누를 수 있을까?

이 전쟁은 오늘날까지도 국가와 국가 사이뿐만 아니라 국내에서도 진행되고 있으며, 소도시의 에너지 공급을 비롯해 기후보호를 위한 글로벌 협의와 금융감독원에까지 적용된다. 이 모든 경우는 다른 공공의 이익과 관심사로 조정하려는 경제의 국제적인 작전임을 입증하여 합법적인 책임을 지우려는 발전과도 관련이 있다.[07]

그와 관련해 심사숙고해본 결과, 앞서 과거 경제심리학자가 국제적으로 희망하고 촉구했듯이 '자유주의의 간섭정치' 개념을 따라야 한다고 본다.

근본적 요구는 '위의 더 많은 조정과 아래의 더 많은 자유'다.

국가적 측면과 국제적 국가공동체의 가능성으로 볼 때 지속성의 원칙은 경제 정치의 중심에 놓여 있다. '많이 소유하는 것보다 행복하게 사는 것'은 로슈토크 대학교에서 법과 법철학을 가르치는 에카르트 교수가 주장한 슬로건이다.[08] 그는 대담하게 자기 철학을 몸소 실천했다. 그는 채식을 하고 면허증, 휴대전화, 텔레비전을 소유하지 않았으며 비행기도 거의 타지 않았다. 그러나 에카르트는 개인의 실천만으로 경제체제 전체가 개선되지 않으리라는 것을 잘 알고 있었다.

미국 메릴랜드 대학교의 경제학자이자 정치학자·사회학자인 허먼 데일리 교수는 전반적인 개혁 방안을 내놓았다. 데일리는 세계은행(IBRD)의 환경부문 수석고문을 지내며 남아메리카 환경보호 프로젝트를 장려했고 의무적인 환경보호 방침을 제창했다. 한스 크리스토프, 빈스방거, 미겔 그리고 에카르트처럼 데일리도 우리 사회의 성장 이데올로기를 냉철한 시각으로 비판했다. 1970년대부터 그는 '정지한 경제'가 만인 또는 대다수의 행복을 가져온다는 밀의 사상에 깊은 감명을 받았다.[09] 훗날 그는 10포인트 프로그램을 완성했다.[10]

친환경 경제를 위해 데일리는 2008년 지속성을 위한 네 가지 경영방침을 정의했다. 첫째, 산림 또는 어류처럼 자연적으로 재생되는 자원은 또다시 증식하고 재생할 수 있도록 이용을 제한해야 한다. 둘째, 화석연료나 광물처럼 재생되지 않는 자원은 언젠가 새로운 재생 가능 에너지로 대체할 수 있을 만큼 소비해야 한다. 셋째, 환경을 훼손하는 물질과 에너지는 자연에 해가 되거나 생태계에 흡수될 수 있는 한도를 초과하여 배출하지 말아야 한다. 넷째, 핵에너지처럼 인류를 잠정적으로 위협하는 모험과 위험은 받아들일 수 없다.[11]

이들 취지는 매우 좋다. 그러나 석유수출국기구 국가에 석유수출 제한을 요구하면 어떤 상황이 그려질지 상상해보라. 현실 실행가능성을 깨달을 수 있다. 러시아 대통령에게 천연가스 생산량을 지시하거나 인도·중국 총리에게 핵에너지를 폐기하라고 권고할 수는 있다. 그러나 이미 대구잡이 어선의 구역 문제로 끝나지 않을 것 같은 논쟁이 이어지고 있다. 남미, 동남아시아, 아프리카 밀림의 벌목 역시 이미 잘 알려진 대로 눈앞에 놓인 시급한 문제다.

세계의 모든 국가가 데일리의 원칙을 수용한다는 것은 불가능하다. 솔선수범하며 타인의 모범과 귀감이 되는 시도밖에 할 수 없다. 그러나 스칸디나비아, 베네룩스, 독일, 스위스 등 환경의식이 분명한 국가에서는 인위적으로 불붙은 성장률을 정지 상태로 유지해야 한다는 의견이 지배적이다.

물론 재생 가능한 에너지의 증가처럼 성장이 모든 측면에서 해가 되는 것은 아니다. 또 신규 기술과 원료 개발은 환경을 훼손하면서까지 재생 불가능한 에너지를 무자비하게 약탈하는 상황 없이 경제와 사회가 발전·성장하는 데 기여할 수 있다. 그럼에도 여러 기술의 진보는 전체 성장 원동력을 제어하는 데 큰 힘을 발휘하지 못했다. 아무런 생각 없이 후대에 떠넘기는 대신에 환경과 그 재생력을 훼손한 대가를 스스로 치르는 경제는 지금까지와 마찬가지로 절대로 성장할 수 없다.

그러나 경제와 정치에 이런 지속성이 어떻게 나타날 수 있을까? 제안 범위는 매우 넓다. 이 명목으로 에티켓 운운하는 것을 넘어 실질적으로 환경세금개혁을 단행하는 것이 다급하다. 환경 경제 프로세스를 직접 장악하고 주식회사를 해산하며 재단에 높은 책임감을 지우는 빈스방거의 비전이 더 야심찰 수 있다. 그러나 그의 제자였던 아커만과 디벨리우스가 그것을 받아들일 것인가?

우리 경제를 개편하고 환경위기, 금융위기, 사회위기 상황에서 누군가 성형외과의사처럼 모든 방책을 동원해 뜯어 고치려고 시도했지만 그 밖의 다른 사람들은 이런 의식이 충분하지 않았다. 전체 경제 시스템을 비평하는 학자들은 오래전부터 개혁이 불가능하다고 생각했다. 그들만의 환상에 따라 금융권과 '핵심기업'의 국영화를 꿈꿨다. 그 어떤 사회주의자도 실질적인 사회 모델, 코뮤니즘(communism, 공산주의)에 따라 수림, 공기, 광물 등 세계의 천연자원을 아무도 사유할 수 없고 착취하는 것은 정당하지 못하다고 주장하지 않는다. 교육, 인터넷, 사회보장제도 역시 민간경제가 손댈 수 없는 공익재산이다. 그러나 현 자본주의 경제와 권력 관계로는 실현할 수 없기 때문에 사회와 환경 분야에 급진적인 개혁이 필요하다.

이것만으로는 민주주의적 방법으로 현실에서 성공할 수 있을지를 대변하지 못한다. 그러나 개혁은 자본주의를 대체할 수 있는 대안으로 지금까지 한 차례도 논의된 적이 없다.

여기서 핵심은 진정한 책임감을 공감할 때 현실적인 변화가 일어난다는 것이다. 모든 관점의 변화는 집단도덕의 문제다. 그리고 집단도덕은 모든 변화된 관점의 합이다.

기업과 금융권에 지속적인 책임감을 공감하게 하는 첫 단추는 보너스와 감점제도 도입이다. 그러나 지금까지 여러 협의 과정을 거쳤지만 좋은 결과를 보지 못하고 있다.[12] 여하튼 2008년 가을 수십억 이상의 투자 손실로 신문 1면에 오른 스위스의 대형은행 UBS의 이사회는 경영자에 대한 보너스-감점 시스템을 도입하기로 결정했다.[13] 맨 먼저 UBS는 기업을 이끌면서 이전과 같은 유혹에 빠지지 않고 경영자의 보너스 점수를 초기화했다. 경영자의 상여금은 최대치의 3분의 1만 그 즉시 지급되었다. 나머지는 지불동결계좌에 3년간 유예하고 그동안 은행과 사업 분야가 성공적이었을 때만 인출이 가능했다.

앞으로 책임경제 원칙을 추진하려면 그와 관련된 일련의 신규규정을 생각해볼 수 있다. 전체 임직원의 수입과 비교했을 때 어느 정도 납득할 만한 경영자의 임금상한 제한을 둘 수 있다. 그러나 이는 미풍양속을 해치고 사회 전반에서 비롯된 자극과 잘못된 모범으로 이어질 수 있다. 임원에게 주어진 특권 중 무엇이 실제로 필요하고 어떤 것이 쓸데없는 걸까? 성숙하고 책임감이 넘치는 경영자가 자신의 자존감을 느끼는 데 얼마나 많은 특권과 질투를 일으키는 도구가 필요할까? 이로써 경영수업 과정에서 공정, 협력, 결속력, 배려 같은 가치관이 얼마나 진지하게 받아들여지는지를 보여주었다. 위험도가 매우 높은 분야라면 보너스-감점 시스템 외에도 최고경영자의 자기자본책임 역시 잘못된 투자를 근원적으로 차단하는 효과적인 수단이다.

무슨 얘기냐 하면 지난 10년간 영미에서 시행한 허풍선이 정책과 여러모로 반대인 새로운 자세와 정신을 바로잡아야 한다는 것이다. 행실이 올바른 경영자는 겸손하다. 그런 경영자라면 벼락부자의 상징인 눈부신 특권을 한자동맹의 전통을 이은 '명예로운 사업가'처럼 단칼에 거부할 것이다. 무엇보다 존중하고 배척해야 하는 행동을 새롭게 평가하는 완전히 다른 문화가 필요하다.

이것이 막연하고 별 이득이 없어 보인다면 제2차 세계대전 이후 독일과 서유럽 대다수가 겪은 심성의 변천사를 떠올려보자. 독일만 해도 왕국, 바이마르공화국 그리고 제3제국으로 체제가 교체되면서 민족의 성향도 바뀌었다. 그러나 체제 교체 없이도 독일의 성향은 1950년대와 1970년대가 사뭇 달랐고 1990년대와도 다른 차이를 보였다.

무엇보다 국가에서 이를 후원하고 장려할 때 그 시대의 정신은 새로운 변화를 성공적으로 수용한다. 경제 활동을 '올바르게' 하려면 금융기관과 기업뿐만 아니라 국가와 국민 모두 지금까지의 모습 그대로 지속해서는 안 된다. 특히 독일 기업은 정부보다 국가에 끼친 손해가 막중하다. 그 손실은(2010년 3월) 1조 6827억 유로에 달하며 이 추세는 여전히 가파르게 상승하고 있다.[14] 국가와 경제 때문에 발생한 이자는 국민의 세금으로 충당하고 있다. 독일 국민이 해마다 국가, 경제, 사기업의 이자로 납세하는 액수는 무려 1인당 9500유로에 달한다.

전반적인 신용거래, 이자 시스템과 금융권을 여러 사람이 분노에 찬 목소리로 비난하는 것은 어찌 보면 당연하다. 금융권에 대한 의존도가 높아질수록 자유는 제한되고 은행의 권력과 경제위기 가능성은 커진다. 독일에서 시행하는 이자 체계로 이득을 보는 사람의 수는 10퍼센트에 못 미친다. 불과 10퍼센트도 안 되는 국민을 위해 이 체계가 유지되고 있다. 반면 이자로 손실을 보는 사람은 국민의 80퍼센트를 넘는다.[15] 이런 식으로는 발전할 수 없다는 것이 분명하다. 그렇다면 이를 대체할 수 있는 대안은 무엇인가?

이렇게 터무니없는 상황을 고려했을 때 여러 사람을 자신에게서 보호할 수 있는 방안을 마련하는 것이 다급하다. 금융계와 이자라는 관념적인 과정을 겪으면서 석기시대의 사고 능력은 정지되기 십상이다(25장 참조). 이것은 이해하고 납득하기보다 무조건 의식에서 떨쳐버릴 정도로 관념적이다. 돈이 가득 든 지갑을 잃어버린 사람에게 그 지갑을 돌려줄 때 대뇌변연계의 보상체계가 자극된다. 그러나 몇 번의 컴퓨터 클릭만으로 수십억의 금액을 주고받는 사람은 간뇌에서 분명 부정적인 자극을 인지하지 못한다. 이런 이유에서 금융업에는 다른 경제부문보다 강력한 규정이 필요하다.

특히 놀랄 만한 사례로 1980년대 말 그리고 1990년대 초 도입된 신용카드를 들 수 있다. 도입 당시 매우 실용적으로만 보였던 신용카드는 소형 시한폭탄이 되어버렸다. 손에 직접 현찰을 쥐지 않으면 돈의 가치를 잊기 쉽다. 1990년대 미국 신용카드 사용자의 이용금액은 1990억 달러로 눈덩이처럼 불어났다.[16] 이는 한 사람당 3431달러다. 현재 미국 국민 한 사람당 평균 두 장의 신용카드를 보유하고 있으며, 은행은 눈에 띄는 화려한 광고와 좀 더 실용적이라는 카피로 고객들을 공략하고 있다. 2007년 미국 신용카드 사용자의 카드 부채는 총 9610억 달러에 달하며 평균 1인 사용금액은 1만 678달러다. 전체 신용카드 사용자의 7퍼센트가 매달 사용한 카드 대금을 지급하지 못하고 있다.

캐나다의 상황은 더 심각하다. 캐나다 신용카드 사용자는 평균 8만 캐나다 달러(한화 약 9000만 원)를 빚지고 있다.[17] 신용카드 사용자의 거의 절반이 신용카드 대금을 지불할 능력이 없다. 캐나다, 미국 그리고 독일의 많은 사람에게 신용카드는 스스로 빠져나올 수 없는 늪으로 변하고 있다. 이와 비슷하게 인터넷 상의 음란, 도박으로 인한 피해도 개개인에 국한된 것이 아니라 사회에 부담이 된다. 자신의 탐욕을 위해 다양한 속임수로 사람들을 유혹하는 신용카드사는 이미 수십억의 손실을 일으켰다. 아무도 통행료를 지불할 능력이 없으면 브루마블 게임을 하는 의미가 없다. 게다가 모든 것이 잘못되었을 때 은행과 소비자가 저지른 정신 나간 짓의 대가를 결국 국민의 세금으로 치러야 한다.

이런 상황에서 탐욕을 부채질하는 은행과 경솔한 소비자를 비난하는 목소리가 높아지고 있다. 어떤 대가를 치르든 소비자를 현명한 시민으로 훈련하고, 불필요한 욕구와 정말 필요한 것을 구분해내는 올바른 소비를 정착시키는 것은 정치가 풀어야 하는 중요한 과제다.

물론 그러기 위해서는 창의력과 상상력이 필요하다. 사람들이 대부분 저축하기 힘든 상황이라면 노인보장 제도로 혜택을 주어야 한다. 아무 대책도 세우지 않는다면 독일 노령 빈곤층의 수는 급격히 늘어날 것이다. 국가는 무엇을 할 수 있는가? 예를 들어 유연한 노인채용 제도처럼 경제적으로 심사숙고한 해결책이 있다. 노인보장 제도로 예산을 사용하는 대신 기업에 향후 임금 증가의 일부분을 절감할 수 있도록 노인채용을 의무화하는 것이다. 받을 금액에서 구체적으로 공제하거나 이체하는 것보다 눈에 보이지 않는 돈을 절감하는 것이 수월하다.[18]

물론 현명한 소비자 교육이 금융권의 위험한 게임을 엄격한 규정으로 막아야 하는 국가의 책임을 가볍게 해주지는 않는다. 이런 맥락에서 지난 20년간 앞으로 시행해야 하는 정책들이 다방면으로 풍부하게 협의되었다.[19] 가장 핵심이 되는 규정은 다음과 같다.

- 신용거래 시 은행의 자기자본 비율 증가
- 헤지펀드, 공매도, 파생상품 금지
- 1991년 폐지된 주식양도세금 재도입
- 경영자임금의 제한과 보너스-감점 시스템 도입
- 은행 지불 능력에 대한 낙관적인 기준 대신 현실적인 기준 대체
- 국제금융감독원과 융화
- 지불 능력 없는 파산 주주에 대한 강력한 규제
- 단기 투자를 조성하기 위한 분기별 보고서 공시 제한
- 국가의 예산 또는 담보를 요구하는 기업과 금융권에 대한 무한책임 의무화
- 국가 입장에서 체제에 영향을 주는 관련 기업 선정

• 해당 기업 파산 시 국가에서 사용할 예비자금으로 '보험료' 지불

얼마나 많은 부분을 국가적·국제적으로 시행할지는 독일과 유럽의 정계에서 판단해야 한다. 그러나 국가에서 이런 방식 또는 유사한 방식으로 남용에 대처하고 사회의 공정성과 조정 기능을 보장할 때만 타인을 희생하며 살지 않는 문화가 형성되고 미래에 대한 희망이 생긴다.

기업과 국민은 스스로 함께 살고 싶은 사회를 만드는 데 동참할 의무가 있다. 이 책의 2부에서 나는 카카오를 거래하는 브로커가 가나의 불쌍한 아이들을 위해 무엇을 할 수 있을지 질문을 던졌다(24장 참조). 이제, 아커만이 빈곤층을 위해 무엇을 할 수 있을지 같은 질문을 던지고자 한다. 그의 동료들과 함께 수익의 일정 부분을 가나 아이들을 돕는 국제기구에 기부하기로 약속할 수 있다.[20] 어쩌면 어느 날 그가 직접 가나로 가서 자선활동을 하며 가나의 실태를 눈으로 확인할지도 모른다. 그래서 자신의 수익이 줄어들어도 마음은 충만해질 수 있다. 가나 국민의 생활이 개선되고 행복해졌다는 만족감으로 기분 좋게 생활할 수도 있다.

왜 기업, 중견기업, 대기업 또는 금융기관은 기업에서 선택한 사회사업에 기업의 인턴이나 직원이 소신을 갖고 참여한다고 생각하지 못하는 걸까? 개인적인 시간에 참여할 수도 있지만 업무를 보는 시간에 참여할 수도 있다. 영국의 명문대학교는 학생들의 사회참여에 큰 가치를 두고 있다. 독일의 기업이라고 해서 그렇지 못할 이유가 있겠는가? 빌 게이츠의 자유로운 정신은 다음과 같이 드러난다. "물론 마이크로소프트의 성공으로 벌어들인 돈으로 내 자식에게 요트와 다른 것들을 선물하는 데 사용할 수도 있었다. 그러나 이 돈을 빈곤층에 사용하기로 결심했다. 이는 우리 경제체제의 자율성을 따른 것이다. 그리고 나는 더 많은 사람이 나를 본보기 삼아

이에 동참하기를 바란다. 앞서 선행한 여러 기부자와 함께 행복한 감정을 나눈다. 나는 도울 수 있다는 데 즐거움을 느낀다. 이러한 지출로 마음이 충만해졌다."[21] 2010년 8월 초 또 다른 억만장자 워런 버핏과 함께 솔선수범하는 모습을 보여 다른 미국 억만장자 40명의 동참을 이끌어낸 빌 게이츠는 재산의 절반(!)을 사회에 환원하기로 약속했다.

독일에서 이런 충만한 감정이 자율적으로 나타나지 않는다면 국가가 이 방향으로 이끌어주는 방책을 내놓을 수 있다. 공익을 위해 사용하도록 기업 수익률의 세금을 10퍼센트 인상하는 방안은 이제껏 의무를 공감하지 못했던 이들에게 도움이 될 것이다. 그렇게 되면 아커만은 빈곤층을 모른 척하지 않아도 된다. 충분히 기부했기 때문이다.

* * *

우리가 경제활동을 하는 방식은 지속성과 책임감이 더 강화되어야 한다. 국가, 기업, 금융권 그리고 국민이 동등하게 참여해야 한다. 이때 요구되는 것은 새로운 기업 정신이다. 태만, 탐욕, 남용을 줄이고 사회 책임을 촉구하는 도구는 모든 면에서 효율적이어야 한다.

* * *

그것이 기업이든 사회든 우리가 추구해야 할 목표는 본보기가 될 수 있도록 도덕적으로 느끼고 생각하는 환경을 조성하는 것이다. 그러면 그 방법은 무엇인가?

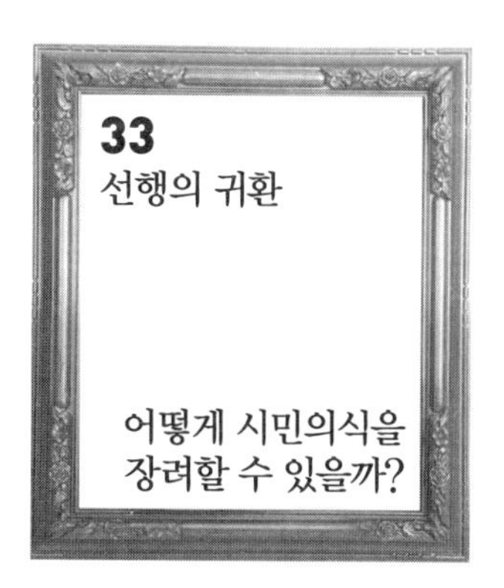

민족과 민족 사이에 국경 있는 것이 아니라 상부와 하부 사이에 있다.

- 베를린 크로이츠베르크 쾨펜니커 거리의 현수막

국경은 상부와 하부 사이가 아닌 너와 나 사이에 놓여 있다.

- 현수막 주변의 담벼락

라테나우 플라츠는 쾰른 시에서 가장 아름다운 공원이다. 고건축물로 둘러싸인 이 공원은 처음 설립되었을 때는 쾰른 대학생의 거리 라텡 지역 한가운데 놓인 파리의 소공원 같았다. 공원을 기점으로 도로가 방사선으로 뻗어 나갔다. 플라타너스의 엷은 녹색은 빛을 받아 반짝이고 줄기는 영원히 서 있는 기둥처럼 곧게 하늘을 향했다. 여름에는 새소리와 함께 신나게 뛰노는 아이들의 목소리로 가득했다. 수많은 사람이 공원 의자에 앉아 있었다. 그들 표정에서 쾰른인 특유의 향기와 침착함이 묻어났다. 저녁이 되면 색색으로 반짝거리는 불빛은 지칠 줄 모르는 아이들과 부모의 마음을 편안하게 해주었다.

라테나우 플라츠는 이웃과 함께하며 유대감을 느끼는 곳이다. 그러나 항상 그랬던 것은 아니다. 이곳에는 많은 사연이 깃들어 있다. 처음에 이름부터 논란이 되었다. 원래 이 공원은 프로이센 군주 프리드리히 빌헬름 4세의 이름이 붙여질 예정이었다. 그러나 프로이센에 관심이 없던 쾰른 시민은 그것이 어떤 군주를 지칭하든 간에 단순하게 '쾨니히스 플라츠(군주의 장소)'로 부르기로 의견을 모았다. 1923년 공원은 라테나우 플라츠로 개명됐지만 제3제국 시절 살해된 외무부장관을 기리기 위해 호르스트베셀 플라츠로 바뀌었다가 다시 라테나우라는 이름을 찾았다. 1980년대 이곳은 부서진 분수와 덤불, 들쥐로 가득 찬 폐허로 거지와 마약중독자의 오아시스였다.

공원 주변 주민들은 시 정부에 민원을 넣었다. 그들은 밤에도 아무런 위험 없이 공원에 갈 수 있도록 공원을 재단장해달라고 요청했다. 시 정부는 시민의 요청을 묵살했다. 애완견의 배설물과 들끓는 쥐 때문에 받는 고통을 없애기 위해 시민들이 모였다. 솔선수범을 보인 그들은 시민단체를 설립했다. 그 구역의 많은 주민이 공원 재단장에 동참했다. 그들은 주민의 의도를 분명히 파악한 뒤 제안서를 작성해서 관청에 압력을 넣었다. 그 결과 공원에 놀이터 두 곳이 만들어지고 화단이 꾸며졌으며 애완견을 위한 공간도 따로 마련되고 여러 가지가 새롭게 조성되었다. 시 정부에서 보장하기를 꺼렸는데도 시민단체는 10여 년 전부터 멋진 여름 페스티벌을 열고 있다. 시 정부에서는 페스티벌할 때 필요한 화장실조차 한 번도 후원하지 않았다.

야외 맥줏집 비어가르텐의 수익금은 공원뿐만 아니라 시민단체에서 진행하는 다양한 이웃 프로젝트에 쓰였다. 험담을 하거나 떠도는 소문을 얘기하는 것이 소일거리던 노인들은 이제 연극을 하거나 아이들에게 책을 읽어주거나 학교에서 아이들을 돌보았다. 한 역사동아리는 이 지역의 100년 역사를 정리해 책으로 펴냈다. 지역끼리 팀을 만들어 운동회도 열었다. 한 시민연대는 임대인의 횡포와 그 지역의 주택공실을 사회에 고발하며 상태개선에 맞서 싸웠다. 시민단체 안에서 동아리, 부모모임, 이웃돕기 프로젝트를 모두 진행했다.

그렇다면 어떻게 이 모든 것이 가능했을까? 어떻게 시민 스스로 폐허나 다름없던 공원을 이웃과 함께하는 도심의 오이시스로 재단장했을까? 기본 전제는 의심할 필요도 없이 쾰른 시의 예산 부족이었을 것이다. 만약 도시가 경제적으로 부유했다면 그곳을 직접 개발했을 것이다. 인사불성 상태의 자치단체의 무질서가 생각지도 못한 시민의 자발적 사회 참여를 장려했다. 두 번째 전제는 허물없이 지내던 1968년 당시의 시대정신과 관련이 있다. 1960년 말 사회 개혁의 움직임이 환경운동으로 이어지기까지는 시민의 자발적인 참여가 주도적이었다. 세 번째 전제는 시와 끈질기게 타협하고 타인에게 귀감이 된, 참여정신이 투철하고 두려움을 모르는 시민이 있었다는 것이다. 특정부분에서 라테나우 플라츠는 그 지역에서 우리라는 감정을 형성하며 '함께 살아가고 살아갈 수 있는' 집단도덕으로 발전했다. 공원을 고립시키는 문은 하나도 없다. 그리고 아직도 노숙자들이 공원 벤치를 점령하고 있다. 시민단체의 말을 인용하면 "글로벌 시대의 한 도시인 쾰른은 여러 구역과 광장으로 나뉜다. 그러나 쾰른 시에게 세계 시민은 누구보다 우선 지역 주민을 뜻한다".[01]

개개인의 관심사를 자율적으로 결합하고 이웃과 함께 참여하는 문화는 세계 여러 곳에서 찾아볼 수 있다. 전통적으로 자유주의를 따르는지 사회주의를 따르는지, 정치 성향이 보수적인지 진보적인지는 전혀 상관없다. 19세기 독일에서 식물원과 동물원, 재단, 박물관, 빈민자 숙소, 금융기관을 창립한 사람은 대개 말만 번지르르한 그렇고 그런 혁명가가 아니었다. 사회주의 역시 러시아어로 토요일을 뜻하는 수보트니크(무임 노동) 개념을 도입하면서 자율적인 협력을 제시했다.

DDR 시절 토요일에 임금을 받지 않고도 자발적으로 근무하는 사람은 평소 근무시간보다 적극적으로 일했다. 나는 열 살이 되던 1974년 쾨텐에서 아버지가 국영지인 작은 호수를 청소하기 위해 토요일에 출근하는 모습을 지켜보았다. 일을 마치고 저녁에 함께 그릴 파티를 하던 모습이 기억 깊은 곳에 남아 있다. 무임 노동에 동참하면 당국의 주시를 받거나 특권으로 여겨지기도 했지만 이는 사회주의의 더 나은 이념 가운데 하나였다. 오랫동안 지속된 DDR의 여러 문제점 때문에 무임 노동 제도는 1980년대 들어서면서 곳곳에서 종결됐다. 자발적인 집단은 그들의 사회적 활동 및 자신이 품었던 사회주의 정신을 포기할 수밖에 없었다. 여하튼 포츠담, 베를린-바이센제 또는 튀링겐의 카펠레도르프 등 일부 동독 도시들은 좋은 전통을 다시 이어가야 한다고 주장했다.

자발적으로 참여하고, 공동체를 위해 봉사하면서 행복해하고 만족해하는 것을 일상에서 스스로 의식하는 경우는 매우 드물다. 대부분 다른 사람의 동기부여가 필요하다. 일상적으로 반복되는 행동과 습관은 약간의 상상력만 있어도 그곳을 쉽게 탈출할 수 있는데도 우리를 철창에 가둬버린다. 텔레비전을 시청함으로써 다른 부모들과 함께 아이들이 모험할 수 있는 놀이공간을 만들고, 이웃과 함께 공원을 청소하며, 지역 페스티벌을 기획하는 만큼의 만족감을 얻으려면 얼마나 많은 시간을 투자해야 할까? 그러나 우리는 대부분의 시간을 상업적으로 연출된 행복을 따르는 데 사용한다. 그 감정이 일시적이거나 전혀 지속되지 않거나 불만이 생긴다고 해도 말이다.

특이한 점은 여러 사람이 근본적으로 알고 있지만 행동에는 변화가 없다는 것이다. 무엇보다 독일은 현재 스스로 참여하는 근본적인 준비 자세가 부족하다. 시민의식이 있는 사람들이라도 대개 우연한 계기나 지인의 권유로 동참하게 되었을 뿐 근본적으로 심사숙고하거나 자신의 도덕 원칙 때문에 참여한 것은 아니다. 자신의 원칙을 따라 시작한 사람이라 해도 대부분 어디를 바꿔야 할지조차 몰랐다. 어떤 사회참여 활동에 동참해야 할까? 시민활동, 적십자, 그린피스?

그러나 자발적인 이웃 봉사나 시민참여 활동은 여가활동으로만 국한되지 않는다. 앞서 라테나우 플라츠의 사례로 입증했듯이 진정한 시민의식은 그 이상이다. 시민단체에서 지역의 비싼 임대료나 부동산 투기를 감시하는 것처럼 말이다. 친환경 전력공급 기관과 공동 계약을 체결하도록 지역 주민을 설득할 수도 있다.

이는 정치적 측면에서 매우 중요한 목표로 자치구민에게 직접적인 삶의 질과 관련된 모든 것을 국민표결로 스스로 결정하도록 유도하는 것이다. 1980년대 초 이후 사회는 '자동차가 다니지 않는 시내'에 대해 논의했다. 하지만 독일 전역으로 봤을 때 그 결과는 초라했다. 특히 관광이나 오래된 벽을 철거하지 않고는 해결되지 않는 문제를 넘어서지 못했다. 만약 그 지역에서 자동차 통행을 원하는지 그렇지 않은지를 지역주민의 찬반투표로 스스로 결정하게 했다면 더 아름답고 훨씬 민주주의적이었을 것이다.

이것이 가능했다면 라텡 구역과 쾰른 시의 벨기에 타운 또는 베를린 프렌츨라우어 산 주변 등 여러 곳이 자동차 없는 거리로 지정되었을 것이다(경찰차, 앰뷸런스, 소방차는 예외로). 자동차와 배기가스로 가득 찬 세상에서 자란 부모 세대에게 아이들이 도심 한복판에서 아무런 위험 없이 뛰어다니는 모습은 여러모로 동화책에나 나올 만한 이상적인 광경으로 보였을 것이다! 섬머 페스티벌에서 사용하는 의자와 탁자를 볼로냐에서처럼 번화가 한복판에 세우는 것이다! 그랬다면 인생의 질이 얼마나 달라졌을까!

실제로 자동차로 가득 찬 우리 사회는 축복을 받은 것이 아니라 저주를 받은 것 같다. 새로운 자유가 생길 때마다 또 다른 구속이 나타난다. 교통에 대한 요구를 모두 만족시키려면 도시 생활의 질 하락은 어느 정도 감수해야 한다. 유럽의 어떤 대도시도 제2차 세계대전 이후 교차로와 콘크리트 건물이 즐비한 도시로 재탄생하지 않은 곳이 없다. 삶의 질은 이제 휴식, 좋은 공기, 이웃의 사회설비가 아닌 이동성에 달려 있다. 미국에서 빌려온 이동사회의 비전은 1960년대와 1970년대 중산층을 도심에서 벗어나 시 외곽의 단독주택 지역으로 이동시켰다. 신규 자산으로 생긴 부채의 파장은 입주민이 모든 대가를 치르면서 도시와 집을 오고가게 만들었다. 국가는 그 지역에 연결도로를 새로 건설했다. 두 시간 이상 계속되는 교통정체와 극심한 교통 스트레스는 이제 남의 이야기가 아니었다. 남편이 출근한 뒤 새로 문을 연 대형 마트에 시장을 보러 갈 때도, 테니스를 치러 갈 때도 아내에게는 차가 필요했다.

자동차의 대량판매 없이는 불가능한 이 모든 발전으로 GNP가 상승했다. 그러나 동시에 환경오염, 계획 없는 택지 개발에 따른 경관 파괴, 신분경쟁, 이혼율 증가 그리고 집단적인 중년의 위기를 초래했다. 사회의 행복이 더 커지지 않고 그대로 정지된 것도 전혀 이상하지 않다.

존재는 의식을 규정한다. 그리고 수십 년 동안 새로운 삶의 변화가 가져온 이점만 보려 했기 때문에 이제는 엄청난 대가를 치러야 한다. 환경에 적용되는 것은 사회에도 동일하게 적용된다. 그런데 우리는 오랫동안 지나치게 동전의 한 면만 주시했다. 우리는 더 많은 자유와 안정감을 얻었지만 "그 대가로 그 모습이 원래 그랬던 것으로 당연시해왔기 때문에 전혀 의식하지도 못했던 여러 가지를 이제 단념해야 하는 상황에 처했다".[02]

엄청난 노력이 필요한 자발적 포기는 역시나 하기가 매우 어렵다. 우리에게서 무언가를 가져가면 갑자기 세상에서 그 어떤 것도 제한하고 싶지 않은 자유를 만끽하고 싶은 마음이 피어오른다. 적당한 사례로 공공장소인 실내에서의 금연 규정을 들 수 있다. 수십 년 동안 서양의 정치인은 뜨겁게 논란이 된 이 주제를 시행할 용기가 없었다. 일부 유럽연합 국가에서 첫걸음을 내딛자 도미노 효과가 일어나며 국민의 큰 저항 없이 퍼져나갔다. 3년도 채 안 돼서 대다수 흡연 인구는 "'과거에' 레스토랑에서 주문한 음식이 식탁에 오르는 동안에도 그 주변에서 담배를 피웠다는 것을 상상조차 하지 못하게 되었다".[03]

제한 없는 자유와 권리보다 더 중요한 것이 있다. 이것이 공공의 대가를 치러야 할 때는 더더욱 그러하다. 시내를 통과하는 모든 운전자는 자율적으로 운전하는 것이 아니라 운전하면서 아무런 일도 일어나지 않도록 신중히 행동할 것을 강요받는 것이다. 예컨대 자동차로 가득 찬 사회처럼 처음에는 기회로 보이는 것의 대다수가 장기적 관점에서 볼 때 강요가 되어버린다. 반대로 하나의 새로운 강요는 기회가 되기도 한다. 예컨대 근거리 교통 체계가 완비되어 있다면 새로운 고속도로 건설을 중단해도 아무도 불행해지지 않는다. 그 이상의 고속도로가 없다 해도 국민은 빨리 적응한다. 자동차가 없는 도시구역과 시내도 이와 다를 바 없다. 실제로 한번 경험하고 나면 자신이 살고 있는 지역에서도 이런 시스템이 가능하지 않을지 곰곰이 생각하게 된다.

그러나 사회의 모든 개혁이 국가의 몫은 아니다. 앞으로 10년간 사회분야를 보호하고 배려하는 차원에서 끝나는 것이 아니라 국가가 한발 뒤로 물러서고 공공의 손이 적극 나서는 것을 몸소 느낄 수 있어야 한다. 사회가 대칭을 이루고 있는 독일에서 자라난 사람들에게 이는 상상하기 힘든 것이다. 어릴 때부터 우리는 사회와 더불어 사는 삶 자체가 국가에 의해서 조율되고 지불되는 데 익숙해 있다. 우리가 세금과 사회 보험료를 지불하는 이유가 무엇이겠는가? 개개인의 기부나 노동력을 받아 직접 시내의 공원, 수영장, 동물원과 어쩌면 학교까지 점점 더 많은 것을 우리 손으로 직접 가꾸고 만들어나가는 것은 여러 면에서 유토피아처럼 느껴졌다. 그러나 지역 자치단체의 수입에 관한 냉정한 시각, 시에서 주를 넘어 국가에 이르는 공공의 손의 채무는 부정적인 면을 깨닫게 해주었다. 우리 사회의 복지체계는 안정적으로 봤을 때 20년도 지속되지 못할 것이다. 사회의 온정, 보호, 배려의 큰 부분은 1950년대에 그랬던 것과 다르지 않게 우리와 후대가 직접 일으켜야 한다.

공원을 전혀 관리하지 않은 쾰른 시는 앞으로 일어날 수 있는 모습을 보여주는 단적인 사례다. 전반적인 발전이 불만과 단념으로 편류하거나 우리 손으로 직접 해결해야 한다. 이를 긍정적으로 정의하면 "사람들은 그 즉시 다른 누군가와 교류할 수 있다. 사회·경제 기능을 넘겨받을 정도로 가족 간의 연대는 많아졌고 시와 자치단체가 시민에게 의지하는 비중은 늘어났다. 한 세대 동안 국가에 무기명으로 지불하는 경향이 넘쳐흘렀던 사람과 사람 사이의 그리고 사회의 단결이 표면으로 떠올랐다".[04] 부정적으로 보면 어쩌면 라테나우 플라츠 시민이 서로를 부양하는 것으로 볼 수 있다. 사회 중심의 시민이라면 무기명의 곡식창고가 되고 싶지 않을 것이다.

좀 더 활발하고 적극적인 시민 참여는 올바른 방향으로 다가가는 한걸음이 된다. 프랑크푸르트 출신의 사회철학자 악셀 호네트가 표현했듯이

'우리 안의 나'를 되찾고 그로써 '내 안의 우리'도 되새겨볼 수 있다.[05] 물론 현재와 미래의 모든 사회문제를 해결하는 것은 이와 거리가 멀다. 좀 더 적극적이고 활발한 국민 참여와 활동을 촉구하는 것은 사회에 낭만적인 안개를 드리워 시야를 흐리게 하는 것을 의미하지 않는다. 특히 빈곤 지역에 사는 많은 사람은 라테나우 플라츠 지역 사람들처럼 공동체를 결성할 여력이 없다. 황폐해진 구역에서 생활하며 부를 추구하는 낙오자, 세계 빈민 지역 이주민의 사회구조에는 분명 희망이 없다. 융화되기 어려운 사람, 단순히 서로 융화되고 싶지 않은 사람, 우리 사회의 여러 '시민' 가치관에 동의하지 않을뿐더러 거부하는 사람은 함께 사는 생활에 그다지 도움이 되지 않는다.

중산층의 책임감이 무거워진다고 해도 모든 문제가 해결되지는 않는다. 결국 어떤 방식으로든 마지막에는 국가가 부담하고 모든 짐을 어깨에 메는 상황에 이른다. 상류층도, 하류층도 우리 사회의 척추를 형성하지 않는다. 전자는 미심쩍은 상황에서는 항상 다른 곳으로 이동할 수 있고 실제로 그렇게 생활하기 때문이며, 후자는 소속감을 전혀 느끼지 못하기 때문에 자신의 일이라 생각하지 않기 때문이다. 앞으로 국가가 더는 재정적으로 지원할 수 없는 모든 과제는 중산층이 발 벗고 나서서 기여해야 한다. 조금 과장해서 표현하면 이는 지난 10년간 역사적으로 전무후무했던 번영을 위해 국민이 국가에 공헌해야 하는 의무라고 할 수 있다. 우리 사회의 광범위한 인생의 가치를 미래에도 유지하려면 실제로 필수불가결한 방책이다.

좋은 소식이라면 시민의식이 투철한 국민은 실제로 부족함이 없다는 것이다. 시민참여와 관련해 조사기관에서 설문조사를 해본 결과 15세 이상 독일 국민 3명 중 1명은 봉사활동에 참여했다. 그중 대다수가 스포츠 단체와 관련된 활동을 했다. 그러나 그것을 제외하더라도 시민참여율은 상당히 높았다. 이전과 비교해 근래에 두드러진 발전은 교육 수준이 높은 국민이 사회에서 특혜를 받지 못하는 계층의 아이들을 돌보려는 참여활동의 증가다. 이것이 바로 가장 중요하고 핵심적인 임무라는 것은 의심할 필요도 없다.

하나의 사례를 들면, 하노버의 출판업자 오토 슈텐더는 2003년 '멘토-독서 도우미' 프로젝트를 창립했다.[06] 그 바탕이 된 이념은 놀라울 만큼 간단하면서도 매혹적이었다. 자발적으로 참여한 시민은 자신이 거주하는 도시에 이 프로젝트의 지점을 설립하고 협력 학교를 선정한다. 광고를 하거나 지인, 친구 등 모든 인맥을 동원해 봉사활동에 참여하려는 시민을 모집한다. 여기에 지원하는 사람들은 대부분 연금생활자나 퇴직자로, 학교의 '문제아'를 돌보기 위한 전문적인 단기교육을 받는다. 이들은 방과 후 아이들과 함께 책을 고르고 책에 대해 토론하며 아이들을 독서의 세계로 이끈다. 아이들의 읽기 능력을 향상시키는 것이 교육의 첫걸음이다. 무엇보다 교육만이 이 아이들을 그들이 처한 사회 환경과 그와 관련해 문제가 많은 가치관에서 벗어나게 도와준다. 현재 멘토 프로젝트는 독일의 여러 도시에서 약 6000명의 아이를 돌보고 있다. 함부르크 지사 멘토에 따르면 이 프로젝트에 참여한 아이들 가운데 64퍼센트에 달하는 아이들의 독서 능력이 1년 안에 향상되었다. 그리고 4퍼센트의 아이들에게서만 별다른 성과가 나타나지 않았다.

이 프로젝트에 참여한 노년층이 보람을 느끼며 흡족해한 것은 말할 필요도 없다. 퇴직자와 연금생활자는 국가에서 받는 연금으로 안정적인 수입이 보장되고 삶의 기대치가 매우 높은 '골든 제너레이션'에 속한다. 이들은 스스로 성취했다고 할 수 없는 매우 편안한 상황에서 절대적인 도덕적 책임감을 느낀다. 장기적으로 보면 손실이 점점 늘어나면서 국가의 부담이 가

중되고 이는 결국 모든 세대가 메워야 한다. 이런 상황이 마냥 행복하지만은 않다. 라테나우 플라츠 공원의 경우처럼 참여의식이 강한 국민은 그들의 자원봉사가 빛을 발하는 공익장소에서 활동한다. 관할권, 권력 등 사소하고 쓸데없는 다툼은 지나가는 현상에 불과하다. 미래의 국가와 지역단체는 여러 측면에서 짐이 가벼워지고 줄어들어 웃을 수 있을 것이다.

정치와 사회에서 이와 같은 고민은 아직 서로 다른 목소리를 내기 때문에 통일되지 못하고 있다. 전통적으로 시민참여는 자유민주당과 녹색당에서 장려하는 정책으로 독일사회민주당과 좌파는 반신반의하며 반대했다. 사회민주당과 좌파는 적극적인 시민참여를 촉구하는 정치인과 정당은 그들이 짊어져야 할 책임을 버리는 것이라고 반대 의견을 제시했다. 좌파 정당은 국민의 자발적인 참여 대신 세금을 인상하고 복지활동을 확대하는 방안을 주장했다.

이미 1990년대에 '공동체주의(communitarianism)'라는 새로운 개념이 등장하면서 사회에서 비중 있게 논의되었다. 이는 찰스 테일러, 마이클 샌델, 앨라스데어 매킨타이어같이 미국을 이끄는 철학자들이 고안해냈다. 공동체주의는 자유주의 철학자 존 롤스의 사상에 반대되는 개념에서 시작되었다.[08] 앞서 제시했듯이(14장 참조) 롤스의 사상을 비평하는 학자들은 추상적인 원칙에 따라 도덕을 실천하기를 거부했다. 그들이 주장하는 핵심사상은 다음과 같다. "도덕은 전적으로 사회 현상이므로 객관적인 환경에서 실행된다." 테일러, 샌델, 매킨타이어의 생각이 옳다면 사회가 풀어야 할 과제는 도덕을 실천할 수 있는 환경을 조성하고 그런 분위기가 사회 전반에 '전염'되어 사회복지 사업과 참여의식이 확산되도록 장려하는 것이다.

공동체주의가 형성되던 1980년대에 이는 무제한 경제사회주의를 추구하던 레이건 정부의 사회정치에 반대되는 움직임이었다. 사회의 지출을 극적으로 줄이고 시장이 모든 것을 조율했다. 공익을 위한 비용은 예측할 수 없었다. 부자는 갈수록 부자가 되고 가난한 사람은 점점 더 가난해지며 빈부격차가 심해졌다. 이런 이기주의 문화에 대항하여 테일러, 샌델, 매킨타이어는 아리스토텔레스의 선행윤리를 주창했다. 그들은 공동체 정신과 단결을 호소하며 '사회에 대한 애국심'을 요구했다.

물론 독일에서는 이 논쟁이 아주 다른 방향으로 전개되었다. 그 이유는 독일과 미국의 국가적 문화 차이 때문일 것이다. 미국 국민이 '공화주의의 선행'으로 받아들여야 하는 많은 과제가 독일에서는 사회주의 국가의 전형적인 방식으로 조절되었다. 이런 관점에서 공동체주의는 미국과 달리 독일에서는 서슴없이 반대하는 모습을 보였다. 국민의 포괄적인 연대책임으로 보는 대신 국가에서 보장한 연대책임 원리에 대한 공격으로 평가했다. 공동체주의자나 독일과 프랑스의 비평가의 시각으로 볼 때 이들은 한정된 범위의 책임을 주장하는 사회지도층의 동족일 뿐이다. 이는 미국이 아직까지 극복하지 못한 19세기 비스마르크 사회입법 이전 시대로 회귀하는 것이나 다름없다.

우리 사회가 현재 봉착한 문제와 미래의 문제에서 친구 아니면 적으로 구분하는 것은 매우 고리타분한 발상이다. 오늘날 국민에게 '사회에 대한 애국심'을 호소하는 사람이라도 사회적 국가를 폐지하고 싶은 마음이 없거나 사회 부유층의 세금 인하를 바라지 않는다. 공동체주의와 세금 인상은 상충되지 않는다. 국가가 제대로 시행할 수 있는 모든 사회복지 사업은 이윤이 남는다. 단지 앞으로 10년, 20년 뒤가 문제다. 이와 관련하여 국가와 논의할 때 선택 가능성이 여럿 있는 것 같은 태도를 고수하는 것은 바람직하지 못하다. 경제성장에 대한 협의처럼 그것을 원하는지 원하지 않는지가 아니라 미래에 지속적인 존속 가능성을 논하는 것이기 때문이다.

* * *

물질적 성장을 추구하지 않거나 추구해서도 안 되는 사회는 현실적인 관점에서 다시 개편되어야 한다. 자발적인 봉사, 협력 같은 참여의식은 매우 새로운 가치다. 1980년대에 주입되고 시행되며 경제 기적을 일으켰을 때 만연했던 물질적 이기주의 대신 사회에 대한 애국심이 등장해야 할 차례다. 사회에 대한 애국심은 '무리'에 책임감을 느끼며 소속감을 확인하는 인간의 사회적 본능에 호소한다.

* * *

이제는 이웃돕기와 사회 참여만으로는 안 된다. 미래 생활환경에 적합한 새로운 시민의식을 목표로 하려면 사회의 승인을 비롯해 국고, 노동계, 가족 등 이를 위한 보상체계가 포함된 여러 분야를 새롭게 편성해야 한다.

34 행복한 납세자

보상에 대처하는 자세

세무서의 담당직원은 나에게 한 번도 커피를 권유하지 않았다. 우리는 서로 알지도 못하고 전에 마주친 적도 없다. 그와의 면담 내용과 세무서에서 발송한 다소 친절하지 않은 고지서에 따라 세금을 냈다. 세무서는 내가 살고 있는 국가의 일부분이다. 독일과 같은 연방국가에서 뭔가 사악하고, 어둡고 독재적인 것은 존재하지 않는다. 국가는 당신과 나를 비롯한 국민을 대변한다.

이른바 '돈 잘 버는 사람'에 해당되는 국민은 대부분 세무서와 편안한 관계를 맺지 못한다. 적어도 한 번은 내야 하는 어마어마한 세금에 심기가 불편해진다. 독일의 경우 가장 높은 세율은 45퍼센트다. 이는 수입의 거의 절반에 이르는 엄청난 액수다. 그리고 세무서, 즉 국가가 자신들을 대하는 태도에 화가 난다. 돈 잘 버는 사람은 대부분 개인사업자이므로 세금을 미리 내야 한다. 그들과 조금도 면식이 없는 세무서 직원이 세액을 사정한다.

세무서는 세액을 책정하고 납세자에게 의견을 물어보지 않는다. 두 사람이 나란히 앉아 악수를 청하고 가벼운 농담으로 분위기를 조절한 다음 심사숙고하며 협의하는 모습은 어디에서도 찾아볼 수 없다. 한 사람이 위에서 무기명으로 내려온 차가운 권력을 휘두르며 강압적으로 지갑을 열게 할 뿐이다. 은행이 고객을 그런 식으로 대했다면 아마 파산했을 것이다. 돈 잘 버는 개인사업자는 납세고지서를 증오하고, 세무서를 경멸하며, 국가를 욕하고, 핑계를 찾으며, 직접적으로 자신들의 정신적 고통을 완화해 주겠다고 약속하는 정당을 선택한다.

국민을 국가로부터 등 돌리게 만드는 국가의 행동은 영리하지도 적합하지도 않다. 오히려 프러시아가 남긴 마지막 유산 중 하나를 꾸미지 않고 드러내는 것으로 보인다. 관료주의 국가의 권력 과시를 그대로 계승한 잔재 말이다. 국세청이 납세자를 대하는 가장 보편적인 방식은 신뢰가 아닌 불신이다. 대개 불신에서 시작된 의혹은 또 다른 불신으로 이어진다. 그리고 불신은 혐오로 이어진다. 혐오는 또다시 탈세와 속임수를 장려한다. 국민의 번영을 보장하고, 아이들의 교육을 책임지며, 거리의 안전과 그 밖의 여러 가지를 약속하는 동일한 국가는 적으로 돌변한다. "국가는 해법이 아니라 문제다." 레이건 대통령의 연설문 작성자는 이미 1980년대에 그와 같이 기술했다.

그렇다면 도대체 뭐가 잘못된 것일까? 프랑스 작가이자 이상주의자인 루이 세바스티앙 메르시에는 1771년에 앞으로 다가올 2440년 서유럽 국민의 모습을 그려보았다. 그는 현대적 사회 설비, 재정비된 센 강 다리, 현대 시설을 갖춘 병원과 대학교, 관세가 철폐된 유럽 공동시장과 필요한 만큼으로 축소된 군대만 생각한 것이 아니었다. 그는 국민을 배려하는 공정한 국가에서 생활하며 즐겁게 세금을 납부하는 상상을 했다.[01]

메르시에가 예언한 것 가운데 딱 한 가지만 실현 불가능한 유토피아 발상으로 남았다. 사회에서 납세를 존중하는 것은 관청에서 느끼는 납세에 대한 사회적 존중만큼이나 좋지 않다. 경제 심리적 측면에서 볼 때 거의 모든 것이 잘못되었다. 뭔가를 주는 사람은 그것이 자발적이지 않았더라도 그 대가로 감사나 인정을 바라기 마련이다. 빵집에서 빵을 판매할 때도 판매자만큼이나 소비자도 서로 좋은 취지에서 고마움을 표시한다. 국가 또한 여러 관점에서 이 점을 이미 납득했다. 현재 경찰은 20년 전보다 모든 면에서 매우 친절하다. 익명성과 군인 같은 무미건조한 말투는 친절하고 다정한 모습으로 변모했다.

사회적 측면에서 이기주의자를 양성하지 않는 기술은 인간이 지닌 긍정적인 사회적 본능에 관심을 갖는 데 있다. 고집불통이 되거나 고집을 버리는 사회 분위기에 따라 결정된다. 페르 같은 경제심리학자는 그것이 정치가 추구해야 하는 목표라고 생각했다. 또 납세를 하는 국민을 대하는 법도 한몫한다. "정치는 협력에 대한 사고와 관련해 납세윤리를 개선해야 한다. '협력할수록 많은 돈이 국고로 들어올 것이다."[02]

세무서와 납세자의 팀플레이 정신이 개선될 때 세무서에게 착취당한 것 같다고 토로한 철학자 페터 슬로터다이크와 같은 심정이 진정될 것이다.[03] 슬로터다이크에게 국가의 납세제도는 "아직 전년도의 착취로 몰락하지 않은 사람에게 해마다 반복되는 특전으로 사회주의의 몰수와 동등한 기능"이나 다름없었다. 슬로터다이크는 이런 불손한 정신에 '건네는 손의 혁명', 즉 납세자와 특히 돈 잘 버는 사람의 봉기를 요구했다. "국가가 가장 납득할 만한 반응은 국고를 거부하는 시민전쟁이다."

그가 선포한 세금전쟁은 가을에 시행된 연방의회 선거로 즉시 구체화되었고 사람들은 자유민주당을 선택했다. 자유민주당은 세금 인하를 주요 공략으로 내세웠다. 그 어떤 독일 국민도 수익의 35퍼센트 이상을 세금으로 납부하지 않도록 하겠다는 약속이었다.[04] 돈 잘 버는 계층의 여론은 의원석 집계를 극적으로 바꾸어놓았다. 〈슈테른〉에서 위임받은 조사기관에 따르면 2010년 6월 실수입이 매월 4000유로 이상인 독일 부유층의 42퍼센트가 세금이 지나치게 높다고 생각했다. 매월 실수입이 3000~4000유로인 계층은 이보다 높았다(43퍼센트). 그러나 실수입이 3000유로 이하인 국민 세 사람 중 한 사람이 국가의 부채가 높은 것을 감안했을 때 좀 더 많은 세금을 낼 의향이 있다고 밝혔다.[05]

모든 도덕과 마찬가지로 세금 윤리는 주변 환경의 상황과 여론에 좌우된다. 인간은 납세자일 때 더는 호모 에코노미쿠스이지 못한다. 주변 상황과 환경에서 비롯되는 감성적 동기가 모든 것을 결정한다.

동기를 극대화하려면 심리적으로 매우 중요한 요소인 자발성이 납세 시스템에 자리 잡아야 한다. 물론 슬로터다이크가 선동한 것처럼 소득세를 폐지하고 공공에 자발적으로 기부하는 형식의 유쾌한 발상은 당연히 아니다. 그러나 실제로 연간 수입이 25만 유로(한화 약 3억 7000만 원) 이상인 부유층에게 수입의 5퍼센트를 추가로 내도록 의무화하는 방안은 고려해볼 만하다. 게다가 납세자가 납부한 5퍼센트의 추가 세금을 어떤 용도로 사용할지 직접 결정하게 하는 것이 핵심이다. 이를 위해 국가에서는 독일군의 해외 주둔부터 신규 유치원 설립에 이르기까지 목록을 작성해 납세자에게 전달할 수 있다. 납세자 스스로 세금 용도를 결정함으로써 의무적인 납부보다는 자발적인 기부라는 심리적 성격을 띠게 된다. 바보 멍청이로 국가에 이용당한다고 생각하는 대신 새로운 유치원을 짓거나 학교 시설을 현대화하거나 사회사업가를 고용하도록 배려한 배포 큰 기부자라는 기분을 만끽할 수 있다.

이 차이는 또 다른 사례로도 명확해진다. 쾰른에서 처음으로 맥줏집을 방문하는 사람은 잔이 비는 순간 주인이 다시 채워주는 모습에 깜짝 놀란다. 이때 둥근 맥주 뚜껑에 연필로 표시한다. 이렇게 여러 병을 마시다 보면 이곳에 익숙하지 않은 손님과 종업원 사이에 항상 거친 말다툼이 일어난다. 손님은 계산할 때 주인이 속이는 것만 같다. 계산서가 아니라 아무렇게나 표시한 작대기로 그가 진짜 마셨는지 아닌지도 모르는 술값을 계산해야 했기 때문이다. 주인이 주의력을 분산시키고 손님을 속인 것은 아닐까? (실제로 쾰른 브로이하우스에서 손님을 속이는 일은 없다. 절대로.)

반면 베를린 정교회 광장에는 종업원이 계산서에 아무것도 적지 않는 술집이 있다. 잔을 받고 손님이 원하는 음료를 제공한다. 즐거운 시간을 보내고 계산할 때 손님이 적당하다고 생각하는 금액을 지불하라고 요구한다. 아직까지도 이 술집이 운영되는 것을 보면 손님이 어느 정도 적절한 금액을 지불했을 것이다. 그만큼 신뢰를 받은 손님은 이 신뢰를 지키려고 노력한다. 따라서 돈을 적게 내기보다 오히려 많이 낸다.

베를린 술집의 정점은 외부 동기(술값을 지불해야 하는 강제성)가 내부 동기(스스로 적절하다고 생각하는 액수를 지불하는 것)로 변했다는 데 있다. 그리고 손님은 공정을 기대하는 믿음의 대가로 높은 금액을 지불했다. 반면 브로이하우스의 관습은 종업원에 대한 불신을 부채질한다.

2부에서 설명했듯이 우리가 정의롭거나 정의롭지 못한 것, 적절하거나 적절하지 않은 것으로 생각하는 것은 환경과 집단윤리의 문제다. 직장 동료가 좋은 뜻으로 많은 돈을 지출할 때 우리는 그가 나와는 전혀 다른 사람이라고 치부해버린다. 세금도 마찬가지다. 현 정부에서는 세율을 42퍼센트까지 낮추었지만 헬무트 콜 정부 시절 소득세의 최고 세율은 52퍼센트에 달했다. 2007년 소득이 연간 25만 유로 이상인 부유층에게는 세율을 45퍼센트로 조정했다. 만족과 불만족은 절대적인 숫자가 아니라 사회 분위기에 달렸다. 영국의 최상류층은 수입의 60퍼센트까지 소득세로 납부하는 것을 불만 없이 받아들였다.

사람의 심리는 절대적인 수치에 따라 움직이지 않는다. 인류가 달성한 문화의 상당 부분이 경제적 수익, 비용, 지출의 도식에 따라 측정되지 않는다. 내부 동기가 분명할 때 외부 동기는 중요하지 않다. 대학 시간제 강사 가운데 일부는 실력이 아무리 뛰어나도 매월 1500유로(한화 약 220만 원)도 받지 못한다. 그런데도 이들을 해고하는 것은 참으로 망신스러운 일이 아닐 수 없다!

성 보니파티우스는 게르만 민족을 전도할 때 그 대가를 생각하지 않았다(생명을 잃은 사람). 반면 오늘날 교회는 교구와 봉사활동에 경제적으로는 가치가 없다는 신호를 표현한다. 도대체 언제부터 순조로운 경제 상황이 교회의 과제가 되었을까? 이 세상의 모든 것을 물질적 비용과 사용으로 계산하는 사람은 선한 의도에서 성스럽고 가치 있는 것을 파괴한다. 시장규범은 교회에서 잃을 것이 별로 없다. 전쟁영웅에게 훈장을 받고 싶은지, 훈장이 지닌 금전적 값어치의 두 배에 달하는 40유로(한화 약 6만 원)를 선택할지 묻는다면 어떤 결과가 나올까?

교육 분야나 국민보건 제도도 이와 같은 방식으로 고민해볼 수 있다. 인도주의 교육은 돈으로 측정할 수 없으며 경제와 사회를 위한 물질적 이용 가치를 평가할 수 없다. 그러나 인도주의적 교육을 받으며 성장한 국민이 없다면 교육수준이 내려가면서 분명 여러 사람의 삶의 질 또한 피해를 입을 것이다. 공공병원도 사회의 관례를 배반하지 않는 한 그렇게 단순한 비용 대비 사용 계산에 따라 운영하지 않는다.

앞서 지멜이 '거의 모든 것에 대한 금전화'로 지적한 내적 동기 태만과 관련하여 에르푸르트 대학교에서 재정학 강의를 맡고 있는 재정사회학자 유르겐 바크하우스 역시 그 분야에 몰두했다. 그가 제시한 사례는 특히 체제 교체를 경험한 구동독 국민에게 적용되었다. '국방의 의무'를 다하고 퇴역한 구동독군 병사는 기존의 군복무 시절과 거의 흡사한 업무를 하는 사기업의 임직원이 받는 급여와 명예 및 존경의 체계가 군대와 사뭇 다르다는 것을 깨달았다. 반대로 정치적 신념에 따라 활발하게 사회복지 사업에 참여했던 기존의 구동독 국영기업은 직접 부담해야 하는 휴가비, 병원비 또는 유치원 자리 확보 등 과거 공익사업이었던 분야에 이제는 엄청난 돈을 지출해야 하는 환경에 매우 실망했다.[06]

내면의 동기부여를 일깨우는 새로운 보상 문화는 단순한 심리적 미화 이상의 의미를 지닌다. 앞으로 다가올 새로운 근무 환경을 겨냥하기 때문에 더욱더 포기할 수 없다. 그러나 어떻게 하면 내면의 욕구를 자극할 수 있을까?

사람들이 대부분 자신들이 원하는 것을 '본인 스스로' 제대로 파악하고 있다고 생각하는 것은 하나의 전설이나 다름없다. 그와 관련하여 심사숙고하고 상상의 나래를 펼치기 전에 자신이 무엇을 바라는지도 모른다. 크리스마스를 앞둔 시즌에 신문광고를 내는 장난감 제조사는 아이들의 욕심을 부추기려 한다. 성인의 경우도 이와 다르지 않다. 사회는 항상 새로운 물건과 예전에는 꿈도 꾸지 못한 소망을 채워주는 상상으로 우리를 이끌었다. 사회 또는 도덕의 욕구는 이런 방식에 따라 움직인다. 노년까지 로맨틱한 사랑을 누리고 싶은 당신의 바람은 문화적 이상과 동떨어진 생각이 아니다. 서양 사회에서 100년 가까이 시행된 (때때로 이상적인) 계획의 일부다. 이것은 문화적으로 조종된 이념과 같다. 제3제국과 일부 이슬람 문화권에서 영웅처럼 죽음을 맞이하고 성취감을 느끼는 것은 그것을 내면의 요구라 인식하고 시행했기 때문이다. "그래, 내가 바라는 건 바로 그거야!"

여러 정치인이 통속 미디어에서 비롯될 일시적이고 시끄러운 반응을 두려워하는 데 비해 정작 '사람들'은 적응력이 매우 뛰어나다. 그런 관계로 우리의 물질적·사회적 욕구를 이해할 수 있기 때문이다. 주변 상황이 변하면 또 다른 감정과 사고가 나타난다. 신분에 대한 도를 지나친 생각은 우리 본성의 일부분이 아니라 매일 접하는 광고를 통한 주입교육의 산물이다. 광고는 우리 세계의 예배이자 구매의지를 스스로 확인하는 반복적인 맹세다. 이런 상황에서 진정 자신이 바라고 실제로 필요한 것이 무엇인지 어떻게 판단할 수 있겠는가? "어릴 때부터 여러 첨가물이 함유된 음식을 먹기 때문에 갈수록 달고 짠 '강력한 맛'에만 길들여져 천연재료의 풍미와 맛의 미묘함을 느끼지 못하는 것이나 마찬가지다. '무엇'과 '얼마'로 대변되는 소비생활은 그렇게 시작됐다. 결국 지금과는 다를 수도 있었을 소비생활은 나 자신이 아닌 다른 누군가에 의해 각인된 산물이다."[07]

고급 승용차를 몰거나 내 집 마련의 꿈을 이루기 위해 모든 에너지와 열정을 쏟는 것을 단순히 이기적 성향의 문제라고만 단정하기 힘들다. 정확히 말하면 내가 받고 자란 교육과 환경의 산물이다. 사회활동과 집단의 도덕기준은 '내 안에서 비롯된' 것으로 보이지만 실상 '주입'의 결과물이다.

따라서 그 밖의 다른 모든 것보다 내적 동기부여는 우리 학교와 교육 시스템이 풀어야 할 숙제다. 아이가 미적분 문제를 풀거나 유럽의 모든 수도를 외우고 시의 구조에서 장단단격과 장단격을 구분하는 것은 호기심을 일깨우고 인생에서 스스로 동기부여를 하는 능력에 비하면 그리 중요하지 않다. 그러나 교육 시스템은 펠릭스 바르네켄과 토마셀로가 꼬마들을 상대로 한 실험에서 보이는 숙명적인 틀을 따르고 있다(25장 참조). 아이들은 책장을 열 때마다 보상을 받았다. 그 결과 아이들은 대가를 받을 때만 책장을 열어주게 되었다. 학교에서 주는 상은 바로 점수다. 또 학교에서는 점수라는 외부요인을 위해 공부하고 훗날 직업을 가진 뒤에는 돈을 위해 일한다. 그러나 사회에서 진정한 가치를 인정받는 사람은 내적 동기에 따라 스스로 행동한다. 내적 동기의 상당 부분이 초기부터 추려진다.

직장에서 과로한 대가를 돈으로 환산하려는 외적 동기는 더는 그 기능을 발휘하지 못할 수 있기 때문에 위험하다. 우리 아이들은 미래에 지금보다 돈을 훨씬 적게 나누거나 아예 나누지 않는 그런 사회에서 태어날 것이다. 이런 미래가 옳다고 생각한다면 사고의 방향을 전환해야 한다. 미래에는 사회적 성공과 그에 따른 동경이 평가 수단이 되고 돈은 제 기능을 발휘하지 못할 것이다. 충만한 삶인지 아닌지 수입을 기준으로 측정하는 것은 인생을 살아가면서 재정상태를 지속적으로 늘리는 것이 공식적으로 가능했던 시기의 특징이었다. 현재와 미래의 충만한 삶이란 좀 더 자유롭고 사회적 관계를 맺으며 부와 관련하여 지나치게 나를 억압하는 탐욕에서 해방되는 것을 뜻한다.

새로운 직업세계는 고용직의 수가 줄어들고 프리랜서가 증가하는 경향을 보인다. 어쨌든 사회보장제도를 약속하는 국가의 희생으로 자유는 늘어났다. 사회에서 안정적으로 생활하고 싶다면 미래의 안전성을 상상력으로 강화하고 친구, 지인, 그리고 뜻을 같이하는 사람들로 인적 네트워크를 구성해 사회 경쟁력을 키워야 한다. 국가가 특정 정치나 이데올로기에 따라 이 분야에서 퇴진해야 하기 때문은 아니다. 인구통계학적 발전에 따라 사회복지 사업이 앞으로 20년 또는 30년을 지탱할 수 있을지도 예견할 수 없다. 공화국의 모든 고소득자가 수입의 80퍼센트를 세금으로 낸다고 해도 마찬가지다.

이런 직업세계의 변화를 촉구한 이는 전혀 기대하지 않은 곳에서 등장했다. 청년 마르크스가 바로 그다. 마르크스는 브뤼셀에서 망명생활을 하던 중 새롭게 우정을 나눈 엥겔스와 함께 1845년 자신이 꿈꾸는 미래의 '공산주의' 사회를 소개하며 첫 비전을 종이에 옮겼다. "모든 사람이 원하는 분야에서 양성될 수 있도록 전반적인 생산을 조율하고 관리하는 사회에서는 자신의 희망에 따라 오늘 이것을, 내일 저것을 하며, 굳이 사냥꾼, 어부, 유목민, 비평가가 되지 않아도 아침에는 사냥을, 오후에는 낚시를, 저녁에는 가축을 돌보며 저녁식사 뒤에는 사회를 평론하는 생활이 가능해진다."[08]

청년 마르크스에게 직업이란 다양한 '기능'에 따라 사람을 붕괴시키는 것으로 자신의 확신, 행복과 대립했다. 애덤 스미스 이후 경제적 측면에서 우리에게 성공을 안겨준 그것이 개인적으로는 오히려 불행하게 만들었다는 것이 마르크스의 가정이었다. 그의 아름다운 상상이 전체적으로 낭만주의에 빠졌다는 것은 분명하다. 사냥꾼, 어부, 유목민이 등장하는 근로환경은 봉건주의 시대 이전의 것이다. 그러나 스스로 규정하는 자유에 대한 핵심은 시간과 상관없이 매혹적이다. 독일-영국의 핵심적인 자유주의 사회학자 랄프 다렌도르프는 1950년대 초 박사학위 논문을 쓰다가 매력적인 것을 발견했다.[09] 다렌도르프는 청년 마르크스가 추구한 자유의 중심은 아니었다. 그가 추구한 유토피아는 독재로 모든 것을 균등하게 만드는 정지한 행복이 아니라 '동등의 자유'였다.

서구 사회는 새로운 직업개념을 바탕으로 실적주의 사회라는 또 다른 형태로 발전하고 있다. 업무활동 외에 부모 양육 또는 부모와 조부모 부양 역시 하나의 '일'로 평가되어야 할 것이다. 일자리 나누기(Job-Sharing), 파트타임, 육아휴가는 새로운 근로환경의 특징을 보여주는 부분이다. 게다가 다수가 하나의 직업이 아닌 여러 가지 일을 하고 있다.

세계 역사를 살펴보아도 유례가 없는 예외상황으로, 독일 국민이 일을 줄여도 그와는 별개로 갈수록 부자가 되던 지난 10년은 이제 막을 내렸다. 앞으로 우리가 살고 싶은 방향을 정할 때 이 시기를 기준으로 삼는 것은 정말 이치에 어긋난 생각이다. 가까운 미래에 쓸모가 없어질 제도임을 모두 알고 있는데 어느 누구도 사회보장제도 개혁을 생각하지 않고 문제를 질질 끌고 있다. 법으로 규정한 연금보험을 내는 젊은 정규직 직장인은 미래에 받게 될 연금만으로는 생활이 불가능할 것이며 혹은 받을 수 있을지조차 의문이다. 그가 노년이 되었을 때 인간의 예우를 다하는 병원치료를 더는 보장하지 못하는 건강보험제도도 이와 다르지 않다.

이런 상황에서 대담하게 "계속 그렇게 합시다!"라고 외치지도 못한다. 좌파 정당의 해결책, 새로운 세금과 부채로 국고를 채우는 것은 현 정부가 시행하는 겉만 번드르르한 감축정책만큼이나 도움이 되지 않는다. 실제로 필요한 것은 근본부터 바꾸는 사회개혁이다. 어쩌면 근로와 관련된 사회보장제도는 축소해야 할지도 모른다. 사회 개편을 성공적으로 할 수 있는 방법에 대한 주장과 이념은 책자를 만들어야 할 정도로 다양하다. 정당에서는 이를 편견 없이 객관적으로 검토해야 한다. 동기부여를 할 수 있는 조건 없는 기본수입과 여러 직군의 근무시간 연장이 이에 해당한다. 이와 같은 개념은 특정 집단이 아닌 국민과 함께 여러 방면에서 충분히 토의해야 한다.

반대로 개개인의 책임과 의무는 기업과 정당 그리고 지역단체에 참여할 수 있는 기회만큼 커진다. 마르크스의 유토피아와 달리 물질적 가치의 사회화를 뜻하지 않는다. 결국 또 다른 불평등과 남용으로 이어지는 것이나 다름없다. 여기서 추구하는 것은 책임의 사회화다.

* * *

새로운 사회의 도덕이 추구하는 목표는 민주적 국민을 법, 정치, 사회 측면에서 국가와 결속력을 굳건히 하는 데 있다. 다른 측면에서 국가와는 독립적으로 조직을 이루고 사회단결, 자기의무를 강건하게 할 수 있는 자유가 필요하다. 적절한 동기부여와 보상제도는 주어진 몫과 공동 참여에 매력적인 도움이 되며 더 많은 사람이 타인의 생활환경에 책임감을 갖게 해준다.

* * *

이 모든 것이 현 사회, 정치 그리고 법의 구조에 변화가 있을 때에만 가능하다는 것은 자명하다. 그렇다면 해당 부서의 힘을 어떻게 조절해야 할까?

35 도시, 주, 국가

우리에게는 어떤 시야가 필요한가?

“아름다운 시청 발코니 중 하나군요.” 토르스텐 알비히는 시멘트빛이 퇴색한 테라스에 들어서며 말했다. 그들의 시야에 붉은 벽돌이 들어왔다. “솔직히 말하면 아직 다른 곳은 본 적이 없지만 말입니다.” 벗겨진 머리에 블루-화이트 스트라이프 셔츠를 입은 그는 건축가가 아니다. 그는 직업 정치인이지만 꼭 그런 것만도 아니다. 그는 말렌테 주재무부처의 처장이자 프랑크푸르트 은행의 기업고문이다. 베를린 정부를 이끄는 자리에서 차관보이자 대변인으로 사회민주주의 장관을 세 명 보좌했다. 지난해 여름 48세의 나이로 킬 지역 시장으로 발령받았다.

그사이 알비히는 다른 시각으로 세상을 보는 법을 배웠다. 독일 지역단체의 상황이 악화되고 있다는 사실은 예전부터 알고 있었다. 그러나 사태의 심각성은 직접 체험하면서 실감했다. 매일 도시를 시찰하고 감추어진 이면을 들여다보며 거리의 파인 자리를 세다보면 학교 화장실에서 풍기는 냄새란 어떤 것인지 인지하게 된다. 알비히는 말을 이었다. "여기에 있는 것은 모든 문제의 종착지로, 정치에서 오염된 온갖 흙탕물을 숨겨놓은 지하창고입니다."

독일의 여러 도시처럼 킬 역시 1970년 초에는 안정된 고정수입이 없었다. 기관에서 걷어 들이는 세금은 줄어드는 반면 사회복지비용은 폭발적으로 급등했다. 도시는 파산 직전이었다. 5억만 유로의 국고차입금과 4억만 유로의 장기부채는 예산을 압박했다. 구제방안은 보이지 않았고 문제는 갈수록 심각해졌다. 여러 학교의 위생을 위해 긴급히 소독해야 했지만 예산이 부족했다. 3만 주민이 거주하는 유일한 도심 구역은 장기실직과 사회복지 때문에 해마다 1억만 유로를 꿀꺽 삼켰다. 학생의 10퍼센트가 졸업도 하지 못하고 학교를 그만두었고 그 대가로 그들이 죽을 때까지 해마다 8000만 유로를 지출해야 했다. 이 정도의 금액이면 해마다 대규모의 학교나 수영장을 네 개 지을 수 있었다.

"물론 그대로 감수하기보다 15명의 새로운 교육자를 고용하는 것이 낫습니다." 알비히는 말했다. 그러나 교육과 복지사업에 투입할 인력을 고용할 예산도 없었다. 그런 관점에서 킬이 가장 최악은 아니었다. 두이스부르크 시는 부채가 무려 14억만 유로에 달했다. 거기에 해마다 부채가 2억 4000만 유로씩 늘어났다. 그보다 부채가 더 많은 곳도 있다. 쾰른 시는 수입과 지출의 차액이 해마다 4억에서 5억만 유로에 달했다.

곤경에 빠진 지역단체는 비용을 절감할 수 있는 방법을 강구했고 일차적으로 야외수영장과 도서관을 선정했다. 그러나 절감할 수 있는 비용은 아주 적었다. 공기펌프로 바람이 부는 방향을 바꾸려고 한 무모한 시도였다. 핵심적 분배가 개혁되지 않는다면 수많은 독일 도시가 언젠가는 파산하고 말 것이다. 소득세 43퍼센트 중에서 34퍼센트가 주에 그리고 13퍼센트만이 지역단체에 분배된다. 알비히가 볼 때 도시에 최소한 60억만 유로의 응급처치가 필요했다. 그는 앞으로는 세금의 4분의 1을 국가가 아닌 시 또는 지역단체에 직접 납부해야 한다고 생각했다.

알비히의 표어는 "국가가 아닌 도시에"다. 도시 재정이 빈곤해지면 삶의 질도 빈약해진다. 국가와 주의 수입이 줄어들면 어떤 일이 생길까? 알비히가 제안한 방안 중 가장 핵심적인 것은 연방주의 수를 줄이거나 아예 연방주 제도를 폐지하는 것이다. 이는 고민해볼 만한 생각이다. 독일 국민에게 노르드라인-베스트팔렌 주 또는 작센-안할트 주가 필요한 이유는 무엇인가? 이 제도를 유지하는 대가로 모든 도시가 낙후되고 있는 상황에서 정말 수십억만 유로의 가치가 있을까? 연방주가 소비하는 엄청난 금액이면 우리가 살고 있는 도시에 새로운 르네상스를 열고 부채를 탕감하고 지역단체를 꽃피게 할 수 있다.

기억을 되짚어보면, 독일 내 연방주가 지닌 권력은 국민의 의지 또는 과도한 동화의 표현도 아니다(바이에른 주는 예외). 이 제도는 위기관리의 결과물이다. 또 다른 국가사회주의의 확산을 방지하기 위해 연합군은 연방주에 교회, 교육, 의학과 경찰에 대한 공권력을 부여했다. 당시를 고려해보면 납득되는 조치다. 그러나 2010년에 그런 위기를 차단하는 밸브 콕이 어디에 쓸모가 있단 말인가? 교회 정책을 비롯해 경찰·언론 정책도 마찬가지다. 이 모든 것을 제외하면 연방주에는 문화재 보호, 광산채굴 등 순수 행정기관의 역할만 남을 것이다. 모든 연방주에서 동일한 법률에 따라 정보규제 기관이 운영되었을 것이다. 또 이런 방식으로 볼 때 무용지물인 연방의회 역시 국민이 직접 선출한 의원과 시장으로 채워진 '지역의회'로 대체해야 할 것이다.

그러나 어떤 방법으로 이런 이성적인 생각을 스며들게 할 것인가? 현실적으로 말해, 강제로 권력을 빼앗고 무력하게 만든다고 생각할 이 상황에서 어떻게 해야 체제를 개혁할 수 있을까?

공직, 임금, 특권 등 권력이 재분배되어야 하는 곳은 우선 기존의 것을 모두 비워야 한다. 이런 이유에서 민주주의 체제의 구조적 문제는 개혁하기가 매우 어렵다. 그에 비하면 연방주의 합병이나 폐지는 법률상으로도 그렇게 어렵지 않다. 독일 기본법 제2조 29항에 따르면 독일연방국가의 구역은 국민표결에 따라 새롭게 구성될 수 있다.[01] 이런 중대한 결정을 민속을 따르는 표결로 만들지 않으려면 무엇보다 광범위한 정보 캠페인이 필요하다. 정당에 압력을 가하는 여론을 형성하는 것은 중요한 사안이다. 정당에 압력을 넣지 않으면 투표에서 승리하기 위해 '시대의 경향을 읽는 당파'가 승리할 것이다. 또 용기, 영감, 열정으로 가득한 독일 대통령 역시 자신의 도덕적 권위를 신중하게 다룬다면 변화를 일으키는 데 성공하고 이것이 그에게 도움이 될 것이다. 대선 후보자 요하임 가우크는 연방주 통합과 관련해 '기한이 지나버린' 협의를 드디어 재개해야 한다고 옹호했다. 그는 환경적 근거에서도 재구성이 필요하다고 주장했다.[02]

이 상황을 진지하게 받아들이려면 연방주 문제를 학계, 법률적 실험 또는 독일 전역의 토속적인 민속학에 맡겨서는 안 된다. 그건 물이 새는 배의 침몰을 맨손으로 막아보려는 시도나 다름없다!

독일 동부 도시들을 살펴보면 지난 10년간 얼마나 많은 문제가 있었는지 깜짝 놀랄 정도다. 모든 지역의 소매업 매출이 줄어들었다. 과거 중소업체가 가게를 운영하던 곳에는 대형 글로벌 기업의 체인이 자리 잡았다. 시의원과 시장은 유리한 조건을 걸고 투명하지 못한 대규모 투자자를 유혹했고 중소업체는 자포자기 상태에서 그들의 영업세금만 기대하며 노른자위를 팔아버렸다. 그 결과 대형 백화점, 마트, 패스트푸드 가게로 가득

차버린 시내는 생기를 잃어갔고, 소매상은 파산 직전에 이르렀다. 특색 있는 도시문화가 꽃피던 1960년대와 달리 오늘날 모든 도시는 흐릿한 시멘트로 만들어진 화분, 생선구이·향수·소시지 냄새가 풍기는 디즈니랜드처럼 변해버렸다. 그러나 학교가 낡고 방과 후 수업이 문을 닫으며 빈민촌이 늘어나는 것은 부수적인 문제였다. 우리가 원했던 모습이 이런 것인가? 아니면 지푸라기라도 잡는 심정으로 유치한 다국적 기업의 잘못된 개발로 일어난 끔찍한 결과이자 경쟁과 강요의 결과물인가?[03]

지난 20년간 '신자유주의'의 물결이 지역단체를 지배했다. 시의원과 시장은 제대로 이해하지도 못한 채 때로는 무의미하고 과도하게 '신공공관리(New Public Management)' 개념에 직면했다. 영리한 기업인은 이들에게 상업화, 민영화·부분 민영화로 재정상황을 개선할 것을 제안했다. 독일 통일 이후 구동독 지역 국민이 생명보험을 계약한 것처럼 시의 대부분이 기업의 제안을 진지하게 검토했다. 기존에 시의 관청과 공무원이 했던 것을 민간기업이 그대로 잘해낼 거라는 순진한 발상이 여론에 일었다. 불안했던 기업의 자만은 무능력으로 입증되었고, 어느 정도 불확실했던 기업과 맺은 계약 일부는 이 매각으로 재정적, 특히 사회적 결과를 생각하지도 않고 진행한 것이었다.

고속도로 한복판에 놓인 참나무처럼 수백 년 동안 성장한 공무원의 윤리가 빠른 속도로 잘려나갔다. 그중 일부가 공공 책임이다. 스스로 예견한 것이 실현되는 악순환이 시작되었다. 국영기관, 정부, 지역단체가 "국영기업은 이제껏 어느 누구도 의심하지 않을 정도로 잘해온 분야를 민영기업에 넘긴 것이고 결국 해당 분야의 경쟁력은 사라진다. 국가가 공공 발주와 민영 수주의 중개역할밖에 하지 못한다면 전문적이고 기술적인 지식을 간과하게 될 것이다".[04]

이런 심상치 않은 개발이 시작된 지 20년이 흐른 지금에 와서 '신공공관리' 아래 숨은 진정한 의미는 바로 부르주아 계급의 음모라는 것을 깨달았다. 또 오랫동안 잘못된 '우파'와 '좌파'의 동지-적 라인은 공공사업 민영화가 우리 사회에 근본적으로 위험하다는 사실을 속이지 말았어야 한다. 연방주 국민 모두에게는 19세기 공익적 측면에서 시장원리에 내주지 않았던 기본권 보장 권리가 있다. 이 권리를 팔거나 양도할 수 없도록 공표하고 절대 민영화할 수 없는 건강보험제도, 노후보장제도, 유치원 및 학교 설립에 관련된 기본권이 탄생했다. 식수공급, 쓰레기처리, 공공 단거리·장거리 교통은 공공의 손이 담당하는 전통적인 분야였다. 이 기능은 원칙적으로 이윤을 목표로 하지 않으며 기초생활을 충족하고 시민권을 실현하는 데 그 목적이 있다.

시의 국민 생활지원과 관련된 분야는 다국적 기업에게 넘겨주지 말아야 한다. 19세기 후반 그리고 20세기 초 설립되고 창업한 다국적 기업의 최고 목표는 근거리 교통, 가스공급, 식수공급, 전력공급, 폐수처리, 쓰레기처리, 교육시설 설립, 병원 설립이 아닌 이윤을 극대화하는 것이다. 경제를 기반으로 그들은 입지를 굳히며 도시 문화로 발전했다. 이런 기초생활의 일부분이 노리갯감이 될 수 있기 때문에 어느 누구도 경제에서 이성의 목소리를 듣지 않는다. 오히려 이는 시장이념에서 볼 때 공황과 위기상황을 언급하는 데 그쳤을 뿐이다.

국가의 기본 사업을 상업화한 결과 벌어지는 끔찍한 상황은 영국 철도청의 민영화를 예로 들 수 있다.[05] 영국에서는 1994년에 100개 기업이 무너졌고 철도운임도 유럽에서 가장 비싸다. 신규 사업자는 안전성에 투자할 준비가 되지 않았기 때문에 대형사고로 이어졌다. 철도망을 구축한 기업 레일트랙은 몇 년 동안 이익을 본 뒤 갑자기 파산했다. 파손된 선도, 신호등, 터널, 다리 등 전반적인 개량이 필요했다. 결국 국가는 고장 난 철도망을 다시 국영화하는 것밖에는 방법이 없었다. 이런 악독한 배후관계가 밝혀지기까지 독일에서는 도이체반을 상징하는 철도 민영화 카드가 금융위기를 (당분간) 막을 수 있는 공식적인 축복으로 보였다.

영국 정부가 철도를 민영화하면서 겪은 일은 독일의 거의 모든 대규모 지역단체에서 알고 있다. 대개 '민관협동사업'은 지역단체가 영양가 없는 행동을 하는 동안 민영기업은 가장 통통하고 싱싱한 고기를 끄집어내는 양상을 보였다. 우리가 살고 있는 도시문화를 훼손하고 남용하는 사례를 이어가지 않으려면 지역단체에 많은 예산을 분배해야 하고 새로운 시민의식과 참여가 필요하다. 여러 분야의 '재자치단체화' 트렌드도 필요하다. 공공사업 또는 쓰레기처리의 민영화에 대해 집단적 열광에 빠져 있던 1980년대, 1990년대와는 반대로 이것을 다시 찾으려는 움직임이 일고 있다. 여러 부문이 민영화로 상태가 매우 심각해졌고 시는 갈수록 지역 노동시장의 지배권을 잃어버렸다. 규제할 수 있는 고용관계는 더 찾아보기 힘들었고 거의 모든 분야에서 시, 주 그리고 국가가 세금을 받을 수 없는 비정규직 시간제 고용이 난무했다.

빌레펠트 사회학자 빌헬름 하이트마이어는 이 위험한 과정을 '해체민주주의'라고 정의했다.[06] 이를 막으려면 관청과 행정기관을 그대로 유지할 가치가 있는지 전적으로 고민해봐야 한다. 우리 민주주의에서 가장 중요한 기관은 최전방에서 실제로 우리와 감성적으로 관계를 맺고 있는 곳이다. 쾰른 시민은 쾰른이 단순히 도시가 아니라 그들의 감정이라고 말한다. 반면 노르드라인 베스트팔렌은 그렇지 않다. 만약 연방주가 더 존재하지 않는다면 감성의 상실로 고통을 겪을지도 모른다. 그러나 지역단체를 뒤덮는 부채를 탕감하고 새로운 르네상스로 이끄는 데 기여할 때만 시도해볼 수 있다.

그로써 얻게 될 여러 긍정적인 결과는 예측할 수 없다. 우리가 생각해볼 수 있는 것은 그것으로 해결 실마리가 보이는 교육정책의 관할과 실타래처럼 엉킨 세력의 복잡한 관계다. 우선 16개 연방주 의회 선거만을 상기하자. 정계는 예전과는 달리 항상 새로운 '선거연도'를 두려워하며, 이를 핑계로 아직 시행하지 못한 개혁을 추진하게 될 것이다. 그리고 국민은 정책적인 것보다 실제로 마음이 가는 관심사, 즉 내가 살고 있는 동네, 구역, 도시, 군에 신경을 쓸 것이다.

이는 외부에 보여주기 위해서가 아니라 스스로 봉쇄한 민주주의 체제의 변형되고 새롭게 등장한 문제를 해결하기 위한 것이다. 추가적인 경제성장 없이도 꾸려나갈 수 있는 사회와 앞으로도 지속될 수 있는 사회적 공동생활의 새로운 형식을 개발하기 위해서는 이기주의자들의 수가 줄어드는 것만으로는 부족하다. 그들이 사회적 판타지를 실현하고 여러 가지를 수정하도록 이끌어주는 상황적 요소가 필요하다. 예컨대 지역단체별 국민투표를 통해 단순히 막기만 하는 상황에서 벗어나 자신의 의견을 제안하고 관철할 수 있어야 한다. 민주주의의 토대가 되는 여러 요소는 우리와 멀리 있는 막연한 꿈이 아니다. 스위스에서는 이미 오래전부터 모범적인 일상이 되었다.

반면 연방주 정치인 그리고 연방주 관료주의의 부채, 영향력, 연금 문제를 감안하면 절대적으로 자발적인 정리가 불가능하다. 연방의회는 정당이 지지하는 정책적 봉쇄 수단을 선택했다. 싱클레어의 말을 떠올려보자. "납득하지 않을 때 수입이 높은 사람에게 이해를 시키기란 매우 어렵다." 연방주에 대한 전쟁은 이런 맥락에서 새로운 국민사회의 급박한 시도로 추측해볼 수 있다. 이 시도가 성공한다면 새로운 원동력이 될 것이다.

민주주의화의 또 다른 과정은 유럽연합의 완고한 '신자유주의 정책', 특히 유럽위원회에 대항하는 봉쇄로 활기를 북돋을 수 있을 것이다. 1999년 암스테르담 조약의 효력이 발생하면서 일명 '자유화' 및 '규제철폐'가 도시의 삶 속으로 행군하며 자결권에 흠집을 냈다. 모든 지역단체의 인허가 계약을 유럽 기준에 맞춰 작성해야 한다면 우리의 도시는 의미 있는 지역정치를 추진하지 못한다. 유럽 내 자유 시장이라 선언한 것은 결국 시장을 나누는 것밖에 되지 않을 것이다.

이런 점에서 유럽연합은 오래전부터 도를 넘었다. 그들의 유럽, 즉 독일, 포르투갈, 루마니아 등 그 어디에서도 국민은 필요 없다. 여기에서도 해체민주주의가 등장하는데, 경쟁으로 일어난 불필요한 손해 때문이다. 브뤼셀에서 강력한 사회질서 정책을 내세운 '유럽 지역(EU ZONE)' 대신 오늘날 유럽에는 자칭 자유 시장이라는 위험한 종교로 무장한 대기업만 있을 뿐이다. 금융위기와 신자유주의라는 미신을 겪으며 교훈을 얻은 사람이라면 유럽을 개혁하고 새롭게 조절해야 한다.

이미 오래전부터 여러 유럽연합 국가에서 반대하기 시작했다. 여러 면에서 '국제무역기구(WTO)의 서비스 무역에 관한 일반 협정'에 동의하지 않았다. 1995년 가결된 이 조약은 국경을 통과하는 서비스 무역을 조율하고 전력시장에서 교육시장까지 모든 분야를 개방하기 위해 노력했다. 프랑스 내 400개 단체와 지역은 이런 개입을 원하지 않았기 때문에 이미 GATs 자유지역을 선포했다. 오스트리아의 280개 단체 역시 동일한 길을 걸었다. 괴팅겐 시의회는 2002년 공공 생활 지원 서비스의 민영화를 반대하는 성명을 가결했다. 독일 도시와 마을에서 시작된 시민운동은 지역 하수처리장, 지하철, 운하 시스템, 화력발전소 등 외국 기업의 의심스러운 CBL(Cross Border Leasing) 비즈니스를 성공적으로 차단했고, 지금도 차단하고 있다. 함부르크 알토자 지역의 시민은 '건강은 물건이 아닙니다' 하는 캠페인으로 병원 민영화를 제지했다. 상수도 역시 2004년까지 시민의 의지로 민영화가 제지된 횟수가 무려 27회에 달했다.[07]

* * *

국민의 의사를 반영하는 권리와 민주주의에 참여할 수 있도록 독일 연방주, 국가 그리고 유럽의 결정 구조의 여러 부문을 해당 지역에 분산해야 한다. 그러기 위해서는 지역의 자기책임과 경제적 방책을 보강하고 시, 연방주, 국가의 경쟁력에 대해 다시 고민해봐야 한다. 유럽연합에서 선전하는 지역시장 '자유화'의 근거를 다시 생각해보고 경우에 따라 무효로 해야 한다.

* * *

그러나 이렇게 강력한 체제 변화가 실제로 가능할까? 이 질문에 답을 하려면 민주주의의 현주소를 면밀히 검토해야 한다.

36 소외된 공화국

우리 민주주의는 무엇을 참아내고 있는가?

여객선이 지중해를 가로지른다. 호화여객선도 아니고 수십 년도 더 된 증기선이다. 이 여객선에서 유일한 사치품이라면 갑판 위에 놓인 침대의자다. 거의 빈자리가 없지만 운이 따르는 날이면 한 자리는 맡을 수 있다. 일주일 동안 같은 상황이 반복됐다. 그러던 어느 날 모든 것이 변했다. 어느 항구 도시에서 서로 잘 아는 한 집단이 승선했다. 그들은 여객선에 오르자마자 비어 있는 침대의자를 모두 차지하고 휴식을 취했다. 그들 중 누군가가 자리를 비우면 옆 사람이 그 자리에 수건을 놓아 자리를 맡아주었다. 기본적으로 모두가 사용할 수 있었던 그곳은 이제 만원이었다. 몇몇 승객은 이런 상황에 얼굴을 붉혔다. 자리를 맡은 집단 사람들도 같이 언짢아했다. 그러나 일부는 불만이 가득한 다른 승객과 협상을 시도했다. 그들은 지금까지 침대의자를 맡아주는 데 끼워주지 않았던 그들에게 동참하라고 제안했다. 몇 명은 이 제안을 받아들이고 동참했다.

예전에 침대의자에 접근할 같은 권리를 갖고 있던 공정한 집단은 이제 세 부류로 무리가 갈라졌다. 침대의자 주인과 약간의 이익을 보는 추종자 그리고 침대의자 사용에서 제외된 사람으로 말이다. 이렇게 굳어버린 질서를 뒤집는 개혁은 전혀 불가능해 보인다. 침대의자 주인뿐만 아니라 그들의 추종자 역시 새로운 변화를 제지해야 한다고 생각한다.

이 짧지만 미묘한 에피소드는 1980년대의 이야기로 사회학자 포피츠가 고안했다.[01] 여기서 말하고자 하는 핵심은 분명하다. 어느 누구도 민주주의적 질서를 감시하지 않으면 언젠가는 민주주의를 없애려는 세력 구조가 형성된다. 그리고 이전에 정의가 있었던 곳을 과두정치가 지배한다.

이 사례가 우리와 관계가 있을까? 독일에서 민주주의를 실행하는 이념은 국민 과반수의 의지에 따라 변하고 있다. 다소 격하게 표현하면, 가능한 한 여러 사람에게 성공할 기회를 부여한다는 아리스토텔레스 이래 개화된 윤리의 정치적 일치다. 진정 독일에서는 이 약속을 이행했을까?

침대의자와 분배 문제는 뭔가 옳지 않아 보인다. 프리드리히 에베르트 재단에서 시행한 한 조사에 따르면 독일 국민 세 명 중 한 명은 민주주의가 제대로 실행되지 못하고 있다고 생각했다. 동부지역은 이런 생각을 하는 국민이 무려 61퍼센트에 달했다.[02] 2009년 〈슈테른〉에서 시행한 설문조사 결과도 이와 비슷했다. 그에 따르면 독일 국민의 약 36퍼센트가 민주주의가 '전반적으로 좋다'고 평가했다. 그리고 3분의 1이 '국민이 선택한 민주주의가 전혀 실현되지 않고 있다'고 생각했다.[03]

아마 독일 역사상 이만큼 부정적인 평가를 받았던 적은 없을 것이다. 여러 사람이 독일연방공화국의 민주주의에 던진 성적표는 현 여론의 상태를 표현하는 것 이상이다. 더 정확히 말하면 날로 깊어지는 소외감의 증표다. 그리고 이 소외감을 설명하면, 독일연방공화국의 의회 민주주의가 겪은

뼈아픈 역사적 경험 때문에 국민을 신뢰하지 못했다. 국민 발의, 고위관직의 직접선거, 정언적 명령 등 그 어떤 것도 그렇다. 그러나 정치구조와 정치인이 이런 불신 상태에 빠져 있는 동안 국민은 이미 오래전에 변했다. 1950년대 독일인은 평균적으로 민주주의에 확신은 없었지만 자기 삶에는 만족했다. 반면 현재의 독일인은 평균적으로 확신이 넘치는 민주주의 지지자지만 불만이 가득하다.

이런 모순에 의해 일련의 문제점들이 드러났다.

첫 번째 문제는 사회복지국가의 미래다. 독일은 이미 오래전부터 예산 문제로 재정이 한계에 도달했다. 그러나 독일 사회의 평화는 사회복지국가와 분리할 수 없다. 따라서 그 어떤 정치인도 공공연히 근본적인 체제전환을 심사숙고할 용기가 없다. 그리고 정당한 근거로 사회보장제도에 대한 국민의 신뢰가 사라지는 동안 정치인은 거의 한목소리로 사회보장제도의 연속에는 문제가 없다고 말했다. 그 결과 신빙성 위기가 도래했다. 이미 오래전부터 사람들은 그들이 자신들을 기만하고 있음을 깨달았다. 사회의 시장경제에 합의했던 여론은 점차 불신하는 쪽으로 변질됐다. 어떻게 빈부의 격차가 시간이 갈수록 점점 더 벌어질 수 있단 말인가? 무엇을 어떻게 분배해야 하는가? 아니면 아예 바꿔야 할까? 이런 환경에서 얼마나 많은 국민이 우리 체제에서 성과를 얻을 수 있을까?

국민이 정치인에게 느끼는 소외감은 단순히 참여 거부 문제 이상이다. 이는 또한 어제의 정책을 그대로 고수하려는 뻔뻔한 시도에 대한 항의다. 강력하게 항의를 표출하는 데는 앞서 제시했듯이 두 가지 문제가 있다. 더 많은 소비재 생산을 위해 지속적인 환경 파괴와 자원 고갈이 필수라는 믿음을 심어주려는 성장 이념 역시 문제다. 앞에서 살펴봤듯이 때로는 경제성장이 사회의 번영 외에 파괴를 야기하기도 한다.

그러나 과도한 성장호르몬에 취한 사회가 전속력으로 망각의 나라로 향하는 모습을 왜 정치인들은 구경만 하는 것인가? 그 대답은 앞서 언급한 두 번째 문제에 있다. 어느 누구도 자신의 일이라는 책임감을 느끼지 못하기 때문이다! 정치의 문제점은 경제의 그것과 동일하다. 전체 방향을 결정하거나 변경하는 것은 국가의 총리나 장관의 몫이 아니다. 비상사태나 급한 일이 발생하면 그보다 더 중요한 최우선의 이성이 아닌 이미 결정된 절차에 따라 대처한다.

세 번째 문제는 아무래도 상관이 없는 무관심에서 비롯한다. 1970년대 초까지 사람들은 자신의 정치적 바람이나 희망에 따라 경제체제를 근본부터 바꿔놓을 수 있다고 생각했다. 그러나 글로벌 플레이어와 유럽연합 등 글로벌 금융시대에 돌입하면서 모든 환상이 부서지자 사람들은 아예 지쳐버렸다. 오늘날 정부가 아닌 국제경제가 국가 경기의 호황과 후퇴를 결정하는 데 큰 역할을 한다. 국가가 경제에 개입할 수 있는 공간은 갈수록 줄어들고 정계 역시 처지가 같다. 유럽연합 체제는 시장경제의 현 상황에서 각국의 편차와 개별 행동을 막는 데 주력했다. 경제로 통합된 유럽은 사회적 모험을 바라지 않을뿐더러 오히려 그런 시도를 모두 제지한다. 연대책임을 바탕으로 하는 민족국가의 사회와 경쟁 성향을 지닌 '자유로운' 유럽시장의 넘실대는 바다에서 국가라는 모래성은 부서질 위기에 놓여 있다. 성곽에 들이닥친 물살은 성곽 아래 바닥을 허물었다. 국가 간의 외부적 상호교류와 국가 내부의 상황 모두 밀려들어온 물살 때문에 차츰 지탱하기 힘들었다.

이런 상황에서도 정치인은 뭔가를 바꿔야 한다는 의지가 없다. 정치를 이끄는 지도자는 안타깝게도 경제를 파산으로 이끌 은행이 제안하는 약간의 특권, 권력, 이권 외에 앞으로 나타날 파장을 제대로 판단하지 못했다.

정치인의 가장 큰 목표는 사회개혁이 아니라 재선이다. 그리고 사회에 새로운 이념을 도입하기보다 가장 쉬운 방법으로 승인받으려 애쓴다. 비전과 위대한 정책은 그들과 무관하다. 어떻게 보면 정당이 갈수록 서로 비슷해지는 것도 전혀 놀랍지 않다. 정치인이 중요하게 생각하는 것은 드물지만 그것마저도 진짜인지 모른다. 어떤 지역에서도 정당정책에서 비롯된 세계관을 지지하지 않는다. 이것은 독일에만 국한된 현상이 아니다. 여러 서유럽 국가의 상황도 이와 크게 다르지 않다.

그러나 왜 국민 또는 사람들은 이 모든 상황에 계속 동참하는 것일까? 그 이유는 아무도 스스로 '국민' 또는 '사람들'이라 자각하지 못하기 때문이다. 의심스러운 상황이 닥치면 단순히 남의 일 보듯 하는 텔레비전 시청자처럼 진행자의 안내에 따라 앞으로 해야 할지 말아야 할지를 결정한다. 게다가 스스로 국민을 대표한다고 느끼지 못하기 때문에 투표조차 하지 않는다. 독일의 그 어떤 정당의 지지율도 투표하지 않는 사람만큼 높지 않다. 투표하지 않는 국민은 그 자체로 하나의 새로운 국민정당이다. 정치인은 지금과 같은 방식으로도 전혀 상관없겠지만 민주주의는 그렇지 않다. 그러나 정당과 지도층이 국민의 의지를 반영하지 못한다면 그들의 권한은 어디에서 비롯할까? 지도층이 스스로 국민의 대표라 느끼지 못하기까지 얼마나 더 투표율이 떨어져야 할까? 40퍼센트, 30퍼센트 그도 아니면 20퍼센트일까?

물론 어떤 것에도 속지 말아야 한다. 투표하지 않는 사람이 모두 꿈에서 깨어난 관념론자는 아니다. 자발적 선거참여를 거부하는 대다수는 이미 오래전부터 세계관을 얻으려 애쓰지 않는다. 그들이 바라는 것은 안정적인 삶의 희망을 약속하는 신뢰할 수 있는 평가기관이다. 그리고 오늘날 정당은 자청하고 아첨하면서까지 그보다 하위 역할을 한다. 그러나 국가가 앞으로 노후보장제도에 기대지 말고, 그 어떤 병원에서도 합법적으로 모든 고통을 책임지지 않는다고 자극하면 아이들을 사립학교에서 일류대학까지 보낼 수 있는 사람은 어떤 방식으로도 국가를 신뢰하지 않을 것이다. 단지 사회의 약자만이 국가에 의지할 것이다. 그들은 그렇게밖에 할 수 없기 때문이다.

생활안정 제도의 민영화는 아직까지도 과소평가되고 있다. 그 결과는 정치에 신물이 나서 불만이 가득하며 아예 국가 자체가 필요 없다는 잘못된 망상에 사로잡힌 뿌루퉁한 표정의 유권자로 이어진다. 그들은 관련 설문조사에 더는 민주주의를 믿을 수 없으며, 그 어떤 정당도 장점이 없고, 정치인은 오로지 자신만 생각한다고 불평했다. 국민으로서 지녀야 할 윤리의식 대신에 갈수록 저 멀리 알 수 없는 곳에 위치한 비도덕적인 유령기업처럼 행동한다.

갈수록 늘어나는 비도덕적인 국민을 이끌어갈 수 있을까? 드 베크는 사람을 위한 정치, '유가상승만큼 지구온난화를 걱정하는 정치'[04]도 있는지 물었다. 경제적 측면에서 해체 보상을 반대하면서 관련 세금을 징수하는 정계는 어떠한가? 또한 스스로도 확신하지 못하면서 정치에 진정성을 요구하는 유권자는 어떠한가? 매일 그들이 가진 특권을 누리라는 말을 들으며 특전을 바라는 소비자는 또 어떤가? 물론 입장을 바꿔서 물을 수도 있다. 정치인은 미래의 '특급 유권자'라는 약속이나 확신도 없는 특권층의 인정을 받는 것이 즐겁겠는가? '우리 정당을 선택하시면 세금 특별 우대, 여러분의 목소리에 대한 포인트 카드 발급 그리고 전담 의원의 프리미엄 휴대전화를 약속드립니다.'

기존의 세계관이었던 것은 오늘날 갈수록 비용과 실속을 계산하는 모습을 보였고 도덕적·사회적 선거는 여론과 트렌드가 좌우하는 상황이 되어버렸다. 예전부터 정치를 흥미 위주의 선정적 신문 주제처럼 다루는 뉴스와 정치 매거진에서 이 과정에 부채질을 했다. 그저 누가? 왜? 그리고 왜 그렇지 않은가? 이러한 단순한 시각으로 매스컴은 정치를 매력도 별로 없는 연기자가 출현하는 그저 그런 일일연속극으로 만들어버렸다.

그러나 이런 일일연속극으로 시청자가 그 어떤 자극도 느끼지 못하는 동안 정치연속극 연기자는 현실과 자신이 제시한 비전 사이에서 중립적인 입장을 고수했다. 정치인은 무엇보다 경쟁자와 동맹자, 정당 당원과 적, 목적에 의한 동맹과 비례대표제 선거 집단 등 다른 정치인에게 관심을 두었다.

이런 정치인은 '국민'에게 전념하지 않는다. 여론조사 기관의 여론조사 결과에 몰두할 필요도 없다. 그 무엇도 그리고 어느 누구도 그에게 의무를 지우지 않기 때문에 전혀 국민을 고려하지 않는다. 민주주의라는 연극은 관객이 없어도 계속된다. 정당, 정치인, 홍보위원, 정책연구원이 모두 함께 그리고 서로 헤드라이트를 비추며 도덕적 지식의 빛을 어지럽게 한다. 대도시의 밤처럼 그들만의 서치라이트로 별이 가득한 밤하늘을 볼 수 없게 만든다. 영국 와르위크 대학교의 정치학자이자 사회학자인 콜린 크라우치는 이 연극을 민주주의가 아닌 '포스트 민주주의'라 일컬었다.[05]

협동, 기분 전환, 교환, 장기적 지속성 그리고 현실에 대한 사회적 의미가 부족하다. 국민과 소통하는 대신 고위 정치인은 '국민'의 생각이라 주장하는 매스컴의 허구에 따라 국가를 이끌었다. 어느 누구도 이것이 국민의 목소리라 장담하지 못했지만 정치인은 선정적인 매스컴에서 부채질하는 거짓 분노 또는 '트렌드'를 예의주시했다.

고위 정치인이 대개 전문지식을 요하는 중대한 사안에서 믿고 의지하며 엄청난 신뢰를 보이는 것은 바로 로비스트의 조언이다. 통상적으로 그들은 정치인과 동일한 사회계층 출신으로 그들과 같은 식당에서 식사를 하고 같은 행사에 참석한다. 추상적인 국민과는 반대로 로비스트는 목표와 사고가 뚜렷한 사람들이다. 그들을 이용하는 사람은 반대로 그들에게 이용당한다. 트리버가 주장한 완벽한 '상호 이타주의'의 사례다. 거대 협회와 단체의 책임자, 노동조합과 경영자 그리고 언론사 편집장과 방송사 국장 등 이들은 함께 정치인의 주변 환경이자 인맥을 형성한다. 이들은 함께 같은 방향으로 나아가고 입지를 쟁취하고 굳혀야 할 동지다. 자기가 속한 정당 외에는 이 세상에서 자신의 사회적 입지만 중요할 뿐 다른 것은 안중에도 없다.

미국 정치의 사례는 이보다 일목요연하지만 근본적으로 크게 다르지 않다. 거대 권력 때문에 생기는 여러 사회적 문제를 해결하지 못하는 걸까? 세계에서 가장 부자인 국가가 국민에게 인권을 보장하는 사회보장보험과 건강보험을 약속하지 못하는 이유는 무엇인가? 환경에 대한 자의식이 놀랄 정도로 최악인 이유는 무엇인가? 이에 대해 노벨상 수상자인 스티글리츠는 분명한 어조로 말했다. "논의된 여러 문제는 오래전부터 알고 있었는데도 전혀 진전이 없었다. 유능한 인재가 넘치는 국가에서 해결하지 못하는 이유는 무엇인가? 이 문제는 여기 이 지구에서 해결할 수 없단 말인가?" 스티글리츠에 따르면 핵심 문제는 "금융업, 제약업, 석유업, 광산업 등 미국 경제정책과 사회정책에 권위적인 영향력을 행사하는 이해집단이다. 그들의 정치적 영향으로 이성적 정치활동은 불가능해진다. 국가의 여러 핵심 문제에 로비스트는 노골적인 금전욕보다 조금 더 깊이 관여했다".[06]

지나치게 긴밀한 정치와 경제의 관계는 서양 민주주의 정치에서 가장 심각한 문제다. 최고경영자의 임금과 마찬가지로 여기서도 불명예와 수치심의 한계는 완전히 자취를 감췄다. 미국의 금융정책은 정치인이 시행한 것이 아니라 은행 스스로 추진한 것이다. "미국의 지배적 금융세력은 그 어느 때보다도 자유를 만끽하고 있다." 드 베크는 이와 같이 기술했다. "그들은 자신들이 지닌 세력과 부의 힘으로 선거비용을 후원하며 국가를 장악했다. 재벌가는 오래전부터 좋은 관계를 유지해온 '월스트리트 워싱턴 통로'를 이용해 대리인을 미국 수도로 심부름 보냈다. 클린턴 정부 때 재정부장관 로버트 루빈, 조지 부시 정부 당시의 재정부장관 헨리 폴슨, 예산운영처 처장 조슈아 볼튼 그리고 7000억 구호자금을 관리하던 닐 카시카리가 모두 투자은행 골드만삭스 출신이다."[07]

그러나 월스트리트나 이탈리아의 실비오 베를루스코니 총리만이 그런 '포스트 민주주의' 무대에 있는 것은 아니다. 이와 같은 것은 독일에서도 예삿일이었다. 정치와 로비에 관련된 충격적인 사례로 2002년 경제부장관 베르너 뮐러의 장관 승인을 들 수 있다. 페바(VEBA)그룹 에너지사업부의 최고경영자였던 뮐러는 1998년 경제부와 기술부의 수장이 되었다. 이 시기 뮐러를 지원해주던 에오엔(E.ON)주식회사는 그의 옛 고용주인 페바그룹의 루르가스를 인수·합병하고자 했다. 신규 전력기업의 의도적인 시장 입지 전략에 독일 기업연합은 강경한 태도를 취하며 인수·합병을 반대했다. 그러나 뮐러는 기업연합의 입장을 무시하고, 말하자면 '공공의 이익 추구'를 근거로 승인함으로써 합법적으로 합병이 성사됐다. 알프레드 타케 차관은 장관과 그의 기업 고객에 관련된 일에 끝까지 맞서 싸웠다. 그 다음 해 가스 가격은 '공공의 이익을 위해' 높이 치솟았다. 타케의 공로를 보상하는 데는 그리 오래 걸리지 않았다. 2004년 그는 루르콜레 주식회사에서 100퍼센트 투자한 자회사인 전력공급기업 슈테아그의 중역을 맡았다. 2003년 이래 이 기업의 임원 대표는 전 경제부장관 뮐러다. 그리고 루르콜레 주식회사의 대표주주 중 한 곳이 바로 에오엔이다.

어떻게 공직과 직장을 바꾸고 이런 거래가 가능했을까? 스티글리츠는 경제와 정치 사이에서 아무런 제동 없이 이리저리 오가는 사람을 빨리 차단하기 위해서, 더 정확히 말해 공공의 이익을 추구하기 위해 '회전문 시스템'을 촉구했다. 정치에서 도덕을 실행한다는 것은 증기선의 사례에서 살펴봤듯이 영리한 일부 집단이 서로 침대의자를 맡아주는 행동을 제지하는 데 있다. 그것은 권력남용이 나타날 수 있는 공간을 축소하고 불공정이 아니라 공정이 전반적인 규칙을 정하도록 하는 데 있다.

이런 의미에서 회전문 문제는 쉽게 풀리지 않는다. 그러나 명확한 일부 규정만으로도, 예컨대 장관과 같은 고위 정치인이 임기를 마치고 난 뒤 접점을 이뤘던 경제 분야로 진출하는 것을 독일 국민의 이름으로 제한할 수 있다. 고위 정치인이 비교적 빠른 연령대인 50대 초반부터 국민에게서 얻어가는 영향력을 이용해 경제에서 돈벌이가 되는 자리를 차지하는 것이 최근 추세였다면 이제 그 시대는 끝났다. 한 번 정치인이었던 사람이 다시 정치인이 될 수는 있어도 세일즈맨은 될 수 없다.

독일 역사를 돌이켜봐도 어떻게 그렇게 짧은 기간에 모든 곳에서 둑이 무너져버릴 수 있었는지 매우 놀랍다. 첫 40년 동안 아주 소수의 고위 정치인만이 정치를 돈벌이 수단으로 이용하려는 생각을 했다면 지금은 매우 당연하고 보편적인 행동으로 자리 잡았다. 그러나 그와 관련된 위험은 분명하다. 고위 정치인이 내리는 결정이 차후 별도로 합법적인 부패행위로 사회에 악영향을 끼칠지 모르는데 유권자가 어떻게 그들을 신뢰할 수 있단 말인가? 국민의 신뢰가 사라지기 전에 분명한 조치가 필요하다는 데는 아마도 관련 정치인과 그로부터 경제적 이익을 보는 사람들을 제외한 모든 사람의 의견이 일치할 것이다.

국민이 모두 이 문제에 대해 의견을 일치하지 못했기 때문에 회전문 금지령이 실패한 것은 아니다. 좀 더 정확히 말하면 그런 법규는 정치인 다수가 유권자보다 여기에 여러 이권이 있기 때문이다. 우리 민주주의는 이런 문제를 수정할 기회가 필요하다.

로비스트는 파티나 돈독한 친절함 또는 돈벌이가 되는 자리를 제안하는 것으로 그들이 바라는 정책을 이끌어냈다. 이러한 시도로 촉망받은 여러 산업사회의 장래와 환경적인 변화가 가로막힌다는 사실은 그리 놀라운 일도 아니다. 프라이부르크 학파의 경제학자들도 이런 위험성을 경고했다. 그러나 그들이 제시한 해결 방안은 지나치게 낭만적이었다. 그에 따르면 국가는 큰 맥락에서 일종의 독립성을 유지하기 위해 경제에 고용주로만 나서야 한다. 그러나 선로를 다닐 기차는 누가 만들고, 쓰레기처리 자동차는 누가 만들 것인가? 누가 학교를 정비하고 병원을 운영할 것인가?

로비스트를 통한 경제를 이끄는 기업과 금융기관의 국가 장악이라는 발터 오이켄의 우려는 현실로 나타났지만 이에 대항할 수 있는 방안은 거의 무용지물이었다. 오늘날 브뤼셀도 베를린만큼 '로비의 도시'가 되어버렸다. 브뤼셀에 위치한 국민권리단체, 즉 민주주의와 투명성을 추구하는 '로비의 투명성과 윤리규칙을 위한 동맹(ALTER-EU)'의 보고에 따르면 2009년 총 286개 컨설팅 기업이 유럽연합 정책에 영향을 미쳤다.[08] 그중 절반 이상이 정식으로 등록되지 않았다. 그러나 환경정책이나 에너지정책, 소비자보호나 농업정책에서 유권자보다 로비의 힘이 막강했다.

악습으로 이어진 이런 이득은 많은 것을 약속했지만 합법적으로 인정받을 수 없다. 그리고 그사이 서양에서 양심에 일말의 가책도 없이 널리 보편화된 부정이 계속된다고 해도 정당화되지 못한다. 도대체 언제까지 국민은 침대의자를 사용하는 데 피해를 본 증기선의 승객과 같은 상황에 빠져 있을 것인가? 독일 대통령 구스타브 하이네만은 이렇게 말했다. "어디에서나 권위와 전통이 정당화될 수 있는지 질문해야 한다. 기독교의 신앙고백과

질서도, 의회처럼 입헌적인 기관을 앞세운 국가도 관습과 도덕 등 오늘날 정곡을 찌르는 날카로운 질문에서 예외일 수 없다. 민주주의의 축소가 아니라 확장이 필요하다. 이는 우리 모두는 물론 청소년까지 모두 몰두해야 할 요청이자 가장 중요한 목표다."[09] 그의 말은 언제까지나 유효하다.

* * *

오늘날 정치와 국민의 소외는 독일 역사상 그 어느 때보다 심각하다. 신자유주의 물결이 정치를 덮쳤고 힘을 앗아갔다. 게다가 민주주의는 갈수록 민주주의 연극이 되어버렸고 행동력이 전혀 없는 정당의 모습이 드러났다. 그러나 그 어떤 새로운 정치에도 관심이 없는 무관심과 상상력 부족, 정당의 부정부패와 로비는 정치체제를 떠받들고 안정화하는 도덕을 완전히 소모했다.

* * *

그러나 이 모든 것이 옳다면 구체적으로 무엇을 할 수 있을까? 잘못된 것을 고칠 방법이 있을까? 우리 사회의 민주주의를 구제할 수 있는가?

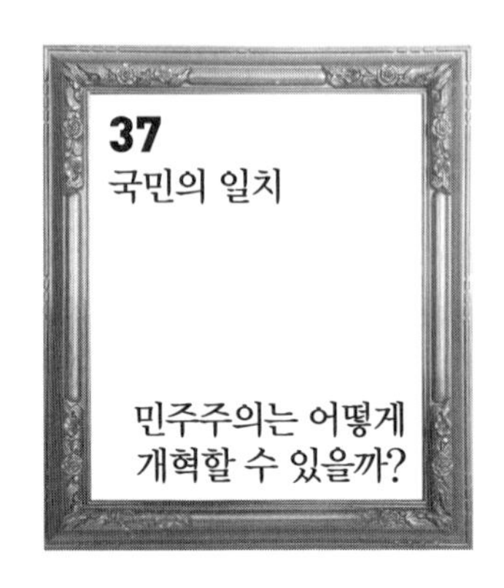

베를린, 정부 구역, 2010년 8월, 의사당 앞에 펼쳐진 풀밭에서 이주자녀들이 축구를 하고 언론인들은 모래사장의 침대의자에 편안히 누워 있다. 슈프레 강가에서는 배낭을 둘러멘 여행객들이 꾸벅꾸벅 졸고 있고, 호기심 많은 통행인은 벨뷰 성 정원을 둘러본다. 이는 휴식과 평화의 상징으로 꽃피는 시대의 이상적인 모습이다.

독일은 이대로도 괜찮은가? "전적으로 그럴 수도 있다." 벨처는 이렇게 답했다. "100년 뒤 역사학자가 민주주의의 쇠퇴가 시작되고 자본주의가 청산되기 시작한 시기를 1989년으로 기록한 뒤 지속적인 몰락을 뜻하는 다음 단계로써 그로부터 19년 뒤를 전 세계적 금융위기가 시작된 때로 볼 수 있다. 어쨌든 독일연방공화국 체제가 60년간 지속됐다는 것만으로 그 안정성이 정당화될 수 없다는 것을 입증한다."[01]

사실 고요하고 평화로운 시기로 보이지만 근래 역사에서 가장 강력한 몰락의 전조였다. 외관상 국가의 경제영역이 확장된 것으로 보였다. 하지만 지금까지 알지 못했던 감축 압력과 쟁탈전이 독일연방공화국의 기후를 변화시켰다. 갈수록 대기층은 얇아지고 그만큼 목소리는 거칠어졌다. 선거참여율은 급격히 떨어졌고 정치인의 권위는 나락으로 떨어졌다. 정부가 말하는 아름다운 동화의 울타리 뒤로 숨어버린 지배계층은 문제보다 해결책을 보지 못하는 경우가 다반사였다.

왜 아무도 나서서 키를 잡지 않는 것일까? 통치하면서 현실에서 점진적으로 도망치는 시프팅 베이스라인이 사회의 여러 면에서 입증되었다. 체감속도 100킬로미터로 달리는 기차가 굽은 선로에서 이탈할 것만 같은 기분이 들었다. 사람을 어떻게 대해야 할지 그 관계조차 제대로 이해하지 못했기 때문에 정치제도의 이성적인 목표는 오로지 권력을 장악하는 데만 있었다. 구동독은 이런 현상 때문에 몰락했다. 국민을 제대로 바라보지 못한 지배계층의 어리석음 때문이었다.

1990년까지 독일 정치에서 두드러지게 나타났던 깨어 있는 정치는 사라졌다. 깊이 생각하지 않아도 민주주의는 당연히 그 자리에 있었다. 신뢰와 사상의 독점, 1859년 J.S. 밀은 신뢰와 사상이 더는 생명력이 느껴지지 않는 관용구가 될 것이라고 기록했다. "교육자와 마찬가지로 학생도 적이 시야에 들어오지 않자 임무도 잊고 잠이 들어버린다."

그러나 이미 '적'은 그곳에 있었다. 단지 깃발을 흔들지 않았으며 소리 높여 구호를 크게 외치지도, 군대로 위협하지도 않았을 뿐이다. 도덕적 몰락과 함께 조용히 발끝을 세우고 살금살금 다가왔다. J.S. 밀에 따르면 최상부 지도층의 민주주의 의식을 다시 일깨우려면 청렴하고 입증된 전문가가 절실하게 필요하다. 최고 중 최고인 전문가가 국가를 이끌 때 국민 역시 권력의 주도에 따라 흔들리지 않는다. 그러나 현재 독일 민주주의를 이끌어 가는 전문가는 모습을 감췄다. 그 어떤 정치인도 읽지 않는 책에서 설교하거나 대학교의 연구 일상에 파묻혔다.

물론 플라톤의 '철학자가 다스리는 국가'에서 J.S. 밀이 주장한 정신과 도덕성으로 무장한 엘리트의 국가까지 모두 이 시대에 적절하지도 바람직하지도 않다. 그렇지만 더 높은 투명성, 더 높은 상상력 그리고 정치와 전문 인력의 교류가 절실하다. 사회에 대해 깊게 생각하고 고민하는 학자들에게 규칙적으로 묻지 않는다면 그들이 어디에 필요하겠는가? 사회학자, 사회심리학자, 사회철학자의 심도 있는 장기연구보다 여론조사 전문가의 덧없는 결과물에 정치적 비중을 두는 것이 어떻게 가능하단 말인가? 경제학적 방식이 존재한다면 어째서 '사회학적 방식'은 없는 걸까? 역사를 아무리 살펴봐도 현재만큼 넘치는 지성에도 불구하고 정치를 외면한 시대는 없었다. 실제로 중요하고 심각하며 장기간 지속된 문제를 억압하는 것은 우리 시대의 특징이자 정치 체제의 고민이다.

이런 방식으로 체제는 점차 녹슬어갔고 체제 속 무지는 갈수록 심각해졌다. 다른 여러 체제와 마찬가지로 독일의 민주주의 역시 상황이 좋지 않다. 앵글로색슨계 국가와 프랑스는 비민주적 지배계층 형성에 대한 입장을 분명히 한다. 민주주의는 불투명해지고 계층이 굳어지며 계층 간 교류는 얼어버릴 것이다. 그리고 결국 증기선의 모든 침대의자는 항상 예약되어 자리가 없을 것이다.

이때 위험이 나타남은 분명하다. 경제에 적용되는 것은 정치에도 적용된다. 독자적으로 초래할 수 없다는 전제 조건마저 같다. 정치는 민주주의에 대한 이해와 관심을 전제로 하며 지도층에 대한 신뢰와 진정성을 바탕으로 해야 한다. 모두가 자기 이익을 위해 노력하는 것이 아니라 국가를 위해 최선을 다해야 한다. 목표를 성취하기 위해 수단과 방법을 가리지 않는 지도층은 완전히 다른 그들만의 논리를 따른다. 수상직이 곧 독일을 뜻하지는 않는다. 권력을 장악하는 데 필요한 것은 정직과 공평이 아니다. 정치는 연대책임을 가져오지 못했을뿐더러 오히려 앗아가 버렸다. 다른 여러 깃발 아래 "앞으로도 계속…" 이런 입장을 고수하는 것과는 다른 새로운 변화가 절대적으로 필요하다.

이제는 아무도 민주주의를 지지하지 않는 것처럼 보인다. 사회의 위험 신호와 세습된 의식을 고수하는 상황에 대한 무관심은 이를 분명히 해준다. 바로 선거유세의 달콤한 약속이 그것이다. 정치인과 유권자 모두 그 공약이 지켜지지 않으리라는 것을 알고 있다. 아무도 지킬 수 없는 중기적 관점의 사회 안전보장은 정치인에게는 전혀 해로울 것이 없다. 위기에 봉착했을 때 그들은 이미 관직에서 물러났을 것이기 때문이다. 이는 우리 시대를 대변하는 여러 문제에 어울리지 않는 '우파' 및 '좌파'의 전통적인 웅변술에 지나지 않는다.

오늘날 특정 정당에서 다른 정당보다 돋보이기 위해 사용하는 특수용어는 사실 우스꽝스럽다. 그런데도 이 용어는 선거유세에서 중요한 임무를 맡고 있을 뿐만 아니라 정당의 정체성을 암시하고 더 나아가 전통적인 동지-적 라인을 형성한다. 대부분 정치 일상에서 이런 선입견은 방해가 될 뿐이다. 어느 학교 교장이 비례대표제 선거에 따라 그 자리에 임명되고 정부 부처의 장관이 신교도이자 프랑크 지역 출신이기 때문에 그 자리를 제안받는다는 것은 분명 부조리하다.

그러나 어떻게 이렇게 세대를 넘어 반복되는 의식과 습관이 그대로 이어질 수 있는 걸까? 미국 워싱턴 대학교의 경제학자이자 경제사학자 더글라스 노스는 1990년대 초 여기에 '방식의 종속'이라는 개념을 도입했다.[02]

원래 사용되던 의미에 따라 이 개념은 신기술과 마찬가지로 새로운 행동 양식을 제시한다고 설명했다. 그것을 잘 보여주는 사례로 타자의 전통적인 키보드, 쿼티 방식을 들 수 있다. 그 어떤 논리나 사용 취지도 어디에서나 찾아볼 수 있는 지금의 자판 배열방식을 설명하지 못한다. 실제로 이 배열방식은 (여러 의미 있는 방법 외에) 임시 해결책이었다. 이미 쿼티 자판에 익숙한 수억만 명의 사용자는 또 다른 변화를 바라지 않았다. 그들은 논리적이지도 않고 인체공학적으로도 크게 의미가 없지만 분명 버릴 수 없는 쿼티 방식을 계속해서 유지했다.

노스는 경제에서 외길을 고수하는 현상과 그 의미를 연구해 1993년 노벨상을 받았다. 노스에 따르면 제도는 자판, 타자기 사용자와 흡사했다. 선행된 방식과 그 이용자는 끊임없이 증대하는 '제도의 행렬'을 형성한다. 현실 문제가 본질적인 중요성을 갖지 못하고 제도를 통해 인지되고 처리된다.

정치도 크게 다르지 않다. 정당은 문제의 본질 때문에 그 분야에 관심을 두지 않는다. 자신에게 이익이 보장되기 때문이다. 그냥 앞서 진행된 행동 사례를 따른다. 1950년대 아프리카에서 식민지를 벗어나 독립에 성공한 첫 번째 국가가 등장하자 세계의 반응은 산사태가 난 것처럼 요란했다. 그러나 1960년대 말 거의 모든 아프리카의 국가가 식민지에서 독립했다. 1970년대 서유럽의 여러 국가에서 여성 인권과 소수민족 인권의 자유화 물결이 평행선을 이뤘다. 1990년대 말 법에서 제정한 연금보험제도가 젊은 세대를 수용하지 못한다는 사실이 분명해지자 서유럽의 여러 '보수' 및 '사회복지' 정부는 거의 동시에 국가 보장 부분과 민영보험이 복합적으로 절충된 '네덜란드 모델'을 선전했다.[03]

사회개혁은 대부분 누군가 선행할 때 정당하고 이성적이며 실용적으로 비춰졌다. 이런 보호 없이 과감히 앞서 시행하는 경우는 극히 드물었지만, 그리 놀라운 일도 아니다. 옳든 그르든 지금까지 입증된 방식을 벗어 던지는 사람은 그 길을 걸음으로써 마주할 불만과 분노, 반대와 장애물, 조직 문제와 방향성 상실을 감수해야 한다. 따라서 의심스러운 경우가 닥치면 두려운 마음에 계속 나무를 벌목하는 이스터 섬과 같이 기존의 방식을 선택한다. 뭔가 잘못되고 부족하더라도 습관으로 굳어지면 결국 쿼티 자판처럼 유지하게 된다. 대학교, 기본수입의 대안 또는 도시와 농촌 환경 개선방안에 대한 환상만으로는 아무것도 되지 않는다.

고위 정치인은 여러 분야에서 나타나는 광범위한 무관심과 냉담을 아무렇지도 않게 그대로 받아들인다. 지루한 되풀이, 표준절차, 편협한 네트워크와 눈에 보이는 고려, 책임을 느끼는 분야와 관할권을 위한 충돌이 난무하는 그들의 세계에는 비전이 차지할 공간이 없다. 더 나은 삶의 유토피아는 대개 정치가 아니라 그 밖의 다른 곳에 있다.

오늘날 독일 국민은 모든 불길한 예언에도 정계의 제도화된 규제와 대립하며 인류 역사상 가장 높은 교육수준과 인터넷으로 가장 많은 정보를 입수한다. 독일에서 그 어떤 세대도 이들만큼 권력층에 대한 두려움에서 자유롭고 자기 의견을 드러내는 훈련을 받지 못했다. 현재 독일에서는 휴대전화부터 기차요금까지 모든 것에 대한 질문이 허용되고 많은 것을 찾아볼 수 있다. 모든 독일인은 소비자로서 자신의 몫 또는 참여에 관한 환상 속에 산다. 인터넷에서 구매한 카메라를 아프가니스탄 군부대 배치 문제만큼이나 중요하게 평가해도 된다. 게다가 대통령에 대해서 얘기할 때만큼 여자 친구에 대해 말하며 흥분할 수 있다.

이와 달리 민주주의 체제는 독일연방공화국이 출범한 1949년과 거의 같다. 의회에서 제정한 많은 다른 것이 이전을 추월해 발전한 반면 오늘날까지도 효력을 발휘하며 유지되고 있다. 그들의 행동과 생각이 마음에 들지 않으면 다 큰 어른을 아이처럼, 때로는 아주 어린아이를 다루듯이 대했다. 2010년 〈옴니퀘스트〉 설문조사에 따르면 독일 국민의 81.5퍼센트가 연방주 사항에 국민표결을 추천했다. 그리고 찬성한 사람의 약 절반이 단순히 법규를 체결하는 데 그치지 않고 헌법 개정을 추진하기를 원했다. 응답자의 3분의 2 이상이(69퍼센트) 국가적 사항, 예컨대 국방의 의무나 에너지 정책의 전환점에 국민표결을 시행할 것을 추천했다.[04]

어떤 권리로 오늘날 국민 참여를 금지할 것인가? 국민이 '신뢰'하지 못하는 것은 지나친 편의, 반복되는 제도, 염세주의, 교만 때문이 아닐까? 짜증나는 정치에 대응하고자 한다면 방법은 한 가지다. 빌리 브란트가 말했듯이 "좀 더 강력한 민주주의를 시도해야 한다". 이런 맥락에서 레게비와 벨체는 새로운 원외 야당, APO 2.0을 주장했다. "APO 2.0은 시작과 충돌 사이에서 안정을 찾은 1968~1989년대와는 뿌리부터 다르다. 말로만 모두의 행복을 위한 것이라 사칭하는 사회 모델에 고무되지 않는다. 그런 방식은 20세기의 총체적인 유토피아 위원회와 그 수뇌부의 것이다. APO 2.0은 국민의 대표에게 정당화, 혁신의 압력을 가할 뿐만 아니라 정체성이 형성되는 '아래에서 비롯'한 집단적 교훈으로 미래에 어떤 사회의 모습을 바라는지 정의할 수 있도록 도와준다."[05]

개인적으로뿐 아니라 사회적으로 고착된 이기주의를 극복하고 싶다면 '선'의 영역이 축소되고 '악'을 키우는 정치 시스템에게 물어야 한다. 그러나 모든 변화에 대한 장애물은 너무 높다. 기본법에 따라 의회의 3분의 2가 찬성해야 가결되는 독일 의회에서 현재까지 국민표결에 동의하는 결단력은 단 한 차례도 발견할 수 없었다. 게다가 독일 대통령 역시 자신의 홈페이지에 국민투표에 반대한다고 표명했다. '국가적 사항에 대한 국민투표가 정치에 대한 짜증을 낫게 해주는 치료약'이 아니라고 생각했기 때문이다. "오히려 의심스러운 상황만 증폭된다. 지역단체와 연방주에 직접적인 자유주의 요소가 설치되었지만 이로써 지역단체와 연방주 의회 선거 참가율이 오르지 않았다. 약 80퍼센트를 유지하는 대선의 투표율과 달리 앞서 여러 차례 시행된 지역단체와 연방주의 선거 참여율은 급락했다. 국가 사안에 국민표결이 전통으로 계승되는 스위스의 경우 지난 4반세기 동안 국회 선거 투표율이 50퍼센트 이하를 유지했다."[06]

이 논증은 제도에 종속하는 경향을 보여주는 좋은 사례다. 국가적 측면에서 국민표결을 시행하려면 최소한 '만병통치약'이 되어야 하며 그 이하는 용납되지 않는다. 이처럼 무모한 기준이 적용되는 정책에는 또 무엇이 있을까? 쿼티 자판은 새로운 자판이 모든 문제점을 해결하고 전체적으로 완벽할 때만 새로운 것으로 교체될 것이다. 독일 대통령의 이름으로 제시한 논증의 두 번째 부분은 직접적인 국민 참여를 질이 아닌 양적인 측면에서만 판단하는 오류를 범했다. 독일 연방주 선거 참여율의 감소로 이어지는 붕괴에 대해 더 강력한 민주주의를 시행해야 하며 연방주에 보이는 국민의 냉담도 매우 의미가 깊다. 스위스에서는 국민 다수가 국민표결에 참여하지만 (해당 분야의 상세한 참여를 전제로 하는) 스위스 국민의회 선거를 중요하게 생각하지 않는 것이 왜 고통스러울까? 여기에서 엿보이는 독일인의 극도로 편협한 평가는 매우 놀랍다.

이런 맥락에서 경쟁 민주주의를 다시 한 번 검증해볼 필요가 있다. 주지하는 바와 같이 가장 강력한 정당 또는 그와 연합한 정당이 선거에서 정부의 의석을 차지하는 데 성공한다. 그 외의 정당은 소외된다. 그러나 투표한 목소리의 백분율에 따라 정부에 정당을 참여시키는 것이 시대에 적합하다고 생각하지 않는가? 민주주의의 다수결 사상은 정당이 지금보다 명확한 세계관과 어느 정도 서로 다른 체제사상으로 차이가 있던 시절에서 기인했다. 그러나 진심에서 우러나오는 차이를 보이는 정당이 있기는 할까?

스위스의 경우 1959년 이후 정부는 주요 정당의 투표율에 따라 7명으로 이루어져 있다. 그 아래 바탕이 되는 원칙은 바로 '일치 민주주의(concordare=일치하다에서 유래)'다. 이 점은 명백하다. 아침부터 저녁까지 업무에 파묻혀 모든 에너지를 쏟고, 다른 사람을 상처 입히는 대신 상호 협력과 해결을 강요했다. 논란의 여지가 있는 문제는 통과시키지 않고 주제에 따라 국민표결에 부쳤다.

네덜란드계 미국인으로 캘리포니아 대학교의 유명한 정치학자인 아렌드 레이파트는 두 민주주의 형식을 30년간 심도 있게 분석했다. 그는 경쟁 민주주의에 비해 일치 민주주의가 여러 면에서 고려해볼 만한 모델이라고 주장했다.[07] 그런데도 독일에서 이와 관련해 진지하게 고민하는 모습은 전혀 볼 수 없다. 성가신 논의를 피하려고 이와 관련하여 '지나치게 느리다'거나 '지루하다'는 편견이 급속도로 퍼졌다.

독일의 정당이 서로 경쟁하는 대신 상생이 불가피한 상황이었다면 이 비전은 실제로 가능했을지도 모른다. 사회보장제도, 환경을 지속해나갈 수 있는 경제방식으로 나아가는 여러 단계, 어마어마한 국가부채 탕감 등 오래전부터 미루기만 했던 문제들을 진심을 다해 다룰 수 있었을 것이다.

중요한 단기목표를 인지한다면 우리 도시를 앞으로 10년 내에 연소엔진을 사용하는 모든 차량에서 해방시켜야 한다. 전기자동차로 전환하는 이 과정은 기술적 측면에서도 크게 문제가 없다. 그런데도 전환이 성공적이지 못한 것은 자동차산업의 봉쇄 때문이다. 또 연소엔진을 장착한 자동차 운전자의 '자유'가 건강한 환경에서 생활할 수 있는 미래 세대의 자유보다 사회적으로 중요하다고 감언이설을 하는 독일 일반자동차클럽(ADAC)과 그 밖의 협회 때문이다. 경쟁 민주주의는 지금까지 이런 로비에 맥을 추지 못했다. 녹색당을 비롯한 그 어떤 정당도 진지하게 맞서 싸워야 한다고 목소리를 높이지 않았다. 아무리 환경에 치명적이더라도 유류세를 책정하는 데 누가 반대하겠는가? 그 수익금으로 기차 요금을 더 저렴하게 낮추지 않는 이상 없을 것이다. 정당의 공략전에서 신규 부채를 갚을 유권자에게 사회적 선행 약속을 금지할 사람은 누구인가?

내부에서 외부를 개혁할 수 없는 제도라면 해결책을 외부에서 찾아야 한다. 이런 맥락에서 선택할 수 있는 한 가지 방법으로 정당에 속하지 않은 대통령을 국민이 직접 고르도록 표결에 부칠 수 있다. 이미 잘 알려진 것처럼 국민 다수가 그것을 원한다. 이는 민주주의에서 전혀 사소하게 다룰 수 없는 요소다. 물론 정부가 유일한 국민의 대표자를 국민 스스로 결정하게 하는 데 두려움을 느끼는 것은 당연하다. 그러나 우리에게 필요한 것은 바로 그것이다. 초당파적으로 감독할 수 있고 이해관계가 없으며 도덕적 태도를 지닌 인사가 필요하다. 현 상태를 그대로 유지하는 대신 신선하고 새로운 이념을 불어넣는 정신으로 무장한 누군가가 필요하다. 차분한 누군가가 아닌 사람들의 안심을 진지하게 생각하는 그 사람이 필요하다. 로비와 결탁하지 않을 전문 인력을 소집해 자문위원회를 구성할 수도 있다. 그들과 협력하여 정당에서 제시한 근거를 피력하거나 시행하지 않고 근본적인 구조변화를 제안할 수 있다. 그러나 제안은 의무화되지 않아야 한다. 그랬다면 입법상의 무력이, 정당 측면에서 특히 변화를 봉쇄하고 그에 맞서려면 적절한 근거가 필요하다.

이런 방식의 제안에서 모험에 대한 두려움이 생긴다. 1948년과 1949년 독일 헌법에서 그랬듯이 모든 시대에 적합해야 한다는 관점에서 의회는 완전히 시간을 초월하는 모델을 착안했을 것이다. 정치의 헛수고와 봉쇄,

정치에 대한 회의와 요동치는 선거 참여, 정치 계층에 대한 존경심 결핍, 민주주의는 이 모든 문제를 견디면서도 변화를 참아내지 못했다.

* * *

독일 민주주의를 장기적이고 미래 지향적인 사회 문제에 적절하게 만들려면 더 많은 참여와 직접 민주주의를 가능하게 하는 변화가 필요하다. 지금까지 변화를 봉쇄한 '제도적 종속'을 부숴야 한다. 이에 협력을 원칙으로 하는 민주주의와 독일 대통령의 직접선거를 고려해볼 수 있다.

* * *

근본적인 개혁 사상을 우리 정치체제에 널리 퍼뜨리기 위해서는 매스컴의 힘이 필요하다. 그러나 현 언론이 이런 변화에 적합할까? 무엇보다 언론이 먼저 변해야 하는 것은 아닐까? 그렇다면 어떤 미디어가 필요하고 어떤 방향으로 변해야 하는가?

> 아무 말도 하지 않는 사람들의 목소리가 가장 크다.
>
> \- 기스베르트 추 크니파우젠

하이드파크 북동쪽 끝부분 마블아치 근처에 '스피커스 코너', 즉 '연설자를 위한 공간'이 있다. 런던을 방문하는 여행객에게 우스꽝스럽고 다소 지나친 자아실현을 보이는 연설자의 경쟁은 매력만점이다. 주말마다 플라타너스 아래 놓인 맥주 박스 위에 올라선 남자들을 목격할 수 있다. 이들은 대부분 이슬람 문화권 출신이다. 그들은 사람들에게 둘러싸여 사방을 향해 자신의 의견을 소리 높여 주장한다. 될 수 있는 한 가장 말도 안 되는 난센스를 가장 큰 목소리로 재미있게 연설한 사람에게 군중의 시선이 집중되고 그들이 이곳을 제압한다.

오늘날 '괴롭다', '어리석다'는 표현으로 친절하게 돌려서 말하는 것은 매우 좋은 생각이다. 전설에 따르면 이곳은 런던 사형장에서 교수형에 처해지기 전 죄수가 마지막으로 연설하던 곳이다. 실제로 교수대가 있었는지는 전설처럼 전해질 뿐이다. 1855년 분개한 노동자들이 하이드파크에 모여들었다. 그들은 자신이 유일하게 여유 시간이 있는 일요일에 사고파는 행위를 금지한 데 격분했다. 그들 덕분에 이제는 공원에서 노동자 집회가 중단되는 경우는 없다. '자유롭게 말할 수 있는 권리'에 대한 그들의 요구가 무의미하게 사라지지 않았다. 여러 차례 충돌 끝에 1872년 의회는 공원 관청에서 누가 하이드파크에서 연설해도 되는지를 결정하도록 위임했다.

그 이후 스피커스 코너는 자유연설의 공간이 되었다. 마르크스, 레닌, 오웰 같은 유명인사도 이곳에서 목청 높여 연설했다. 그리고 근방의 여러 연설자가 이곳을 찾으며 런던의 명소가 되었다. 그러나 현재 스피커스 코너는 그저 그런 공간이 되어버렸다. 더는 자유로운 연설의 격정도, 살아 숨 쉬는 다양한 사고도, 생명력 넘치는 민주주의 정신도 나무 아래서 빛을 발휘하지 못한다. 열정이 넘쳐흐르던 연설은 오늘날 냉담한 상황으로 변했다. 그러나 허튼소리를 유포해도 처벌받지 않는 권리 한 가지는 아직 여전하다.

오늘날 도로 한구석에서 연설하는 것을 제지하는 것은 시대착오다. 현재의 진정한 연설자는 텔레비전 오후 프로그램의 토크쇼나 인터넷의 공개토론에서 찾아볼 수 있다. 여기서도 자신이 말하고 싶은 거의 모든 것을 말할 수 있다. 의견을 교환하고 상대를 야유하거나 공격할 수 있다. 또 사상을 전파하고 평가하며 찬사하고, 대항하거나 야비한 태도를 취하거나 깎아내릴 수도 있다. 분명 이런 면만 있는 것은 아니겠지만 이런 맥락에서 인터넷은 살아 있는 민주주의 그 자체다.

새로운 미디어를 통해 우리 사회의 민주주의를 훨씬 더 민주적으로 개선할 수 있을까? 우리에게 더 많은 참여 기회를 제공할까? 인터넷이 사회의 협력과 책임에 대한 자의식을 키워주는 걸까? 또는 반대로 새로운 미디어는 더 많은 이기주의와 나르시시즘을 야기할까? 공동체와 해체 의식 중 무엇이 강력해지는가? 한마디로 새로운 미디어는 우리가 예전보다 이기주의자가 되지 않도록 도와주는가? 아니면 오히려 이기주의를 배양하는가?

이 질문에 대답하려면 우선 대중매체가 보편적으로 무엇에 좋은지 살펴봐야 한다. 대중매체의 가장 중요한 사회 기능은 여론을 형성하는 것이다. 옛날 고대 아테네의 아고라, 로마의 포럼, 르네상스의 피아자에서 사람들이 인생과 사회에서 느끼는 것을 교환했듯이 복잡한 세상에서 특히 대중매체는 가장 '중요한 것'에 대한 정보를 제공한다. 이런 의미에서 공익이란 다수가 동일한 것에 대해 말하는 것과 크게 다르지 않다. 어떤 사회에서 그리고 어떤 세상에서 내가 살고 있는지 알고자 할 때 주변 환경과 내가 접촉하는 인간관계만으로는 충분하지 않다. 그리고 내가 알고 있는 세상의 모습 역시 책, 신문, 라디오, 텔레비전, 인터넷 같은 대중매체 없이는 아무것도 알지 못했을 것이다.

그러나 나 혼자 읽고 듣는 것만으로는 '주제'가 성립되지 않는다. 여러 사람과 함께 동일한 것에 대해서 서로 의견을 교환할 때 주제가 성립된다. 우리의 복잡한 세상에서 대중매체 없이는 공공도 없다. 그리고 공공 없이는 다수가 생각하는 우리의 인생과 타인의 인생에 대한 어느 정도 유사한 그림도 없다. 대중매체는 루만이 정의한 것처럼 '커뮤니케이션의 연결성'이다.

민주주의는 주로 오해받는 것처럼 단순히 다른 여러 이해관계와 처지가 교환되는 것이 아니다.[01] 일반적으로 이런 생각을 교환하려면 먼저 같은 영화에 참여해야 한다. 미국 철학자 도널드 데이비슨이 말했듯이, 특정 사건에 서로 다른 입장을 보이려면 다른 여러 가지 사항에서 의견이 일치해야 한다. 그러지 않고는 서로 아무것도 이해할 수 없을 것이다! 우선 같은 언어를 사용해야 하고 함께 의견을 교환할 수 있는 공간을 찾아야 하며 서로에게 동등한 가치를 지닌 분명한 규칙을 정해야 한다. 또 타인의 말투를 이해하고 그의 태도가 무엇을 의미하는지 추측할 수 있어야 한다. 이런 의미에서 대중매체는 우리 사회를 이어주는 매우 중요한 도구다.

그중에서도 항상 가장 중요한 핵심매체로 인정받는 텔레비전의 경우, 이런 사회적 기능을 어디까지 만족스럽게 충족시킬 수 있을지는 뜨겁게 논의되고 있다. 현재 독일 국민은 평균 매달 103시간, 즉 매일 3시간 이상 텔레비전을 본다. 그러나 이런 행동과 관련하여 득과 실은 해당 공공과 사회를 지배하는 정신에 따라 결정된다. 텔레비전이 도입된 이후 텔레비전이 교육 기능이 있다는 쪽과 어디에도 쓸모없다는 쪽으로 견해가 나뉘어 논란이 이어지고 있다. 1980년대 중반 개인 텔레비전이 시장에 대규모로 확산되면서 '절대로 네안데르탈에서 만들어지지 않았지만 강력한 책임이 있는'[02] 텔레비전 프로그램도 늘어났다. 공익 방송이 독점적 지위를 차지하던 시대가 막을 내리며 니더작센 주정부의 수상 에른스트 알브레히트가 말하던 '고를레벤보다 크고', 헬무트 슈미트에게는 '핵에너지보다 위험하다'[03]는 평을 받으며 요한계시록의 특징처럼 평가받았다. 그런데도 이런 방식으로 진화하는 상황을 멈추려는 진지한 시도는 전혀 없었다. 다른 모든 서유럽 국가도 마찬가지였다. 불가항력적인 것들이 아니었지만 집단행동, 제도고수, 로비가 여지없이 등장했다. 그 결과는 이미 알려진 바와 같다. 오늘날 독일 방송계는 정점에 서 있다. 그 어느 시절보다도 성황이지만 그 콘텐츠는 상상할 수 없을 정도로 좋지 않다. 영화를 제작하는 영화사는 경쟁 압력에 갈수록 완벽해지는 반면 공영방송은 뉴스에서 오후 프로그램까지 민영방송의 여러 면모에 순응했다. 정책 프로그램은 험담과 자기과시 공간으로, 역사 다큐멘터리는 선정적으로 포장된 사건으로, 스포츠 프로그램은 광고 구간 사이에 공간을 채우려는 방송으로 전락했다. 이런 관점에서 '이중 시스템'을 도입하는 것은 후퇴하는 악순환의 신호탄이자 진부함으로 가속이 붙은 하락경쟁이다. 광고미학은 모든 프로그램 분야에서 계승 행렬에 발을 내디뎠다. 예고편의 리듬에 따라 시청자는 곰곰이 생각하는 것조차 묶여버렸고 시청률은 성공을 결정하는 단 하나의 예리한 칼이 되었다. 모든 것이 시프팅 베이스라인 원칙에 따라 움직이기 때문에 이 모든 상황이 포괄적으로 위협적인 이의 없이 일어났다. 1980년대의 그 어떤 시청자도 그다음 날 2010년 방식의 방송을 시청하며 당황하는 상황은 일어나지 않았다. 그러니 제작자에게는 행운이다.

어떻게 이런 과정이 가능했는지를 이해하려면 1980년대와 1990년대의 비전을 살펴보아야 한다. 의식과 난센스를 정의하는 것보다 석탄, 강철 생산라인을 구축하는 일이 우리 사회의 부와 성장에 도움이 된다고 생각하지 않았다.[04] 그러나 셀 수 없을 정도로 다양한 일자리를 약속하는 텔레비전과 인터넷에서 오락기술과 정보기술의 오색찬란한 색으로 그리는 세상에 빠져들었다. 이런 비전에 비하면 심각하게 생각해야 하는 모든 다른 고려사항은 사소하고 과거지향적인 것이다. 그러나 진정 이 유토피아가 우리 사회에 실현될 수 있는지를 묻는 것은 경제와 정치에서는 거의 나타나지 않았다.[05]

현 시점에서 우리는 이익과 일자리에 대한 기대가 지나쳤다는 것을 알고 있다. 묻지 않은 질문의 답은 경제적 측면과도 관련이 있다. 민영방송국에서 광고주와 바꾼 그것을 신문과 잡지에서는 실패했다. 그런데도 오늘날까지 단 두 개의 대형 민영방송국만이 순수하게 프로그램으로 수익을 올리고 있다. 일반적인 텔레비전 수요자의 변화 요구를 채우기 위해 더더욱 채널수를 한눈에 들어오도록 조정해야 한다. 그 밖의 것은 또 다른 일이다. 현재 그리고 앞으로도 이 시장이 건전한 방식으로 축소될 때 옛날을 그리워하며 슬퍼할 일은 전혀 없을 것이다.

사회에 얼마나 이득을 줄 것인지는 사실 계산하기 매우 힘들다. 그러나 의심할 여지도 없이 민영방송국은 지난 25년간 뇌의 일부분을 마비시키며 엄청난 수익을 올렸다. 오늘날 할일 없이 거리를 배회하는 무직자의 모습은 이제 보이지 않는다. 우리 시대의 백수는 컴퓨터와 텔레비전 앞에서 미동도 하지 않는다. 게다가 퇴직자, 아이들 그리고 외로운 사람들도 마찬가지다. 분명 대리만족으로 빈자리를 채운다. 스스로 성취하지는 못해도 최소한 마음을 달랠 수는 있다. 사회에서 이와 같은 수요는 늘지만 이들에게 즐거움을 안겨줄 오락과 레저 산업은 전혀 준비되어 있지 않고, 더구나 그에 대한 관심마저 없다.

그러나 정말 중요한 결과는 다른 것이다. 공영방송을 포함한 전체 방송국이 본연의 책임감을 상실했다. 다른 시장과 마찬가지로 미디어 시장도 모든 것을 돈과 숫자로 평가했다. 여기서 시장규범은 사회규범을 덮어버렸다. 1980년대에는 교육자의 시각으로 보았던 것과 달리 기업인뿐만 아니라 공영방송국 총책임자도 시청률을 사수해야 하는 파수꾼의 시각으로 보았다. 교육성을 덮고 있던 몇 장의 무화과 잎사귀가 치워지면서 가장 수요가 많은 것을 최우선으로 삼았다. 비경제적 가치의 의미는 급격히 사라졌다. 프로그램 내용과 제작자에 반대하는 정치적 입김이 거세지고 있지만 변하는 것은 전혀 없다.

민주적·사회적·문화적·환경적 가치관을 공영방송국에서 토대로 삼지 않는다면 민영방송은 생각할 필요도 없고 인터넷만으로 만족해야 한다. 인터넷은 매체 낭만주의자에게 비전과 성장하는 민주주의를 연결하는 매개체가 되었다. 여러 나라의 남녀노소가 소셜 네트워크, 블로그 또는 웹 2.0의 다른 플랫폼을 사용하며 네트워크를 형성하고, 다른 대중매체의 조정된 채널과 달리 자유롭게 서로 의견을 교환했다. 이는 정말 멋진 일이 아닐 수 없다. 프로그램 제작자와 총책임 프로듀서가 세상을 필터링하고 계급적인 구조를 선보였다면 현재는 자유롭고 민주적이며 상대의 눈높이에 맞춘 교환이 특징이다.

인터넷이 무정부주의에 쾌적한 공간이라는 점은 어쩔 수 없는 동전의 뒷면이다. 다른 면을 살펴보면 무정부주의가 민주주의와 동일한 것은 아닌지 묻게 된다. 진정 '더 적극적인 민주주의 실현'이 단순히 사상과 정보의 다양성을 높이는 것을 뜻하는 걸까? 예컨대 국민표결처럼 더 많은 민주주의를 요구하는 사람도 민주주의는 지도계층이 있을 때 존재한다는 사실을 알고 있다. 입헌은 수백만 국민이 결정하는 것이 아니라 연방헌법재판소의 '지성인들' 몫이다. 그리고 민주적 방식으로 합법적으로 인정한 고위층 그 자체가 나쁜 것은 아니다. 아마도 고위층이 없는 사회는 고위층이 있는 사회보다 훨씬 비민주적일 것이다. 무정부주의는 목소리가 가장 크고 배려심이 없는 사람이 지배하며, 상황에 따라 그 위치에 범죄자가 오를 수도 있다. 그런 무정부주의는 무정부주의자였던 크로포트킨마저 바라지 않았다.

다양한 플랫폼과 블로그로 전 세계 사람들과 자유롭게 교류할 수 있다는 것은 분명 좋은 일이자 멋진 일이다. 그러나 민주주의의 관점에서 볼 때 득만큼이나 실도 있다. 인터넷이 '동일한 질문을 동시에 받은 대규모 청중'[06]을 단편화한다는 것을 깨닫자 철학자 하버마스도 이와 다르지 않게 보았다. 우선 "가상공간에는 보고가 분산되는 것을 막고 편집 형태로 합성

하는 공공구조와 동일한 기능이 부족하다".[07]

하버마스가 새로운 미디어를 비평하고 들은 책망은 어마어마했다. 인터넷을 옹호하는 집단과 세대충돌을 일으키며 그가 아무런 희망도 없이 늙어버린 결과라고 비평했다. 게다가 테너는 그와 같은 주장은 인터넷의 신규 규정과 법칙, 습관과 필요성을 전혀 이해하지 못한 사람만이 쓸 수 있다고 주장했다. 하버마스가 앞서 기존의 공공부문에 대해 집필한 것을 이제 이스라엘 출신의 미국 법학자인 하버드 로스쿨의 요차이 벤클러가 이어받아 인터넷 시대를 평가했다. 그는 오늘날 모두의 공익을 추구하기 위한 인터넷으로 거듭날 수 있는 규칙을 규정했다.[08] 벤클러는 인터넷이 모든 접근이 허락되며 의심스러운 사건 관계자가 드러나고 '공공의 의견'을 장려하는 유익한 네트워크 방책과 정부가 개입하지 않는다는 보증이 있을 때 진정한 축복이라고 보았다.

벤클러의 생각이 옳다면 인터넷에서 정보를 얻는 매우 개인적인 형태와 공공의 의견 형성은 상충하지 않는다. 모든 개인적인 물품이 모여 결국 전적으로 기능적인 창고가 되기 때문이다. 구시대적 발상의 수사학, 연출된 의식, 국가와 관련된 의혹 그리고 자만심으로 꽉 찬 여론 조정으로 가득한 과거의 매체는 진부하고 시대에 뒤떨어졌다. 특히 신세대 시청자에게서 이 여론 연극이 더는 이윤을 얻지 못하는 것도 전혀 놀랍지 않다. 그들은 이제 과거의 흑백 세계가 아닌 다양한 색으로 가득하고 다차원적인 누스페어(인류가 오랫동안 집적해온 공동의 지적 능력과 자산을 바탕으로 사이버 공간에서 이루어가는 세계를 뜻하는 사회철학 용어-옮긴이), 온갖 사상이 공존하는 그곳에서 살고 있다.

지금까지는 정확하고 로맨틱하기까지 하다. 그러나 모든 사회의 위대한 비전처럼 이것 또한 사람들에게 과대평가될 수 있다. 첫 번째 오류는 심리적 수용 능력이다. 기존 대중매체가 마치 자기장의 쇳가루처럼 정보를 묶어두었다면 이제 사이버 공간에서 우리 스스로 이 역할을 하는 것이 허락된다. 선택은 자유롭고 폭도 넓지만 우리가 주의할 수 있는 수용 능력은 동일하다. 또 새로운 대중매체로 호모사피엔스나 새로운 두뇌가 탄생하지 않는다. 단지 기존의 방식과 다를 뿐이다. 우리가 인지는 물론 이해할 수 있는 세계의 복잡성은 절대로 변하지 않는다. 사이버 공간에서 머무는 시간이 길수록 거르는 과정도 강도를 높여야 한다.

미디어 혁명을 이끄는 선두주자의 일원으로 예일 대학교 전산학 교수인 데이비드 겔런터는 인터넷을 사용해도 우리의 정보 상태가 크게 달라지지 않는다고 주장했다. 인터넷이 도입되기 5년 전인 1991년 이미 인터넷 시대를 예견한 컴퓨터 세대의 스타 겔런터는 실제로 기존 미디어와 현 미디어에는 단 한 가지 차이만 있다고 보았다. 인터넷 사용자는 "현재를 안다. 인터넷 문화는 지금의 문화다. 인터넷은 지금 내 친구가 하고 있는 것, 세상이 돌아가는 이야기, 비즈니스와 시장 상황, 날씨, 공공의 의견과 요즘 유행하는 트렌드와 패션 등 여러 정보를 제공한다".[09] 그 어떤 세대도 지금의 젊은 세대처럼 현재에 몰두하지 않았다. 그리고 그들은 어제 일어난 일이 아니라 오늘 일어난 일에만 전념하기 때문에 전 세계에서 일어난 모든 일에 관심을 가진다. 그러나 겔런터에 따르면 이는 다양한 것이 아닌 모순적인 동등함이다. "서양 세계의 관심은 자신의 가족이나 도시, 역사의 좁은 공간에서 벗어나 갈수록 더 큰 공동체, 국가 전체, 세계 전체로 향했다. 스타와 팬 문화, 설문조사의 영향력, 쇠퇴하는 역사 지식의 의미, 생각의 균일화, 지성인과 다른 엘리트 계층의 조정 등 이 모든 것이 동일한 현상의 일부분이다."[10]

인터넷은 다른 매체보다 우리를 좀 더 지혜롭게 만들어주는 것이 아니라 위험과 부작용이 동반되는 특정 형태의 지혜를 보급한다. 인터넷은 세계를 인지하는 우리의 시선을 현재에만 고정시킨다. 우리는 분명 인터넷을 이용해 이전보다 더 다양하게 사고하지 않는다. 낯설고 색다른 생각을 다루려는 인터넷 유저의 일반적인 욕구는 오래전부터 제자리걸음만 하고 있다. 그리고 "인터넷은 오늘날 근본적으로 우리의 선입관을 강력하게 만들고 있다. 넘쳐흐르는 정보의 홍수 속에서 우리는 아주 까다롭게 결정하고 그 밖의 것은 모두 무시한다. 인터넷은 나와 마음이 맞는 생각과 이미 알고 있는 사실(자칭 알고 있는 사실)을 인지하는 만족만을 선사한다".[11]

새로운 미디어 낭만주의의 두 번째 오류는 인터넷이 지닌 경제적 원동력을 잘못 평가했다는 것이다. 인터넷의 새로운 미디어 세상에 열광하는 무리는 그 안에서 어떤 상업적인 목적 없이 사람들이 이야기를 나누기 때문에 훨씬 민주적이라고 생각한다. 과거의 미디어 기업(공영방송국 제외)이 이윤만 추구했다면 오늘날 인터넷에는 순수하고 친절한 이상주의자들이 여기저기 뛰어다닐 것이다. 이런 주장은 또 다른 인터넷 개척자로 웹 2.0의 창시자 중 한 사람인 라니어의 슬픈 미소만 자아냈다. '가상현실' 개념의 창시자인 그는 실리콘밸리에서 그런 상상을 꿈꾸던 시절을 그리워했다. 그러나 현재 그는 자신의 비전을 배신하고 매각했다. "마음이 아프지만 단 하나의 제품만이 그 가치를 인정받는다. 열린 문화의 무지개 끝자락에 영원한 광고의 봄이 기다리고 있다. 열린 문화는 광고를 증가시킨다. 그리고 우리 세계의 중앙에 세운다."[12]

라니어와 그의 동료들은 '상업적인 방송에서 가장 악독한 악마'로 평가하는 광고를 없애지 못했다. 그 대신 로만 폴란스키 감독의 영화 〈박쥐성의 무도회〉의 주인공으로 악과 맞서 싸우지만 결국 세상에 악을 전파하는 매개체가 되어버린 불운한 아브론시우스 교수처럼 되어버렸다. 라니어는 인터넷은 문화를 광고로 삼는 것과 다를 바 없는 매우 상업적인 도구라고 주장했다. "새로운 디지털 무리 또는 벌집경제에서 광고가 차지하는 비중은 말할 필요도 없다. 그리고 이런 상황을 폐지하지 않는 것은 더욱더 말도 안 된다."[13]

라니어에 따르면 오래된 미디어의 사멸로 민주주의가 입는 피해는 과장하기 어렵다. 광고를 통한 자의식의 심리적 잠입은 최소한의 남용 가능성마저 차단해버렸다. 이미 오래전부터 기업은 포털과 블로그에 잠입해 그곳에서 의견을 형성하고 제품을 추천해왔다. 지금까지 전혀 생각지도 못한 방식으로 소비자의 관심과 쇼핑 습관을 관찰했다.

새로운 사람으로 거듭나게 하는 기능을 상실했다고 봤을 때 왜 인터넷의 위험이 다른 대중매체보다 사소한 것일까? 민영방송국이 처음 출범할 때 약속했던 것처럼 더 많은 자유와 다양성이 보장되었는가? 또는 광고에 의한 조종과 묵인된 저능화로 속박의 근원이 되었는가? 아름다운 신세계 인터넷에서도 위키피디아보다 포르노사이트 방문 횟수가 더 많다.

미국의 클린턴 대통령과 고어 부통령이 인터넷 개발을 촉진하던 1990년대부터 최소한 고어는 사적인 이익관계로부터 자유롭지 못했다. 관직에 오르기 전 하이테크 정보산업에 발을 담갔고, 미국 방송국 ABC 보도에 따르면 예언가나 마찬가지였던 고어 부통령은 새롭고 자유로운 인터넷 민주주의를 개발해 한 컴퓨터 업체에서 연간 1억만 달러 이상의 수익을 창출했다.[14]

그러나 비전은 잘못될 걱정 없이도 병들어간다. 모두가 모든 것에 대해서 채팅을 하고 그들이 원하는 정보와 그림을 얻는 것이 진정한 민주적 민주주의란 말인가? 그것은 중국이나 이란과 같은 국가에서도 가능하다. 반면 서방 국가에서 인터넷의 민주주의 원칙이 더는 원칙적인 것으로 추가되지 않는다. 베를루스코니 총리처럼 포스트 민주주의를 지향하는 지배자를 막지도 못할뿐더러 불만으로 가득 찬 이들을 단결시키지도 못한다. 게다가 청탁이나 로비를 꼼짝하지 못하게 묶어버리지도 못하고, 진정한 참여를 이끌어내지도 못한다.

오늘날 과거 스피커스 코너에 서린 정신을 다시 일깨우려면 무엇을 해야 할까? 어떻게 하면 대중매체를 건설적인 생각으로 공동체에 파급효과를 일으키는 장소로 전환할 수 있을까?

이에 대한 대답은 경제와 정치가 동일선상에 있다. 어떻게 보면 경제동력은 그 힘에 맞설 수 있는 반대 세력이 필요하다. 그리고 그 힘은 공익을 위해 국가와 국민이 함께 참여해야 얻을 수 있다. 물론 그렇게 하려면 배로 노력해야 한다.

이 임무를 국가가 혼자 맡을 경우 좋은 취지는 미심쩍은 '교육 독재'로 끝나며, 반대로 아래에서만 책임진다면 사회 참여는 단편적일 것이다.

과거의 매체와 관련된 사항은 그들의 위기를 예측할 수 없었다. 여러 장소에서 경제적 토대를 쓸어내려간 것만이 아니었다. 파산하는 신문사는 갈수록 늘어났고 민영방송 또한 상황은 마찬가지였다.[15] 신문에서는 독자를 그리고 방송국에서는 시청자를 집중하게 하는 그들의 세계관을 반영하는 기반은 임의적이었다. 오늘날 신문과 텔레비전의 총책임 국장은 'A뿐만 아니라 B도'라는 사고방식이 두드러진다. 기회주의는 편집장이 지녀야 할 첫 자질이 되어버렸고 실제로 용감한 저널리즘은 거의 찾아보기 힘들어졌다. 저널리스트 마티아스 그레프라트가 기고했듯이 전통적인 주도매체는 '네 번째 권력'도 되지 못했다. 갈수록 늘어나는 국가의 결함은 정치적 에너지를 꼼짝 못하게 옭아매는 것이 아니라 대체할 수 없는 정치적 주요 인물의 개인화, 임의적인 징후 연출, 정보 서비스로 이어진다. 그 밖에 '네 번째 권력'을 전달하는 메신저로서 저널리스트는 긴급하고 급진적인 개혁에서 기껏해야 병존하는 데 그치는 중산층의 우유부단함에 전염되었다. 무엇보다 개혁이 중산층의 생활 상태와 특권에 상처를 내기 때문이다.[16]

공영방송국이 '대중'을 어떻게 하나로 똘똘 뭉치게 하는지는 엄청난 금액이 드는 '월드컵'이 제대로 보여준다. 이는 이벤트 성향을 넘어 장기적 관점에서 우리의 사회생활에 어떤 도움이 되는지는 불분명하다. 공영방송국은 항상 절박한 상황에 처해야만 '시사문제'라는 슬로건을 걸고 토크쇼에서 국민을 위해 함께 고민하자고 촉구한다. 이런 태도는 민주주의의 긴급한 구조변화를 장려하기는커녕 오히려 차단한다.

이렇게 잘못된 상황에서 벗어나려면 숨 막히는 정치의 압박에서 방송국이 어느 정도 느슨해져야 한다. 미래에는 당연히 광고는 없을 것이다! 공공시설의 '종신 기관서'인 프로듀서와 총책임국장이 들고일어나 이런 반란을 일으켜야 한다. "특정 지지정당이 없는 라디오 방송국과 명망 있는 아에르데(ARD) 저널리스트 양성학교의 적극적인 참여가 시급하며 효율적인 편집국, 국내 라디오 방송에 대한 상당한 주파수 할당이 뒷받침되어야 한다."[17]

상황에 따라 관직에도 오를 방송국 국장이 실제로 그렇게 할 수 있을지는 의문이다. 그렇지만 또 다른 대안이 뭐가 있겠는가? 공영방송은 언젠가 합법적인 보증을 상실할 것이다.

인터넷 역시 앞으로 경제와 사회의 이성 가운데서 분명한 의식으로 균형을 잡고 움직여야 한다. 이 과제를 떠맡지 않는다면 인터넷이 여러모로 스피커스 코너처럼 황폐해지는 모습을 지켜봐야 할 것이다. 아무런 본질 없이 갈수록 목소리만 커지고 신랄해지는 연설자의 무대와 이런 광경을 오로지 광고 목적으로 자금을 대는 기업들이 있을 뿐이다.

더 많은 경제적 자유에 또 그만큼의 억압이 필연적으로 동반된다는 것이 옳다면 시장 개입은 전적으로 자유를 지키는 성과로 간주해야 한다. 흔히 우리 바람처럼 인터넷에서 공공과 상식은 스스로 조절되지 않는다. 물론 그것을 장려할 수는 있다. "인터넷으로 임금을 지급하는 노동 대신 무보수로 지원하는 새로운 경제가 도래하지 않는다. 그러나 모든 시대를 통틀어 최고 경제를 일으키는 데 기여할 수 있다. 가령 세상을 바꿀 수 있는 힘을 가진 자유로운 교육시장처럼 말이다."[18]

가우크 독일 대선후보의 선거활동만 보더라도 이미 인터넷은 캠페인 활동에 큰 보탬이 되고 있다. 사상을 확산하는 데 그 어떤 매체도 인터넷을 능가하지 못했다. 웹사이트 우토피아는 정책과 관련된 수요, 그리고 환경과 세계경제의 관련 정보를 제공한다. 또 민주주의를 실행하기 위한 포털사이트 콤팍트는 현재와 미래의 중요한 문제에 관한 온라인 캠페인을 기획했다. 이미 몇 차례 다양한 상을 수상한 일간지 〈글로칼리스트〉는 경제윤리, 지속성, 사회책임을 다루며 암담한 내용 외에도 좋은 소식을 세상에 전파했다. 새로운 매체는 이런 도구를 활용해 면전에 임박한 변화를 활성화하고, 민주적 시민사회로 이끌며 함께 나아갈 수 있다. 그러나 동시에 그렇기 때문에 인터넷이 시민사회 그 자체라고 할 수 없다.

* * *

인류 역사에서 기술은 인간에게 생존을, 문화에 공동생활을 선사했다. 반면 오늘날 기술은 갈수록 공동생활에 치우치고 있다. 그리고 다음과 같이 질문할 근거가 충분하다. 문화가 생존을 보장하는가? 우리 가치관, 공공, 사회의 생존은 어떠한가? 단지 기술적인 면에서 끝없이 증가하는 정보만으로는 이 질문을 해결할 수 없다. 기술과 공생하는 세계에 문화의 핵심가치를 지속적으로 고정하려고 할 때만 사회를 산산조각 내거나 공동의식을 파괴하지 않는 효과적인 역할을 할 것이다.

맺음말

플라톤의 선 사상을 넘어 인간의 도덕성의 생물학적 근원, 두뇌의 보상체계, 아리스토텔레스의 자기보상 사상, 군중과 집단행동, 비교기준 그리고 현재 서양 사회의 도덕적 문제에 이르기까지 여러분이 나와 함께 이 머나먼 여정을 마쳤다는 사실을 기쁘게 생각한다.

이 과정에서 나는 한 가지 공통점이 눈에 들어왔다. 인간은 사회에서 인정받으려고 노력한다. 또 타인에게 선을 베풂으로써 그것이 자신에게도 선이 되게 하는 능력을 지녔다. 그러나 어떻게 그리고 실제로 그렇게 행동하는지는 숭고한 관념과 원칙의 문제이기보다 자신을 둘러싼 주변 환경에 좌우된다. "사회는 도덕적 자의식이 태어난 출생지다"라고 말한 웨스터마크를 떠올려보자.

아리스토텔레스에 따르면 좋은 사회는 다른 사람에게 피해를 주지 않고 가능한 한 많은 사람에게 인정받을 수 있는 기회를 제공하는 사회다. 안타깝게도 글로벌 분배정의, 건강문제, 환경과 동물 보호, 특히 교육과 육성 문제 등 이 책에서는 여러 중요한 문제가 조명받지 못했다. 이들은 앞으로도 계속 주시해야 하는 주제다.

나는 무엇보다 경제와 정치를 지뢰로 덮인 땅에 구축된 구조와 제도로 생각한다. 물론 그만의 강점과 약점이 있다. 여러분이 모두 근본적인 사상을 의심해보지 않고는 생각이 일치하지 않을 수도 있다. 우리는 상부와 하부에서 더 많은 책임을 필요로 한다. 근본적으로 다른 민주주의를 바라는 것은 아니지만 앞으로 그 토대가 무너지는 것을 보지 않으려면 현 체재를 개선할 필요가 있다. 그리고 이때 시민의 선(善)행이 부활해야 한다. 우리 스스로 더 많은 책임을 지는 것을 다시 배워야 하며, 이미 오래전에 사라져버린 '사회 애국주의'를 다시 기억해내야 한다.

일부에서는 이 비전을 비현실적이고 무모하다고 할 수 있다. 그러나 일부 사회적 여건은 그런 변화를 고려해보게 만들거나 이미 실행한 반면 또 다른 여건은 장기적 관점에서 생각조차 하기 힘들 정도다. 그러나 내 변론은 사회 주변에 놓인 위성도시와 빈민가를 주시하지 못하는 잘못된 낭만주의의 표현이 아니다. 오히려 다음 질문과 생각에서 비롯됐다. 아무것도 일어나지 않는다면 어떻게 될 것인가? 그리고 그럴 여건이 되는 그 사람들부터 시작하지 않는다면 어떻게 될 것인가?

이때 다시 한 번 쇼펜하우어의 계단을 떠올려보자. 사회 문제가 발생하면 처음에는 비웃고 그다음에는 투쟁하며 마지막에는 당연한 것으로 받아들인다. 우리 사회의 도덕적 문제 역시 이런 단계를 밟는다. 그러나 결국 마지막에 당연하게 받아들이는 것은 무엇인가? 무관심에서 비롯된 잘못된 사회와 지나친 환경개발로 아이들의 유산을 탕진하고 파괴하는 '아무래도 상관없어' 방식의 정신일까? 아니면 지금 상태 그대로 또는 국민의 적극적인 참여가 없는 상태보다 더 나은 사회를 만들기 위해 스스로 책임을 지려 하는 정신일까?

우리는 후자의 방식을 받아들여야 한다. 다른 사람, 특히 정치인에게 떠넘기지 않고 우리 스스로 책임지려는 그런 정신 말이다.

19세기 중반부터 물리학자이자 철학자인 구스타브 테오도르 페히너는 '낮의 풍경'과 '밤의 풍경'을 구분했다. 전자는 그의 삶을 밝고 긍정적으로 비추었지만 후자는 어둡고 비관적으로 보이게 했다. 지금 막 창문 밖 파스텔톤으로 칠해진 지붕 위로 흐릿한 아침햇살이 비추기 시작했다. 우리 모두 어두운 밤의 풍경 대신에 '낮의 풍경'을 선택하자.

1부 선과 악

01 플라톤의 토크쇼 | 선이란 무엇인가?

1) 플라톤의 전기 참조: Michael Erler, *Platon*, C. H. Beck 2006, pp. 15~26.
2) Ursula Wolf, *Die Suche nach dem guten Leben. Platons Frühdialoge*, Rowohlt 1996.
3) 플라톤은 쾌락과 이성의 대립을 『프로타고라스』, 『고르기아스』, 『파이돈』, 『국가론』, 『필레보스』 다섯 작품에서 논의했다. 다른 작품과 비교했을 때 후기에 집필된 『필레보스』는 쾌락을 배제했다. 쾌락과 이성은 대립되는 개념이 아니라 성취한 삶을 보완하는 데 필요하다. 그러나 이런 삶의 방식에서 육체적 쾌락 부분은 불분명하나.
4) Platon, *Sämtliche Werke 3, Phaidon, Politeia*, Rowohlt 1958, pp. 67~310.
5) *Ebd* VI. Buch, Kap.19(508a~509b).
6) *Ebd* VI. Buch, Kap.18(506d~e).
7) '글로 남기지 않은 가르침'과 관련하여 참조: Rafael Ferber, *Die Unwissenheit des Philosophen oder warum hat Plato die, ungeschriebene Lehre nicht geschrieben?*, Academia-Verlag 1991; Konrad Gaiser, *Platons ungeschriebene Lehre*, Klettcotta 1998.
8) Platon, *Sämliche Werke 4, Phaidros, Parmenides, Thaeietos, Sophistes*, Rowohlt 1958, pp 25f.(246a~247a).

02 선행의 라이벌 | 선 대 선

1) Platon, *Sämtliche Werke 2*, Rowohlt 1958, pp. 111~126, p. 57(292e).
2) Isaiah Berlin, *Freiheit. Vier Versuche*, Fischer Taschenbuch Verlag 2006, p. 251.
3) Peter Singer, *Praktische Ethik*, 2. Aufl. Reclam 1994, pp. 283~284.
4) 아테네와 아카데미아 주변에 미친 플라톤의 후기 영향력에 대한 콘라트 가이저의 견해: Philodems Academica, Frommann-Holzboog 1988.
5) Albert Einstein, *Mein Weltbild*(1934), Neuauflage Europa Verlag 1953.
6) Gilbert Ryle 참조: *Der Begriff des Geistes*, Reclam 1986.

03 늑대무리 중 가장 늑대다운 늑대 | 악이란 무엇인가?

1)토머스 홉스의 인생과 작품 참조. Herfried Münkler, *Thomas Hobbes*, Campus 2001, Wolfgang Kersting, *Thomas Hobbes zur Einführung*, Junius 2002; Otfried Höffe, *Thomas Hobbes*, C. H. Beck 2010.
2) Iring Fetscher 인용(편집): Thomas Hobbes, *Leviathan*, Berlin 1966, Einleitung p. XI.
3) 『리바이어던』 13장 참조: "두 사람이 서로 함께 나눌 수 없는 하나의 동일한 것을 꿈꿀 때마다 한 사람은 그 목표를 이루기 위해 다른 한 사람의 적이 되고, 두 사람은 상대를 굽실거리게 만들거나 제거하려고 노력한다"(Thomas Hobbes, *Leviathan*, Reclam 1970, p. 113f.).
4) Thomas Henry Huxley, *Zeugnisse für die Stellung des Menschen in der Natur. Drei Abhandlungen*, Vieweg 1863.
5) Winwood Reade, *Savage Africa: being the narrative of a tour in Equatorial, South Western, and North Western Africa; with notes on the habits of the gorilla ...*, Smith Elder and Co. 1863.
6) Thomas Henry Huxley, *Evolution and Ethics*(1894), Princeton University Press 1989.
7) Leonard Huxley, *The Life and Letters of Thomas Henry Huxley*, 2 Bde., Macmillan 1900, 2. Bd., p. 285.

8) 아드리안 데즈먼드의 권위 있는 전기 참조: *Huxley*, Bd.1: *The Devil's Disciple* 및 Bd. 2: *Evolution's High Priest*; Joseph 1994 und 1997. 헉슬리의 정신적 병세와 관련하여 2권 참조.
9) Peter Singer 인용: *Moral, Vernunft und die Tierrechte*; Frans de Waal, *Primaten und Philosophen*, Hanser 2008, p. 160.
10) Chales Darwin, *Die Abstammung des Menschen und die geschlechtliche Zuchtwahl*, Kröner 2002, p. 122.
11) Frans de Waal, *Primaten und Philosophen*, p. 28.
12) Konrad Lorenz 참조: *Die Rückseite des Spiegels. Versuch einer Naturgeschichte menschlichen Erkennens*, Piper 1973.
13) Konrad Lorenz, *Das so genannte Böse*, Piper 1984, p. 223.
14) Michael Ghiselin, *The Economy of Nature and the Evolution of Sex*, University of California Press 1974, p. 247(Übersetzung R.D.P.).
15) Jane Goodall, *Wilde Schimpansen. Verhaltensforschung am Gombe-Strom*(1971), Rowohlt Taschenbuch 1994.

04 군주, 무정부주의자, 과학자 그리고 그가 남긴 유산 | 우리는 서로 어떻게 협력해야 할까?

1) Peter A. Kropotkin, *Memoiren eines Revolutionärs*, Bd. 2, Unrast 2002, p. 319.
2) Peter A. Kropotkin, *Memoiren eines Revolutionärs*, Bd.1, p. 192f.
3) Julius Hermann von Kirchmann, *Ueber den Communismus der Natur. Ein Vortrag gehalten in dem Berliner Arbeiter-Verein im Februar 1866*, 2. Aufl. L. Heimann's Verlag 1872.
4) Peter A. Kropotkin, *Gegenseitige Hilfe in der Entwickelung*, Theodor Thomas 1904, p. 77f.
5) Thomas Henry Huxley, *Nineteenth Century*(1888), p. 165
6) 이런 근거에서 크로포트킨은 모든 것을 먹어치운 뒤에 도덕이 존재하는 것이 아니라 그 반대라고 주장했다. 함께 사냥하기 이전에 도덕, 즉 협력이 앞선다. 『빵의 정복』(1892) 참조; 세계의 식량 문제에 대한 크로포트킨의 중요성은 한스 베르너 잉겐시프와 마르크 마인하르트의 분석 참조: *Food Ethics in a Globalized World-Reality and Utopia*, Franz-Theo Gottwald(Hg.), *Food Ethics*, Springer 2010.
7) Kropotkin(1904), p. 119.
8) Kropotkin(1904), p. 307.
9) Wolfgang Köhler, Intelligenzprüfungen an Menschenaffen(1917), 2. Aufl. Springer 1921; *Aus der Anthropoidenstation in Teneriffa. Zur Psychologie des Schimpansen. Sitzungsbericht der preußischen Akademie*, Akademie der Wissenschaften 1921.

05 의도의 진화 | 우리는 왜 서로 소통하는 걸까?

1) 빈 학파와 관련해 한스 요르크 담스 참조: 철학, 학문, 계몽: 역사의 기여도 및 빈 학파의 영향력, De Gruyter 1985; Friedrich Stadler, *Studien zum Wiener Kreis. Ursprung, Entwicklung und Wirkung des Logischen Empirismus im Kontext*, Suhrkamp 1997; Michael Stöltzner und Thomas Uebel, *Wiener Kreis: Texte zur wissenschaftlichen Weltauffassung von Rudolf Carnap, Otto Neurath, Moritz Schlick, Philipp Frank, Hans Hahn, Karl Menger, Edgar Zilsel und Gustav Bergmann*, Meiner 2009.
2) 폴 그라이스의 핵심 주요 작품: *Meaning*, in Philosophical Review, 64, pp. 377~388, 1957; *Logic and conversation*, in P. Cole und J. L. Morgan(Hg.), *Syntax and Semantics*, Bd.3 Speech Acts, Academic Press 1975, 독일어판: G. Meggele(Hg.), *Handlung, Kommunikation, Bedeutung*, Suhrkamp 1979; *Further Notes on Logic and Conversation*, in P. Cole(Hg.), *Syntax and Semantics* 9: Pragmatics, Academic Press 1978.
3) 관련 내용 참조: Erving Goffman, *Forms of Talk*, University of Pennsylvania Press 1981; John J. Gumperz, *Discourse Strategies. Studies in Interactional Sociolinguistics* 1, Cambridge University Press 1982; Stephen C. Levinson, *Pragmatics*, Cambridge University Press 1983; Hans Joas, *Die Kreativität des Handelns*, Suhrkamp 1992; Alessandro Duranti, Charles Goodwin(Hg.), *Rethinking Context*, Cambridge University Press 1992.
4) Michael Tomasello, *Die kulturelle Entwicklung des menschlichen Denkens: Zur Evolution der Kognition*, Suhrkamp 2006; *Die Ursprünge der menschlichen Kommunikation*, Suhrkamp 2009.
5) Michael Tomasello, *Die Ursprünge der menschlichen Kommunikation*, Suhrkamp 2009, p. 16.

6) Harry J. Jerison, *Evolution of the Brain and Intelligence*, New York Academic Press 1973; *Palaeoneurology and the Evolution of the Mind*, Scientific American 1976; Irene Jerison, *Intelligence and Evolutionary Biology*, Springer 1988.
7) Terrence Deacon, *The Symbolic Species*, *The Co-evolution of Language and the Brain*, Norton & Co 1997.
8) Philip Lieberman & P. Crelin, "On the speech of the Neandertal Man", in *Liguistic Inquiry* 2, 1971, pp. 203~222; Philip Lieberman, *On the Origins of Language*, Macmillan 1975.
9) W. T. Fitch 참조: "Comparative Vocal Production and the Evolution of Speech: Reinterpreting the Descent of the Larynx", in A. Wray(Hg.), *The Transition to Language*, Oxford University Press 2002; A. M. MacLarnon, G. P. Hewitt, "The evolution of human speech: The role of enhanced breathing control", in *American Journal of Physical Anthropology* 109, 1999, pp. 341~361; Ruth Berger, *Warum der Mensch spricht. Eine Naturgeschichte der Sprache*, Eichborn 2008.
10) Noam Chomsky 참조: *Language and Mind*, Harcourt Brace & World 1968, 발전심리학자의 관점에서 본 비평 참조: Stanley I. Greenspan und Stuart G. Shanker, *Der erste Gedanke. Frühkindliche Kommunikation und die Evolution menschlichen Denkens*, Beltz 2007.

06 눈물을 흘리는 동물 | 심리의 본질

1) 널리 알려진 것과 달리 북극의 수천 미터 심해로 뛰어드는 레밍 떼는 목숨을 끊으려는 것이 아니다. 더 정확히 말하면 먹이를 찾으려는 동물의 노력은 이제 위기에 처했다.
2) Martha Nussbaum, *Menschliches Tun und soziale Gerechtigkeit. Zur Verteidigung des aristotelischen Essentialismus*, in Holmer Steinfath(Hg.), *Was ist ein gutes Leben? Philosophische Reflexionen*, Suhrkamp 1998, p. 208.
3) Jane Goodall, *Wilde Schimpansen. Verhaltensforschung am Gombe-Strom*, Rowohlt 1994, p. 41.
4) 유인원의 협동심에 관련된 연구 개요: Joan B. Silk, *The Evolution of Cooperation in Primate Groups*, in Herbert Gintis, Samuel Bowles, Robert Boyd und Ernst Fehr(Hg.), "Moral Sentiments and Material Interests", *The Foundations of Cooperation in Economic Life*, MIT Press 2005, pp. 43~73.
5) 인류의 심리적 진화를 기술지향주의적 사회생물학이 지배하는 모습으로 바라보는 것은 매우 놀랍다. 분명 지난 20세기 중반 이후 급격한 기술 발전은 이 방향으로 눈을 돌리는 계기가 되었다. 이런 기술지향주의의 예는 다음과 같다. Leslie White, *The Evolution of Culture: The Development of Civilization to the Fall of Rome*, McGraw-Hill 1959, 화이트는 '기술 체제는 사회 체제를 결정한다'고 생각했다. 그의 주장대로라면 사회의 진보는 에너지 사용량으로 측정될 것이다! 게르하르트 렌스키는 자신의 저서에서 이와 같은 방향을 추구했다. *Power and Privilege. A Theory of Social Stratification*, McGraw-Hill 1966 und: *Human Societies, A Macrolevel Introduction to Sociology*, McGraw-Hill 1970. 렌스키 역시 모든 문화 발전을 기술진보보다 하위에 두었다.
6) Robert Trivers, "The evolution of reciprocal altruism", in *Quarterly Review of Biology* 46, 1971, pp. 35~57.
7) 이를 잡아주는 행위와 관련하여 로빈 던바(Robin Dunbar) 참조: Primate Social Systems, Croom Helm 1988; "The functional significance of social grooming in primates", in *Folia Primatologica* 57, 1991, pp. 121~131.
8) Ronald Clark 참조: *JBS, The Life and Work of J.B.S. Haldane*, Hodder and Stoughton 1968.
9) 합리성 이론과 관련하여: William Donald Hamilton, "The Moulding of senescence by natural selection", in *Journal of Theoretical Biology* 12, 1966, pp. 12~45; "Selfish and spiteful behaviour in an evolutionary model", in *Nature* 228, 1970, pp. 1218~1220; "The geometry of the selfish herd", in *Journal of Theoretical Biology* 31, 1971, pp. 295~311; "Altruism and related phenomena, mainly in social insects", in *Annual Review of Ecology and Systematics* 3, 1972, pp. 193~232; Narrow Roads in Gene Land, Bd. 1 and Bd. 2, Oxford University Press 1996, 2002.
10) Joan Silk 참조: *The Evolution of Cooperation*, p. 41.
11) Jane Goodall 참조: *The Chimpanzees of Gombe. Patterns of Behavior*, Belknap Press 1986.
12) J. Burkart, E. Fehr, C. Efferson und C. P. van Schaik, "Other-regarding preferences in a nonhuman primate: Common marmosets provision food altruistically", in *PNAS* 104(50), 2007. 반 샤이크는 인간의 보호본능이 유전적으로 타고난 것이라고 가정했다. 따라서 이타주의는 일종의 포육 본능의 연장선이다. 우리 조상이 아이들을 키우면서 역할을 분담하고 함께 키웠는지는 아직까지 추측에 의존하고 있다. 인간에 가까운 동물인 유인원은 이와 관련하여 행동이 일치하지 않는다. 또 문화사가 흐르는 동안 왜 양육본능이 뚜렷하지 않았는지 의문이 생긴다. 수백 년 이상 남성은 아이들 양육에 전혀 참여하지 않았다. 그러나 현재 독일 대도시를 시작으로 아버지의 양

육본능은 폭발적으로 커지고 있다. 도대체 아버지의 모습으로서 '전형적인 방식'은 도대체 무엇이란 말인가?

13) I. S. Bernstein, "The correlation between kinship and behaviour in nun-human primates", in P. G. Hepper, *Kin Recognition*, Cambridge University Press 1991, pp. 6~29.

14) C. Boesch, C. Bolé, N. Eckhardt, H. Boesch, "Altruism in Forest Chimpanzees: The Case of Adoption", in *PLoS ONE*, January 26, 2010; http://dx.plos.org/10.1371/journal.pone.0008901.

15) Martin Seel, *Theorien*, Fischer 2009, p. 63.

16) Peter J. Richerson, Robert Boyd, *Not by Genes Alone. How Culture Transformed Human Evolution*, University of Chicago Press 2006.

17) Barbara McClintock, "The origin and behavior of mutable loci in maize", in *Proceedings of the National Academy of Science*, Bd. 36, 1950. 매클린톡의 생물학 수용에 대해서는 다음 참조: Nathaniel C. Comfort, "The real point is control: The reception of Barbara McClintock's controlling elements", in *Journal of the History of Biology* 32, 1999, pp. 133~162.

18) Eric Kandel, "Genes, nerve cells, and the remembrance of things past", in Journal of Neuropsychiatry and Clinical Neuroscience 1, 1989, pp. 103~125.

19) 후생 관련 연구단계와 논의를 한눈에 살펴볼 수 있는 자료: Christian Schwägerl, "Ein Dogma fällt", in *GEO* 04/2007, pp. 152~166.

20) 이런 상황에서 더킨스는 이미 1976년에 출구를 마련했다. 인간의 진화에 미치는 문화의 영향력을 부정할 수 없기 때문에 그는 '밈(Meme)'이라는 개념을 도입했다(*Das egoistische Gen*, Jubiläumsausgabe SPEKTRUM 2007, pp. 316~334). 더킨스의 주장에 따르면 밈은 우리의 사상과 문화가 일궈낸 업적이다. 가장 흥미로운 점은 진화 과정에서 이런 방식으로 인간의 유전자처럼 복제하고 증가한다는 것이다. 일부 생물학자와 여러 비전문가는 그런 식으로 문제의 해결책이 되었다. 그러나 실제로는 밈 개념이 도입되면서 생물학적·문화적 진화 사이의 차이점이 모호해졌다. 유전자처럼 명확하게 의견이 일치하지 못했다. 인간의 언어가 지닌 본질에 부합하듯이 우리 생각은 항상 불명료하다. 우리가 표현하는 생각은 자신이 생각하는 것의 절반밖에 되지 않거나 애매해 오해하기 쉬운 불명료한 경우가 많다. 또 생각 자체를 복제하거나 상황에 따라 개선하거나 뜻을 분명하게 고치기도 쉽지 않다. 정신세계가 제한된 사람만이 자신의 모든 생각을 언어로 표현할 수 있다. 인간이 자신의 지식을 유전자처럼 다음 세대에 물려준다는 생각은 멋지지만 학술적인 가치는 생각할 수 없다.

21) *Ebd*. pp. 102~132.

22) Birute M.F. Galdikas, *Meine Orang-Utans. Zwanzig Jahre unter den scheuen »Waldmenschen« im Dschungel Borneos*, Scherz 1995.

23) 렌첸(Manuela Lenzen)의 프란스 드발 인터뷰 참조: "Der Engel im Affen. Frans de Waal findet Bausteine der Moral auch bei unseren Verwandten", in *DIE ZEIT*(52), 2003년 12월 17일.

07 날카로운 비명을 지르는 꼬리말이원숭이 | 페어플레이는 타고나야 할까?

1) Frans de Waal, *Chimpanzee Politics: Power and Sex among Apes*, Johns Hopkins University Press 1982(*Unsere haarigen Vettern. Neuests Erfahrungen mit Schimpansen*, Harnack 1983); *Peacemaking among Primates*, Havard University Press 1989(*Wilde Diplomaten. Versöhnung und Entspannungspolitik bei Affen und Menschen*, Hanser 1991).

2) S. F. Brosnan, Frans de Waal, "Monkeys reject unequal pay", in *Nature* 425, 2003, pp. 297~299.

3) Frans de Waal, *Primaten und Philosophen. Wie die Evolution die Moral hervorbrachte*, Hanser 2008, p. 67f.

4) *Ebd*. p. 68.

5) 드발 인터뷰: *DIE ZEIT*(52) 2003년 12월 17일 기사.

6) John Stuart Mill, *Der Utilitarismus*, Reclam 1976, p. 83.

7) Dominique de Quervain, Urs Fischbacher, Valerie Treyer, Melanie Schellhammer, Armin Schnyder, Alfred Buck, Ernst Fehr, "The Neural Basis of Altruistic Punishment", *Science* 305, 2004, pp. 1254~1258.

8) 최후통첩 테스트 관련: Werner Güth, Rolf Schmittberger, Bernd Schwarze, "An Experimental Analysis of Ultimatum Bargaining", *Journal of Economic Behavior and Organization*, 3/4(December) 1982, pp. 367~388. 최후통첩 테스트를 활용한 에른스트 페르의 최신 연구: Karl Siegmund, Ernst Fehr, Martin A. Nowak, "Teilen und Helfen/Ursprünge sozialen Verhaltens", in *Spektrum der Wissenschaft*, Dossier, Heft 5/2006, p. 55; Ernst Fehr,

Klaus M. Schmidt, "A Theory of Fairness, Competition, and Cooperation", *Quaterly Journal of Economics* 114, 1999, pp. 817~868; Ernst Fehr, Simon Gächter, Georg Kirchsteiner, "Reciprocity as a Contract Enforcement Device, Experimental Evidence", *Econometrica* 65, 1997, pp. 833~860.
9) 이 결과는 특히 서유럽과 미국 대학교 학생들에게 적용된다. 하인리히, 보이드, 보울스, 캐머러, 페르는 서로 다른 문화를 지닌 15개국의 방대한 지역에서 테스트를 시행했다. 첫 번째 참가자가 그다음 사람에게 제안하는 액수는 문화에 따라 26퍼센트(남미 문화권)~58퍼센트(아시아 문화권)로 큰 격차를 보였다. 이와 관련하여 다음 기사 참조: *Foundations of Human Sociality*: *Economic Experiments and Ethnographic Evidence From Fifteen Small-Scale-Societies*, Oxford University Press 2004. 그러나 이 연구의 의미는 논란의 여지가 있다. 질문을 받은 연구 대상자들의 국민성에 따라 실험자의 기대를 고려하여 윤리적 관점에서 스스로 추구하는 이상적인 답변을 제시했을 수도 있기 때문이다. 또 몸에 밴 문화적 습관처럼 문화권마다 돈이 지니는 의미 역시 다를 수 있다. 최후통첩 테스트에서 실제 공정심을 귀납적으로 추론하는 것은 매우 제한된 학문적 가치로써 인정받기 어려운 문제다.
10) 독재자 테스트 참조: R. Forsythe, J. Horowitz, N. E. Savin, M. Sefton, "Fairness in Simple Bargaining Experiments", in *Games and Economic Behavior* 6, 1994, pp. 347~369.

08 김싱 대 이싱 | 우리의 결심을 좌우하는 것은?

1) David Hume, Eine UnLersuchung über den menschlichen Verstand, hg. von Jens Kulenkampff, 12. Aufl. Meiner 1993.
2) David Hume, *My Own Life*: *The philosophical works*, 2. Aufl. 1882, Neudruck Scientia 1964, 3. Bd, p. 1ff. 흄의 생애와 작품과 관련하여 참조: Gerhard Streminger, *Hume*, Rowohlt 1986; Jens Kulenkampff, *David Hume*, Beck 2003; Heiner F. Klemme, *David Hume zur Einführung*, Junius 2007.
3) 비평은 익명으로 *The History of the Works of the Learned* 1739호(11월: pp. 353~390; 12월: pp. 391~404)에 실렸다.
4) 이와 관련하여: Gerhard Streminger, *Hume*, Rowohlt 1986.
5) David Hume, "Mein Leben", in *Eine Untersuchung über denn menschlichen Verstand*, p. LⅧ.
6) Immanuel Kant, *Reflexionen zur Anthropologie*, *Akademie-Ausgabe* XV, p. 592. 그 밖에 학문적 연구서의 서론 참조, 서론 IV, 255. "솔직히 흄에 대한 기억은 그러했다. 몇 년 전 독단적이던 잠에서 나를 깨우고 사색적이던 철학연구에 매우 새로운 방향을 제시했다. 그러나 그가 제시한 결론을 귀 담아 듣기에는 나와 거리가 있었다. 총체적인 과제를 소개하는 대신 단순히 그 부분만으로는 전체를 파악하기 힘든 제한적인 정보의 일부분만 제시했기 때문이다. 아무리 훌륭한 생각이더라도 받아들이는 사람이 다른 것을 떠올리게 하는 실현 불가능한 사상으로 시작하면 이 빛의 첫 섬광에 감명을 받아 명민한 사람이 그 사상을 발전시키기를 바랄 수밖에 없다."
7) Francis Hutcheson, Eine Untersuchung über den Ursprung unsere Ideen von Schönheit und Tugend: Über moralisch Gutes und Schlechtes(1725), Meiner 1986; Adam Smith, *Theorie der ethischen Gefühle*(1759), Meiner 2010.
8) Gerd Gigerenzer, Bauchentscheidungen. *Die Intelligenz des Unbewussten und die Macht der Intuition*, 3. Aufl. Goldmann 2008; Marc Hauser, *Moral Minds. How Nature Designed Our Universal Sense of Right and Wrong*, Abacus 2008.
9) Jonathan Haidt, "The emotional dog and its rational tail: A social intuitionist approach to moral judgement", in *Psychological Review*, 108(4), 2001, pp. 814~834; "The new synthesis in moral psychology", in *Science* 316, 2007, pp. 998~1002.
10) Jonathan Haidt, S. Koller, M. Dias, "Affect, culture, and morality, or is it wrong to eat your dog?", in *Journal of Personal and Social Psychology* 65, 1993, pp. 613~628.
11) 게이지의 사고와 인생과 관련하여 다음 문헌 참조: Malcolm MacMillan, *An Odd Kind of Fame*: *Stories of Phineas Gage*, MIT Press 2000, John Fleischmann, *Phineas Gage, a Gruesome But True Story about Brain Science*, Mifflin 2004. 게이지의 뇌손상 연구 관련: Antonio Damasio, *Descartes' Irrtum. Fühlen, Denken und das menschliche Gehirn*, List Taschenbuch 2004.
12) Joshua Greene, *The Terrible, Horrible, No Good, Very Bad Truth About Morality and What To Do About It*, Department of Philosophy, Princeton University 2002.
13) A. S. Shenhav, Joshua Greene, "Utilitarian Calculations, emotional assessments, and integrative moral judg-

ments", "Dissociating neural systems underlying moral judgment(미발표)" Joshua Greene, K. Lowenberg, L. E. Nystrom, J. D. Cohen, "Neural dissociation between affective and cognitive moral disapproval(미발표)."
14) Christine Korsgaard, in Herlinde Pauer-Studer(Hg.), *Konstruktionen praktischer Vernunft*, Frankfurt a. M. 2000, p. 65f.

09 본능과 문화 | 도덕은 어떻게 배우는가?

1) Kiley Hamlin, Karen Wynn & Paul Bloom, "Social evaluation by preverbal infants", in *Nature* 450, 2007, pp. 557~559.
2) Hoffman, Martin L., *Empathy and moral development: Implications for caring and justice*, Cambridge University Press, New York 2000.
3) Jean Piaget 참조: *Das moralische Urteil beim Kinde*(1932), 2. Aufl. Suhrkamp 1976; *Sprechen und Denken des Kindes*(1924), Schwann 1972; Lawrence Kohlberg, *Zur kognitiven Entwicklung des Kindes*(1969), Suhrkamp 1974; *Zur Psychologie der Moralentwicklung*, Suhrkamp 1995; Robert L. Selman, *Zur Entwicklung des sozialen Verstehens. Entwicklungspsychologische und klinische Untersuchungen*, Suhrkamp 1984.
4) 생후 18개월 아기가 느끼는 감정과 관련하여 아래의 연구 참조: Felix Warneken, Michael Tomasello, "Altruistic Helping in Human Infants and Young Chimpanzees", in *Science* 3, Bd. 311, 2006, pp. 1301~1303. 연구진은 이 실험에서 어린아이들이 책장 문을 열려고 노력하며 다른 사람을 도우려는 모습을 관찰했다. 아이들은 분명 의도를 파악하고 도움을 청하지 않아도 그 즉시 도우려 했다. 반면 스스로 책장을 열 수 있는 어른은 어린아이의 도움을 거부했다.
5) Dale F. Hay, S. Pawlby, "Prosocial development in relation to children's and mother's psychological problems", in *Child Development* 74, 2003, pp. 1314~1327; Dale F. Hay, S. Pawlby, A. Angold, G. T. Harold, D. Sharp, "Pathways to violence in the children of depressed mothers", in *Developmental Psychology* 39, 2003, pp. 1083~1094; D. F. Hay, A. J. Payne, A. J. Chadwick, "Peer relations in childhood", in *Journal of Child Psychology and Psychiatry* 45, 2004, pp. 84~108. Doris Bischof-Köhler, *Spiegelbild und Empathie*, Huber 1989; Ervin Staub, *Entwicklung prosozialen Verhaltens*, Urban & Schwarzenberg 1982; Reinhard Tausch, Annemarie Tausch, *Erziehungspsychologie. Begegnung von Person zu Person*, Hogrefe 1991; Jutta Kienbaum, *Entwicklungsbedingungen prosozialer Responsivität in der Kindheit*, Pabst Science Publishers 2003.
6) 페르의 생애와 관련하여 다음 인터뷰 참조. "무엇이 옳은 걸까? 사심 없는 어린아이처럼 우리의 본능적인 정의감에 대한 경제학자 페르의 생각과 우리 사회에 스며들어 있는 불공평에 대해 질문한다(*Was ist gerecht?* Der Wirtschaftswissenschaftler Ernst Fehr über unser angeborenes Bedürfnis nach Fairness, selbstlose Einzelkinder und die Frage, wie viel Ungerechtigkeit eine Gesellschaft aushält)." 슈테판 클라인과의 인터뷰, *DIE ZEIT*, Nr. 31, ZEITmagazine, 2009년 7월 23일.
7) Ernst Fehr, Bettina Rockenbach, Helen Bernhard, "Egalitarianism in young children", in *Nature* 454, 2008, p. 1079.
8) Ming Hsu, "The Right and the Good: Distributive Justice and Neural Encoding of Equity and Efficiency", in *Science Express* 2008. 5. 8.
9) 신뢰도 테스트와 관련하여 Ernst Fehr, Simon Gächter, "Altruistic Punishment in Humans", in *Nature* 415, 2002, pp. 137~140.
10) Daria Knoch, A. Pascual-Leone, K. Meyer V. Treyer, Ernst Fehr, "Diminishing reciprocal fairness by disrupting the right prefrontal cortex", in *Science* 314, 2006, pp. 829~832; Daria Knoch, Fréderic Schneider, Daniel Schunk, Martin Hohmann, Ernst Fehr, "Disrupting the prefrontal cortex diminishes the human ability to build a good reputation", in *Proceedings of the National Academy of Sciences of the USA*, 2010, doi: 10.1073/pnas.0911619106.
11) Michael Kosfeld, Markus Heinrichs, Paul J. Zak, Urs Fischbacher, Ernst Fehr, "Oxytocin increases trust in humans", *in Nature* 435, 2005, pp. 673~676.
12) Jay N. Giedd 외, "Brain Development during childhood and adolescense: A longitudinal MRI study", in *Nature Neuro-science* 2/10, 1999, pp. 861~863. 청소년의 뇌에서 성장원동력을 담당하는 것은 백색 뇌물질, 미엘린

이다. 미엘린은 일종의 만능지도자다. 기다란 줄의 형상을 돌기로 신경세포에 둘러싸인 축색돌기는 신경세포 사이의 신호전달 속도를 30배까지 가속한다. 11~21세까지 이 수가 두 배까지 증가한다는 것은 사실 좋은 소식이다. 그러나 이렇게 새로 형성된 뇌결합에 한 가지 단점이 있다. 세포가 축색돌기를 에워쌀수록 돌기는 그와 동시에 굳어버린다. 한번 결합된 조합은 더는 유연하지 않다. 여러 신경과학자는 어린아이들이 11세 이상의 아이들보다 빠르고 직관적으로 언어를 배우는 이유가 거기에 있다고 보았다. 이는 한편으로는 장점이지만 다른 한편으로는 단점이 된다. 일반적으로 인간의 지성을 측정하는 데 돌기의 두께가 좋은 참조사항이 된다. 미엘린층이 두꺼울수록 뇌는 더 빠르게 움직인다. 어쨌든 앞서 말한 것처럼 유연성에 대한 대가를 치러야 한다. 학교에서 선생님의 요구를 가장 빨리 그리고 정확하게 받아들이는 학생이 항상 가장 창의적인 학생이 아닌 경우를 이것으로 설명할 수 있을까?

13) Robert McGivern, Julie Andersen, Desiree Byrd, Kandis L. Mutter, Judy Reilly, "Cognitive efficiency on a match to dample task decreases at the onset of puberty in children", in *Brain Cognition* 50(1), 2002, pp. 73~89.

14) Yasuko Minoura, "A sensitive period for the incorporation of a cultural meaning system: A study of Japanese children growing up in the United States", in *Ethos* 20, 1992, pp. 304~339.

10 사회라는 체스 | 나는 이기적인가?

1) Richard Alexander, *The Biology of Moral Systems*, Aldine Transaction 1987; Robert Wright, *Jenseits von Gut und Böse. Die biologischen Grundlagen unserer Ethik*, Limes 1996; Robert Frank, *Passions within Reasons. The Strategic Role of the Emotions*, Norton 1988; Matt Ridley, *Die Biologie der Tugend. Warum es sich lohnt, gut zu sein*, Ullstein 1997, p. 194.

2) Matt Ridley, *Die Biologie der Tugend*, p. 194.

3) Jürgen Kaube, "Weibchen", in *FAZ* Nr. 256, 4.11.2009.

4) '가장 다정한 사람의 생존'이라는 표현은 오늘날까지도 이기주의-이론의 대표자와 그 비평가들을 번거롭게 했다. 내가 아는 한 가장 먼저 이 콘셉트를 도입한 사례는 다음과 같다. Elliott Sober, David Sloan Wilson, *Unto Others: The Evolution and Psychology of Unselfish Behavior*, Harvard University Press 1999.

5) Christine Korsgaard, in Frans de Waal, *Primaten und Philosophen*, Hanser 2008, p. 118.

6) Georg Simmel, *Einleitung in die Moralwissenschaft. Eine Kritik der ethischen Grundbegriffe*, 2 Bde., 2. Ausg. Cotta 1911, 1. Bd. p. 86.

7) 철학자의 이성적 윤리성향과 '이기주의' 및 '이타주의' 사상으로 진화론적 성공윤리의 정의에 맞서는 철학자를 보여주는 목록은 다음 문헌에서 찾아볼 수 있다. Eckart Voland, Paul Winkler, Hans Werner Ingensiep, *Evolution des Menschen (4). Evolution des Verhaltens-biologische und ethische Dimensionen*, Studienheft des Deutschen Instituts für Fernstudien an der Universität Tübingen, 1990, p. 112.

8) *Ebd.* p. 87.

11 선한 감정 | 우리가 흔쾌히 친절한 이유는 무엇인가?

1) Sigmund Freud, *Das Ich und das Es: Metapsychologische Schriften*, 12. Aufl. Fischer Taschenbuch 1992.

2) Daniel Kahneman, Alan Krueger, "A Survey Method for Characterizing Daily Life Experience: The Day Reconstruction Method", in *Science* 306, 2004, pp. 1776~1780; "Developments in the Measurement of Subjective Well-Being", in *Journal of Economic Perspectives* 20(1), 2006, pp. 3~24.

3) Jaak Panksepp, J. Burgdorf, "50k-Hz chirping (laughter?) in response to conditioned and unconditioned tickle-induced reward in rats: effects of social housing and genetic variables", in *Behavioral Brain Research* 115, 2000, pp. 25~38.

4) Jaak Panksepp, "Beyond a joke: From animal laughter to human joy", in *Science* 308, 2005, p. 62.

5) Jaak Panksepp, *Affective Neuroscience: The Foundations of Human and Animal Emotions*, Oxford University Press 1998; *The Archaeology of Mind, Neural Origins of Human Emotion*, Norton & Company 2010.

6) H. A. Hofmann, M. E. Benson, Russell D. Fernald, "Social status regulates growth rate: consequences for

life-history strategies", in *Proceedings of the National Academy of Science* 96, 1999, pp. 14171~14176.
7) Thomas Insel, Russell D. Fernald, "How the Brain Processes Social Information: Searching for the Social Brain", in *Annual Review of Neuroscience* 27, 2004, pp. 697~722.
8) Harry F. Harlow, M. K. Harlow, "Psychopathology in monkeys", in H. D. Kimmel(Hg), *Experimental Psychology, Recent Research and Theory*, Academic Press 1971.
9) Ernst Fehr, Urs fischbacher, Michael Kosfeld, "Neuroeconomic Foundations of Trust and Social Preferences", in *American Economic Review*, Papers & Proceedings 95(2), 2005, pp. 346~351.
10) Joachim Bauer, *Prinzip Menschlichkeit. Warum wir von Natur aus kooperieren*, 3. Aufl. Heyne 2008, p. 37.
11) *Ebd*. p. 39.
12) Jorge Moll, Jordan Grafman 외, "Human Fronto-Mesolimbic Networks Guide Decisions About Charitable Donation", in *Proceedings of the National Academy of Sciences*, Bd. 103(42), 2006, pp. 15623~15628. 몰의 열정은 이 실험 범위를 초월한다. 모든 뇌연구학자 사이에서 그는 인간이 도덕심을 느끼고 결정하며 행동을 설명하는 포괄적인 모델을 과감히 시도했다. 이 논리를 'Event-feature-emotion-complex framework(EFEC)'라고 이름을 붙였다. 이 모델에 따라 체계화된 이벤트 정보(structured-event-knowledge), 사회 인지 및 기능적 성향(social perceptual and functional features), 핵심 동기 상태(central motive states) 세 가지 요소가 결합되며 도덕적 감각이 형성된다. 이 과정은 뇌에서 세 분야로 나뉜다. 전두엽(전전두피질)은 경험을 기억하고 그로부터 특정 반응을 일으킨다. 이미 알고 있거나 그와 비슷한 경험이 있는 일이 일어나면 항상 동일하거나 유사한 방식의 반응이 나타난다. 사회적 인지와 기능적 성격은 몸짓, 미소, 움직임 등 매 순간 우리에게 몰려오는 경험에서 중요한 것을 걸러주는 필터 역할을 한다. 그러나 누군가 하는 행동 이면에는 또 다른 의미가 있을 수 있다. 이것을 담당하는 뇌 영역은 측두엽의 상부고랑(Sulcus Temporalis Superior)이다. 핵심적인 동기는 앞서 언급한 두 영역의 뇌 기능에서 비롯하지 않는다. 오히려 간뇌, 대뇌변연계, 특히 시상하부에 위치한다. 배고픔, 분노, 성적 자극, 피곤함 같은 감정이 이곳에서 만들어진다. 도덕적 감정과 결정의 경과는 다음과 같다. 나의 인지력과 기능적인 성질은 분명한 것만 수용한다. 나를 힘들게 하는 사람을 보거나 나를 짜증나게 하는 행동을 발견한다. 나의 구조화된 사건지식은 이전 경험을 토대로 상황을 평가할 수 있게 해주는 정보를 제공한다. 나쁜 일이 벌어졌는가? 내가 관여해야 할까? 멀리 떨어져 있을까? 아니면 간섭해야 할까? 나에게 직접 부탁할까? 또는 그렇지 않을까? 대뇌변연계에서 날카로운 감정이 솟구친다. 슬픔, 두려움, 분노 세 기능 중 한 가지가 손상되면 일부 사람들이 사회 및 도덕적 행실에서 왜 '책임 능력이 없는' 것으로 보이는지 그 이유를 제대로 설명해주기 때문에 이 모델은 병원치료에 도움이 된다. 그러나 EFEC가 이성과 견주어 감정에 우선권을 주는지 묻는 질문에 기여하는지는 불확실하다.

12 선과 나 | 자아상은 스스로에게 무엇을 강요하는가?

1) Martin Seel, *Theorien*, p. 34.

13 내 자신의 친구 | 선한 인생이란?

1) 아리스토텔레스의 생애와 작품과 관련하여: Otfried Höffe, *Aristoteles*, 3. Aufl. Beck 2006; *Die Nikomachische Ethik*, 2. Aufl. Akademie-Verlag 2006; Christof Rapp, *Aristoteles zur Einführung*, Junius 2007.
2) Helmut Jungermann, Hans-Rüdiger Pfister, Katrin Fischer, *Die Psychologie der Entscheidung*, 2. Aufl. Spektrum 2005.
3) 연인에 대한 비교는 아리스토텔레스가 아닌 내 생각이다. 사실 내 아버지의 생각이다. 좀 더 정확히 말하면 내 아버지의 수학 선생님의 생각이다. 할 수 있는 것과 '어떻게 될지 아는 것'의 차이는 아주 간단하다. 분명 환관도 어떤 일이 벌어질지 알고 있다. 단지 그가 할 수 없을 뿐이다.
4) 소음의 영향력에 대한 연구 참고문헌: K. E. Matthews, L. K. Cannon, "Enviromental Noise Level as a Determinant of Helping Behaviour", in *Journal of Personality and Social Psychology* 32(1975), pp. 571~577.
5) 우정에 대한 아리스토텔레스의 논문 참조, "Nikomachischen Ethik (EN)", *Buch* IX.
6) EN I 9, 1099a31.1099b6.

7) EN VII 13, 1153a14 f.; X 4, 1174b33.
8) 이 점과 관련하여 아리스토텔레스와 칸트는 완전히 일치한다. 자아상을 묻는 질문에서 제외되고 행동으로 옮기는 동기에 전혀 아무런 역할을 하지 못하는 공리주의와는 확연히 다르다. 아리스토텔레스와 마찬가지로 칸트 역시 원칙적으로 선하고 옳다고 생각하는 행동양식과 실질적인 행동이 일치해야 한다고 생각했다. 이런 행동양식은 아리스토텔레스에게는 이상이고 칸트에게는 원칙이었다. 반면 윤리는 이상과 행동 사이에서 그 길을 따르기가 힘들었고, 거기서 비롯되는 심리적 긴장감 역시 문제의 핵심을 맞추지 못했다.

14 요가 철학 신봉자의 고양이 | 도덕은 어디에서나 똑같을까?

1) Peter Knauer 인용: *Handlungsnetze. Über das Grundprinzip der Ethik*, Books on Demand GmbH, 2002, p. 12.
2) Edward Westermarck 참조: The Origin and Development of the Moral Ideas, 2 Bde., Macmillan 1906/1908, Bd.1, p. 3, "It will, moreover, appear that a moral estimate often survives the cause from which it sprang."
3) Edward Westermarck, *The History of Human Marriage*, Macmillan 1891(독어판. *Geschichte der menschlichen Ehe*, Costenoble 1893).
4) Edward Westermarck, *Ethical Relativity*, Kegan Paul 1932, p. 147, Anm. 60, "Could it be brought home to people that there is no absolute standard in morality, they would perhaps be somewhat more tolerant in their judgments, and more apt to listen to the voice of reason."
5) 살로몬(Michael Schmidt-Salomon)은 이 생각을 응용한 현대판을 시도했다: *Jenseits von Gut und Böse. Warum wir ohne Moral die besseren Menschen sind*, Pendo 2009. 그에 따르면 우리에게 정의되고 제시된 질서를 따르는 '도덕'은 쓸모가 없다. 실질적인 규칙이 최소화된 '윤리'가 필요하다.
6) "He embodied, with an exceptional, militant power, a current of thought which renewed our social and moral understanding, and out of which grew the first efforts to develop a comprehensive description of mankind", Edward Westermarck 인용: *The History of Human Marriage. With a New Introduction of Prof. Yogesh Atal*, Logos Press 2007, p. IX.
7) 머독의 목록 참조. Christoph Antweiler, *Heimat Mensch. Was uns alle verbindet*, Murmann 2009, p. 15f.
8) 인류학자들 사이에서 널리 퍼진 '낭만적인 사랑의 보편성'에 대한 오류는 1980년대 말과 1990년대의 잔코위어크(William Jankowiak)와 피셔(Edward Fisher)의 방대한 연구에서 비롯되었다. 1. 사랑노래 부르기, 2. 부모의 반대에 불타오르는 사랑, 3. 사랑했던 사람 때문에 느끼는 고통과 그리움을 보고하는 문화적 정보전달, 4. 로맨틱한 관계에 대한 민속학적 언급(요약: William Jankowiak, *Intimacies. Love and Sex Across Cultures*, Columbia University Press 2008). 학자들은 '로맨틱한 사랑'이 서양 문화의 발명품이 아니라 전 세계적이라는 불확실한 결론에 도달했다. 이런 빠른 결말에 대한 비평은 본문의 9장을 참조하자. 또 다음 저서 『사랑, 그 혼란스러운』, 21세기북스 2009 참조.
9) "Society is the birthplace of the moral consciousness", Edward Westermarck, *The Origin ...*, Bd. 2, p. 740.
10) Kwame Anthony Appiah, *Ethische Experimente. Übungen zum guten Leben*, C. H. Beck 2009, p. 76.

15 샹그릴라로 떠나는 여행 | 전쟁은 왜 사라져야 하는가?

1) 물론 망얀 족은 자신이 현세의 샹그릴라에 살고 있다고 생각하지 않는다. 그러기에 경제적으로 빈곤하게 살고 있다. 물질적인 운명이 그리 심각하지 않다면 이것은 그들에게 도움을 주는 선교사와 NGO의 전폭적인 후원 덕택이다.
2) James Hilton, *Lost Horizon*(1933), *Irgendwo in Tibet*, Reichner 1936.
3) 헬블링이 살펴본 망얀 족의 문화: *Verwandtschaft, Macht und Produktion. Die Alangan-Mangyan im Nordosten von Mindoro, Philippinen*, Dietrich Reimer Verlag 1996.
4) Christoph Antweiler의 수치 참조: *Heimat Mensch*, Murmann 2009, p. 102.
5) Ebd. p. 110. 인터넷 웹사이트 www.peacefulsocieties.org에서 평화를 추구하는 민족의 리스트가 있다(그러나 이 목록에 망얀 족은 포함되지 않았다).
6) 이것은 미국 인류학자 나폴레옹 샤뇽이 주장한 내용이다. 그는 남미 야노마니 인디언 연구를 통해 다음과 같

은 결론을 내렸다. "살인을 하는 남성은 살인을 하지 않는 남성보다 소유하는 여성의 수가 2배 더 많았고 자식은 무려 3배 차이가 났다." *Yanomamo. The fierce people*, Rinehart & Winston, 1968. 그러나 퍼거슨(Brian Fergueson)은 이를 추측에 근거한 빈약한 주장이라고 반박한다. *Yanomani welfare: a political history*, Sante Fe School of American Research 1995, Patrick Tierney, *Darkness in El Dorado*, Norton & Company 2000.

7) 2009년 2월 19일 폴란트(Eckart Voland)와 Süddeutschen Zeitung의 인터뷰 중에서: "인류사는 항상 더 나은 삶의 기회를 노리는 집단경쟁이었으며 여러 원시 민족에서는 오늘날까지도 이어지고 있다. 중립적인 입장이 무엇인지 알지 못한다. 주변 부족이 훨씬 좋은 영토를 소유할 때 경쟁자가 되며 무력도 행사한다." 경쟁으로 이어지는 집단형성은 헉슬리의 사상이다. 폴란트의 주장이 얼마나 뚜렷했는지 일부는 그 어떤 새로운 지식에도 감명받지 않았다.

8) Joseph H. Manson, Richard W. Wrangham의 필드 테스트 참조, "Intergroup aggression in chimpanzees and humans", in *Current Anthropology* 32, 1991, pp. 369~390. Stephen Le Blanc 참조: *Constant Battles, The Myth of the Peaceful Noble Savage*, St. Martin's Press 2003. 그는 이 책에서 침팬지의 공격적 행동에서 인간의 전투적 성향을 포괄하는 결론을 내리고 이를 주장했다.

9) Richard Gabriel, *The Culture of War: Invention and early development*, Greenwood Press 1990, p. 4f.

10) Jürg Helbling, *Tribale Kriege. Konflikte in Gesellschaften ohne Zentralgewalt*, Campus 2006, p. 105f.

11) 헬블링에 따르면 "무력 마찰을 예방하는 메커니즘은 개개인의 관계에도 효력이 있다. 대부분의 경우 집단의 경제적 손실을 일으키지 않고도 가능하다. 약탈자에게 유전적인 요소는 다른 대부분의 사람들처럼 포괄적으로 그리 중요하지 않았다."(개인적인 견해)

12) Jürg Helbling, *Tribale Kriege*, p. 166.

13) 헬블링은 다수의 전쟁이 프린스턴 대학교의 터커 교수가 언급한 일명 '사로잡힌 딜레마'의 체계를 따른다고 주장했다. 범죄로 잘못된 악행을 저지른 두 사람은 경찰에 체포된다. 경찰은 이 사건을 두 사람이 함께 저지른 범행이 아닌 소지하고 있는 무기에 대한 위법행위로 축소할 수 있다. 경찰은 이 상황에서 살짝 머리를 쓴다. 두 용의자를 따로 가두고 두 사람에게 다음과 같이 제안한다. 다른 사람의 범죄행위를 자백할 경우 공범자는 5년형을 살아야 하지만 그는 풀어주겠다고 약속한다. 만약 두 사람이 모두 시인하면 두 사람은 함께 4년형을 살아야 한다. 둘 중 아무도 자백하지 않으면 경찰은 두 사람 모두 무기소지 위반으로 함께 1년형을 살게 할 것이다. 가장 좋은 결과는 두 용의자가 입을 굳게 닫고 침묵하는 것이다(한 사람마다 1년씩, 다시 말해 둘이 함께 감옥에서 2년을 보내는 것이다). 그러나 용의자 A가 B가 침묵할 것이라 추측할 경우 A가 B를 배반하면 큰 이득이 생긴다. 또 B가 자신을 배신할 거라 추측할 때에도 동일하다. 그렇게 봤을 때 두 용의자 모두 상대와는 무관하게 서로 배반하는 것이 가장 좋다. 비록 서로 생각하면 두 사람이 함께 입을 다물고 형을 사는 것이 가장 좋지만 말이다. 헬블링에 따르면 이 상황은 여러 전쟁에도 적용된다. 무정부 상태에서 자신이 잡히지 않으려고 다른 사람을 잡는 일이 빈번하다. 그러나 핵심세력은 이런 확장을 막고 모두를 위해 최선인 방향을 추구한다. 그것은 대부분 전쟁을 예방하는 것이다. 무정부적 상황이 개인의 이기주의(사람, 집단, 민족 내)를 부추기는 반면 핵심세력은 전체의 이기주의(여러 사람, 여러 집단, 여러 민족)를 야기한다. 계급제도가 있는 민주주의(국가적·국제적)와 무정부주의를 반대하는 주장이다.

14) Jürg Helbling, *Tribale Kriege*, p. 166.

2부 이상과 현실

16 윤리라는 깊은 터널의 광경 | 동물적 감성, 인간적 책임감

1) Günther Anders, *Die Antiquiertheit des Menschen* 1권: 2차 산업혁명 시대의 정신과 인생에 대해서 Über die Seele des Lebens im Zeitalter der zweiten industriellen Revolution, 7. Aufl. C. H. Beck 1988, p. 264.

2) Thomas Metzinger, *Der Ego-Tunnel. Eine neue Philosophie des Selbst: Von der Hirnforschung zur Bewusstseinsethik*, Berlin Verlag 2009, p. 21.

3) Martin Seel, *Theorien*, p. 22.

4) Gerd Gigerenzer, *Bauchentscheidungen*, p. 45.

5) *Ebd.* p. 150.

6) 행동의 자기주시에 관련된 최신 연구: C. S. Carver, M. F. Scheier, *Attention and self-regulation: A control theory approach to human behavior*, Springer 1981; R. F. Kidd, L. Marshall, "Self-Reflection, Mood, and Helpful Behavior", in *Journal of Research in Personality* 16,1982, pp. 319~334; F. X. Gibbons, Robert A. Wicklund, "Self-focused and helping behavior", in *Journal of Personality and Social Psychology* 43, 1982, pp. 462~474; F. X. Gibbons, "Self-attention and behavior: A review and theoretical update", in M. P. Zanna(Hg.), *Advances in Experimental Social Psychology* 23, 1990, pp. 249~303, Academic Press; P. M. Gollwitzer, Robert A. Wicklund, "Self-symbolizing and the neglect of others' perspectives", *in Journal of Personality and Social Psychology* 48, 1982, pp. 702~715; B. O. Stephenson, Robert A. Wicklund, "Self-directed attention and taking the other's perspective", in *Journal of Experimental Social Psychology* 19, 1983, pp. 58~77; Robert A. Wicklund, M. Eckert, *The self-knower: A hero under control*, Plenum 1992; S. P. Sinha, P. Nayyar, "Crowding effects of density and personal space requirements among older people: The impact of self-control and social support", in *Journal of Social Psychology* 140(16), 2000, pp. 721~728; W. B. Mendes, J. Blascovich, S. Hunter, B. Lickel, J. T. Jost, "Threatened by the Unexpected: Physiological Responses During Social Interactions With Expectancy-Violating Partners", in *Journal of Personality & Social Psychology* 92, 2007, pp. 698~716.

17 집단 윤리 | 왜 이해하기도 전에 따라하는 걸까?

1) John R. G. Dyer, Anders Johansson, Dirk Helbing, Iain D. Couzin, Jens Krause, "Leadership, consensus decision making and collective behaviour in humans", in *Philosophical Transactions of the Royal Society* 364, 2009, pp. 781~789.
2) Culum Brown, Kevin Laland, Jens Krause, *Fish Cognition and Behavior*, BBC Audiobooks 2006.
3) I. D. Couzin, Jens Krause, R. James, G. D. Ruxton, N. R. Franks, "Collective memory and spatial sorting in animal groups", in *Journal of Theoretical Biology* 218, 2002, pp. 1~12.
4) 실제로 행동에 옮기기 위해서 그것을 보고 생각하는 것만으로도 충분하다는 것은 잘 알려진 현상이다. 예전부터 카펜터 효과로 알려진 무의식적인 프로세스는 오늘날 신경생물학 방면에서 깊이 연구하고 있다. 분명한 것은 우리의 근육운동을 일으키는 정신적 자극과 행동신경 사이의 결합이 놀라울 정도로 짧고 빠르게 진행된다는 것이다.
5) 거울신경세포에 관련된 문헌 참조: Giacomo Rizzolatti, Corrado Sinigaglia, Empathie und Spiegelneurone, *Die biologische Basis des Mitgefühls*, Suhrkamp 2008.
6) 인지 기능은 소뇌의 주요 기능이 아니지만 우리 몸에 자동으로 배는 습득과정을 담당한다. 눈을 깜박거리거나 피아노 건반 또는 컴퓨터 키에 손가락을 올려놓으면 '저절로' 방향을 찾는 것처럼 보인다. 이것이 바로 소뇌의 역할로 지난 20년간 시각-공간적 사고 또는 언어와 언어식별과 같은 인지 과제에 소뇌가 참여한다는 징조로, 소뇌 기능이 손상되면 난독증에 걸릴 수 있다.
7) 던바 수치와 관련하여 다음 참조: Malcolm Gladwell, *The Tipping Point*, Little Brown 2000.
8) James Surowiecki 참조: Die Weisheit der Vielen: Warum Gruppen kluger sind als Einzelne, Goldmann 2007.
9) Craig Reynold의 집단행동 정의 홈페이지 참조. Homepage: www.red3d.com.
10) Martin Seel, *Theorien*, p. 139.
11) *Ebd.* p. 140.
12) 이와 관련하여 다음 문헌 참조: Joachim Bauer, *Warum ich fühle, was du fühlst. Intuitive Kommunikation und das Geheimnis der Spiegelneurone*, Hoffmann und Campe 2005, pp. 57~61.
13) Siegfried Kracauer, *Das Ornament der Masse, Essays*, Suhrkamp 1963, p. 59.

18 융통성 없는 사제집단 | 우리, 다른 사람 그리고 매우 다른 사람

1) Samuel Bowles, Herbert Gintis, *Optimal Parochialism: The Dynamics of Trust and Exclusion in Networks*, University of Massachusetts 2000; Helen Bernhard, Urs Fischbacher, Ernst Fehr, "Parochial altruism in humans", in *Nature* 442, 2006, pp. 912~915; Ernst Fehr, Herbert Gintis, "Human Nature and Social Cooperation: Analytical and

Experimental Foundations", in *Annual Review of Sociology* 33, 2007, pp. 43~64.
2) Ernst Fehr, Bettina Rockenbach, Helen Bernhard, "Egalitarianism in young children", in *Nature* 454, 2008, p. 1079.
3) Samuel Bowles, "Conflict: Altruism's midwife. Generosity and solidarity towards one's own may emerged only in combination with hostility towards outsiders", in *Nature* 456, 2008, pp. 326~327.
4) Peter Sloterdijk, *Im Weltinnenraum des Kapitals*, Suhrkamp 2005, p. 102.
5) Eckart Voland 인터뷰 Süddeutsche Zeitung, 2009. 2. 19.

19 아주 평범한 살인자 | 도덕이라는 조차장에서

1) Christopher R. Browning, *Ganz normale Männer. Das Reserve-Polizeibataillon 101 und die »Endlosung« in Polen*, 5. Aufl. Rowohlt 2009, pp. 21~22.
2) 총 500명의 경찰대대 대원은 약 3만 8000명을 살해했고 4만 5000명을 트레블린카 나치 수용소로 이송했다.
3) Browning, p. 70.
4) Browning, p. 241.
5) Browning, pp. 246~247.
6) 사회심리학자 솔로몬 애슈(Solomon Asch) 역시 전통적인 실험으로 동일한 결론을 내렸다. 이른바 우연히 실험에 참가한 피조사자 집단은 한 선의 길이를 다른 세 개의 선과 비교하고 평가하는 실험을 했다. 실험 대상자 한 명이 일부러 선의 길이를 잘못 측정하자 다른 실험 대상자 역시 잘못된 판단에 빠졌다. 분명 그는 다수의 의견이 틀리지 않을 것이라는 생각을 했다. Solomon Asch 참조: "Effects of group pressure upon the modification and distortion of judgment", in H. Guetskow(Hg.), *Groups, leadership, and men*, Carnegie Press 1951, pp. 76~92.
7) Harald Welzer, *Täter. Wie aus ganz normalen Menschen Massenmörder werden*, 3. Aufl. Fischer 2009, p. 117.
8) *Ebd.* p. 117.
9) *Ebd.* pp. 116~117.

20 밀그램 실험 | 우리는 어떤 방식으로 자신의 한계를 넘는가?

1) 밀그램은 다음 논문에서 처음으로 실험결과를 발표했다. "Behavioral study of obedience", in *Journal of abnormal and social psychology* 67, 1963, pp. 371~378; "Obedience to Authority", *An Experimental View*, Harper-Collins 1974; dt. Das Milgram-Experiment, Rowohlt 1974.
2) Siehe, *Could Abu Ghraib happen again? Psychologists call for greater attention to role of peers and superiors in prison scandal*, Susan Fiske 홈페이지: http://www.princeton.edu/pr/news/04/q4/1125-fiske.htm.
3) S. Ulrich, "Fernsehspiel mit dem Tod", Süddeutsche Zeitung, 2010. 3. 18.
4) Daniel Pauly, "Anecdotes and the shifting baseline syndrome of fisheries", in *Trends in Ecology and Evolution*(10) 1995, p. 430.
5) Harald Welzer, *Klimakriege. Wofür im 21. Jahrhundert getötet wird*, Fischer 2008, p. 211.
6) *Ebd.* p. 233.
7) *Ebd.* pp. 221~231.
8) William Isaac Thomas, Dorothy Swaine Thomas, *The Child in America*, Knopf 1928, p. 572.
9) Ernst Fehr, *Die psychologische Wende in der Ökonomik*, 출처: http://www.iew.uzh.ch/institute/people/fehr/publications/stgallen02.pdf.

21 개인적으로 받아들이지 않기 | 우리는 자신에게 얼마나 솔직하지 못한가?

1) Thomas Shelley Duval, Robert A. Wicklund, *A theory of objective self-awareness*, Academic Press 1972; Thomas Shelley Duval, V. Duval, R. Neely, "Self-focus, felt responsibility and helping behavior", in *Journal of Personality*

and Social Psychology 37, 1979, pp. 1769~1778; Thomas Shelley Duval, P. J. Silvia, N. Lalwani, *Self-awareness and causal attribution: A dual-systems theory*, Kluwer Academic Publishers 2001.
2) Kathleen Martin Ginis, S. M. Burke, L. Gauvin, "Exercising with others exacerbates the negative effects of mirrored environments on sedentary women's feeling states," in *Psychology and Health* 22, 2007, pp. 945~962.
3) 생애와 관련하여 Annette Schäfer참조: "Mr. Flow und die Suche nach dem guten Leben", in *Psychologie heute* 3/2005, pp. 42~48.
4) Csíkszentmihályi, Figurski, "Self-awareness and aversive experience in everyday life", in *Journal of Personality* 50, 1982, pp. 15~28.
5) 이 8퍼센트에 대한 평가는 의견이 분분하다. 그러나 토마스 무스바일러에게 8퍼센트의 수치는 적지 않다. "생각이 얼마나 조직적으로 이뤄져 있는지 감안한다면 (업무, 습관적인 일) 8퍼센트의 수치는 매우 높다."(개인적인 공고)
6) Lawrence Kohlberg, *Die Psychologie der Moralentwicklung*, Suhrkamp 1996.
7) Christopher R. Browning, *Ganz normale Männer*, Rowohlt 2009, p. 107.
8) Harald Welzer, *Täter*, Fischer 2009, p. 38.

22 정언적 비교 | 왜 우리는 항상 책임을 느끼지 못할까?

1) *Lucien Lux au sujet de son mandat, son état d'esprit et son bilan personnel*, in Luxemburger Wort, 2009. 1. 30.
2) 원칙적 관점과 실제 행동의 차이는 다음 이론의 바탕이 된다. *Theory of reasoned action* von Martin Fishbein, Icek Ajzen, *Belief, Attitude, Intention, and Behavior*, Addison-Wesley 1975.
3) Thomas Mussweiler, Katja Rüter, Kai Epstude, "The man who wasn't there. Subliminal social standards influence self-evaluation", in *Journal of Experimental Social Psychology* 40, 2004, pp. 689~696.
4) Thomas Mussweiler, Fritz Strack, "The 》*Relative Self*《: Informational and Judgmental Consequences of Comparative Self-Evaluation", in *Journal of Personality and Social Psychology* 79, 2000, pp. 23~38; Katja Ruter, Kai Epstude, "The Ups and Downs of Social Comparison: Mechanisms of Assimilation and Contrast", in *Journal of Personality and Social Psychology* 87, 2004, pp. 832~844; Kai Epstude, "What you feel is how you compare: How comparisons influence the social induction of affect", in *Emotion* 9, 2009, pp. 1~14.
5) Jonathon D. Brown, N. J. Novick, K. Lord, J. M. Richards, "When Gulliver travels: Social context, psychological closeness, and self-appraisals", in *Journal of Personality and social Psychology* 62, 1992, pp. 717~727; Penelope Lockwood, Ziva Kunda, "Superstars and Me: Predicting the Impact of Role Models on the Self", in *Journal of Personality and social Psychology* 73, 1997, pp. 91~103.
6) Thomas Mussweiler, Katja Rüther, "What Friends Are For! The use of Routine Standards in Social Comparison", in *Journal of Personality and Social Psychology* 85, 2003, pp. 467~481.

23 도덕적 기장 | 우리는 자아상을 어떻게 기만하는가?

1) Andrian Kreye 참조: "Bushs Kriegsrhetorik hat ausgedient", in Süddeutsche Zeitung, 2009. 4. 1.
2) Terry Eagleton, *Der Sinn des Lebens*, Ullstein 2008, p. 27.
3) Elliot Aronson, Timothy D. Wilson, Robin M. Akert, *Sozialpsychologie*, 6. Aufl. Pearson Studium 2008, p. 163.
4) Russ H. Fazio 참조: "Self-perception theory: A current perspective", in M. P. Zanna, J. M. Olson, C. P. Herman(Hg.), *Social influence: The Ontario Symposium*, Bd. 5, Erlbaum 1987, pp. 129~250. 파지오는 우리가 정보를 어떻게 평가하고 그 정보가 얼마나 우리에게 유용하며 자존감을 증명하는지를 연구주제로 삼았다. 수학을 잘하는 사람은 수학을 잘하지 못하는 사람보다 수학 능력을 지능이 높은 것으로 생각했다.
5) Leon Festinger, *A Theory of Cognitive Dissonance*, Stanford University Press 1957; *Theorie der kognitiven Dissonanz*, hg. von Martin Irle und Volker Möntmann, Hans Huber-Verlag 1978.
6) Leon Festinger, H. W. Riecken, Stanley Schachter 참조: *When Prophecy Fails*, University of Minnesota Press 1956.

7) Festinger의 제자 Elliot Aronson의 연구 참조: "Applying social psychology to prejudice reduction and energy conservation", in *Personality and Social Psychology Bulletin* 16, 1990, pp. 118~132; *The social animal*, Worth/Freeman, 8. Aufl. 1999.
8) Drew Westen, *The Political Brain. The Role of Emotion in Deciding the Fate of the Nation*, Public Affairs 2008.
9) "None of the circuits involved in conscious reasoning were particularly engaged … essentially, it appears as if partisans twirl the cognitive kaleidoscope until they get the conclusions they want … Everyone … may reason to emotionally biased judgments when they have a vested interest in how to interpret 'the facts.'" 웹사이트: http://www.nytimes.com/2006/01/24/science/24 find.html.
10) Heinrich Popitz, Soziale Normen, Suhrkamp 2006, p. 162.

24 브로커, 코코아 그리고 가나의 아이들 | 왜 우리는 권한이 없을까?

1) Talcott Parsons, *The Social System*, Free Press 1951.
2) Upton Sinclair, *I, Candidate for Governor: And How I Got Licked* (1935), Neuauflage, University of California Press 1994, p. 109.
3) Niklas Luhmann, *Soziale Systeme: Grundriss einer allgemeinen Theorie* 13. Aufl. Suhrkamp 1987.
4) Niklas Luhmann 참조: *Paradigm Lost. Über die ethische Reflexion der Moral*, Suhrkamp 1989.
5) Niklas Luhmann, Stephan Pfürtner(Hg.), *Theorie-technik und Moral*, Suhrkamp 1978.
6) R. F. Baumeister, T. F. Hetherington, "Self-regulation failure: An overview", in *Psychological Inquiry* 7, 1996, pp. 1~15; R. F. Baumeister, K. D. Vohs, *Handbook of self-regulation: Research, theory and applications*, Guilford 2004.
7) 도덕에 대한 루만의 투쟁은 사후에 출판된 후기작품에서도 볼 수 있다. *Die Moral der Gesellschaft*, 편집 Detlef Horster, Suhrkamp 2008.

25 거미줄에서 | 돈은 도덕을 어떻게 만드는가?

1) 비디오는 웹사이트 http://email.eva.mpg/~warneken/ideo.htm.에서 시청할 수 있다.
2) Felix Warneken, Michael Tomasello, "Altruistic helping in human infants and young chimpanzees", in *Science* 311(3), 2006, pp. 1301~1303; Felix Warneken, F. Chen, Michael Tomasello, "Cooperative activities in young children and chimpanzees", in *Child Development* 77(3), 2006, pp. 640~663; Felix Warneken, B. Hare, A. P. Melis, D. Hanus, Michael Tomasello, "Spontaneous altruism by chimpanzees and young children", in *PLoS Biology* 5(7), 2007, pp. 1414~1420; Felix Warneken, Michael Tomasello, "Helping and cooperation at 14 months of Age", in *Infancy* 11(3), 2007, pp. 271~294.
3) Felix Warneken, Michael Tomasello, "Extrinsic rewards undermine altruistic tendencies in 20-month-olds", in *Developmental Psychology* 44(6), 2008, pp. 1785~1788.
4) Richard Fabes, J. Fulse, N. Eisenberg, "Effects of rewards on children's prosocial motivation: A socialization study", in *Developmental Psychology* 25, 1989, pp. 509~515.
5) Georg Simmel, *Philosophie des Gelds*(1900/1907), Neudruck Anaconda Verlag 2009.
6) *Ebd.* p. 15: 책 초반부의 "전반적인 인생의 여건과 관계에서 돈의 효과와는 또 다른 돈의 본질이 파악된다"와 14쪽의 "그 구조와 사상을 가치, 응용 그리고 인간의 상대적 행동을 전제로 찾는 돈의 역사적 현상은 두 번째, 개인의 인생에 대한 감정, 운명 및 일반적인 문화와 같이 내적 세상의 종합적인 부분"을 따른다.
7) *Ebd.* p. 698.
8) *Ebd.* p. 692.
9) *Ebd.* p. 189.
10) Brian Knutson, G. W. Fong, S. M. Bennett, C. S. Adams, D. Hommer, "A region of mesial prefrontal cortex tracks monetarily rewarding outcomes: Characterization with rapid event-related FMRI", in *NeuroImage* 18, 2003, pp. 263~272. P. Winkielman, M. Paulus, J. L.Trujillo, "Affective influence on judgments and deci-

sions: Moving towards core mechanisms", in *Review of General Psychology* 11, 2007, pp. 179~192; J. Bhanji,, R. E. Cooney, L. Atlas, I. H. Gotlib, "Neural responses to monetary incentives in major depression", in *Biological Psychiatry* 63, 2008, pp. 686~692.
11) Armin Falk, Bernd Weber, Antonio Rangel, Matthias Wibral, "The medial prefrontal cortex exhibits money illusion", in *Proceedings of the National Academy of Sciences*, Bd. 106(13), 2009, pp. 5025~5028.
12) Karl Marx, Das Kapital. Kritik der politischen Ökonomie, Erster Band, 39. Aufl. Dietz Verlag 2008, p. 147.
13) Eva Illouz 참조: *Der Konsum der Romantik. Liebe und kulturelle Widersprüche im Kapitalismus*, Suhrkamp 2007.
14) Dan Ariely, *Denken hilft zwar, nützt aber nichts. Warum wir immer wieder unvernünftige Entscheidungen treffen*, Droemer 2008, p. 105.
15) *Ebd.* p. 117.

26 소정원에서 일어난 살인사건 | 왜 도덕 규칙은 진지하게 와닿지 않을까?

1) Hans Holzhaider, "Ein Gärtner pflegt den Hass", in Süddeutsche Zeitung 2009. 5. 6.
2) Marie-Jean-Antoine-Nicolas Caritat Marquis de Condorcet, "Discours prononce á l'assemblée nationale, au nom de l'académie des sciences", in *OEuvres*(12 Bde. 1847~1849), Reprint Frommann-Holzboog 1968, Bd.1, p. 511.
3) William Makepeace Thackeray, "On Being Found Out", in *Werke*, Bd. 20, London 1869, pp. 125~132.
4) Heinrich Popitz, *Soziale Normen*, Suhrkamp 2006, pp. 159~174.
5) *Ebd.* p. 164.
6) *Ebd.* p. 167.
7) Jürgen Schmieder, *Du sollst nicht lügen! Von einem, der auszog, ehrlich zu sein*, C. Bertelsmann 2010.
8) Michael T. Young, *The Rise of Meritocracy 1870~2033*, Thames and Hudson 1958; *Es lebe die Ungleichheit. Auf dem Wege zur Meritokratie*, Econ 1961.

3부 사회, 그리고 도덕

27 붉은 여왕의 제국에서 | 우리 사회에서 병들어가는 곳은 어디인가?

1) "The Queen asks why no one saw the credit crunch coming", in Daily Telegraph, 2008. 11. 5; Wolf Lepenies, "Auf der Suche nach dem wahren Fortschritt", in DIE WELT, 2009. 10. 27.
2) Jaron Lanier, "Warum die Zukunft uns noch braucht", in FAS, 2010. 1. 17.
3) Max Stirner, *Der Einzige und sein Eigentum*, Reclam 1972, p. 5.
4) Pierre Bourdieu 외, *Der Einzige und sein Eigenheim*, Vsa 1998.
5) Philip Brickman, D. Coates, R. J. Janoff-Bulman, "Lottery Winners and Accident Victims: Is Happiness relative?", in *Journal of Personality and Social Psychology* 36, 1978, pp. 917~927.
6) Richard E. Lucas, "Adaptation and the Set-Point Model of Subjective Well-Being. Does Happiness Change After Major Life Events", in *Current Directions in Psychological Science* 16, 2007, pp. 75~79.
7) Lewis Carroll, *Alice hinter den Spiegeln*, Insel 1963.
8) Georg Simmel, *Philosophie des Geldes*, Anaconda 2009, p. 464ff.
9) Mathias Binswanger, *Die Tretmühlen des Glücks*, Herder 2006.
10) Meinhard Miegel, *Exit. Wohlstand ohne Wachstum*, 3. Aufl. Propyläen 2010, p. 52.
11) *Ebd.* pp. 52~53.
12) Ernst Fehr, Jean-Robert Tyran, *Limited Rationality and Strategic Interaction. The Impact of the Strategic Environment on Nominal Inertia*, University of St. Gallen Department of Economics, working paper series 2002.
13) Ernst Fehr, "Mit Neuroökonomik das menschliche Wesen ergründen", in NZZ, 2005. 6. 25~26.

28 부탄인의 행복 | 왜 우리는 행복을 제대로 평가하지 못하는 걸까?

1) 독일은 2010년 국방예산(311억 만 유로)이 교육지출(108억 만 유로)보다 세 배가량 많다.
2) 에콰도르(2008)와 볼리비아(2009)는 현재 인디언의 전통에서 말하는 '좋은 인생(sumak kawsay)'의 재해석을 그들의 체제에 적용했다.
3) "Bhutan will das Bruttonationalglück messen", in DER TAGESSPIEGEL, 2008. 3. 23.
4) Joseph Stiglitz, *Im freien Fall. Vom Versagen der Märkte zur Neuordnung der Weltwirtschaft*, Siedler 2010, p. 355f.
5) *Ebd*. p. 161.
6) *Ebd*. p. 355.
7) *Ebd*. p. 356.
8) www.worldvaluessurvey.com.
9) Richard A. Easterlin, "Will Raising the Incomes of All Increase the Happiness of All?", in *Journal of Economic Behaviour and Organization* 27, 1995, pp. 35~47.
10) Meinhard Miegel 인용: *Exit. Wohlstand ohne Wachstum*, Propyläen 2010, p. 31.
11) *Ebd*. p. 30.
12) Claus Leggewie, Harald Welzer, *Das Ende der Welt, wie wir sie kannten. Klima, Zukunft und die Chancen der Demokratie*, Fischer 2009, p. 74.
13) *Ebd*. p. 81.

29 이스터 섬의 안부 | 왜 우리 행복은 더 커지지 않는 걸까?

1) Jared Diamond, *Kollaps, Warum Gesellschaften überleben oder untergehen*, 4. Aufl. Fischer Taschenbuch Verlag 2010, pp. 103~153.
2) *Ebd*. p. 153.
3) 안젤라 메르켈의 원문: "… 그 방법을 한 마디로 말하면, 나는 우리 모두가 신속히 그리고 결단력 있게 새롭고 강력한 성장을 일으킬 수 있는 기반을 닦기 위해 노력하기를 바랍니다. 그것이 정부의 목표입니다." www.bundesregierung.de/Content/ DE/Regierungserklärung/2009/2009.11.10.merkel-neue-Regierung.html.
4) Meinhard Miegel, *Exit*, p. 11.
5) John Stuart Mill, *Grundsätze der politischen Ökonomie*, 3. Bd. 4. Buch, 3. dt. Ausgabe Fues(Reisland) 1869, p. 60.
6) Hans-Olaf Henkel, *Die Abwracker: Wie Zocker und Politiker unsere Zukunft verspielen*, Heyne 2009; Wolfgang Clement, Friedrich Merz, *Was jetzt zu tun ist, Deutschland 2.0.*, Herder 2010.
7) 벤야민의 예언적 구절은 다음과 같다. "자본주의에서 종교를 본다는 것은 자본주의가 종교의 기능처럼 본질적으로 걱정, 번뇌, 불안을 완화해준다는 데 있다. 이런 종교적 구조의 증거는 베버가 생각하는 것처럼 단지 종교적 형상만을 띠는 것이 아니라 본질적인 종교적 현상으로 오늘날 역시 여러 과격한 세계의 논쟁의 샛길로 빠져버렸다. 우리가 서 있는 이 함정에 유인할 수 없다. 훗날 이를 분명 지켜보게 될 것이다." Walter Benjamin, *Kapitalismus als Religion*(단편), in *Gesammelte Schriften*, Bd. 6, Suhrkamp 1991, pp. 100~102.
8) 가장 잘 알려진 성장이론 중 투자재에 대한 경제 수요와 소비재에 대한 소비자의 수요 법칙에서 규정하는 성장을 말하는 해로드도마 성장모형(Herrod-Domar-Modell)이 있다. 또 수요보다 기술적 진보를 추구하는 솔로스완(Solow-Swan-Modell) 성장모형이 있다. 그밖에 기술적 진보의 혁신비용을 포함하는 내부적 원인에 따른 성장이론도 있다. 투자에 따른 미래의 이윤 창출을 전제로 모든 기술적 개발과 생산에 투입한다. 정확히 이 부분이 빈스방거와 연관이 있다.
9) Hans Christoph Binswanger, *Die Wachstumsspirale. Geld, Energie und Imagination in der Dynamik des Marktprozesses*, Metropolis 2006. *Geld & Wachstum. Zur Philosophie und Praxis des Geldes*, Weitbrecht 1994; *Die Glaubensgemeinschaft der Ökonomen. Essays zur Kultur der Wirtschaft*, Gerling 1998.
10) Claus Leggewie, Harald Welzer, *Das Ende der Welt*, pp. 12~13.

30 신화, 시장, 경제인 | 경제에서 부추기는 것은...

1) Thomas Mann, *Buddenbrooks*, Fischer 2007, 2. Teil, 4. Kapitel, p. 174.
2) Luca Pacioli, *Abhandlung über die Buchhaltung(1494)*, Schäfer-Poeschel 2009, p. 88f.
3) Adam Smith, *Der Wohlstand der Nationen*, Anaconda 2009, 4. Buch, Kapitel 2.
4) *Ebd.* 1. Buch, *Kapitel* 10.
5) Roger de Weck, *Nach der Krise. Gibt es einen anderen Kapitalismus?*, Nagel & Kimche 2009, p. 21.
6) *Ebd.* pp. 11~12.
7) Gebhard Kirchgässner, *Homo oeconomicus. Das ökonomische Modell individuellen Verhaltens und seine Anwendung in den Wirtschafts- und Sozialwissenschaften*, 3. Aufl. Mohr Siebeck, 2008; Reiner Manstetten, *Das Menschenbild in der Ökonomie. Der homo oeconomicus und die Anthropologie von Adam Smith*. Karl Alber, 2. Aufl. 2002; Niels Goldschmidt 외, *Vom homo oeconomicus zum homo culturalis. Handlung und Verhalten in der Ökonomie*, Lit-Verlag 2009.
8) 'Political economy does not treat the whole of man's nature as modified by the social state, nor of the whole conduct of man in society. It is concerned with him solely as a being who desires to possess wealth, and who is capable of judging the comparative efficacy of means for obtaining that end,' in John Stuart Mill, *On the Definition of Political Economy, and on the Method of Investigation Proper to It*, in *Essays on Some Unsettled Questions of Political Economy*, Longmans, Green, Reader & Dyer 1874, pp. 38~48.
9) Friedrich Schneider, "Wir sind alle sprachlos", in *Financial Times Deutschland*, 2009. 3. 2.
10) George A. Akerlof, Robert J. Shiller, *Animal Spirits. Wie Wirtschaft wirklich funktioniert*, Campus 2009; Nouriel Roubini 외, *Das Ende der Weltwirtschaft und ihre Zukunft*, Campus 2010.
11) Meinhard Miegel 인용, *Exit*, p. 181.
12) 쾰른 시 2010년 7월 31~8월 1일 안내판.
13) Dan Ariely 참조, *Denken hilft zwar, nützt aber nichts. Warum wir immer wieder unvernünftige Entscheidungen treffen*, Droemer 2008, pp. 39~40.
14) "Kein Manager ist 50 Millionen wert", 웹사이트: stern.de, 2007. 12. 11.
15) Joseph Stiglitz, *Im freien Fall. Vom Versagen der Märkte zur Neuordnung der Weltwirtschaft*, Siedler 2010, p. 347.

31 프라이부르크로 돌아가는 길 | 그리고 우리가 독려해야 하는 것

1) 동인도주식회사 관련 다음 문헌 참조: Jürgen G. Nagel, *Abenteuer Fernhandel. Die Ostindienkompanien*, Wissenschaftliche Buchgesellschaft 2007; Roelof van Gelder, *Das ostindische Abenteuer*, Convent 2004.
2) Adam Smith, *Der Wohlstand der Nationen*, 5. Buch, 1. Kapitel, Teil 3.
3) Michael S. Aßländer, Peter Ulrich 참조, *60 Jahre soziale Marktwirtschaft, Illusionen und Reinterpretationen einer ordnungspolitischen Integrationsformel*, Haupt 2009.
4) Wilhelm Röpke 참조: *Die Lehre von der Wirtschaft*, Julius Springer 1937; Gesellschaftskrise der Gegenwart(1942), 6. Aufl. Haupt 1979.
5) "Die Zivilisation ist bedroht", Jeremy Rifkin과 TAZ 인터뷰, 2000. 9. 1.
6) Daniel Bell, *Die nachindustrielle Gesellschaft*, Campus 1976.
7) Joseph Stiglitz, *Im freien Fall*, pp. 345~346.
8) Wilhelm Röpke, *Jenseits von Angebot und Nachfrage*(1958), 2. Aufl. Haupt 1979. 미국 경제학자 린드블럼은 뢰프케에 의지한 연구에서 동일한 의미에서 환멸을 느꼈다. *Jenseits von Markt und Staat*, Klett-Cotta 1980.
9) 그와 유사한 사례로 정신과학, 철학, 정치학이 경제학 주제에 대한 권한에 작별을 고하며 실제로 공백이 생겼다.
10) John Maynard Keynes, *The General Theory of Employment*, Interest and Money, Macmillan 1936, pp. 161~162, 'Even apart from the instability due to speculation, there is the instability due to the characteristic of human nature that a large proportion of our positive activities depend on spontaneous optimism rather than mathematical expectations, whether moral or hedonistic or economic. Most, probably, of **our decisions to do something positive**, the full consequences of which will be drawn out over many days to come, can only be taken **as the result of animal spirits**. A spontaneous urge to action rather than inaction, and not as the outcome of a weighted

average of quantitative benefits multiplied by quantitative probabilities.'
11) Charles Darwin을 말한다. Über die Entstehung der Arter durch natürliche Zuchtwahl(1859).
12) Stefan Klein의 Ernst Fehr. "Was ist gerecht?", in ZEITmagazin, 2009. 9. 22.
13) Meinhard Miegel, *Exit*, p. 15.
14) Roger de Weck, *Nach der Krise*, p. 24f.

32 Mr. 아커만 그리고 빈민 | 경제에 필요한 책임은?

1) Hubert Seipel, "Die Welt des Josef Ackermann", ARD, 2010. 8. 2.
2) Hans von Hagen, "Gottes Werk und Dibelius' Beitrag", in Süddeutsche Zeitung, 2010. 1. 15.
3) 도어는 이런 환상과 관련하여 유리처럼 투명한 분석을 제시했다. *Stock Market Capitalism, Welfare Capitalism*, Oxford University Press 2000.
4) 뮐러 역시 브로커의 주장과 같다. *Weltwirtschaft oder Jahrhundertchance: Wie Sie das Beste aus Ihrem Geld machen können*, Droemer/Knaur 2010.
5) 영국 자유주의의 대표학자 앤서니 기든스 자신의 저서, *The Politics of Climate Change*, John Wiley & Sons, 2009에서 미리 세워놓은 계획으로 경제를 장악하는 강력한 국가를 촉구했다.
6) Jürgen Mittelstraß, "Wirtschaft und Ethos", in FAZ, 2009. 11. 9.
7) Colin Crouch, *Postdemokratie*, Suhrkamp 2008, p. 140.
8) Felix Ekardt, *Das Prinzip Nachhaltigkeit. Generationengerechtigkeit und globale Gerechtigkeit*, C. H. Beck 2005.
9) Herman Daly, *Towards a Steady-State Economy*, Freeman & Company 1973; *Steady-State Economics*(1977), 2. Aufl. Island Press 1991; *Wirtschaft jenseits von Wachstum*, Pustet 1999.
10) Herman Daly, *A Steady-State Economy*(2008), 웹사이트: steadystaterevolution.org/files/pdf/Daly_UK_Paper.pdf.
11) Herman Daly, *Big Idea. A Steady State Economy*, in Adbuster 81, 2008. 12. 17.
12) 완전히 반대로, 소프트웨어 제조사 SAP는 지난 몇 년간 이윤이 다소 감소했는데도 주가의 거의 80퍼센트가 올랐다. 하이델베르크시멘트사는 기업 실적이 90퍼센트 이상 감소했는데도 연간 상여금을 70퍼센트 인상했다. 또 아디다스와 바이어스도르프 역시 기업이윤이 떨어졌는데도 주가를 올렸다.
13) "swissinfo und Agenturen", 2008. 11. 17.
14) 출처: 위키피디아, 국가 부채.
15) www.helmut-creutz.de.
16) Anette Dowideit, "Kreditkarten bringen die Banken in Bedrängnis", in *Die Welt*, 2008. 9. 26.
17) www.epochetimes.de.
18) Hanno Beck, "Angriff auf den Homo oeconomicus", in FAZ, 2009. 3. 2.
19) Hans-Werner, *Kasino-Kapitalismus. Wie es zur Finanzkrise kam, und was jetzt zu tun ist*, Ullstein 2010; Peter Bofinger, *Ist der Markt noch zu retten? Warum wir jetzt einen starken Staat brauchen*, Ullstein 2010; Heiner Flassbeck, *Gescheitert. Warum die Politik vor der Wirtschaft kapituliert*, Westend 2009. 가장 세부적인 제안은 드 베크의 저서에 실려 있다. *Nach der Krise. Gibt es einen anderen Kapitalismus?*, Nagel & Kimche 2009.
20) 이 생각은 Geberit GmbH & Co KG의 조사에서 비롯됐으며 특히 슈파흐만이 자극했다.
21) Bill Gates in DER SPIEGEL 26/2009, p. 78.

33 선행의 귀환 | 어떻게 시민의식을 장려할 수 있을까?

1) www.buergergemeinschaft-rathenauplatz-ev.de.
2) Claus Leggewie und Harald Welzer, *Das Ende der Welt...*, p. 180.
3) *Ebd.* p. 202.
4) Meinhard Miegel, *Exit*, p. 205.
5) Axel Honneth, *Das Ich im Wir. Studien zur Anerkennungstheorie*, Suhrkamp 2010, 특히 pp. 261~279.

6) www.mentor-leselernhelfer.de.
7) www.mentor-hamburg.de.
8) Alasdair MacIntyre, *Der Verlust der Tugend. Zur moralischen Krise der Gegenwart*, Suhrkamp 1995; Charles Taylor, *Wieviel Gemeinschaft braucht die Demokratie? Aufsätze zur politischen Philosophie*, Suhrkamp 2001; *Michael Sandel, Liberalism and the Limits of Justice*, Cambridge University Press 1998. 공동체주의에 대한 논의는 호네트의 모음집 참조: *Kommunitarismus. Eine Debatte über die moralischen Grundlagen moderner Gesellschaften*, Campus 1993. 그 외 Michael Haus, *Kommunitarismus: Einführung und Analyse*, Vs-Verlag für Sozialwissenschaften 2003; Christel Zahlmann, *Kommunitarismus in der Diskussion*, Rotbuch 1994.

34 행복한 납세자 | 보상에 대처하는 자세

1) Louis-Sébastien Mercier, *Das Jahr 2440. Ein Traum aller Träume*, Suhrkamp 1982.
2) "Fair spielen, mehr gewinnen" 인용, brand eins 01/2002.
3) Peter Sloterdijk, "Die Revolution der gebenden Hand", in FAZ, 2009. 6. 13.
4) "Die Mitte stärken 중산층 강화하기." FDP(자유민주당)의 2009년 녹일 프로그램, '우리 당에서 제안하는 10퍼센트, 25퍼센트, 35퍼센트의 간단하고 납득할 수 있는 세 단계 세율은 세금 부담을 덜어주고 급박하고 해결해야 할 국민의 가계 문제에 여유 공간을 만들어줄 것이다(p. 5) … 그에 따르면 성인과 청소년을 포함한 모든 국민은 평균 8004유로의 혜택을 본다. 그에 입각하여 세율을 연소득이 2만 유로 이하인 가정은 10퍼센트, 2만~5만 유로는 25퍼센트 그리고 5만 유로 이상은 35퍼센트를 적용한다.' 출처: www.deutschlandprogramm.de.
5)www.stern.de/politik/deutschland/stern-umfrage-gutverdiener-wuerden-mehr-steuern-zahlen-1576480.html.
6) http://arno.unimaas.nl/show.cgi?fid=621.
7) Meinhard Miegel, *Exit*, p. 172.
8) Karl Marx/Friedrich Engels, Werke(MEW), Bd. 5, Dietz 1959, p. 22.
9) Ralf Dahrendorf, *Marx in Perspektive, Die Idee des Gerechten im Denken von Karl Marx*, Dietz 1952.

35 도시, 주, 국가 | 우리에게는 어떤 시야가 필요한가?

1) 마지막 임시방편으로 1996년 베를린 연방주와 브란덴부르크 연방주에서 기획한 연방주 통합은 정계의 반대가 아니라 이를 바라지 않았던 브란덴부르크 연방주민에 의해 무산되었다. 어쨌거나 연방주와 또 다른 연방주의 통합은 논란의 여지가 매우 많은 사안이다. 그들의 반대가 부당하지만은 않았다. 250만 명의 브란덴부르크 시민은 그 어떤 경제적 보장도 뚜렷이 보이지 않는 상황에서 연방주 주도의 위성도시(인구 340만 명)처럼 강등되는 것은 아닌지 우려했다. 통합 논쟁에서 부채가 높은 베를린의 재정 개선 방향에 문제제기를 하며 집중적으로 토의됐다.
2) dpa 2010. 6. 17.
3) 공공서비스의 상업화 분석과 관련하여: Klaus König, Angelika Benz(Hg.), *Privatsierung und staatliche Regulierung. Bahn, Post und Telekommunikation*, Rundfunk, Nomos 1997; Markus Kajewski, "Public Services and Trade Liberalization: Mapping the Legal Framework", in *Journal of International Economic Law* 6(2), 2003, pp. 341~367; Roland Atzmüller, Christoph Hermann, "Liberalisierung öffentlicher Dienstleistungen in Österreich und der EU. Auswirkungen auf Beschäftigung, Arbeitsbedingungen und Arbeitsbeschäftigungen", FORBA Studie 2004; *Ausverkauft. Wie das Gemeinwohl zur Privatsache wird*, Edition Le Monde diplomatique Nr. 6, 2009.
4) Colin Crouch, *Postdemokratie*, p. 127.
5) *Die Lektion British Rail*, in *Ausverkauft*, p. 4.
6) Wilhelm Heitmeyer, "Autoritärer Kapitalismus, Demokratieentleerung und Rechtspopulismus. Eine Analyse von Entwicklungstendenzen", 출처: Wilhelm Heitmeyer 외, *Schattenseiten der Globalisierung*, Edition Suhrkamp 2001, pp. 497~534.
7) Barbara Dickhaus, Kristina Dietz 참조, "Öffentliche Dienstleistungen unter Privatisierungsdruck. Folgen von Privatisierung und Liberalisierung öffentlicher Dienstleistungen in Europa", WEED-Arbeitspapier 2004, www.kommunale-info.de, p. 69.

36 소외된 공화국 | 우리 민주주의는 무엇을 참아내고 있는가?

1) Heinrich Popitz, *Phänomene der Macht*, Mohr Siebeck, 2. Aufl. 2004, p. 187f.
2 Friedrich-Ebert-Stiftung(프리드리히 에베르트 재단, 출판인), *Persönliche Lebensumstände, Einstellungen zu Reformen, Potenziale der Demokratieentfremdung und Wahlverhalten*(2008).
3) www.neon.de/kat/krisenumfrage.
4) Roger de Weck, *Nach der Krise*, p. 42.
5) Colin Crouch, *Postdemokratie*, p. 10. "이 개념은 정부가 여느 때와 마찬가지로 투표 전에 제지해야 할 공공단체의 홍보 전문가 집단을 고용하여 공개토론에서 서로 경쟁하는 선거를 선거전 동안 강력히 규제함으로써 문제를 논의할 때 전문가 집단에서 선별된 주제로만 흐르는 것을 막아야 한다는 것을 뜻한다. 이때 국민 다수의 태도는 수동적이고 냉담하며 자신과 관련된 신호에만 반응한다. 이런 정치적 모습이 연출되는 환경에서 실제 정치는 굳게 닫힌 문 뒤에서 정부에서 선별한 일부 계층과 경제의 이익을 대표하는 특권층에 의해 실행될 뿐이다."
6) Joseph Stiglitz, *Im freien Fall*, p. 367.
7) Roger de Weck, *Nach der Krise*, p. 32.
8) Die Presse.com, 2010. 4. 27.
9) Matthias Rensing, *Geschichte und Politik in den Reden der deutschen Bundespräsidenten 1949~1984*, Waxmann 1996, p. 114.

37 국민의 일치 | 민주주의는 어떻게 개혁될 수 있을까?

1) Claus Leggewie, Harald Welzer, *Das Ende der Welt…*, p. 86f.
2) Douglass C. North, *Institutionen, institutioneller Wandel und Wirtschaftsleistung*, Mohr, 1992, "Economic Performance Through Time", in *The American Economic Review* 84(3), 1994, pp. 359~368.
3) Jelle Visser, Anton Hemerijck, *Ein holländisches Wunder? Reform des Sozialstaates und Beschäftigungswachstum in den Niederlanden*, Campus 1998.
4) Tobias Peter, "Lauter Ruf nach mehr Demokratie", 출처: 쾰른 시 안내판, 2010. 7. 29.
5) Claus Leggewie, Harald Welzer, *Das Ende der Welt …*, p. 229.
6) www.direktzu.de/bundestagspraesident/messages.
7) Arend Lijphart, *Patterns of Democracy: Government Forms and Performance in Thirty-Six Countries*, Yale University Press 1999; *Democracy in Plural Societies: A Comparative Exploration*, Yale University Press, 1977; *Democracies: Patterns of Majoritarian and Consensus Government in Twenty-One Countries*, Yale Universitiy Press 1984; *Thinking about Democracy: Power Sharing and Majority Rule in Theory and Practice*, Chapman & Hall, 2007.

38 스피커스 코너 | 공공책임의 상실 그리고 우리가 되찾는 법

1) 뮌클러는 뮌헨 메디언타게 2009(Münchner Medientagen 2009)에서 한 내 연설에 다음과 같이 답변했다. "공공부문이란 특히 서로 차이를 보이는 의견과 개개인의 이익이 공존하는 영역이다. 그래야만 정치 또는 경제 세력의 저항에 공식적이고 중립적으로 비판할 수 있는 자유가 허락된다. 그리고 이는 민주주의 사회의 삶의 영약이 된다." *Für die gleiche Augenhöhe*, 출처 www.perlentaucher.de.
2) 저자 볼숲라거는 자신의 에세이『동물, 법, 윤리. 중요한 것에 대한 나지막한 파르란도』중「동물이 당신을 주시하고 있어요」에서 다룬다.
3) Mathias Greffrath 인용, "Hamlet zur Primetime", 출처: Ausverkauft. "Wie das Gemeinwohl zur Privatsache wird", Edition Le Monde Diplomatique Nr. 6, 2009, p. 65.
4) DIE ZEIT에 개재된 나의 에세이 두 편 참조: Nr. 33, 1997, "Die Invasion der Bilder. Niemand stellt Fragen, das Digitalfernsehen antwortet", Nr. 27, 1998: "Die Ware Vision."
5) 1980년대 대중대체 비평과 관련하여 Neil Postman 참조: *Wir amüsieren uns zu Tode. Urteilsbildung im Zeitalter der Unterhaltungsindustrie*, Fischer 1985, Klaus von Bismarck, Alexander Kluge, Ferdinand Sieger, *Industrialisierung des*

Bewußtseins. Eine kritische Auseinandersetzung mit den »neuen« Medien, Piper 1985; Hans Magnus Enzensberger, *Mittelmaß und Wahn*, Suhrkamp 1988.
6) Jürgen Habermas, *Ach, Europa*, Suhrkamp 2008, p. 162.
7) *Ebd.* p. 162.
8) Yochai Benkler, *The Wealth of Networks. How Social Production Transforms Marktes and Freedom*, Yale University Press 2007.
9) David Gelernter, "Wie wir mit unserem Leben in Verbindung bleiben", 출처: FAS, 2010. 2. 28.
10) *Ebd.*
11) *Ebd.*
12) Jeron Lanier, "Warum die Zukunft uns noch braucht", 출처: FAS, 2010. 1. 17.
13) *Ebd.*
14) Abcnews.go/GMA/Story?id=3281925.
15) 하버마스가 제안한 것처럼 양질의 신문사 재정위기와 관련해 공공펀드로 지원하여 지나친 경쟁으로부터 보호하는 방안을 전적으로 심각히 고려해볼 만하다.
16) Mathias Greffrath, *Hamlet zur Primetime*, p. 66.
17) *Ebd.* p. 67.
18) David Gelernter, *Wie wir mit unserem Leben in Verbindung bleiben*.

KI신서 3789

내 행복에 꼭 타인의 희생이 필요할까

1판 1쇄 인쇄 2012년 1월 20일
1판 1쇄 발행 2012년 1월 31일

지은이 리하르트 다비트 프레히트 **옮긴이** 한윤진
펴낸이 김영곤 **펴낸곳** (주)북이십일 21세기북스
부사장 임병주 **PB사업부문장** 정성진
편집2팀장 박정혜 **책임편집** 이주희 **디자인 표지** 씨디자인 **본문** 박현정
MC기획1실장 김성수 **BC기획팀** 심지혜 양으녕 **해외기획팀** 김준수 조민정
마케팅영업본부장 최창규 **영업** 이경희 정병철 **마케팅** 김현섭 김현유 강서영
출판등록 2000년 5월 6일 제10-1965호
주소 (우 413-756) 경기도 파주시 문발동 파주출판단지 518-3
대표전화 031-955-2100 **팩스** 031-955-2151 **이메일** book21@book21.co.kr
홈페이지 www.book21.com **블로그** b.book21.com **트위터** @21cbook

ISBN 978-89-509-3545-0 03100
값은 뒤표지에 있습니다.